Inhalt

IV Anschlagsplanung: Planspielgestützte Rekonstruktion

V Individuelle Handlungslogiken: Exemplarische Fallrekonstruktionen

Autorenschaft

Michael Fischer: Einleitung, Kap. I.1, III, IV

Robert Pelzer: Kap. I.2, II, V

Gemeinsam: Kap. VI

Vorwort

Die vorliegende Studie versucht – und darin unterscheidet sie sich von den meisten Arbeiten im Bereich der Terrorismusforschung – die Analyse der Logik des Terrorismus mit einer Analyse der konkreten Anschlagsplanung terroristischer Gruppen, das heißt der Wahl von Anschlagszielen und Angriffsszenarien, zu verbinden. Wie der Terrorismus an sich folgt auch die Planung von Anschlägen im Einzelnen einer Logik der sozialen Kontrolle. Empirisch beruht die Arbeit auf einer internationalen Fallerhebung dschihadistischer Anschläge sowie einem erstmals in dieser Form durchgeführten Planspiel zur Anschlagsplanung. Der dschihadistische Terrorismus in Europa ist dabei zugleich zentraler Gegenstand der Analyse und ein Beispielfall für terroristisches Vorgehen. An diesem Fall untersucht die Studie Selektionsmechanismen und Risikoparameter für terroristische Anschläge, deren Generalisierbarkeit auf andere Formen des Terrorismus und auch auf neu sich entwickelnde Strukturen des Dschihadismus jeweils im Einzelfall zu reflektieren ist. Ohne dass wir dies im hier gegebenen Rahmen detailliert überprüfen konnten, nehmen wir an, dass die identifizierten Selektionsmechanismen (die sich recht unmittelbar aus der Logik des Terrorismus als Form sozialer Kontrolle ergeben) weitgehend universell und über den europäischen Dschihadismus hinaus in verschiedenen Terrorismen vorfindbar sind. Spezifische Risikoparameter sind dagegen stärker von Ideologien, Ressourcen, Kompetenzen und Organisationsformen abhängig und bedürfen einer entsprechenden Anpassung beim Versuch der Anwendung auf unterschiedliche terroristische Gruppierungen. Dies gilt ggf. auch bei sich verändernden Rahmenbedingungen in der dschihadistischen Bewegung selbst.

Zur Zeit unserer empirischen Erhebungen (2010–2013) war »al-Qaida« das Verdichtungssymbol für den europäischen Dschihadismus, während aktuell zunehmend der sogenannte »Islamische Staat« diese Rolle einnimmt. Al-Qaida fungiert nicht nur als Organisation, sondern vor allem als ideologischer Anker für auch solche Täter, die sich – bei geringer oder völlig fehlender organisationeller Verbindung – auf den Deutungsrahmen des globalen Dschihadismus berufen. Vor diesem Hintergrund nimmt unsere Studie nicht professionalisierte, länger bestehende und im Untergrund aktive dschihadistische Gruppierungen in den Blick (die es in Europa weder gab noch bislang gibt), sondern kleine Tätergruppen mit relativ geringen Ressourcen, geringer organisationeller Anbindung und fehlender oder geringer terroristischer Erfahrung und Ausbildung, die im Wesentlichen einen (einzigen) Anschlagsversuch unternehmen und in der Zielwahl gegebenenfalls Anregungen oder groben Vorgaben folgen, diese aber letztlich selbst vornehmen.

An dieser Täterstruktur hat sich auch mit dem Erstarken des Islamischen Staates (IS) bislang wenig geändert. Seit dieser größere Gebiete im Osten Syriens und Nordwesten Iraks erobert und 2014 ein Kalifat ausgerufen hat, sind in Europa vermehrt Anschläge und Anschlagsplanungen mit Bezügen zu bzw. unter Berufung auf den IS zu verzeichnen. Hegghammer und Nesser (2015) zählen für den Zeitraum von Januar 2011 bis Juni 2015 insgesamt 69 dschihadistische Anschlagsplanungen (inklusive 19 ausgeführte Anschläge) in Europa, Nordamerika und Australien, von denen 30 einen IS-Bezug aufweisen. In der Schlussphase dieser Erhebung (Juli 2014 bis Juni 2015) steigt der Anteil von Anschlagsplanungen mit IS-Bezug auf 26 von 33 (wobei die Unterscheidung zwischen IS- und al-Qaida-bezogenen Anschlägen nicht immer klar zu treffen ist). Die Anschlagsplanungen mit IS-Bezug wurden überwiegend von Tätern bzw. Tätergruppierungen unternommen, die Sympathie für den IS äußern oder erkennen lassen, ohne in persönlichem Kontakt zu irgendeiner Verbindungsperson in der IS-Organisation zu stehen. Andere Täter haben entfernte Kontakte, ohne jedoch Anweisungen bekommen zu haben. In vier Fällen waren Täter beteiligt, die ein Training auf IS-Gebiet, nicht aber Anweisungen für Anschläge im Westen erhalten hatten; in vier weiteren Fällen sind Hinweise auf mehr oder minder spezifische Anregungen bzw. Instruktionen für Anschläge im Westen zu erkennen. Viele der (geplanten) Anschläge haben Lowtech-Charakter und werden mit Stich- oder Handfeuerwaffen ausgeführt; oft werden sie von Einzeltätern oder Zweiergruppen geplant; bei durchgeführten Anschlägen liegt die Zahl der Todesopfer bei durchschnittlich 1,4 Personen (ebd.). Von diesem Grundmuster eines Terrorismus relativ unprofessioneller Einmaltäter weichen einzelne spektakuläre Anschläge ab. So gelangen am 13. November 2015 in Paris komplexere konsekutive Mehrfachanschläge: Die Täter schlugen in drei Teams mit je drei Personen an insgesamt neun Orten in Paris zu. Mindestens fünf Sprengvorrichtungen wurden erfolgreich gezündet, und die Täter verfügten über eine größere Anzahl automatischer Waffen. Die Mehrzahl der Taten aber spiegelt nach wie vor das in unserem Erhebungsdesign zugrunde gelegte Bild von organisationell gering eingebundenen Tätern, die durch dschihadistische Organisationen oft nur inspiriert wurden und die mit relativ einfachen Mitteln und bei wesentlich eigenständiger Zielwahl operieren.

Potenzielle Veränderungen in der dschihadistischen Szene, Organisation, Strategie und Propaganda sind freilich gleichwohl stets zu berücksichtigen. So könnte bei weiteren erfolgreichen Inspirationen besonders unprofessioneller Täter mit einer Ausweitung von Angriffen mit Hieb- und Stichwaffen zu rechnen sein – während umgekehrt die (bislang nur begrenzt sich auswirkende) Rückkehr kampferfahrener und besser vernetzter Personen aus Kriegsgebieten eine Professionalisierung des dschihadistischen Terrorismus in Europa befördern kann. Auch bei Änderungen der Professionalität und der Angriffsmittel bleiben jedoch zentrale Parameter der Zielwahl bestehen. So suchten etwa auch die Attentäter von Paris zentral gelegene und (mit Ausnahme des Stade de France) ohne Zugangskontrollen zugängliche Ziele aus; indiskriminative Angriffe auf Zivilisten folgen früheren Vorbildern und zielen auf die Mitte der Gesellschaft; und mit dem Veranstaltungsort Bataclan wurde zusätzlich ein Ort angegriffen, an dem sich, so das mutmaßliche Bekennerschreiben des IS, »hunderte Götzendiener in einer perversen Feier versammelt« hätten – hier zeigt sich die ebenfalls in früheren Anschlägen schon beobachtbare Orientierung an aus der Sicht der Dschihadisten überdurchschnittlicher »Schuld« und Verachtungswürdigkeit.

Während eine sukzessive Überprüfung und Anpassung der Risikobewertung angesichts sich verändernder gesellschaftlicher und organisatorischer Rahmenbedingungen also immer erforderlich bleibt, können die hier beschriebenen Parameter der Zielwahl (und erst recht die dargestellten Basismechanismen der Anschlagsplanung überhaupt) auch für eine IS-inspirierte Phase des Dschihadismus in Europa im Wesentlichen als weiterhin gültig angenommen werden.

Das vorliegende Buch ist die leicht überarbeitete Version unserer Dissertationsschrift an der Universität Hamburg. Die Arbeit basiert auf Datenerhebungen und -auswertungen, die wir gemeinsam im Rahmen des BMBF-geförderten Forschungsprojekts »Technische Prävention von Low-Cost-

Terrorismus« am Institut für Sicherheits- und Präventionsforschung (ISIP) und am Institut für Kriminologische Sozialforschung der Universität Hamburg (IKS) durchgeführt haben. Wir sind all jenen zu Dank verpflichtet, ohne deren Unterstützung und Mitarbeit diese Studie nicht möglich gewesen wäre. Für die Durchführung des Planspiels war die psychologische Expertise und Begleitung von Prof. Dr. Lorenz Böllinger unabdingbar. Dr. Sybille Reinke de Buitrago wirkte als wissenschaftliche Mitarbeiterin an der internationalen Bestandsaufnahme und einer Medienanalyse mit, Martin-Carrillo Aravena war als wissenschaftlicher Mitarbeiter wesentlich an der Durchführung des Planspiels beteiligt. Für die dabei erforderlichen umfangreichen Gruppenbeobachtungen und Transkriptionsarbeiten waren wir auf die tatkräftige Unterstützung unserer studentischen Hilfskräfte angewiesen: Wir danken Sandra Blaufelder, Manel Chaar, Anna-Katharina Ficht, Janine Fregin, Maruschka Güldner, Martin Halewitz, Nina Hürter, Stefanie Meyer, Yvonne Morick, Nico Nolte, Johanna Öhding, Eva Maria Reh, Umut Savac, Kolja Schild, Sarah Schirmer, Katharina Schmidt und Christine Uebele. Bei der Bestandsaufnahme dschihadistischer Anschläge und Anschlagsplanungen in Europa haben uns folgende Kooperationspartner geholfen: in Frankreich das Centre de Recherches Sociologiques sur le Droit et les Institutions Pénales (Xavier Crettiez, Lynda Djerroud), in Italien die Università Cattolica del Sacro Cuore & Transcrime (Ernesto U. Savona), in Spanien die Universität Barcelona, OSPDH (Mónica Aranda Ocaña), das Chatham House in Großbritannien (Paul Cornish), in den Niederlanden die Universität Leiden, Centre for Terrorism and Counterterrorism (Edvin Bakker) und in der Türkei das Strategic Research Center der Bahcesehir University (Ercan Çitlioğlu).

Von Seiten des Projektträgers VDI profitierte das Vorhaben von der konstruktiven Begleitung durch Dr. Karin Wey. Vertreter verschiedener Sicherheitsbehörden auf Bundes- und Landesebene sowie Mitarbeiter diverser Infrastrukturbetreiber haben den Fortschritt des Projekts im Rahmen von Workshops begleitet und mit ihrem Praxiswissen unterstützt. Dr. Aldo Legnaro, Dr. Florian Bernhardt, Dirk Uden, Dr. Franziska Kunz und Axel Pelzer haben uns mit kritischen Anmerkungen und Anregungen geholfen. Claudia Weber danken wir für das gründliche Korrektorat. Danken möchten wir überdies den Kolleginnen und Kollegen Prof. Dr. Daniela Klimke vom Institut für Sicherheits- und Präventionsforschung (die auch an der Projektantragstellung wesentlich beteiligt war) sowie Philipp Offermann und Dr. Leon Hempel vom Zentrum Technik und Gesellschaft der TU Berlin, die uns für die Arbeit am Manuskript den Rücken freigehalten haben. Besonderer Dank gilt schließlich Prof. Dr. Dr. h.c. Fritz Sack, der schon als Antragsteller involviert war, die Datenauswertung mit seiner Expertise begleitet hat und schließlich als Zweitprüfer der Dissertation fungierte sowie Prof. Dr. Sebastian Scheerer, der ebenfalls einer der Projektantragsteller war und, trotz widriger Umstände, die Aufgabe der Betreuung unserer Dissertation übernommen und die Arbeit bis zur Drucklegung freundschaftlich unterstützt hat. Nicht zuletzt danken wir unseren Familien für den Rückhalt und ihre uneingeschränkte Unterstützung, insbesondere während der arbeitsintensiven Phasen der Dissertation.

Einleitung

Dschihadistische Gruppierungen sind heute international in zahlreichen Ländern aktiv. Neben dem aktuell prominentesten Fall des Islamischen Staats, der größere Gebiete in Syrien und im Irak unter seine Kontrolle bringen konnte und ein Kalifat ausgerufen hat, operieren etwa al-Qaida (mit verschiedenen Ablegern wie al-Qaida im Islamischen Maghreb und al-Qaida auf der Arabischen Halbinsel), Boko Haram in Nigeria, Ansar al-Scharia in Libyen und in Tunesien, die Al-Shabaab-Miliz in Somalia, Laschkar e-Taiba in Kaschmir, die Al-Nusra-Front in Syrien, Jemaah Islamiyah in Indonesien, das Kaukasus-Emirat in Tschetschenien, die Hamas in Gaza/Israel, die Taliban im Irak, die Abdullah-Azzam-Brigaden in Ägypten, im Irak, in Syrien, in Jordanien, in Gaza und im Libanon, Abu Sayyaf auf den Philippinen und andere mehr. Verschiedene Gruppierungen arbeiten teils kooperativ, teils konkurrierend und bilden gelegentlich neue Abspaltungen und Fusionen. Neben irredentistischen Gruppen, die auf die (Wieder-)Aneignung von unter nichtmuslimischer Herrschaft stehendem Land orientiert sind (zum Beispiel Tschetschenien, Kaschmir, Palästina), stehen solche, die vorwiegend in einem nationalen Rahmen gegen als nicht hinreichend oder ordentlich muslimisch empfundene Regime kämpfen und auf die staatliche Machtübernahme orientiert sind, und andere, die einen globalen Kampf gegen den »Westen« betreiben und gegebenenfalls ein letztlich globales Kalifat unter Herrschaft der Scharia im Blick haben (vgl. z. B. Said 2014; International Crisis Group 2005).

Dschihadismus ist kämpferische Gewalt propagierender oder praktizierender Islamismus. »Islamismus« wurde unterschiedlich definiert, wird aber häufig wesentlich als ein auf irdische Herrschaft ausgerichteter, religiös sich legitimierender politischer Islam angesehen: Der Islam ist nach islamistischer Auffassung »nicht nur Religion, sondern auch Gesellschaftsordnung und politisches System und will die ideale, auf Gott und die Scharia ausgerichtete Gesellschaft hier auf Erden umsetzen« (Schirrmacher 2012: 5). Im politischen Diskurs wird zudem regelmäßig davon ausgegangen, dass es sich bei islamistischen Lehren um eine Verfälschung oder einen »Missbrauch« der »wahren« islamischen Lehre handele. Diese Differenzierungen erweisen sich im Einzelnen als nicht immer leicht begründbar, denn nach Ansicht mancher Beobachterinnen unterscheidet sich die »etablierte, traditionelle Theologie [...] kaum von den theologischen Positionen islamistischer Vertreter« (ebd.). Der Verweis auf politischen Aktivismus oder auf die mangelnde Trennung von Religion und Politik führte wenig weiter, folgte man einigen Islamwissenschaftlern, die den politischen Charakter schon der traditionellen islamischen Lehre betonen und in der »heute übliche[n] Unterscheidung zwischen ›islamisch‹ und ›islamistisch‹ keine Definitionskraft und erst recht keine Handlungsmaxime« erkennen können (Nagel 2001: 18). Der politische Diskurs blendet die Details theologischer Fragen weitgehend aus und verwendet »Islamismus« meist schlicht als Etikett für politisch unliebsamen, »extremistischen« islamischen Aktivismus, wobei dessen theologische Falschheit mehr oder minder als Selbstverständlichkeit behauptet oder vorausgesetzt wird. Diesem häufig anzutreffenden Verständnis des Islamismus als einer Spielart des »Extremismus« stehen allerdings wiederum politische Erfolge islamistischer Bewegungen und Parteien entgegen, welche – von Beobachtern, die diese nicht als »Extremisten« abwerten wollen – als »moderate Islamisten« bezeichnet werden.

Unabhängig von der Frage, ob man Islamismus pauschal als »extremistisch« verstehen oder »moderate« Formen zulassen möchte, sind friedlich (durch Überzeugungsarbeit oder in politischen Parteien) operierende Islamisten von Gewalt propagierenden oder ausübenden Akteuren zu unterscheiden. Für letztere Strömungen – und gerade auch für islamistischen Terrorismus (oder, weiter, für islamistische Militanz) – hat sich der Begriff des »Dschihadismus« etabliert, der auf die traditionelle islamische Dschihadlehre rekurriert und auch dem Selbstverständnis der Akteure entspricht. Diese Verwendung des Dschihadbegriffs ist allerdings ihrerseits problematisch, da sie friedliche und kriegerische Bedeutungen des Dschihadbegriffs ebenso wenig unterscheidet wie kriegerische und terroristische.

»Dschihad« bedeutet allgemein »Anstrengung« oder »Bemühung« um die Verbreitung des Islam oder für die Sache Gottes (vgl. Rohe 2009: 149; Noth 1994: 22ff.), was nicht notwendig militärische Mittel impliziert. Manche Muslime begegnen der Verwendung des Begriffs »Dschihadismus« daher mit Skepsis, da hier friedliche Formen von religiösen Anstrengungen oder

Bemühungen mit illegitimer Gewalt assoziiert werden und der Dschihadbegriff selbst damit negativ konnotiert würde (Hegghammer 2009: 246). Allerdings kennt auch die klassische islamische Rechtslehre, wie sie ungefähr ab dem 10. Jahrhundert in verschiedenen Rechtsschulen konsolidiert wurde, durchaus gewaltsame Formen des Dschihad und verstand den Einsatz zur Ausbreitung der Religion »zweifellos vor allem militärisch« (Rohe 2009: 149). Neben defensiven Aktionen zur Verteidigung sind dazu offensive zur Ausbreitung des muslimischen Herrschaftsterritoriums gefordert: Die klassische Lehre unterscheidet das »Haus des Islam«, wo die Normen der Scharia gelten, vom »Haus des Krieges«, dem »grundsätzlich als feindlich und rechtlos angesehene[n] Rest der Welt«, mit dem kein dauerhafter Frieden, sondern nur »zeitlich begrenzte Waffenstillstände im Falle der eigenen Unterlegenheit« zugelassen waren (ebd.). Die Teilnahme am Dschihad ist dabei als religiöse Pflicht konzipiert – nicht als individuelle Pflicht jedes Einzelnen, aber als Pflicht einer hinreichenden Anzahl von Gläubigen (ebd.). Die klassische Dschihadlehre wird heute oft auf den Aspekt defensiver militärischer Gewalt begrenzt, ist aber andererseits nach wie vor virulent und dient den heutigen »Dschihadisten« als Bezugspunkt. Dabei ist die Einschränkung auf defensive Gewalt, ob subjektiv akzeptiert oder nicht, grundsätzlich kein Hindernis, da sich islamistischer Terrorismus wesentlich als Verteidigungsmaßnahme in einem »Krieg gegen den Islam« versteht. Allerdings ist die mit dem klassischen Dschihadkonzept begründete *Kriegsführung* von *terroristischer* Anschlagsplanung zu unterscheiden, und es ist auch für Unterstützer der Idee eines militärischen Dschihad konsistent möglich, terroristische Aktionen (insbesondere Angriffe auf Zivilisten) mit theologischer Begründung abzulehnen.

Wir sprechen im Folgenden von »islamistischem« oder gleichbedeutend von »dschihadistischem« Terrorismus bzw. konkreter von »dschihadistischer Anschlagsplanung«. Dabei kann es aus sozialwissenschaftlicher Perspektive nicht um das – rein theologische – Problem gehen, vermeintlich wahre oder falsche religiöse Lehren zu unterscheiden. »Islamismus« meint hier subjektiv islamisch begründeten und orientierten politischen Aktivismus (der in gewaltfreien und gewaltsamen Formen vorkommen kann). Damit ist nichts darüber ausgesagt, ob die zugrunde liegende Islaminterpretation richtig oder falsch sei; selbst die Frage, ob sie plausibel oder nicht plausibel sei, spielt für unsere Zwecke keine Rolle. Der Dschihadismusbegriff wird verwendet, da er das Selbstverständnis islamistisch-kriegerischer und terroristischer Akteure widerspiegelt, die sich in einem militärischen

Dschihad gemäß islamischer Lehre wähnen. »Dschihadisten« sind kämpferische islamistische Gewalt propagierende oder praktizierende Akteure, gleich ob die jeweiligen Gewaltformen im Einzelnen als »Terrorismus«, »Krieg«, »Bürgerkrieg« oder anders zu werten sind.[1]

Die USA und europäische Länder gerieten im Zuge einer strategischen Neuorientierung auf den »fernen Feind« im Laufe der 1980er- und 1990er-Jahre als Anschlagsziele in den Blick des globalisierten Dschihadismus (vgl. Kepel 2004; Steinberg 2005). Die Ausrichtung auf den »fernen Feind« – die USA, Israel, den »Westen« allgemein und Russland – kondensiert sich personell in der Begegnung von Ayman al-Zawahiri und Osama bin Laden (vgl. Kepel 2004: 97–139). Zawahiri durchläuft eine Radikalisierungskarriere in Ägypten, wo er 1966 die Folter und Hinrichtung des Theoretikers der Muslimbruderschaft Sayyid Qutb erlebt und ab 1981, nach der Ermordung von Präsident Sadat, selbst inhaftiert und zum Opfer von Folter wird. 1985 verlässt Zawahiri Ägypten und lernt in Saudi-Arabien Osama bin Laden kennen, auf den er später, nach der Ermordung von dessen Mentor Abdullah Azzam im Jahr 1989, verstärkten Einfluss gewinnen wird. Bin Laden hatte bereits den Dschihad in Afghanistan unterstützt (den auch Zawahiri schon als Arzt einer islamischen Nichtregierungsorganisation erlebt hatte) und ist Anfang der 1990er-Jahre über die Stationierung von US-Truppen in Saudi-Arabien empört, die er als eine Entweihung heiligen Bodens in Mekka und Medina thematisiert. 1992 fliehen Zawahiri und bin Laden von Afghanistan in den Sudan und entwickeln von Khartum aus die weitere Internationalisierung des Dschihad, bevor 1996 bin Laden wieder nach Afghanistan und Zawahiri nach Tschetschenien weiterzieht. Der sunnitische Islamismus hatte im Kampf gegen Präsident Mubarak in Ägypten ebenso wie in Algerien und in Bosnien Misserfolge zu verzeichnen. Während der Kampf gegen den »nahen Feind« – Regime in mehrheitlich islamischen Ländern, die der Herrschaft der Scharia entgegenstehen – stagnierte, gab der Erfolg der Taliban gegen die Sowjetunion in Afghanistan dem Gedanken Auftrieb, dass mit den USA auch eine weitere Supermacht besiegbar sei. Im Jahr 1996 verbreitet bin Laden seine »Erklärung des Heiligen Krieges gegen die Amerikaner, die den Boden der heiligen Stätten besetzt halten«. 1998 folgt eine weitere Erklärung von bin Laden, Zawahiri und anderen, in der eine »internationale islamische Front gegen die Juden und die Kreuzfahrer« angekündigt wird

1 Neben kämpferischen kennt der Islamismus weitere Gewaltformen in den Körper- und Todesstrafvorschriften des schariatischen Strafrechts, die auch von politisch gewaltfrei operierenden Islamisten propagiert werden.

(vgl. Kepel 2004: 122). Für Zawahiri ist dabei die Umorientierung auf den »fernen Feind« auch die Lösung des von ihm gesehenen Hauptproblems der islamistischen Bewegung: die mangelnde Unterstützung und Mobilisierbarkeit der muslimischen Gemeinschaft. »Die Furcht vor der Isolation der ›Avantgarde‹ der Gotteskrieger«, so Kepel (ebd.: 129), »zieht sich wie ein roter Faden« durch Zawahiris Schrift »Ritter unter dem Banner des Propheten«. Darin stellt Zawahiri fest, dass der Kampf gegen Israel und gegen die amerikanische Präsenz von der Gemeinschaft aller Muslime – der Umma – »richtig verstanden« wurde und sie »begeistert« habe, was ihn zu dem Gedanken führt, dass der Islamismus den Nationalismus als Anknüpfungspunkt verwenden könne: »Die Dschihadbewegung hat eine zentrale Stelle an der Spitze der Umma erobert, als sie die nationale Befreiung gegen die ausländischen Feinde zu ihrer Parole gemacht und diese in den Zügen eines Kampfs des Islam gegen die Gottlosigkeit und die Ungläubigen gezeichnet hat« (zit. nach ebd.: 127f.). Die neue Strategie wird 1998 bei den Anschlägen auf die US-Botschaften in Kenia und Tansania sowie im Jahr 2000 bei dem Anschlag auf das Kriegsschiff USS Cole im Hafen von Aden umgesetzt, bevor sie vorerst im spektakulären Erfolg der 9/11-Anschläge vom 11. September 2001 kulminiert.

Europa war bereits in den 1980er- und 1990er-Jahren zum Schauplatz islamistischer Anschlagsversuche geworden; erste dschihadistische Netzwerke bildeten sich hier Anfang der 1990er-Jahre. Diesen diente Europa zunächst wesentlich als Rückzugsort und zur Rekrutierung für den (besonders bosnischen) Dschihad (Kohlmann 2005: 186; Baehr 2011: 9). Anschläge in Europa waren anfangs noch durch relativ spezifische lokale Konflikte in der MENA-Region (*Middle East Northern Africa*) bestimmt; so führte etwa die algerische *Groupe Islamique Armé* (GIA) Angriffe auf französische Ziele durch. Der neuere europäische Dschihadismus hat dagegen eine überwiegend globale Ausrichtung gewonnen und operiert mit Personal internationaler Herkunft und Hintergründe als Teil des »globalen Dschihad« gegen die USA, Israel und ihre Verbündeten (Nesser 2004: 12). Die Entstehung des Phänomens eines europäischen *Homegrown*-Dschihadismus ab 2003/2004 steht dabei im Zusammenhang mit den erschwerten Operationsbedingungen der ursprünglichen al-Qaida nach den Anschlägen von 9/11. Die erzwungene »Deterritorialisierung« (Roy 2006: 297) führt zu einer Öffnung gegenüber der Sympathisantenszene, zuvor geheim gehaltenes Schulungsmaterial wird veröffentlicht (Musharbash 2006) und Al-Qaida-Kader suchen neue Unterstützer auch in europäischen Ländern (Hoffman 2003: 437). Das

Medium Internet liefert hierfür einen schwer kontrollierbaren kommunikativen Raum, in dem Konzepte, Ideologien und Wissensbestände zirkulieren und verschiedene lokal agierende Gruppen sowie Sympathisanten und Unterstützer weltweit in die Bewegung eingebunden werden können (Paz 2005: 75). Es entsteht ein »leaderless jihad« (Sageman 2008) von sich selbstrekrutierenden, oft im jeweiligen Zielland des Anschlags aufgewachsenen Akteuren, die nur schwache Bindungen an transnationale dschihadistische Organisationen haben.

Seit 9/11 sind eine Reihe von dschihadistischen Anschlägen sowie erfolglose Anschlagsplanungen und -versuche in europäischen Ländern zu verzeichnen (vgl. z. B. Nesser 2008; 2010). Die erwogenen oder angegriffenen Anschlagsziele umfassen öffentliche Nahverkehrsmittel (zum Beispiel Madrid 2004, London 2005), den Flugverkehr (zum Beispiel Paris 2001), Soldaten und militärische Anlagen (zum Beispiel Frankfurt am Main 2011, Woolwich 2013), jüdische Personen und Einrichtungen (zum Beispiel Düsseldorf 2002, Toulouse 2012), Politiker und Botschaften (zum Beispiel Paris 2004, London 2010), Filmemacher und Karikaturisten (zum Beispiel Amsterdam 2004, Paris 2015).[2] Der europäische Dschihadismus unterscheidet sich von dschihadistischen Aktivitäten in vielen mehrheitlich muslimischen Ländern partiell in der Auswahl von Anschlagszielen – so spielen etwa die im arabischen Raum regelmäßig vorkommenden Angriffe sunnitischer Terroristen auf Schiiten in Europa bislang keine Rolle – und ist in seiner Dimension und in seinem Organisationsgrad erheblich geringer ausgeprägt. Anschläge in Europa sind vergleichsweise selten und meist kleiner dimensioniert. Größere, über längere Zeiträume klandestin operierende und organisierte Gruppen von Dschihadisten, gar solche, die staatliche Herrschaft ernsthaft herauszufordern vermöchten, sind nicht existent. Europäische Dschihadisten sind bislang vorwiegend *One-Shot-* und Ersttäter: Täter mit mangelnder Expertise, mangelnder Erfahrung, fehlender oder begrenzter terroristischer Ausbildung, fehlender oder geringer organisationeller Einbindung und geringen Ressourcen, die nur einen Anschlagsversuch unternehmen (können). Dschihadistische Gruppierungen wie al-Qaida oder der »Islamische Staat« fungieren dabei weniger als hierarchische Organisationen mit bestimmbaren Befehlsstrukturen, die *Chain-of-Command*-Zellen in *Top-down*-Prozessen rekrutieren, ausrüsten und steuern, denn als ideologische Bewegung, deren Ziele und Methoden sich Kleingruppen und Einzeltäter

2 Siehe Fallliste in Anlage 1.

als *Self-Starter* für eigenfinanzierte und selbst geplante Anschläge zu eigen machen können; daneben bestehen, als eine Zwischenform, *Guided Cells*, welche sich wesentlich selbst rekrutieren, aber eine persönliche Verbindung zu dschihadistischen Netzwerken aufnehmen, teilweise auf Netzwerkressourcen zurückgreifen können und die Zustimmung von Kadern zu ihren Plänen suchen (vgl. Neumann/Rogers 2007: 11ff.).

Je weiter dschihadistische Akteure von etablierten dschihadistischen Organisationen entfernt sind, je weniger Radikalisierung, Finanzierung, Anschlagsplanung und -durchführung von erfahrenen Führungsfiguren persönlich gestützt und angeleitet werden können, desto größer wird die erforderliche Eigenleistung in der Adaption oder Entwicklung einer Logik der Anschlagsplanung sowie deren Transformation in die Praxis. In Ermangelung direkter Anweisungen stehen eigenständig agierende Dschihadisten in europäischen Ländern vor der Aufgabe, die allgemeinen Vorgaben des dschihadistischen Diskurses sowie internationale Praxisbeispiele dschihadistischen Terrorismus und mediale, insbesondere via Internet vermittelte Anleitungen und Anregungen für die eigene Operation konkretisieren zu müssen. Der *Self-Starter* findet im Internet Texte, Tonaufnahmen und Videos zur ideologischen Erbauung, Anknüpfungspunkte zur weiteren Radikalisierung, Anleitungen zur Konstruktion von Anschlagsmitteln, Handbücher für den Dschihad und Diskussionen von Anschlagsszenarien (zur Rolle des Onlinedschihad vgl. z. B. Rogan/Stenersen 2008; Chen et al. 2008; General Intelligence and Security Service 2011; Amble 2012; Michael 2013; Weimann 2012), die aber hinreichend vielfältig (und teils widersprüchlich) sind, um Raum für umfangreiche Selektionsprozesse und die eigene (Re-)Konstruktion einer Logik der Anschlagsplanung zu schaffen. Gerade an durch Propagandamaterialien und Vorbilder inspirierten, aber ansonsten anweisungslosen Tätern lässt sich die Entwicklung und Entfaltung der Logik der Anschlagsplanung – von der Entwicklung eines legitimatorischen Rahmens über die Adaption und Selektion von näheren Motiven bis hin zur Genese einer Anschlagspraxis – zusammenhängend beobachten.

Hinsichtlich der Logik einer Anschlagsplanung lassen sich verschiedene Entscheidungen unterscheiden, die ein Handelnder (mehr oder minder reflektiert) zu treffen hat bzw. welche sich im Handeln artikulieren. Notwendig müssen die Fragen nach Anschlagszielen und -mitteln bzw. Modus Operandi beantwortet werden, also: Wer oder wo soll angegriffen werden? Wie, womit und wann soll der Anschlag erfolgen? Ohne eine Selektion in diesen

Fragen kann kein Anschlag durchgeführt werden. Zudem – und auch angesichts einschlägiger Begründungsverpflichtungen (sich selbst oder anderen gegenüber) – wird eine Selektion von Motiven und Legitimationen anzutreffen sein, also: Warum überhaupt einen Anschlag durchführen? Und wie ist ein (dieser) Anschlag (auf dieses Ziel) zu rechtfertigen? Dabei ist erwartbar, dass Erzählungen über eigene Motive und Legitimationen sich mit der Zeit und in verschiedenen Erzählkontexten wandeln. Der Handelnde kann seine Motive mehr oder minder gut kennen, sie mehr oder minder detailliert reflektiert haben, sie mehr oder minder plausibel sprachlich artikulieren können und sie ex post unterschiedlich rekonstruieren.

Die Terrorismusforschung hat sich der Fragen nach dem »Warum« des Terrorismus und seiner subjektiven Legitimation (die gleichfalls einen Kausalfaktor darstellen kann) ausführlich angenommen. Beschrieben werden dabei subjektive motivationale Sinnzusammenhänge (vor allem ideologischer, strategischer und taktischer Art) sowie Theorien über subjektiv nicht unbedingt reflektierte Ursachen – etwa makrosoziologische strukturelle Spannungen, Deprivation, *strain*, Hindernisse für politische Artikulation, eskalierende Repression, Gruppendynamiken, Viktimisierungserfahrungen, Identitäts- oder Anerkennungsdefizite (für Überblicksdarstellungen vgl. z. B. McAllister/Schmid 2011; Krieger/Meierrieks 2011; Richardson 2007; Turk 2004; Hoffman 1998). Alle Theorien müssen dabei mindestens implizite Annahmen über motivationale Zusammenhänge voraussetzen, sofern sie verstehbare Erklärungen von kausalen Mechanismen darstellen sollen. Während die *Logik der Entscheidung zum Anschlag überhaupt* damit in der Forschung vielfältig beleuchtet wird, spielen die Fragen nach der *Logik der konkreten Anschlagsplanung*, das heißt der Selektion von Anschlagszielen und -mitteln bzw. einem konkreten Modus Operandi eine Nebenrolle in Forschung und Theoriebildung. Zwar vermögen insbesondere spektakuläre Anschläge Diskussionen über die Symbolik und Bedeutung der Ziel- und Mittelwahl auszulösen. Auch werden einzelne Aspekte von Ziel- und Mittelwahlen im Rahmen der Terrorismusforschung notwendig thematisiert. Genauer besprochen worden ist etwa die strategische und taktische Logik von Selbstmordanschlägen (vgl. z. B. Pape 2003; Vertigans 2011); im Rahmen von Fragen nach der Überlebensfähigkeit terroristischer Gruppen sind auf politischen Einfluss orientierte Anschläge von solchen unterschieden worden, die dem Selbsterhalt und der Sicherheit der Gruppe dienen (wobei größere und spektakulärere Anschläge mehr *influence*, aber weniger *security* generieren; McCormick 2003); im Rahmen einer theatermetaphorisch-dramaturgischen Perspektive hat sich Juergensmeyer (2001) näher mit dem *Performance*-Aspekt der Inszenierung terroristischer Gewalt und dessen Implikationen für die Wahl von Orten, Zeiten und Gewaltformen beschäftigt; diverse Ansätze zur Deutung und Erklärung von Terrorismus legen verschiedene Präferenzen für die Wahl von Anschlagsszenarien nahe – so erörtert Vertigans (2011: 111–135) unter anderem mögliche Einflüsse von Strategien, die Entwicklung von präferierten Anschlagstypen als »Markenzeichen« einzelner Gruppierungen, die Wahl von Opfern nach Rollen, Loyalitäten oder Bekanntheitsgrad, das Aufmerksamkeitserfordernis von Terrorismus als »Kommunikation«, die Berücksichtigung der beabsichtigten Wirkung auf ein Publikum oder die Rolle pragmatischer Entscheidungen angesichts bestimmter Fähigkeiten und Ressourcen. Faktoren, die grundsätzlich Einfluss auf die konkrete Anschlagsplanung haben können, werden damit in der Terrorismusforschung zwar benannt, der Zusammenhang zu bestimmten Szenariowahlen bleibt jedoch meist abstrakt, punktuell und wenig bestimmt. Eine systematische und konkretisierte Darstellung und/oder Erklärung von Ziel- und Mittelwahlprozessen wurde dagegen nur selten versucht (zu Ausnahmen vgl. Kapitel I) – die Forschung über »terrorist decision making« (vgl. McCormick 2003) ist erheblich mehr mit der Entscheidung zum Terrorismus als mit den Entscheidungen von Terroristen befasst.

Gleichzeitig besteht in bestimmten Feldern antiterroristischer Praxis ein Bedarf an Einschätzungen über die Verläufe zukünftiger konkreter Anschlagsplanungen. Polizeien, Sicherheitsbehörden und private Betreiber gefährdeter Anlagen wenden regelmäßig Techniken an, die sich als solche der (mindestens versuchten) *situativen Prävention* (vgl. z. B. Felson/Clarke 1998) beschreiben lassen. Unter der Voraussetzung der Existenz grundsätzlich motivierter Täter wird versucht, Tatgelegenheitsstrukturen so zu gestalten, dass die Durchführung von Anschlägen schwieriger und unattraktiver, riskanter und weniger lohnenswert wird. Es geht um *increasing the effort* (zum Beispiel durch Zufahrtsschranken, Identitätskontrollen, restriktives Waffenrecht, Störung der Rekrutierung), *increasing the risks* (zum Beispiel durch erhöhte Überwachung oder die Verbesserung von Waffendetektionssystemen) und *reducing the rewards* (zum Beispiel durch bauliche Maßnahmen zur Minimierung von Bombenwirkungen, Einsatz nicht brennbarer Materialien, schnelle Schadensbeseitigung). Die Umsetzung solcher situativer Präventionstechniken erfordert häufig Annahmen über die Logik der konkreten Anschlagsplanung: Der Versuch, Anschläge (mit ortsgebundenen Mitteln) unattraktiver zu machen, setzt Annahmen darüber voraus, was tatgeneigte Personen in der konkreten Zielwahl, Mittelwahl und Vorgehensweise als attraktiv wahrnehmen und wie sie im Einzelnen auf Schwierigkeiten und erhöhte Risiken reagieren. Überall dort, wo – was die Regel ist – begrenzte Präventionsressourcen räumlich und zeitlich distribuiert werden müssen, sind Annahmen erforderlich, die es ermöglichen, wahrscheinlichere von unwahrscheinlicheren Anschlagsszenarien (die Ziele wie die Vorgehensweise betreffend) zu unterscheiden. Überall wo – oft aufwendige – Übungen zur Vorbereitung auf eventuelle terroristische Angriffe durchgeführt werden, sollen realitätsnahe Szenarien zugrunde gelegt werden. Diesem Praxisinteresse an der Logik der konkreten Anschlagsplanung steht eine Terrorismusforschung gegenüber, die sich auf die Logik der Entscheidung zum Anschlag überhaupt konzentriert und relativ wenig Systematisches zu Fragen der konkreten Tatplanung vorlegt.

Dafür mag es verschiedene Gründe geben. Ein wichtiger ist darin zu sehen, dass die Terrorismusforschung teilweise (ideell und nicht zuletzt finanziell) von einer *totalen Präventionsorientierung* lebt: Im Idealfall gelänge es, die *root causes* des Terrorismus zu bestimmen und zu beseitigen, sodass keine motivierten Täter übrig blieben, über deren Szenarioentscheidungen man sich noch Gedanken machen müsste. Demgegenüber erscheint die Frage, auf welche Weise als motiviert vorausgesetzte Täter welches Ziel angreifen werden und warum, als sekundär. Angesichts der Möglichkeit und Erwartung von *displacement* (der Verlagerung von Anschlägen von besser geschützten auf weniger geschützte Ziele), scheint auch die mit einer solchen Frage verknüpfbare Präventionshoffnung gen null zu schwinden. Anders als aus der Perspektive etwa einer lokalen Sicherheitsbehörde oder eines Infrastrukturbetreibers, kann es aus gesamtgesellschaftlicher sowie theoretischer Perspektive unwichtig erscheinen, ob im Einzelnen nun U-Bahnhof A oder Bahnhof B zum Anschlagsziel wird, oder ob stattdessen eine Bombe in Fußgängerzone C explodiert. Doch selbst wenn ein einfaches *displacement* die Regel wäre und eine genauere Analyse von Anschlagsplanungen keine insgesamt präventiven Effekte haben könnte, erscheint deren Vernachlässigung in der Terrorismusanalyse theoretisch und methodologisch fragwürdig. Denn die Planung und Durchführung von Anschlägen ist der Kern der Praxis dessen, was gemeinhin Terrorismus genannt wird. Die Vernachlässigung des Vorgangs der konkreten Anschlagsplanung zugunsten der globalen Warum-Frage kommt daher einem Mangel an präziser Deskription des zu erklärenden Gegenstands gleich. Diese aber lässt sich – sofern Erklärung wie

(»dichte«) Beschreibung auf motivational wirksame Sinnzusammenhänge rekurrieren – von Erklärungen als deren Voraussetzung und Element eben gar nicht trennen. Kurz: Mögliche Antworten auf die Frage nach dem Warum erfordern eine genaue Untersuchung des Wie und Was des Handelns, hier: der Praxis der Anschlagsplanung. Umgekehrt kommt die Analyse der konkreten Anschlagsplanung nicht überzeugend ohne eine Berücksichtigung des motivationalen Rahmens des Anschlags überhaupt aus, welcher sich mindestens partiell in konkreten Einzelentscheidungen artikuliert.

Das vorliegende Buch untersucht die Logik der Anschlagsplanung und versucht, resultierende Risikobewertungen zu bestimmen.[3] Da konkrete Anschlagsplanungen unter anderem ideologie-, ressourcen- und organisationsabhängig sind, konzentrieren wir uns auf einen Fall, nämlich den dschihadistischer Täter in Europa, und fragen: Nach welcher Logik entscheiden sich dschihadistisch-terroristische Akteure für bestimmte Anschlagspläne (und gegen andere)? Und (wie) lässt sich bewerten, welche konkreten Anschlagsszenarien an bestimmten Orten oder Objekten realitätsnah und wahrscheinlicher sind als andere? Da sich die Beantwortung dieser Fragen von der Rahmenlogik des Anschlags an sich nicht trennen lässt, streben wir dabei eine Integration der Antworten auf die konkreten Fragen nach der Ziel- und Mittelwahl mit der Frage nach dem subjektiven Sinn von Terrorismus überhaupt an.

Methodisch steht die Analyse der Logik von Anschlagsplanungen aus Täterperspektive vor der Herausforderung der Erhebung geeigneter Daten über entsprechende Planungsprozesse. Hierbei erweist sich die Analyse realer Tatplanungen als erforderlich, aber aus verschiedenen Gründen für sich alleine als unbefriedigend. Unter dschihadistischen Akteuren in Europa bilden sich bislang keine langlebigen Gruppen mit jenen gruppenspezifischen Zielwahlerwägungen aus, die gemeinhin Gegenstand der Zielwahlforschung sind (vgl. Kapitel I). Des Weiteren sind dschihadistische Anschlagsplanungen in Europa seltene Ereignisse, die sich zudem unter heterogenen Bedingungen entwickeln und die vor allem – wie praktisch alle Anschlagsplanungen – in den Details des Planungshandelns nicht beobachtbar sind. Damit

3 Wir verwenden dabei einen reduzierten Risikobegriff, der nur die Wahrscheinlichkeit eines Anschlags, nicht das Produkt aus Wahrscheinlichkeit und Schadenshöhe meint. Dies dient der sprachlichen Vereinfachung und ist konsistent mit einem Risikobegriff, wie er etwa in medizinischen Kontexten verwendet wird, wo ebenfalls von einem Krankheitsrisiko gesprochen wird, ohne dabei die Schadenshöhe der Krankheitsfolgen einzukalkulieren.

ist die Möglichkeit statistischer Extrapolation von Bedrohungen ebenso eingeschränkt (vgl. Aven 2010: 15) wie die Möglichkeit einer qualitativen Analyse der Entscheidungslogik. Der Versuch, anschlagsplanendes Denken nachzuvollziehen, ist wesentlich auf die Untersuchung von allgemeinen Propagandamaterialien, auf Ex-Post-Äußerungen von Tätern oder affiliierten Gruppen (zum Beispiel Bekennervideos, Interviews, Gerichtsakten) sowie die Deutung tatsächlich gewählter Anschlagsziele angewiesen. Die Analyse ausgewählter Ziele lässt aber keine sicheren Schlüsse auf die zugrunde liegenden Entscheidungskriterien zu – das Ergebnis eines Entscheidungsprozesses zu beobachten, heißt eben noch nicht, die Entscheidungslogik selbst verstanden zu haben. Ex-Post-Äußerungen sind in ihren Details stark reduziert und von nachträglichen Rationalisierungen sowie von Kriterien der strategischen Kommunikation verzerrt – sie können unter anderem der Legitimation, der Drohung, der Selbstdarstellung oder der Propaganda dienen, liefern aber keinen zufriedenstellenden Einblick in das Planungsprozedere. Propagandamaterialien des internationalen Dschihadismus zeigen ideologische, strategische und taktische Aspekte auf, die für die Zielwahlprozesse einzelner Täter oder Gruppen relevant sein können. Sie sind allerdings nicht von den Tätern selbst verfasst (sondern etwa von führenden Ideologen oder sympathisierenden Unterstützern) und liefern ein heterogenes Potpourri von Optionen, wobei verschiedenste Angriffsziele von Wirtschaft und Infrastruktur über Militär und Politik bis hin zu Massentötungen angeregt werden. Die Analyse von Propagandamaterialien erklärt nicht, wie diese vielfältigen Vorgaben in der Praxis umgesetzt werden, welche Aspekte von Anschlagszielen von Tätern im Einzelnen als attraktiv gewertet werden, welche Tatgelegenheiten wahrgenommen werden und nach welchen Kriterien sich die erforderlichen Selektionsprozesse aus einem breiten Spektrum möglicher Angriffsziele in der Anschlagspraxis vollziehen. Was an Realfällen fehlt, ist die Möglichkeit der Beobachtung tatsächlicher Planungs- und Entscheidungsschritte. Aus diesem Grunde haben wir zur Analyse dschihadistischer Ziel- und Mittelwahlen die Untersuchung von Echtfällen mit einem Planspiel zur Anschlagsplanung trianguliert. Im Forschungsdesign sind dabei die Analyse der Realfälle und die Planspielmethode wechselseitig aufeinander bezogen. Die Realfallanalyse liefert Rahmenparameter für das Design des Planspiels, Referenzpunkte für die Bestimmung von im Planspiel generierten Dschihadismusanalogien, eigenständige Empirie, die – soweit die verfügbaren Informationen es zulassen – in Bezug auf Planungslogiken analysiert wird, und Materialien, an denen mithilfe des Planspiels rekonstruierte Muster der Anschlagsplanung – wiederum: soweit die Datenlage zu realen Fällen dies erlaubt – spezifiziert und hinsichtlich ihrer möglichen Relevanz eingeschätzt werden können (vgl. Fischer et al. 2015).

Im Folgenden wird zunächst (*Kapitel I*) der Forschungsstand zur Ziel- und Mittelwahl terroristischer Gruppierungen im Hinblick auf bestehende Zielwahlmodelle und Risikobewertungen im Allgemeinen sowie die Ziel- und Mittelwahl des dschihadistischen Terrorismus in Europa im Besonderen diskutiert. *Kapitel II* präsentiert eine statistische Bestandsaufnahme und Analyse der im Rahmen einer Fallerhebung zu dschihadistischen Anschlägen und Anschlagsversuchen in Europa gewonnenen Daten. *Kapitel III* erörtert die Logik des Anschlags vor dem Hintergrund einer Analyse von Terrorismus als Form der sozialen Kontrolle. *Kapitel IV* beschreibt das Planspielverfahren, präsentiert die dort generierten Anschlagsszenarien und analysiert die gewonnenen Daten hinsichtlich der Mechanismen der Selektion von Anschlagsszenarien und resultierender Risikoparameter. *Kapitel V* untersucht die Struktur dschihadistischer Anschläge als Bewährungshandeln, unternimmt vier detaillierte Fallrekonstruktionen und identifiziert dabei Typen der individuellen Bewährungsthematik und ihre Verknüpfung mit spezifischen Anschlagsorientierungen. *Kapitel VI* integriert die Ergebnisse zur Strukturlogik dschihadistischer Anschlagsplanung und bespricht Perspektiven der Risikoevaluation.

I. Ziel- und Mittelwahl terroristischer Gruppen

1 Zielwahlmodelle und Risikobewertungen

Theoretische Strukturierungen oder Modellierungen terroristischer Zielwahlprozesse versuchen in der Regel, die zugrunde liegende Entscheidungslogik aus Täterperspektive zu beschreiben, um auf dieser Basis tentative Prognosen oder Trendaussagen über künftig zu erwartende Angriffsziele bzw. -szenarien abzuleiten. Die Vorgehensweisen lassen sich grob in zwei Typen unterscheiden. Auf der einen Seite stehen konventionelle, an politischer Rationalität orientierte Ansätze, die von einer ideologisch, strategisch und taktisch bestimmten Logik der Zielwahl ausgehen, dabei die jeweiligen Fähigkeiten bzw. Ressourcen der terroristischen Gruppierung berücksichtigen, des Weiteren unterschiedliche, die Zielwahl mit beeinflussende oder einschränkende Faktoren (etwa Sicherheitsmaßnahmen oder politische Rahmenbedingungen) nennen und schließlich ein Residuum »außerrationaler« Aspekte (etwa Gruppendynamiken) ausmachen, die als in ihrer Wirkung schwer beschreibbare Störfaktoren auf die politische Rationalität einwirken und Prognosen zusätzlich erschweren. Am umfassendsten wurde ein solches Modell von Drake (1998) entwickelt; spätere Studien bewegen sich in den gleichen Rahmenannahmen, konzentrieren sich aber oftmals auf den Einfluss einzelner Variablen des Gesamtprozesses. Drakes Modell zeichnet sich, wie wir sehen werden, dadurch aus, dass es mehr Elemente denn Ergebnisse des Zielwahlprozesses benennt – die Beschreibung von im Entscheidungsprozess relevanten Aspekten (wie etwa Ideologie, Strategie etc.) ist in der Konkretion so weit von einzelnen potenziellen Anschlagszielen entfernt, dass eine systematische Bewertung der relativen Wahrscheinlichkeiten von Anschlagsszenarien erhebliche zusätzliche Schritte erforderte. Was konventionelle Ansätze nicht liefern, ist eine systematische Beschreibung der Eigenschaften von wahrscheinlicheren (im Vergleich zu unwahrscheinlicheren) Anschlagszielen selbst. Hier setzt das opportunitätslogisch argumentierende Modell von Clarke und Newman (2006) an, welches Ideologien weitgehend auszublenden versucht, Strategien eher am Rande behandelt und sich auf taktische Erwägungen und Tatgelegenheitsstrukturen konzentriert. Zwar stellt auch dies insofern noch einen Ausschnitt aus dem konventionellen Vorgehen dar, negiert aber die Bedeutung von Ideologieanalysen explizit und ist vor allem im Ergebnis anders ausgerichtet: Clarke und Newman erstellen ein – in seinem Anspruch die Täterperspektive abbildendes – Raster von Merkmalen, die sich an konkreten potenziellen Anschlagszielen beobachten lassen und damit deren relative Gefährdung systematisch bewertbar machen sollen. Nicht die Eigenschaften von Entscheidungsprozessen, sondern deren Resultate, die Eigenschaften potenzieller Ziele, stehen dabei im Vordergrund. Wir betrachten im Folgenden konventionelle und opportunitätslogische Herangehensweisen im Hinblick auf die resultierenden Verfahren der Risikobewertung und deren Übertragbarkeit auf den konkreten Fall dschihadistischer Anschläge in Europa sowie hinsichtlich ihrer Annahmen über die Logik der Anschlagsplanung und die dabei zugrunde gelegten Handlungsmodelle.

1.1 Drakes konventionelles Zielwahlmodell

Drake (1998) entwickelt sein Modell terroristischer Zielwahlprozesse vorwiegend an Beispielen aus den Bereichen des sozialrevolutionären und ethnoseparatistischen Terrorismus und unternimmt es dabei, Parameter, die die Zielwahl bestimmen bzw. einschränken, erschöpfend zu beschreiben. In einem trichterförmigen Verengungsprozess reduzieren sich Drake zufolge sukzessive erwogene Anschlagsoptionen. Dabei werden als »dynamics behind terrorist target selection« ideologische, strategische und taktische Überlegungen angenommen, während eine Reihe von dieser politisch-instrumentellen Logik exmanenten Faktoren die Wahl geeigneter und realisierbarer Ziele zusätzlich begrenzt.

Drake definiert »Ideologie« als »the beliefs, values, principles, and objectives […] by which a group defines its distinctive political identity and aims, and justifies its actions« (ebd.: 16) und schreibt dieser im Zielwahlprozess eine zentrale Rolle zu: »A group's ideology is extremely important in determining target selection« (ebd.: 23). Dabei sieht Drake die Rolle ideologischer Momente vor allem in der Bestimmung eines ersten, noch breiten Spektrums potenzieller Ziele, welches von der Beurteilung der Legitimität von

Anschlägen und der Zuschreibung von Schuld begrenzt wird. Er weist darauf hin, dass terroristische Akteure ihre Opfer regelmäßig als schuldig »and deserving of the treatment meted out to them« konstruieren (wollen). Ideologien erlaubten in diesem Zusammenhang die Identifizierung des Feindes, indem sie einen Maßstab für Unterscheidung von »guten« und »bösen«, »unschuldigen« und »schuldigen« Personen und Institutionen lieferten – »[t]his gives rise to the idea that certain targets are somehow ›legitimate‹ targets« (ebd.: 23). Angesichts unterschiedlicher Zielwahlen von Gruppen mit scheinbar ähnlichen Ideologien verweist Drake auf Unterschiede im Detail: So seien die Roten Brigaden stärker auf einen Umsturz in Italien ausgerichtet gewesen, während für die Rote Armee Fraktion der Kampf gegen den internationalen Kapitalismus und Imperialismus im Vordergrund stand – eine Differenz, die für Drake erklärt, warum sich die RAF auf höherrangige Zielpersonen konzentriert habe, während die Roten Brigaden mehr Opfer unter lokalen Fabrikdirektoren oder einfachen Polizisten und Politikern auswählten. Weitere von Drake beschriebene Funktionen von Ideologien betreffen dann allerdings weniger die konkrete Auswahl von Zielen als vielmehr die Legitimation von Anschlägen überhaupt sowie den psychomoralischen Mechanismus der »Dehumanisierung« von Opfern – so erlaubten es Ideologien, eigene Gewaltaktionen als unvermeidbar erscheinen zu lassen und Personen in bloße Symbole zu transformieren (ebd.: 25, 28).

Nach der ideologisch bestimmten Absteckung eines Raums möglicher Anschlagsziele erfolgten sodann strategische Auswahlen, wobei Drake darauf hinweist, dass die als Erfolg versprechend angesehene strategische Perspektive ihrerseits von der ideologisch geprägten Wahrnehmung politischer Wirklichkeit beeinflusst ist (ebd.: 36). Als mögliche strategische Zielsetzungen werden, in Anlehnung an Crenshaw (1990) und Thornton (2006), unterschieden: *threat elimination, compliance, disorientation, attrition, provocation, advertisement* und *endorsement* (ebd.: 39). Drakes Ausführungen zu der Art und Weise, wie strategische Überlegungen Zielwahlen beeinflussen, sind dann allerdings eher exemplarisch als systematisch. Zwar werden verschiedene Beispiele genannt, in denen bestimmte strategische Überlegungen eine Zielwahl beeinflusst haben (könnten); eine tatsächliche Regel, wonach bestimmte Strategien zu bestimmten Anschlagszielen führen (bzw. die Wahrscheinlichkeit von deren Auswahl erhöhen), wird aber nicht angegeben. Eher gegenteilig wird darauf verwiesen, dass die Rolle strategischer Erwägungen in verschiedenen terroristischen Gruppen eine sehr unterschiedliche sein kann und es problematisch sei, pauschal von einer »objektiven Rationalität« der Entscheidungsprozesse auszugehen – die Anstrengungen des terroristischen (Über-)Lebens könnten die Fähigkeit zu rationalen Entscheidungen beeinträchtigen (ebd.: 35), und selbst bei Gruppen mit klaren politischen Zielen sei gelegentlich wenig Planung jenseits der Vorbereitung des nächsten Angriffs zu beobachten (ebd.: 37).

Ähnlich verfährt Drake beim Thema »Taktik«. Er unterscheidet zunächst eine Reihe praktischer Schritte, die in Vorbereitung eines Anschlags typischerweise erforderlich sind – zum Beispiel »setting up a logistical network«, »selecting potential targets«, »gathering information on potential targets«, »insertion of weapons into the area of operation«, »execution of the operation«, »withdrawal of operational team« (ebd.: 54). Was folgt, sind mit historischen Beispielen illustrierte, ausführlichere Beschreibungen der einzelnen Schritte und ihrer Herausforderungen, die aber keine strukturierte Antwort auf die Frage geben, wie sich taktische Entscheidungen auf Zielwahlen letztlich auswirken (ebd.: 54–72). Drakes Zusammenfassung des Taktikkapitels zeigt recht gut die Abwesenheit eines systematisierten Ergebnisses: »Terrorist attacks often involve a number of steps which make a successful result more likely. […] The extent to which they carry out those stages effectively can determine the success of an operation, or indeed whether the terrorists survive« (ebd.: 72).

Nachdem derart die politisch-instrumentelle Logik der Anschlagsplanung in der Folge von Ideologie, Strategie und Taktik beschrieben ist, erörtert Drake eine Reihe weiterer Aspekte, welche – als Rahmenfaktoren restringierend und gewissermaßen »störend« – auf die Zielwahl Einfluss haben. Zunächst müssen Terroristen im Rahmen ihrer jeweiligen Fähigkeiten (*capabilities*) operieren, wobei Drake die Qualität der Gruppenführung, die Konstitution der Mitgliederschaft und die materiellen Ressourcen (Waffen und finanzielle Mittel) der Gruppe als Dimensionen unterscheidet. Hinsichtlich der Zielwahl hebt Drake dabei vor allem auf die Fähigkeit zum Angriff auf stärker gesicherte Ziele ab: Je nach Qualitäten des Führungspersonals, Ausbildung der Mitglieder und verfügbaren Waffen könnten Gruppen entweder »hard targets« angreifen oder müssten sich auf schwach gesicherte »soft targets« beschränken (ebd.: 73). Im Rahmen einer Diskussion der Schwierigkeiten der *target protection* erörtert Drake Phänomene des Displacements bzw. der Substitution: Die erhöhte Sicherung »harter Ziele« führe häufig zum Ausweichen auf »weiche Ziele« (ebd.: 117). Gelegentlich aber könnte gerade die starke Sicherung von Objekten ein Attraktor sein: »Occasionally terrorists may select harder targets because of the publcity value of a successful attack on such a target and the impression of strength which such an attack may give« (ebd.: 119). Unter dem Stichwort *security environment* bespricht Drake die spezielle Rolle von Strafjustiz, Strafverfolgung und Strafvollzug als Felder möglicher Anschlagsziele. Polizei, Haftanstalten und Gerichte können aus verschiedenen Gründen besonders ins Visier geraten: Nicht nur sind sie institutionalisierte Opponenten eines kriminalisierten Terrorismus, sondern auch Symbole des Staates. Insbesondere für revolutionär orientierte Terroristen haben Angriffe auf Polizisten nicht nur funktionellen, sondern auch symbolischen Charakter durch die Demonstration der Begrenztheit der Staatsmacht und der Verletzbarkeit staatlicher Institutionen (ebd.: 136). Gefangenenbefreiungen und Skandalisierungen schlechter Haftbedingungen sind immer wieder zum Anlass terroristischer Aktionen und Gegenstand von Kampagnen geworden. Gefängnisse, so Drake, könnten auch aufgrund ihrer Terrorismus delegitimierenden Funktion zum Angriffsziel werden: Indem Terroristen wie gewöhnliche Straftäter behandelt werden, wird deren politischer Anspruch negiert (vgl. ebd.: 139). Und auch für Gerichte gilt die doppelte, funktionelle und symbolische Logik: Richter und Schöffen können durch Anschlagsdrohungen eingeschüchtert werden, das Gerichtswesen kann in seiner Arbeit behindert werden, und Anschläge im Bereich der Justiz können darüber hinaus zum Ausdruck bringen, dass dem Staat die Legitimation zum Strafverfahren und/oder dem Recht die Geltung bzw. Anwendbarkeit auf einen »Kriegsfall« abgesprochen wird (ebd.: 141).

In der Rubrik *external factors* beschäftigt sich Drake vorwiegend mit dem Einfluss verschiedener Bezugsgruppen auf terroristische Zielwahlen. Er unterscheidet hier je nach Unterstützung von politischen Zielen oder Opposition gegen die politischen Ziele und die angewandten Mittel der terroristischen Gruppe: *members, supporters* (unterstützen Ziele und Mittel, ohne direkt beteiligt zu sein), *potential sympathisers* (unterstützen Ziele, aber nicht die angewandten Mittel), *uncommitted* (haben keine Meinung zu Zielen oder Mitteln), *unsympathetic* (haben keine Meinung zu den Zielen, aber lehnen die Mittel ab), *opponents* (lehnen Ziele und Mittel ab) und *enemies* (ebd.: 145). Dabei kann sich die Größe der jeweiligen Bezugsgruppen und die Art der Beziehung zu ihnen zwischen verschiedenen terroristischen Gruppierungen deutlich unterscheiden. Da Terrorismus häufig ein Feld von Unterstützern und Sympathisanten benötigt (oder strategisch Unterstützung für die Zukunft befördern will), können Präferenzen der Bezugsgruppen in der Wahl von

Anschlagszielen Berücksichtigung finden. Gerade Gruppen, die auf verbreiteten Rückhalt (zum Beispiel materiell, logistisch oder legitimatorisch) angewiesen sind, müssen dabei zum Zwecke der Sicherstellung weiterer Kooperation vermehrt auf die Legitimierbarkeit ihrer Aktionen achten. Umgekehrt können Versuche der Einschüchterung einer unentschiedenen oder dem terroristschen Vorgehen ablehnend gegenüberstehenden Bevölkerung Zielwahlen anregen (ebd.: 147ff.). Die Rolle der *Medien* für die Zielwahl sieht Drake ambivalent. Während manche Gruppen darauf ausgerichtet seien, mit ihrer Zielwahl Medienaufmerksamkeit zu maximieren, dürfe die Bedeutung von Medienberichterstattung nicht überbetont werden: »Not all terrorist groups necessarily wish to gain widespread media attention for their actions« (ebd.: 156). So beruhe die Effektivität vieler konservativer Terrorgruppen in Lateinamerika mehr auf individuellen Drohungen und lokal verbreiteten Gerüchten. Auch ist das Zusammenspiel von Medien und Terrorismus komplexer als die Annahme einer medialen Verbreitung terroristischer Drohungen oder Botschaften suggeriert. Die Berichterstattung über Terrorismus wird häufig von Regierungsseite behindert und eingeschränkt, was die Übermittlung von Botschaften erschwert, terrorismuskritische Journalisten können andererseits selbst zum Angriffsziel werden, und Berichterstattung über Terrorismus könnte eine Vorbildfunktion für Nachahmer haben (ebd.: 155f.). Schließlich kann die mediale Verbreitung unpopulärer Anschläge (etwa die versehentliche Tötung von Zivilisten) auch nachteilige Folgen für die Außendarstellung einer terroristischen Gruppe haben. »Overall it seems that the mass media is more important to some terrorists than to others, and for some groups, particularly vigilante-style groups operating in a limited locality, it hardly matters at all« (ebd.: 158). Als letzten Aspekt der »externen Faktoren« nennt Drake die Bedeutung aktueller politischer Ereignisse: Während manche Zielwahlen sich am tagespolitischen Geschehen (etwa akute Konflikte, politische Veranstaltungen, Gedenktage) orientieren können, sind andere Teil einer fortgesetzten Kampagne und von Tagespolitik unabhängig (ebd.: 159ff.).

Basierend auf diesen Überlegungen entwickelt Drake sein formales Modell der Zielwahl (ebd.: 175ff.). Demzufolge setzt die Ideologie den Rahmen akzeptabler und subjektiv legitimer Angriffsziele und leitet damit auch mit die Entwicklung von Strategien an. Konflikte zwischen Ideologie und Strategie können dort entstehen, wo Angriffsziele strategisch vorteilhaft, gleichzeitig aber die betroffenen Personen als unschuldig erscheinen – was entweder zum Ausschluss solcher Ziele oder zur Legitimation durch den politischen Nutzen führen kann (ebd.: 178). Ist ein geeignetes Ziel identifiziert, müsste (vor dem Hintergrund der diskutierten Restriktionen) weiter überprüft werden, ob das Ziel mit den Fähigkeiten der Gruppe angreifbar ist, ob der Angriff gegenüber Unterstützern oder der weiteren öffentlichen Meinung legitimierbar ist, ob das Ziel gegen die beabsichtigte Taktik ungeschützt ist und ob das Risiko des Anschlags akzeptabel ist. Trifft alles zu, erfolgte der Anschlag. Treffen Kriterien nicht zu, würde nach Alternativen gesucht, es sei denn, die erhofften strategischen Vorteile überwiegen die jeweiligen Einschränkungen. Neben seiner Formalisierung eines derart rationalen, strategisch dominierten Entscheidungsprozesses schränkt Drake jedoch andererseits die Erwartbarkeit instrumentell rationalen Handelns ein. Verschiedene Faktoren wie gruppendynamische Prozesse (insbesondere in Isolation), Sektierertum, lokale Feindschaften oder mangelhafte Information reduzierten die (unterstellbare) Rationalität der Zielwahl: »[O]ne must bear in mind that one is dealing with people, with all their imperfections and unpredictability, rather than some hypothetical, hyper-rational beings« (ebd.: 163). Hierin sieht Drake auch den Grund für die mangelhafte Prognostizierbarkeit terroristischer Anschlagsziele: »[A]ny attempt to predict terrorists' actions must be severely qualified. It must always be borne in mind that terrorists are as likely as other people to make curious decisions, misjudgements, and decisions influenced by emotional rather than logical factors« (ebd.: 181).

Drakes Anspruch ist es, ein *allgemeines* Zielwahlmodell vorzulegen – »one must avoid creating models or theories which are so specific that, whilst they may fit some groups like a glove, are inappropriate to others« (ebd.: 175). Dabei besteht allerdings eine *Trade-Off*-Situation mit der umgekehrten Problematik: Drakes Modell ist mit Hinweisen auf Faktoren wie »Ideologie«, »Strategie«, »Taktik« oder »Fähigkeiten« so allgemein, dass erhebliche weitere Schritte erforderlich wären, um es für eine spezifische Art von Terrorismus näher zu bestimmen. Und während Drake neben dem (und zusätzlich zu seinem) Beschreibungs- und Erklärungsanspruch ein prognostisches Interesse zeigt, wären insbesondere für eine prognostisch oder risikoanalytisch orientierte Bewertung konkreter Anschlagsziele oder -szenarien Schritte der Konkretion erforderlich, die im Modell nicht abgebildet und von diesem nicht vorgeschrieben sind. Das Prozessmodell zeigt einen nicht nur formalen, sondern überdies knappen und eher auf die Benennung denn die Erläuterung von Prozessmomenten abzielenden Zuschnitt und gibt uns eine Systematisierung von Aspekten, über die angesichts terroristischer Zielwahlen nachzudenken wäre, aber keinen unmittelbaren Aufschluss über deren inhaltliche Auswirkung in einem konkreten Fall oder hinsichtlich eines konkreten potenziellen Zielobjekts. Insgesamt bleibt Drakes Rekonstruktion der Logik der Anschlagsplanung gerade hinsichtlich der als zentral postulierten Faktoren relativ vage: Während zu den »begrenzenden« Faktoren wie »target protection«, »security environment« oder Bezugsgruppenabhängigkeiten (nicht abgebildet im Prozessmodell, aber in Drakes Einzelerörterungen) diverse inhaltliche Hinweise zur Beeinflussung von Zielwahlen gegeben werden, ergeben sich aus der Analyse der vermeintlichen »Dynamik« der Zielwahl kaum bestimmte Zusammenhänge. Mit der – allerdings wichtigen – Ausnahme der Orientierung der Zielwahl an ideologischer Schuldverortung sind keine Mechanismen beschrieben, die die Abhängigkeit der Entscheidung von der Trias »Ideologie – Strategie – Taktik« systematisch erklären würden.

1.2 Anschläge auf Zivilisten und Zielwahlen von al-Qaida: Einzelstudien im konventionellen Rahmen

Studien zu Einzelaspekten der Zielwahl oder zu bestimmten Zielklassen bewegen sich meist im oder nahe am von Drake zusammengestellten konzeptionellen Rahmen. Ausgehend unter anderem von Drake betrachten etwa Toft et al. (2010) terroristische Anschläge auf Infrastrukturen der Energieübertragung wie Gas- oder Ölpipelines, Tanker, Stromleitungen oder Umspannstationen. In einer Analyse von Datensätzen der *Global Terrorism Database* und des *Worldwide Incidents Tracking System* für die Jahre von 1998 bis 2007 bzw. von 2004 bis 2008 stellen sie fest, dass Anschläge auf derartige Infrastruktureinrichtungen trotz deren scheinbar offensichtlichen strategischen Werts weltweit relativ selten verzeichnet werden. Zur Erklärung dieses Umstandes greifen sie auf ein konzeptionelles Raster zurück, das strategische und ideologisch-symbolische Aspekte sowie Fragen der Machbarkeit und den Einfluss von Bezugsgruppen umfasst. So verursachen Angriffe auf Energieinfrastrukturen zwar hohe Kosten, aber typischerweise relativ wenige Todesopfer, was die einschüchternde Wirkung (*intimidation effect*) reduziere; die symbolische Bedeutung von Energieinfrastrukturen sei über verschiedene Ideologien hinweg eher gering; ein wirkungsvoller Angriff auf derartige Infrastrukturen ist aufgrund der systemischen Redundanzen komplex und zeitaufwendig; und externe Stakeholder terroristischer Gruppen könnten aufgrund der möglichen breitflächigen Wirkung von Angriffen auf die Energieinfrastruktur selbst betroffen sein, was die Unterstützung für solche Anschläge reduzieren könnte (Toft et al. 2010: 4416).

Eine Reihe quantitativer Studien ist auf das Problem von Anschlägen auf Zivilisten konzentriert und nimmt dabei nicht Zielwahlprozesse als Ganze, sondern einzelne Einflussfaktoren näher in den Blick. De la Calle (2007) untersucht 2793 Todesopfer der *Provisional Irish Republican Army* (PIRA) und der baskischen ETA im Vergleich. Sein Interesse gilt der Selektivität der Anschläge und ihrem strategischen Ziel. Hinsichtlich der Selektivität werden selektive (vom Verhalten des Opfers abhängige), generische (von Beschäftigung bzw. Funktion, zum Beispiel in Militär oder Polizei, des Opfers abhängige) und indiskriminative (weder von Verhalten noch von beruflicher Funktion abhängige) Anschläge unterschieden.[4] Hinsichtlich der strategischen Zielsetzung werden – in Anlehnung an McCormicks (2003) Unterscheidung von *influence* und *security* – Anschläge unterschieden, die dazu dienen, den Staat zu Konzessionen zu zwingen (*attrition killings*), und Anschläge, die die Sicherheit und Popularität der terroristischen Organisation sicherstellen sollen (*control killings*, zum Beispiel Tötung von Informanten). De la Calle setzt ein einfaches theoretisches Modell an, wonach terroristische Organisationen in ihrer politischen Zielverfolgung durch zwei Faktoren, nämlich Ressourcen einerseits und die Präferenzen ihrer Unterstützer andererseits, eingeschränkt sind: »Variations in resources or in the supporters' preferences should produce variations in the patterns of violence« (De la Calle 2007: 4). Dabei wird durch jede der beiden Einschränkungen eine *Trade-Off*-Situation generiert: Indiskriminative Anschläge könnten im Sinne von *attrition* wirksam sein, aber den Präferenzen der Unterstützer widersprechen; und je mehr Ressourcen in *attrition* investiert werden, desto weniger bleibt für die Kontrolle der eigenen Sicherheit übrig: »The preference constraint determines the degree of selectivity of the attacks. In turn, the material constraint determines the allocation of resources between attrition and control« (ebd.: 8). Da die Präferenzen von Unterstützern sowie die Ressourcen der Gruppen auf der Basis von De la Calles Daten nicht direkt messbar sind, approximiert er erstere über den Grad an sektiererischer Gewalt (in der Annahme, dass

4 De la Calle spricht bei indiskriminativen Anschlägen etwas unscharf von solchen, die auf »askriptiven« Merkmalen basierten und nennt als Beispiel einen Angriff auf Protestanten als solche.

die Bevölkerung geringere Selektivität bei Anschlägen umso mehr akzeptiert, je mehr sie selbst von indiskriminativer Gewalt betroffen ist) und letztere über den Vergleich der größeren Gruppen PIRA und ETA mit kleineren, regional konkurrierenden Organisationen. De la Calle kommt zu dem – trotz des größeren Datensatzes nur auf dem Vergleich von wesentlich zwei Gruppen sowie Approximationen basierenden – Ergebnis, dass »when supporters of terrorist organizations undergo more intense experiences of violence, terrorists face lower constraints on the selectivity of their attacks« (ebd.: 27). Aus diesem Grunde zeige die PIRA ein durchgehend höheres Niveau an indiskriminativen Anschlägen als die ETA. Zudem zeigt sich im Verhältnis von *attrition* und *control*, dass mit PIRA und ETA die jeweils größeren Organisationen auch einen größeren Teil ihrer Ressourcen in *attrition* investieren als ihre kleineren regionalen Mitbewerber (ebd.).

Den Einfluss religiöser Ideologien fokussieren Asal et al. (2009) in ihrer Analyse eines Datensatzes der *Terrorism Knowledge Base* des *National Memorial Institute for the Prevention of Terrorism (MIPT)* für die Jahre von 1998 bis 2005. Ziel ist die Bestimmung von Faktoren, die den Angriff auf *soft targets* erklären, verstanden als »any attack directed at private citizens, tourists, the media, religious groups/organizations, educational institutions, and/or nongovernmental organizations« (Asal et al. 2009: 266f.). Die Autoren kommen zu dem Ergebnis, dass religiöse Ideologie mit einer höheren Wahrscheinlichkeit des Angriffs auf *soft targets* einhergeht (ebd.: 274). Zudem führen größere und besser in Netzwerken eingebundene Gruppen mit größerer Wahrscheinlichkeit wiederholte Anschläge auf Zivilsten durch (ebd.: 275). Kein Zusammenhang zeigt sich dagegen zwischen demokratischer Staatsform und Angriffen auf Zivilbevölkerung.

Brandt und Sandler (2009) untersuchen den Wechsel zwischen Zielklassen – Regierung, Militär, Wirtschaft und Privatpersonen – für transnationalen Terrorismus (»involves perpetrators, victims, institutions, governments, or citizens from two or more countries«; ebd.: 3) von 1968 bis 2007 basierend auf dem Datensatz von ITERATE (International Terrorism: Attributes of Terrorist Events). Brand und Sandler zeigen, dass der transnationale Terrorismus insgesamt seinen Fokus graduell von Amtsträgern und Militär auf wirtschaftsbezogene Ziele und schließlich auf Privatpersonen verlagert hat; »since the 1990s and the global dominance of Islamic fundamentalist terrorists, private parties are the most attacked interests, followed by officials« (ebd.: 2). Zudem werden in allen Zielklassen zunehmend Menschen statt Eigentum angegriffen. Auch Brandt und Sandler setzen zur Erklärung ein politisch-instrumentelles Rationalitätsmodell an: »Terrorists who employ violence to extort political concessions now are understood to be rational actors who respond predictably to changes in their constraints« (ebd.: 1). Sie identifizieren verschiedene Faktoren, auf die sie die Entwicklung hin zu zunehmenden Anschlägen auf Privatpersonen zurückführen. Neben veränderten terroristischen Präferenzen (»fundamentalist terrorists' taste for bloodshed«, ebd.: 21) und dem Rückgang von professionellere Aktionen ermöglichender Staatsfinanzierung sehen Brandt und Sandler vor allem einen Displacement- bzw. Substitutionsprozess am Werk: Seit Mitte der 1990er-Jahre »there was a clear substitution of attacks away from military targets to private parties. […] [P]rivate parties surpassed officials as the favored targets of terrorists in the 1990s. Thus, the dominance of the Islamic fundamentalists and augmented security around official, military, and business targets have increased attacks against the hardest to defend target – that is, private parties« (ebd.: 20).

Genauere Betrachtung verdient in unserem Rahmen eine Studie von Libicki et al. (2007), welche sich einerseits spezifisch mit dschihadistischen Anschlägen auf westlichem (US-)Territorium beschäftigt und andererseits versucht, systematische Zusammenhänge zwischen strategischen Ausrichtungen, Zielwahlen und tentativen Szenarioprognosen herzustellen – ein auch im drakeschen Modell wichtiges, dort aber wenig systematisiertes Moment. Dabei zeigen sich nicht nur die Schwierigkeiten der empirischen Fassung von Zusammenhängen zwischen Strategien und Anschlagszielen bzw. -szenarien, sondern auch die Schwierigkeiten einer strategiebasierten Prognose überhaupt. Libicki et al. beschäftigen sich mit den Zielwahlpräferenzen von al-Qaida mit dem Ziel, die relative Wahrscheinlichkeit verschiedener Anschlagsszenarien in den USA besser einschätzen zu können. Al-Qaida wird dabei als eine Organisation mit unterschiedlichen Graden der Mitgliedschaft im Sinne des *Fuzzy-Set*-Konzepts verstanden: Neben dem engeren, organisierten und hierarchisch strukturierten Netzwerk, welches der strategischen Ausrichtung von (zum Zeitpunkt der Veröffentlichung) Ayman al-Zawahiri und Osama bin Laden folgt, bestehen assoziierte Gruppen, von denen einzelne Mitglieder mehr oder minder enge Beziehungen zur Al-Qaida-Führung haben oder nur ihre Affiliation bezeugen. Agentin der Zielwahl ist für Libicki et al. die Organisation al-Qaida, nicht deren individuelle Mitglieder.

Die Wahrscheinlichkeit der Auswahl eines bestimmten Ziels sehen Libicki et al. als Funktion der Fähigkeiten und der Motive der Gruppe. »Fähigkeiten« meint die Interaktion zwischen den Ressourcen, der Bewertung der Vulnerabilität eines Anschlagsziels und der Kalkulation der Kosten, die mit einem bestimmten Anschlag verbunden sind (ebd.: 3). Dieser Aspekt bleibt im Kern der Studie, von gelegentlichen Verweisen abgesehen, ausgeblendet. Libicki et al. konzentrieren sich auf die »Motive«, die als politisch-instrumentelle Mittel-Zweck-Relationen gesehen werden – als Beziehung zwischen den Zielsetzungen der Gruppe und der Wahrnehmung des Wertes des Angriffs auf ein bestimmtes Anschlagsziel zur Erreichung dieser Gruppenzwecke (ebd.). Finales Ziel in al-Qaidas Zielehierarchie sei zunächst die Errichtung eines globalen Kalifats. Die USA und deren Einfluss in mehrheitlich islamischen Ländern zu bekämpfen, könne als Mittel zur Erreichung des Kalifats betrachtet, für al-Qaida aber auch zum Selbstzweck geworden sein (ebd.: 6f.). Die Studie konzentriert sich sodann auf mögliche Strategien (Subziele) zur Erreichung dieser (finalen) Ziele: Auf der Basis einer Analyse vergangener Al-Qaida-Anschläge, ergänzt durch die Berücksichtigung von Al-Qaida-Statements und Experteninterviews, soll die Relevanz verschiedener strategischer Optionen geprüft werden, um auf dieser Basis begründete Einschätzungen wahrscheinlicher zukünftiger Anschlagsszenarien zu gewinnen. Der methodische Weg führt also von vergangenen Anschlagszielen über die daraus erschlossenen vermutlichen Intentionen al-Qaidas zur (tentativen) Prognose weiterer Anschlagsziele.

Die vier als Hypothesen gesetzten strategischen Varianten sind *coercion, damage, rally* und *franchise*. Gemäß der *Coercion*-Hypothese setzt al-Qaida vorwiegend darauf, die USA und ihre Verbündeten durch wiederholte Anschläge und den dadurch entstehenden politischen Druck zum Rückzug aus islamischen Ländern zu zwingen. Als eine Variante von *coercion* sehen Libicki et al. allerdings auch das strategische Ziel, die USA zunächst zu vermehrtem Eingreifen in islamischen Ländern zu bewegen, um dann deren repressiven und imperialistischen Charakter zu betonen und so weitere Anhänger für die eigene Sache zu gewinnen (ebd.: 10). Die *Damage*-Hypothese besagt, dass al-Qaida die USA mit Anschlägen unmittelbar derart (ökonomisch) schwächen will, dass deren Möglichkeiten zur Intervention in islamischen Ländern eingeschränkt werden. Gemäß der *Rally*-Hypothese dienen Anschläge der Beförderung der internationalen Radikalisierung und der Inspiration von Muslimen zur Beteiligung am Dschihad. Aus dem Rahmen fällt schließlich die *Franchise*-Hypothese, die weniger von Präferenzen al-Qaidas als vielmehr von der weitgehenden Unmöglichkeit der Durchsetzung eigener Präferenzen ausgeht – der Hypothese zufolge verfügt al-Qaida nicht über hinreichende Ressourcen, um Anschläge selbst durchzuführen oder zu kontrollieren; die Kernorganisation dient als Inspiration und Unterstützerin weitgehend eigenständig operierender Gruppen und hat nur begrenzten bis keinen direkten Einfluss auf die Zielwahl (vgl. ebd.: 9–18).

Um vergangene Anschläge auf den Einfluss der vier Motivvarianten testen zu können, werden Charakteristika von Anschlägen entwickelt, die mutmaßlich mit den jeweiligen Strategien konsistent wären. Dabei betrachten Libicki et al. im Einzelnen sieben (jeweils nominal oder ordinal skalierte) Variablen: Anzahl potenzieller Opfer, potenzieller ökonomischer Schaden, Explosivkraft, Modalität (konventionelle versus unkonventionelle Waffen), Örtlichkeit (zum Beispiel militärisch, politisch, kommerziell), *Hardness* (*hard* versus *soft targets*) und *Affiliates* (Durchführung durch assoziierte Gruppen versus Kern-al-Qaida). Von *Coercion* bestimmte Anschläge wären demzufolge durch die Ausrichtung auf hohe Opferzahlen (größere Mengen Explosivstoffe, strategische Platzierung von Bomben) geprägt, wobei der zu erwartende physische Schaden hoch, mittel oder gering sein könnte; sie würden an Orten stattfinden, bei denen eine besondere Auslösung von Angst in der Zielpopulation erwartet wird (zum Beispiel öffentliche Verkehrsmittel, Wohnanlagen, Geschäfts- oder Freizeitgelände), und würden eine Reihe unterschiedlicher, insbesondere aber wiederholbarer Anschlagsmittel einsetzen. *Damage*-orientierte Anschläge würden Orte treffen, die von al-Qaida als schwer bzw. nur unter hohem finanziellem Aufwand ersetzbar eingeschätzt werden oder bei denen Folgestörungen in funktionalen Abläufen und Folgekosten zu erwarten wären (zum Beispiel Finanzinstitutionen, Häfen, Knotenpunkte des Verkehrswesens oder touristische Anlagen); dabei würden zielgerichtet Anschlagsmittel eingesetzt, die der bestmöglichen Zerstörung der jeweiligen Anlagen dienen. *Rally*-orientierte Anschläge wären solche, die die Stärke der dschihadistischen Bewegung besonders gut kommunizieren, um sie für weitere Aspiranten attraktiv zu machen. Sie wären zur Erzielung hoher Opferzahlen und hoher bis mittlerer ökonomischer Schäden konzipiert und würden sich, bevorzugt unter Einsatz unkonventioneller Waffen, auf »harte« und symbolische Ziele (auch solche des Militärs und der Politik) richten. Von *»Franchisenehmern«* ausgeführte Anschläge wären entweder durch externe Hinweise zur Beziehung der Attentäter zu al-Qaida oder, falls solche Hinweise nicht existieren, über die geringeren Ressourcen der affiliierten Gruppen (geringere Opferzahl, geringerer physischer Schaden, konventionelle Waffen) und scheinbar zusammenhanglose Angriffsziele zu identifizieren (ebd.: 25–33).

Das Raster von Anschlagscharakteristika wenden Libicki et al. sodann auf 14 al-Qaida zugeschriebene Anschläge (darunter zusammengefasste Mehrfachanschläge) zwischen 1993 und 2004 an. Wenngleich ihr Hauptinteresse auf der Bestimmung potenzieller Anschlagsziele auf US-Territorium liegt, besteht mangels US-Inlandsfällen der Datenpool mit zwei Ausnahmen (World Trade Center 1993 und 9/11) aus Anschlägen außerhalb der USA. Im Einzelnen betrachten die Autoren die Fälle: 1. World Trade Center, New York, 1993, 2. Khobar Towers, Riad, 1996, 3. Anschläge auf US-Botschaften in Nairobi und Daressalam, 1998, 4. USS Cole, Jemen, 2000, 5. Word Trade Center und Pentagon, 2001, 6. Bali, 2002, 7. Djerba, 2002, 8. MV Limburg, Jemen, 2002, 9. Mombasa, 2002, 10. Casablanca, 2003, 11. Istanbul 2003, 12. Madrid, 2004, 13. Riad 2004, 14. Hilton Hotel, Taba, Ägypten, 2004. Hinsichtlich der Franchisehypothese wurden nur Fälle nach 9/11 berücksichtigt; angesichts anders gelagerter Konfliktstrukturen insgesamt ausgeschlossen wurden Fälle, die unmittelbar mit dem Israel-Palästina-Konflikt, mit Tschetschenien und mit dem Irakkrieg zusammenhängen (ebd.: 32f.).

Da verschiedene der strategischen Motive auch kombiniert auftreten können, wollen Libicki et al. für jeden Fall zwei primäre strategische Einflüsse identifizieren – gemessen an der prozentualen Übereinstimmung zwischen den am Anschlag beobachteten und den für die jeweilige Strategiehypothese stipulierten Ausprägungen der charakterisierenden Variablen (vgl. ebd.: 34).[5] Im Ergebnis wird für alle Fälle – mit Ausnahme des Anschlags auf den französischen Öltanker MV Limburg – *coercion* als eines der zugrunde liegenden Motive gewertet. Hinzu kommt eine *Damage*-Orientierung für die Anschläge WTC 1993, Mombasa und 9/11. Als *Rally*-orientiert werden fünf Anschläge klassifiziert (USS Cole, Botschaften in Ostafrika, Khobar Towers, 9/11 und Mombasa). Sieben Anschläge werden neben ihrer Ausrichtung auf *coercion* als Franchiseoperationen eingeordnet. Nach einem Abgleich dieser Ergebnisse mit Al-Qaida-Statements und Expertenmeinungen stellen Libicki et al. eine Dominanz von *Coercion*- und *Damage*-Strategien, ergänzt durch *Rally*-Aspekte fest: »In sum, on the basis of past al Qaeda operations and statements, it would appear that the group's target selection has been heavily influenced by three motivations: primarily to coerce and to

5 In den Resultaten werden dann allerdings einem Anschlag bis zu drei strategische Motive zugeordnet.

damage economies, and, secondarily, to rally supporters and potential supporters« (ebd.: 71). Dabei sei die Zuordnung von Anschlägen zu al-Qaidas Motiven durch die größere Zahl von Vorfällen beeinträchtigt, in denen al-Qaida nur unterstützend und nicht selbst ausführend tätig war. Insbesondere nach 9/11 sei aufgrund des disaggregierten Zustands von al-Qaida eine Bewegung zu einfacheren und kostengünstig umzusetzenden Anschlägen durch nur affiliierte Gruppen zu verzeichnen, die mehr oder weniger stark in internationale dschihadistische Netzwerke eingebunden sein können (ebd.).

In einem letzten Schritt gilt es für Libicki et al., diese auf der Basis von internationalen Fällen gewonnenen Ergebnisse in plausible Anschlagsszenarien auf US-Territorium zu übersetzen – wobei es nicht um die Prognose konkreter Anschläge, sondern um die Bestimmung relativ wahrscheinlicher(er) Anschlagsformen und -örtlichkeiten auf der Basis von »educated guesses« geht (ebd.: 74). Als Angriffsmodalitäten – mit unterschiedlicher Betonung über die strategischen Varianten verteilt – ziehen Libicki et al. dabei grundsätzlich ein breites Spektrum von Bombenangriffen, Attentaten, *sniping* gegen wahllose Zielpersonen, Geiselnahmen, *On-* und *Off-board*-Angriffe auf Flugzeuge, Cyberattacken sowie den Einsatz chemischer, biologischer und nuklearer Waffen in Betracht. Im Rahmen von vorwiegend auf *coercion* zielenden Anschlägen sehen Libicki et al. eine mögliche Verlagerung auf *soft targets* wie Sportstätten, Shoppingmalls, Krankenhäuser, Restaurants, Nachtclubs, Kinos, Bürogebäude, Bahnhöfe oder Ankunftshallen in Flughäfen – schon weil profiliertere Örtlichkeiten und Anlagen nach 9/11 vermehrt gesichert wurden. Solche Anschläge würden wahrscheinlich von US-Bürgern oder -Bewohnern ausgeführt und könnten sich auch in wenig vorbereiteten Gegenden außerhalb prominenter Großstädte abspielen (ebd.: 74–80). *Damage*-orientierte Anschläge könnten sich am direkten monetären Wert zerstörter Anlagen oder an der Beeinträchtigung von ökonomisch wichtiger Infrastruktur (etwa Stromleitungen, Transportsysteme, Knotenpunkte des Finanzsystems) ausrichten. Auch die Störung von Konsummustern sei ein möglicher Weg; der Angriff auf *soft targets* wie Restaurants, Shoppingmalls oder Hotels würde etwa negative ökonomische Effekte durch die Unterminierung von Vertrauen sowie die Reduktion von Tourismus und Investitionen haben. Ausführlicher diskutieren Libicki et al. auch die Möglichkeiten und Risiken der Freisetzung radioaktiven Materials und von biologischen Angriffen im Landwirtschaftssektor. Im Rahmen von *Rally*-Strategien verweisen Libicki et al. auf die Bedeutung von Selbstmordanschlägen, die neben ihren praktisch-taktischen Vorteilen auch zur starken Betonung des Märtyrertums passen. Selbstmordanschläge könnten eine radikalisierende und mobilisierende Wirkung entfalten, wo sie als stärkster Ausdruck von Loyalität zum Islam und Pionierleistung für dessen Durchsetzung zelebriert werden. Die Liste möglicher Ziele ist dabei lang und reicht von Nachtclubs, Restaurants, Hotels und Wohnanlagen bis zu Ölraffinerien, Synagogen, Friedhöfen, Frachtern und sicherheitsbezogenen Einrichtungen (ebd.: 88). Franchiseanschläge schließlich zeichneten sich wesentlich durch den geringeren Organisationsgrad und geringere Ressourcen aus, sodass Fragen der Machbarkeit in den Vordergrund geraten. Hier wäre tendenziell mit Autobomben, IEDs, random shootings, Geiselnahmen, *On-board*-Flugzeug-Sabotage, Kontamination von Lebensmitteln, Cyberangriffen, Freisetzung radioaktiven Materials in kleinerem Umfang und Angriffen auf Wahrzeichen, belebte Örtlichkeiten und öffentliche Infrastruktur zu rechnen. Im Falle versierterer lokaler Terrorzellen kämen auch LKW-Bomben, Attentate auf hochrangige Politiker oder bodenbasierte Angriffe auf Flugzeuge infrage (ebd.: 91).

Libickis Vorgehen verdeutlicht verschiedene Probleme der empirischen Erforschung und theoretischen Fassung von dschihadistischen Zielwahlprozessen in westlichen Ländern. Zunächst ist das empirische Material, schon was die Fallzahlen anbelangt, bei Konzentration auf eine Organisation (hier: al-Qaida) und auf erfolgreiche Anschläge sehr begrenzt, weshalb Libicki et al. auf internationale Fälle zurückgreifen müssen – mit allen Fragen der Übertragbarkeit auf die Strukturen des Dschihadismus im Inland. Auch liegen zu den konkreten Strategieerwägungen der Anschlagsplaner im Einzelfall kaum Informationen vor, weshalb die vermutliche strategische Intention der Täter für die Fallanalysen vorwiegend aus dem Ergebnis, der Art des Anschlags, geschlossen werden muss. Dieser Schluss aber bleibt notwendig tentativ. So kann dann die *Relevanz* einzelner Strategien bestimmt werden – aber unter der Voraussetzung von *Annahmen über den Zusammenhang* zwischen Anschlagscharakteristika und dazu »passenden« Strategien, welche im Rahmen des methodischen Vorgehens nicht selbst empirisch überprüfbar sind. Da externe (außerhalb von Anschlägen bestehende) Hinweise auf Strategien nicht in gleicher Weise systematisiert sind wie aus Anschlagscharakteristika geschlossene, haftet dem Gesamtargument etwas tendenziell Zirkuläres an. Die Beobachtung von Anschlägen soll Aufschluss über die Relevanz von Strategien geben, die dann zur Prognose weiterer Anschläge genutzt werden, und es stellt sich die Frage: warum nicht einfach nur Anschläge beobachten und davon ausgehen, dass diese so ähnlich weitergeführt werden? In prognostischer Hinsicht machte der Umweg über Strategien vor allem dann Sinn, wenn externe Faktoren Aufschluss über Strategien oder deren Wandel geben könnten, sodass dann gegebenenfalls auch *Veränderungen* im Vergleich zu bisherigen Anschlägen prognostisch – und vor ihrer Realisierung im Anschlag – berücksichtigt werden könnten.

Insgesamt erweist sich aber auch bereits die Möglichkeit, Anschläge nach dominanten Strategien zu differenzieren, als recht begrenzt – fast alle Anschläge werden als *coercion*-bestimmte gewertet. Auch werden alle Anschläge (außer MV Limburg) mehreren Strategien (oder der Kategorie *franchise*) zugeordnet. Die als *franchise* gewerteten Anschläge lassen nach Libicki et al. aber gerade keine oder nur sehr begrenzte Rückschlüsse auf die Strategie von Kern-al-Qaida zu; hier muss sich die Prognose auf den Aspekt der Machbarkeit und die geringeren Ressourcen und Fähigkeiten der Franchisenehmer stützen. Der prognostisch ausgerichtete Teil beschreibt schließlich ein breites Spektrum möglicher Anschlagsszenarien und kann deren relative Wahrscheinlichkeiten grob einschätzen. Eine nähere Eingrenzung oder ein systematischer Vergleich der Gefährdung verschiedener Anschlagsziele wird auf der Basis der Strategiezuordnungen dagegen nicht ermöglicht.

1.3 Das opportunitätslogische Modell von Clarke und Newman

Konventionelle Ansätze nehmen jeweils zum Ausgangspunkt, dass terroristische Akteure ideologisch-politische Ziele verfolgen, und gelangen im Ergebnis zu relativ formal-abstrakten, allgemeinen oder breit gestreuten Hinweisen auf potenzielle Gefährdungen. Clarke und Newman (2006) dagegen setzen vorwiegend an der taktischen Ebene an und generieren ein Raster zur vergleichenden Bewertung konkreter potenzieller Anschlagsziele. Die Autoren operieren auf der Basis opportunitätsbezogener Kriminalitäts- und Präventionstheorien und wollen Prinzipien der situativen Kriminalprävention (nämlich: *increasing the effort, increasing the risks, reducing the rewards, reducing provocations, removing excuses*) auf terroristische Anschläge anwenden. Dazu werden *targets*, *weapons*, *tools* (wie zum Beispiel Fahrzeuge oder Ausweispapiere) und *facilitating conditions* (Rahmenbedingungen wie zum Beispiel die Verfügbarkeit von Handfeuerwaffen) als Elemente der Gelegenheitsstruktur des

Terrorismus unterschieden (ebd.: 9), die im Sinne situativer Prävention manipuliert, das heißt ungünstiger gestaltet werden soll. Zu diesem Zweck ist die Gelegenheitsstruktur zunächst aus Täterperspektive – durch »thinking terrorist« – zu beschreiben, was Clarke und Newman, in Ermangelung geeigneter Empirie, wesentlich auf gedankenexperimentellem Wege unternehmen (vgl. ebd.: 23), wobei sie als Orientierungsrahmen Beispiele aus verschiedenen terroristischen Gruppierungen zugrunde legen. Die (Re-)Konstruktion der Zielwahlkriterien soll »illustrativ« eine spezifische Art des Angriffs abbilden und orientiert sich an bestimmten Formen dschihadistischer Anschläge: »[W]e focus on the kind of single terror attack undertaken by foreign-based terrorists […], such as the 9/11 attacks, using explosive force designed to kill large numbers of the civilian population in a large city« (2006: 93).

Clarke und Newman legen ihren Überlegungen eine vereinfachte, wesentlich taktisch ausgerichtete Rationalitätsannahme zugrunde: »We must accept that terrorists are rational« (ebd.: 12, im Original kursiv); stets seien Terroristen bestrebt, »to maximize their benefits, while reducing the effort required and the risks of failure. Generally speaking, the benefits constitute harm to the society attacked – in terms of loss of life, destruction, disruption of commerce and heightened fear« (ebd.). Wiederholt legen sie Wert auf die Feststellung, dass die Ideologie einer terroristischen Gruppe bei der Analyse der Gelegenheitsstruktur und insbesondere bei der Einschätzung der Attraktivität von Anschlagszielen keiner vertieften Analyse bedürfe. »Do not waste time on the roots of terrorist ideology«, regen die Autoren an (ebd.: 26; im Original kursiv). »Terrorist ideology«, so wird zwar konzediert, »gives some insight into the choice of targets«, doch Terroristen seien gezwungen, taktischen Fragen Priorität vor ideologischen einzuräumen (ebd.: 87). Auch führten Gruppenkonflikte unvermeidbar dazu, dass praktische Anforderungen (»operational demands«) idealistische Zielsetzungen überschatten: »Understanding the ideologies of terrorist groups will therefore give little insight into their selection of targets and tactitcs« (ebd.: 70). Vor diesem Hintergrund ist es das Ziel der Autoren, *intrinsische Eigenschaften* möglicher Ziele zu bestimmen, welche die Zielwahl erklären: »[K]nowing the terrorists' objectives is only the starting point for understanding their choice of targets; this knowledge provides insight into the kinds of targets that the terrorists are likely to attack […], but it does not help us to narrow the choice. Probing more deeply into their minds or exposing the roots of their ideology may help a little […]. But within the general parameters of any terrorist group's general objectives, the form of attack must be within the operational capacities of the terrorist organization and target choice will mostly be determined by features that are intrinsic to the targets themselves« (ebd.: 88f.).

In einer sprachspielerisch orientierten Konstruktion gelangen Clarke und Newman zu dem Akronym »EVIL DONE«, um die Eigenschaften attraktiver Anschlagsziele zu beschreiben: *exposed, vital, iconic, legitimate, destructible, occupied, near* und *easy*. Die einzelnen Faktoren und ihre Relevanz werden von den Autoren eher knapp unter Verwendung weniger Beispiele (meist 9/11) erläutert (ebd.: 93ff.). *Exponierte*, sichtbare Ziele, welche Aufmerksamkeit auf sich ziehen, so die Annahme, würden mit größerer Wahrscheinlichkeit angegriffen als versteckte. Clarke und Newman illustrieren dies mit dem Hinweis, Mohammed Atta habe bin Ladens Plan eines Angriffs auf das Weiße Haus als zu schwierig bewertet, wohingegen die exponierten Türme des World Trade Centers leichter angreifbar gewesen seien. Mit *vitalen* Zielen sind infrastrukturelle Ziele gemeint, die essenziell für das alltägliche Funktionieren einer Gesellschaft sind – so sei das WTC ein kritisches Handelszentrum gewesen, dessen Zerstörung auch Folgestörungen in den Bereichen Tourismus und Flugverkehr bewirkt und hohe Folgekosten im Sicherheitsbereich ausgelöst habe. Als Symbol des Kapitalismus sei das WTC *ikonisch* (im Sinne von symbolisch) gewesen, wie auch das Pentagon als Symbol der US-Militärmacht. Darüber hinaus seien die Twin Towers Symbole Amerikas und der Stadt New York gewesen, die an sich schon ikonisch sei. Ziele sind attraktiver, wenn sie als *legitime* angesehen werden. Die am wenigsten legitimen (oder als solche angesehenen) Ziele seien, so Clarke und Newman, wohl Kinder, weshalb diese selten als Anschlagsziele ausgewählt würden. Am anderen Ende des Spektrums stünden Soldaten, Polizei und andere Organe des »repressiven« Staates bzw. des »verhassten« Landes oder der verhassten Regierung. Weiter müsse das Ziel *zerstörbar* sein – »[i]t must be seriously damaged if not utterly destroyed« (ebd.: 95). Es sei zudem attraktiver, wenn es bewohnt bzw. belebt (*occupied*) sei. Die Zerstörung von Gebäuden sei nicht immer genug: »It is better to kill people as well, because this is a necessary part of striking fear into the enemy […]. Thus, any structures or places that contain large numbers of people or vehicles in which people are closely packed […] are attractive targets« (ebd.: 95). Da kriminologische Studien der »journey to crime« regelmäßig eine Präferenz für *nahe* (oder wenigstens leicht erreichbare) Ziele aufzeigen, gehen Clarke und Newman davon aus, dass dies auch auf Anschlagsplanungen zutrifft: »Like everyone else, criminals want to expend the minimum effort in reaching their goals, and terrorists are the same« (ebd.: 95). So habe Timothy McVeigh das Oklahoma City Federal Building ausgewählt, nicht etwa ein fern von seinem Wohnort liegendes Regierungsgebäude in Washington; entsprechend hätten mehr IRA-Anschläge in Nordirland als auf der britischen Hauptinsel stattgefunden und die Hamas wähle Ziele nach der Entfernung zum Startpunkt eines Selbstmordattentäters. Schließlich würden *leichte* (leicht angreifbare) Ziele bevorzugt, wobei Clarke und Newman wesentlich auf den Mangel an Sicherheitsvorkehrungen abstellen.

Das EVIL-DONE-Raster soll einerseits dazu anleiten, wo möglich jene Eigenschaften potenzieller Ziele, die deren Attraktivität als Anschlagsziel erhöhen, präventiv zu verändern, und andererseits (und vor allem) dazu dienen, Ziele für die Prävention zu priorisieren (vgl. ebd.: 89). Letzteres soll auf dem Wege eines Ratings von Zielen geschehen, welches Clarke und Newman exemplarisch für Ziele in Washington, D. C. vorführen. Ausgewählte mögliche Ziele (wie Kapitol, Weißes Haus, Pentagon und andere) werden dabei hinsichtlich jeder der mit EVIL DONE erfassten Eigenschaften mit einem Punktwert zwischen 0 und 5 bewertet; ein Vergleich der Gesamtattraktivität verschiedener Einrichtungen als Anschlagsziele ergäbe sich dann als Summe der Einzelwerte (vgl. ebd.: 98).

Clarke und Newman legen mit dem EVIL-DONE-Schema ein Raster von Aspekten vor, von denen plausibel angenommen werden kann, dass sie für Zielwahlerwägungen im Hinblick auf den diskutierten Anschlagstyp relevant sind. Der Vorteil des Modells liegt darüber hinaus darin, dass es nicht nur allgemeine Einflussfaktoren (etwa »Ideologie« oder »Strategie«) benennt, sondern an konkreten Objekten einigermaßen beobachtbare Eigenschaften. Gleichwohl zeigt das Vorgehen auch diverse – teils von Clarke und Newman selbst thematisierte – Probleme.

(1) Bestimmung der zielwahlrelevanten Eigenschaften. Bei näherer Betrachtung sind die von Clarke und Newman aufgestellten Eigenschaften attraktiver Zielobjekte nicht immer präzise bestimmt und in ihrer Logik erläutert. So wird gesagt, *exponierte* Ziele zögen die Aufmerksamkeit auf sich, was eine Erklärung der Präferenz suggeriert. Wenn dann aber illustrativ darauf verwiesen wird, Atta habe einen Angriff auf das Weiße Haus als zu schwierig empfunden, nimmt dies gerade nicht auf die Attraktion von Aufmerksamkeit, sondern auf die Durchführbarkeit dieses speziellen Angriffs für ungeübte Piloten Bezug. Entsprechend wird an anderer Stelle erläutert, »exposed« beinhalte die zwei Aspekte »attracting attention and being easily identified«

(ebd.: 97), wobei speziell auf die Identifikation durch einen ungeübten Piloten abgestellt wird. Somit bleibt offen, welche Auswahllogik dem Kriterium zugrunde liegt und unter welchem Aspekt (Aufmerksamkeit oder Schwierigkeit) das Rating für das Merkmal »exposed« (vor allem für andere Angriffe als solche mit Flugzeugen) durchzuführen wäre; zudem ergäbe sich, wenn das Merkmal auf die Schwierigkeiten der Durchführung abzielt, eine Überschneidung mit dem Merkmal »easy«. Das Merkmal *iconic* verweist auf die häufige Feststellung, Terroristen wählten »symbolische« Ziele aus. Schon Clarke und Newmans illustrative Erläuterungen zeigen, dass dieser Aspekt alles andere als eindeutig ist. Sind Symbole des Kapitalismus, der Wirtschaftskraft, der Militärmacht, Symbole »Amerikas« oder New Yorks gemeint? Wären im Falle dschihadistischer Angriffe nicht auch noch Symbole des Unglaubens, des Christentums, des Judentums, des Atheismus, der »westlichen Dekadenz« oder der Demokratie zu berücksichtigen? Tatsächlich gibt es wohl nicht viele mögliche Ziele, die nicht in der einen oder anderen Weise »symbolisch« sind oder so verstanden werden könnten. Hinsichtlich der Wahl *legitimer* Ziele werden wechselnde Bezugsgruppen der Bewertung verwendet. Eingangs beziehen sich Clarke und Newman dabei nicht auf Legitimität aus terroristischer Perspektive, sondern auf das Problem der öffentlichen Meinung: »One of the most difficult judgments for a terrorist is to anticipate public reaction to the attack – whether it will be perceived as powerful and audacious or whether it will meet with moral condemnation« (ebd.: 94). Aus diesem Grunde seien insbesondere länger bestehende terroristische Gruppen gezwungen, ihre Aktionen zu begründen bzw. zu rechtfertigen. Es käme, vor dem Hintergrund dieses Arguments, also darauf an, Ziele auszuwählen, die der Öffentlichkeit einigermaßen oder tendenziell »legitim« (oder wenigstens legitimer als andere) erscheinen könnten. Geht es dann aber um die Begründung dafür, dass etwa Soldaten und Polizei legitimere Ziele seien, wird von der Perspektive der öffentlichen Meinung zur Perspektive der Angreifer gewechselt, aus deren Sicht Militär und Polizei Repressionsagenten seien. Im Einzelnen könnten damit für dasselbe Zielobjekt sehr unterschiedliche Legitimitätsratings erzielt werden, je nachdem aus wessen Blickwinkel die Einschätzung erfolgte. Am Beispiel der *Zerstörbarkeit* wird deutlich, was auch für andere Dimensionen (wie Legitimität oder Ikonizität) gilt: Die Eigenschaft ist nicht, wie Clarke und Newman beanspruchen, eine »intrinsische Eigenschaft« eines Objekts, sondern eine relationale, die – in diesem Fall – von der Verfügbarkeit geeigneter Anschlagsmittel abhängt (und gerade das meistzitierte Beispiel 9/11 zeigt einen Angriff auf ein

Ziel, von dessen Zerstörbarkeit, selbst unter Einsatz von Passagierflugzeugen, keineswegs ausgegangen werden konnte). So ist auch *Nähe* eine relative Eigenschaft; will man, wie Clarke und Newman, die »attractiveness to a foreign-based group« bewerten (ebd.: 97), ergeben sich für potenzielle Ziele in einer Stadt keine nennenswerten Nähedifferenzen mehr – weshalb im exemplarischen Rating für Washington alle Zielobjekte den selben Punktwert erhalten: »For overseas-based terrorists, the targets in Washington are equally far« (ebd.: 99). Auch ein scheinbar selbstverständliches Kriterium wie die Wahl *leicht angreifbarer,* weil schwach gesicherter Ziele entpuppt sich bei genauerer Betrachtung als problematisch. So stellen Clarke und Newman selbst fest, dass die Angriffe von 9/11 tatsächlich ein sehr schwieriges Unterfangen waren, das jahrelanger Vorbereitung bedurfte – »increasing the protection of possible targets may sometimes make that target attractive. If it is a highly valued target, terrorists may be attracted to it because it is well protected« (ebd.: 96).

(2) Bestimmung des Geltungsanspruchs. Unscharf bleibt, für welche Art von Anschlägen das EVIL-DONE-Raster eine Erklärung zu sein und Priorisierungen zu ermöglichen beansprucht. Clarke und Newman sprechen einerseits von einer bloßen illustrativen Übung, die noch nicht einmal für das ausgewählte Angriffsszenario – ein Anschlag einer auslandsbasierten Gruppe, der darauf abzielt, zahlreiche Zivilisten in einer großen Stadt durch Explosionen zu töten – Gültigkeit beansprucht und nur den *Weg* zur Identifikation relevanter Eigenschaften aufzeigen wolle: »We did not seek to produce a definitive list of target features that invite single attacks. Again, our purpose is illustrative, to show how to set about the task of identifying features that make targets vulnerable to attack« (ebd.: 93). Entsprechend verweisen die Autoren auf die Notwendigkeit weiterer, empirischer Forschung; da Terrorismus ein dynamischer Prozess sei, müssten die zielwahlrelevanten Eigenschaften darüber hinaus nicht nur für jede Form des Terrorismus gesondert betrachtet, sondern auch wiederholt im Zeitverlauf überprüft werden (ebd.). An anderer Stelle wird dann aber (und dies entspricht mehr der Logik der gesamten Darstellung) eine inhaltliche Relevanz der Ergebnisse – zunächst für das gewählte Szenario – behauptet: »[W]e hold that most targets will rank high on most of the attributes« (ebd.: 96). Nach einer tentativen Anwendung der Kriterien auf »Dirty Bomb«-Angriffe und auf Einzelpersonen fokussierte Attentate sowie Überlegungen zu Anschlägen auf Infrastrukturen folgt schließlich die szenario- und terrorismenübergreifende Aussage: »We believe that EVIL DONE summarizes the main attractors of

targets for terrorists« (ebd.: 106). Dabei werde allerdings der Einfluss einzelner Faktoren mit dem kulturellen Hintergrund, der Organisationsform und den Zielen einer terroristischen Gruppe variieren und sich im Zeitverlauf ändern.

Besondere Probleme ergeben sich hier aus dem von Clarke und Newman wiederholt gemachten Hinweis, dass stets *spezifische Arten von Anschlägen* (»specific sorts of attack«) bzw. *spezifische Arten von Terrorismus* (»specific kinds of terrorism«, ebd.: 93; vgl. auch Clarke/Newman 2007: 16) zu untersuchen seien – womit die Autoren offenbar dasselbe meinen, nämlich relativ konkrete, Mittel, Ziel, Tätergruppen und Vorgehen spezifizierende Anschlagsszenarien. Hier ergibt sich die Schwierigkeit, dass nicht genau bestimmt ist, nach welchen Kriterien »Arten von Anschlägen« zu unterscheiden wären. Folgt man Clarke und Newmans Beispiel – »the kind of single terror attack undertaken by foreign-based terrorists [...] using explosive force designed to kill large numbers of the civilian population in a large city« (2006: 93) unter Berücksichtigung von »attacks by both aircraft and truck bombs« (ebd.: 99) – so sind bereits hier als Anschlagsarten differenzierende Kriterien impliziert: Einzel- versus Mehrfachanschläge, inlands- versus auslandsbasierte Täter, Anschlagsmittel, anvisierte Opfergruppe, anvisierte Opferzahl, geografisches Setting. Clarke und Newman weisen weiter darauf hin, dass kulturelle Hintergründe, Organisationsformen und Ziele terroristischer Gruppen Anpassungen in der EVIL-DONE-Bewertung erforderlich machen können. Darüber hinaus ließen sich weitere Aspekte finden, die Arten von Anschlägen genauer spezifizieren könnten – etwa politische Kontexte, strategische Ausrichtungen oder nationale Unterschiede.[6] Spezifische Arten von Anschlägen zu untersuchen ist also leichter gesagt als getan: Weder gibt es eine Regel, wie die denkbaren unterscheidenden Kriterien systematisch zu berücksichtigen wären, noch überhaupt eine Übersicht über alle bei der Differenzierung von Anschlagstypen zu berücksichtigenden Faktoren. Wir wissen also nicht, wie viele »Arten von Anschlägen« es gemäß Clarke und Newmans Modell überhaupt »gibt«. Die Zahl der Anschlagsarten jedenfalls wächst bei zunehmender Anzahl von Differenzierungskriterien exponentiell, sodass zahllose Sonderanalysen erforderlich wären und die Relevanz jeder einzelnen Zielwahlanalyse arg reduziert wäre.

---

6 In Bezug auf Präventionsmaßnahmen stellen Clarke und Newman im Rahmen eines Vergleichs zwischen London und Israel fest: »[G]reat care should be taken when importing responses to terrorist attacks even of the same class, from one country to another« (2006: 198).

(3) Quantifizierungsproblematik. Dies ist verbunden mit Problemen der Umsetzung und Praxistauglichkeit des von Clarke und Newman vorgeschlagenen Ratingverfahrens. Dem illustrativen Rating für Ziele in Washington haftet zunächst notwendig ein Moment von Beliebigkeit an – die Zuordnung ordinaler Punktwerte für die einzelnen zielwahlrelevanten Eigenschaften wird eher intuitiv vollzogen. Weder eine Intercoder-Reliabilität noch übereinstimmende Bewertungen durch verschiedene terroristische (Täter-)Gruppen können ohne Weiteres angenommen werden. Auch bleibt unklar, wie die einzelnen Elemente des EVIL-DONE-Rasters zu gewichten wären. Clarke und Newman sehen das, argumentieren aber, dass es *grundsätzlich* nicht schwer wäre, einen Katalog von Zielen für eine größere Stadt zu erstellen und diese nach den EVIL-DONE-Kriterien zu bewerten. Dazu müssten, so die Autoren, objektive Ratingskalen entwickelt werden, und die Ratings müssten für unterschiedliche Anschlagsformen separat sowie gegebenenfalls gesondert für Einzelziele innerhalb einer Zielklasse (zum Beispiel Bahnhöfe) durchgeführt werden (ebd.: 99). Nun mag man Clarke und Newman darin zustimmen, dass es besser sei, die technischen Probleme eines solchen Prozederes anzugehen, als die Vulnerabilität von potenziellen Angriffszielen auf herkömmlich unsystematische Weise zu bestimmen (ebd.: 100). Doch selbst wenn Messskalen- samt Validitäts- und Reliabilitätsproblemen gelöst werden könnten, ergeben sich mit der Forderung der Unterscheidung spezifischer Formen von Anschlägen grundlegende, von Clarke und Newman nicht aufgelöste Probleme. Nicht nur wäre mit einer quantitativen Eskalation erforderlicher Ratings zu rechnen (die noch dazu regelmäßig aktualisiert werden müssten) – im letztlichen Ratingverfahren ließen sich dabei auch nicht mehr (wie noch im demonstrierten illustrativen Vorgehen) unmittelbar potenzielle Angriffsziele vergleichen, da ja ein Ziel mit verschiedenen Mitteln oder von verschiedenen Tätergruppen angegriffen werden, also Bestandteil verschiedener Szenarien oder »Arten von Anschlägen« sein könnte. Und nach dem für spezifische Anschlagsarten gesonderten Rating bliebe weiter die wichtige Frage offen, mit welcher Anschlagsart wie wahrscheinlich zu rechnen ist – das vorgeschlagene Ratingsystem (bzw. die je Anschlagsart noch zu entwickelnden Ratingsysteme) unterscheidet ja zunächst nur relative Anschlagswahrscheinlichkeiten *innerhalb* eines Typs von Anschlägen.

Auch eine gesonderte Analyse der Attraktivität von Anschlagsmitteln löst das Problem nicht auf. Clarke und Newman stellen dafür ebenfalls ein Akronym vor: MURDEROUS. Die Wahl der Waffen orientiere sich an den

Kriterien *multipurpose, undetectable, removable, destructive, enjoyable, reliable, obtainable, uncomplicated* und *safe*. Doch nicht nur wäre sodann für eine kombinierte Ziel- und Mittelwahlanalyse zu entscheiden, ob (bzw. wie oft) die Mittelwahl der Zielwahl folgt oder ob (wie oft) das Ziel nach den präferierten Mitteln gewählt wird (will man nicht annehmen, dass die Mittel- und Zielpräferenzen von Tätern zunächst unabhängig voneinander bestimmt und dann zusammengeführt werden). Sondern die Wahl der Mittel wird von Clarke und Newman unter dem Etikett »spezifische Art von Anschlag« bereits *vorausgesetzt*. Wenngleich das EVIL-DONE-Raster unter der Überschrift »target attractiveness to terrorists« behandelt wird, handelt es sich de facto um die Bestimmung der Attraktivität von *Szenarien* – von Kombinationen von Zielen und Mitteln unter bestimmten (durch unbestimmte weitere Variablen zu spezifizierenden) Bedingungen. Ziel- und Mittelwahlen könnten daher nicht – wie die Gegenüberstellung von EVIL DONE und MURDEROUS suggeriert – parallel einem Rating unterzogen und sodann (irgendwie) kombiniert werden; vielmehr müsste ein Rating der Mittelwahl auf noch zu spezifizierende Weise in das Szenariorating integriert werden. Von daher ist Clarke und Newman nicht darin zuzustimmen, dass es grundsätzlich einfach sei, ein überzeugendes quantitatives Ratingsystem zu entwickeln – die Illustration für *eine* »Anschlagsart« liefert keine Lösungen für die Probleme, die bei der Berücksichtigung zahlreicher Anschlagsarten entstünden.

(4) Ideologieproblematik und Handlungsmodell. Clarke und Newman nehmen eine vorwiegend von taktischen und praktischen Fragen bestimmte terroristische Vorgehensweise an und versuchen entsprechend, größere Sinnzusammenhänge und insbesondere Fragen der Ideologie aus der Zielwahlanalyse auszublenden. Dieser Schritt geschieht allerdings nicht letztlich überzeugend. Der Anspruch des EVIL-DONE-Schemas ist es nicht nur, potenzielle Angriffsziele im *Ergebnis* nach relativen Anschlagsrisiken (oder nach deren Vulnerabilität) sortieren zu können, sondern dies gerade deshalb leisten zu können, weil die Kriterien in einem Prozess des »thinking terrorist« generiert wurden und also die Logik der Anschlagsplanung abbilden. Dabei unterstellen Clarke und Newman – im Einklang mit der Maßgabe, »spezifische« Zwecke statt »distant causes of criminality« zu berücksichtigen (ebd.: 20) – als Terroristen einen auf unmittelbare persönliche Bedürfnisbefriedigung und Nutzenmaximierung ausgerichteten utilitaristisch-instrumentell Handelnden mit überschaubar-naheliegenden Zielen. In einer Liste von »terrorists' goals« werden entsprechend ausschließlich unmittelbar technische (zum Beispiel

»Cause as much destruction and death as possible«, »Disrupt a specific activity«), taktische (zum Beispiel »Create a climate of fear«, »Create media sensation«, »Disrupt everyday life«, »Demoralize security forces«), strategische (zum Beispiel »Force or tempt government to overreact«, »Show off to supporters and thereby consolidate followers or members of the terrorist group«) sowie gruppenstabilisierende Motive genannt (zum Beispiel »Maintain discipline within the group«, »Test or ›blood‹ new recruits or train followers«). Wo Clarke und Newman über »terrorists' objectives« nachdenken, geschieht dies auf der taktischen Ebene: Es müsse berücksichtigt werden, dass verschiedene Anschlagsarten unterschiedliche Zielsetzungen hätten: »[D]ifferent forms of terrorism – assassinations, bombings, kidnappings, hostage takings – have different objectives and therefore focus on different targets« (ebd.: 88). Mit der an sich richtigen Maßgabe, der »Dämonisierung« von Terroristen zu widerstehen, wird der Einsatz für politische Ziele gegenüber persönlichen Vorteilen als sekundär angenommen: »Most of them are ordinary people who might believe in the cause, but who have joined the group principally because of the particular benefits membership brings them. For some these are anticipated rewards after death; for others, they are the more mundane rewards of employment, status, adventure and camaraderie« (ebd.: 23).

Mit diesem Handlungsmodell eines taktisch-persönlichen Nutzenmaximierers bleiben politische Zwecksetzungen und religiöse Ansprüche weitgehend ausgeblendet – bis zu dem Punkt, wo die in der Analyse zu berücksichtigenden »benefits« pointiert zu »Schaden für die angegriffene Gesellschaft« verdichtet werden (ebd.: 12). Die praktisch-taktisch-utilitaristische Betrachtungsweise erfordert allerdings, dass nicht einmal eher offensichtliche Beispiele des Einflusses »ideologischer« Faktoren auf die Zielwahl berücksichtigt werden. Es ist eben der sunnitische Dschihadist, der die Massentötung schiitischer Zivilisten als Sieg über den sektiererischen Unglauben zu feiern vermag, nicht der katholische Ethnoseparatist. Es ist der rechtsextreme Terrorist, den die Tötung von Ausländern befriedigt, während sich linke Militanz auf die Ausländerbehörde richtet. Es ist der islamistische, nicht der jüdisch fundamentalistische *lone wolf*, der eine jüdische Schule angreift. Die Abhängigkeit wenigstens grundsätzlicher Zielklassenentscheidungen von ideologischen Ausrichtungen ist evident, und dass diese für die nähere Zielwahl dann irrelevant seien, ist eine These, die gründlicherer Untersuchung bedürfte und nicht schlicht auf der Basis eines technisch-pragmatischen Handlungsmodells angenommen werden kann. Schon Clarke und Newmans

Auswahl des illustrativen Falls – der das Ziel einer Tötung zahlreicher Zivilisten unterstellt – ist implizit mit der Annahme einer Ideologie konstruiert, die derartige Massentötungen legitimiert und keinesfalls für alle Terrorismen typisch. Und auch im EVIL-DONE-Raster selbst müssen Überlegungen zur Ideologie Eingang finden, da sich Ikonizität und Legitimität (aus Täterperspektive) anders nicht beurteilen lassen.

1.4 Fazit

Sowohl konventionelle Zielwahlanalysen als auch Clarke und Newmans situationslogisch argumentierendes Vorgehen liefern eine Reihe von Faktoren, deren Relevanz im Rahmen von Zielwahlanalysen zu berücksichtigen ist und die für die Codierung des empirischen Planspielmaterials aufgegriffen wurden (vgl. Kapitel IV). Gleichzeitig sind beide Modelle für unsere Fragestellungen – die Rekonstruktion der Logik der Anschlagsplanung und die Risikobewertung für dschihadistische Anschläge in Europa – nicht vollständig befriedigend und nicht ohne Weiteres übertragbar bzw. anwendbar. Die Gründe betreffen das jeweilige Verfahren, die Reichweite und die empirische Fundierung der Risikobewertung sowie die im Verständnis der Anschlagsplanung zugrunde gelegten Handlungsmodelle.

(1) Risikobewertung. Clarke und Newmans wesentlich introspektiv bzw. gedankenexperimentell entwickeltes EVIL-DONE-Raster lässt sich schon nach deren eigenem Anspruch nicht ohne Weiteres pauschal auf dschihadistische Täter in Europa anwenden. Zwar operieren Clarke und Newman mit einer Ambivalenz zwischen einem illustrativen Vorgehen an einem speziellen Fall und einem universelleren (aber nicht belegten) Geltungsanspruch des Schemas. Nimmt man aber die Begrenzung auf Illustrationszwecke ernst, wäre selbst für den Fall der zivilen Massenviktimisierung in großen Städten das Schema erst noch empirisch besser zu gründen. Ob und inwiefern das Raster dann auf andere Arten dschihadistischer Anschläge in Europa Anwendung finden könnte, bleibt eine offene Frage. Selbst wenn wir eine universelle Geltung der EVIL-DONE-Parameter annähmen, wären weiter noch die von Clarke und Newman benannten Schritte der Spezifizierung und Operationalisierung (Differenzierung nach Anschlagsformen, Entwicklung einer objektiven Ratingskala) zu gehen. Dabei blieben schließlich die Probleme der Unterscheidung spezifischer Anschlagsarten (mangelnde

Definition derselben, exponentieller Anstieg erforderlicher Ratings) und der Integration der Mittelwahl in das Verfahren bestehen. Trotz seiner griffigen Formel handelt es sich beim EVIL-DONE-Ansatz nicht um ein hinreichend belegtes und schlüssiges Verfahren, um schlicht zur Anwendung auf bestimmte Fälle übergehen zu können. Bevor man nach Lösungen für diese Detailprobleme sucht, sollte daher zunächst Clarke und Newmans Hinweis auf das Erfordernis näherer empirischer Forschung zur Logik der Zielwahl aufgegriffen werden.

Drake dagegen liefert ein *allgemeines* Prozessmodell, welches beansprucht, terroristische Zielwahlprozesse überhaupt abzubilden. Es wurde allerdings ohne systematische Berücksichtigung speziell dschihadistischer Anschläge entwickelt und bedürfte daher noch der Prüfung an diesem Fall. Die von Drake berücksichtigte (sekundäre) Empirie ist zudem aus Fällen längere Zeit bestehender und relativ größerer terroristischer Gruppen gewonnen, was diesen Strukturbildungen, Lernprozesse, strategische Fortentwicklungen und andere Anpassungen im Zeitverlauf ermöglicht, für die den typischen, in Kleingruppen oder als *lone wolf* auftretenden *One-Shot*-Tätern des europäischen Dschihadismus Personal, Ressourcen und Zeit fehlen. Eine einfache »Anwendung« des drakeschen Modells auf dschihadistische Anschläge in Europa ist darüber hinaus schon deshalb nicht möglich, weil uns keine eindeutigen Kriterien zur Bewertung konkreter Anschlagsziele gegeben werden – wie das Modell auf konkrete Fälle zu übertragen wäre, bleibt an zentralen Stellen unbestimmt. Wenn uns das Modell etwa sagt, dass Strategien Einfluss auf die Zielwahl haben, nicht aber, welche Strategien welchen Einfluss, ist eine diesbezügliche Eingrenzung von Anschlagsrisiken – auch abgesehen von dem Problem, dass die Strategie des europäischen Dschihadismus nicht leicht bestimmbar und keine einheitliche ist – nicht möglich. Diese Probleme des drakeschen Ansatzes werden auch von den diesem Rahmen (oder Ausschnitten daraus) folgenden Einzelstudien nicht aufgelöst. Das empirische Material wird meist von länger bestehenden, nicht spezifisch dschihadistischen Gruppen gewonnen, die beobachteten Zusammenhänge zwischen Rahmenfaktoren und bestimmten Aspekten der Zielwahl (etwa Auswahl von Zivilisten) bewegen sich wie die resultierenden Prognosen meist in einem groben, zur Bewertung von Einzelzielen zu allgemeinen Raster. Libickis Studie zur Zielwahl von al-Qaida muss sich aufgrund des gruppenspezifischen Strategiefokus auf diese eine Organisation begrenzen und gelangt nicht zu einer anhand externer Faktoren informierten und relativ eindeutigen Zuordnung von Strategien zu Anschlagsszenarien, die eine differenzierte Gefährdungsbewertung im Einzelfall ermöglichen würde.

Die im Folgenden zu entwickelnde Risikobewertung will spezifischer sein als das von Drake vorgelegte Modell und zugleich allgemeiner als das auf einen bestimmten Modus Operandi festgelegte Verfahren von Clarke und Newman. Ziel ist ein Raster von Parametern, das die Bewertung konkreter potenzieller Anschlagsziele des Dschihadismus in Europa erlaubt, und das empirisch systematischer fundiert ist als bisherige Arbeiten zum Thema.

(2) Logik der Anschlagsplanung und Handlungsmodelle. Sowohl konventionelle wie opportunitätslogische Modelle zielen auf eine (wenngleich begrenzte) prognostische Relevanz durch Rekonstruktion der Täterperspektive. Dabei versuchen Clarke und Newman, die Frage nach der Logik der Entscheidung zum Anschlag bzw. Terrorismus überhaupt weitgehend auszublenden – für die Zwecke der Zielwahlanalyse wird die Frage, »was Terroristen wollen« (Richardson 2007), hier letztlich auf den Aspekt »möglichst effizient maximalen Schaden anrichten« reduziert. Drake und andere gehen dagegen von einer zentralen Rolle der Ideologie und damit der Fundierung der Anschlagsplanung im weiteren Rahmen der Weltdeutung und politischer Sinnzusammenhänge aus. Beide Ansätze aber haben gemeinsam, dass sie mit der Annahme einer (sei es ideologisch und strategisch gegründeten, sei es vorwiegend taktischen) wesentlich instrumentellen Logik operieren, wonach Anschlagsplanungen von der möglichst effizienten Erreichung politischer oder taktischer Ziele bestimmt sind. Abweichungen davon werden von Drake als die Prognostizierbarkeit reduzierende außerlogische Faktoren gesehen, während Clarke und Newman davon ausgehen, dass nur die ideologische Logik von externen Faktoren eingeschränkt wird, während die (auch gerade deshalb) entscheidende taktische fortbesteht. Die Fokussierung auf die Rationalität von Ideologie, Strategie und Taktik (oder Teile davon) folgt der einflussreichen (und an sich richtigen) Tradition, Terroristen als »rationale« und »normale« Akteure zu analysieren (vgl. zum Beispiel Crenshaw 1981). Dieses gegen Pathologisierungen gerichtete (und insofern analytisch nützliche) Argument kann allerdings dazu führen, dass übersehen wird, dass gerade »normale« Akteure typischerweise nicht nur nahtlos einem zweckrationalen Motivstrang folgen. Handlungen lassen sich auf verschiedenen Ebenen analysieren, und Idealtypen wie zweckrationales und wertrationales (Weber 1980) oder teleologisches, normenreguliertes und dramaturgisches

Handeln (Habermas 1988) treten in empirisch aktualisiertem Handeln üblicherweise in Mischformen auf. So ist auch für den Fall terroristischen Handelns die Bedeutung normenregulierter (etwa Altruismus, Gerechtigkeitsanliegen, Rache) und dramaturgischer Aspekte (Selbstinszenierungen, Rollenvorbilder, Helden- und Ruhmorientierungen) zwar meist subsidiär zur politisch-instrumentellen Rationalität, aber doch regelmäßig beschrieben worden (vgl. als Überblick z. B. Richardson 2007). Diese Handlungsdimensionen werden in Zielwahlmodellen zwar eingebracht, wo sie als relevant erkannt werden (zum Beispiel im Aspekt »legitimate« oder in dem der Schuldorientierung), finden aber – mit Ausnahme der Betonung der Schuldorientierung bei Drake – insgesamt einen sehr untergeordneten und wenig systematischen Eingang in die Analyse.

Die Konzentration auf eine politisch-instrumentelle Logik trägt neben der Vernachlässigung weiterer Handlungsdimensionen auch dazu bei, dass eine vertiefte Integration von Terrorismustheorie und Zielwahlmodellen für entbehrlich gehalten wird. Wird Terrorismus nur als rationale Methode des politischen Kampfes verstanden, so erscheint die Frage, warum sich Akteure überhaupt zu Anschlägen als Mittel der politischen Auseinandersetzung entschieden haben, für die Frage nach der Wahl des Anschlagsziels von untergeordneter Bedeutung zu sein, und *vice versa* – die Frage nach der Zielwahl beginnt dort, wo die Entscheidung zu *irgendeinem* Anschlag schlicht vorausgesetzt wurde; und die Erklärung des Terrorismus an sich endet dort, wo die konkrete Anschlagsplanung beginnt. Ausgeblendet bleibt damit die Möglichkeit, dass sich Akteure nicht zuerst abstrakt »zum Terrorismus« entscheiden und dann nach Anschlagszielen suchen, sondern dass Erwägungen zu relativ konkreten Anschlägen hinreichend attraktiv erscheinen könnten, um den Terrorismus an sich (mit) zu befördern bzw. zu verursachen – so wie man sich auch nicht vor jeder Nahrungsaufnahme abstrakt zum Essen entschieden hat und sodann Rezepte abwägt, sondern manchmal die Attraktivität eines ganz bestimmten Gerichts die Motivation zum Essen bietet. Die denkbare immanente Befriedigung durch Anschläge, der mögliche Selbstzweckcharakter eines erfolgreichen Anschlags, gerät mit der Konzentration auf politisch-taktische Mittel-Zweck-Zusammenhänge aus dem Blick. Es ist nun durchaus denkbar, dass eine nähere Integration von Terrorismustheorie und Zielwahlanalysen keine verbesserten Risikoeinschätzungen und/oder kein besseres Verständnis der Ziel- und Mittelwahl zu liefern vermag. Gleichwohl bleibt die theoretische Separierung einerseits theoretisch unbefriedigend, während es andererseits auch unwahrscheinlich erscheint, dass die konkrete Anschlagsplanung als Praxiskern des Terrorismus keinen über die bloße Mittelstellung wesentlich hinausgehenden Bezug zur Logik des Terrorismus an sich aufweisen sollte.

Während die allgemeine Terrorismusforschung nur eher sporadische Hinweise auf Zielwahlen gibt, legt also die zielwahlorientierte Forschung eher reduzierte Erklärungsmodelle von Terrorismus zugrunde – oder versucht, ganz ohne sie auszukommen. Ziel der vorliegenden Arbeit ist es dagegen, einerseits Terrorismustheorie und Fragen der Ziel- und Mittelwahl und andererseits verschiedene Handlungsdimensionen der Logik der Anschlagsplanung in einer einheitlichen Perspektive zu integrieren, ohne *a priori* von einer Dominanz politischer Zweckrationalität auszugehen.

2 Ziel- und Mittelwahl des dschihadistischen Terrorismus in Europa

In der Terrorismusforschung lassen sich zwei Thematisierungsstränge dschihadistischer Anschläge unterscheiden. Der eigentlichen Zielwahldiskussion vorgelagert und diese prägend stehen Auseinandersetzungen um den Charakter und die Logik dschihadistischer Anschläge. Diese Auseinandersetzungen sind eingebettet in einen übergeordneten Paradigmenstreit darüber, ob es sich beim islamistischen Terrorismus um eine neue Form des Terrorismus handelt (2.1). Darüber hinaus liegt eine Reihe von Arbeiten vor, die Zielwahlen dschihadistischer Terroristen vor dem Hintergrund im Einzelnen unterschiedlicher Fragestellungen thematisieren, wobei systematische Diskussionen der Zielwahlfrage oder gar Theorien dschihadistischer Zielwahlen selten sind (2.2).

2.1 Paradigmenstreit über den Charakter des dschihadistischen Terrorismus

Deutungen und Analysen dschihadistischer Gewalt gründen – mit wenigen Ausnahmen (Juergensmeyer 2001) – auf A-priori-Vorentscheidungen über den Charakter dschihadistischer Gewalt. Dabei stehen sich in der Terrorismusforschung seit jeher zwei konkurrierende Lager gegenüber: Vertreter des »instrumentellen Modells« versuchen nachzuweisen, dass terroristische Gewalt islamistischer Organisationen einer rationalen Strategie folgt und entsprechend nach Effizienzgesichtspunkten ausgestaltet werde (vgl. z. B. Crenshaw 2007), während es sich Vertretern des sogenannten »new terrorism«-Paradigmas zufolge um von politischen Zielsetzungen gänzlich abgekoppelte Akte der Zerstörung handelt (vgl. z. B. Hoffman 1993).

Ausgangsunkt der Abgrenzung eines »neuen«, religiösen, Terrorismus von einem »alten« Terrorismus separatistischer oder sozialrevolutionärer

Provenienz bildet die Beobachtung einer Tendenz zur Erzeugung hoher Opferzahlen im Falle von religiös motivierten Terrorismen. Im Unterschied zu säkularen Terroristen, die entweder ideologische oder nationalistische Primärziele verfolgen und aus diesem Grunde Rücksicht auf die Belange ihrer positiven Bezugsgruppen nehmen würden, sei im Falle religiöser Terroristen die Bindung gegenüber einem »als interessiert unterstellten Dritten« nur schwach ausgeprägt (vgl. Laqueur 1999: 81; Hoffman 1993: 2f.; Schneckener 2002: 12; Münkler 2002: 182). Religiös motivierte terroristische Gewalt sei von transzendenten Zielen, insbesondere der Vorstellung, einen »göttlichen Willen« zu verrichten, geleitet (Rowland/Theye 2008: 61; Hoffman 1993: 2). Die Gewalt werde somit tendenziell für kein Publikum, das es zu beeindrucken oder zu mobilisieren gelte, ausgeübt und würde dadurch keinen moralischen und politischen Beschränkungen mehr unterliegen, weshalb sie zur Entgrenzung neige (Hoffman 1993: 3; Stern 1999: 76; vgl. auch Richardson 2006: 61; Germann 2009: 71). So argumentiert etwa Münkler (2002: 182), dass die Umma nur eine abstrakte, fiktive Größe sei, die durch die Taten der Avantgarde als politische Größe überhaupt erst hervorgebracht werde.[7] Dormal (2009: 158) weist darauf hin, dass im Dschihadismus nur derjenige als »wahrer Muslim« anerkannt werde, der sich mit dem Ausnahmezustand identifiziert. Die Umma sei daher »nur Realität als Fluchtpunkt und Projekt einer negativen Vergemeinschaftung im Dschihad als ›Blitz, der die Umma entzündet‹«.

Wenngleich eine Abkoppelung von weltlichen Belangen und ein damit verbundener Millenarismus den Kern des religiösen Selbstverständnisses dschihadistischer Akteure ausmachen, ist andererseits ebenso offensichtlich, dass dschihadistische Gruppen politisch-militärische Ziele verfolgen – diese sind schließlich religiös vorgegeben: Es geht um die umfassende Anwendung des »göttlichen Gesetzes«, dazu zählen die Verteidigung von Muslimen, die (prospektive) Errichtung eines Kalifates und schließlich die Unterwerfung und Bekehrung der »Ungläubigen«. Auch ist offensichtlich, dass sich der dschihadistische Aktivismus – wenngleich in unterschiedlichem Ausmaß und in immanentem Widerspruch zur Idee einer ausschließlichen

7 Waldmann et al. (2010) sehen eine fehlende soziale Bezugsgruppe dagegen primär im Charakter der Transnationalität begründet. Den transnationalen Netzwerken fehle eine reale, territoriale Community als soziale Bezugsgruppe: »As they do not depend on anybody, they do not have to account to anybody for their actions« (2010: 56). Aktionen seien entsprechend nur von der Ideologie und einem in der Gruppe bestehenden Konsens geleitet.

Wirkungsmächtigkeit Gottes – an Handlungsfolgen, also am Erfolg orientiert. Eine solche Erfolgsorientierung des Handelns kann heilspragmatisch motiviert sein, da politisch-militärische Erfolge dem Gläubigen als Zeichen seiner Zugehörigkeit zur »siegreichen Gruppe« erscheinen können. Dschihadisten pauschal eine Indifferenz gegenüber weltlichen politischen Zwecksetzungen zu unterstellen wird der beobachtbaren Praxis ebenso wenig gerecht wie der inneren Dynamik dschihadistischer Religiosität selbst.

Zwischen einer vollständigen Indifferenz gegenüber den politischen Reaktionen auf einen Anschlag – gerade in den positiv besetzten Bezugsgruppen – auf der einen und der Ausrichtung der Praxis an politischen Handlungsfolgen wie zum Beispiel der Erzeugung eines Mobilisierungseffektes in den Bezugsgruppen auf der anderen Seite sind Abstufungen möglich, die genauer zu untersuchen wären. Dabei scheinen die Differenzen zum säkularen Terrorismus bei Weitem nicht so radikal zu sein wie etwa von Hoffman (1993) und Münkler (2002) prätendiert. So besteht etwa in der Forschung zur RAF weitgehend Einigkeit, dass sich ihr »bewaffneter Kampf« in nicht unerheblichem Ausmaß von einer zweckrationalen Verfolgung politischer Zielsetzungen abkoppelte und zunehmend im Modus von Identitätsbehauptung und Vergeltung prozessierte.[8] Schließlich legen auch Dschihadisten ihrer Gewaltausübung moralische Beschränkungen auf. So wollte zum Beispiel die Sauerlandgruppe nicht nur keine Kinder umbringen, sondern soll auch Skrupel gehabt haben, zum Zwecke der Entwendung eines Lastkraftwagens einen aus ihrer Sicht »unschuldigen« Fahrer umzubringen (Süddeutsche Zeitung vom 17. Mai 2010). Ferner richtet sich nur ein Teil der im europäischen Kontext verübten oder geplanten Anschläge gegen die Zivilbevölkerung (siehe im Detail Kapitel II.3). Viele Angriffe richten sich gegen politische und militärische Einrichtungen, Politiker, Militärangehörige oder Vertreter von Medien. Dabei rekurrieren Dschihadisten auf politische und moralische Schuld- und Verantwortungszuschreibungen für Missstände bzw. Unrechtshandlungen an Muslimen, wie man sie auch von säkularen Terrorismen kennt.

8 Zu »sekundären Motivationen« siehe Neidhardt (1982). Scheerer (1988a) und Della Porta (2006) weisen auf den Interaktionseffekt der Entstehung einer solchen Motivation im Sinne einer »sekundären Devianz« hin; zur Verselbstständigung der dritten Generation siehe Strassner (2005); zur Isolierung sozialrevolutionärer Gruppen von der Linken im Allgemeinen siehe Della Porta (2002); zur Verselbstständigung des Terrorismus der IRA siehe die Arbeiten von Pettenkofer (2008) und Schimank (2008).

Die Logik dschihadistischer Anschläge lässt sich nicht losgelöst vom religiösen Selbstverständnis der Akteure und der von ihnen in Anspruch genommenen Moralität erklären. Rationalistische Erklärungen geraten spätestens dann an ihre Grenzen, wenn Dschihadisten ihre Anschläge als einen Akt der Pflichterfüllung vor Gott oder der Befolgung schariarechtlicher Vorgaben, also der Bestrafung von abweichendem Verhalten verstanden wissen wollen. Es stellt sich dann die Frage, ob die Akteure in der Praxis nicht einer ganz anderen, nicht(zweck)rationalen Orientierung gefolgt sind. Handelt es sich häufig um weitestgehend autonom agierende *Self-Starter*, so scheint geradezu abwegig, dass Akteure ihre Anschlagsplanungen unter Ausschluss ihres religiösen Selbstverständnisses bloß an der effizienten Umsetzung uneinheitlicher strategischer Vorgaben des dschihadistischen Diskurses ausrichten. Statt die Binnenperspektive der Akteure ernst zu nehmen und entsprechend zu rekonstruieren, stützt sich die Zurechnung einer rationalen Mittelwahl dann auf Unterstellungen eines den Handlungen zugrunde liegenden terroristisch-strategischen Kalküls, das aus einem nachträglichen Wissen um die tatsächlichen Folgen eines Anschlags und dazu passenden Verlautbarungen dschihadistischer Strategen abgeleitet wird. So stützt etwa Witte (2007: 22) seine Interpretation der Anschläge von London 2005 als Ergebnis einer rationalen Mittelwahl auf ein westlichen Regierungen von bin Laden 2004 gestelltes Ultimatum, in dem er mit reziproker Vergeltung droht, sollten die entsprechenden Regierungen ihre Truppen nicht binnen drei Monaten aus dem Irak und Afghanistan abgezogen haben. Ein noch am Tag der Anschläge veröffentlichtes Fake-Bekennerschreiben einer Gruppe mit dem Namen »the Secret Al Qaeda Jihad Organization in Europe«, dessen Authentizität selbst in der von Witte bemühten Quelle (Die Tageszeitung vom 8. Juli 2005) angezweifelt wurde, suggeriert, dass die Täter von London die von bin Laden zuvor ausgesprochene Warnung umsetzen wollten: »We have warned the British government and the British people again and again. We have carried out our promise and undertaken a blessed military attack in Britain after great efforts by the heroic mujahedeen over a long period of time to ensure the success of the attack« (Longwarjournal vom 7. Juli 2005). In der authentischen Videonachricht eines der Täter, Mohammad Sidique Khan, dokumentiert sich schließlich ein ganz anderes Selbstverständnis der Tat: Zwar begründet Khan den Massenmord an Zivilisten ebenfalls mit dem Reziprozitätsprinzip. Dessen Anwendung steht bei Khan aber nicht unter dem Vorbehalt der Umsetzung eines bestimmten strategischen Kalküls, hier also einer erfolgreichen Bedrohungskommunikation, sondern ergibt sich für ihn aus der religiös begründeten Selbstbindung an die Pflicht zur Verteidigung der Umma. Der Pflicht zum Dschihad gilt es hier gerade unabhängig davon, ob der Kampf dazu geeignet ist, das »Morden« an Muslimen zu stoppen, nachzukommen.

Vertreter des »instrumentellen Modells« argumentieren schließlich, dass religiöse, nichtzweckrationale Handlungslogiken lediglich Individuen, nicht aber Organisationen, die einer kollektiven Logik folgen würden, zugerechnet werden könnten (Pape 2003: 344; Witte 2007: 23ff.).[9] Für ein Verständnis des Gesamtphänomens terroristischer Gewalt gelte es, die religiös motivierte Tat- und Opferbereitschaft Einzelner ebenso zu analysieren wie den strategisch kalkulierten Einsatz bestimmter Gewaltmittel seitens terroristischer Organisationen (vgl. Hafez 2006). Diese Entgegensetzung von individueller Motivation und Organisationszielen macht für den europäischen Homegrown-Dschihadismus wenig Sinn. Altran (2006) weist zu Recht darauf hin, dass dschihadistische Anschläge nicht immer direkt von al-Qaida angeleitet werden müssen, sondern von Individuen und Kleingruppen operativ unabhängig umgesetzt werden können, womit Gruppendynamiken und schließlich religiöse, moralische Handlungslogiken ins Spiel kommen. Dies gilt umso mehr für den europäischen Homegrown-Dschihadismus, bei dem es sich zumindest vor Entstehung eines durch den Islamischen Staates inspirierten oder angeleiteten europäischen Dschihadismus überwiegend um einen organisationell ungebundenen oder nur schwach gebundenen Aktivismus handelt.

In Erklärungsnöte geraten rationalistische Erklärungen schließlich, wenn eine beobachtbare Zielwahl von einem als zweckrational paraphrasierten Verhaltensmuster abweicht. Dies trifft etwa zu bei hochselektiven Angriffen auf einzelne Soldaten oder Militäreinrichtungen (*hard targets*), Botschaften, jüdische Einrichtungen oder »Islamkritiker«, die im Unterschied zu »mass casualties« eine weitaus geringere Schreckens- und damit Zwangswirkung auf Regierungen und Bevölkerungen ausüben und daher mit der Vorhersage einer rational an diesen strategischen Vorgaben orientierten Zielwahl nur

9 Mit Blick auf die Unterscheidung zwischen den beiden Ebenen (1) kollektive Ziele von Organisationen und (2) individuelle Motivationen zur Gewaltausübung verweist Reemtsma (2003) schließlich auf eine dritte Ebene: die Rationalisierung von Gewalthandlungen mit Bezug auf kollektive Ziele, wodurch ein Selbstmordattentäter erst zu einem kollektiv verehrten Märtyrer gemacht wird (vgl. dazu auch Beck/Quandt 2011: 96).

schwer in Einklang zu bringen sind. Dabei ist das Phänomen dschihadistischer Anschlagsgewalt in Europa gleichermaßen durch diskriminative wie indiskriminative Zielwahlen geprägt.

Sowohl die Zuschreibung von Zweckrationalität dschihadistischer Anschläge als auch die Unterstellung eines bloßen Vernichtungswillens (z. B. Sofsky 2002) stellen Vereinfachungen dar, die dem Selbstverständnis der handelnden Akteure nicht gerecht werden und das Spektrum der beobachtbaren Zielwahlen nicht erklären können. Zum Verständnis dschihadistischer Gewalt wäre es vielmehr erforderlich, Elemente politischer Strategien mit Elementen religiöser Normbefolgung und Selbstinszenierung verflochten zu analysieren (siehe auch Jones 2008: 28). Bezugspunkte hierfür bilden im weiteren Sinne kultursoziologisch orientierte Arbeiten (vor allem Pettenkofer 2008; Juergensmeyer 1998; 2001; siehe auch Hillebrandt 2007; Weisbrod 2010; Reemtsma 2003; Kippenberg 2008), die Formen normativen und expressiven Handelns als selbstverständlichen Bestandteil von Terrorismus aufzufassen versuchen. So beschreibt Juergensmeyer (2001: 124) den Charakter religiös motivierter Terrorakte als potenziell doppelt performativ: »Terrorist acts can be both performance events, in that they make a symbolic statement, and performative acts insofar as they try to change things.« Terroristische Anschläge können demzufolge das eine mal stärker strategisch und ein andermal stärker symbolisch ausgerichtet sein (ebd.). Wie strategische und symbolisch-expressive Handlungslogiken im Dschihadismus miteinander verknüpft sind und zu welchen Zielwahlen unterschiedliche Mischungsverhältnisse im Einzelnen führen, bleibt bislang unerforscht.

2.2 Thematisierung von Zielwahlen im engeren Sinne

Eine Reihe von Arbeiten behandelt Fragen dschihadistischer Ziel- und Mittelwahlen im Rahmen einer Auseinandersetzung mit Taktiken und Strategien von al-Qaida. Unterstellt wird dabei in der Regel a priori eine an strategischen Zielsetzungen orientierte rationale Zielwahl (vgl. etwa Silke 2012; Libicki et al. 2007). Weiteres Kennzeichen dieser Studien ist, dass die einem Anschlag vermeintlich zugrunde liegenden Intentionen der Täter nicht aus einer Erforschung der Intentionen der an der Anschlagsplanung konkret beteiligten Täter, sondern aus »Gruppenzielen« und Strategievorgaben von al-Qaida abgeleitet werden. Bezug genommen wird dabei hauptsächlich auf von Al-Qaida-Führern verfasste Texte. Es wird hier unterstellt, dass Anschlagsplaner immer die Strategievorgaben von al-Qaida umsetzen würden oder Anschläge von hierarchisch strukturierten Organisationen durchgeführt werden würden, sodass die Motivationen der den Anschlag operativ umsetzenden Akteure unbedeutend wären. Für den Fall des europäischen Homegrown-Dschihadismus ließe sich dagegen feststellen, dass die Akteure teils autonom agieren. In welchem Umfang sich an Strategievorgaben der al-Qaida orientiert wird, bleibt dabei fraglich. Die nahezu ausschließliche Bezugnahme auf Dschihadstrategen in Auseinandersetzungen mit Fragen der Zielwahl suggeriert jedenfalls, lediglich strategische Abhandlungen würden als dschihadistische Inspirationsquellen für Anschlagsplaner in Betracht kommen. Wie Brachman (2008: 81) herausstellt, handelt es sich hierbei jedoch nur um ein Genre dschihadistischer Textproduktion, welches in scharfem Kontrast zu typischen ideologischen und religiösen Texten stehe. Dieser Kontrast bestehe dabei in einem Pragmatismus der Dschihadstrategen, die strategischen Aspekten tendenziell Vorrang vor einer »sauberen« Ideologie einräumen würden.

Die in der Literatur rezipierten Dschihadstrategen verfolgen unterschiedliche Zielvorstellungen, die im Folgenden kursorisch umrissen werden: Brachman (2008: 86ff.) rezipiert vor allem Abu Ubayd al-Quraschi und Abu Bakr Naji. Beide suchen nach Schwachstellen des Gegners, namentlich der USA, die sie in ökonomisch bedeutsamen Zielen und Infrastrukturen sehen. Al-Quraschi geht es darum, Sicherheitsbedrohungen der USA, die er als zentrale Schwachstelle sieht, zu forcieren. Dazu seien etwa folgende Mittel Erfolg versprechend: die Beschaffung von Massenvernichtungswaffen, Angriffe auf den Schiffsverkehr der USA, auf Anlagen der Ölindustrie und die Transportinfrastruktur, auf kritische Infrastrukturen (Stromnetz, Atomkraftwerke), auf Finanzinstitutionen oder das Rettungstelefonnetz. Al-Qaida-Stratege Abu Bakr Naji fokussiert demgegenüber auf die Gewinnung von Kontrolle und Herrschaft über Territorium in muslimischen Ländern. Dazu dienen sollen Angriffe auf kritische Infrastrukturen und ökonomische Ziele innerhalb von Regionen, in denen die USA operieren, wie zum Beispiel Ölpipelines, Touristenzentren und Brücken, wobei die Ölindustrie als Hauptangriffsziel ausgewiesen wird. Sein Kalkül ist, dass amerikanische Truppen zum Schutz vitaler Infrastrukturen ihre Kräfte dann an bestimmten Orten bündeln und sich dazu aus peripheren Gebieten zurückziehen müssen (ebd.: 94).[10] In der Peripherie entstehe ein Machtvakuum, das von dschihadistischen Gruppen ausgefüllt werden könne. Silke (2012: 53) bezieht sich auf Texte al-Zawahiris. In einem Statement aus dem Jahr 2006 nennt er vier Fronten: erstens die Zufügung von hohen Verlusten für die »Kreuzfahrer«, insbesondere durch Angriffe auf deren ökonomische Infrastruktur; zweitens ihre Vertreibung aus islamischen Ländern; drittens die Absetzung korrupter Regime und viertens die Missionierung von Nichtmuslimen. Rezipiert werden drei in seinem Hauptwerk »Im Banner des Propheten« ausgegebene Handlungsmaximen: die Maximierung von Schaden, eine Präferenz für die zu diesem Zwecke effektivsten Märtyreroperationen sowie die Auswahl von Zielen, die eine abschreckende Wirkung auf den Feind haben. Forest/Salama (2009: 91) rezipieren den 2004 verstorbenen Führer der saudischen al-Qaida, al-Muqrin, der seinen Fokus ebenfalls auf ökonomisch bedeutsame Angriffsziele richtete. Er nennt unter anderem jüdische Investoren in muslimischen Ländern, internationale Kooperationen und Ökonomen sowie Importe aus »christlichen« Nationen durch das inländische Militär. Personenschäden sollen nach Vorstellungen al-Muqrins nach folgender Prioritätenfolge herbeigeführt werden: An erster Stelle nennt er Juden, wobei amerikanische Juden zu bevorzugen seien, gefolgt von israelischen, britischen und französischen Juden. Es folgen Christen in der Reihenfolge Amerikaner, Briten, Spanier, Australier, Kanadier und Italiener. Innerhalb dieser Gruppen werden verschiedene Subgruppen attraktiver Angriffsziele benannt: Geschäftsmänner, Diplomaten, Politiker, Intellektuelle, Analytiker, Wissenschaftler und Experten, Angehörige des Militärs, Touristen, berühmte Persönlichkeiten und zuletzt all diejenigen, die bereits eine »Warnung« erhalten hätten.

Darüber hinaus liegt eine Reihe von Texten, Aufrufen und Videoansprachen von Al-Qaida-Strategen vor, wie von Abu Musab al-Suri, Adam Gadahn oder von dem verstorbenen Anwar al-Awlaki, wobei insbesondere das von Letzterem begründete Magazin *Inspire* von Bedeutung ist, in dem

10 Wenngleich Abu Bakr Naji in seinem Buch »Management of Savagery«, dessen Titel auf den Prozess der Ausfüllung eines zu schaffenden Machtvakuums anspielt, explizit die Fokussierung auf ökonomische Angriffsziele fordert, behandelt er auch andere aus seiner Sicht lohnenswert erscheinende Zielklassen, die den gewünschten Effekt einer Konzentration gegnerischer Kräfte fördern würden, z. B.: »If two of the apostate authors are killed in a simultaneous operation in two different countries, they will have to secure thousands of writers in other Islamic countries. In this way, there is a diversification and widening of the circle of targets and vexation strikes which are accomplished by small, separate groups.«

Anregungen für Anschläge in Europa gegeben werden. Die hier propagierten Anschlagsziele zeigen ein ebenso breites Spektrum (vgl. auch Ramsay 2012: 27). So zählt Abu Musab al-Suri in »The Global Islamic Resistance Call« (»Part two: The call, program and method«, 39f.) die folgenden Ziele in westlichen Ländern auf: politische Entscheidungsträger, die für Kampagnen gegen Muslime verantwortlich seien; große strategisch bedeutsame ökonomische Ziele wie die Börse, Stromversorgung, Ölanlagen, Flughäfen, Häfen, Bahnverkehr, Brücken, Autobahnkreuze, Tunnel, U-Bahnen, touristische Ziele; Militärbasen, insbesondere amerikanische; Vertreter und Zentren der »zionistischen und zionistisch-freundlichen Kreuzfahrer«-Medien, die Krieg gegen Muslime führen und Angriffe gegen diese rechtfertigen würden; Orte, an denen sich Juden versammeln, ihre Führungspersönlichkeiten und Institutionen, wobei Gebetsorte und Synagogen vermieden werden sollten; Regierungseinrichtungen; Sicherheitsbehörden und schließlich die allgemeine Zivilbevölkerung, wobei Frauen und Kinder nicht gezielt, das heißt an von Männern separierten Orten, angegriffen werden sollen. Hauptkalkül von Anschlägen in westlichen Ländern solle eine Abschreckungswirkung sein, die sich al-Suri von Angriffen auf die Zivilbevölkerung verspricht (vgl. auch Ramsay 2012: 29).

Dschihadstrategen regen ein ebenso breites Spektrum von Anschlagsmitteln an:[11] Neben Sprengstoff, Schusswaffen, biologischen und chemischen Kampfstoffen sowie Cyber-Angriffen wird dazu aufgerufen, Anschläge mit einfachen, im Alltag verfügbaren Ressourcen durchzuführen. Al-Qaida, insbesondere das von al-Awlaki bzw. al-Qaida auf der arabischen Halbinsel (AQAP) herausgegebene Magazin *Inspire*, propagiert seit circa 2011 einen »individual jihad« (Ramsay 2012: 30; Europol TE-SAT 2014: 23f.), dem aufgrund des vermeintlich geringeren Entdeckungsrisikos eines Einzeltäters größere Erfolgschancen beigemessen werden. Ramsay (2012: 29ff.) zufolge spielt das Thema Blasphemie in den Zielwahlerwägungen al-Awlakis eine größere Rolle als für die Al-Qaida-Zentrale. Ein Spezifikum al-Awlakis sei auch der Versuch, konkurrierenden Zielwahlprioritäten gerecht zu werden. So habe sich der »Jemen-Cargo-Plot«, den al-Awlaki verantwortete, gegen die amerikanische Wirtschaft, gegen Präsident Obamas Heimatstadt und zugleich gegen zwei Synagogen, von denen eine das Wort »Zion« im Namen getragen haben und die andere auf schwule und lesbische Juden spezialisiert gewesen sein soll, gerichtet. Ramsay (ebd.) resümiert, dass al-

11 Nähere Ausführungen zu Anregungen für Anschläge in Europa finden sich in Kapitel IV.

Awlaki und seine Anhänger das Zielwahlrepertoire des globalen Dschihad um die Möglichkeit stärker expressiver Anschlagsformen erweitert hätten.

Ramsay (ebd.) geht ferner davon aus, dass Versuche oder Planungen einer Massentötung an Zivilisten abweichend von Zielwahlprioritäten der Dschihadstrategen nur einen Teilbereich des Phänomens dschihadistischer Anschläge in Europa ausmachen. Derartige Angriffsszenarien würden dabei eher selten von genuinen *Self-Startern*, sondern Gruppen mit stärkeren Bindungen zu al-Qaida ausgehen. Eine Erklärung für diese Differenz sei, dass der Dschihad für *Self-Starter* entsprechend der Lehren al-Awlakis und anderer, die stark rezipiert werden, weniger instrumentelle als spirituelle Praxis sei (ebd.: 34). Massenviktimisierungen als Märtyreroperationen seien für *Self-Starter* vor allem deshalb sub-optimale Anschläge, da verschiedene Dschihadideologen wie der von Ramsay zitierte Abu Muhammad al-Maqdisi hohe normative Anforderungen an Märtyreroperationen richten würden. Demgegenüber hätten Tötungen von Soldaten oder »Islamfeinden« eine klare Bedeutung und Legitimität, weshalb sie von einem individualistischen Standpunkt aus attraktiver erscheinen.

Mit Ausnahme einer Studie (Nesser/Stenersen 2014, siehe weiter unten) wurden dschihadistische Anschläge in Europa bisher nicht systematisch in Hinblick auf Zielwahlen, Mittelwahlen und Modus Operandi untersucht. Andere Arbeiten beziehen sich auf einzelne Länder (z. B. Jordan 2012 für Spanien), einzelne Fälle (z. B. Jordán 2008 für 7/7) oder untersuchen nicht Zielwahlen im eigentlichen Sinne. Dies trifft etwa auf die Studie von Dongen (2014) zu, in der 21 dschihadistische Anschläge bzw. Anschlagsplanungen im Zeitraum von 2004 bis 2011 hinsichtlich ihrer Komplexität untersucht werden. Aspekte der Zielwahl werden jedoch nur unter dem Gesichtspunkt der Planungs- und Durchführungskomplexität von Anschlägen betrachtet. Zu nennen ist des Weiteren eine frühere Arbeit von Nesser (2004) mit vier Fallstudien zu europäischen Anschlägen und Anschlagsplanungen in den Jahren 2000 bis 2002. Die Fragestellung der Studie lautet, ob dschihadistische Anschlagsplanungen in Europa vorrangig »lokal« (mit Blick auf lokale Konflikte in muslimischen Ländern), »global« oder »Diaspora«-motiviert seien. Im Mittelpunkt steht nicht die Zielwahlthematik. Die ausgewählten Ziele dienen lediglich als Indikator für das Vorliegen einer entsprechenden

Motivation. Weitere Indikatoren bilden die Herkunft der Täter, ihre Tatrechtfertigungen sowie die jeweiligen politischen Kontexte.[12] Nesser zeigt für alle Fälle eine globale Motivation, die jeweils mit Elementen einer »Diaspora«-Motivation sowie in zwei Fällen mit einer »lokalen« Motivation verbunden sind. Dabei kommt er insgesamt zu dem Schluss, dass der Dschihadismus in Europa zwar wesentlich »global« motiviert sei, aber bereits zu Beginn des Millenniums ein europäischer Charakter der Motivationen und Zielwahlen sichtbar werde.

Die Studie von Nesser/Stenersen (2014) untersucht 122 Anschläge und Anschlagsplanungen im Zeitraum von 1994 bis 2012. Wenngleich verschiedene Merkmale von Ziel- und Mittelwahlen erfasst werden, liegt der eigentliche Fokus der Studie jedoch auf der Herausarbeitung von Trends. So wird etwa nicht zwischen Zielwahlerwägungen und Zielwahlfestlegungen differenziert. Konstatiert wird ein Trend weg von »mass casualties«, hin zu Angriffen auf einzelne Gruppen (Cartoonisten, Juden) sowie ein Trend zur Diversifizierung von Anschlagsmitteln und Häufung von Einzeltätern. Die Zunahme diskriminativer Zielwahlen wird dabei als Effekt eines Strategiewandels der durch Terrorismusbekämpfung geschwächten und unter Konkurrenzdruck stehenden al-Qaida interpretiert. Durch diskriminative Zielwahlen versuche al-Qaida, neue Legitimität und Sympathie zu gewinnen. Die Erweiterung des Mittel-Repertoires dokumentiere ferner auch Anpassungsprozesse der Akteure an durch situative Prävention veränderte operative Handlungsbedingungen sowie eine zunehmende Heterogenität der Tätertypen.

Nesser/Stenersens Studie bietet eine erste systematische Darstellung der Struktur und Entwicklung dschihadistischer Ziel- und Mittelwahlen in Europa. Gleichwohl bleibt der eigentliche Zielwahlprozess – und daran anknüpfend die Frage, nach welcher Logik und nach welchen Kriterien Ziele und Mittel ausgewählt werden – weitgehend unbeleuchtet. Anschläge erscheinen wie in den übrigen Studien als von dem Prozess ihrer Entstehung (das heißt eines jeweils konkreten Planungs- und Sinnstiftungsprozesses) abgekoppelte Gebilde, die nur hinsichtlich einer möglichen Passung zu Strategievorgaben dschihadistischer Organisationen betrachtet werden.

12 Untersucht wurden vier Fälle: der Strasbourg-Plot 2000 (geplanter Anschlag auf die Kathedrale), das Beghal-Netzwerk 2001 (amerikanische Ziele, insbesondere die US-Botschaft in Paris, siehe Fallliste 11-FR1), die Al-Tawhid-Zelle 2002 (jüdische Ziele, insbesondere Pubs und Diskotheken, 1-DE1) sowie das Tschetschenen-Netzwerk 2002 (russische Botschaft in Paris, 14-FR4).

2.3 Fazit

Bisherige Arbeiten zur Zielwahl dschihadistischer Terroristen beschränken sich weitestgehend auf im arabischen Raum agierende dschihadistische Organisationen, allen voran al-Qaida und deren Ableger. Anschläge europäischer Dschihadisten wurden bislang nur in der Studie von Nesser/Stenersen (2014) systematisch hinsichtlich ihrer Ziel- und Mittelwahlen untersucht. Die Ziel- und Mittelwahlen europäischer Dschihadisten werden dabei wesentlich vor dem Kontext der strategischen Kalküle und Taktiken des globalen Dschihadismus interpretiert. Abweichungen gegenüber globalen Mustern werden einem ausdifferenzierten Täterspektrum, besonderen operativen Bedingungen und schließlich spezifischen europäischen Konfliktthemen wie den Auseinandersetzungen um Mohammed-Karikaturen zugeschrieben. So erscheint die dschihadistische Anschlagsgewalt von vornherein schon nicht als eigenständiges soziales Phänomen, und damit als gesondert erklärungsbedürftig, sondern als eine ins Innere Europas hineingetragene äußere Bedrohung. Aus einer solchen Bedrohungsperspektive interessieren an den Taten dann auch nur bestimmte Aspekte, wie die Letalität und die Selektivität der Gewaltausübung, nicht aber der Sinn, den die Akteure ihren Handlungen selbst zuschreiben. Die Handelnden tauchen überhaupt nur als Gegenstand einer Radikalisierungsforschung auf. Ist die Terrorismusforschung hier an individuellen Motivationen und Beweggründen der Akteure interessiert, sozusagen an einer individuellen Logik der Radikalisierung, werden Anschläge a priori einer kollektiven Logik des globalen Dschihadismus zugeschrieben. Prozesse der Herausbildung von möglicherweise eigenständigen Handlungsformen dschihadistischer Gewalt im europäischen Kontext bleiben so unbeleuchtet.

Dabei weist der europäische Homegrown-Dschihadismus, wie bereits in der Einleitung dargestellt, gegenüber dem Dschihadismus im arabischen und südasiatischen Raum eine Reihe von Besonderheiten auf: Es handelt sich zum einen um Ersttäter, das heißt Täter mit mangelnder Expertise, mangelnder Erfahrung, fehlender oder begrenzter terroristischer Ausbildung. Zum anderen handelt es sich in Europa nicht um auf Dauer angelegte terroristische (Kader-)Organisationen wie im arabischen Raum, sondern um Kleingruppen oder lose Netzwerke ohne organisationale Kontinuität. Für ein soziologisches Verständnis des Phänomens ist hier von Bedeutung, dass sich die Täter nicht an Anforderungen einer auf Dauer gestellten dschihadistischen Praxis, für die es im europäischen Kontext auch gar keine Vorbilder gibt, orientieren können, sondern auf den einen »Schuss« setzten. Dschihadistische *Self-Starter* können somit nicht auf bewährte Handlungsmuster, Praktiken und Wissensressourcen einer vor Ort existierenden Bewegung zurückgreifen, sondern müssen entsprechende Praktiken selbst für sich erlernen. Zwar vermitteln dschihadistische Medien Vorbilder für Anschläge, Anregungen und operative Anleitungen für die Umsetzung von Anschlagsplänen in Europa (siehe vor allem *Inspire*), doch diese Vorlagen und Vorgaben müssen zunächst an die eigenen Lebens- und Operationsbedingungen angepasst werden. Letztlich sind dschihadistische *Self-Starter* also gefordert, entsprechend ihren individuellen Fähigkeiten, Ressourcen, lebensweltspezifischen Handlungsbedingungen sowie den sich bietenden Tatgelegenheitsstrukturen, eine eigene Praxis der Anschlagsplanung zu entwickeln. Vor diesem Hintergrund ließe sich für den europäischen Kontext ein höherer Grad der Individuierung von Anschlagsplanungen erwarten.

Das Erfordernis einer Selbstbildung der Anschlagspraxis betrifft nun nicht nur die operative Planung, also die taktische Ebene, sondern auch die Sinnstiftung und Strategie. Der dschihadistische Diskurs bietet einen weiten, pragmatischen Deutungsrahmen, der anschlussfähig ist für unterschiedliche Motivationslagen und politisch-ideologische Präferenzen (defensive, offensive, vigilantistische Zielsetzungen). Gleichzeitig kann er jedoch kein konkretes gemeinsames Ziel oder eine gemeinsame Handlungsstrategie definieren (Keller 2011: 86f.). Bezugspunkt bleibt die vom Einzelnen angeblich zu erfüllende Glaubenspflicht zum Dschihad als Beitrag zur Erschaffung einer kollektiven Identität der Muslime jenseits von Ethnie, Klasse und Nation (ebd.: 2). Autonome *Self-Starter*, die nicht als Teil etablierter dschihadistischer Organisationen, deren strategische Zwecksetzungen sie übernehmen, handeln, sondern nach einem Weg suchen, ihrer Pflicht zum Dschihad nachzukommen, sind daher gefordert, Zweck- und Zielsetzungen ihres Anschlags selbst festzulegen und in eine entsprechende Anschlagspraxis, das heißt Ziel- und Mittelwahl zu überführen.

Aus diesen Forschungsdesiderata ergibt sich als zentrale Anforderung an eine Untersuchung der Zielwahlen europäischer Dschihadisten, die Anschläge ausführenden Täter als – zumal in weiten Teilen operativ unabhängig von Organisationen handelnde – Akteure einer Anschlagsplanung ernst zu nehmen und Anschlagsplanungen folglich aus der Binnenperspektive der Akteure zu betrachten. Werden Anschläge und ihre Planungen damit einhergehend als sinnhafte Handlungsvollzüge verstanden, erscheint der in der

Terrorismusforschung bestehende Paradigmenstreit bezüglich des Charakters religiös motivierter Anschläge für unsere Arbeit obsolet. Vielmehr ist davon auszugehen, dass dschihadistische Gewaltpraxen, wie andere Gewaltpraxen auch, Mischformen aus instrumentellen, expressiven und normativen Handlungsformen darstellen.

II. Bestandsaufnahme dschihadistischer Anschläge in Europa

1 Design der quantitativen Untersuchung

Ziel der im Folgenden dargestellten quantitativen Teilstudie ist es, wesentliche Strukturmerkmale dschihadistischer Gewalt im europäischen Kontext in Hinblick auf unterschiedliche Typen von Anschlagszielen (Zielwahlpräferenzen) und Anschlagsmitteln (Mittelwahlpräferenzen) sowie Zusammenhänge mit Tätermerkmalen zu beschreiben. Vorgestellt werden die Ergebnisse einer Erhebung und deskriptiv-statistischen Analyse von 46 Fällen dschihadistischer Anschläge und Anschlagsplanungen in den Jahren 2001 bis 2013. Die Fallerhebung bildete die Datengrundlage sowohl für die quantitative als auch die qualitative Datenauswertung.

1.1 Untersuchungszeitraum und Länderauswahl

Für den Zeitraum von Oktober 2001 bis Dezember 2010 wurde eine Totalerhebung aller bekannt gewordenen Fälle dschihadistischer Anschläge und Anschlagsplanungen in den sechs bevölkerungsreichsten westeuropäischen EU-Ländern, die jeweils bereits Ziel dschihadistischer Anschläge und Anschlagsplanungen waren, angestrebt: Deutschland, Großbritannien, Frankreich, Italien, die Niederlande und Spanien. Kontrastierend wurde die Türkei als mehrheitlich islamisches Land hinzugezogen, in der Auswertung schließlich jedoch nicht berücksichtigt, da sich der Charakter der Anschläge deutlich von jenen in westeuropäischen Ländern unterscheidet, was eine eigenständige Betrachtung erforderlich gemacht hätte.[13] Die Erhebung wurde

13 So wurden für die Türkei in dem besagten Zeitraum keine Fälle von indiskriminativen Angriffen auf die Zivilbevölkerung oder auf »islamkritische« Einzelpersonen verzeichnet, die jedoch zentrale Strukturparameter des westeuropäischen Homegrown-Terrorismus darstellen.

gemeinsam mit Kooperationspartnern in den genannten Ländern durchgeführt. Die Fallliste wurde im Anschluss an die Haupterhebung für den Zeitraum Januar 2011 bis Mai 2013 auf Basis eigener Recherchen in deutschen und englischsprachigen Medien ergänzt. Durch die Nacherhebung sollten aktuelle Fälle, die in Diskussionen des Forschungsteams eine große Rolle spielten (wie vor allem die Fälle Arid Uka, Mohamed Merah, Michael Adebolajo), in die Bestandsaufnahme einbezogen werden, um diese Fälle vor allem in der qualitativen Auswertung berücksichtigen zu können. Dies ist vor dem Hintergrund zu verstehen, dass die Bestandsaufnahme aufgrund der kleinen Fallzahl sowohl das Fallsample für die qualitative als auch die quantitative Analyse bildete. Die Erweiterung des Samples war demnach aus einer primär qualitativen Forschungslogik motiviert. Um neuere, für die qualitative Analyse relevant erachtete Fälle einbeziehen zu können, hier vor allem Anschläge im Themenfeld der »Islamkritik«, wurde die Nacherhebung zudem auf skandinavische Länder ausgeweitet. Die Erhebung skandinavischer Fälle für den Gesamtuntersuchungsraum (2001–2013) bleibt jedoch lückenhaft, wodurch die Verallgemeinerbarkeit der Ergebnisse der quantitativen Analyse eingeschränkt wurde.

1.2 Erfassungskriterien und Datengrundlage

Für den Erhebungszeitraum von 2001 bis 2010 wurde eine Totalerhebung aller in den genannten Ländern öffentlich bekannt gewordenen Fälle angestrebt. Erfasst werden sollten alle Fälle geplanter, aber vereitelter, versuchter und vollendeter Anschläge, bei denen keine Zweifel über den islamistischen Hintergrund der Tat bestehen. Fälle von Anschlags*planungen* wurden nur berücksichtigt, wenn sich das/die in Betracht gezogene/n Anschlagsziel/e oder das/die in Betracht gezogene/n Anschlagsmittel spezifizieren ließen. Dadurch wurden Warnungen spekulativen Charakters über möglicherweise von Dschihadisten geplante Anschläge ausgeschlossen.

Zur Abschätzung des Erhebungsaufwands in den jeweiligen Ländern wurde vom Forscherteam anhand dieser Kriterien eine vorläufige Fallliste erstellt. Datenbasis bildete zunächst eine von Nesser durchgeführte Bestandsaufnahme dschihadistischer Anschlagsfälle für die Zeiträume von 2001 bis 2007 (Nesser 2008) sowie 2008 bis 2010 (Nesser 2010). Ferner wurde eine systematische Recherche in den beiden Datenbanken *Worldwide*

Incidents Tracking System (WITS) und *Global Terrorism Database* (GTD) durchgeführt. Insgesamt wurden 54 Fälle erfasst, die den erarbeiteten Kriterien entsprechen. Bei weiteren 28 Fällen konnte auf Basis der zur Verfügung stehenden Informationen nicht geklärt werden, ob sie mit den Kriterien übereinstimmen. Diese Fälle wurden von den Kooperationspartnern als sogenannte »Prüffälle« behandelt, bei denen erst nach weiterführenden Informationsrecherchen entschieden werden konnte, ob sie in die Fallerhebung einbezogen werden.

Datengrundlage der Fallerhebung bildeten öffentlich zugängliche Quellen, insbesondere Medienberichte und Berichte von Sicherheitsbehörden. Für die deutschen Fälle konnten zusätzlich Gerichtsurteile, die der Generalbundesanwalt für das Forschungsprojekt zur Verfügung stellte, ausgewertet werden. Ferner standen dem Forscherteam umfangreiche Wortprotokolle abgehörter Gespräche zwischen Mitgliedern der Sauerlandgruppe zur Verfügung. Ergänzend wurden Expertengespräche mit Vertretern von Sicherheitsbehörden durchgeführt.

1.3 Erhebungskategorien

Im ersten Schritt wurden auf Basis einschlägiger Literatur ein vorläufiges Kategoriensystem und eine Liste von Merkmalsdimensionen zur Erfassung geplanter, versuchter und vollendeter dschihadistischer Terrorfälle entwickelt. Die Kategorien und Merkmalsdimensionen wurden im zweiten Schritt anhand der vorläufigen Fallsammlung auf ihre Anwendbarkeit und Vollständigkeit überprüft, auf Basis induktiven Vorgehens ergänzt und schließlich in Form eines Erhebungsbogens mit detaillierten Erhebungsanweisungen für die Kooperationspartner operationalisiert.

Ziel der Bestandsaufnahme war die Erstellung einer systematischen Datenbasis zu Tatmerkmalen (Angriffszielen, Angriffsmitteln), Merkmalen der Tatplanungen, politisch-ideologischen Hintergründen sowie soziodemografischen Merkmalen der Täter. Ausgehend von bisherigen Modellen terroristischer Zielwahl (insbesondere Clarke/Newman 2006; Drake 1998) galt es dabei, die situativen Bedingungsfaktoren der Ziel- und Mittelwahl sowie der operativen Durchführung des Anschlags möglichst genau zu erfassen. Dazu gehörten vor allem die operativen Kapazitäten und Fähigkeiten der jeweiligen Tätergruppe. Im Mittelpunkt der Fallerhebung standen entsprechend

Merkmale der Tatplanung und -vorbereitung. Der Erhebungsbogen beinhaltete Fragen zu folgenden tat-, täter- und tatplanungsbezogenen Merkmalsdimensionen:

- *Allgemeine Merkmale*: Datum der Tat oder Festnahme(n), Planungsstadium, Zeitverlauf des Planungsprozesses
- *Anschlagsziele:* geplante bzw. angegriffene sowie zuvor erwogene Anschlagsziele, Hinweise auf Zielwahlerwägungen und Selektionskriterien, symbolische Bedeutung der ausgewählten Anschlagsziele, Schutz- und Sicherheitsmaßnahmen, öffentlich verfügbare Informationen über das Angriffsziel, Hinweise auf einen Zusammenhang zwischen dem Anschlagsziel und den *Routine Activities* der Täter
- *Modus Operandi:* Zeitpunkt der Tat, An- und Abfahrtswege, Fluchtplanung, Merkmale der Tatbegehung, Hinweise auf ein Selbstmordattentat, erzielter bzw. beabsichtigter Schaden
- *Angriffsmittel:* erwogene und beschaffte Mittel, Beschaffungswege, Hinweise auf Mittelwahlerwägungen und Selektionskriterien
- *Fähigkeiten und Ressourcen:* besondere technische Kenntnisse und Fähigkeiten, Besuch von terroristischen Ausbildungslagern, zur Verfügung stehende und benötigte finanzielle Ressourcen, materielle und finanzielle Unterstützung durch Dritte
- *Ausrüstung und Logistik:* zur Vorbereitung verwendete Werkzeuge und Gegenstände, Anschlags-, Transport- und Lagerlogistik, Kommunikationswege und Treffpunkte
- *Tätergruppe:* Anzahl der Täter, Rolle der Täter in der Gruppe, Erstkontakte der Gruppenmitglieder, Kontakte zu islamistischen und dschihadistischen Netzwerken und Organisationen im In- und Ausland, relevante Verurteilungen im Zusammenhang mit dem Anschlag, Äußerungen von Tätern zu Motiven und Beweggründen
- *Individuelle Tätermerkmale*: Name, Alter, Geschlecht, Geburtsland, Staatsangehörigkeit, Aufenthaltsorte (Migrationsgeschichte), Bildungsniveau, finanzielle Situation, Konversion, Vorstrafen

Die interessierenden Merkmalsdimensionen wurden in dem Erhebungsbogen weitestgehend als qualitative Items abgefragt, wobei jede Dimension in der Regel durch ein bis drei Fragen veranschaulicht wurde. Da der Raum möglicher Merkmalsausprägungen im Vorhinein nicht bekannt war, entschied sich das Forscherteam gegen eine stärkere Strukturierung oder gar Standardisierung der Antwortmöglichkeiten. Der Erfassungsbogen wurde so auch nicht als Erhebungsbogen konzipiert, in dem vorher umfänglich und klar definierte und operationalisierte Merkmalsausprägungen abgefragt werden, sondern als »Fallbericht« (»case report«), der von den Autoren bzw. Erfassern abverlangte, die Items als analytische Dimensionen zu behandeln und dabei weitgehend selbstständig diesbezüglich relevante Aspekte zu definieren und relevante Informationen auszuwählen. Dadurch sollte zudem der Expertise der die Erhebung in den jeweiligen Ländern durchführenden Wissenschaftler Rechnung getragen werden. Um die Reliabilität der Fallerhebung zu erhöhen, wurden die ersten Fälle ausführlich im Team besprochen und Verbesserungsvorschläge an die Kooperationspartner zurückgemeldet. Aufgrund des eng gesteckten Zeit- und Kostenplans war der Abstimmungsprozess jedoch von vornherein auf fernmündliche Kommunikation begrenzt. Zur Erhöhung der Intersubjektivität und Zuverlässigkeit der erfassten Daten wäre darüber hinaus die Durchführung von ein bis zwei Methodenworkshops hilfreich gewesen. Gleichwohl hat sich das Erhebungsinstrument eines nach vordefinierten, qualitativen Items strukturierten Erfassungsbogens als Fallbericht insgesamt bewährt. Auf diese Weise wurden qualitative Daten als Grundlage für Fallanalysen generiert; durch den hohen Strukturierungsgrad des Erfassungsbogens wurde gleichsam eine standardisierte Messung von Merkmalsausprägungen für eine quantifizierende Betrachtung der Strukturmerkmale dschihadistischer Gewalt in Europa möglich.

1.4 Datenauswertung

Die in den Fallberichten erfassten Daten wurden zunächst vollständig mithilfe der Datenanalysesoftware MAXQDA entlang der interessierenden Merkmalsdimensionen offen, das heißt auf Grundlage induktiven Vorgehens codiert. Für die quantitative Analyse wurden anschließend auf Basis der entwickelten Codes Variablen definiert, Ausprägungen festgelegt und die Fälle schließlich entlang der skalierten Variablen in dem Statistikprogramm SPSS codiert.

Zur Analyse von Zusammenhängen zwischen Ziel- und Mittelwahlpräferenzen sowie Tätermerkmalen wurde neben einer univariaten auch eine bivariate Datenanalyse durchgeführt. Zusammenhänge zwischen nominalskalierten Variablen lassen sich dabei in Form von Kreuztabellen darstellen und einer Kontingenzanalyse zur Überprüfung der Unabhängigkeit der Variablen unterziehen. Teststatistiken ermöglichen eine Aussage darüber, ob die zwei betrachteten Merkmale in irgendeiner Form stochastisch zusammenhängen. Anhand der Statistik kann jedoch weder entschieden werden, ob ein Kausalzusammenhang vorliegt, und wenn ja, in welcher Richtung dieser besteht. Diese sachlogischen Fragen können nur außerhalb der Statistik beantwortet werden. So kann ein stochastischer Zusammenhang zwischen zwei Variablen durch eine Dritt- oder Moderatorvariable hervorgebracht werden. Auch können statistisch hoch signifikante Zusammenhänge sachlogisch unabhängig voneinander sein, das heißt aus reinem Zufall resultieren. Statistisch signifikante Zusammenhänge zwischen Tatmerkmalen geben lediglich Hinweise auf einen möglicherweise bestehenden, aber noch nicht in Erwägung gezogenen Kausalzusammenhang oder können herangezogen werden, um Hypothesen über vermutete Kausalzusammenhänge zu untermauern.

Aufgrund der geringen Stichprobengröße wird zur Überprüfung der Unabhängigkeit zweier Tatmerkale im Falle von 2x2-Tabellen der exakte Test nach Fisher statt des asymptotischen Chi-Quadrat-Tests nach Pearson verwendet. Bei Tabellen mit mehr als zwei Zeilen bzw. Spalten wird die Berechnung nach Freeman-Hallman in Erweiterung des Ansatzes von Fisher angewendet (Janssen/Laatz 2013: 782). Bei Tat-Tat- und Täter-Täter-Zusammenhängen interessiert dabei zunächst die symmetrische Fragestellung, ob überhaupt ein Zusammenhang vorliegt, wohingegen bei Täter-Tat-Zusammenhängen nur die einseitige Fragestellung interessiert. Getestet wird daher auf zwei- und einseitige Signifikanz. Die exakte Signifikanz nach Fisher ist Gradmesser für den Wahrheitsgehalt der Nullhypothese und vice versa die Irrtumswahrscheinlichkeit einer fälschlichen Ablehnung der Nullhypothese. Je kleiner der p-Wert, desto stärker weicht der gefundene Wert von der Nullhypothese ab (Sedlmeier 1996: 44). Ein nicht signifikantes Ergebnis rechtfertigt jedoch nicht, die Nullhypothese beizubehalten, sondern sich einer Aussage zu enthalten.

Als Zusammenhangsmaß wird auf den Chi-Quadrat-basierten Kontingenzkoeffizienten nach Cramérs V zurückgegriffen, der sich bei mehrfach gestuften Variablen empfiehlt, da er unabhängig von der Anzahl der Merkmalsausprägungen Werte zwischen 0 (kein Zusammenhang) und 1 (perfekter Zusammenhang) zurückgibt und daher für einen Vergleich zwischen unterschiedlich großen Kontingenztabellen keiner zusätzlichen Normierung bedarf (Benesch 2013: 53f.). Aufgrund der kleinen Fallzahl ist zu erwarten, dass nur große Effekte überhaupt signifikante Ergebnisse hervorbringen, da bei kleinen bis mittleren Effekten die Teststärke zu gering und damit der Beta-Fehler zu hoch ist (Kriwy/Gross 2009: 10). Aufgrund der kleinen Fallzahl wollen wir bis zu einem $p = 0{,}1$ von einem signifikanten Ergebnis sprechen. Aus Platzgründen werden nur die Kontingenztabellen, der p-Wert für den exakten Test nach Fisher bzw. Freeman-Hallman sowie der Cramérs V aufgeführt.

2 Methodische Reflektionen

2.1 Repräsentativität des Datensatzes

Hinsichtlich der Grundgesamtheit aller geplanten, versuchten und vollendeten Anschläge in den genannten sechs europäischen Ländern der Haupterhebung, zuzüglich der in der Nacherhebung aufgenommenen skandinavischen Ländern, stellt der erhobene Datensatz eine Vollerhebung dar, wenn die beiden folgenden Bedingungen erfüllt sind:

(1) Vollständige Erfassung des Hellfeldes. In den T-SAT-Berichten von Europol werden nur vollendete und versuchte Anschläge, nicht aber Anschlagsplanungen aufgeführt. Da Anschlagsplanungen in keiner uns bekannten amtlichen Statistik der EU erfasst werden, stützte sich die Erfassung von Anschlagsplanungen im Wesentlichen auf Medienberichte sowie Berichte von Sicherheitsbehörden in den untersuchten Ländern. Da Expertengesprächen mit Vertretern von Sicherheitsbehörden nur in Deutschland durchgeführt wurden, ließ sich die Vollständigkeit der Fallliste nur für Deutschland verifizieren. Der Ein- oder Ausschluss einer größeren Zahl von »Prüffällen«, bei denen unklar war, ob es sich überhaupt um eine (»islamistisch« motivierte) Anschlagsplanung handelte, lag weitgehend im Ermessen der Kooperationspartner. Wir gehen davon aus, durch die Nutzung der verschiedenen Datenquellen (Medienrecherche, amtliche Berichte, einschlägige Datenbanken) für den Zeitraum von 2001 bis 2010 tendenziell alle den Sicherheitsbehörden bekannt gewordenen Fälle von dschihadistischen Anschlägen und Anschlagsplanungen in Deutschland, den Niederlanden, Frankreich und Großbritannien erfasst zu haben. Für Italien und Spanien gehen wir davon aus, dass einige Fälle, die den Erfassungskriterien eigentlich entsprechen, möglicherweise nicht berücksichtigt wurden. Für die Nacherhebung skandinavischer Fälle kann indes keine Vollerhebung beansprucht werden, da der Zeitraum 2001 bis 2010 unberücksichtigt blieb. Da für den Nacherhebungs-

zeitraum 2011 bis 2013 bei den übrigen Ländern Recherchen nicht im gleichen Umfang wie bei der Haupterhebung durchgeführt wurden, kann der Anspruch einer Vollerhebung auch hier nicht aufrechterhalten werden.

(2) Geringes Ausmaß des Dunkelfelds. Demgegenüber bleibt unklar, in welchem Umfang den Behörden dschihadistische Anschlagsplanungen, die von Tätern eigenständig wieder aufgegeben wurden, nicht bekannt wurden. Vorstellbar wäre, dass sich potenzielle Täter in einem Frühstadium des Planungsprozesses über Anschlagsmittel und Ziele informieren, ihnen ein Anschlagsvorhaben dann aber doch als zu riskant erscheint, moralische Zweifel aufkommen oder Mitstreiter fehlen. Auch kann sich die Herstellung eines effektiven Anschlagsmittels als zu schwierig erweisen oder den Tätern erscheinen alternative Handlungsmöglichkeiten wie eine Teilnahme an bewaffneten Auseinandersetzungen in muslimischen Ländern dann doch attraktiver. Eine Anschlagsplanung kann insofern aus ganz unterschiedlichen Gründen wieder abgebrochen werden, ohne dass Sicherheitsbehörden davon Kenntnis erlangen müssen. Umgekehrt weiß man in Fällen von Anschlagsplanungen, die in einem frühen Stadium aufgedeckt wurden, nicht, ob die Täter die Planung nicht vielleicht von selbst wieder eingestellt hätten. Damit bleibt der Umstand, dass die Planungen in einem Fall aufgedeckt, im anderen jedoch nicht aufgedeckt wurden, der einzig beobachtbare Unterschied zwischen Hell- und Dunkelfeld. Nicht auszuschließen ist gleichwohl, dass Dschihadisten, die bereits im Frühstadium einer Anschlagsplanung die Aufmerksamkeit der Sicherheitsbehörden auf sich zogen, womöglich unvorsichtiger agierten, etwa durch mangelhaftes Konspirationsverhalten oder weil sie durch Vorfeldaktivitäten wie Reisen ins Ausland oder Kontakte zu »Gefährdern« bereits im Blickfeld der Sicherheitsbehörden standen. Ob und wann eine Anschlagsplanung aufgedeckt wird, hängt jedoch auch davon ab, ob Sicherheitsbehörden aufgrund entsprechender Verhaltensweisen überhaupt einen Verdacht schöpfen. Hier kann Zufall im Spiel sein (zufällige Hinweise, etwa von Partnerdiensten); in Rechnung zu stellen sind aber auch sich in Reichweite, Intensität und Strategien unterscheidende Kontrollpraktiken der Sicherheitsbehörden in den verschiedenen EU-Ländern. Zusammen genommen besteht kein Grund zu der Annahme, dass sich Täter, die ihre Anschlagsplanung von selbst wieder eingestellt haben und somit im Dunkelfeld bleiben, von Tätern, deren Anschlagsplanung in einem Frühstadium aufgedeckt wurde, mit Blick auf die hier interessierenden Ziel- und Mittelwahlpräferenzen unterscheiden. Im Ergebnis bleibt die Größe des

Dunkelfeldes und damit die Größe der Grundgesamtheit aller Anschläge und Anschlagsplanungen in den betrachteten Ländern unbekannt.

Bei der Erhebung handelt es sich im Ergebnis um keine Vollerhebung, da keine vollständige Erfassung des Hellfelds in allen Ländern sichergestellt werden konnte und die Größe des Dunkelfelds unbekannt bleibt. Das Sample stellt auch keine zufallsgenerierte Stichprobe dar, die Repräsentativität beanspruchen könnte, da dies eine bekannte Grundgesamtheit voraussetzen würde. Beschränken wir jedoch den Blick auf Anschläge und Anschlagsplanungen, in denen Täter sich bereits auf ein Anschlagsziel festgelegt haben, entschärft sich die Dunkelfeldproblematik, da Täter sich in einem Frühstadium der Anschlagsplanung in der Regel noch nicht auf Anschlagsziele festgelegt haben. Auch die Problematik einer in einigen Ländern möglicherweise lückenhaft gebliebenen Fallerfassung entschärft sich unter diesem Gesichtspunkt, da Fälle in einem fortgeschrittenen Planungsstadium durch medienbasierte Recherchen mit höherer Wahrscheinlichkeit erfasst werden. Auch lassen sich die Erfassungskriterien leichter anwenden, weshalb auch die Problematik von »Prüffällen« weniger virulent ist. Mit Blick auf dieses Teilsample der Fälle mit erfolgter Zielwahl, das im Übrigen im Zentrum der quantitativen Analysen steht, kann die Größe der Grundgesamtheit geschätzt werden, da sie nur geringfügig von der Größe des Samples abweicht. Unter der Voraussetzung, dass dschihadistische Anschlagsgewalt in Europa keine länderspezifischen Besonderheiten aufweist, ließe sich somit der Charakter einer Zufallsstichprobe unterstellen. Diese Voraussetzung ist im Falle der skandinavischen Länder allerdings nicht erfüllt, da sich hier eine starke Häufung von Fällen im Themenfeld »Islamkritik« zeigt. Da für diese Länder keine Vollerhebung durchgeführt wurde, müssen wir davon ausgehen, dass entsprechende Fälle in dem Teilsample der Fälle mit erfolgter Zielwahl unterrepräsentiert sind.

Zu diskutieren wäre ferner die Frage, inwieweit die Länderauswahl repräsentativ für das Phänomenfeld dschihadistischer Anschlagsgewalt in Europa ist, oder genauer, ob die in den Ländern erhobenen Fälle ein verkleinertes Abbild der Ziel- und Mittelwahlstrukturen dschihadistischer Anschlagsgewalt in ganz Europa bilden. Dies trifft zumindest für Westeuropa zu, das durch die einbezogenen Länder sehr gut abgebildet wird, zumal das Phänomen des dschihadistischen Terrorismus gerade in diesen Ländern besonders virulent erscheint. Dies indizierten zum einen die in Datenbanken und in T-SAT-Berichten der EU ausgewiesenen Fälle, zum anderen wurde in der wissenschaftlichen Literatur kaum über Fälle dschihadistischer Anschläge und Anschlagsplanungen in anderen EU-Ländern, mit Ausnahme von Belgien, berichtet. Demgegenüber bleibt unklar, inwiefern sich die Ergebnisse auch für den osteuropäischen Raum verallgemeinern lassen. Die bezeichneten Datenquellen indizieren ein vergleichsweise geringes Fallaufkommen, weshalb westeuropäische Häufigkeitszahlen nicht übertragbar sind. Da keine Vergleichsdaten zur Verfügung stehen, bleibt unklar, inwiefern sich Strukturmerkmale dschihadistischer Gewalt im osteuropäischen Raum ähneln.

2.2 Stochastizität der Daten

Die Genese der betrachteten Merkmalsdimensionen von Anschlagsgewalt lässt sich auf zwei Prozessstufen verorten: Der eigentlichen Anschlagsplanungspraxis vorgelagert ist ein Radikalisierungsprozess, in dessen Zuge sich eine Bereitschaft zu terroristischem Handeln ausbilden kann. Die zweite Stufe bildet die Anschlagsplanung als ein in sich selbst wiederum mehrstufiger, durch äußere Bedingungen, aber auch Binnendynamiken beeinflusster Entscheidungsprozess, an dessen Ende ein vorbereitetes und womöglich vollendetes Anschlagsszenario steht. Sowohl die Täterwerdung als auch die Zielwahl stellen einen kontingenten Prozess dar, der, abhängig von den auf der jeweiligen Stufe vorliegenden Bedingungen, so und auch anders hätte verlaufen können. Die situativen Bedingungen können mehr oder weniger zufällig konfiguriert sein. Jede vorliegende Konfiguration kann eine gewisse Bandbreite (Varianz) von Ergebnissen hervorbringen. Angesichts der Seltenheit terroristischer Anschlagsplanungen stellt sich die Frage, inwiefern die realisierten Variationen von Anschlagsplanungen, also etwa Häufigkeiten, mit der bestimmte Ziele ausgewählt werden, ein strukturgleiches Abbild der unter gegebenen Bedingungen möglichen Wirklichkeiten von Anschlagsplanungen bildet. Es ist also fraglich, ob die realisierten Variationen von Anschlägen und Anschlagsplanungen nur zufällige Schwankungen darstellen oder ob sie charakteristische Strukturen der Sache, also der Anschlagsplanung und der darin zum Tragen kommenden sozialen Prozesse abbilden.

Unter der Bedingung, dass sich die realisierten Fälle von Anschlagsplanungen als zufällige Auswahl möglicher Wirklichkeiten von Anschlagsplanungen konzeptualisieren lassen, kann die Frage der Zufälligkeit der in den erhobenen Daten sichtbaren Strukturen mithilfe der bewährten inferenzstatistischen Tests untersucht werden.[14] Die Fallerhebung kann wie eine Stichprobe aus der Grundgesamtheit der insgesamt möglichen Wirklichkeiten behandelt werden, wenn sie als Ergebnis eines stochastischen Prozesses aufgefasst werden kann, wobei unerheblich ist, »ob das stochastische Element durch einen Auswahlprozess im engeren Sinn oder durch einen Generierungsprozess zustande kommt« (Behnke 2005: O-4). Eine stochastische Struktur der Genese terroristischer Anschlagsplanungen muss aufgrund des hoch kontingenten Charakters sowohl der Täterwerdung als auch des Prozesses der Anschlagsplanung, bei dem schon kleine Variationen der Bedingungen zu unterschiedlichen Ergebnissen führen können, unterstellt werden. Ebenso kann unterstellt werden, dass Anschlagsplanungen stochastisch voneinander unabhängige Ereignisse darstellen, in dem Sinne, dass es sich um einen konstant auf dieselbe Weise wirkenden Zufallsprozess handelt.

2.3 Reliabilität der erhobenen Daten

Die Datengrundlage der Fallerhebung war aus mehreren Gründen uneinheitlich. So konnten für die deutschen Fälle neben Medien- und Behördenberichten zusätzlich nach Beantragung einer Akteneinsicht beim Generalbundesanwalt Gerichtsureile ausgewertet werden. Dadurch standen in diesen Fällen teilweise detailliertere, vor allem aber zuverlässigere Informationen zur Verfügung. Zu berücksichtigen ist ferner, dass in einigen Fällen Ermittlungsverfahren noch nicht abgeschlossen waren, das heißt ein gerichtliches Hauptverfahren noch nicht eingeleitet wurde oder dieses noch nicht abgeschlossen war. Dadurch war zum einen keine Aussage darüber möglich, ob sich der Vorwurf einer (Beteiligung an einer) Anschlagsplanung vor Gericht bestätigen würde. Zum anderen spiegeln die Daten in diesen Fällen lediglich eine von Staatsanwaltschaften und Polizeien der Öffentlichkeit zugänglich gemachte Momentaufnahme des Ermittlungsverfahrens wider. Darüber hinaus zeigten sich aber auch bei Fällen, in denen Gerichtsverhand-

14 Weitere Quellen der Stochastizität von Daten, die zu stochastischen Abweichungen von (hypothetischen) wahren Beobachtungen führen und die Durchführung inferenzstatistischer Tests nahelegen, sind Messfehler und Codierungsfehler (Broscheid 2009: 49), was in unserem Fall auf die in vielen Fällen unvollständigen Informationen zutrifft.

lungen stattgefunden hatten, Unterschiede in Informationsumfang und -detaillierungsgrad. So konnten bei einigen italienischen Fällen, bei denen es zu Verurteilungen gekommen war, keine Angaben zu Tatverdächtigen erhoben werden. Auch beispielsweise für die Anschläge in Madrid fehlen für eine Reihe von Tatverdächtigen Angaben zu wesentlichen soziodemografischen Merkmalen. In einem Fall ließen sich Informationslücken und Detaillierungsdefizite tendenziell auf die mangelnde Qualität der Recherche zurückführen. In anderen Fällen schienen tatsächlich fehlende Ermittlungsergebnisse oder eine nur oberflächliche Medienberichterstattung ausschlaggebend für fehlende Angaben zu Tatverdächtigen zu sein.

Wir gehen davon aus, dass sich die uneinheitliche Informationslage zu Fällen, so wie sie sich dem Forscherteam darstellte, im Wesentlichen auch den Sicherheitsbehörden darstellt. Im Falle von Anschlagsplanungen, die in einem Frühstadium aufgedeckt wurden, stehen naturgemäß weniger Informationen zur Verfügung, da sich Täter häufig noch nicht auf ein Ziel und Mittel festgelegt sowie noch kein Mittel beschafft oder Planungen für die Logistik getroffen hatten. Doch auch bei Fällen, die in einem fortgeschrittenen Planungsstadium aufgedeckt wurden, liegen Informationen über die genauen Tatplanungen der Täter in unterschiedlichem Umfang vor. So ließen sich im Rahmen der Fallerhebung nur für die Hälfte der Fälle fortgeschrittener Anschlagsplanungen oder verübter Anschläge Hinweise auf zuvor erwogene Anschlagsziele ermitteln. Zwar wäre möglich, dass Sicherheitsbehörden entsprechende Kenntnisse vorlagen, die sie jedoch gegenüber der Öffentlichkeit zurückgehalten haben. Expertengespräche sowie die für deutsche Fälle ausgewerteten Tatsachenfeststellungen der Gerichte brachten jedoch keine substanziell über Medienberichte hinausgehenden Informationen zu erwogenen Anschlagszielen zum Vorschein. Die Zuverlässigkeit des Erhebungsinstruments kann daher insgesamt als zufriedenstellend bewertet werden.

Aufgrund überwiegend fehlender Angaben konnten Daten zur Logistik, zur Kommunikation und zu Treffpunkten der Tätergruppe, zu nicht anschlagsbezogenen kriminellen Vorfeldaktivitäten, zur Dauer des Planungsprozesses sowie zu den Kosten des Anschlags in der statistischen Auswertung nicht berücksichtigt werden.

2.4 Validität der erhobenen Daten

Datengrundlage der Fallerhebung bildeten überwiegend keine natürlichen, das heißt von Tätern selbst produzierte Protokolle ihrer Taten, sondern vielmehr Medienberichte, in denen Ermittlungsergebnisse der Sicherheitsbehörden rezipiert wurden. Bezüglich der Validität des Erhebungsinstruments ist daher zu klären, 1. in welchen Hinsichten die Selektivität der Medienberichterstattung zu einer Selektion oder verfälschten Wiedergabe erhebungsrelevanter Informationen der Sicherheitsbehörden führen könnte, 2. inwiefern die von Sicherheitsbehörden und Gerichten zu Tätern und Taten getroffenen Feststellungen hinsichtlich der interessierenden Merkmalsdimensionen nur selektive Informationen enthalten oder auf stereotypen Zuschreibungen basieren könnten sowie 3. welchen Aufschluss die Sicherheitsbehörden typischerweise vorliegenden Spuren über die hier interessierenden Merkmalsdimensionen überhaupt geben können.

Zu (1): Die Berichterstattung zu Terrorfällen basiert gewöhnlich auf Verlautbarungen der Sicherheitsbehörden sowie der journalistischen Beobachtung von Gerichtsverhandlungen, gegebenenfalls auch auf Interviews mit Angehörigen der Täter bzw. Tatverdächtigen oder Recherchen im früheren Umfeld der Täter bzw. Tatverdächtigen, deren Gegenstand dann jedoch weniger der Anschlag als vielmehr die Radikalisierungsgeschichte ist. Relevant ist hier daher nicht die Frage, wie valide die von Journalisten eigenständig produzierten Daten sind, sondern inwieweit Medienberichte zuverlässig Aufschluss über behördliche und/oder strafgerichtliche Erkenntnisse geben oder umgekehrt die Berichterstattung über entsprechenden Erkenntnisse einseitig ist bzw. wesentliche erhebungsrelevante Aspekte von Tat und Tätern regelmäßig nicht berichtet werden. Insofern die Berichterstattung in Kriminalitäts- und Terrorismusfällen typischerweise Tat und Täter, nicht aber Hintergründe und Ursachen in den Mittelpunkt stellt (allg. Lamneck 1990; zu Terrorismus: Frindte/Haußecker 2010), wäre zu erwarten, dass Medienberichte tendenziell kein systematisch verzerrtes Bild erhebungsrelevanter Aspekte behördlicher Erkenntnisse bzw. gerichtlicher Tatsachenfeststellungen zeichnen. Diese Erwartung bestätigt sich zumindest an vier deutschen Fällen, zu denen Fallberichte zunächst ausschließlich auf Basis von Medienberichten angefertigt wurden. Auf Basis der dann hinzugezogenen Gerichtsurteile konnte keine in Hinblick auf erhebungsrelevante Fallmerkmale systematisch verzerrte (etwa lückenhafte) Berichterstattung festgestellt werden. Es konnten anhand der Angaben in Gerichtsurteilen keine substanziell neuen Informationen (zum Beispiel erwogene Ziele, über die nicht berichtet wurde) gewonnen werden, sondern nur ergänzende Details, die sich gleichwohl für die qualitative Auswertung als nützlich erwiesen.

Zu (2): Die Erkenntnisse der Sicherheitsbehörden spiegeln dabei jedoch ebenso wie Tatsachenfeststellungen eines Gerichts nicht objektive Tat- und Tätermerkmale wider, sondern sind zunächst das Ergebnis eines kriminalistischen und strafrechtlichen Interpretations- und Zuschreibungsprozesses, in dem Ermittlungsbeamte oder Richter die strafrechtlich relevanten Aspekte eines Sachverhalts anhand einer sich bietenden Spurenlage auf Basis ihres jeweils subjektiven Erfahrungswissens rekonstruieren und unter strafrechtliche Kategorien subsumieren. Sinn und Zweck der behördlichen bzw. richterlichen Tatsachenrekonstruktion ist dabei nicht die kriminologische Analyse von Tatplanungsprozessen, sondern die Subsumtion eines Falles unter materiell-strafrechtliche Normen im Sinne der Feststellung eines Normverstoßes, der Klärung der Schuldfrage etc. Die hier soziologisch-kriminologisch relevanten Details von Ziel- und Mittelwahlen interessieren unter strafrechtlichen Gesichtspunkten dabei nur, insofern sich an einer getroffenen Ziel- und Mittelwahl entsprechende Tatabsichten und -motive, inklusive deren moralische Verwerflichkeit, belegen lassen. Daraus folgt, dass gerade gerichtliche und behördliche Feststellungen zu Motivationen der Täter und ihren Gründen für eine bestimmte Zielwahl keine valide Datengrundlage zur Erfassung entsprechender Fallmerkmale darstellen können. So zeigte sich im Falle der Sauerlandgruppe, für die neben den Tatsachenfeststellungen des Oberlandesgerichts Düsseldorf auch umfangreiche Wortprotokolle ausgewertet wurden, eine erhebliche Diskrepanz zwischen den im Urteil rezitierten und den sich in den Wortprotokollen dokumentierenden Beweggründen und Sinnzuschreibungen der Täter. Während etwa der Hass auf Amerikaner und die Vergeltungsabsicht als das entscheidende Motiv für den Anschlag und die Zielwahl in den Vordergrund gerückt wurden, zeichnet sich in den Wortprotokollen ein weitaus differenzierteres Bild (siehe dazu Kapitel V.3.4).

Ein höheres Maß an Validität lässt sich dagegen gerichtlichen Feststellungen zu den von Tätern in Betracht gezogenen und ausgewählten Anschlagszielen und -mitteln sowie ihren einzelnen operativen Planungsschritten (Beschaffung, Logistik, Ausspähungen etc.) zuschreiben. Zwar sind diese Feststellungen ebenfalls Ergebnis eines nach strafrechtlichen Relevanzgesichtspunkten gefilterten Deutungsprozesses von Handlungen. Für eine unter strafrechtlichen Gesichtspunkten erfolgende kriminalistische Aufklärung der objektiven Tatumstände sind jedoch alle alternativ erwogenen Anschlagsziele relevant, da sie über Hintergründe und Motivationen der Täter Aufschluss geben können. Hier geht es weniger darum, dass erwogene Anschlagsziele nur selektiv, entsprechend ihrer Passung zur Beweisführung überhaupt ermittelt und registriert werden. Vielmehr kann unterstellt werden, dass Ermittlungsbeamte, ihrem professionellen Anspruch nach Wahrheitsfindung folgend, tatsächlich auch jene erwogenen Ziele erfassen, die sich nicht nahtlos in ein konstruiertes Tatmotiv (zum Beispiel Massenmord) einfügen lassen.

Zu (3): Zu klären ist zu guter Letzt, inwiefern sich die interessierenden Merkmalsdimensionen überhaupt anhand der Sicherheitsbehörden zur Verfügung stehenden Daten valide messen lassen. Anschlagsplanerisches Handeln kann sich grundsätzlich in drei Sorten von Daten dokumentieren, die Grundlage sowohl sicherheitsbehördlicher Ermittlungen als auch – falls verfügbar – sozialwissenschaftlicher Analysen bilden: (a) von Tätern selbst produzierte Daten, (b) von Sicherheitsbehörden im Zuge von Observationen oder ähnlich produzierte Beobachtungsdaten sowie (c) Protokolle von Zeugen- und Beschuldigtenvernehmungen.

Zu (3a): Die von Tätern selbst produzierten Taten lassen sich zwei Textgattungen zuordnen. Auf der einen Seite sind dies von den Tätern verfasste Abschiedsbriefe oder -videos, die als eigene »kommunikative Gattung« (Luckmann 1986) betrachtet werden können, deren Zweck darin besteht, der Nachwelt den Sinn des Gewaltaktes zu erläutern (Graitl 2012). Diese Texte können Aufschluss über die dem Gewalthandeln zugrunde liegenden Orientierungen geben und stellen daher eine geeignete Datenbasis für die qualitative Analyse dar. Bei der zweiten Textgattung handelt es sich um den von Tätern im Zuge ihrer Anschlagsplanung hinterlassenen »Spurentext« (Oevermann et al. 1985). Typische Spuren von Anschlagsplanungen, die sich als Protokoll einer Handlung vertexten lassen, sind sichergestellte Waffen, Materialien und Werkzeuge zur Konstruktion von Anschlagsmitteln, aber auch Bauanleitungen. Derartige Funde geben relativ zuverlässig Aufschluss über ein anvisiertes oder erwogenes Anschlagsmittel. Informationsbeschaffungen der Täter zu Themen, die nicht zwingend im Zusammenhang mit einer Anschlagsplanung stehen müssen, wie zum Beispiel Informationen über Flugzeuge, Flugunterricht oder Modellflugzeuge, können zumindest Hinweise auf erwogene oder geplante Anschlagsmittel geben. Aufschluss über Zielwahlerwägungen können sichergestellte Dokumente auf PCs oder

Protokolle von Internetverbindungen geben, in denen sich Informationsrecherchen zu bestimmten Einrichtungen, Orten oder Personen dokumentieren. Auch auf Notizzetteln vermerkte Namen von Orten oder Personen können auf ein erwogenes Anschlagsziel hindeuten. Für eine Interpretation derartiger Spurentexte ist zu ermitteln, in welchen sonstigen Handlungskontexten dieser Spurentext Sinn ergeben könnte. Die Validität ist hier letztlich also eine Frage der Plausibilität einer Interpretation im Einzelfall.

Da die Spuren meist lückenhaft sind, bleibt ihre Aussagekraft insgesamt begrenzt. So lässt sich in der Regel nicht näher bestimmten, welche Rolle etwa ein auf einem Zettel notiertes Ziel im Planungsprozess konkret gespielt hat, ob es sich etwa nur um erste Erwägungen handelte oder bereits um eine beginnende Planung, die später womöglich wieder aufgegeben wurde. Anhand der auf (in Medienberichten rezipierten) Ermittlungsergebnissen beruhenden Informationen ließ sich meist nur zwischen »erwogenen Zielen« und »festgelegten Zielen« unterscheiden. Hinter einem als »erwogen« codierten Ziel kann sich in Wahrheit aber ein breites Spektrum von Erwägungen, von »kurz angedacht« bis hin zu »ernsthaft in Erwägung gezogen und sondiert« verbergen. Der Hinweis auf ein erwogenes Ziel zeigt daher nur an, dass ein Ziel offensichtlich relevant für den Täter war, nicht aber, wie relevant es war.

Zu (3b): Sicherheitsbehörden produzieren im Zuge von Überwachungsmaßnahmen Beobachtungsdaten von Anschlagsplanungen: zu nennen sind vor allem Telekommunikationsüberwachungen (Telefon, Handy, E-Mail und anderes), Lauschangriffe und Observationen, die dazu geeignet sind, sämtliche Aktivitäten und Kommunikationen von Tatverdächtigen zu protokollieren. Auf Basis derartiger Daten vorgenommene Erhebungen der interessierenden Merkmalsdimensionen weisen die höchste Validität auf. In der Strafverfolgungspraxis scheint eine über einen längeren Zeitraum stattfindende lückenlose Überwachung von Tatverdächtigen, wie im Falle der Sauerlandgruppe, jedoch selten zu sein. In wie vielen der hier untersuchten Fälle sich Ermittlungsergebnisse auf Überwachungsmaßnahmen stützten, bleibt unklar. Auf vollständige Wortprotokolle polizeilicher Überwachungsmaßnahmen konnte hier jedenfalls nur für den Sauerlandfall zurückgegriffen werden.

Zu (3c): Aussagen von Tätern in polizeilichen Beschuldigtenvernehmungen oder während einer Gerichtsverhandlung können ebenfalls nur im Einzelfall anhand der jeweils zur Verfügung stehenden Kontextinformationen validiert werden. Insofern sich Ermittlungsergebnisse der Polizei bzw. Feststellungen eines Gerichts zur Tatplanung und -durchführung hauptsächlich auf Aussagen der Täter stützen, stellt sich das Problem, dass diese sich von außen – in Unkenntnis der vollständigen Protokolle – nicht verifizieren lassen. Hier ergibt sich das gleiche Bild wie bei Erkenntnissen, die auf Sachbeweisen beruhen. Für den Zweck der Erfassung von Merkmalen der Anschlagsplanung können die auf Personenbeweisen beruhenden Tatsachenrekonstruktionen gleichwohl, ebenso wie die auf Sachbeweisen beruhenden, aus den oben (zu 2) ausgeführten Gründen als grundsätzlich valide behandelt werden.

Auch die Validität der von Tätern in Vernehmungen geäußerten Tatmotive und Zielwahlpräferenzen kann nur in Kenntnis der Interaktionskontexte, in denen die Äußerungen getätigt wurden, beurteilt werden. Es handelt sich um eine Retroperspektive der Täter auf ihre Taten, das heißt eine Neuinterpretation von Motiven, die dem spezifischen Zweck dient, sich juristisch, moralisch oder politisch gegenüber einer die Tat missbilligenden Öffentlichkeit zu verteidigen, indem der zugeschriebene Unrechtsgehalt unter Rekurs auf akzeptierte Moralvorstellungen oder auf eine andersartige, überlegende Moral neutralisiert wird. Liegen keine vollständigen Protokolle einer Vernehmung vor, sondern wie im Falle schriftlicher Urteilsbegründungen nur einzelne Zitate oder rezitierte Aussagen der Täter, bleibt der Kontext der Äußerung unbekannt. So werden Mitglieder der Al-Tawhid-Zelle beispielsweise mit der Aussage zitiert, ihr Motiv für den geplanten Anschlag sei ein ihnen als Palästinenser »angeborener Hass auf Juden« gewesen. Der genaue Kontext der Äußerung bleibt unklar. Ebenso unklar bleibt, welche weiteren Äußerungen die Täter gemacht haben, da diese in entsprechenden Urteilen oder Medienberichten nicht wiedergegeben wurden.

Fazit: Für die deutschen Erhebungsfälle zeigte sich, dass die in Medienberichten enthaltenen Informationen sicherheitsbehördliche und/oder gerichtliche Erkenntnisse zu Tatmerkmalen und Täterhintergründen einigermaßen zuverlässig widerspiegeln. Für die Erfassung tatplanungsbezogener Fallmerkmale bilden Medienberichte daher eine hinreichend valide Datenquelle. Demgegenüber sind Angaben zu Motivationen und Beweggründen der Täter nicht zuverlässig, da es sich um selektive, entsprechend strafrechtlicher Subsumtionserfordernisse vorgenommene Zuschreibungen handelt, die sich im Ergebnis deutlich von einer sozialwissenschaftlich-kriminologischen Analyse unterscheiden.

3 Taten

3.1 Stichprobenumfang, Fallkategorien und Jahreshäufigkeiten

Erhoben wurden alle Fälle versuchter, geplanter und vollendeter Anschläge zunächst für den Untersuchungszeitraum von Oktober 2001 bis Dezember 2010. Von den ursprünglich 54 zu erhebenden und 28 hinsichtlich der Übereinstimmung mit den Erfassungskriterien zu prüfenden Fällen wurden letztlich nur 48 Fälle in die Erhebung aufgenommen. Ausschlaggebend dafür war, dass die Prüffälle aus Sicht der für die Erhebung jeweils verantwortlichen Kooperanden durchweg nicht mit den Erfassungskriterien übereinstimmten. Darüber hinaus ergaben sich nach Recherche weiterer Informationen in sechs Fällen Zweifel an einem islamistischen Hintergrund der Tat oder an einer tatsächlich vorliegenden Anschlagsplanung. Zwölf von 48 Fällen betreffen die Türkei, die aus weiter oben genannten Gründen der mangelnden Vergleichbarkeit nicht weiter berücksichtigt wurde. Durch die Nacherhebung für den Zeitraum von Januar 2011 bis Mai 2013 wurde der Datensatz um zehn Fälle ergänzt. Der ausgewertete Datensatz beinhaltete damit insgesamt n = 46 Fälle, die sich wie folgt auf die in der Erhebung berücksichtigten Länder verteilen: Großbritannien (14), Frankreich (10), Deutschland (8), Italien (5), Niederlande (4), Spanien (2), Dänemark (1), Norwegen (1), Schweden (1).

Die Fälle wurden drei Kategorien zugeordnet: Erfasst wurden acht *vollendete Anschläge*, bei denen Täter die Tat entsprechend ihres Vorsatzes (bis auf einen Fall eine Tötungsabsicht) zum Erfolg bringen konnten. Davon unterschieden wurden *versuchte Anschläge*, bei denen Täter im Sinne von § 22 StGB unmittelbar zur Tat ansetzten, der Taterfolg jedoch nicht eingetreten ist. Bei den zehn als versucht erfassten Anschlägen handelt es sich überwiegend um nicht gezündete Sprengsätze oder gezündete Sprengsätze, bei denen nur die Täter zu Schaden kamen.[15] Erfasst wurden schließlich 28 *geplante Anschläge*, bei denen Hinweise auf erwogene oder festgelegte Anschlagsziele und/oder Hinweise auf erwogene oder bereits beschaffte Tatmittel vorliegen, die auf den Beginn der Umsetzung eines gefassten Tatentschlusses, also eine begonnene Tatplanung hindeuten. 57 Prozent der Anschlagsplanungen befanden sich dabei in einem noch frühen Planungsstadium, in dem die Täter noch kein Anschlagsmittel beschafft hatten. 43 Prozent der Planungsfälle wurden in einem weiter fortgeschrittenen Stadium aufgedeckt, in dem die Täter die zur Konstruktion eines Anschlagsmittels benötigten Materialien bereits beschafft oder schon mit der Konstruktion des Anschlagsmittels begonnen hatten.

Planungsfälle wurden mit dem Jahr der Festnahme der Täter registriert; versuchte und vollendete Taten mit dem Jahr, in dem die Tat begangen wurde. In einem Fall eines geplanten Anschlags trat der Täter von selbst von der Tat zurück, konnte aber erst zwei Jahre später ermittelt werden. Hier wurde das Jahr der geplanten Tatausführung gezählt. Die Jahreshäufigkeiten sind aufgrund der Hinzunahme skandinavischer Fälle in der Nacherhebung nur für den Basis-Erhebungszeitraum von 2001 bis 2010 vergleichbar. Bei der Interpretation der Häufigkeitszahlen ist zunächst zu berücksichtigen, dass sich hinter einem Fall Einzelpersonen, kleine oder größere Gruppen verbergen können. Die Häufigkeitszahlen können daher nur begrenzt als Indikator für das Mobilisierungsniveau dschihadistischer Gewalt in Europa verwendet werden.

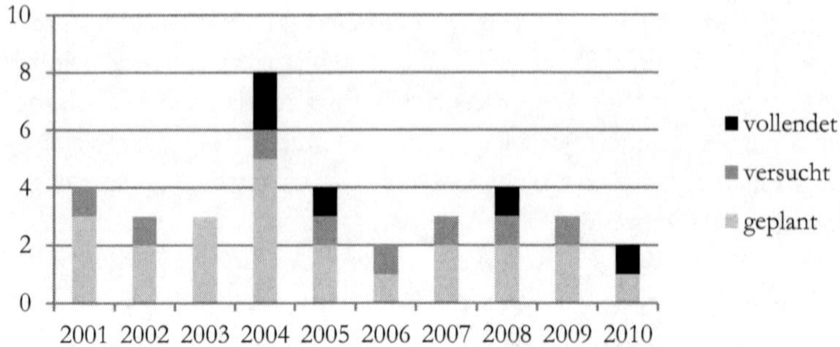

Abbildung 1: Fallzahlen nach Jahren

15 Aus Gründen der Lesbarkeit wird bei verallgemeinerten Aussagen über »Täter« der Plural, also »die Täter« verwendet, obwohl sich im Sample auch viele Fälle von Einzeltätern befinden.

Ferner unterscheiden sich die registrierten (geplanten, versuchten und vollendeten) Gewaltdelikte hinsichtlich des realisierten oder angestrebten Gewaltniveaus. Steigende oder sinkende Fallzahlen lassen sich daher nicht im Sinne einer zu- oder abnehmenden Gewaltintensität oder Gewaltbereitschaft interpretieren. Ferner ist zu berücksichtigen, dass es sich um eine Registrierungsstatistik handelt. Erfasst wurde das Jahr, in dem eine Tat oder Tatplanung bekannt wurde. So wurden versuchte und vollendete Taten mit dem Jahr der Tatbegehung, Planungsfälle aber mit dem Jahr der Festnahme der Täter registriert. Wären Anschlagsplanungen von Sicherheitsbehörden nicht aufgedeckt worden, wäre es womöglich jeweils zu versuchten oder vollendeten Anschlägen gekommen, möglicherweise aber erst im Folgejahr. Jährliche Schwankungen von ein bis zwei Fällen können somit auf den Umstand der frühzeitigen Aufdeckung oder umgekehrt Nichterkennung von Anschlagsplanungen zurückzuführen sein.

In dem wellenförmigen Verlauf der Fallzahlen, mit den Wellenhochs 2004 und 2008, könnten sich zwar Mobilisierungshochs der dschihadistischen Bewegung widerspiegeln. Aus besagten Gründen müssen jedoch registrierungsbedingte Schwankungen mitberücksichtigt werden. Als Indikator für ein Mobilisierungshoch kann vor diesem Hintergrund nur der Ausreißer 2004 gewertet werden, der in einem Zusammenhang mit dem Irakkrieg stehen könnte.

3.2 Anschlagsziele

Erfasst wurden alle von Tätern angegriffenen Ziele sowie alle Hinweise auf die im Zuge einer Anschlagsplanung erwogenen und festgelegten Ziele. Die Häufigkeiten erwogener und ausgewählter Anschlagsziele geben Aufschluss darüber, welche Relevanz den unterschiedlichen Angriffszielen innerhalb des Phänomenfelds dschihadistischer Anschlagsgewalt in Europa zukommt. Die Häufigkeiten von Zielwahlerwägungen spiegeln dabei die Präferenzen in einem frühen Planungsstadium wider, während die festgelegten Ziele Ergebnis eines Selektionsprozesses sind. Aus dem Verhältnis zwischen Häufigkeitsverteilungen erwogener und festgelegter Ziele lassen sich daher Rückschlüsse auf Selektionsprozesse ziehen.

Die erfassten Ziele wurden nach drei Merkmalen kategorisiert: nach der durch das Anschlagsziel viktimisierten Personengruppe (Opfergruppen), nach physischen Eigenschaften eines Angriffsziels (Objektklasse) sowie nach der sich in dem Anschlagsziel manifestierenden thematischen Orientierung des (geplanten) Anschlags.

3.2.1 Datenlage zu Zielwahlerwägungen und Zielwahlfestlegungen

In zehn Fällen von Anschlagsplanungen liegen keine Hinweise auf ausgewählte Ziele vor. Hier ließen sich lediglich Ziele erfassen, die Täter diskutiert bzw. als Anschlagsziel erwogen hatten. In den übrigen 36 Fällen hatten sich Täter bereits auf Ziele festgelegt. Darunter befinden sich neben den restlichen 18 Planungsfällen schließlich die 18 versuchten oder vollendeten Anschläge, bei denen sich das Ergebnis des Zielwahlprozesses in dem angegriffenen Ziel objektiviert hat. Da bei Anschlagsplanungsfällen die Tatplanung jeweils noch nicht abgeschlossen war, kann es sich auch um vorläufige Festlegungen von Angriffszielen handeln, die nur eine Momentaufnahme des Zielwahlprozesses widerspiegeln. In Fällen, in denen drei oder mehr Ziele aus unterschiedlichen Zielklassen ausgewählt wurden, wäre davon auszugehen, dass Täter ihre Zielauswahl aus pragmatischen Gesichtspunkten weiter eingegrenzt hätten, da konsekutive Anschläge über mehrere Zielklassen hinweg einen hohen logistischen Aufwand erfordern. Auch zeigen die Planspielergebnisse, dass Anschlagsplaner ihre endgültige Zielauswahl unter pragmatischen Gesichtspunkten der Passung zu einem meist erst in der Schlussphase im Detail festgelegten Modus Operandi treffen.

In über der Hälfte der Fälle mit Hinweisen auf ausgewählte Anschlagsziele (20 von 36) konnten jedoch keine Hinweise auf zuvor in Erwägung gezogene Ziele gefunden werden. Diese fehlenden Hinweise deuten auf eine lückenhafte Datenbasis hin, denn es ist – zumal vor dem Hintergrund unserer Planspielergebnisse – davon auszugehen, dass Täter immer einen Zielwahlprozess durchlaufen, in dessen Zuge sie verschiedene Erwägungen anstellen.[16] Nur in zwei bis drei Fällen handelt es sich um Einzeltäter, die mehr oder weniger spontan zur Tat geschritten waren.

Ob die fehlenden Informationen den Ermittlungsstand der Behörden widerspiegeln oder darauf zurückzuführen sind, dass Ermittlungsergebnisse nicht öffentlich gemacht wurden, ließ sich nicht eruieren. Dabei wäre gleichwohl festzustellen, dass die Quote fehlender Informationen bei vollendeten

16 Siehe dazu auch die anhand der Planspielergebnisse rekonstruierten Phasen des Zielwahlprozesses anschlagsplanender Gruppen in Kapitel IV.2.1.

Fällen deutlich höher ist als bei den übrigen Fällen. Fehlen hier in sechs von acht Fällen Informationen über zuvor erwogene Ziele, sind es in Versuchsfällen fünf von zehn und in Planungsfällen neun von 18. Für den Erklärungsansatz fehlender Ermittlungsergebnisse spräche, dass Täter, die zur Tat schreiten, bereits wesentliche Spuren vernichtet haben oder wie im Falle der »London Bombings« aufgrund ihrer Selbsttötung nicht mehr befragt werden können. Doch diese Aspekte treffen auch auf Versuchsfälle zu. Plausibler erscheint die Erklärung einer generell uneinheitlichen Datenlage aufgrund unterschiedlicher Diffusion und Zugänglichkeit behördlicher Ermittlungsergebnisse auf der einen und variierendem Medieninteresse auf der anderen Seite (siehe Kapitel II.2).

3.2.2 Opferklassen und Objektklassen: Häufigkeiten und Selektionsmuster

Unterschieden wurden drei Opferklassen, für deren Zielwahlhäufigkeit sich folgendes Bild zeigt: 1. indiskriminative Massenviktimisierungen, das heißt, Angriffe auf die »durchschnittliche Zivilbevölkerung« wurden in 54,3 Prozent der Fälle geplant oder als Anschlagsziel in Erwägung gezogen; 2. Angriffe auf »Verantwortungsträger« (institutionelle oder personelle) spielten in 65,3 Prozent der Fälle eine Rolle; 3. spezielle Feindgruppen der Dschihadisten (»Juden«, »Amerikaner«, aber auch »Christen« und aus der Perspektive von Dschihadisten »deviante Muslime«) lagen in 32,6 Prozent aller Fälle im Zielspektrum dschihadistischer Anschlagsplanungen und -erwägungen.

Die folgenden Säulendiagramme (vgl. Abbildung 2) schlüsseln die Zielwahlen nach konkreten Opfergruppen auf. Dargestellt sind die relativen Häufigkeitszahlen für Fälle, in denen eine Opfergruppe als Anschlagsziel mindestens erwogen wurde (das heißt, nur erwogen oder auch ausgewählt; n = 46) sowie in denen eine Opfergruppe auch als Anschlagsziel festgelegt wurde (n = 36).[17] »Durchschnittliche Zivilisten« sind mit Abstand die be-

17 In 15 von 46 Fällen waren mehr als eine Opfergruppe Gegenstand bekannt gewordener Anschlagsplanungen oder -erwägungen. Den folgenden Anschlagszielen wurden jeweils zwei Opfergruppen zugeordnet: Angriffe auf Passagiermaschinen transatlantischer Fluglinien wurden der Opfergruppe »Amerikaner« sowie »durchschnittliche Zivilbevölkerung« zugeordnet; Angriffe auf amerikanische Soldaten oder amerikanische Institutionen wie Botschaften wurden neben der Opfergruppe »Amerikaner« auch der jeweiligen Opfergruppe aus der Klasse »Verantwortungsträger« zugeordnet; Politiker, die aufgrund ihrer

deutendste Opfergruppe, gefolgt von »Soldaten«, »Amerikanern« und Vertretern »politischer Institutionen«, »Islamkritikern« und »Vertretern von Sicherheitsbehörden«. Angehörige »spezieller Feindgruppen« spielen mit Ausnahme der Opfergruppe »Amerikaner« eine untergeordnete Rolle im Phänomenfeld des dschihadistischen Terrorismus in Europa. So wurden »Juden« nur in 8 Prozent der Fälle mit bekannter Zielwahl als Angriffsziel ausgewählt, »Christen« und »abtrünnige Muslime« in 6 Prozent der Fälle.

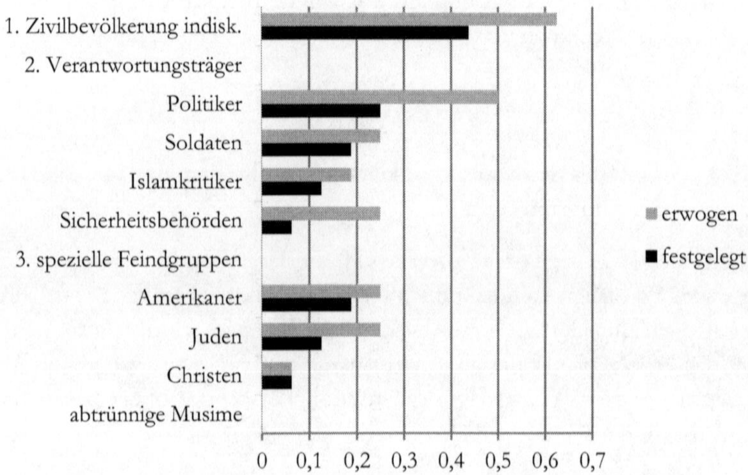

Abbildung 2: Relative Häufigkeiten ausgewählter und erwogener Opfergruppen

Die Häufigkeitsverteilung erwogener Ziele lässt sich als Abbild der Präferenzlage in einem frühen Planungsstadium interpretieren, während die Häufigkeitsverteilung festgelegter Opfergruppen die Ergebnisse des Zielwahlprozesses in einem späten Planungsstadium widerspiegelt. Die Differenzen zwischen Opferwahlerwägungen und Opferwahlfestlegungen können somit als Ausdruck eines Selektionsprozesses interpretiert werden, in dessen Zuge anfangs in Erwägung gezogene Ziele im weiteren Planungsprozess nicht mehr weiter berücksichtigt wurden. Gleichwohl ist zu berücksichtigen, dass

islamkritischen respektive -feindlichen Haltung angegriffen wurden, wurden sowohl der Opfergruppe »Politiker« als auch »Islamkritiker« zugerechnet, der geplante Mordanschlag auf ein hochrangiges Mitglied der rechtspopulistischen Partei PRO-NRW wurde dagegen nur der Opfergruppe »Islamkritiker« zugerechnet, da es sich nicht um Mitglieder etablierter Parteien handelt.

sich Täter in einer Reihe von Fällen noch nicht auf Anschlagsziele festgelegt hatten, und umgekehrt für eine Reihe von Fällen, in denen sich Täter festgelegt hatten, keine Hinweise auf zuvor ausselektierte Angriffsziele vorliegen. Wir gehen davon aus, dass fehlende Informationen zu Zielwahlerwägungen und Zielwahlfestlegungen in einem zufälligen Zusammenhang zur Typik eines Falles (respektive einer Opferwahl) stehen. Sodann unterstellt werden, dass sich fehlende Werte zufällig auf verschiedene Typen von Fällen respektive Opferwahlen verteilen. Unter dieser Bedingung ließen sich die relativen Häufigkeitszahlen erwogener und ausgewählter Opfergruppen als Deskriptoren einer durchschnittlichen Präferenzlage dschihadistischer Gruppen in den jeweiligen Planungsphasen lesen. Aufgrund der kleinen Fallzahlen ist jedoch nicht sichergestellt, dass sich zufällig fehlende Werte gleichmäßig auf die verschiedenen Falltypen verteilen, weshalb die Quote fehlender Angaben bei der einen Opfergruppe zufällig höher sein kann als bei der anderen. Somit kann auch die relative Häufigkeitsverteilung gegenüber der unbekannten wahren Verteilung verzerrt sein, weshalb kleine Differenzen nicht aussagekräftig sind.

Da das Sample von Fällen mit bekannten Zielwahlfestlegungen eine Teilmenge aus dem Gesamtsample der erfassten Zielwahlerwägungen bildet, lassen sich relative Selektionshäufigkeiten nicht auf Basis der absoluten Häufigkeiten, sondern sinnvoll nur anhand relativer Häufigkeiten als Quotienten aus der relativen Häufigkeit aller Fälle mit bekannter Zielwahlerwägung und der relativen Häufigkeit der Zielwahlfestlegungen berechnen. Im Folgenden wird der Einfachheit halber vom *Selektionsquotienten* (sq) gesprochen. Aufgrund der kleinen Fallzahlen kann bereits ein zusätzlicher Fall einer Zielwahlfestlegung oder einer Zielwahlerwägung, die nicht zur Festlegung geführt hat, zu einer – abhängig von der Häufigkeit einer Opfergruppe mehr oder weniger starken – Veränderung des Quotienten führen. Inhaltlich interpretieren lassen sich daher nur starke Kontraste zwischen den opfergruppenspezifischen Selektionsquotienten. So weisen die Opfergruppen »Amerikaner« mit sq = 0,96, »durchschnittliche Zivilbevölkerung« mit sq = 0,87 sowie »Christen« mit sq = 0,85 deutlich höhere relative Selektionshäufigkeiten auf. In der überwiegenden Mehrzahl der Fälle, in denen diese Opfergruppen in Erwägung gezogen wurden, wurden sie schließlich auch als Anschlagsziel ausgewählt. Bei den Opfergruppen »Soldaten« (sq = 0,81), »Juden« (sq = 0,76) und »Islamkritiker« (sq = 0,71) liegt der Selektionsquotient im Mittelfeld der Opfergruppen; deutlich niedrigere relative Selektionshäufigkeiten weisen die Opfergruppen »Vertreter von Sicherheitsbehörden« (sq = 0,64) und »Politiker« (sq = 0,59) auf.

Bei Betrachtung des Teilsamples all jener Fälle, in denen vollständige Informationen über den Selektionsprozess vorliegen (n = 16), das heißt Informationen sowohl zu ausgewählten als auch zuvor erwogenen Zielen, zeigt sich ein ähnliches Bild. Am höchsten ist der Selektionsquotient im Falle der Opfergruppe »Christen« (sq = 1,0).[18] Bei »Amerikanern« sowie »Soldaten« blieb es nur in einem von vier Fällen (sq = 0,75) bei einer bloßen Zielwahlerwägung, bei der »durchschnittlichen Zivilbevölkerung« in sieben von zehn Fällen (sq = 0,70). »Islamkritiker« befinden sich wie im Gesamtsample im Mittelfeld (sq = 0,67), während die relativen Selektionshäufigkeiten erwogener und ausgewählter Opfergruppen im Falle von »Politikern« (sq = 0,5) und »Vertretern von Sicherheitsbehörden« (sq = 0,25) wie im Gesamtsample stark auseinandergehen. Anders als im Gesamtsample blieb es jedoch in zwei von vier Fällen, in denen die Opfergruppe »Juden« anvisiert wurde, bei einer bloßen Erwägung.

Erklärungsbedürftig sind die extremen Ausprägungen. Die Opfergruppen »Amerikaner«, »Christen« und »durchschnittliche Zivilbevölkerung« werden überwiegend nicht nur in Erwägung gezogen, sondern schlussendlich auch ausgewählt. Hinsichtlich der Opfergruppen »Vertreter von Sicherheitsbehörden« und »Politiker« bleibt es demgegenüber meist bei bloßen Erwägungen. Hierfür scheinen die beiden folgenden Erklärungen zunächst gleichermaßen plausibel zu sein: 1) »Politiker« bzw. politische Institutionen sowie »Sicherheitsbehörden« wurden von einigen Tätern als attraktive Anschlagsziele anvisiert, dann aber ausselektiert, weil andere Opfergruppen in der Präferenzhierarchie weiter oben standen und sich die Gruppe aufgrund beschränkter Ressourcen auf die für sie attraktivste Opfergruppe konzentriert hat. 2) »Politiker« und »Vertreter von Sicherheitsbehörden« waren für die entsprechenden Gruppen nicht weniger attraktiv als andere Opfergruppen. Vielmehr wurden diese Ziele aus pragmatischen Gründen ausselektiert weil Angriffe auf andere Opfergruppen als einfacher zu realisieren eingeschätzt wurden.

Weiteren Aufschluss über den Selektionsprozess kann nun eine Betrachtung der Zielobjektklassen geben. Unterschieden wurden folgende Objektklassen:

18 Diese Opfergruppe war jedoch nur in einem der 16 Fälle überhaupt Ziel einer Anschlagsplanung; »abtrünnige Muslime« wurden in keinem Fall als Anschlagsziel ins Auge gefasst.

Objektklasse	Beschreibung	Vulnerabilität	sq
Einzelpersonen	vor allem islamkritische Politiker und Soldaten (keine hochrangigen), Publizisten, Karikaturisten	meist hoch	0,85
Personennah- und Regionalverkehr	U-Bahnen und Regionalverkehrszüge, nur in einem Fall Busse	immer hoch	0,93
Shopping	Einkaufszentren, Supermärkte, Einkaufsstraßen	immer hoch	0,37
Vergnügungseinrichtungen	Bars, Pubs, Discos (Innenräume, aber auch Autobomben vor Eingängen)	meist hoch	0,91
Flughäfen	unspezifiziert, einmal Eingangsbereich, einmal Parkhaus	hoch, wenn öffentlicher Bereich	0,85
sonstige öffentliche Orte	Eiffelturm, Domplatz in Mailand, Demonstration, einmal unspezifiziert, Ansammlung von Juden vor einer Religionsschule	immer hoch	0,32
Fußballstadien	unspezifiziert	eher hoch	0,0
religiöse Orte	Synagogen, Kirchen, Kathedralen	teils, teils	0,51
Passagiermaschinen	Transatlantische Flüge	gering	0,96
geschlossene Einrichtungen	Militärstützpunkte, Botschaften, Parlamentsgebäude, sonst. Institutionen	i.d.R. gering	0,58
technische Infrastrukturen	Gasleitungen, Ölleitungen, Kraftwerke, u.a. AKWs	gering	0,0

Tabelle 1: Absolute Häufigkeiten von Objektklassenerwägungen und Objektlassenauswahlen und Selektionsquotienten

Objektklassen, die sich durch ein hohes Sicherungs- und Schutzniveau auszeichnen, weisen einen niedrigeren Selektionsquotienten auf. So ist der Selektionsquotient bei »geschlossenen Einrichtungen« deutlich niedriger als bei typischen Soft-target-Objektklassen wie dem Personennahverkehr oder Einzelpersonen. Technische Versorgungsinfrastrukturen wurden in keinem einzigen Fall als Ziel ausgewählt. Die folgenden Objektklassen weichen jedoch von dieser Erwartung ab:

Passagiermaschinen: Obwohl Angriffe auf Flugzeuge aufgrund von Zugangskontrollen sehr schwierig erscheinen, hatten sich Täter in drei Fällen auf diese Objektklasse festgelegt. Hierbei handelt es sich um einen versuchten und einen geplanten Schuhbombenanschlag sowie um die 2006 in Großbritannien aufgedeckten Planungen von Flüssigsprengstoffanschlägen auf transatlantische Fluglinien. Dieser Befund deutet auf eine besondere Attraktivität der Zielklasse Flugverkehr hin, die sich aus dem Rollenvorbild von 9/11 erklären dürfte. Auch scheinen sich Angriffe auf den Flugverkehr in besonderer Weise dazu zu eignen, der westlichen Gesellschaft ihre Verwundbarkeit aufzuzeigen, wenn es gelingt, trotz der im Flugverkehr ergriffenen Sicherheitsmaßnahmen Anschläge zu realisieren.

Shopping sowie sonstige öffentliche Orte: Einkaufszentren und Geschäfte sind vulnerable Ziele, da hier wie im Nahverkehr keine Zugangsbeschränkungen und -kontrollen bestehen. Trotz der in dieser Hinsicht günstig erscheinenden Tatgelegenheiten haben sich Täter nur in zwei von sieben Fällen auf diese Objektklasse festgelegt. Dieser Befund bleibt erklärungsbedürftig. Selbiges gilt für die unter der Kategorie »sonstige öffentliche Orte« subsumierten Anschlagsziele.

Der Befund, dass schwierig anzugreifende Ziele zwar häufig erwogen, aber im Vergleich zu leichter angreifbaren, weil wenig geschützten Zielen seltener ausgewählt werden, erklärt jedoch nicht die vergleichsweise niedrigen Selektionshäufigkeiten in den Opfergruppen »Politiker« und »Vertreter von Sicherheitsbehörden«. Schließlich können sich Anschläge gegen diese Gruppen sowohl mit der Objektklasse »Einzelpersonen« als auch der Objektklasse »geschlossene Einrichtungen«, theoretisch auch mit weiteren Objektklassen verbinden.

Sollte sich die oben konstatierte hohe Selektionshäufigkeit bei den Opfergruppen »Politiker« und »Vertreter von Sicherheitsbehörden« aus Machbarkeitserwägungen erklären, wäre zu erwarten, dass die nur erwogenen Anschläge sich hier größtenteils auf geschlossene Einrichtungen beziehen, während für Soft-target-Objektklassen ein niedriger Anteil bloßer Erwägungen zu erwarten ist. Ein solches Muster machbarkeitsbezogener Selektion bestätigt sich aber nur partiell. So zeigt sich in der Opfergruppe »durchschnittliche Zivilisten« keine Dominanz eines machbarkeitsbezogenen Selektionsmusters, da ein großer Anteil der nur erwogenen Ziele hier auf die Soft-target-Objektklassen »Shopping« und »sonstige öffentliche Orte« entfällt. In der Opfergruppe »Politiker« entfällt demgegenüber der größte Anteil von Zielwahlerwägungen auf die Hard-target-Objektklasse »geschlossene Einrichtungen«. Ein machbarkeitsbezogenes Selektionsmuster bestätigt sich auch in der Opfergruppe »Soldaten«. Bei »Islamkritikern« und »Vertretern von Sicherheitsbehörden« zeigt sich dagegen kein dominantes Selektionsmuster. In der Opfergruppe »Amerikaner« deutet eine hohe Konzentration bloßer Zielwahlerwägungen in der Objektklasse »geschlossene Einrichtungen« ebenfalls auf eine Relevanz machbarkeitsbezogener Selektion hin. Gleiches gilt für die Opfergruppe »Juden«, da es sich bei den lediglich in Erwägung gezogenen Zielwahlen um »geschlossene Einrichtungen« und Synagogen, die gut geschützte Objektklassen darstellen, handelt.

3.2.3 Anschläge nach Themenfeldern

Anschläge in europäischen Ländern können auf unterschiedliche, im Kontext des Dschihadismus virulente gesellschaftliche und politische Konfliktfelder verweisen: einerseits auf einen europäischen Konfliktkontext, das heißt Konflikte der dschihadistischen Bewegung mit hiesigen, europäischen Gesellschaften, und andererseits auf außereuropäischen oder globalen Konfliktkontext, das heißt Konflikte mit außereuropäischen Gesellschaften oder internationalen Feindgruppen wie »Juden« und »Amerikanern«. In der Häufigkeitsverteilung der Opfergruppen zeigt sich eine zur Dominanz des Homegrown-Terrorismus passende größere Häufigkeit eines europäischen Konfliktkontextes. Nur in 20 Prozent der Fälle spiegeln sich in (geplanten) Anschlägen ausschließlich außereuropäische oder globale Konfliktkontexte wider. Anschlagsziele waren hier entweder die globalen Feindgruppen »Juden« und »Amerikaner« oder Repräsentanten nichteuropäischer Staaten. Dagegen waren in 69 Prozent der Fälle »durchschnittliche Zivilisten« oder gesellschaftsinterne Verantwortungsträger (nationale Politiker, Publizisten, Militäreinrichtungen oder Sicherheitsbehörden) Ziel der (geplanten) Anschläge. In 11 Prozent der Fälle waren beide Konfliktkontexte thematisch.

Die europäischen Konfliktkontexte lassen sich anhand der von Tätern in ihren Statements oder Bekennerschreiben (sofern verfügbar) thematisierten Konfliktthemen bzw. – wenn diese Statements nicht vorliegen – anhand der angegriffenen Opfergruppen nach folgenden Unterthemen differenzieren:[19]

19 Die Objektklasse »Vergnügungseinrichtungen« wurde dem Konfliktthema »Dekadenz« zugeordnet, wobei sich diese Zuordnung fast durchweg anhand von Täterstatements validieren ließ. Dem Thema »Islamkritik« wurden alle entsprechenden Opfergruppenwahlen zugeschrieben. Angriffe auf inländische Soldaten wurden dem Thema »Krieg gegen Muslime« zugerechnet. Alle sonstigen Zuschreibungen wurden nur anhand der Täterstatements vorgenommen. In 17 Prozent der Fälle ließ sich Anschlägen/Anschlagsplanungen

- »Krieg gegen Muslime«: In 54 Prozent der Fälle mit europäischem Konfliktkontext, für die sich ein Unterthema spezifizieren ließ (n = 35), war ein Konflikt um die Beteiligung europäischer Länder an kriegerischen Interventionen in muslimischen Ländern thematisch, vor allem im Irak und in Afghanistan.
- »Islamkritik«: Beleidigungen des Propheten oder andere als Verunglimpfung des Islam wahrgenommene Formen der Islamkritik oder Islamfeindschaft spielten in 31 Prozent der Fälle eine Rolle.
- »Dekadente Gesellschaft«: Nur in 14 Prozent der Fälle gaben Zielwahlen oder Täterstatements Hinweise darauf, dass die wahrgenommene Dekadenz der westlichen Gesellschaft für Täter von besonderer Bedeutung war.

3.2.4 Opfergruppenkombinationen und Selektionsmuster

Die Häufigkeitsverteilung erwogener und ausgewählter Opfergruppen sagt etwas über den Stellenwert der jeweiligen Opfergruppen für den europäischen Dschihadismus aus. Die Verteilung zeigt eine Wahrscheinlichkeit an, mit der eine bestimmte Opfergruppenwahl oder Opfergruppenerwägung erwartet werden kann. Die Häufigkeiten sagen jedoch wenig über die Präferenzmuster dschihadistischer Gruppen aus. So können Anschlagsplanungen durch Dschihadisten von Beginn an nur auf eine Opfergruppe fixiert gewesen sein oder umgekehrt sich zunächst auf mehrere Opfergruppen beziehen, aus denen schlussendlich eine ausgewählt wird. In einer Reihe von Fällen beziehen sich Anschläge bzw. Anschlagsplanungen auf mehrere Opfergruppen bzw. Opferklassen.

Erfasst wurde die Kombination der ausgewählten sowie der erwogenen Opferklassen.[20] Hinsichtlich der Fälle mit ausgewählten Opfergruppen (n = 38) zeigt sich folgendes Bild: In 76,3 Prozent der Fälle richtete sich der

gegen Zivilisten oder inländische Verantwortungsträger kein spezifisches Konfliktthema zuordnen.

20 Um Opferwahlmuster besser beschreiben zu können, wurde jedem Angriffsziel nur eine Opfergruppe zugeordnet. So wurde Angriffen auf transatlantische Passagiermaschinen nur die Opfergruppe »spezielle Feindgruppe«, nicht aber »durchschnittliche Zivilbevölkerung« zugeordnet. Angriffe auf amerikanische Institutionen oder Militäreinrichtungen wurden ebenfalls nur mit dem Merkmal »spezielle Feindgruppe«, nicht aber mit dem Merkmal »Verantwortungsträger« erfasst.

Anschlag bzw. die Anschlagsplanung gegen nur eine Opferklasse.[21] Nur in 23,7 Prozent der Fälle waren mehrere Opferklassen betroffen. In 55,9 Prozent der Fälle handelte es sich um Einfachanschläge bzw. um nach vorliegenden Hinweisen als Einfachanschläge geplante Anschläge, in 17,6 Prozent der Fälle wurden mehrere Ziele der gleichen Objektklasse ausgewählt, während es sich in 26,5 Prozent der Fälle um Mehrfachanschläge über mehrere Objektklassen hinweg handelte. Mehrfachanschläge innerhalb einer Objektklasse waren dabei indiskriminative Massenviktimisierungen, während Mehrfachanschläge über unterschiedliche Objektklassen Angriffe auf »spezielle Feindgruppen« und/oder »Verantwortungsträger« einschlossen.

Der Befund, dass sich dschihadistische Anschläge fast immer gegen nur eine Opfergruppe richten, lässt sich jedoch nicht in dem Sinne interpretieren, dass Dschihadisten über eine steile Präferenzhierarchie bzw. über ein enges Feindbild verfügen würden. Möglich wäre vielmehr auch, dass Anschläge gegen multiple Opfergruppen erwogen wurden, aus pragmatischen Gründen der Machbarkeit jedoch schlussendlich nur eine Opfergruppe ausgewählt wurde. Mehrfachanschläge über unterschiedliche Opfergruppen und in der Folge auch Objektklassen hinweg erscheinen operativ aufwendiger als Mehrfachanschläge innerhalb einer Objektklasse.

Hinsichtlich der Frage, ob sich die in der überwiegenden Zahl der Fälle zu beobachtende Beschränkung auf eine Opfergruppe aus einem engen Feindbild oder aus einem Selektionsprozess erklärt, gibt ein Vergleich zwischen den relativen Häufigkeitsverteilungen von Opferklassenkombinationen der Zielwahlfestlegungen (n = 36) mit den Kombinationen der Zielwahlerwägungen (n = 25, vgl. Abbildung 3).[22]

---

21 Mit Ausnahme eines Falles, in dem sowohl etablierte Politiker als auch sonstige »Islamkritiker« als Opfergruppe ausgewählt wurden, war immer nur eine Opfergruppe innerhalb einer Opferklasse betroffen.

22 Ein Vergleich mit Zielwahlerwägungen für das Gesamtsample (n = 45) macht hier keinen Sinn, da sich bei lückenhaften Kenntnissen über Zielwahlerwägungen keine Aussagen über das Spektrum relevanter Opfergruppen treffen lassen.

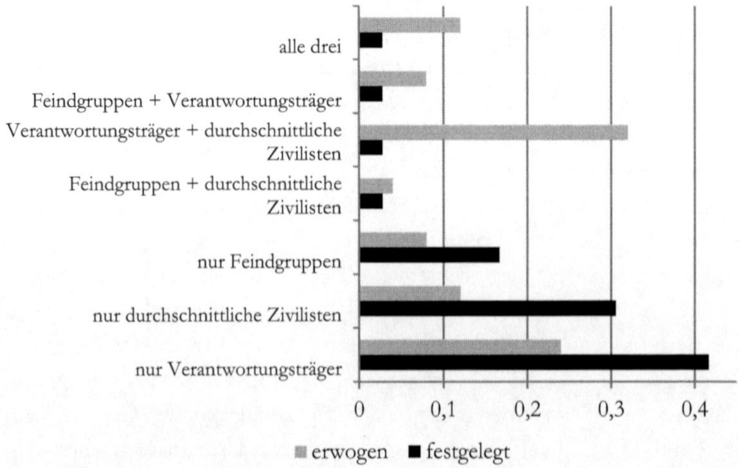

Abbildung 3: Opferklassenkombinationen

In 44 Prozent der Fälle fokussierten Täter von vornherein nur eine Opferklasse, wohingegen in 56 Prozent der Fälle Anschlagsziele aus zwei oder drei Opferklassen in Erwägung gezogen wurden. Dieser hohe Anteil an multiplen Opferklassenerwägungen ist Indiz dafür, dass die letztliche Beschränkung auf eine Opferklasse nicht zwingend Ausdruck eines eng fokussierten Feindbilds sein muss, sondern vielmehr das Ergebnis eines Selektionsprozesses darstellen kann. Auffällig ist vor allem der hohe Anteil der Kombination aus »Verantwortungsträgern« und »durchschnittlichen Zivilisten« im Kontext von Zielwahlerwägungen. Viele Tätergruppen scheinen zunächst beide Opfergruppen für attraktiv zu befinden, sich dann aber für eine Gruppe zu entscheiden. Bei Betrachtung des Teilsamples von Fällen mit Zielwahlfestlegung, für die Informationen zu den zuvor in Erwägung gezogenen Anschlagszielen vorliegen (n = 16), bestätigt sich diese Interpretation. In fünf von 16 Fällen (31 Prozent) wurden zunächst Anschläge gegen »Verantwortungsträger« und »durchschnittliche Zivilisten« in Erwägung gezogen. In drei dieser Fälle entscheiden sich Täter schlussendlich für indiskriminative Massenviktimisierungen an »durchschnittlichen Zivilisten« und in zwei Fällen für Angriffe auf »Verantwortungsträger«. In drei von 16 Fällen zogen Täter alle drei Opferklassen in Erwägung, entschieden sich dann aber für nur eine Opferklasse, wobei jede der drei Klassen einmal vorkommt.

Auffällig ist zweitens die im Vergleich zu »durchschnittlichen Zivilisten« und »Feindgruppen« geringere Differenz von Opfergruppenerwägungen und Opfergruppenfestlegungen im Falle von Tätern, die nur die Opfergruppe »Verantwortungsträger« auswählen. Dies deutet darauf hin, dass ein enges Feindbild bei Dschihadisten auf »Verantwortungsträger«, weniger aber auf andere Opfergruppen bezogen ist. Dieser Befund bestätigt sich ebenfalls bei Betrachtung des Teilsamples mit vollständigen Informationen zu Zielwahlfestlegungen und zuvor erwogenen Zielen. Nur je eine Gruppe hatte sich von vornherein auf die Opfergruppen »durchschnittliche Zivilisten« oder »spezielle Feindgruppen« festgelegt, während vier Gruppen von vornherein auf »Verantwortungsträger« fokussierten.

Hinsichtlich des Opferwahlmusters lassen sich im Ergebnis drei Typen dschihadistischer Tätergruppen unterscheiden:

1. Gruppen mit engem Zielwahl-/Opfergruppenfokus, die von vornherein nur eine Opfergruppe anvisieren. Ausschlaggebend hierfür kann ein enges Feindbild oder eine klare Präferenz der Feindbilder sein. Möglich wäre aber auch eine klare Präferenz der mit dem Anschlag zu verfolgenden Handlungsziele, zu deren Umsetzung sich von vornherein nur eine Opfergruppe anbietet. So könnten sich frühzeitige Fokussierungen auf die Opfergruppe »durchschnittliche Zivilbevölkerung« aus einem instrumentellen Kalkül einer verallgemeinerten Bedrohungskommunikation erklären, die sich nur mittels indiskriminativer Massenviktimisierungen effektiv umsetzen lässt.
2. Gruppen mit eher breitem Zielwahl-/Opfergruppenfokus, die zunächst zwei oder mehr Opfergruppen in Erwägung ziehen, sich schlussendlich aber für eine Opfergruppe entscheiden. Die Entscheidung für nur eine Opfergruppe kann dabei unter pragmatischen Gesichtspunkten der Machbarkeit erfolgen, wobei sich aufgrund der Schwierigkeiten der Realisierung von Angriffen gegen mehrere Opfergruppen für die einfacher anzugreifende oder für die attraktiver befundene Opfergruppe entschieden wird. Schließlich können aber auch reine Attraktivitätserwägungen bezogen auf den Gesamtanschlag ausschlaggebend sein, wie zum Beispiel die Erwartung einer Effizienzsteigerung bei Fokussierung auf eine Opfergruppe (sei es die Erzeugung von Angst, seien es die bloßen Opferzahlen).
3. Gruppen mit einem eher breiten Zielwahl- respektive Opfergruppenfokus sowohl bei den erwogenen als auch bei den letztlich festgelegten Zielen. Die Beibehaltung des weiten Fokus kann unterschiedliche Gründe haben: Im Unterschied zum zweiten Typ könnten Täter hier über grö-

ßere operative Kapazitäten verfügen, die es ihnen ermöglichen, (effiziente) Anschläge gegen mehrere Opfergruppen, das heißt auch mehrere Objektklassen durchzuführen. Der breite Fokus könnte sich aber auch aus geringeren Kapazitäten erklären, die dazu führen, dass gerade keine engere Auswahl getroffen wird, sondern die Wahl des Anschlagsziels bis zuletzt von den sich als günstig erweisenden Tatgelegenheiten abhängig gemacht wird. Möglich wäre auch, dass Täter multiple Feindbilder in dem Gesamtanschlag repräsentieren wollen und dafür Abstriche bei der Effizienz machen.

3.2.5 Zusammenfassfassung

Die Befunde zur Struktur der Zielwahlen lassen sich wie folgt zusammenfassen:

- Im Zielspektrum dschihadistischer Akteure liegt ein breites Spektrum von Opfergruppen und Objektklassen. Anschläge und Anschlagsplanungen gegen »Verantwortungsträger« sowie indiskriminative Massenviktimisierungen spielen in jeweils über der Hälfte der Fälle eine Rolle, wohingegen Anschläge und Anschlagsplanungen gegen »spezielle Feindgruppen« nur in etwa einem Drittel der Fälle festgestellt werden konnten. In der Opferklasse der »Verantwortungsträger« bilden »Soldaten« und »Angehörige politischer Institutionen« die am häufigsten gewählte Opfergruppe. In der Opferklasse der »speziellen Feindgruppen« ist die Opfergruppe »Amerikaner« am häufigsten vertreten.
- Für gewöhnlich gut geschützte Objektklassen (*hard targets*) weisen einen niedrigeren Selektionsquotienten auf als hochgradig vulnerable Ziele (*soft targets*). Dieser Befund kann als erster Hinweis auf die große Bedeutung von Tatgelegenheitsstrukturen bei der Zielauswahl interpretiert werden. Eine Reihe von dschihadistischen Gruppen erwägen zu Beginn ihres Planungsprozesses Anschläge auf schwierig anzugreifende, symbolträchtige und vitale Ziele, schließen diese Ziele im weiteren Planungsprozess aber aufgrund negativer Machbarkeitseinschätzungen wieder aus. Hier findet ein Regressionsprozess von einer eher *idealistischen* zu einer eher *pragmatischen* Zielwahl statt. In einigen Objektklassen zeigen sich jedoch Selektionsquotienten, die der Erwartung entgegenlaufen und auf die Bedeutung attraktivitätsbezogener Selektionsprozesse hinweisen.

- Eine Analyse von Opfergruppenerwägungen und Opfergruppenfestlegungen nach Objektklassen zeigt, dass sich Selektionsprozesse nicht nur von *hard* zu *soft targets* vollziehen. In einer großen Zahl von Fällen, in denen lediglich eine Opfergruppe als Anschlagsziel erwogen wurde, beziehen sich die Erwägungen auf *soft targets*. Die zwischen Opfergruppen kontrastierenden Selektionsquotienten erklären sich sowohl aus machbarkeitsbezogenen als auch attraktivitätsbezogenen Selektionen.
- Dschihadistische Anschläge richten sich überwiegend gegen eine Opfergruppe. Im frühen Planungsstadium werden jedoch multiple Opfergruppen in Erwägung gezogen. Hinsichtlich der Opferwahlmuster lassen sich drei Tätertypen unterscheiden: 1. Täter mit engem Zielwahlfokus, die von vornherein nur eine Opfergruppe fokussieren, 2. Täter mit anfänglich breitem Zielwahlfokus, die ihre Zielwahl auf eine Opfergruppe einschränken, sowie 3. Täter, die ihren breiten Zielwahlfokus bis zum Schluss beibehalten.
- In 80 Prozent der Fälle spiegelt sich in den angegriffenen Opfergruppen ein Konflikt der dschihadistischen Bewegung mit europäischen Ländern wider. Hierin bestätigt sich die Dominanz des Homegrown-Terrorismus im Phänomenfeld des europäischen Dschihadismus. Das dominierende Konfliktthema bildet die Beteiligung des jeweiligen Landes an Militäreinsätzen in überwiegend muslimischen Ländern, gefolgt vom Thema »Islamkritik«.

3.3 Anschlagsmittel

Auch hinsichtlich der von Tätern bei ihrem Anschlag eingesetzten oder für den Anschlag geplanten Anschlagsmittel wurde zwischen festgelegten Mitteln (Mittelwahlfestlegungen) und erwogenen Mitteln (Mittelwahlerwägungen) unterschieden. Als Hinweise auf Festlegungen gewertet wurden Fälle, in denen Täter ein entsprechendes Anschlagsmittel bereits beschafft hatten, gerade dabei waren, dieses zu beschaffen, oder den Einsatz des entsprechenden Mittels planten. Wie bei festgelegten Anschlagszielen handelt es sich auch bei festgelegten Anschlagsmitteln in Planungsfällen nur um vorläufige Festlegungen, die den Stand des Planungsprozesses widerspiegeln. So hatten Täter in einer Reihe von Fällen sowohl Materialen zur Herstellung von Sprengstoffen als auch Schusswaffen beschafft. Ob Täter hier den Einsatz beider Anschlagsmittel planten oder nur beide Mittel als Option zur Verfügung haben wollten, bleibt in der Regel unklar. Die Konstrukte Festlegung und Erwägung dienen daher primär dem Zweck, Selektionsprozesse bei der Mittelwahl beschreiben zu können.

In 37 von 46 Fällen (80,4 Prozent) hatten Täter das Anschlagsmittel angewendet, bereits hergestellt, die Materialien beschafft oder sich dem Anschein nach bereits auf ein Anschlagsmittel festgelegt. Nur in vier dieser Fälle liegen Hinweise darauf vor, dass Täter zuvor auch andere als das ausgewählte Mittel in Erwägung gezogen hatten. In sieben Fällen liegen lediglich Hinweise auf in Erwägung gezogene Anschlagsmittel vor (zum Beispiel in Wohnungen der Täter sichergestellte Bauanleitungen), in zwei Fällen konnten keine Informationen über erwogene Anschlagsmittel erhoben werden. Sprengstoffe waren dabei das dominante Anschlagsmittel. In 63 Prozent aller Fälle (n = 46) hatten sich die Täter auf Sprengstoffanschläge festgelegt. Darüber hinaus hatten 10,9 Prozent der Täter den Einsatz von Sprengstoffen erwogen, sich aber noch nicht endgültig festgelegt. Überwiegend ging es dabei um aus handelsüblichen Materialien selbst hergestellte bzw. herzustellende Sprengstoffe, nur in wenigen Fällen um militärische oder industrielle Sprengstoffe. Schusswaffen stellen das zweithäufigste Anschlagsmittel dar. So hatten sich 23,9 Prozent der Täter auf Schusswaffen als Anschlagsmittel festgelegt, davon in circa einem Drittel der Fälle in Kombination mit Sprengstoff; 8,7 Prozent hatten den Einsatz von Schusswaffen erwogen. Täter, die den Einsatz von Schusswaffen nur erwogen, erwogen ebenfalls den Einsatz von Sprengstoff. Dies deutet darauf hin, dass Schusswaffen eher die Rolle eines ergänzenden Tatmittels spielen.[23] In vier Fällen (8,7 Prozent) nutzten Täter Hieb- oder Stichwaffen als Anschlagsmittel. Brandmittel kamen nur in einem Fall zum Einsatz und wurden sonst auch nicht erwogen. In einem Fall versuchten Täter Giftstoffe (Rizin) herzustellen bzw. zu beschaffen, wohingegen in fünf Fällen (10,9 Prozent) lediglich Hinweise auf eine entsprechende Mittelwahlerwägung vorliegen.

23 Wie Täter Schusswaffen einsetzen wollten, als primäres Anschlagsmittel oder als Hilfswerkzeug zur Sicherstellung der Tatdurchführung oder Flucht, bleibt häufig unklar.

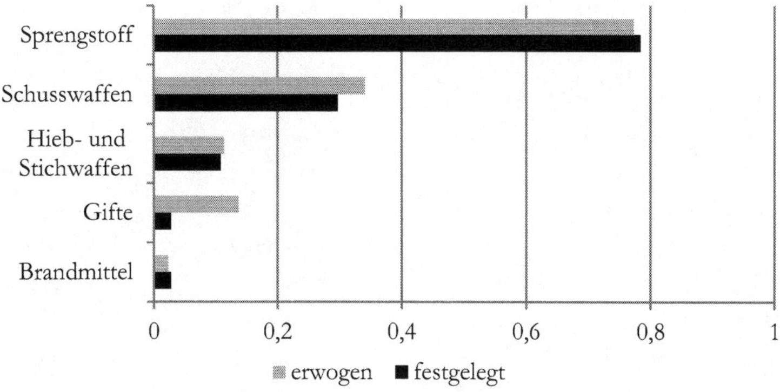

Abbildung 4: Relative Häufigkeiten ausgewählter (n = 37) und erwogener (n = 44) Anschlagsmittel

Der hohe Prozentsatz an Fällen mit erfolgter Mittelwahlfestlegung (80 Prozent) bei gleichzeitig geringer Zahl ausschließlicher Mittelwahlerwägungen (vgl. Abbildung 4) deutet zunächst darauf hin, dass im Zuge von Anschlagsplanungen meist keine nennenswerten Selektionsprozesse hinsichtlich der Art des Anschlagsmittels stattfinden. Vielmehr scheint es so, als ob Dschihadisten von vornherein entweder auf Sprengstoffe oder auf Schusswaffen fokussieren. Wie in Abbildung 4 dargestellt, lässt sich lediglich im Falle von Giftstoffen eine geringe Selektionshäufigkeit feststellen, die auf die großen Schwierigkeiten der Beschaffung oder Herstellung effektiv einsetzbarer Giftstoffe verweist. Die im Vergleich zu Sprengstoffen niedrigere Selektionshäufigkeit bei Schusswaffen könnte darauf verweisen, dass Schusswaffen in einigen Fällen als ergänzendes, nicht aber primäres Tatmittel erwogen werden. Die Dominanz von Sprengstoffen zeigt die hohe Attraktivität dieses Anschlagsmittels, die sich neben der Wirkungsweise auch aus den relativ niedrigen Material- und Herstellungskosten sowie der Verfügbarkeit von Vorbildern und Praxisanleitungen erklären könnte.

3.4 Modus Operandi

3.4.1 Selbstmordanschläge und »Märtyrerbereitschaft«

Eine Dominanz von Selbstmordanschlägen für den dschihadistischen Terrorismus in Europa lässt sich nicht feststellen. Wichtig ist zunächst die Differenzierung zwischen einem geplanten Selbstmordanschlag und der Absicht oder Bereitschaft, in Auseinandersetzungen mit Sicherheitsbehörden den »Märtyrertod« zu sterben oder zumindest in Kauf zu nehmen, was wir im Folgenden mit dem Konstrukt »Märtyrerbereitschaft« beschreiben.[24] So ließen sich neben den sieben Fällen versuchter oder vollendeter Selbstmordanschläge nur in acht Fällen Hinweise auf Erwägungen zur Verübung eines Selbstmordanschlags mindestens eines Gruppenmitglieds oder tatsächliche Planungen finden. In insgesamt 32,6 Prozent der Fälle wurde ein Selbstmordanschlag mindestens erwogen. In elf Fällen (23,9 Prozent) liegen Hinweise auf eine allgemeine, nicht spezifizierbare oder sich auf die Nachtatphase beziehende Bereitschaft zum »Märtyrertod« mindestens eines Gruppenmitglieds vor. In 43,5 Prozent der Fälle liegen weder Hinweise auf eine Bereitschaft zum Selbstmordanschlag noch auf andere Formen des »Märtyrertodes« vor.

Es bleibt jedoch fraglich, inwieweit sich das Konstrukt »Märtyrerbereitschaft« in Planungsfällen überhaupt zuverlässig und valide messen lässt. So stehen als Indikatoren für einen angestrebten »Märtyrertod« in Planungsfällen häufig nur retrospektive Absichtsbekundungen der Täter zur Verfügung. Es kann jedoch zum einen nicht davon ausgegangen werden, dass alle Täter, die den »Märtyrertod« anstreben oder bereit zu diesem sind, diese Absicht oder Bereitschaft auch öffentlich oder den Behörden gegenüber bekunden. Zum anderen dokumentiert sich in einer bekundeten Absicht zum »Märtyrertod« zunächst einmal nur die Orientierung des Täters an einem Märtyrer-

24 Prucha (2010: 59) weist darauf hin, dass sowohl auf militärischer als auch ideologischer Ebene zwischen dem »Selbstmordattentäter« (*isthischhadi*) und dem »regulär« im Kampf gefallenen Mudschahed (*schahid*) unterschieden werden muss. Beide Formen des Martyriums, das Dschihadisten als ein Zeugnis des *tawhid* verstehen, zielen auf die Erlangung der *schahada*, worunter im dschihadistischen Sprachgebrauch Prucha zufolge über das bloße Glaubensbekenntnis hinaus die Bereitschaft zur Opferung aller weltlichen Güter inklusive des eigenen Lebens für Gott und das damit verbundene Eintreten ins Jenseits, das ultimative Ziel, verstanden wird. Der Status des *schahid* kann dabei nur von Gott zugewiesen werden.

gedanken, wie sie im Dschihadismus sozial erwünscht ist, aus der nicht zwingend eine entsprechende Bereitschaft resultieren muss. Den einzig validen Indikator für eine »Märtyrerbereitschaft« bilden versuchte oder vollendete Selbstmordanschläge bzw. bewaffnete Auseinandersetzungen, in denen Täter wie im Falle von Mohamed Merah bis zu ihrem »Märtyrertod« gekämpft haben. In der folgenden Tabelle werden Ausprägungen von »Märtyrerbereitschaft« in Fällen vollendeter und versuchter Anschläge mit Anschlagsplanungen verglichen:

Selbsttötungs- und Märtyrerbereitschaft	vollendete und versuchte Anschläge (n = 18)	Anschlagsplanungen (n = 28)
keine Hinweise	27,8 %	53,6 %
Selbstmordanschlag oder Hinweise auf Bereitschaft zum Selbstmordanschlag	38,9 %	28,6 %
Hinweise auf sonstige Bereitschaft zum Märtyrertod	33,3 %	17,9 %

Tabelle 2: Relative Häufigkeiten von Selbsttötungs- und »Märtyrerbereitschaft«

Der höhere Anteil einer Bereitschaft zum »Märtyrertod« bei Vollendungs- und Versuchsfällen resultiert weniger aus dem erhöhten Anteil an Selbstmordbereitschaft als vielmehr aus den in Versuchs- und Vollendungsfällen häufiger vorliegenden Hinweisen auf eine Bereitschaft zum nachtatbezogenen »Märtyrertod«. Die könne sich aus den im Falle versuchter oder vollendeter Taten gesteigerten Rationalisierungsanforderungen der Tat erklären, und zwar in dem Sinne, dass Täter, die den »Märtyrertod« nicht aktiv vollbracht haben, im Nachhinein dennoch eine Bereitschaft zum Martyrium vorgeben, um den religiösen Wert ihrer Tat zu steigern. Täter, die noch nicht zur Tat angesetzt haben, brauchen sich demgegenüber noch nicht für ein nicht vollbrachtes Martyrium zu rechtfertigen.

Mit Blick auf den Modus Operandi eines Selbstmordattentates lässt sich gleichwohl feststellen, dass in nur etwa einem Drittel der Fälle Selbstmordattentate geplant oder erwogen wurden. Es handelt sich folglich um einen quantitativ bedeutenden, nicht aber den überwiegenden, dominanten Modus Operandi dschihadistischer Gewalt in Europa.

3.4.2 Modus Operandi im Einzelnen

Für eine detaillierte Analyse des Modus Operandi dschihadistischer Anschläge wären die folgenden Aspekte zu berücksichtigen: der Tatzeitpunkt, Anzahl und Aufgaben der Tatbeteiligten, im Falle von Sprengsätzen die genaue Menge des Sprengstoffes, die beigemischten Stoffe oder Materialen wie Nägel, die gewählte Verbringungsweise der Sprengsätze sowie ihre Tarnung und Abstellorte, der gewählte Zündmechanismus; bei Schuss- und Hiebwaffenangriffen der genaue Ort des Angriffs, Art und Weise der Annäherung an das Opfer, der genaue Tathergang und schließlich die Fluchtplanung. Bei Planungsfällen liegen zu diesen Aspekten nur bruchstückhafte Informationen vor, da Täter den genauen Tatablauf erst in der Spätphase einer Anschlagsplanung festlegen. Auch in Fällen vollendeter und versuchter Anschläge konnten meist nur wenige Informationen zu Einzelheiten des Modus Operandi erhoben werden.

Sprengstoffanschläge: Bei vollendeten und versuchten Selbstmordanschlägen dominiert der am Körper in einem Rucksack getragene und gezündete Sprengsatz (in fünf von sieben Fällen). In zwei Fällen verwendeten Täter ein mit sprengfähigem Material beladenes Auto, davon in einem Fall konsekutiv mit einem rucksackbasierten Sprengstoffanschlag (Stockholm 2010, 45-SE1). Bei den vier vollendeten und versuchten Nichtselbstmordanschlägen hatten die Täter ihre Sprengsätze in einem Koffer oder in einer Tasche zum Tatort verbracht und dort deponiert. In vier der elf Fälle vollendeter und versuchter Sprengstoffanschläge liegen Hinweise auf eine Bestückung der Sprengsätze mit Nägeln vor. Bei den 22 erwogenen oder geplanten Sprengstoffanschlägen liegen nur in zehn Fällen Hinweise auf den Modus Operandi vor. In vier von zehn Fällen wurden Selbstmordanschläge mit am Körper getragenen Sprengstoffen geplant, dabei handelt es sich in zwei Fällen um geplante Anschläge auf Passagiermaschinen (Liquid Bomb Plot/26-UK6 sowie Schuhbomber Reid/13-FR3). Hinweise auf eine Kofferbombe liegen nur in einem Fall vor (Kofferbomber/4-DE4); in einem weiteren Fall planten Täter einen Sprengstoffanschlag aus der Luft unter Verwendung eines Gleitschirms oder Modellflugzeuges (10-ES2). Im Unterschied zu Versuchs- und Vollendungsfällen wurde in Planungsfällen in doppelt so vielen (vier) Fällen die Verwendung von Autobomben geplant. Eine naheliegende Erklärung dafür bilden machbarkeitsbezogene Selektionsprozesse. Aufgrund des sperrigen Verbringungsmittels Auto kann der Sprengsatz nicht in geschlossenen Räumen oder in dichten Menschenmengen gezündet werden. Für den effizienten Einsatz von Autobomben wären daher größere Mengen Sprengstoff erforderlich.

Stich- und Schusswaffenanschläge: Hier liegen in sieben Fällen Informationen zum Modus Operandi vor. Dabei handelt es sich um sechs vollendete oder versuchte Anschläge unter Verwendung von Schuss- oder Stichwaffen sowie um die geplante Entführung und Hinrichtung eines muslimischen Soldaten (Birmingham-Zelle/27-UK7). Bei weiteren elf Anschlagsplanungen, bei denen Täter den Einsatz von Schuss- oder Stichwaffen planten oder in Erwägung zogen, liegen keine Hinweise auf den geplanten Modus Operandi vor. Die sieben vorliegenden Fälle lassen sich den folgenden drei Kategorien zuordnen:

1. Effizienzorientierte Angriffe, bei denen Täter ihr Opfer vorzugsweise unter Verwendung einer Schusswaffe töten und dabei die Bedingungen einer erfolgreichen und unerkannten Flucht kontrollieren. Dieser Kategorie lässt sich nur der Fall Mohamed Merah (20-FR10) zuordnen.
2. Märtyrerhaft-fatalistische Angriffe, bei denen Täter die Bedingungen einer erfolgreichen und unerkannten Flucht nicht kontrollieren, sondern ihre Festnahme in Kauf nehmen (Choudhry/32-UK12, Westergaard/44-DK1) oder sogar gezielt eine Auseinandersetzung mit Sicherheitsbehörden anstreben, wobei der eigene Tod angestrebt (van Gogh/41-NL2) oder zumindest in Kauf genommen wird (Woolwich/34-UK14, Arid Uka/7-DE7). Ein Charakteristikum der Fälle Woolwich und van Gogh ist die (inszenierte) Brutalität der Tatbegehung. So zerschnitt Bouyeri seinem Opfer van Gogh die Kehle, nachdem dieser bereits durch Schüsse ermordet worden war. Die Täter von Woolwich versuchten, Lee Rigby zu enthaupten.
3. Kidnapping und Tötung des Opfers an einem anderen Ort wie im Falle der Birmingham-Zelle.

Auffällig ist die hohe Zahl märtyrerhaft-fatalistischer Angriffe, wohingegen effizienzorientierte Angriffe bislang nur in einem Fall vorkamen. In dem Sample finden sich zudem keine Hinweise auf geplante oder auch nur erwogene Random-Shootings.

3.5 Kosten

Die Kosten eines Anschlags ließen sich nur für wenige Fälle schätzen, bei denen vollständige Informationen über Logistik, Reisen sowie Menge und Art der für das Anschlagsmittel benötigten Materialien vorliegen. Grob lassen sich vier wesentliche Kostenarten einer Anschlagsplanung unterschieden: 1. Materialkosten im Zusammenhang mit dem Anschlagsmittel; im Sample variierten sie, abhängig von Art und Menge des Sprengstoffes, zwischen 60 und 2.400 Euro. 2. Logistikkosten im Falle der Anmietung von Objekten für Lagerung und Herstellung oder der Anmietung von Fahrzeugen variierten abhängig davon, ob lediglich für die Herstellungsphase oder für den gesamten Planungszeitraum Objekte gemietet wurden, zwischen 1.000 und 5.000 Euro. 3. Für einige Anschlagsvorhaben fielen Reisekosten für anschlagsbezogene Aktivitäten im Ausland an, die hier zwischen schätzungsweise 1.000 und 6.000 Euro variierten. 4. Einige Tätergruppen planten zudem eine Flucht ins Ausland, wofür abhängig vom Zielland und der Größe der Tätergruppe ebenfalls Reisekosten in unterschiedlicher Höhe anfallen würden. Die Kosten eines – für *Low-Cost*-Verhältnisse – großen Anschlags wie den Angriff auf den öffentlichen Nahverkehr in London im Juli 2005 werden auf knapp 10.000 Euro geschätzt. Einfachere Anschläge sind jedoch auch mit deutlich geringeren finanziellen Mitteln realisierbar.

3.6 Zusammenhänge zwischen Tatmerkmalen

3.6.1 Zielwahl und Mittelwahl

Ausgehend von der Annahme, dass Anschlagsplanungen als ein mehr oder weniger durchrationalisierter Prozess der Organisation von Mitteln und Aktivitäten (Schimank 2008) zur Realisierung eines bestimmten Szenarios angesehen werden können, wäre eine stark taktische Ausrichtung der Mittelwahl im Sinne einer Anpassung an einen bestimmten Typ von Anschlagsziel zu erwarten. Aufgrund begrenzter Ressourcen, Zugangswege und Expertise der Täter (siehe dazu weiter unten Kapitel II.4.3) beschränkt sich ihr taktischer Handlungsspielraum jedoch von vornherein auf die in der dschihadistischen Szene institutionalisierten Anschlagsmittel, über deren Herstellung und Anwendung praktische Vorlagen und Wissensbestände existieren. Dies betrifft vor allem Sprengstoffe, Schusswaffen, Brandmittel sowie die leicht verfügbaren Hieb- und Stichwaffen, nicht aber die Herstellung und Freisetzung von Giftstoffen. Aus diesen Gründen wäre anzunehmen, dass Täter in der Regel von vornherein auf einen bestimmten Typ von Anschlagsmittel fokussieren. Damit ist jedoch noch nicht beantwortet, inwiefern die Mittelwahl in taktischer Anpassung an präferierte Anschlagsziele erfolgt oder umgekehrt die Zielwahl an ein präferiertes Anschlagsmittel angepasst wird.

In den erhobenen Fällen lassen sich beide Anpassungsrichtungen beobachten. Es gibt einerseits Gruppen, die sich zu Beginn auf ein bestimmtes Anschlagsziel (Opfergruppe und Objektklasse) festlegten und dann im weiteren Planungsprozess ein dazu passendes Mittel suchten und beschafften. Andererseits gibt es Gruppen, die zu Beginn zwar eine bestimmte Opfergruppe, nicht aber das genaue Anschlagsziel festgelegt hatten, parallel aber bereits mit der Beschaffung und Herstellung eines bestimmten Anschlagsmittels begannen. In sieben von 15 Fällen, zu denen entsprechende Angaben vorliegen, hatten sich die Täter auf ein konkretes Ziel, aber noch kein Mittel festgelegt, wohingegen in acht Fällen umgekehrt bereits das Mittel und eine allgemeine Opfergruppe, aber noch keine konkreten Einzelziele feststanden. Anhand dieser Befunde ließe sich somit zwischen zielobjektspezifischen Planungsprozessen auf der einen Seite und szenarioorientierten Planungsprozessen, in denen die Schädigung einer bestimmten Opfergruppe im Vordergrund steht, auf der anderen Seite unterscheiden. Während die Mittelwahl im ersten Fall Gegenstand eines taktischen Anpassungsprozesses ist, ist das Anschlagsmittel im zweiten Fall von vornherein integraler Bestandteil eines angestrebten, opfergruppenspezifischen Szenarios, wobei wir auf Basis der Planspielerkenntnisse davon ausgehen, dass die letztliche Zielobjektauswahl in taktischer Anpassung an das bereits hergestellte Anschlagsmittel erfolgt.

Die taktischen Zusammenhänge zwischen Ziel- und Mittelwahl sind trivialer Natur: So steht der geplante Einsatz von Schuss- oder Stichwaffen überwiegend (in acht von zwölf Fällen) im Zusammenhang mit Angriffen auf Einzelpersonen, bei denen es sich um »Verantwortungsträger« handelt. In keinem Fall planen Täter Angriffe auf Einzelpersonen ausschließlich unter Verwendung von Sprengstoff. Naheliegend ist damit auch ein Zusammenhang zwischen dem Einsatz von Handwaffen und der Opfergruppenwahl »Verantwortungsträger«, wie in der folgenden Kreuztabelle dargestellt.

Opfergruppen	Mittelwahlfestlegungen			gesamt
	nur Sprengstoff	nur Schuss- oder Stichwaffen	beides	
spezielle Feindgruppen	1	0	0	1
	6,7 %	0,0 %	0,0 %	4,3 %
durchschnittliche Zivilbevölkerung	9	0	1	10
	60,0 %	0,0 %	50,0 %	43,5 %
Verantwortungsträger	5	6	1	12
	33,3 %	100 %	50,0 %	52,2 %
Gesamt	15	6	2	23
	100 %	100 %	100 %	100 %

Tabelle 3: Einfluss der Mittelwahl auf Opferklassenwahl

Der Zusammenhang zwischen Mittelwahl und Opferklassenwahl ist mit $p = 0{,}034$ signifikant.[25] Cramérs V signalisiert mit einem Wert von 0,41 einen mittleren bis starken Zusammenhang zwischen den beiden Tatmerkmalen. Insofern es sich bei den (geplanten) Schuss- und Stichwaffenangriffen auf Verantwortungsträger um Einzelpersonen handelt, ist der Zusammenhang zwischen beiden Merkmalen rein taktischer Art und damit trivial. Dies betrifft auch den Zusammenhang zwischen einem weiten oder engen Zielwahlfokus und der Mittelwahl. Täter mit engem Zielwahlfokus greifen meist Verantwortungsträger an, weshalb sie häufiger auf Schusswaffen zurückgreifen als Täter mit weitem Zielwahlfokus.

3.6.2 Zielwahl und Selbstmordattentat bzw. »Märtyrerbereitschaft«

Der Zusammenhang zwischen Zielwahl und Selbsttötungs- bzw. »Märtyrerbereitschaft« ist theoretisch von großer Bedeutung, stellt sich doch die Frage, ob »Märtyreroperationen« primär aus taktischen Gründen, als effektives Mittel der Bekämpfung des Gegners eingesetzt werden oder ob sie primär der religiösen Bewährung dienen. So argumentieren Vertreter des rationalistischen Paradigmas, Selbstmordattentate würden sich für terroristische Organisationen als strategisch und taktisch effektive Mittel bewährt haben

25 Im Falle von 2x2-Tabellen wurde der exakte Test nach Fisher, im Falle von mehr als zwei Zeilen bzw. Spalten die Berechnung nach Freeman-Hallman in Erweiterung des Ansatzes von Fisher angewendet (siehe ausführlich Kapitel II.1.4).

(insbesondere Pape 2005), wobei ihre Effektivität vor allem in der erhöhten Präzision und der enormen Senkung des Entdeckungsrisikos bestünde (Witte 2007: 19). Sollte die Annahme für den Fall des dschihadistischen Terrorismus in Europa zutreffen, wäre ein Zusammenhang zwischen »Märtyreroperationen« und Zielwahlen in der Hinsicht zu erwarten, dass »Märtyreroperationen« bevorzugt gegen Ziele eingesetzt werden, bei denen andere Modi Operandi wie die Platzierung eines ferngezündeten Sprengsatzes aufgrund des erhöhten Entdeckungsrisikos nicht oder nur auf Kosten der Zielgenauigkeit und Effektivität eingesetzt werden können. Angriffe auf *soft targets*, insbesondere Menschenansammlungen im öffentlichen Raum, zum Beispiel im öffentlichen Personennahverkehr, lassen sich demgegenüber annähernd ebenso leicht mit ferngezündeten Sprengsätzen realisieren. Unter operativen Gesichtspunkten besteht der Vorteil des Selbstmordattentats allein darin, dass sich die Täter nicht mit Problemen der Deponierung und vorzeitigen Detektion eines Sprengsatzes und folglich nicht mit dem Problem ihrer unerkannten Flucht befassen müssen. Ein Selbstmordattentat bietet sich also immer dort an, wo es nicht möglich ist, einen Sprengsatz überhaupt unerkannt platzieren und hinterher die Flucht ergreifen zu können (zum Beispiel Passagiermaschinen, Eingänge von Kasernen und Botschaften). An Orten mit fluktuierender Menschendichte oder Orten, an denen sich Sprengsätze nur schwer im Zentrum einer Menschenansammlung platzieren und zeitversetzt zünden lassen, wie zum Beispiel einer Warteschlange, bietet der Selbstmordanschlag ebenso einen taktischen Vorteil, da die Täter bei der Zielwahl größere Flexibilität haben. Durch den Modus Operandi des Selbstmordattentates eröffnet sich somit insgesamt ein größeres Spektrum an Tatgelegenheiten als bei ferngezündeten Sprengsätzen.

Zur Überprüfung der Hypothese eines taktischen Zusammenhangs von Selbstmordattentaten oder allgemein der »Märtyrerbereitschaft« wurden die als Angriffsziele festgelegten Objektklassen nach der Eigenschaft *soft-* versus *hard target* in einer dichotomisierten Variable codiert. Der Zusammenhang zwischen beiden Variablen ist in der folgenden Kreuztabelle (Tabelle 4) dargestellt:

Selbstmordanschlag/ Märtyrerbereitschaft	Objektklasse			gesamt
	soft target	hard target	beides	
keine Hinweise	9	3	2	14
	45 %	25 %	66,7 %	40 %
Hinweise auf Selbstmordanschlag	6	5	1	12
	30 %	41,7 %	33,3 %	34,3 %
Hinweise auf Bereitschaft zum Märtyrertod	5	4	0	9
	25 %	33,3 %	0,0 %	25,7 %
gesamt	20	12	3	35
	100 %	100 %	100 %	100 %

Tabelle 4: Einfluss der Objektklasse auf Selbstmordanschlag und »Märtyrerbereitschaft«

Bei Tätern, die *hard targets* angreifen, ist ein höherer Anteil an Fällen mit Hinweisen auf Selbstmordanschlag oder »Märtyrerbereitschaft« zu konstatieren als bei Tätern, die *soft targets* angreifen. Der Zusammenhang ist aber nicht signifikant ($p = 0{,}715$). Der leicht erhöhte Anteil an Aufopferungsbereitschaft bei Hard-target-Zielwahlen könnte aus zufälligen Schwankungen resultieren. Die Annahme, der zufolge sich die Selbstmord-/»Märtyrerbereitschaft« europäischer Dschihadisten primär aus taktischen Erwägungen erkläre, kann vor diesem Hintergrund nicht falsifiziert werden. Hinsichtlich der Fraglichkeit eines Zusammenhangs zwischen beiden Merkmalen lässt sich anhand der Statistik also keine Aussage treffen.

Zu prüfen ist ferner ein Zusammenhang mit der Wahl der Opfergruppen, die sich in den Objektklassenwahlen nicht abbilden lassen, da in allen drei Opfergruppen sowohl geschützte als auch ungeschützte Angriffsziele eine Rolle spielen.

Selbstmordanschlag/ Märtyrerbereitschaft	Opfergruppenwahl			gesamt
	spezielle Feindgruppen	durchschnittliche Zivilbevölkerung	Verantwortungsträger	
keine Hinweise	1	3	9	13
	33,3 %	30,0 %	56,3 %	44,8 %
Hinweise auf Selbstmordanschlag	1	6	2	9
	33,3 %	60,0 %	12,5 %	31,0 %
Hinweise auf Bereitschaft zum Märtyrertod	1	1	5	7
	33,3 %	10,0 %	31,3 %	24,1 %
gesamt	3	10	16	29
	100 %	100 %	100 %	100 %

Tabelle 5: Selbstmordanschlag/»Märtyrerbereitschaft« und Opfergruppenwahl

Der zwischen beiden Tatmerkmalen gefundene Zusammenhang verfehlt mit p = 0,108 zwar das üblicherweise noch akzeptierte Signifikanzniveau von 10 Prozent knapp; aufgrund des geringen 'n dürfte der p-Wert hier dennoch auf einen überzufälligen Zusammenhang hinweisen, der mit einem Cramérs V = 0,342 als mittelstark qualifiziert werden kann. Demnach zeigt sich der Modus Operandi Selbstmordanschlag selten bei Angriffen auf die Opfergruppen »spezielle Feindgruppen« und »Verantwortungsträger«, aber in der Mehrheit der Fälle mit der Opfergruppenwahl »durchschnittliche Zivilisten«. Täter, die »Verantwortungsträger« angreifen (wollen), erwägen seltener ein Selbstmordattentat als im Gesamtsample, wohingegen die Häufigkeit einer gezeigten »Märtyrerbereitschaft« eher durchschnittlich erscheint. Wie bereits erörtert handelt es sich hier um Fälle, in denen Einzelpersonen mit Schuss- oder Stichwaffen angegriffen werden, wobei nur in einigen Fällen ungünstige Fluchtgelegenheiten bestanden, die auf eine möglicherweise hinter der »Märtyrerbereitschaft« stehende taktische Erwägung hindeuten. Eine nähere Betrachtung der Fälle einer Selbstmordattentatbereitschaft unter der Bedingung der Opfergruppenwahl »spezielle Feindgruppen« zeigt, dass es sich hier bis auf einen Fall um geplante Massenviktimisierungen von jüdischen oder amerikanischen Zivilisten handelt. Damit ergibt sich folgender Befund: in zehn von zwölf Fällen zielt ein erwogenes, geplantes oder durchgeführtes Selbstmordattentat auf eine Massenviktimisierung ab (vgl. Tabelle 6). Zwischen beiden Merkmalen besteht ein statistisch signifikanter Zusammenhang (p = 0,012), der mit einem Cramérs V von 0,47 als stark qualifiziert werden kann.

erwogenes, geplantes, versuchtes oder durchgeführtes Selbstmordattentat	Planung, Versuch oder Vollendung einer Massenviktimisierung		gesamt
	ja	nein	
keine Hinweise	8	16	24
	44,4 %	88,9 %	66,7 %
Hinweise	10	2	12
	55,6 %	11,1 %	33,3 %
gesamt	18	18	36
	100 %	100 %	100 %

Tabelle 6: Selbstmordanschlag und Massenviktimisierung

Darüber, ob dieser Zusammenhang taktisch vermittelt ist oder sich aus einer normativen bzw. heilspragmatischen Orientierung der Täter am Märtyrergedanken erklärt, lässt sich auf Basis der Statistik indes keine Aussage treffen.

3.6.3 Mittelwahl und Selbstmordattentat bzw. »Märtyrerbereitschaft«

Der Modus Operandi des Selbstmordattentates ist in allen Fällen mit der Verwendung von Sprengsätzen verbunden. Andere Anschlagsmittel, wie die Verwendung von entführten Passagiermaschinen als Angriffswaffen, ließen sich nicht ausmachen. Bereits dargelegt wurde, dass es sich in Fällen mit einer sonstigen »Märtyrerbereitschaft« überwiegend um Angriffe auf Einzelpersonen unter Verwendung von Schuss- und Stichwaffen handelt.

3.7 Trendanalyse: Vergleich mit der Studie von Nesser/Stenersen

Nesser/Stenersen (2014) konstatieren eine Abnahme von Anschlägen und Anschlagsplanungen unter Verwendung von Sprengstoff von 78 Prozent im Zeitraum von 2001 bis 2007 auf 68 Prozent im Zeitraum von 2008 bis 2013. Dieser Trend zeigt sich auch in unseren Daten: Im Zeitraum von 2001 bis 2007 hatten sich 66,7 Prozent der Täter auf Sprengstoffe festgelegt, während es im Zeitraum von 2008 bis 2013 nur 57,9 Prozent waren. Die etwas geringeren Prozentzahlen könnten sich daraus erklären, dass die Autoren auch

Mittelwahlerwägungen mitzuzählen scheinen. Nesser/Stenersen konstatieren ferner eine Zunahme von Messer- und Schusswaffenfällen von 7,3 Prozent im Zeitraum von 2001 bis 2007 auf 33,8 Prozent im Zeitraum von 2008 bis 2013. Auch diesen Trend können wir, wenngleich deutlich abgeschwächt, bestätigen: Bei Schusswaffen zeigte sich ein Anstieg von 22,7 Prozent auf 31,3 Prozent, bei Hieb- und Stichwaffen von 4,5 Prozent auf 18,8 Prozent.

Hinsichtlich des von Nesser/Stenersen vorgefundenen Trends einer Zunahme diskriminativer Zielwahlen von 22 Prozent im Zeitraum von 2001 bis 2007 auf 55 Prozent im Zeitraum von 2008 bis 2013 zeigen unsere Daten ein differenziertes Bild. Wir stellen schon für den Zeitraum von 2001 bis 2007 einen sehr hohen Anteil diskriminativer Zielwahlen fest. So hatten sich Täter in 66,7 Prozent der Fälle auf die Opferklasse »spezielle Feindgruppen« und »Verantwortungsträger«, teils neben Angriffen auf »durchschnittliche Zivilisten«, festgelegt. Der Anteil dieser Zielwahlen stieg aber auf 76,5 Prozent für den Zeitraum von 2008 bis 2013. Gleichwohl zeigen auch unsere Daten einen deutlichen Rückgang von (geplanten oder durchgeführten) indiskriminativen Massenviktimisierungen. In 28,6 Prozent der Fälle zwischen 2001 und 2007 wurden Angriffe auf »durchschnittliche Zivilisten« und Angriffe auf »Feindgruppen« oder »Verantwortungsträger« parallel geplant. Daraus ergibt sich der hohe Anteil sowohl diskriminativer als auch indiskriminativer Zielwahlen in diesem Zeitraum.

Mit Blick auf einzelne Opfergruppen zeigen unsere Daten folgendes Bild:

Opfergruppen	2001 bis 2007	2008 bis 2013
durchschnittliche Zivilisten	61,9 %	25 %
Soldaten	14,3 %	25 %
Politiker	23,8 %	6,3 %
Islamgegner	9,5 %	18,8 %
Amerikaner	23,8 %	6,3 %
Juden	4,8 %	12,5 %

Tabelle 7: Opfergruppenwahlen nach Zeiträumen (nur Fälle mit erfolgter Zielwahlfestlegung)

Im Falle der Opfergruppen »Soldaten«, »Islamgegner« und »Juden« zeigt sich für den Zeitraum 2008 bis 2013 in etwa eine Verdoppelung der Häufigkeitszahlen, wohingegen sich die Anzahl der Opfergruppenwahlen »Politiker« (dieser Kategorie zugeordnet wurden nur etablierte Politiker) und »Amerikaner« um etwa zwei Drittel reduziert haben. Deutlich ist auch der Rückgang der Zielwahl »durchschnittliche Zivilisten« um mehr als die Hälfte.

4 Täter

4.1 Stichprobenumfang und Erfassungskriterien

Erfasst wurden alle Personen, bei denen Hinweise auf die Beteiligung an der Anschlagsvorbereitung oder -durchführung vorlagen. Einbezogen wurden somit nicht nur verurteilte Täter, sondern auch Tatverdächtige. Im Folgenden wird zwischen beiden Kategorien nicht unterschieden, sondern immer von Tätern gesprochen. Unterstützungshandlungen, bei denen unklar war, inwieweit die betreffenden Personen über eine logistische Hilfeleistung hinaus in die Anschlagsplanung eingeweiht waren, wie zum Beispiel die Zurverfügungstellung von Pässen oder der Diebstahl und Schmuggel von Sprengstoffen, wurden nicht als Beteiligung an einer Anschlagsvorbereitung oder -durchführung gewertet.[26] Ausschlaggebend für die Zurechnung waren zunächst Verurteilungen im Zusammenhang mit einer Beteiligung an Anschlagsplanungen oder im Zusammenhang mit terrorismusspezifischen Delikten (wie Mitgliedschaft in einer terroristischen Vereinigung). In Fällen, in denen zum Zeitpunkt der Erhebung noch kein Strafverfahren stattgefunden hatte, wurden die von Sicherheitsbehörden als Tatbeteiligte – bzw. Mitglieder der für den Anschlag respektive die Anschlagsplanung verantwortlich gemachten Tätergruppe – ermittelten Personen erfasst. Darunter fielen auch im Zusammenhang mit einem Selbstmordattentat als verstorben ermittelte Täter. In einigen Fällen wurden mutmaßliche Anschlagsplaner lediglich aufgrund terrorismusunspezifischer Delikte wie Waffenbesitz oder Urkundenfälschung verurteilt, wohingegen eine konkrete Anschlagsplanung nicht

26 Im Falle der Anschläge von Madrid 2003 waren beispielsweise 29 Personen angeklagt, von denen jedoch nur elf Personen als Mitglieder einer terroristischen Vereinigung verurteilt wurden; ein Teil der übrigen Angeklagten wurde freigesprochen, andere wurden wegen mutmaßlicher Unterstützungsdelikte wie Diebstahl und Schmuggel von Sprengstoff oder Passfälschung verurteilt. Als Mitglieder der Tätergruppe haben wir in unserer Erhebung lediglich die wegen terrorismusspezifischer Delikte Verurteilten erfasst.

nachgewiesen werden konnte. Da Hinweise auf eine Anschlagsplanung gleichwohl weiterhin vorlagen, wurden die entsprechenden Personen als Täter erfasst.

Insgesamt wurden die Namen von 145 als Tatverdächtige ermittelten und/oder verurteilten Personen registriert. Erfasst wurden neben soziodemografischen Merkmalen auch Hinweise auf Kontakte einer Tätergruppe zu internationalen Netzwerken, außerdem Hinweise auf finanzielle und materielle Unterstützung durch Dritte sowie auf den Besuch von terroristischen Ausbildungslagern. Die Daten zu soziodemografischen Merkmalen sind teilweise lückenhaft. So ließen sich für sieben Täter keine Angaben zum Alter, in 39 Fällen keine Angaben zu Geburtsort und Aufenthaltsdauer im Zielland ermitteln. Für 85, das heißt mehr als die Hälfte der registrierten Täter liegen keine Hinweise auf das Bildungsniveau vor, in 78 Fällen keine Hinweise auf den Erwerbsstatus im Vorfeld der Tat. Lagen für mindestens eine Person aus Zweiergruppen, zwei Personen aus Dreiergruppen oder ein Drittel der Personen von Gruppen mit mehr als drei Mitgliedern Angaben zu entsprechenden soziodemografischen Merkmalen vor, wurden die entsprechenden Angaben gruppenbezogen (das heißt auf den Anschlagsfall bezogen) aggregiert und jedem Fall somit eine aggregierte soziodemografische Merkmalsausprägung zugeschrieben.[27] Im Ergebnis ließ sich für zwei Anschlagsfälle keine Ausprägung des Merkmals »Alter« konstruieren, für sechs Fälle keine Ausprägung des Merkmals »Zugehörigkeit«, für mehr als die Hälfte der Fälle keine Ausprägung der Merkmale »Bildungsniveau« (25) und »Erwerbsstatus« (24). Es liegen keine Hinweise darauf vor, dass fehlende Informationen in einem nicht zufälligen Zusammenhang zu anderen Merkmalsausprägungen stehen.

4.2 Größe der Tätergruppen

Die durchschnittliche Anzahl der pro Fall registrierten Täter beträgt 3,22. In 35,6 Prozent der Fälle (n = 45) hatten Gerichte bzw. Sicherheitsbehörden nur eine Person als Täter identifizieren können. In einer Reihe von Fällen

27 Für das Merkmal »Alter« wurde das Durchschnittsalter aller Personen mit vorhandenen Altersangaben herangezogen; für die übrigen Merkmale wurde die in einer Gruppe überwiegende Merkmalsausprägung herangezogen, insofern zu mindestens einem Drittel der Gruppenmitglieder entsprechende Angaben vorlagen.

blieb jedoch unklar, ob es sich in Wahrheit um Einzeltäter handelte, oder ob noch weitere Personen in die Anschlagsplanung unmittelbar involviert waren. In 13,3 Prozent der Fälle wurden zwei Täter, in 31,1 Prozent drei oder vier Täter registriert. Eine typische Tätergruppe besteht aus zwei bis vier Personen. Tätergruppen mit mehr als vier registrierten Personen machen 20 Prozent der Fälle aus, wobei die Gruppengrößen hier zwischen fünf und elf Tätern schwanken. Dabei ist nochmals darauf hinzuweisen, dass sich die Statistik nur auf Personen bezieht, die unmittelbar an einem Anschlag bzw. einer Anschlagsvorbereitung beteiligt waren, und somit keine Aussagen über die Größe eines dschihadistischen Gruppen- oder Netzwerkzusammenhangs, aus dem heraus sich die Tätergruppe möglicherweise formierte, zulässt. Im Ergebnis lässt sich gleichwohl feststellen, dass dschihadistische Anschlagsgewalt im europäischen Kontext zu einem großen Teil von einzelnen Personen oder Kleingruppen getragen wird, wohingegen größere Gruppen eher selten sind.

Im Zeitraum von 2001 bis 2007 betrug der Anteil der Einzeltäter 26,9 Prozent, im Zeitraum von 2008 bis 2013 stieg er auf 47,4 Prozent. Nesser/Stenersen (2014) stellen für die gleichen Zeiträume einen Anstieg von zwölf auf 38 Prozent fest.

4.3 »Zugehörigkeit« und »Autonomie«

Das Konzept Homegrown-Terrorismus wird in der Terrorismusforschung unterschiedlich verwendet. Einige Autoren sehen den Kern des »Homegrown«-Konzeptes in dem Verweis auf Täter, die im Zielland des Anschlags geboren wurden oder aufgewachsen sind (Nesser 2008). So unterscheiden Genkin/Gutfraind (2011) zwischen dem Merkmal »homegrown« und dem Merkmal *Self-Starter*, also Gruppen, die nicht von einer existierenden terroristischen Organisation rekrutiert, geführt, trainiert oder finanziert wurden. Demgegenüber verwendet Kirby (2007: 415) das Konzept Homegrown-Terrorismus zur Bezeichnung von Tätern mit geringer oder fehlender Anbindung zum Al-Qaida-Netzwerk. Crone/Harrow (2010) integrieren in ihr »Homegrown«-Konzept beide Dimensionen: die Zugehörigkeit zum Zielland (»belonging«) und die operationelle Unabhängigkeit von dschihadistischen Organisationen (»autonomy«). Auf dieser Basis unterscheiden sie vier Idealtypen dschihadistischer Täter: intern-autonome, intern-angegliederte, extern-autonome und extern-angegliederte Täter (Crone/Harrow 2010: 9ff.). Diese Typologie haben wir für unsere Untersuchung übernommen.

4.3.1 »Zugehörigkeit«

Crone/Harrow (2010) verwenden zur Bestimmung der Zugehörigkeit eines Täters vier Kriterien: Geburtsland, Staatsangehörigkeit, die Verbringung eines Großteils der »formative years« (ebd.: 13–19) im Zielland des Anschlags sowie der Aufenthalt von mindestens fünf Jahren im Zielland des Anschlags. Insofern mit dem »Homegrown«-Konzept auf den Aspekt der Politisierung eines Täters innerhalb europäischer Gesellschaften verwiesen werden soll, erscheint es sinnvoll, als Definitionsmerkmal die Verbringung der Adoleszenzphase im Zielland festzulegen, da Politisierungsprozesse typischerweise in dieser Phase stattfinden. Zur Bestimmung des Merkmals »homegrown« verwenden wir die beiden alternativen Kriterien »im Land geboren« und »Zuwanderung vor dem Alter von 16 Jahren bei mindestens fünfjährigem Aufenthalt«. In unserer Stichprobe (n = 107) wanderten 29,9 Prozent der Täter nach dem Alter von 16 und 13,1 Prozent vor dem Alter von 16 zu, während 57 Prozent im jeweiligen Zielland geboren wurden. Daraus ergibt sich ein Anteil der »Homegrown«-Täter von 70,1 Prozent. Crone/Harrow (2010: 8) berechnen für ihr Sample aller im Zusammenhang mit Anschlägen und Anschlagsplanungen erfassten Täter im »Westen« (Westeuropa, Nordamerika, Neuseeland, Australien) im Zeitraum von 2004 bis 2008 einen Anteil der im Zielland geborenen Täter von 43,4 Prozent (für den gleichen Zeitraum in unserem Sample: 63,2 Prozent) sowie der vor dem Alter von 16 Zugewanderten von 40,6 Prozent (in unserem Sample: 15,8 Prozent). Crone/Harrows' Sample weist damit einen erheblich geringeren Anteil an im Zielland geborenen Tätern auf, dafür aber einen entsprechend höheren Anteil an Zugewanderten. Im Ergebnis kommen Crone/Harrow auf einen prozentualen Anteil der »Homegrown«-Täter von 84 Prozent, während dieser in unserem Sample für den Vergleichszeitraum bei 79 Prozent liegt. Ob sich diese Abweichung aus Differenzen zwischen Täterpopulationen in Westeuropa auf der einen und Nordamerika auf der anderen Seite erklärt oder unterschiedliche Erfassungskriterien ausschlaggebend sind, kann nicht geklärt werden. Im Ergebnis stellt es sich in beiden Samples so dar, dass die überwiegende Mehrheit der Täter »homegrown« ist.

Bei Betrachtung der Anschlagsfälle zeigt sich ein ähnlich hoher Anteil von 72,5 Prozent »Homegrown«-Fällen:

homegrown	Anteil der Gruppenmitglieder	Anzahl	Prozent	kulminierte Prozente
ja	alle	25	62,5	62,5
	Mehrheit	4	10,0	72,5
nein	Mehrheit	2	5,0	77,5
	alle	9	22,5	100
gesamt		40	100	100

Tabelle 8: Häufigkeiten von »Homegrown«-Tätergruppen bei n = 40

Crone/Harrow konstatieren einen signifikanten Anstieg des Anteils der »Homegrown«-Täter im Zeitraum von 2004 bis 2008 gegenüber der vorherigen Periode 1997 bis 2003, in der lediglich 26,8 Prozent der Täter im Zielland geboren oder vor dem Alter von 16 zugewandert waren. Auch in unserem Sample lässt sich ein deutlicher Anstieg des Anteils der Homegrown-Täter von 45 Prozent im Zeitraum von 2001 bis 2003 (n = 20) auf 79 Prozent im Zeitraum von 2004 bis 2008 (n = 57) konstatieren.

Insgesamt wurden 19 »Konvertiten«[28] (13 Prozent) gezählt. Nur in einem Fall handelte es sich um einen nach dem Alter von 16 zugewanderten Täter. Sieben Anschlagsfälle wurden als »Konvertiten«-Fälle (15,2 Prozent) qualifiziert, dabei handelte es sich in fünf Fällen um Einzeltäter, in zwei Fällen um Tätergruppen, die überwiegend aus »Konvertiten« bestanden.

4.3.2 »Autonomie«

Zur Bestimmung der transnationalen Dimension eines Anschlagplots verwenden Crone/Harrow (2010) die folgenden vier Kriterien: 1. die direkte Anbindung an eine internationale Organisation, 2. die Teilnahme am Dschihad im Ausland, 3. der Besuch eines Trainingslagers im Ausland sowie 4. Reisen in entsprechende Konfliktzonen. Dabei kommen sie für den Zeitraum von 2004 bis 2008 zu folgenden Ergebnissen: In 54,8 Prozent der Fälle

28 Das Merkmal »Konvertit« wurde Personen mit einem nichtmuslimischen Familienhintergrund im Unterschied zu sogenannten »geborenen« Muslimen zugeschrieben. Mit Blick auf ein soziologisches Verständnis von Konversion im Sinne eines radikalen Wandels lässt sich eine Hinwendung zum Salafismus bzw. Dschihadismus dabei generell als ein Prozess der Konversion in ein gegenüber einem vorherigen Identitäts- und Handlungsentwurf radikal verschiedenes Deutungsmuster beschreiben (siehe dazu Kapitel V.1).

reiste mindestens eine Person in eine Konfliktzone, in 36,7 Prozent der Fälle absolvierte mindestens eine Person ein Trainingslager im Ausland, in 10 Prozent der Fälle liegen Hinweise auf eine Teilnahme am Dschihad vor und in 29 Prozent Hinweise der Anbindung mindestens einer Person an eine internationale Organisation. Dabei weisen Crone/Harrow (ebd.: 10) selbst darauf hin, dass sich entsprechende Anbindungen nicht immer zuverlässig feststellen lassen. Die Datenlage in unserer Erhebung stellte sich so dar, dass zwar in 64,4 Prozent der Fälle Hinweise auf Kontakte mindestens einer Person zu einer internationalen dschihadistischen Organisation oder einzelnen Aktivisten vorliegen. Diese Kontakte ließen sich jedoch nicht in Hinblick auf ihre Häufigkeit, Intensität und Verbindlichkeit spezifizieren und können daher nur als schwacher Indikator für eine transnationale Dimension interpretiert werden. Hinweise auf den Besuch eines terroristischen Trainingslagers mindestens einer Person liegen in 48,9 Prozent der Fälle vor – für den Zeitraum von 2004 bis 2008 in 42,1 Prozent der Fälle, womit der Anteil vergleichbar mit dem in Crone/Harrows Sample ausgewiesenen Anteil von Personen mit terroristischer Ausbildung ist. Die Absolvierung eines Trainingslagers indiziert dabei jedoch eine transnationale Dimension zunächst nur in der Hinsicht, dass die Akteure in ihrer Anschlagsplanung auf Wissensressourcen einer transnationalen Organisation zurückgreifen konnten. Darüber, ob eine dschihadistische Gruppe ihren Anschlag operativ autonom oder abhängig von Entscheidungen einer transnationalen Organisation geplant hat, sagt dieses Merkmal jedoch nichts aus. In unserem Sample liegen nur in acht von 45 Fällen (17,8 Prozent) Hinweise auf eine direkte Involvierung internationaler dschihadistischer Gruppierungen in die Anschlagsplanung vor, sei es durch finanzielle oder materielle Unterstützung, durch Anleitung oder Führung. Für den Zeitraum von 2004 bis 2008 ergibt sich ein Anteil von 21,1 Prozent von Fällen mit direkter Involvierung dschihadistischer Organisationen. Anders als Crone/Harrow, die bereits im Falle des Besuchs eines Trainingslagers durch mindestens eine Person nicht mehr von einem autonomen »plot« sprechen wollen, sehen wir nur in einem Fünftel der Fälle Hinweise darauf, dass Täter ihre Anschlagsplanung nicht autonom, sondern unter der Regie einer internationalen terroristischen Organisation entwickelten.

4.3.3 Typen von »Autonomie« und »Zugehörigkeit«

Differenziert nach den Merkmalen »Autonomie« und »Zugehörigkeit« lassen sich unsere Fälle (n = 40) den folgenden vier Typen zuordnen:

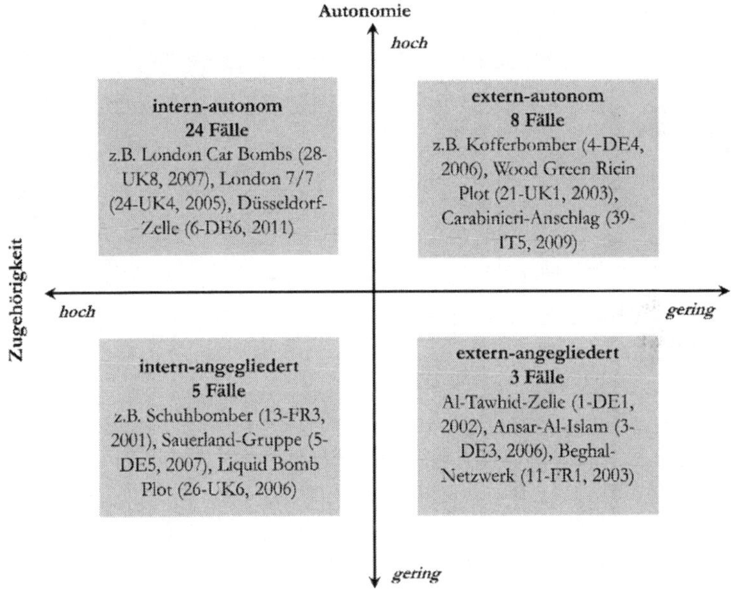

Abbildung 5: Autonomie und Zugehörigkeit nach Schema von Crone/Harrow (2010)

Bei der überwiegenden Mehrheit der Täter und Tätergruppen (60 Prozent) handelt es sich um autonom agierende Gruppen, die im Zielland des Anschlags geboren oder erwachsen wurden. Der Typus von »extern-angegliederten« Tätern spielt im Phänomenfeld des europäischen Dschihadismus in dem hier betrachteten Untersuchungszeitraum demgegenüber kaum eine Rolle.

4.4 Weitere soziodemografische Merkmale

4.4.1 »Alter« und »Geschlecht«

Europäische Dschihadisten, die hier Anschläge planen, waren zum Untersuchungszeitraum fast durchweg männlich (98 Prozent). Im Durchschnitt waren Täter zum Zeitpunkt der Festnahme (bzw. der Selbsttötung) 28 Jahre alt (n = 139); »Homegrown«-Täter waren im Durchschnitt 25,6 Jahre alt. Das durchschnittliche Alter einer Tätergruppe weicht mit 27,9 Jahren (»Homegrown« = 25,7) davon nur geringfügig ab.

Quartile	Täter gesamt (n = 139)	Täter »homegrown« (n = 75)	Anschlags-fälle gesamt (n = 45)	Anschlagsfälle »homegrown« (n = 29)
unteres Quartil (Q1)	23 Jahre	22 Jahre	24,2 Jahre	23 Jahre
mittleres Quartil (Q2)	27 Jahre	25 Jahre	28 Jahre	25,5 Jahre
oberes Quartil (Q3)	32 Jahre	29 Jahre	32,3 Jahre	28,4 Jahre

Tabelle 9: Altersverteilung – Quartilswerte

Zwischen dem Sample der Täter und dem Sample der Anschlagsfälle lassen sich mit Blick auf die Altersverteilung nur geringe Unterschiede feststellen. Je ein Viertel der Täter ist älter als 32 sowie jünger als 23 Jahre. Die Quartilsabstände bei den »Homegrown«-Tätern sind etwas geringer, was eine geringere Streuung des Alters in der »Homegrown«-Population anzeigt. So liegt die empirische Streuung (durchschnittliche Abweichung vom Mittelwert) der Gesamtpopulation bei 6,2 und in der »Homegrown«-Population bei 4,9. Etwa 61 Prozent der Täter waren zwischen 20 und 30 Jahre alt. In dieser Altersspanne wurden auch die Planspieler rekrutiert.

4.4.2 »Erwerbsstatus«

Nur zu 68 Tätern (47 Prozent) liegen Hinweise auf den »Erwerbsstatus« und die Art der beruflichen Tätigkeit vor. Häufig waren Informationen unpräzise. So ließ sich oft nicht bestimmen, ob ein Täter einer regelmäßigen oder unregelmäßigen Beschäftigung nachging und ob es sich um eine qualifizierte oder unqualifizierte Beschäftigung handelte. Mehr oder weniger eindeutig bestimmen ließen sich lediglich eine hochqualifizierte Berufstätigkeit (11,8 Prozent), die in der Regel ein Hoch- oder Fachhochschulstudium voraussetzt, auf der einen sowie Arbeitslosigkeit (30,9 Prozent) auf der anderen Seite. Dazwischen steht ein breites Spektrum an hinsichtlich Status (regelmäßig, unregelmäßig, Festanstellung) und Qualifikation meist nicht genauer bestimmbaren Arten der Beschäftigung, der sich 42,6 Prozent der Täter zuordnen ließen. In etwa der Hälfte dieser Fälle deuteten die vorliegenden Angaben jedoch tendenziell auf prekäre oder zumindest im unteren Einkommensbereich angesiedelte Beschäftigungsverhältnisse hin (wie zum Beispiel »arbeitete als Putzkraft«, »jobbte im Bahnhof«, »Mobilfunkverkäufer«, »Supermarkt«). Bei weiteren 8,8 Prozent der Täter liegen Hinweise auf eine kriminelle Tätigkeit vor. 5,9 Prozent der Täter waren zum Zeitpunkt der Tat bzw. Festnahme als Studenten eingeschrieben. Im Ergebnis muss bei der Hälfte bis zwei Drittel der Täter von einem niedrigen bis sehr niedrigen Einkommen ausgegangen werden.

4.4.3 »Bildungsniveau«

Aufgrund unpräziser und uneinheitlicher Informationen ließ sich auch der Bildungshintergrund nur näherungsweise bestimmen. 47,5 Prozent der Täter (n = 61) hatten einen universitären Abschluss, studierten zum Zeitpunkt ihrer Entdeckung an einer Universität oder hatten ihr Studium vorher bereits abgebrochen. In 24,6 Prozent der Fälle liegen andere Hinweise auf eine obere sekundäre oder eine postsekundäre Bildung entsprechend dem ISCED 3 oder 4 (International Standard Classification of Education) vor, wobei hier auch Fälle einbezogen wurden, in denen eine entsprechende schulische, berufliche oder universitäre Ausbildung abgebrochen wurde. In etwa drei Vierteln der Fälle handelte es sich um Studien- bzw. Ausbildungsfächer mit naturwissenschaftlicher oder technischer Ausrichtung.

4.5 Zusammenhänge zwischen Tätermerkmalen

4.5.1 »Alter« versus »Zugehörigkeit und Autonomie«

Das Durchschnittsalter der Täter beträgt 28,0 Jahre. Weiter oben wurde bereits der Befund dargestellt, dass »Homegrown«-Täter im Durchschnitt jünger sind (25,6) als im Erwachsenenalter zugewanderte Täter (32,6). Der Mittelwertunterschied für beide Stichproben ist dabei höchst signifikant.[29] Der

29 Der T-Test für unabhängige Stichproben bei gleichen Varianzen ergibt mit $p = 0{,}000$ eine extrem geringe Irrtumswahrscheinlichkeit für die fälschliche Ablehnung der H_0-Hypothese (Differenz der Mittelwerte gleich 0).

Zusammenhang erscheint jedoch trivial, da Zugewanderte erst nach erfolgter Zuwanderung überhaupt die Chance haben, zu Tätern im Aufnahmeland zu werden.[30]

Ebenso jünger als der Durchschnitt sind »Konvertiten« (25,8), bei denen es sich jedoch fast ausschließlich um »Homegrown«-Täter handelt, weshalb zwischen den Merkmalen »Konvertit« und »Alter« kein Kausalzusammenhang anzunehmen ist.

Keine nennenswerten Unterschiede im Durchschnittsalter der an einem Fall beteiligten Täter bestehen zwischen Fällen mit und ohne Hinweise auf Besuche terroristischer Ausbildungslager sowie zwischen Fällen mit und ohne organisationelle Anbindung.

4.5.2 »Alter« versus »Bildungsniveau« und »Erwerbsstatus«

Zusammenhänge mit dem Alter zeigen sich zudem bei Tätern mit »niedrigerem Bildungsniveau«. Sie sind mit durchschnittlich 24,9 Jahren jünger als die Täter mit oberer Sekundärbildung oder Hochschulbildung, die im Durchschnitt 27 Jahre alt sind. Der Mittelwertunterschied ist jedoch statistisch nicht signifikant.[31] Mit Blick auf den »Erwerbsstatus« lässt sich kein Mittelwertunterschied des Alters zwischen Arbeitslosen und Berufstätigen feststellen.

4.5.3 »Bildungsniveau« versus »Erwerbsstatus«

Unter den »Erwerbslosen« befindet sich erwartungsgemäß ein höherer Anteil von Tätern mit »niedrigerem Bildungsniveau« (44,4 Prozent) als in dem Gesamtsample der Täter mit vorliegenden Angaben zu beiden Merkmalen (n = 42; 31 Prozent); umgekehrt befinden sich unter »Erwerbslosen« nur

30 Dieser Befund ließe sich vor dem Hintergrund des Befunds radikalisierungsvalenter Identitätsproblematiken (siehe etwa Bartlett/Miller 2012) so deuten, dass »Homegrown«-Täter eine entsprechende Problematik bereits in der frühen Adoleszenz entwickeln, da sie sich von Anfang an in zwei sich ablehnend gegenüberstehenden Lebensbereichen bewegen, wohingegen das Problem einer Zugehörigkeitsunsicherheit bei Zuwanderern überhaupt erst durch die Migrationssituation entsteht.

31 Der T-Test für unabhängige Stichproben bei gleichen Varianzen ergibt mit p = 0,177 eine das hier angelegte Signifikanzniveau von 0,1 deutlich überschreitende Irrtumswahrscheinlichkeit für den Fehler 1. Art.

27,8 Prozent Täter mit begonnenem oder vollendetem Hochschulstudium, die jedoch 42,9 Prozent des Gesamtsamples ausmachen.

4.5.4 »Zugehörigkeit« versus »Erwerbsstatus« und »Bildungsniveau«

Keine Zusammenhänge zeigen sich zwischen den Merkmalen »Zugehörigkeit« und »Erwerbsstatus« sowie »Zugehörigkeit« und »Bildungsniveau«.

4.5.5 »Gruppengröße« versus »Alter« und »Zugehörigkeit«

Täter, die als Einzelpersonen agierten, waren im Mittel 26,3 Jahre alt, während für Täter, die in Gruppen agierten, ein durchschnittliches Alter von 28,3 Jahren ermittelt wurde. Die Mittelwertdifferenz von 1,9 erweist sich jedoch aufgrund der kleinen Fallzahl der Einzelpersonen (n = 16) statistisch als nicht signifikant.[32] Das niedrigere Alter der Einzeltäter erklärt sich jedoch daraus, dass es sich bei Einzeltätern in 87,5 Prozent der Fälle um »Homegrown«-Täter handelt, die wie oben dargestellt deutlich jünger als zugewanderte Täter sind. So entspricht das Durchschnittsalter der »Homegrown«-Täter in der Stichprobe der Einzeltäter mit 25,5 Jahren fast exakt dem Durchschnittsalter der »Homegrown«-Täter in der Gesamtstichprobe (25,6).

Der hohe Anteil von »Homegrown«-Tätern unter den Einzeltätern (87,5 Prozent) könnte auf einen Kausalzusammenhang zwischen der Sozialisation in einer mehrheitlich nichtmuslimischen Gesellschaft und einem Aktivwerden als *lone wolf* hinweisen. Dies würde implizieren, dass in Europa, also einer »ungläubigen« Gesellschaft aufgewachsene Dschihadisten unter einem höheren Druck zur Erfüllung ihrer »individuellen Pflicht« zum Dschihad stehen als nicht in Europa aufgewachsene Täter, weshalb viele es bevorzugen, schnell zur Tat zu schreiten, anstatt die Mühen eines Organisierungsprozesses durch Anschluss an eine Gruppe oder Neugründung einer Gruppe auf sich zu nehmen. Der hohe Anteil der sich in Gruppen organisierenden Dschihadisten unter den »Homegrown«-Tätern (vgl. Tabelle 10) spricht gegen diese Hypothese. Plausibler erscheint die Erklärung, dass es sich bei *lone wolves* um sozial isolierte Täter, das heißt Täter mit fehlender Peergroup handelt. Zudem könnten sich Täter aus Effizienzgründen bewusst für einen »individual jihad« entscheiden, nämlich in Hinblick auf das

32 Der T-Test für unabhängige Stichproben bei gleichen Varianzen ergibt eine Irrtumswahrscheinlichkeit für den Fehler 1. Art von p = 0,244.

bei fehlender Kollektivorganisierung geringere Entdeckungsrisiko, womit Dschihadpropagandisten in ihren Aufrufen, auch als Einzelperson aktiv werden zu sollen, explizit werben.

		Zugehörigkeit		gesamt
		extern	intern	
Gruppengröße	Gruppe	30	61	91
		93,8 %	81,3 %	85,0 %
	Einzelperson	2	14	16
		6,3 %	18,7 %	15,0 %
gesamt		32	75	107
		100 %	100 %	100 %

Tabelle 10: Einfluss des Merkmals »Zugehörigkeit« auf »Gruppengröße«

Der Signifikanztest zeigt mit p = 0,083 (einseitig) gleichwohl einen signifikanten Zusammenhang zwischen den Merkmalen »Zugehörigkeit« und »Gruppengröße«, wobei Cramérs V mit einem Wert von 0,159 nur einen schwachen Zusammenhang signalisiert. Das Ergebnis stützt die Vermutung, dass eine Einzeltäterschaft nicht wesentlich durch den »Homegrown«-Faktor bedingt wird, sondern andere Faktoren ausschlaggebender sind.

Der Hypothese folgend, dass ein hoher Bewährungsdruck ein Aktivwerden als *lone wolf* begünstigt, müsste sich für die Gruppe der »Konvertiten«, die unter einem nochmals gesteigerten Bewährungsdruck stehen, ein stärkerer Zusammenhang zwischen beiden Merkmalen zeigen (vgl. Tabelle 11).

		Konvertiten		gesamt
		nein	ja	
Gruppengröße	Gruppe	116	14	130
		91,3 %	73,7 %	89,0 %
	Einzelperson	11	5	16
		8,7 %	26,3 %	11,0 %
Gesamt		127	19	146
		100 %	100 %	100 %

Tabelle 11: Einfluss des Merkmals »Konvertiten« auf »Gruppengröße«

Unter »Konvertiten« ist der Anteil der Einzelpersonen deutlich höher als in der Gesamtpopulation. Mit p = 0,037 liegt ein statistisch signifikanter Zusammenhang vor. Cramérs V signalisiert mit einem Wert von 0,19 gleichwohl einen nur schwachen Zusammenhang zwischen beiden Merkmalen. Auch hier ist festzustellen, dass ein Großteil der »Konvertiten« nicht als *lone wolf* agiert. Der relativ hohe Anteil an Einzeltätern könnte sich gleichwohl auch daraus erklären, dass sich »Konvertiten« häufiger als Einzelpersonen überhaupt erst radikalisieren und zum Zeitpunkt des Entschlusses für eine Teilnahme am Dschihad nicht über die für einen Anschluss an Gruppen erforderlichen Kontakte verfügen. Die Annahme eines Zusammenhangs zwischen erhöhtem Bewährungsdruck und Einzeltäterschaft lässt sich aus dem Befund somit nicht stützen.

Hinsichtlich des Zusammenhangs zwischen »Gruppengröße« und »Autonomie« zeigt sich folgendes Bild: Bei Einzeltätern lässt sich nur ein geringfügig und statistisch nicht signifikant geringerer Anteil an Tätern mit terroristischem Ausbildungshintergrund oder organisationeller Anbindung feststellen als im Falle von Tätergruppen. Während sich bei 20,7 Prozent der Gruppen eine organisationelle Anbindung feststellen lässt, waren es bei Einzeltätern nur 12,5 Prozent; das Merkmal Ausbildungshintergrund trifft auf 55,2 Prozent der Gruppen, aber nur 37,5 Prozent der Einzelpersonen zu. Der Besuch eines Ausbildungslagers wie auch die organisationelle Anbindung sind Ausdruck eines tendenziell höheren Organisationsaufwands, der gegen die Hypothese spricht, dass ein angestrebter schneller Bewährungserfolg sich häufig in der Einzeltäterschaft manifestiert. Im Ergebnis wäre damit festzustellen, dass die quantitative Analyse keinen Aufschluss über den hier interessierenden Zusammenhang liefert.

5 »Konfliktorientierung«

Für 27 von 46 Fällen (59 Prozent) ließen sich anhand von Täterstatements Elemente subjektiver Sinnkonstruktionen des Gewalthandelns bestimmen. Dabei handelt es sich in zwölf Fällen um in Medienberichten zitierte oder rezitierte, bruchstückhafte Äußerungen der Täter, in drei Fällen um vollständige einzelne Sequenzen von Täteräußerungen und nur in zwölf Fällen um vollständige Protokolle der von Tätern in einem bestimmten Interaktionskontext getätigten mündlichen oder schriftlichen Äußerungen.

Kontext	Vollständigkeit von Äußerungen		
	voll-ständig	einzelne Sequenzen vollständig	bruch-stückhaft
Wortprotokolle, Telekommunikationsüberwachung u. a.	2	1	1
Bekennerschreiben, Videos, Briefe	9		1
Chat- und Foreneinträge		1	
Beschuldigtenvernehmungen, Einlassungen vor Gericht		1	10
Medieninterviews ex post	1		
gesamt	12	3	12

Tabelle 12: Datengrundlage zu Orientierungen der Täter

Wie eingangs bereits erörtert, bestehen Schwierigkeiten, aus den im Kontext von Vernehmungen getätigten Äußerungen Orientierungsgehalte oder gar vollständige Orientierungsmuster zu rekonstruieren, da es sich um Formen einer strategischen Kommunikation im Kontext eines Strafverfahrens handeln kann. Insbesondere fragmentarische Äußerungen, deren Selektivität und Kontextualität sich nicht einschätzen lassen, bieten keine valide Grundlage für Rückschlüsse auf Orientierungsgehalte. Auf Grundlage der vorliegenden Statements über alle Fälle hinweg sinnvoll codieren ließ sich lediglich der Referenzort des von einem Täter (dominant) thematisierten Konfliktgeschehens, in dessen Kontext er seinen Anschlag gestellt wissen wollte. Diesbezüglich lassen sich zwei Referenzorte des Konfliktgeschehens unterscheiden:

1. *Außereuropäischer Referenzort des Konfliktgeschehens.* Thematisch ist hier ein sich in muslimischen Ländern oder global abspielendes Konfliktgeschehen in Form von Kriegen oder nichtmuslimischer »Fremdherrschaft«, für das westliche Regierungen (mit-)verantwortlich gemacht werden.
2. *Europäischer Referenzort des Konfliktgeschehens.* Thema ist hier ein Konfliktgeschehen um den Islam in Europa.

Bei Ersterem geht es um einen Abwehrkampf gegen westliche Einflüsse oder Militärinterventionen in mehrheitlich muslimischen Ländern, bei Letzterem um die symbolische Behauptung einer von Dschihadisten beanspruchten Geltung islamischer Normen in den mehrheitlich nichtmuslimischen Gesellschaften Europas. Im Falle eines außereuropäischen Referenzortes des Konfliktgeschehens können zwei maßgebliche Konfliktgegenstände unterschieden werden: zum einen ein sich an diesem Referenzort abspielender Konflikt *mit* europäischen Gesellschaften, die aufgrund ihrer Unterstützung oder Teilnahme an Militärinterventionen für die Situation der Muslime in diesen Ländern responsibilisiert werden, zum anderen um einen Konflikt mit anderen Ländern oder Staaten, in dem europäische Länder nicht als maßgebliche Konfliktpartei wahrgenommen werden.[33] Da die Täterstatements nur in wenigen Fällen eine Thematisierung der Konfliktpartei beinhalteten, ließ sich dieser Aspekt nicht sinnvoll quantifizieren. Die Täterstatements wurden daher nur nach dem thematisierten

33 Aus folgendem Grunde sprechen wir von einem Konflikt mit europäischen Gesellschaften und nicht nur Staaten: Zwar schreiben Dschihadisten politischen Verantwortlichen und der Bevölkerung meist ein unterschiedliches Maß an Verantwortung für vermeintliche Unrechtshandlungen gegenüber Muslimen zu – so sehen, wie diese Studie zeigt, schließlich auch viele Dschihadisten von Angriffen auf »durchschnittliche Zivilisten« ab. Gleichwohl wird die Bevölkerung nicht als Unbeteiligte in dem Konflikt um Militärinterventionen gesehen, was sich vor allem daran zeigt, dass Dschihadisten regelmäßig an eine politische Verantwortung der Bevölkerung appellieren, die von ihr gewählten Regierungsvertreter doch bitte abzuwählen; siehe z. B. die Rede Adebolajos (Woolwich/34-UK14) oder das Testament von Khan (London 7/7/24-UK4).

Referenzort des Konfliktgeschehens codiert (außereuropäisch, europäisch, beides).

In den vorliegenden Täterstatements (n = 27) dominiert die Thematisierung eines außereuropäischen/globalen Referenzortes des Konfliktgeschehens (14 Fälle/51,9 Prozent), während ein Konflikt um den »Islam in Europa« nur in acht Fällen (29,6 Prozent) das dominante Thema ist. In fünf Fällen (18,5 Prozent) sind beide Kontexte gleichermaßen thematisch. In den 14 Fällen mit Dominanz eines außereuropäischen Referenzortes wird in acht Fällen ein Konflikt mit europäischen Gesellschaften sichtbar. Im Vordergrund steht dabei die Verantwortung der Regierung oder Gesellschaft des Ziellandes für an Muslimen vermeintlich begangenes Unrecht. In vier von 14 Fällen steht die Verantwortung Amerikas oder Russlands oder das nicht näher konkretisierte Feindbild »Juden« im Mittelpunkt. In zwei Fällen stehen sowohl die Verantwortung Amerikas und/oder »der Juden« als auch die Verantwortung europäischer Länder im Mittelpunkt der Konfliktthematisierung. Zusammenfassend lässt sich feststellen, dass zwar der außereuropäische Referenzort dominiert, dabei aber die spezifisch-europäische Konfliktorientierung im Vordergrund steht. Damit lässt sich unter dem Strich in nur vier von 27 Fällen (14,8 Prozent) eine ausschließlich globale bzw. außereuropäische Konfliktorientierung konstatieren.

Diese Befunde decken sich weitgehend mit der sich in der Opfergruppenwahl manifestierenden Konfliktorientierung. Nur in 20 Prozent der Fälle spiegeln sich in ausgewählten und erwogenen Anschlagszielen ausschließlich außereuropäische oder globale Konfliktkontexte wider. Anschlagsziele waren hier entweder die globalen Feindgruppen »Juden« und »Amerikaner« oder Repräsentanten nichteuropäischer Staaten. Dagegen waren in 69 Prozent der Fälle »durchschnittliche Zivilisten« oder »Verantwortungsträger« des Ziellands (nationale Politiker, Publizisten, Militäreinrichtungen oder Sicherheitsbehörden) Ziel der Anschläge bzw. Anschlagsplanungen. In 11 Prozent der Fälle waren beide Konfliktkontexte thematisch.

Die weit überwiegende europäische »Konfliktorientierung« entspricht der Erwartung, dass sich in dem Gewalthandeln von »Homegrown«-Tätern ein Konflikt mit der Gesellschaft, in der sie geboren und/oder aufgewachsen sind, widerspiegelt. Erklärungsbedürftig bleibt demgegenüber die zwar mehrheitliche, aber nicht in allen Fällen dominante Bezugnahme auf muslimische Länder als Referenzort des Konfliktgeschehens.

6 Zusammenhänge zwischen Taten, Tätern und »Konfliktorientierung«

Im Folgenden gilt es, statistische Zusammenhänge zwischen Tatmerkmalen als abhängigen Variablen sowie den Tätermerkmalen und der »Konfliktorientierung« als jeweils unabhängigen Variablen zu untersuchen. Ferner ist ein über die »Konfliktorientierung« moderierter Zusammenhang zwischen Täter- und Tatmerkmalen zu prüfen.

6.1 Tätermerkmale und »Konfliktorientierung«

Wie oben dargestellt dominiert in den Täterstatements ein außereuropäischer Referenzort des Konfliktgeschehens, während die gewählten Opfergruppen auf einen Konflikt mit Regierungen und/oder der Zivilbevölkerung in europäischen Ländern hindeuten. Es lässt sich also von einer überwiegenden Orientierung an einem Konflikt mit europäischen Gesellschaften bei Bezugnahme auf einen globalen oder außereuropäischen Referenzort sprechen. Im Folgenden wird geprüft, ob diese Orientierung in einem Zusammenhang mit soziodemografischen Merkmalen steht. Für diesen Zweck wurden die Fälle hinsichtlich der folgenden drei Ausprägungen von »Konfliktorientierung« codiert: 1. *Außereuropäische Konfliktorientierung:* Thematisierung eines außereuropäischen Referenzortes des Konfliktgeschehens bei einer auf »spezielle Feindgruppen« fokussierenden Opferwahl. 2. *Europäische Konfliktorientierung mit außereuropäischem Referenzort*: Opfergruppenwahl »durchschnittliche Zivilisten« bei fehlender Thematisierung eines Konfliktes um den »Islam in Europa«. 3. *Europäische Konfliktorientierung mit Referenzort Islam in Europa:* Thematisierung eines Konfliktes um den »Islam in Europa«.

Es bestätigt sich die Erwartung, dass sich »Homegrown«-Täter fast ausschließlich durch eine »europäische Konfliktorientierung« auszeichnen. Nur in einem von 21 »Homegrown«-Fällen, zu denen entsprechende Täterstatements vorliegen, handelt es sich um eine »außereuropäische Konfliktorientierung«, während diese auf zwei der vier Nicht-»Homegrown«-Fälle zutrifft. Hier schließt sich die Frage an, inwiefern die »europäische Konfliktorientierung« ausschließlich auf die Herkunft der Täter zurückzuführen ist oder ob der Grad der Bindung an dschihadistische Organisationen im Ausland einen eigenständigen Effekt auf die »Konfliktorientierung« haben könnte. Da sich unter den »Homegrown«-Fällen nur ein Fall mit »außereuropäischer Konfliktorientierung« befindet, lässt sich ein solcher Effekt nicht nachweisen. Demnach weisen auch »intern-angegliederte« Täter eine überwiegend »europäische Konfliktorientierung« auf. Dies zeigt, dass eine »europäische Konfliktorientierung« nicht im Gegensatz zu den Interessen der jeweiligen dschihadistischen Organisationen, denen sich die Täter angeschlossen haben, stehen muss. Ein direkter Effekt des Autonomiegrades auf die »Konfliktorientierung« zeigt sich demgegenüber aber in der Häufigkeit einer »europäischen Konfliktorientierung mit Referenzort Islam in Europa«. In fünf der sechs »Homegrown«-Fälle, auf die das letztgenannte Merkmal zutrifft, liegen keine Hinweise auf Kontakte zu internationalen dschihadistischen Organisationen vor. Die Thematisierung eines Referenzortes Europa lässt sich somit der Gruppe »intern-autonomer« Täter zuschreiben.

Hieran anschließend stellt sich die Frage, inwiefern sich diese Gruppe der »intern-autonomen« Täter mit Fokus auf ein Konfliktgeschehen um den »Islam in Europa« soziodemografisch weiter spezifizieren lässt. Um den Zusammenhang zu erhellen, wurden Fälle mit ausschließlicher Orientierung an einem europäischen Referenzort mit Fällen einer ausschließlichen Orientierung an einem außereuropäischen Referenzort (also unter Ausklammerung von Fällen mit beidseitiger Orientierung) verglichen. Doch weder das Merkmal »Konvertit« noch die Merkmale »Alter«, »Bildungsniveau« und »Erwerbsstatus« zeigen hier einen signifikanten Zusammenhang mit Ausprägungen der »Konfliktorientierung«.

Dies gilt auch für das Gesamtsample. Zwischen den Merkmalen »Erwerbsstatus« und der »Konfliktorientierung« besteht kein Zusammenhang. Auch lässt sich kein Zusammenhang zum »Bildungsniveau« ermitteln. Keine Zusammenhänge bestehen zudem zwischen den Merkmalen »Konfliktorientierung« und »Gruppengröße«. Es zeigt sich lediglich, dass Täter mit einer »außereuropäischen Konfliktorientierung« älter sind als Täter mit einer »europäischen Konfliktorientierung« mit Referenzort muslimische Länder.

Konfliktorientierung	Mittelwert	n	Standardabweichung
europäisch mit Referenzort muslimische Länder	24,844	15	3,3403
europäisch mit Referenzort Islam in Europa	26,884	8	5,7906
außereuropäisch	28,808	4	5,2754
gesamt	26,036	27	4,5243

Tabelle 13: »Konfliktorientierung« nach Durchschnittsalter

Eine signifikante Differenz der Mittelwerte besteht lediglich zwischen den Ausprägungen »außereuropäisch« und »Referenzort muslimische Länder«.[34]

Zusammenfassend lässt sich feststellen, dass lediglich die Merkmale »Zugehörigkeit« und »Autonomie« unterschiedliche Ausprägungen der »Konfliktorientierung« erklären. Die Thematisierung des »Islam in Europa« lässt sich erwartungsgemäß dem am stärksten »europäischen« Tätertypus der »intern-autonomen« Täter zuschreiben.

6.2 Tatmerkmale und »Konfliktorientierung«

6.2.1 »Konfliktorientierung« und Zielwahlen

Zusammenhänge zwischen dem thematisierten Referenzort des Konfliktgeschehens und Opfergruppenpräferenzen zeigen sich insbesondere bei der Opfergruppe »Islamgegner«. Täter, die einen Konflikt um den »Islam in Europa« thematisieren, wählten in sechs von 13 Anschlagsplanungen die Opfergruppe »Islamgegner«. Zwischen beiden Merkmalen besteht ein hoch signifikanter ($p = 0{,}006$), starker (Cramérs $V = 0{,}555$) Zusammenhang. Umgekehrt ziehen Täter im Falle der Thematisierung eines außereuropäischen Referenzortes des Konfliktgeschehens die Opfergruppe »Islamgegner« nicht in Erwägung bzw. wählen sie nicht als Anschlagsziel aus. Ferner steht die Thematisierung eines Konfliktgeschehens um den »Islam in Eu-

34 Der T-Test für unabhängige Stichproben bei gleichen Varianzen auf zweiseitige Signifikanz liefert mit $p = 0{,}078$ ein im Rahmen des hier angelegten Signifikanzniveaus von $p = 0{,}1$ signifikantes Ergebnis.

ropa« in einem *negativen* Zusammenhang zur Opfergruppenpräferenz »Juden«, wenngleich der Zusammenhang etwas schwächer (Cramérs V = 0,402) und weniger signifikant (p = 0,098) als im Falle der »Islamgegner« ist. Umgekehrt lässt sich im Falle der Thematisierung eines außereuropäischen Referenzortes des Konfliktgeschehens nicht auf eine entsprechende Opfergruppenpräferenz schließen.

Der Zusammenhang zwischen »Konfliktorientierung« und Opferwahlen stellt sich insgesamt wie folgt dar (Tabelle 14):

Opferwahlmuster	Konfliktorientierung			gesamt
	Referenzort außereuropäisch	Referenzort Islam in Europa	beides	
Feindgruppen	1	1	0	2
	7,1 %	16,7 %	0,0 %	8,0 %
durchschnittliche Zivilbevölkerung	4	0	3	7
	28,6 %	0,0 %	60,0 %	28,0 %
Verantwortungsträger	5	3	1	9
	35,7 %	50,0 %	20,0 %	36,0 %
Feindgruppe und durchschnittliche Zivilbevölkerung	2	0	0	2
	14,3 %	0,0 %	0,0 %	8,0 %
Verantwortungsträger und durchschnittliche Zivilbevölkerung	0	1	0	1
	0,0 %	16,7 %	0,0 %	4,0 %
Verantwortungsträger und Feindgruppen	2	0	0	2
	14,3 %	0,0 %	0,0 %	8,0 %
alle drei	0	1	1	2
	0,0 %	16,7 %	20,0 %	8,0 %
gesamt	14	6	5	25
	100 %	100 %	100 %	100 %

Tabelle 14: Referenzort des Konfliktgeschehens nach Opferklassen

Auffällig ist, dass Täter mit einem ausschließlichen Bezug auf einen Konflikt um den »Islam in Europa« die Zivilbevölkerung nur in Kombination mit anderen Opferklassen angreifen wollen. Gezielte Massentötungen an »durchschnittlichen Zivilisten« sind jedoch bei beiden »Konfliktorientierungen« zu erwarten. Mit Blick auf beide Einzelmerkmale zeigt sich das gleiche

Bild. In sechs von elf Fällen (54 Prozent) mit europäischem Referenzort des Konfliktgeschehens und in zehn von elf Fällen (53 Prozent) mit außereuropäischem Referenzort planten Täter Angriffe gegen »durchschnittliche Zivilisten«. Aus der Existenz einer entsprechenden Orientierung lässt sich somit nicht auf eine entsprechende Opferklassenpräferenz schließen. Daraus lässt sich indes aber nicht schlussfolgern, dass Konflikte um den »Islam in Europa« ein vergleichbares Potenzial indiskriminativer Gewalt in sich bergen wie Konflikte um die Beteiligung des Westens an Militärinterventionen in mehrheitlich muslimischen Ländern. Vielmehr können wir nur sagen, dass die dominante Bezugnahme auf den »Islam in Europa« offenbar nicht im Widerspruch zu einer die Bereitschaft zur Massenviktimisierung voraussetzenden Responsibilisierung »durchschnittlicher Zivilisten« steht.

6.2.2 »Konfliktorientierung«, Mittelwahlen und Opferbereitschaft

Hinsichtlich der Mittelwahlpräferenz sind keine signifikanten Zusammenhänge zur »Konfliktorientierung« der Täter ersichtlich. Bei der Opferbereitschaft zeigt sich ein leicht erhöhter Anteil an Tätern mit Orientierung an einem außereuropäischen Referenzort des Konfliktgeschehens gegenüber Tätern mit Orientierung an einem Konflikt um den »Islam in Europa« (vgl. Tabelle 15), der jedoch mit p = 0,510 (einseitig) nicht signifikant ist.

		Konfliktorientierung		gesamt
		Referenzort außereuropäisch	Referenzort Islam in Europa	
Märtyrerbereitschaft	keine Hinweise	4	3	7
		28,6 %	37,5 %	31,8 %
	Hinweise	10	5	15
		71,4 %	62,5 %	68,2 %
gesamt		14	8	22
		100 %	100 %	100 %

Tabelle 15: Einfluss der »Konfliktorientierung« auf »Märtyrerbereitschaft«

Die höhere »Märtyrerbereitschaft« in der Gruppe mit Orientierung an einem außereuropäischen Referenzort des Konfliktgeschehens erklärt sich aus der häufigeren Erwägung oder Planung von Selbstmordattentaten in dieser Gruppe, wie der folgenden Kreuztabelle (Tabelle 16) zu entnehmen ist:

		Konfliktorientierung		gesamt
		Referenzort außereuropäisch	Referenzort Islam in Europa	
mind. erwogenes Selbstmordattentat	keine Hinweise	7	7	14
		50,0 %	87,5 %	63,6 %
	Hinweise	7	1	8
		50,0 %	12,5 %	36,4 %
gesamt		14	8	22
		100 %	100 %	100 %

Tabelle 16: Einfluss der »Konfliktorientierung« auf die »mindestens Erwägung eines Selbstmordattentates«

Im Falle einer Orientierung an einem Konflikt um den »Islam in Europa« liegt nur in einem Fall ein Hinweis auf ein (geplantes oder erwogenes) Selbstmordattentat vor. Es besteht ein mittelstarker (Cramérs V = 0,375), signifikanter (p = 0,095) Zusammenhang. Insofern ein Selbstmordattentat immer auf eine größere Bereitschaft zum Märtyrertod hinweist, ließe sich schlussfolgern, dass Täter mit Orientierung an einem außereuropäischen Referenzort des Konfliktgeschehens eine größere Bereitschaft zur Selbsttötung mitbringen. Dies deutet darauf hin, dass sich die Thematisierung von Konflikten in mehrheitlich muslimischen Ländern anders als von Konflikten um den »Islam in Europa« mit einer höheren Opferbereitschaft verbindet.

6.2.3 Diskussion des Faktors »Konfliktorientierung«

Täter mit Orientierung an einem Konfliktgeschehen um den »Islam in Europa« neigen zwar ebenso zu indiskriminativen Massenviktimisierungen. Diese verbinden sich jedoch seltener mit der Bereitschaft zu einem Selbstmordanschlag. Da sich im Selbstmordanschlag eine erhöhte Opferbereitschaft dokumentiert, sprechen die Daten dafür, dass diese Opferbereitschaft im hohen Maße an ein Konfliktgeschehen in muslimischen Ländern und die aus dschihadistischer Sicht bestehende Pflicht zur »Verteidigung von Muslimen« gebunden ist. Gleichwohl deutet die Bereitschaft zu Massenviktimisierungen auf eine von der Konfliktorientierung unabhängige Bereitschaft zu indiskriminativer Gewaltausübung hin.

6.3 Täter- und Tatmerkmale

Systematisch ausgewiesen – auch bei nicht signifikanten Befunden – werden jeweils Zusammenhänge zwischen Tätermerkmalen und den drei Opferklassen (»durchschnittliche Zivilisten«, »Verantwortungsträger« und »spezielle Feindgruppen«), der Bereitschaft zum Selbstmordattentat sowie der Mittelpräferenz. Das Merkmal »Märtyrerbereitschaft« sowie einzelne Opfergruppen, Objektklassen und Mittelwahlen werden nur berichtet, wenn ein vorgefundener Zusammenhang signifikant ist oder das hier akzeptierte Signifikanzniveau von 10 Prozent nur knapp verfehlt. Die Ergebnisse werden zu Beginn tabellarisch zusammengefasst, wobei Hinweise auf signifikante Ergebnisse dunkelgrau hinterlegt werden. Ausgewählte Zusammenhänge werden anschließend ausführlicher erörtert. Ausgewiesen wird immer die maximale, also mindestens einseitige Signifikanz.

Das Alter der Täter ist, wie oben gezeigt, abhängig von der »Zugehörigkeit« der Täter. »Homegrown«-Täter sind deutlich jünger als Zugewanderte. Die Daten zeigen keine Hinweise auf einen eigenständigen Effekt des Merkmals »Alter« auf die Anschlagsplanung, weshalb von einer separaten Darstellung abgesehen wird. Nicht berichtet werden wegen fehlender Signifikanz Zusammenhänge zwischen der »Gruppengröße« und Tatmerkmalen.

6.3.1 »Zugehörigkeit«

Merkmalsausprägung	Cramérs V	p	n	Anteil der Täter in Prozent		
				gesamt	extern	intern
mind. erwogenes Selbstmordattentat	0,22	0,157	40	37,5	54,5	31,0
Opferklasse »Verantwortungsträger«	0,04	0,571	34	52,9	57,1	51,9
Opferklasse »spezielle Feindgruppen«	0,11	0,404	34	32,4	42,9	29,6
Opferklasse »durchschnittliche Zivilisten«	0,16	0,312	34	44,1	28,6	48,1
Mittelpräferenz »nur Schusswaffen«	0,32	0,282	32	21,9	11,1	26,1
Objektklasse »Institutionen«	0,33	0,093	33	21,2	50,0	14,8

Tabelle 17: Einfluss von »Zugehörigkeit« auf Tatmerkmale

Zwar indizieren die Daten die Möglichkeit einer im Vergleich zu »externen« Tätern etwas geringeren Präferenz »interner« Täter für Selbstmordanschläge; dass aber immerhin knapp ein Drittel der »Homegrown«-Täter einen Selbstmordanschlag planten oder erwogen, zeigt, dass die Entscheidung für einen Selbstmordanschlag nicht wesentlich durch die Zugehörigkeit der Täter beeinflusst wird.

Die Objektklasse »Institutionen« wird von »Homegrown«-Tätern seltener gewählt als von »externen« Tätern. Die Zielwahlpräferenz könnte eine höhere Selektivität von Zielwahlen »externer« Täter indizieren, doch dann wären entsprechende Zusammenhänge auch mit anderen stark selektiven Objektklassen und Opfergruppen zu erwarten, was nicht der Fall ist. Der Zusammenhang bleibt erklärungsbedürftig.

6.3.2 »Autonomie«

Zum Zwecke der Analyse von Zusammenhängen zwischen dem Tätermerkmal »Autonomie« und Tatmerkmalen wollen wir drei Ausprägungen des Merkmals »Autonomie« unterschieden:

1. *Self-Starter*: Fälle, in denen keine Hinweise auf Kontakte oder den Besuch von Ausbildungslagern vorliegen. Diesen Fällen kann der höchste Grad an »Autonomie« zugeschrieben werden;
2. »Autonom Vernetzte«: Fälle, in denen Hinweise auf Kontakte und/oder den Besuch von Ausbildungslagern, aber keine Hinweise auf direkte Unterstützung oder Anweisungen von dschihadistischen Organisationen vorliegen;
3. »Angegliederte«: Hier liegen Hinweise vor, dass Täter materielle und/oder finanzielle Unterstützungsleistungen von dschihadistischen Organisationen erhielten oder in deren Auftrag handelten.

Merkmalsausprägung	Cramérs V	p	n	Anteil der Täter in Prozent			
				gesamt	*Self-Starter*	autonom Vernetzte	Angegliederte
mind. erwogenes Selbstmordattentat	0,30	0,149	45	33,3	23,5	30,0	62,5
Opferklasse »Verantwortungsträger«	0,20	0,531	37	54,1	64,3	53,3	37,5
Opferklasse »spezielle Feindgruppen«	0,53	0,007	37	29,7	21,4	13,3	75,0
Opferklasse »durchschnittliche Zivilisten«	0,28	0,275	37	45,9	28,6	53,3	62,5
Mittelpräferenz »nur Sprengstoff«	0,24	0,384	37	27,0	14,3	37,5	28,6
Massenviktimisierung	0,35	0,131	35	51,4	30,8	57,1	75,0
Opfergruppe »Amerikaner«	0,66	0,001	36	16,7	7,1	0	62,5
Objektklasse »Flugverkehr«	0,42	0,074	36	19,4	14,3	7,1	50,0
Objektklasse »ÖPNV«	0,42	0,047	36	22,2	14,3	42,9	0

Tabelle 18: Einfluss von »Autonomie« auf Tatmerkmale

Während sich für einige Tatmerkmale eine mit dem Autonomiegrad stufenweise fallende Präferenz (»spezielle Feindgruppen« und »durchschnittliche Zivilisten«) feststellen lässt, zeigt sich bei anderen Merkmalen (Selbstmordattentat, »Amerikaner«, Objektklasse »Flugverkehr«) nur eine Differenz zwischen »Angegliederten« auf der einen und beiden Gruppen autonom Handelnder (*Self-Starter* und »autonom Vernetzte«) auf der anderen Seite. Bei der Objektklasse »ÖPNV« zeigt sich schließlich eine Opposition zwischen »autonom Vernetzten« auf der einen und *Self-Startern* sowie »Angegliederten« auf der anderen Seite. Zur Erklärung dieses Befunds müssen zwei theoretische Dimensionen von Autonomie unterschieden werden: Autonomie in Hinblick auf Ressourcen und Wissen sowie Autonomie in Hinblick auf den Aspekt der Entscheidungsautonomie bei der Anschlagsplanung, insbesondere die Zielwahl. Differenzen zwischen *Self-Startern* und »autonom Vernetzten« sowie »autonom Vernetzten« und »Angegliederten« können sich demnach sowohl aus dem Grad der europäischen Autonomisierung von

Zielwahlpräferenzen, als auch aus Fähigkeiten und Ressourcen zur Realisierung bestimmter Anschlagsszenarien erklären.

Für das Merkmal »Massenviktimisierung«, in dem feindgruppenspezifische sowie indiskriminative Massenviktimisierungen zusammengefasst sind, erscheinen beide Erklärungen plausibel. Die erfolgreiche Umsetzung dieser Szenarien erfordert die Herstellung von Sprengstoff, deren Realisierungschancen mit zunehmendem Bindungsgrad steigen. Ebenso ließe sich aber die These von Ramsay (2011) stützen, der zufolge die Legitimität von Angriffen auf Zivilisten an hohe normative Voraussetzungen gebunden ist, was einem bei *Self-Startern* ausgeprägten Wunsch nach normativer Klarheit entgegenstünde. Dieses Problem stellt sich jedoch auch bei Selbstmordattentaten. Hier zeigt sich zwischen *Self-Startern* und »autonom Vernetzten« allerdings kein signifikanter Häufigkeitsunterschied. Dies deutet darauf hin, dass sich auch die Differenz zwischen *Self-Startern* und »autonom Vernetzten« bei den »Massenviktimisierungen« eher aus den geringen Fähigkeiten und Ressourcen der *Self-Starter* erklärt und somit eine eigentliche Differenz der Zielwahlpräferenzen zwischen beiden Gruppen autonom Handelnder nicht besteht, dafür aber eine deutliche inhaltliche Differenz gegenüber etablierten dschihadistischen Organisationen. Die These von Ramsay wird damit gestützt.

Die mit zunehmendem Autonomisierungsgrad abnehmende Häufigkeit von Angriffen auf »spezielle Feindgruppen« des globalen Dschihadismus legt ebenso wie die Häufigkeitsdifferenz zwischen autonom Handelnden und »Angegliederten« bei der Opfergruppe »Amerikaner« die Erklärung einer europäischen Autonomisierung der Zielwahlpräferenzen vom globalen Dschihadismus nahe.

Anschläge auf den öffentlichen Nahverkehr sind der Gruppe der »autonom Vernetzten« zuzuschreiben. Jedoch handelt es sich nur in zwei Dritteln der Fälle um »Homegrown«-Täter. Damit ist das ÖPNV-Szenario ein typisches Anschlagsszenario für die seltene Gruppe »extern-autonom Vernetzter« Täter. Angriffe auf Passagiermaschinen lassen sich den »angegliederten« Tätern zuschreiben, wobei es sich hier ausschließlich um »intern-angegliederte« Täter handelt.

Zusammenfassend lässt sich feststellen, dass die Autonomisierung gegenüber einem globalen Dschihadismus an einer stärker zwischen Zivilisten und Nichtzivilisten diskriminierenden Zielwahl festgemacht werden kann. Dieser Effekt führt jedoch, wenn überhaupt, nur zu einer geringen Zunahme einer Präferenz für die Opferklasse »Verantwortungsträger«. Letzteren kommt vielmehr auch bei »angegliederten« Tätern eine hohe Bedeutung zu.

Im Anschluss stellt sich die Frage, ob sich die Zielwahlpräferenzen unter Hinzuziehung des Kriteriums der »Zugehörigkeit« weiter aufklären lassen. Die folgende Tabelle 19 schlüsselt die Häufigkeitszahlen für die Opferwahl »durchschnittliche Zivilbevölkerung« nach »intern-autonomen« (beide Gruppen autonom Handelnder), »intern-angegliederten«, »extern-autonomen« und »extern-angegliederten« auf:

Opferwahl »durchschnittliche Zivilisten«	Autonomie und Zugehörigkeit				gesamt
	intern-autonom	intern-angebunden	extern-autonom	extern-angebunden	
nein	14	0	2	3	19
	63,6 %	0,0 %	50,0 %	100 %	55,9 %
ja	8	5	2	0	15
	36,4 %	100 %	50,0 %	0,0 %	44,1 %
gesamt	22	5	4	3	34
	100 %	100 %	100 %	100 %	100 %

Tabelle 19: Einfluss von »Zugehörigkeit und »Autonomie« auf Opferwahl »durchschnittliche Zivilisten«

Zwischen beiden Merkmalen besteht ein starker (Cramérs V = 0,52) und signifikanter (p = 0,013) Zusammenhang. Die Gruppe der »Angegliederten« lässt sich dabei hinsichtlich der Opferwahl »durchschnittliche Zivilbevölkerung« vollständig nach dem »Homegrown«-Merkmal polarisieren. Die Zugehörigkeit zur Gruppe der »intern-angegliederten« stellt somit einen nahezu perfekten Prädiktor für die Planung eines Anschlags auf »durchschnittliche Zivilisten« dar, wobei es sich hier größtenteils um Angriffe auf Passagiermaschinen handelt, die zudem dezidiert amerikanische Zivilisten viktimisieren sollten, was in Teilen auch die hohe Häufigkeit der Opferklasse »spezielle Feindgruppen« erklärt.

Opferwahl »spezielle Feindgruppen«	Autonomie und Zugehörigkeit				gesamt
	intern-autonom	intern-angebunden	extern-autonom	extern-angebunden	
nein	18	1	3	1	23
	81,8 %	20,0 %	75,0 %	33,3 %	67,6 %
ja	4	4	1	2	11
	18,2 %	80,0 %	25,0 %	66,7 %	32,4 %
gesamt	22	5	4	3	34
	100 %	100 %	100 %	100 %	100 %

Tabelle 20: Einfluss von »Autonomie und Zugehörigkeit« auf Opfergruppenwahl »spezielle Feindgruppen«

Zwischen dem Merkmalen »Autonomie und Zugehörigkeit« und der Opfergruppenwahl »spezielle Feindgruppen« besteht ein starker (Cramérs V = 0,51) und signifikanter (p = 0,020) Zusammenhang, wobei sich hier nur der Effekt der »Autonomie«, nicht jedoch der »Zugehörigkeit« niederzuschlagen scheint.

6.3.3 »Konvertiten«

Merkmalsausprägung	Cramérs V	p	n	Anteil der Täter in Prozent		
				gesamt	keine Konvertiten	Konvertiten (n = 7)
mind. erwogenes Selbstmordattentat	0,09	0,429	45	33,3	31,6	42,9
Opferklasse »Verantwortungsträger«	0,03	0,596	37	54,1	53,3	57,1
Opferklasse »spezielle Feindgruppen«	0,14	0,339	37	29,7	26,7	42,9
Opferklasse »durchschnittliche Zivilisten«	0,25	0,140	37	45,9	40,0	71,4
Mittelpräferenz »nur Sprengstoff«	0,24	0,687	35	65,7	60,7	85,7
Opfergruppe »Vertreter von Sicherheitsbehörden«	0,27	0,163	36	11,1	6,9	28,6

Tabelle 21: Einfluss des Merkmals »Konvertiten« auf Tatmerkmale

Bei »Konvertiten«-Fällen handelt es sich ausschließlich um »Homegrown«-Fälle. Von den sieben Fällen gehören nur zwei (28,6 Prozent) der Kategorie »intern-angegliederter« Täter zu, während es sich bei den restlichen fünf Fällen (71,4 Prozent) um »intern-autonome« Täter handelt. Mit Blick auf den starken Hinweis auf eine erhöhte Präferenz von »Konvertiten« für Massenviktimisierungen, der hier aufgrund der extrem kleinen Fallzahl gleichwohl nicht signifikant wird, wäre davon auszugehen, dass »Konvertiten« einen großen Teil der Fälle von Massenviktimisierungen in der Gruppe »intern-autonomer« Täter erklären. Tabelle 22 zeigt die Opfergruppenwahl »durchschnittliche Zivilbevölkerung« in der Gruppe »intern-autonomer« Täter, aufgeschlüsselt nach dem Merkmal »Konvertiten«.

		intern-autonome Konvertiten		gesamt
		nein	ja	
Opfergruppe »durchschnittliche Zivilisten«	nein	12	2	14
		70,6 %	40,0 %	63,6 %
	ja	5	3	8
		29,4 %	60,0 %	36,4 %
gesamt		17	5	22
		100 %	100 %	100 %

Tabelle 22: »Konvertiten« und Opfergruppenwahl »durchschnittliche Zivilisten« bei »intern-autonomen« Tätern

60 Prozent der »intern-autonomen Konvertiten«, aber nur 29,4 Prozent der Nicht-»Konvertiten« wählen die Opfergruppe »durchschnittliche Zivilbevölkerung«. Aufgrund der extrem kleinen Fallzahl muss der gefundene Zusammenhang das akzeptierte Signifikanzniveau aber wiederum verfehlen ($p = 0,233$), weshalb sich hier kein Hinweis darauf ableiten lässt, dass eine tatsächlich erhöhte Präferenz für indiskriminative Massenviktimisierungsszenarien vorliegen könnte.

6.3.4 »Erwerbsstatus«

Das Merkmal »Erwerbsstatus« wurde dichotom in den Ausprägungen »Erwerbslosigkeit« versus »Beschäftigung« codiert, wobei Studierende letzterer zugerechnet wurden. Für Gruppen wurde nur dann eine Ausprägung bestimmt, wenn die entsprechende Ausprägung für mindestens die Hälfte der

Täter, zu denen Angaben vorlagen, zutraf, es sich dabei aber um mindestens ein Drittel der Gruppenmitglieder handelte.

Merkmalsausprägung	Cramérs V	p	n	Anteil der Täter in Prozent		
				gesamt	erwerbslos	beschäftigt
mind. erwogenes Selbstmordattentat	0,30	0,182	22	31,8	50	21,4
Opferklasse »Verantwortungsträger«	0,23	0,297	19	57,9	42,9	66,7
Opferklasse »spezielle Feindgruppen«	0,53	0,038	19	26,3	57,1	8,3
Opferklasse »durchschnittliche Zivilisten«	0,37	0,130	19	47,4	71,4	33,3
Mittelpräferenz »nur Sprengstoff«	0,31	0,753	15	18,8	83,3	60,0
Massenviktimisierung	0,48	0,057	18	55,6	85,7	36,4

Tabelle 23: Einfluss des »Erwerbsstatus« auf Tatmerkmale

Zur Einordnung der Befunde gilt es zunächst, Zusammenhänge mit weiteren Tätermerkmalen aufzuzeigen. Das Merkmal »Erwerbsstatus« steht weder in einem Zusammenhang zum Merkmal »Autonomie und Zugehörigkeit« noch zur »Gruppengröße«. Jedoch besteht ein starker (Cramérs V = 0,62) und signifikanter (p = 0,010) Zusammenhang mit dem Merkmal »Konvertiten« (n = 22). Von den acht Gruppen mit überwiegend »Erwerbslosen« handelt es sich bei der Hälfte der Fälle um »Konvertiten«; demgegenüber findet sich in der Gruppe der »Beschäftigten« kein »Konvertiten«-Fall. Es ist daher anzunehmen, dass Zusammenhänge mit dem »Erwerbsstatus« zumindest teilweise durch das Merkmal »Konvertit« moderiert werden. Dies bestätigt eine Analyse der um den »Konvertiten«-Effekt bereinigten Täterpopulation. Die Präferenz für Angriffe auf »durchschnittliche Zivilisten« ist nahezu vollständig durch das Merkmal »Konvertit« vermittelt. Hinweise auf eine geringere Präferenz der »Erwerbslosen« für die Opferklasse »Verantwortungsträger« sowie auf eine höhere Präferenz bei den Selbstmordattentaten werden nach Herausrechnung des »Konvertiten«-Effektes weiter abgeschwächt. Lediglich bei der Präferenz für »spezielle Feindgruppen« bleibt ein Hinweis auf einen Zusammenhang zum Merkmal »Erwerbsstatus« bestehen. Dieser könnte sich aus der relativ großen Anzahl »angegliederter«

Täter, die eine relativ hohe Präferenz für »spezielle Feindgruppen« aufweisen, unter den »Erwerbslosen« erklären. Zusammengefasst ergeben sich aus den beiden statistisch signifikanten Zusammenhängen keine Hinweise auf einen Kausalzusammenhang zwischen »Erwerbslosigkeit« und Anschlagspräferenzen von Tätern.

6.3.5 »Bildungsniveau«

Einem Fall wurde ein »höheres Bildungsniveau« zugeschrieben, wenn sich für mindestens die Hälfte der Täter, zu denen Angaben zum »Bildungsniveau« vorlagen, mindestens aber für ein Drittel aller Täter einer Gruppe eine akademische Bildung feststellen ließ (inklusive Studierenden). Andernfalls wurde von einem »niedrigeren Bildungsniveau« ausgegangen.

Merkmalsausprägung	Cramérs V	p	n	Anteil der Täter in Prozent		
				gesamt	höheres Bildungsniveau	niedrigeres Bildungsniveau
mind. erwogenes Selbstmordattentat	0,20	0,319	21	42,9	35,7	57,1
Opferklasse »Verantwortungsträger«	0,03	0,648	18	44,4	45,5	42,9
Opferklasse »spezielle Feindgruppen«	0,27	0,272	18	27,8	18,2	42,9
Opferklasse »durchschnittliche Zivilisten«	0,03	0,648	18	55,6	54,5	57,1
Mittelpräferenz »nur Sprengstoff«	0,41	0,353	17	76,5	63,6	100
Opfergruppe »Juden«	0,44	0,137	18	11,1	0	28,6

Tabelle 24: Einfluss des »Bildungsniveaus« auf Tatmerkmale

Zwischen den Merkmalen »Erwerbsstatus« und »Bildungsniveau« besteht ein starker (Cramérs V = 0,53) und signifikanter (p = 0,077) Zusammenhang: 90 Prozent der Tätergruppen mit Hinweisen auf »höhere Bildung« waren »beschäftigt«; während es in der Gruppe mit »niedrigerer Bildung« 60 Prozent sind. Entsprechend besteht auch ein starker (Cramérs V = 0,43) und signifikanter (p = 0,088) Zusammenhang mit dem Merkmal »Konvertit«. In der Gruppe mit »höherer Bildung« liegt der »Konvertiten«-Anteil bei 7,1 Prozent im Verhältnis zu 42,9 Prozent bei Fällen mit »niedriger Bildung«.

Über einen möglicherweise eigenständigen Effekt des Merkmals »Bildungsniveau« lassen sich wegen der kleinen Zahl der Fälle, in denen eine »niedrigere Bildung« nicht mit dem Merkmal »Konvertit« oder »Erwerbslosigkeit« korreliert, keine Aussagen treffen.

6.3.6 Zusammenfassung

Bei Selbstmordanschlägen zeigte sich eine höhere Präferenz bei »angegliederten« und »externen« Tätern, während sich bei den »intern-autonomen« Tätern bezüglich dieses Modus Operandi die geringste Präferenz zeigte. Zudem ergaben sich Hinweise auf einen Zusammenhang zwischen einer Präferenz für Selbstmordanschläge und dem Merkmal »Erwerbslosigkeit«. Unter Berücksichtigung der Korrelationen zwischen »Erwerbslosigkeit« und dem Merkmal »Konvertiten« ließ sich ein eigenständiger Effekt der »Erwerbslosigkeit« gleichwohl nicht nachweisen; die größere Häufigkeit könnte durch das Merkmal »Konvertiten« vermittelt sein, für welches ebenfalls ein Zusammenhang mit einer höheren Präferenz für Selbstmordanschläge festgestellt werden konnte, der jedoch aufgrund der extrem kleinen Zahl der »Konvertiten«-Fälle nicht signifikant ist. Hinsichtlich der Mittelwahl zeigten sich keine signifikanten Zusammenhänge mit Tätermerkmalen.

Der stärkste Prädiktor für gegen die Zivilbevölkerung gerichtete Anschlagsszenarien bildet eine Angliederung an dschihadistische Organisationen. Dabei zeichnet sich die Gruppe »intern-angegliederter« Täter durch die höchste Präferenz aus. Die relative Häufigkeit indiskriminativer Massenviktimisierungen sinkt mit zunehmendem Autonomisierungsgrad der Täter. Wenn »autonome« Täter sich für ein Szenario indiskriminativer Massenviktimisierung entscheiden, wählen sie häufiger, als es bei »angegliederten« Tätern der Fall ist, die Objektklasse ÖPNV. Bei »angegliederten« Tätern lässt sich demgegenüber eine Präferenz für Angriffe auf den Flugverkehr feststellen.

Starke Hinweise auf eine höhere Präferenz für indiskriminative Massenviktimisierungen zeigen sich ferner bei »Konvertiten« sowie bei »Erwerbslosen«, wobei zwischen »Beschäftigten« und »Erwerbslosen« nach Herausrechnung des »Konvertiten«-Effekts keine Häufigkeitsdifferenz mehr besteht.

Von großer Bedeutung ist der Befund einer von Tätermerkmalen unabhängigen und für den Homegrown-Dschihadismus damit ubiquitären Präferenz für die Opferklasse Verantwortungsträger. Im Fokus »angegliederter« Täter stehen demgegenüber »spezielle Feindgruppen«. Diese Hinweise auf eine Europäisierung der Opferklassenpräferenzen bei »autonomen« Tätern schlagen sich auch in den einzelnen Opfergruppen wieder. Am deutlichsten zeigt sich der Unterschied bei den Opfergruppen »Amerikaner« und »Islamgegner«. Während erstere ein Spezifikum »angegliederter« Täter bilden (sowohl »interner« als auch »externer«), stellen Angriffe auf »Islamgegner« ein Spezifikum »intern-autonomer« Täter dar. Aufschlussreich ist dabei der Befund einer bei »Konvertiten« tendenziell gegenläufigen Opfergruppenpräferenz. So spielt die Opfergruppe »Islamgegner« für »Konvertiten« keine maßgebliche Rolle.

7 Zusammenfassung zentraler Befunde

Die quantitative Analyse von 46 Fällen dschihadistischer Anschläge und Anschlagsplanungen in europäischen Ländern zwischen 2001 und 2013 brachte folgende Befunde:

(1) Zielwahl. Das Zielspektrum dschihadistischer Anschläge bilden drei Opferklassen: »durchschnittliche Zivilisten« und »Verantwortungsträger«, die in etwa der Hälfte der Fälle eine Rolle spielen, sowie »spezielle Feindgruppen« der dschihadistischen Bewegung (»Amerikaner« und »Juden«), die nur in etwa einem Drittel der Fälle als Opferklasse angegriffen oder in Erwägung gezogen wurden. In der Opferklasse der »Verantwortungsträger« bilden »Soldaten« und »Angehörige politischer Institutionen« die am häufigsten gewählte Opfergruppe. In der Opferklasse der »speziellen Feindgruppen« ist die Opfergruppe »Amerikaner« am häufigsten vertreten.

Eine Reihe von dschihadistischen Gruppen erwägt zu Beginn ihres Planungsprozesses Anschläge auf schwierig anzugreifende, symbolträchtige und vitale Ziele, schließt diese Ziele im weiteren Planungsprozess aber mutmaßlich aufgrund negativer Machbarkeitseinschätzungen wieder aus. Dabei richten sich Anschläge überwiegend gegen nur eine Opfergruppe, im frühen Planungsstadium werden jedoch multiple Opfergruppen in Erwägung gezogen.

(2) Mittelwahl. Sprengstoffe sind das dominierende Anschlagsmittel. In 63 Prozent aller Fälle hatten sich die Täter auf Sprengstoffanschläge festgelegt. Schusswaffen wurden in 23,9 Prozent der Fälle ausgewählt, davon in einem Drittel der Fälle in Kombination mit Sprengstoff. Hieb- oder Stichwaffen spielten in nur vier Fällen (8,7 Prozent) eine Rolle; in fünf Fällen erwogen Täter die Beschaffung von Giftstoffen, nur in einem Fall wurde dieser Plan jedoch weiterverfolgt. Im Unterschied zu den Zielwahlen geben die Daten mit Ausnahme von Giftstoffen keine Hinweise auf nennenswerte Selektionsprozesse bei den Mittelwahlen. Vielmehr scheint es so, als ob

Dschihadisten von vornherein entweder auf Sprengstoffe oder auf Schusswaffen fokussieren.

(3) Modus Operandi. Selbstmordanschläge bilden ebenso wie andere Formen von »Märtyreroperationen« keinen dominanten Modus Operandi des europäischen Dschihadismus. In 32,6 Prozent der Fälle wurde ein Selbstmordattentat mindestens erwogen; in 23,9 Prozent ließ sich eine davon unabhängige Märtyrerbereitschaft feststellen. Auffällig ist dabei der hohe Anteil von märtyrerhaft-fatalistischen Angriffen bei Stich- und Schusswaffenangriffen, bei denen Täter ihre Festnahme oder den eigenen Tod in Kauf nahmen.

(4) Zusammenhänge zwischen Zielwahl, Mittelwahl und Modus Operandi. Unterscheiden lassen sich zwei Typen von Planungsprozessen: zielobjektspezifische sowie szenarioorientierte. Im ersten Fall ist die Mittelwahl Gegenstand eines taktischen Anpassungsprozesses an ein festgelegtes Ziel, während das Anschlagsmittel im zweiten Fall von vornherein Bestandteil eines angestrebten opfergruppenspezifischen Szenarios ist.

Zwischen der Mittelwahl und der Zielwahl zeigt sich ein trivialer taktischer Zusammenhang derart, dass sich Schuss- und Stichwaffenangriffe nur gegen »Verantwortungsträger« richten, wobei es sich überwiegend um Einzelpersonen handelt.

Die Daten sprechen gegen die Hypothese einer primär taktisch motivierten Wahl eines Selbstmordanschlags. So zeigen Häufigkeiten (erwogener) Selbstmordanschläge bei *soft- und hard targets* keine auffälligen Unterschiede. Ein signifikanter Zusammenhang besteht jedoch zwischen der Szenariowahl einer Massenviktimisierung und der Bereitschaft zum Selbstmordattentat. Darüber, ob dieser Zusammenhang taktisch vermittelt ist oder sich aus einer normativen bzw. heilspragmatischen Orientierung der Täter an dem Märtyrergedanken erklärt, lässt sich auf Basis der Statistik keine Aussage treffen.

(5) Konfliktorientierung. In 80 Prozent der Fälle spiegelt sich in den angegriffenen Opfergruppen ein Konflikt der dschihadistischen Bewegung mit europäischen Ländern wider. Das dominierende Konfliktthema bildet dabei die Beteiligung des Ziellandes eines Anschlags an Militärinterventionen in überwiegend muslimischen Ländern, gefolgt vom Thema »Islamkritik«. Diese thematische Gewichtung zeigt sich so auch in den Täterstatements. In 51,9 Prozent der Fälle dominierte ein außereuropäischer Referenzort des Konfliktgeschehens, in 29,6 Prozent das Thema »Islam in Europa« und in 18,5 Prozent waren beide Kontexte gleichermaßen thematisch. Täter, die ei-

nen Konflikt um den »Islam in Europa« thematisieren, zeichnen sich erwartungsgemäß durch eine Präferenz für Angriffe auf »Islamgegner« aus. Sie neigen jedoch, ebenso wie Täter mit einer Orientierung an einem außereuropäischen Referenzort des Konfliktgeschehens, zu indiskriminativen Massenviktimisierungen, wählen aber seltener den Modus Operandi eines Selbstmordanschlags.

(6) Dschihadistische Tätertypen. In der Dominanz einer »europäischen Konfliktorientierung« spiegelt sich das Phänomen eines Homegrown-Dschihadismus. In 72,5 Prozent der Fälle (n = 40) handelt es sich um »interne«, im Zielland des Anschlags geborene oder erwachsen gewordene Täter. Die Täter handelten überwiegend autonom. Nur in 17,8 Prozent (n = 45) der Fälle wurden Täter von einer internationalen dschihadistischen Organisation materiell oder finanziell unterstützt. 15,2 Prozent der Täter bzw. Tätergruppen waren Konvertiten, die einen Teilbereich des Homegrown-Dschihadismus bilden. Die Täter sind fast immer männlich (98 Prozent) und waren zum Zeitpunkt ihrer Festnahme (bzw. Selbsttötung) im Durchschnitt 28 Jahre alt (n = 139), »Homegrown«-Täter mit durchschnittlich 25,6 Jahren etwas jünger. Mindestens die Hälfte der Täter lebte in prekären Verhältnissen; rund die Hälfte zeichnet sich durch ein »niedrigeres Bildungsniveau« aus. Für alle »Konvertiten«-Tätergruppen traf das Merkmal »Erwerbslosigkeit« zu.

Konstatiert wurde eine mit zunehmendem Autonomisierungsgrad abnehmende Häufigkeit von Angriffen auf »spezielle Feindgruppen« des globalen Dschihadismus. Auch zeigt sich bei autonom Handelnden eine gegenüber »Angegliederten« geringere Relevanz der Opfergruppe »Amerikaner«, dafür eine höhere Relevanz der Opfergruppe »Islamgegner«. Es lässt sich hier von einer *europäischen Autonomisierung der Zielwahlpräferenzen* vom globalen Dschihadismus sprechen. Mit zunehmendem Autonomisierungsgrad der Täter sinkt ferner auch die relative Häufigkeit indiskriminativer Massenviktimisierungen. Indiskriminative Massenviktimisierungen bilden ein wesentliches Charakteristikum »intern-angebundener« Täter. Demgegenüber zeichnet sich der quasi »europäischste« Tätertypus der »intern-autonomen« Täter durch eine eher geringe Präferenz für indiskriminative Massenviktimisierungen und Selbstmordanschläge aus. Innerhalb dieses »europäischen« Typus werden Angriffe auf »durchschnittliche Zivilisten« dabei überwiegend von »Konvertiten« begangen.

Bei Anschlägen auf »Verantwortungsträger« zeigt sich bei den unterschiedlichen Typen von »Autonomie und Zugehörigkeit« demgegenüber eine nivellierte Präferenzlage. Hier bilden »Soldaten« und »Politiker« die am häufigsten gewählte Opfergruppe. In der Opferklasse der »speziellen Feindgruppen«, die vornehmlich von »angegliederten« Tätern ausgewählt wird, ist die Opfergruppe »Amerikaner« am häufigsten vertreten.

III. Die Logik des Anschlags: Terrorismus als soziale Kontrolle

1 Terrorismus und staatliches Strafen

Terrorismus wird gemeinhin wesentlich als eine Methode des politischen Kampfes bzw. als eine Form asymmetrischer Kriegsführung verstanden (vgl. z. B. Hoffman 1998; McAllister/Schmid 2011; Münkler 2004). Damit gerät in erster Linie die politisch-strategische Rationalität des Terrorismus in den Blick: Anschläge dienen dazu, politische Ziele zu erreichen bzw. Kämpfe zu gewinnen, und andere Motivzusammenhänge erscheinen sekundär. Wir folgen hier einem weiter gefassten – den Aspekt des politischen Kampfes dabei nicht ausschließenden – analytischen Zugriff und betrachten *Terrorismus als Form der sozialen Kontrolle*.[35]

»Soziale Kontrolle« ist ein sehr heterogen gebrauchter Begriff (vgl. z. B. Scheerer/Hess 1997). In Anlehnung an Donald Black (1983; 2004a) verwenden wir hier eine eher enge Begriffsfassung und bezeichnen als soziale Kontrolle soziale Prozesse, die abweichendes Verhalten definieren und darauf reagieren. Mit »abweichendem Verhalten« ist dabei Normabweichung aus der Perspektive der jeweiligen Kontrollinstanzen, nicht eine wie immer definierte objektive Abweichung und nicht in erster Linie Normalitätsabweichung, gemeint. Eine wichtige Variante sozialer Kontrolle ist negative Sanktionierung: die mit Verantwortungszuschreibung einhergehende Zufügung eines Übels in Reaktion auf abweichendes Verhalten, mit anderen Worten: Strafe. Der Begriff der negativen Sanktion impliziert (der Sanktion vorausgehend und/oder ihr folgend) die Sanktionsdrohung, die dem Ausdruck einer Verhaltenserwartung eine Dauer verleiht. Sanktionierende soziale Kontrolle reagiert auf Normbrüche *und* definiert sie, insofern die Sanktion für die Norm konstitutiv ist.[36] Anders gesagt: Die Sanktionsdrohung definiert Devianz zusammen mit der mindestens gelegentlichen Durchführung der Sanktion im Falle der Normabweichung. Ein Handeln ist jenseits seiner

---

35 Eine frühere Fassung von Teilen dieses Kapitels findet sich in Fischer (2014).

36 Vgl. Popitz (2006), der allerdings die Unterstützung durch die »Gruppenöffentlichkeit« zur Voraussetzung der Rede von der Sanktion macht.

Sanktionierung deviant, insofern (und nur insofern) es trotz einer angedrohten Sanktion stattfindet (für den Fall der Kriminalität vgl. Hess/Scheerer 2003).

Viele Akte der Kriminalität sind Akte der sozialen Kontrolle. »[M]uch crime«, so Black (1983: 34), »is moralistic and involves the pursuit of justice. It is a mode of conflict management, possibly a form of punishment, even capital punishment. Viewed in relation to law, it is self-help. To the degree that it defines or responds to the conduct of someone else – the victim – as deviant, crime is social control.« Dies gilt auch und in hervorragender Weise für (hier und im Folgenden zunächst: substaatlichen, revoltierenden; vgl. Hess 2006) Terrorismus (vgl. Senechal de la Roche 1996; Black 2004a, 2004b): Terrorismus behauptet und reagiert auf Normabweichung. Alle typischen Formen des revoltierenden Terrorismus gehen zentral mit starken Behauptungen von Normverletzungen einher. Ethnoseparatistischer Terrorismus behauptet ein (aktuell verweigertes) Recht auf Selbstbestimmung. Sozialrevolutionärer Terrorismus behauptet eine grundlegend falsche gesellschaftliche Ordnung. Rechtsextremer Terrorismus behauptet die Verletzung sozialer »Reinheitsnormen«, die Benachteiligung der Eigengruppe, eine falsche Herrschaftsordnung und/oder die Verletzung vermeintlich naturgegebener Superioritätsansprüche. Religiöser Terrorismus kann sich auf *Single-Issue*-Abweichungen konzentrieren, in einem kosmischen Krieg zwischen Gut und Böse wähnen, ethnonationale oder sozialrevolutionäre Züge annehmen oder verstärken oder verschiedene Ebenen integrieren. Dschihadistischer Terrorismus beinhaltet die Aspekte der Selbstverteidigung (Abwehr ungerechtfertigter Angriffe auf Muslime), der Gruppenselbstbestimmung und des Territorialismus (Freiheit islamischer Länder von Einflüssen »Ungläubiger«) und der Sozialrevolution (Falschheit jeder anderen gesellschaftlichen Ordnung als der vermeintlich gottgewollten).

In jedem Fall wird Unrichtigkeit, meist Ungerechtigkeit der Verhältnisse beklagt. Im typischen Fall ist revoltierender Terrorismus der militante Ausläufer einer auch in gewaltfreien Formen bestehenden sozialen Protestbewegung, die sich im Kampf gegen ungerechte Verhältnisse sieht (vgl. Scheerer 1988a). Er ist hochmoralisch und reagiert auf Abweichung von – je unterschiedlich definierter – guter Ordnung sowie auf das aus dieser Perspektive abweichende Verhalten von Akteuren, deren Handeln die falsche Ordnung etabliert und stabilisiert. Revoltierender Terrorismus ist soziale Kontrolle vor dem Hintergrund einer faktisch noch zu etablierenden, moralisch aber als geltend erachteten Alternativordnung oder mindestens alternativer Bewertungen von Recht und Unrecht. Er ist negative Sanktionierung von Normverletzungen, also eine Form der Bestrafung. Er droht mit sich selbst (Steinhoff 2005: 161) und definiert Devianz in der Kombination von Sanktionsdrohung und gelegentlicher Sanktionierung.

Kontraintuitiv mag dies wirken, wenn man mit »Strafe« vorwiegend Vergeltung assoziiert. Terrorismus, so könnte man dann einwenden, will nicht nur auf vergangenes (vermeintliches) Unrecht reagieren, sondern verfolgt prospektiv politische Ziele; er ist Drohung, Zwang, instrumentelle Machtausübung. Dieser vermeintliche Widerspruch löst sich leicht auf, wenn wir berücksichtigen, dass Strafe selbstverständlich präventive Ansprüche jenseits bloßer Vergeltung haben kann und regelmäßig hat. Dass Strafe auf vergangenes Handeln reagiert, heißt nicht, dass sie nicht zukünftiges Handeln beeinflussen will. Dass Terrorismus Zukunft durch instrumentelle Gewalt (vgl. Popitz 1992) gestalten will, heißt nicht, dass er nicht als eine Form der Strafe auf eine als Unrecht empfundene Situation und das diese Situation etablierende Verhalten sanktionierend reagiert.[37]

Anders als private kriminalisierte soziale Kontrolle versucht der revoltierende Terrorismus, herrschende soziale Kontrolle ihrerseits öffentlichkeitswirksam zu stigmatisieren und zu kriminalisieren. Er nutzt den Umstand, dass die »gesellschaftlichen Kräfte, die sich im Strafrecht artikulieren können [...], keineswegs die alleinige Definitionsmacht« haben (Hess/Scheerer 2003: 74), richtet die Stigmatisierungswirkung gegen den Staat und ist nicht an der Affirmation, sondern an der Überwindung bestehender Herrschaftsverhältnisse interessiert. Agierend vor dem Hintergrund einer Protestbewegung steht ihm ein Reservoir an Gegeninterpretationen zu offiziellen Wirklichkeitsbeschreibungen zur Verfügung, deren argumentative Differenziertheit private Rechtfertigungen von Devianz weit übertrifft und deren kollektiv geteilter Charakter ihre Plausibilität erhöht. Wie herrschende soziale Kontrolle nutzt auch der Terrorismus häufig Pathologisierung als ergänzende Stigmatisierungs- und Kontrolltechnik: Die gewöhnliche Wahrnehmung der Wirklichkeit wird als zu überwindende Illusion (»falsches Bewusstsein«, *dschahiliya*) diagnostiziert. Und wie herrschende Kontrollorgane

37 Möglicherweise liegt im englischen Sprachgebrauch die Rede vom Terrorismus als »punishment« näher als im Deutschen. So stellt z. B. Pape (2003: 346) fest: »The common feature of all suicide terrorist campaigns is that they inflict punishment on the opposing society«.

auch, so führen terroristische Organisationen bzw. die ihnen ideologisch nahestehenden Protestmilieus mehr oder minder genaue Abweichungsstatistiken, in denen Verfehlungen der Gegenseite gezählt und dokumentiert werden – wobei gelegentlich einzelne Abweichungen kampagnenartig besondere Skandalisierung erfahren.

Die Struktur des Terrorismus als eine Form sozialer Kontrolle erschließt sich näher, wenn wir diesen mit anderen Formen der sozialen Kontrolle – im Folgenden mit staatlicher Strafpraxis – vergleichen.

1.1 Figurationen: Instanzen, Delinquenten, Bezugsgruppen

Private Formen des Strafens können in einer bipolaren Beziehung zwischen Strafendem und Bestraftem vorkommen. Staatliches und terroristisches Strafen aber haben gemeinsam, dass sie regelmäßig beobachtet werden und Beobachter auch beeinflussen *wollen*. Angestrebt wird eine »psychische Wirkung« auf Dritte (vgl. zum Terrorismus: Hess 2006). Die Figuration (vgl. Elias 2004) staatlichen Strafens ist in vereinfachter Darstellung eine dreipolige mit Beziehungen zwischen Staat, Delinquent und Allgemeinheit (Volk, Bevölkerung). Der demokratische Nationalstaat legitimiert sein Strafen als Handeln im Sinne, zum Vorteil und im Auftrag der Allgemeinheit. Er agiert »im Namen des Volkes«. Die Allgemeinheit wird dabei als grundsätzlich normkonform, aber potenziell abweichend vorgestellt. Strafend eingewirkt wird auf eine relativ kleine Zahl von (für schuldig befundenen) Delinquenten, an denen Verantwortung personalisiert und isoliert wird. Spezialprävention will den Delinquenten, Generalprävention die Allgemeinheit im Sinne der Normkonformität beeinflussen. Vergeltung sucht einen Ausgleich des Unrechts durch schuldangemessene Schädigung des Delinquenten und beeinflusst die Anerkennungsbeziehung zwischen Staat, Delinquent und Allgemeinheit durch den Ausdruck von Missbilligung.

Wie der Staat, so beansprucht der revoltierende Terrorismus, im Sinne und zum Vorteil einer Bezugsgruppe zu agieren (zum Beispiel unterdrückte Volksgruppe, Proletariat, Gläubige). Allerdings erscheinen viele, wenn nicht alle Mitglieder der Bezugsgruppe zugleich als Opfer des beklagten Unrechts – die Situation ist die einer Massenviktimisierung. Die Beziehung einer terroristischen Gruppe zur Bezugsgruppe ist zudem in legitimatorischer Hinsicht differenzierter und komplizierter als die eines funktionierenden

Staates zur Allgemeinheit. Straft letzterer »im Namen des Volkes«, regt sich dabei selten unter signifikanten Bevölkerungsgruppen grundsätzlicher Widerspruch bezüglich der Legitimität des Strafrechts. Nur relativ wenige »Extremisten« oder »Radikale« zweifeln am staatlichen Recht zu strafen und unterliegen, soweit nicht kriminalisiert, präkriminalisierenden Formen der sozialen Kontrolle. Dem Terrorismus sprechen aber immer wieder relevante Teile der Bezugsgruppe (dem sozialrevolutionären Arbeiter, dem Dschihadismus Muslime usw.) das Recht zur Sanktion ab. So scheiden sich – bei graduellen Abstufungen – Unterstützer, Genossen, Sympathisanten, »wahre« Gläubige von solchen Mitgliedern der Bezugsgruppe, die mangelnde Solidarität zeigen, sich mit den Verhältnissen abgefunden haben oder mit der Gegenseite kollaborieren und letztlich zur Feindgruppe gezählt werden können.

Auch die Beziehung des Terrorismus zu seinen Delinquenten ist in bestimmten Hinsichten eine kompliziertere als im Falle eines Staates im Zustand relativer Ordnung. Der Terrorismus sieht sich mit massenhafter, systemischer und organisierter Delinquenz konfrontiert. Die herrschende Ordnung und Normalität selbst werden als fundamentales und skandalöses Unrecht qualifiziert, und die Rechtsordnung, die dies billigt, erscheint nichtig. Angesichts massenhafter und organisierter Delinquenz entsteht einerseits eine »logic of collective liability« (Senechal de la Roche 1996; Black 2004a), andererseits werden Grade von individueller Verantwortung und Schuld, von Täter- und Mittäterschaft unterschieden. Dabei werden typischerweise staatliche Instanzen, die dem Terrorismus erheblich an Macht überlegen sind, als Haupttäter identifiziert. Aber auch anderen als staatlichen Akteuren und Gruppen sowie der Allgemeinheit überhaupt kann, in unterschiedlichem Ausmaß und mit unterschiedlichen Argumenten, Schuld im Hinblick auf die beklagten Missstände zugeschrieben werden. Der Terrorismus sieht sich einem Feld kollektiv generierter und beständig perpetuierter Delinquenz gegenüber, in dem zahlreiche Akteure mehr oder minder verantwortlich scheinen.

Dem Terrorismus wird oft eine besonders manichäische, fundamentalistische Unterscheidung von Gut und Böse attestiert. Hinsichtlich der sozialen Figuration verhält es sich aber gerade so, dass die terroristische Differenzierung von »Guten« und »Bösen«, von In- und Outgroup, von Bezugsgruppe und Delinquenten unschärfer und schwieriger ist als für den funktionierenden Staat. Erheblich stärker als dieser ist der Terrorismus mit dem Umstand konfrontiert, dass die legitimierende, unterstützende und als grundsätzlich konform gedachte Bezugsgruppe auf der einen und die Gruppe der Delinquenten auf der anderen Seite »fuzzy sets« (vgl. Ragin 2008) sind – Mengen, in denen Individuen nicht einfach Mitglied sind oder nicht, sondern in denen Einzelne in unterschiedlichem (und oft schwer zu bestimmendem) Ausmaß mehr oder weniger Mitglied sein können.

1.2 Strafzwecke

Hinsichtlich seiner normativen Grundlage stellt der Dschihadismus eine Besonderheit dar, insofern er sich auf einschlägige Interpretationen des islamischen Rechts und damit auf eine entwickelte, differenzierte Rechtslehre beruft. Für gewöhnlich setzt der revoltierende Terrorismus nicht rechtliche, sondern moralische Normen um. Er tut dies in Selbsthilfe (vgl. Black 2004a) und kann die Sanktionierung nicht besonderen Organisationen überlassen; stattdessen organisieren sich Individuen in mehr oder minder großem Ausmaß und schreiten selbst zur Tat. Zugleich stellt sich dem Terrorismus mit dem Staat ein hauptverantwortlicher Delinquent, der den terroristischen Agenten der Kontrolle erheblich an Macht überlegen ist und seinerseits mit starker sozialer Kontrolle auf diese zurückwirkt. Das erhebliche Risiko der rückwirkenden Bestrafung (das auch für staatliche Akteure der sozialen Kontrolle gelegentlich gegeben ist) bedeutet, dass terroristische soziale Kontrolle nur klandestin möglich ist.

Eine Folge der relativen Schwäche, des geringeren Organisationsgrades und der Klandestinität sind Einschränkungen hinsichtlich möglicher Sanktionsprozeduren und -modi. Ein öffentliches und geregeltes Verfahren gegen Delinquenten kann nicht organisiert werden.[38] In der Regel kommen nur überraschende und schnelle, unvorhersehbare und ein Stück weit willkürlich erscheinende, das heißt *anschlagsförmige* Sanktionen in Betracht. Wird der »normale« und »rationale« Charakter der Entscheidung zum Anschlag betont, so zielt diese Beobachtung in der Regel darauf ab, dass in substaatlichen terroristischen Gruppen psychisch gesunde Akteure instrumentell bzw.

38 Allerdings werden Elemente wie Anklage- und Urteilsschriften in terroristischen Erklärungen und Bekennerschreiben gespiegelt; im Fall von Entführungen kann auch eine Inhaftierung und ein Anklage- und Urteilsprozedere vor einer eventuellen Exekution des Entführten inszeniert und über Bild- oder Videomaterialien der Öffentlichkeit zugänglich gemacht werden.

zweckrational, nämlich politisch strategisch, operieren: Angesichts der jeweiligen politischen Machtverhältnisse und einer Situation der militärischen Unterlegenheit können Anschläge als geeignete (und/oder einzig mögliche) Form des politischen Kampfes betrachtet werden. Anschlagshandeln als »normales« Handeln zu analysieren, muss aber heißen, verschiedene Handlungsdimensionen bzw. -typen zu berücksichtigen und neben politisch instrumenteller weitere Formen von Rationalität zuzulassen. In Anlehnung an Habermas (1988) unterscheiden wir idealtypisch instrumentelles, normenreguliertes, dramaturgisches und expressives Handeln. Instrumentelles Handeln ist teleologisches, an Mittel-Zweck-Relationen orientiertes Handeln; es wird zum strategischen dort, wo »in das Erfolgskalkül des Handelnden die Erwartung von Entscheidungen mindestens eines weiteren zielgerichtet handelnden Aktors eingehen kann« (ebd.: 127). Normenreguliertes Handeln ist auf die Befolgung von Normen und Werten orientiert. Unter dramaturgischem Handeln fassen wir ein auf die (Re-)Präsentation des Selbst orientiertes Handeln. »Die dramaturgischen Qualitäten des Handelns«, so Habermas (ebd.: 136), »sind in gewisser Weise parasitär; sie sitzen einer Struktur zielgerichteten Handelns auf.« Ein gleiches, subsidiäres Verhältnis gilt für die Beziehung von dramaturgischen und normenregulierten Handlungsaspekten: Wie Selbstpräsentationen strategische Ziele verfolgen können, so sind sie – im Mechanismus der Anerkennung – von eigenen und fremden Normen und Werten abhängig. Daneben sprechen wir von expressivem (auf den Ausdruck einer Idee orientierten), für unsere Zwecke aber nicht von »kommunikativem« Handeln, da terroristische Anschläge – auch wenn regelmäßig als »Kommunikation« im Sinne der Übermittlung von »Botschaften« verstanden – gerade nicht im habermasschen Sinne unmittelbar auf intersubjektive Verständigung orientiert, sondern im Gegenteil Ausdruck einer diskursiven Entkoppelung sind, die in einem Konflikt die Grenze herrschaftsfrei diskursiver Verständigungsmöglichkeiten subjektiv als überschritten erscheinen lässt. Wie für dramaturgische, so gilt für expressive Handlungsmomente, dass sie, wenngleich als besondere Aspekte beschreibbar, subsidiär und ihrerseits teleologisch, normativ oder dramaturgisch fundiert sein können. Die Analyse des Terrorismus als Form der sozialen Kontrolle erlaubt es nun, die verschiedenen möglichen Motivzusammenhänge integriert und grundsätzlich gleichberechtigt zu betrachten. Wir müssen nicht – wie in der Perspektive des bloßen politischen Kampfes – instrumentell-strategische Zwecke *a priori* als prioritär setzen, während wir umgekehrt die politisch-strategische Zielsetzung nicht ausblenden müssen, wie es in

Konzeptionen des Terrorismus als Akt bloßen Vernichtungswillens (z. B. Sofsky 2002) geschieht.

Die Logik des Anschlags ist fundamental normenreguliert. Der Anschlag reagiert als negative Sanktion in der Logik kollektiver Haftung auf die Beobachtung gravierender, andauernder und kollektiver Devianz und, typischerweise, Ungerechtigkeit. Diese Beobachtung von Normverletzungen transformiert sich nicht allein verantwortungsethisch in eine normativ fundierte instrumentelle Logik, der zufolge Ungerechtigkeit abzuschaffen ist. Vielmehr kann die Beteiligung an Anschlägen auch als unmittelbare Pflicht empfunden und konzipiert werden. Im Falle des Dschihadismus ist dies besonders klar mit der vermeintlichen religiösen Pflicht zur Beteiligung am Dschihad gefasst – Gott ordnet den Kampf an, unabhängig vom Gerechtigkeitsempfinden oder den politischen Zielsetzungen des Einzelnen. Diese Pflicht ist selbst wiederum durch ultimative, positive und negative, Sanktionen gestützt und mit persönlich-instrumentellen Zwecken verknüpft, insofern die Pflichterfüllung für die göttliche Entscheidung zwischen unendlicher paradiesischer Belohnung und unendlichen Höllenqualen als von geraumer Relevanz gesetzt wird. Wie in anderen Formen der Bestrafung spielen auch in Anschlagsplanungen die Topoi von Rache und Vergeltung eine zentrale Rolle: »The most powerful theme«, so Richardson (2007: 88), »in any conversation with terrorists past or present, leader or follower, religious or secular, left wing or right wing, male or female, young or old, is revenge.« Die Schuld wird stets dem Gegner zugeschrieben, eigene Aktionen erscheinen als Reaktionen auf vorangegangene Angriffe bzw. vorangegangenes Unrecht. Rachemotive können für den Einstieg in eine terroristische Gruppe entscheidend sein, was auch zu Rekrutierungszwecken genutzt wird – man denke an Berichte, Bilder und Filme, welche die Untaten und Grausamkeiten der Gegenseite ausführlich präsentieren. Dabei kann es um Rache für Misshandlungen oder Tötungen im persönlichen Umfeld, aber auch um Rache im Namen mehr oder minder abstrakter Kollektive gehen. Vergeltung kann für spezifische Ereignisse oder für die Verfehlungen der Gegenseite insgesamt geübt werden. Kommt es zu einer Eskalation von Terrorismus und Antiterrorismus, so ergeben sich stets neue Anlässe für weitere Vergeltung (vgl. Sack 1984; Richardson 2007; Scheerer 2011). Rache- und Vergeltungsmotive können politisch-instrumentell rationalisiert und als strategisch sinnvoll gedeutet werden – sie können aber auch, einer normativen

Logik folgend, schlicht als Ausdruck von Richtigkeit und Gerechtigkeit erlebt und grundsätzlich jenseits politischer Nutzenerwägungen umgesetzt werden.

In expressiver Hinsicht ist ein terroristischer Anschlag immer und wesentlich Ausdruck von Missbilligung. Er lenkt die Aufmerksamkeit auf das vermeintliche Unrecht, unterscheidet Gut und Böse und benennt zusammen mit der Drohung der Wiederholung den Geltungsanspruch der infrage stehenden Norm. Dieses expressive Moment wird sich regelmäßig mit anderen Motiven vermischen, kann aber prinzipiell auch seinen Sinn in sich finden. Es kann als an sich wichtig oder als kathartisch befreiend empfunden werden, dem wahrgenommenen rabiaten Unrecht deutlich zu widersprechen (selbst wenn die politischen Erfolgsaussichten dabei schlecht sind). In dramaturgischer Hinsicht lenkt der Anschlag zugleich die Aufmerksamkeit auf die Täter, welche durch den riskanten starken Ausdruck von Missbilligung ihre moralischen Qualitäten und ihren heldenhaften Einsatz für das Gute demonstrieren – er unterscheidet nicht nur Gut und Böse, sondern zugleich »Gute« und »Böse«.

Typische strategische bzw. instrumentelle Zielsetzungen terroristischer Gruppierungen sind schließlich: das Aufstellen von Forderungen und die Drohung mit weiterer Gewalt für den Fall der Nichterfüllung – die basale Logik der instrumentellen Gewalt; die Mobilisierung der Bezugsgruppe zum Widerstand – sei es dadurch, dass die Möglichkeit des Widerstands demonstriert wird, sei es durch die Provokation staatlicher Repression, die widerstandsbefördernd wirken soll; die Erzeugung von Aufmerksamkeit für ein ansonsten weniger beachtetes Problem oder Anliegen; die Schwächung des Gegners – auch wenn die psychische Wirkung auf Dritte charakteristisch für den Terrorismus ist, so findet sich doch wenigstens im Dschihadismus gelegentlich ebenfalls die Strategie einer direkten Schwächung der Kampffähigkeit des Gegners;[39] und die Unterminierung des staatlichen Legitimitätsanspruchs – durch die Demonstration, dass der Staat seine Bürger nicht schützen kann (vgl. z. B. Crenshaw 1981; Hoffman/McCormick 2004; Münkler 2003; Richardson 2007; Scheerer 2002; Waldmann 1998).

39 Etwa wenn im Rahmen einer »strategy of a thousand cuts« das via ökonomische Schwächung zu erreichende Ziel ausgegeben wird: »to bleed the enemy to death.« Hier kann auch die Konfliktlogik über durch psychische Wirkungen bearbeitbare Fragen hinausgehen: »[T]he conflict between Islam and disbelief will not end until the Day of Judgement«; vgl. das von al-Qaida auf der Arabischen Halbinsel via Internet vertriebene Magazin *Inspire* 3 (2010).

Insgesamt zeigt die Handlungslogik des Terrorismus eine deutliche Analogie zu staatlichem Strafen: Die »sekundären Motive« (das heißt Motive diesseits der langfristigen ideologischen Ziele; vgl. Richardson 2007) bzw. »proximate objectives« (Crenshaw 1981) des Terrorismus entsprechen im Wesentlichen den für staatliches Strafen vorgetragenen Strafzwecken. Dem Terrorismus geht es in Zusammenfassung um:

- Vergeltung für geschehenes Unrecht
- negative Prävention: Der Staat (als Hauptdelinquent), gesellschaftliche Funktionsträger oder Kollektive sollen durch die Sanktionsdrohung dazu angehalten werden, sich in Zukunft normkonform zu verhalten (Forderungen und Drohungen, Abschreckung) oder in ihrer Fähigkeit, Unrecht zu begehen, physisch eingeschränkt werden (Schwächung, *incapacitation*).
- positive Prävention: Der terroristische Anschlag ruft Normbrüche ins Bewusstsein, erzeugt Aufmerksamkeit für regelwidrige Verhältnisse, drückt Missbilligung aus und will mobilisierend zeigen, dass der Kampf gegen das Unrecht möglich und erforderlich ist (Normstärkung). Er will die Einsicht in das Richtige befördern durch die Entlarvung falscher Sichtweisen und die Erzeugung eines Bewusstseinswandels (Re- bzw. Umsozialisation).

Nicht möglich ist eine klare Zuordnung terroristischer Strategien zu General- versus Individualprävention, was sich aus dem kollektiven Charakter der Delinquenz und der *fuzziness* der Figuration erklärt. Während staatliche soziale Kontrolle Delinquenten wesentlich individualisiert und es mit einer potenziell abweichenden, aber weithin auch normkonformen Allgemeinheit zu tun hat, hat es terroristische soziale Kontrolle mit massenhafter, systemischer und organisierter Delinquenz zu tun und kann sich auf Funktionsträger, auf die Staatsorganisation selbst und in manchen Fällen auch gegen ganze »delinquente« Bevölkerungsgruppen oder Gesellschaften richten, die insgesamt für das beklagte Unrecht verantwortlich gemacht werden. Dazu kommt, dass (manchmal große) Teile der eigenen Bezugsgruppe die Sanktionspraxis nicht anerkennen oder selbst als (aufgrund falschen Bewusstseins noch) delinquent erscheinen. Angesichts dieser multiplen Delinquenz und ihrer Verortung auf individuellen, organisationalen und verschiedenen kollektiven Ebenen ist eine einfache Unterscheidung von »individual« (auf den Täter bezogen) und »general« (auf die konforme Allgemeinheit bezogen) nicht immer möglich. Dies ändert indes nichts daran, dass die Strafzwecke des Terrorismus den staatlichen wesentlich entsprechen: Vergeltung, Abschreckung, *incapacitation*, Normstärkung, sekundäre Sozialisation.[40] Legitimiert wird die Zufügung des Übels dabei – auch dies wie im Falle staatlichen Strafens – wesentlich durch den Verweis auf Schuld, Gerechtigkeit durch reziproke Vergeltung sowie das Ultima-Ratio-Argument: In einer Art Notstands- und Notwehrlage erscheint Gewalt als das einzig verbleibende, angesichts des Ausmaßes von Unrecht auch angemessene und angesichts strategischer Erwägungen (mindestens möglicherweise) geeignete Mittel.

Bei grundsätzlicher Vergleichbarkeit der Strafzwecke zeigt die anschlagsförmige Sanktion mehr Parallelen zu vormodernen als zu modernen Strafpraxen. Der terroristische Anschlag ist ein Spektakel. Er sucht die starke Inszenierung und das Publikum (vgl. Juergensmeyer 2001) und gleicht darin dem vordisziplinarischen Staat (vgl. Foucault 1991; zu terroristischer staatlicher Strafpraxis vgl. Scheerer 2002: 49). Das öffentliche Leid der Opfer illustriert im Fall des revoltierenden Terrorismus nicht die Souveränität der Herrschaft, aber die Souveränität der Moral. Auf der Basis einer quasireligiösen oder schlichtweg religiösen Moralität implementiert der Terrorismus ein vormodernes Strafspektakel in moderne Gesellschaften und verweist auf die absolute Geltung heiliger Prinzipien, welche weltliche Macht legitimieren, aber im Konfliktfall keine Rücksicht auf sie nehmen können. Dies heißt jedoch nicht notwendig, dass rechtlich geregelte Verfahren und disziplinarische Systeme von Terroristen nicht gewünscht, sondern zunächst nur, dass sie angesichts der Umstände nicht möglich sind. Der Terrorismus kann schon mangels Macht keine öffentlichen und langwierigen Verfahren implementieren; und ein Disziplinarsystem ist nur denkbar zur Durchsetzung bestehender Herrschaftsverhältnisse, nicht zu deren Überwindung.

1.3 Pars-pro-Toto-Sanktionierung und Schuldprinzip

Bei grundsätzlicher Vergleichbarkeit der Strafzwecke liegt ein auffälliger Unterschied zwischen Terrorismus und strafendem Rechtsstaat im Gegenstand

40 Delegitimierung des Staates und Erzeugung staatlicher Repression sind die einzigen häufig genannten strategischen Ansätze terroristischer Gruppen, die keine unmittelbare Entsprechung im Strafzweckdiskurs haben. Allerdings dürfte auch die Delegitimierung von Herrschaftsansprüchen bei der staatlichen Sanktionierung organisierter und politischer Kriminalität de facto eine Rolle als Strafzweck spielen.

und in der Auswahl der Opfer der sozialen Kontrolle. Der funktionierende Staat mit einigermaßen gut legitimierter Herrschaft hat es mit – im Verhältnis zur Bevölkerung als Bezugsgruppe – relativ wenigen starken Delinquenten zu tun, die meist einzeln oder in kleinen Gruppen agieren und ihn selbst nicht bedrohen. Er hat den Anspruch, erhebliche Delinquenz erschöpfend zu sanktionieren, und tut dies auch, sofern er der Täter habhaft wird – was ihm häufig gelingt. Das Strafrecht bestraft typischerweise *individuelle* Delinquenten für *vergangene* Straftaten und setzt damit ein Beispiel für die Behandlung potenzieller künftiger Delinquenten. Der Terrorismus sieht sich aber massenhafter und *systemischer* Delinquenz gegenüber; das herrschende Gesellschaftssystem generiert *fortwährend* Unrecht und wird beständig reproduziert von den Handlungen vieler Akteure, die je individuell mehr oder weniger Verantwortung tragen können. Er hat weder den Anspruch, noch verfügt er über die Mittel, erhebliche Delinquenz erschöpfend individuell zu sanktionieren. Seine Sanktion richtet sich auf Organisationen und/oder Kollektive und erfolgt *pars pro toto.* Dies kann auf verschiedene Weisen geschehen. Eine Möglichkeit – sofern wir gewaltfreie Formen des Terrorismus begrifflich zulassen wollen – sind Angriffe ohne Personenopfer auf das Kollektiv symbolisierende Objekte, zum Beispiel architektonische Strukturen. Eine weitere Möglichkeit sind Angriffe auf nicht das gegnerische Kollektiv repräsentierende, aber sich im Verantwortungsbereich des gegnerischen Staates aufhaltende Dritte (zum Beispiel beliebige Touristen). Im typischen Fall aber schädigt der Terrorismus ausgewählte Personen, die individuell als mehr oder weniger schuldig erscheinen mögen, wesentlich aber symbolisch für jene sozialen Einheiten (Staaten, Organisationen, Subsysteme, Gesellschaften, Gemeinschaften) stehen, welche die fortgesetzte Delinquenz generieren – und zeigt damit beispielhaft anderen Mitgliedern der jeweiligen Gruppen, was auch ihnen droht, sollte die Delinquenz nicht eingestellt werden. Terroristische Bestrafung operiert hier als fortgesetzte Sanktionierung exemplarischer Individuen, und während jede von Dritten beobachtbare negative Sanktion exemplarisch für das steht, was anderen Delinquenten droht, ist die terroristische Sanktion insofern doppelt exemplarisch und kollektivistisch: Sie statuiert das Exempel für soziale Einheiten an exemplarischen Individuen.

Wir können auf dieser Basis »Terrorismus« definieren als *fortgesetzte Pars-pro-Toto-Sanktionierung, die sich im typischen Fall an exemplarischen Individuen vollzieht.* »Sanktionierung« meint hier negative Sanktionierung und impliziert

Sanktionsdrohung; und diese wiederum impliziert die Forderung, das sanktionsbewährte Verhalten nicht zu zeigen. »Fortgesetzt« meint, dass die Sanktionsdrohung über eine gewisse Dauer aufrechterhalten wird und die (insofern sinngemäß gleiche) Sanktionierung im Rahmen einer Serie gelegentlich (das heißt wiederholt) durchgeführt wird. Der typische Grund für fortgesetzte Sanktionierung ist, dass das delinquente Verhalten nicht nur wiederholt, sondern ständig auftritt und andauernd normwidrige Verhältnisse etabliert. »Pars pro toto« impliziert, dass sich die Sanktion in ihrer Intention nicht nur auf Dritte überhaupt, sondern auf (in der Regel: mit exemplarisch sanktionierten Individuen identifizierte) soziale Einheiten richtet, welchen die Verantwortung für die andauernd normwidrigen Verhältnisse kollektiv zugeschrieben wird. »Exemplarisch« meint, dass ausgewählten, ein Kollektiv repräsentierenden Individuen ein unmittelbares Übel zugefügt wird, und impliziert, dass die symbolische Repräsentation der sozialen Einheit als solche (und typischerweise: von anderen Mitgliedern des Kollektivs) beobachtbar ist. Die Auswahl der exemplarischen Individuen hat dabei einen großen Spielraum und ist im Einzelnen unvorhersehbar und insoweit beliebig; sie ist aber nicht völlig willkürlich, sondern fokussiert auf mit bestimmten Organisationen oder Kollektiven identifizierte Personen.[41]

Das zentrale moralische und verstehensbezogene Problem des Terrorismus besteht nun dort, wo sich die Pars-pro-Toto-Auswahl auf *Zivilisten* richtet – der gewaltsame Angriff auf Zivilisten wird auch oft als definitorische Voraussetzung des Terrorismus gesetzt. Der Begriff des »Zivilisten« bezeichnet nicht nur Nichtkombattanten, sondern im Alltagssprachgebrauch auch spezifischer die Figur des *unbeteiligten Unschuldigen*. Hierin liegt augenscheinlich ein wesentlicher Unterschied zwischen Terrorismus und staatlichem Strafen: Letzteres richtet sich auf Schuldige, ersterer scheint das Schuldprinzip aufzugeben.[42] Nun können terroristisch Handelnde die Tötung von Zivilisten auf verschiedene Weise jenseits der Logik von Schuld

41 Eine derartige idealtypische Begriffsbestimmung dient nicht dazu, jene Gruppen zu bezeichnen, die üblicherweise »terroristische Gruppen« genannt werden, und sie scharf von anderen zu unterscheiden, sondern im Gegenteil dazu, terroristische Komponenten in verschiedenen Handlungszusammenhängen zu identifizieren und den Blick für Beziehungen zwischen Terrorismus im gewöhnlichen Sinne und anderen Phänomenen der sozialen Kontrolle zu schärfen. »Terroristische Gruppen« sind im hier verstandenen Sinne nur substaatliche Spezialisten politisch orientierten und gewaltsamen terroristischen Handelns.

42 Steinhoff (2005: 162) betont dies, wenn er die schwere Schädigung nicht von »Zivilisten«, sondern explizit von »Unschuldigen« zum Definitionsbestandteil des Terrorismus macht.

und Reziprozität legitimieren (oder die Legitimierungsbedürftigkeit abschwächen): als nichtintendierte Kollateralschäden, als Ultima Ratio in einer besonderen Notstandssituation, als Gehorsam, durch situative (»es herrscht eben Krieg«) oder gruppenspezifische (Abwertung des Feindes) Negation eines besonderen Legitimierungsbedarfs oder schlicht durch Nichtthematisierung des Legitimationsproblems in kommunikativer Isolation.

Bedeutsam sind jedoch auch Formen der direkten Legitimation des gezielten Angriffs auf Zivilisten durch Responsibilisierung. 1. Durch *individuelle* Responsibilisierung des Opfers: als Angriffe auf (Mit-)Schuldige. Terroristische Anschläge richten sich regelmäßig gegen Personen, die von den jeweiligen Tätern gerade nicht als unbeteiligte Unschuldige, sondern als schuldhaft Verantwortliche gesehen werden (bzw. gegen Einrichtungen, die diese repräsentieren) – insbesondere gegen Soldaten und militärische Einrichtungen, Politiker und politische Einrichtungen sowie Repräsentanten »der Wirtschaft«. Auch der terroristische Dschihadismus (der durch zivile Massenviktimisierungen besondere Aufmerksamkeit erregt) wählt regelmäßig militärische und politische Anschlagsziele. Wo Durchschnittsbürger als *soft targets* angegriffen werden, wird auch diesen Schuld zugeschrieben.[43] Kaum möglich ist die individuelle Responsibilisierung von Kindern, und entsprechend selten werden Kinder gezielt als Anschlagsopfer ausgewählt. 2. Durch *kollektive* Responsibilisierung einer gegnerischen Gruppe: als Vergeltung für Angriffe auf andere (»eigene«) Unschuldige. Der Terrorismus richtet seine Sanktionierung nicht nur auf kollektiv generierte Delinquenz, ihm liegt auch eine Logik kollektiver Verantwortung zugrunde. Nichtkombattanten werden in kollektivistischer (zum Beispiel klassenbezogener, nationalistischer, religiös-gemeinschaftlicher) Logik dem Gegner zugerechnet, für andere Nichtkombattanten wird ein Vertretungsanspruch qua Zugehörigkeit zu einer Eigen- und/oder Opferseite erhoben. Die Tötung individuell Unschuldiger erscheint dann reziprok, insofern diese nicht als unbeteiligt, sondern als Teil eines gegnerischen Kollektivsubjekts wahrgenommen werden, welches den Konflikt begonnen hat. Auf individuelle Verantwortung kommt es dann nicht mehr an.[44]

43 Der Dschihadismus arbeitet hier unter anderem mit dem (angesichts der faktischen Mitbestimmungsmöglichkeiten in westlichen Gesellschaften ironisch klingenden, aber an sich nicht abwegigen) Demokratieargument: Die Bevölkerung in demokratischen Staaten sei für das Handeln ihrer Regierungen verantwortlich.

44 So kann z. B. einem Mohamed Merah die gezielte Tötung jüdischer Kinder in Toulouse angesichts der Tötung palästinensischer Kinder durch Israelis fraglos gerecht erscheinen; er muss ihnen dazu keinen persönlichen Vorwurf machen. Vgl. Protokolle 2013.

Die erhebliche Bedeutung responsibilisierender Denkmuster zur Legitimation des Angriffs auf Zivilisten zeigt, dass das zentrale Problem des Terrorismus – der gezielte Angriff auf unbeteiligte Unschuldige – in der Regel ein Problem nicht so sehr der terroristischen Aktion, sondern ihrer Außenwahrnehmung ist. Terroristisch Handelnde erfahren typischerweise die exemplarischen Opfer als auch individuell (mit-)schuldig und jedenfalls nicht als unbeteiligt. Das Schuld- und Reziprozitätsprinzip wird in der terroristischen Handlungslogik partiell kollektiviert, nicht aber grundsätzlich aufgegeben.

1.4 Antiterrorismus

Durch antiterroristische Maßnahmen wirkt der Staat mit sozialer Kontrolle auf substaatliche terroristische soziale Kontrolle zurück. Dabei kann sich die Figuration im Verhältnis zu Delinquenten und Bezugsgruppe in Richtung erhöhter *fuzziness* verschieben und sich somit derjenigen nähern, die für substaatliche Terroristen typisch ist. Der Staat sieht sich angesichts revoltierenden Terrorismus mit gravierenden Normbrüchen und mit Angriffen auf sich selbst konfrontiert, die Ursache dafür scheint jedoch nicht allein bei einzelnen Personen, sondern in einem Milieu oder einer Szene zu liegen. Die Haupttäter sind üblicherweise nicht unmittelbar auffindbar, sie beanspruchen, für ein Kollektiv zu agieren, und es besteht typischerweise ein Feld von Unterstützern und ideologischen (sei es gewaltbefürwortenden oder -ablehnenden) Sympathisanten, deren ideologische Nähe zu den Tätern alleine schon als abweichendes Verhalten erscheint. Die Verantwortung ist schwerer als im Falle gewöhnlicher Devianz zu isolieren und zu personalisieren, Hauptverantwortliche werden von solchen unterschieden, denen in der einen oder anderen Form Unterstützung oder Beförderung des Terrorismus vorgeworfen wird. Es besteht eine tendenziell massenhafte, teils mehr, teils minder organisierte und andauernde Ordnungsverletzung. Die Menge der Delinquenten wird unscharf. Und je mehr antiterroristische Maßnahmen von Teilen der Bevölkerung kritisiert werden oder die Befürchtung besteht, dass Teile der Allgemeinheit Sympathien mit Terroristen entwickeln könnten, desto mehr wird auch die eigene Bezugsgruppe von Unschärfe erfasst. Wie revoltierende terroristische Gruppen, so neigen auch staatliche

Instanzen dann dazu, Gut und Böse fundamental und pointiert zu unterscheiden, während Gute und Böse, In- und Outgroup, schwerer identifizierbar werden.

Diese figurative Verschiebung kann zur Ausbildung einer Reihe von weiteren Strukturanalogien zu terroristischem Vorgehen führen. Die staatliche soziale Kontrolle tendiert nun dazu, ihrerseits partiell kollektivistisch zu werden. »Although counterterrorism pursues individual offenders as criminals«, so Black (2004a: 23), »it also reaches beyond individual cases to destroy a collective enemy.« Der Konflikt wird dabei typischerweise stark moralisch, statt nur rechtlich, definiert; es werden moralische statt nur rechtliche Normbrüche bearbeitet.[45] Kollektivismus und starke Moralisierung konfligieren mit dem individualisierenden Schuldprinzip und der Tatbestandsorientierung des Strafrechts. Der Antiterrorismus neigt zur Dehnung und Überschreitung der Mittel konventioneller Strafverfolgung bis hin zum Einsatz kriegsförmiger Mittel – »[c]ounterterrorism […] combines criminal justice with quasi-warfare« (Black 2004a: 23). Er operiert oft klandestin und manchmal anschlagsartig gegen so wahrgenommene kollektive Delinquenz.

Der Kreis der von (aufklärender, präventiver, präemptiver oder sanktionierender) Kontrolle betroffenen Personen kann sich in dieser Situation ausweiten: 1. durch die Schaffung neuer Straftatbestände, 2. durch sanktionsanaloge Kontrolle (zum Beispiel Tötung, Inhaftierung) informell definierter Kriminalität,[46] 3. durch die Einschränkung von Rechten und die Schädigung von Personen auch außerhalb des Bereichs der strafrechtlich definierten Kriminalität. Antiterroristische Formen der Kontrolle erfassen und beeinträchtigen dann auf verschiedene Art und Weise auch mehr oder minder unbeteiligte Unschuldige jenseits der (hauptsächlichen) Täter. Der Antiterrorismus kann die Kontrolle auf leichter zu fassende Ziele – in Form vermeintlicher Unterstützerszenen, gewissermaßen *soft targets* – ausweiten, er kann sich auf außergerichtlich als Hauptschuldige ausgemachte Personen richten, und er kann Kollateralschäden (in Form der Einschränkung und/oder Verletzung der Rechte Unbeteiligter) in Kauf nehmen.[47]

---

45 Symptomatisch: Der ursprüngliche Name der »Operation Enduring Freedom« war »Operation Infinite Justice«.

46 Das heißt, nicht von den zuständigen Instanzen definierter Kriminalität; vgl. Hess/Scheerer 2003: 74.

47 Datensammlungs- und Rasterfahndungsprogramme, polizeiliche und geheimdienstliche Personenüberwachungen, Personenkontrollen, Hausdurchsuchungen, Kriminalisierung der »Unterstützung« des Terrorismus, Kriminalisierung bloßer »Mitgliedschaften«, Einschränkung prozessualer Rechte, Inhaftierung ohne Anklage und Verfahren, Folter,

Die Rechtfertigungen für die Ausdehnung staatlicher Repression sowie für die Schädigung nicht gerichtlich verurteilter oder überhaupt unbeteiligter Personen spiegeln dann wiederum terroristische Legitimationen des Angriffs auf Zivilisten wider: Kollateralschäden; Ultima Ratio in einer Situation unbedingten Handlungsbedarfs; (mindestens moralische) Responsibilisierung der ideologisch Assoziierten; Externalisierung der Verantwortung als Gehorsam; situative und gruppenspezifische Negation besonderer Legitimierungsbedürftigkeit (die »Gefährdungslage« erfordert selbstverständlich Maßnahmen gegen »Extremisten«); Nichtthematisierung, wenn im Zuge längerer Antiterrorismuskampagnen Rechtseinschränkungen und Kollateralschäden zur seltener hinterfragten Normalität geworden sind.

Analogien von Antiterrorismus und Terrorismus befördern den Umstand, »dass jeder Terrorismus sich selbst als Anti-Terrorismus definiert und dass sich im Krieg gegen den Terrorismus deshalb in gewisser Weise zwei Kräfte gegenüber stehen, die überzeugt sind, selbst antiterroristisch zu sein und Terroristen zum Gegner zu haben« (Scheerer 2002: 87f.). Sie bedeuten jedoch nicht, dass der Antiterrorismus notwendig selbst in einem starken Sinne terroristisch wird, also wesentlich zur Pars-pro-Toto-Sanktionierung exemplarischer Individuen übergeht. Je mehr er sich sanktionierend oder quasisanktionierend auf (auch informell definierte) Hauptverantwortliche richtet und diese erschöpfend zu sanktionieren versucht, desto weniger haben diese einen wesentlich exemplarischen Charakter. Allerdings suggeriert jede kollektive Rahmung – etwa als »Krieg gegen den Terrorismus«, aber auch als Kampf gegen spezifische Gruppen oder Repression in einschlägigen Milieus – den *auch* exemplarischen, Kollektive symbolisierenden Charakter individueller Täter, »enemy combatants« oder ideologischer Feindfiguren. Ein terroristisches Handlungsmoment kann sich in der Sanktionierung erheblicher Delinquenz, die als fortgesetzte und kollektiv generierte wahrgenommen wird, leicht etablieren.

Die Schädigung von auch im strafrechtlichen Sinne unschuldigen Personen ist andererseits – wenigstens formal – keine responsibilisierende Sanktion, sondern entweder nicht intendiert oder aufklärend bzw. präventiv orientiert. Die Opfer der Kontrolle sind in diesen Fällen nach offizieller Deutung nicht für ein Kollektiv exemplarische, sondern zufällige, plausibel

Kriege, Bombardierungen, Drohnenangriffe – all derartige Maßnahmen können, mehr oder weniger invasiv, und legal oder rechtswidrig, nach formeller und nach strafrechtlicher Definition Unschuldige treffen (und im Falle der Konstruktion neuer Straftatbestände: Personen, die jedenfalls zuvor noch Unschuldige gewesen wären).

individuell verdächtige oder unglücklicherweise in der Nähe von Feinden sich aufhaltende Personen oder staatlicherseits nicht intendierte Opfer des Fehlverhaltens einzelner Staatsvertreter. Gleichwohl ist auch hier die Nähe zur kollektiv orientierten negativen Sanktionierung groß. Auch in der aufklärenden und präventiven Kontrolle sowie im Falle von Kollateralschäden der Präemption wird Individuen in Reaktion auf abweichendes Verhalten (anderer) ein Übel zugefügt, was – je nach der Stärke der Verletzung – jedenfalls terrorisierende Wirkung haben kann. Ob terroristisch intendiert oder nicht, kann dies leicht als terroristische Strategie gedeutet werden und somit auf Seiten der substaatlichen terroristischen Gegenkontrolle die Plausibilität einer antiterroristischen Handlungslogik erhöhen.

2 Anschlag und Anschlagsplanung: Sinnebenen der Kontrolle

Wenn der Anschlag als Form der Pars-pro-Toto-Sanktionierung grundsätzlich expressiven, normativen, dramaturgischen und instrumentellen Motiven folgen kann, so stellt sich die Frage, ob sich die relative Relevanz dieser Sinnebenen allgemein bestimmen lässt. Nicht möglich ist dies für je konkrete Akteure – zweifellos kann ein Akteur mehr von Rachegefühlen, ein anderer mehr von Märtyreraspirationen, ein dritter mehr von strategischen Erwägungen geleitet sein. Anders stellt es sich dar, wenn wir von subjektiven Motiven absehen und die Strukturlogik des Anschlags bzw. dessen objektiven Sinn in den Blick nehmen. Wenn wir soziale Kontrolle verstehen als einen Prozess, der abweichendes Verhalten definiert und darauf reagiert, und wenn wir weiter Sanktionierung verstehen als die mit Verantwortungszuschreibung einhergehende Zufügung eines Übels in Reaktion auf abweichendes Verhalten, so finden wir rein begrifflich eine Dominanz, nämlich: Notwendigkeit von normativen und expressiven Komponenten. Negativ sanktionierende soziale Kontrolle (soweit sie als solche erkennbar sein soll) muss mindestens auf Normalität und Abweichung rekurrieren, in der Zufügung eines Übels Missbilligung ausdrücken und eine Verantwortungszuschreibung kommunizieren. Ob sich der Strafende auf der dramaturgischen Ebene der Selbst(re)präsentation dabei als Held inszeniert oder als pflichtbewusster Arbeitnehmer, ist demgegenüber nebensächlich. Eine wesentliche, dramaturgische Komponente besteht allerdings in der Selbstverortung in der Gemeinschaft derjenigen, die die infrage stehenden Normen durchsetzen und (in aller Regel) unterstützen. Der Anschlag, als eine kollektiver Logik folgende Sanktionierung, erfordert eine Unterscheidung von In- und Outgroup sowie die Repräsentation eigener Zugehörigkeit zur einen Seite. Prinzipiell sekundär und optional ist dagegen die instrumentell-strategische Ebene: Strafen, auch terroristische Anschläge, können sich grundsätzlich vollziehen, ohne präventive Ziele zu erreichen und/oder zu beabsichtigen.

Wir knüpfen damit, begrifflich geleitet, an Durkheims (vor allem 1973; 1992; 1984) bekannte und nach wie vor relevante These an, dass Strafe nicht einen wesentlich instrumentellen Charakter habe. Wenngleich man Durkheims Perspektive, gerade auch im Hinblick auf moderne Gesellschaften, einschränken muss (vgl. Garland 1991), liefert seine Analyse des Strafmechanismus doch einen Blick auf wesentliche Zusammenhänge der Sanktionierung und fokussiert normative und expressive Aspekte, die auch für den Anschlag als Sanktionsform zentral sind. Für Durkheim ist Strafe wesentlich eine expressive Einrichtung: Nachdem ein Verbrechen die »heiligen Normen« des Kollektivbewusstseins verletzt hat, bringt die Strafe die kollektiven moralischen Werte zum Ausdruck und bestätigt, reaffirmiert damit die moralische Ordnung. Der Strafvorgang ist in Durkheimscher Perspektive wesentlich durch Vergeltungsbedürfnisse motiviert und von starken Emotionen, von moralischen Passionen bestimmt, die im Strafvorgang gestärkt werden. Im Strafritual vergewissert sich die Gemeinschaft der geteilten Werte und produziert (mechanische) Solidarität im Ausbruch kollektiver Gefühle – die Strafpraxis adressiert wesentlich die Zuschauer, und ob sie auf vergangene oder potenzielle Delinquenten eine bessernde oder abschreckende Wirkung hat, ist dabei nachrangig. Strafe hat, pointiert gesagt, im Kern kein »Ziel« (vgl. Garland 1991: 32), aber die Funktion der sozialen Kontrolle: Sie reagiert auf Abweichung und definiert durch den Ausdruck »energischer Missbilligung« (Durkheim 1984: 207) Normen sowie die Gemeinschaft der Normträger.

Der Schritt von Durkheims Analyse zur Betrachtung von Kriminalität und insbesondere Terrorismus als sozialer Kontrolle vollzieht sich einfach dadurch, dass wir in pluralistischen Gesellschaften (auch: einer pluralistischen Weltgesellschaft) nicht von einem singulären Kollektivbewusstsein, sondern von subkulturellen Gruppen mit partiell abweichenden Werte- und Normensystemen ausgehen müssen – Gruppen, die nun jeweils auf die Verletzung *ihrer* Normen punitiv reagieren können und deren punitive Reaktion auch selbst wieder kriminalisiert werden kann. Unter diesen Umständen kommt dem *kreativen* Anspruch von Strafe erhöhte Bedeutung zu. Für Durkheim kann Strafe, darauf weist Garland (1991: 42) hin, moralische Autorität nicht herstellen, sondern diese nur nach ihrer Verletzung wieder bestätigen und stärken. Doch revoltierender Terrorismus nimmt hier eine Zwischenposition ein: Seine Normdefinitionen durch Sanktionierung vollziehen sich vor dem Hintergrund eines (noch) nicht allgemein geteilten und (noch) nicht positiv geltenden Normensystems. Terrorismus ist also gewissermaßen

Strafe *vor* der Geltung der Norm – oder genauer: Strafe bei in einer Subgemeinschaft vorausgesetzter, aber (noch) nicht (gesichert) bestehender allgemeiner Geltung der Norm – und mit der Ausrichtung auf ihre Etablierung. Der Umstand, dass Strafe Normen *definiert*, wird von terroristischen Akteuren – schon im Terror der Französischen Revolution gut zu beobachten (vgl. Arasse 1989) – für den Versuch genutzt, ein alternatives Normensystem zu installieren. Wie vormoderne staatliche Strafpraxis lassen sich Anschläge als eine auf ein Publikum gerichtete, expressive und moralische Inszenierung lesen, die auf die Verletzung »heiliger« Werte reagiert und im terroristischen Idealfall punitive Passionen von Bezugskollektiven befördert und norm- und gemeinschaftsstärkende Funktionen hat. Wir müssen vor dem Hintergrund dieser Betrachtung nun nicht annehmen, dass strategisch-instrumentelle Motive für einzelne terroristische Akteure (wie auch für sonstige Instanzen und Akteure der sozialen Kontrolle) keine Bedeutung haben. Im Gegenteil sind *manche* terroristische Akteure (wie auch sonstige soziale Kontrolleure) zu beobachten, die sich sehr ausführliche Gedanken über die strategisch-instrumentelle Wirkung ihrer Sanktionen machen und offenbar ihr Handeln daran ausrichten. Strategisch-instrumentelle Wirkungen oder Motive sind aber für terroristische Anschläge an sich nicht *erforderlich*, und wie große Strategen Terrorismus betreiben können, können auch strategisch wenig (im theoretischen Grenzfall auch: nicht) reflektierte Akteure terroristische Anschläge durchführen.

Wie die Entscheidung zum Anschlag überhaupt, so kann auch die konkrete Anschlagsplanung, die Auswahl von Anschlagszielen, Mitteln und Modus Operandi im Einzelfall strategisch (ko-)motiviert sein. Dies gilt auch dann, wenn der Anschlag an sich wesentlich außerstrategisch motiviert sein sollte, zum Beispiel als normative Verpflichtung empfunden wird. Und taktische Fragen von Machbarkeit und Durchführung erfordern notwendig instrumentelle Überlegungen verschiedener Art. Doch auch auf der Ebene der konkreten Anschlagsplanung gilt, dass eine isoliert strategisch-instrumentelle Betrachtung weder notwendig noch hilfreich ist. Die Logik der konkreten Anschlagsplanung muss eine Reihe von basalen Fragen beantworten: 1. Wer soll unmittelbar geschädigt werden? 2. Wie soll dabei vorgegangen werden? 3. Wie stark soll die Schädigung ausfallen? Dabei lässt sich die dritte Frage nur bedingt von den Fragen nach Anschlagszielen und -methoden trennen, da bestimmte Ziele (zum Beispiel Zivilisten, Kinder) schon an sich gemeinhin als gravierendere Opfer empfunden werden und bestimmte Methoden (zum Beispiel Messerangriff versus Sprengsätze) schon an sich mit potenziellen Opferzahlen korrelieren. Aus den Planspielergebnissen (vgl. Kapitel IV) ließen sich eine Reihe einfacher Hauptselektionsmechanismen destillieren, die die Beantwortung der drei Fragen anleiten und die Wahl von Anschlagszielen bzw. -szenarien strukturieren. Attraktiv erscheinen Anschlagsziele, die *erstens* das feindliche Kollektiv repräsentieren – dies kann umgesetzt werden zum Beispiel durch die Auswahl von Einzelopfern mit repräsentativen (oder so wahrgenommenen) Funktionen, durch die Wahl von Anschlagsorten, die das Kollektiv symbolisieren, oder auch durch den Angriff auf mehr oder minder wahllose Opfer, die gerade durch ihre Beliebigkeit demonstrieren, dass jedes Mitglied der verantwortlich gesetzten Gruppe gemeint ist. *Zweitens* sind Anschlagsopfer grundsätzlich attraktiver, denen individuell besondere Schuld bzw. Verantwortung für die beklagten Missstände zugeschrieben werden kann. Mechanismen zur Responsibilisierung von »Zivilisten« sind aufwendiger als solche zur Responsibilisierung von Entscheidungsträgern oder Kombattanten; Anschläge auf im Konfliktgeschehen einflussreiche, aktiv mitwirkende oder sich durch besonders gravierende Normverletzungen auszeichnende Personen und Institutionen werden bevorzugt. *Drittens* sind die Akteure an Szenarien interessiert, die einen großen, aber nicht exzessiven Schaden verursachen – wo genau dabei die Grenze des zu weit Gehenden gezogen wird, kann je nach angelegten Maßstäben weit variieren. *Viertens* bevorzugen die Akteure Methoden und Szenarien, die vorherige Szenarien – bei gegebenenfalls milden Innovationen – replizieren; die Orientierung an Vorbildern ist stark, die Neigung zu drastischen Innovationen gering. Hinsichtlich der Bewertung der Durchführbarkeit bzw. Machbarkeit werden schließlich *fünftens* die Vulnerabilität von Anschlagszielen unter Berücksichtigung der eigenen Fähigkeiten und Ressourcen und *sechstens* Fragen der Zugangsmöglichkeiten und des Entdeckungsrisikos berücksichtigt.

Blenden wir Fragen der Machbarkeit (die wesentlich von taktischer Rationalität bestimmt sind) aus und konzentrieren uns auf die vier ersten, die Attraktivität von Szenarien bestimmenden Selektionsmechanismen, so stellen wir, ohne näheren Vorgriff auf die Planspielergebnisse, fest, dass diese durch Annahmen über strategisch-instrumentelle Handlungslogiken erklärt werden *könnten*. Zum Beispiel: Das Anschlagsziel muss das feindliche Kollektiv repräsentieren, da sich nur in diesem Fall die zu Zugeständnissen zu bewegende Regierung unter Druck gesetzt und verantwortlich fühlt; Opfer, denen individuell besondere Schuld zugeschrieben werden kann, sind attraktiver, weil die Präferenzen der zu mobilisierenden Bezugsgruppe berücksichtigt werden müssen und diese Anschläge eher unterstützt, wenn Hauptverantwortliche betroffen sind; ein großer Schaden muss verursacht werden, um Aufmerksamkeit zu generieren und Konzessionen zu befördern; der Schaden sollte nicht exzessiv sein, weil dies die Bezugsgruppe entfremden oder gefährden könnte; bewährte Anschlagsmethoden werden wiederholt, eben weil sie sich bewährt haben und weil bestimmte häufige Verfahren wie der Einsatz von Sprengsätzen die bestmögliche Wirkung angesichts eigener Ressourcen und Möglichkeiten versprechen; eine gewisse Innovation ist hilfreich, um Aufmerksamkeit zu generieren.

Zugleich aber ist erkennbar, dass es keinen Grund gibt, die Erklärung auf die gemeinhin präferierte strategische Ebene zu begrenzen. Zum Ersten müssen schon strategische Erklärungen normative Komponenten notfalls über die Bezugsgruppe einführen: Weil diese (hier implizit angenommen: aus moralischen, nicht aus strategischen Gründen) eine gewisse Begrenzung der Gewalt präferiert, müssten Gewaltgrenzen von terroristischen Akteuren (hier dann: aus strategischen Gründen) berücksichtigt werden. Zum Zweiten mutet den instrumentell-strategischen Erklärungen teilweise etwas Beliebiges an – es erschiene recht einfach, auch eine gegenteilige Empirie strategisch zu erklären, zum Beispiel: Terroristen bevorzugen besonders unschuldige Opfer, da dies am meisten Aufmerksamkeit und Angst generiert; der Schaden soll maximal sein, um Drohungen Nachdruck zu verleihen; der Schaden soll begrenzt sein, aus Rücksicht auf die Bezugsgruppe oder um die eigene Position als möglicher Verhandlungspartner zu sichern; Anschläge sollen möglichst innovativ sein, um Aufmerksamkeit zu maximieren. Zum Dritten schließlich fügen sich die Selektionsmechanismen der Szenariowahl nahtlos in ein Modell des Terrorismus als Form der sozialen Kontrolle ein, welches normativ-expressive sowie dramaturgische Momente als zentral und instrumentelle als optional integriert. Dass das Anschlagsziel das feindliche bzw. deviante Kollektiv repräsentieren soll bzw. muss, ergibt sich schon aus der für den Terrorismus zentralen Logik der Pars-pro-Toto-Sanktionierung selbst. Die Präferenz für Opfer, denen eine besondere, über die kollektive hinausgehende Schuld bzw. Verantwortung zugeschrieben wird, folgt der Sanktionslogik der Zurechnung von Verantwortung, dem Umstand, dass ein normativ fundiertes Schuldprinzip auch von terroristischen Akteuren in der Regel nicht aufgegeben wird, der Bedeutung der normativen Richtigkeit der terroristischen Aktion für die Handelnden und der erleichterten Legitimierbarkeit der Tat im Verhältnis zu einem Angriff auf relativ unbeteiligter wirkende Personen. Das Prinzip des großen Schadens bei gleichzeitiger Exzessvermeidung ergibt sich ebenfalls unmittelbar aus dem Prinzip der Schuldangemessenheit einer Strafe für eine gravierende Normverletzung. Die Neigung zur Wiederholung von Methoden schließlich entspricht dem Ritualcharakter von Strafen. Strafregime wandeln sich historisch, zeigen aber, einmal etabliert, auch erhebliche Kontinuitäten. Strafen werden im Allgemeinen so ausgeführt, wie »man« das eben tut (oder wie es erst einmal gesetzlich festgelegt ist), sie haben einen ritualisierten Charakter und erfüllen ihre Funktion auch und gerade in der immerwährenden Wiederholung des gleichen Strafrituals. Die globale dschihadistische Propaganda unternahm verschiedene Aufrufe zur Verwendung innovativer Mittel, vermutlich gerade aus instrumentellen, nämlich taktischen Erwägungen – mit dem ritualisierten Bombenbau geht ein erhebliches Risiko der Entdeckung im Vorfeld des Anschlags einher. Obgleich auch verschiedene Vorschläge für alternative Vorgehensweisen gemacht wurden, wurden Innovationen nur selten in die Tat umgesetzt. Auch der dschihadistische *Self-Starter* als unabhängige Sanktionszelle operiert im Großen und Ganzen so wie seine Vorbilder. Für den Erst- und Einmaltäter kommt hinzu, dass der Anschlag eine Art Initiationsritual darstellt: Mit diesem Akt geht der Akteur in die Gemeinschaft der Kämpfer und gegebenenfalls Märtyrer ein. Rituale aber werden nicht vom Initianden neu konstruiert, sondern der Tradition nachvollzogen. Ein milder Innovationsanspruch ergibt sich allenfalls aus einem Konkurrenzdenken und der Absicht, besonders große Aufmerksamkeit zu erregen.

Zusammenfassend lässt sich feststellen, dass, wie die Strukturlogik des Anschlags überhaupt, so auch der Mechanismus der Herstellung der Attraktivität bestimmter Szenarien in der konkreten Anschlagsplanung keineswegs nur oder vorwiegend oder besonders einfach durch strategisch-instrumentelle Zwecksetzungen erklärbar ist. Er ist eingegliedert in die normativ-expressive und dichotomisierend-dramaturgische Logik der Pars-pro-Toto-Sanktionierung, die sich im Einzelfall in verschiedensten Mischungen normativer, expressiver, dramaturgischer und instrumenteller Motivstränge spiegeln und aus diesen kondensieren kann. Die Attraktivität von Anschlagsszenarien *kann* aus strategisch-instrumentellen Erwägungen resultieren – sie *benötigt* aber einen »Zweck« so wenig wie die Strafe selbst.

IV. Anschlagsplanung: Planspielgestützte Rekonstruktion

1 Das Planspielverfahren

Zur Erzeugung systematisch beobachtbarer Daten über Kommunikationen der Anschlagsplanung haben wir ein Planspiel durchgeführt, in welchem Probanden in Kleingruppen Anschlagspläne vor dem Hintergrund eines fiktiven, dschihadistische Konfliktstrukturen abbildenden Szenarios entwarfen. Das Planspiel erzeugt eine dynamische Simulation der Situation und der Handlungsanforderungen einer Gruppe mit geringen einschlägigen Erfahrungen und Ressourcen, die sich das Ziel gesetzt hat, einen terroristischen Anschlag zu begehen. Während Planspiele häufig pädagogische Absichten haben (vgl. z. B. Blötz 2008; Geilhardt/Mühlbradt 1995; Raiser/Warkalla 2011) und/oder an den Folgewirkungen von Entscheidungen in Systemen interessiert sind (vgl. Kriz 2004: 359), steht hier die Logik der Entscheidungen selbst im Fokus des Interesses.[48] Die Simulation generiert Daten über seltene und anderweitig kaum beobachtbare Phänomene (vgl. Herz/Blätte 2000: 7), erlaubt dabei die quasiexperimentelle Variation von Kontextfaktoren (vgl. Kriz 2009; Kühl 2009) und erhöht zudem die Anzahl von in einem bestimmten geografischen Raum und unter vergleichbaren Bedingungen sich vollziehenden Fällen von Anschlagsplanungsprozessen. Das Planspiel wurde von November 2011 bis August 2012 in drei aufeinanderfolgenden Durchgängen durchgeführt und insgesamt von 35 Probanden in elf Planspielgruppen (PSG) durchlaufen.

48 Vgl. mit anderer Ausrichtung die psychologische Erforschung von Problemlösungsstrategien in »Mikrowelten«; z. B. Buerschaper 2000.

1.1 Struktur und Ablauf

1.1.1 Überblick

Am Beginn des Planspiels stehen zwei Schulungs- und Einführungssitzungen à zwei bis drei Stunden Dauer. Hierbei werden zunächst regelmäßige Aufenthaltsorte, soziale Kontakte, Stadtkenntnisse, typische Wochenpläne und andere personenbezogene Daten der Planspielerinnen erhoben. Sodann folgt die Einführung in das Spielszenario mit Unterstützung durch auditive und visuelle Medien. Anschließend werden die Spielregeln erläutert und die Planspieler in ihre Rollen eingeführt. Nach diesen vom Forscherteam begleiteten Aktivitäten beginnt die eigenständige Beschäftigung der Planspieler mit ihren Aufgaben – zunächst in Form des Studiums der Materialien auf einer simulierten Internetplattform einer fiktiven Sympathisantengruppe. Von der dritten bis zur maximal 18. Sitzung (für den 1. und 2. Planspieldurchgang, Gruppen 1–8) bzw. bis zur maximal 14. Sitzung (für den 3. Durchgang, Gruppen 9–11) wird der eigentliche Anschlagsplanungsprozess in wiederum zwei- bis dreistündigen Veranstaltungen gespielt und simuliert. In der darauf folgenden Sitzung findet eine Gruppendiskussion statt, bevor abschließende Einzelgespräche mit den Probanden geführt werden – beide Verfahren dienen der Reflexion des Planungsprozesses, aber auch der Reflexion der Erfahrung der Planspielteilnahme und dem psychologischen Debriefing.

Spielziel ist es, innerhalb von drei bis sechs Monaten einen Anschlag zu planen und durchzuführen. Alle Spielaktivitäten sind dabei auf den durchgehend von Projektmitarbeitern videobeobachteten Planspielraum begrenzt. Zusätzlich zur kamerabasierten Beobachtung war in mehreren Sitzungen jeder Gruppe ein »stiller Beobachter« im Planspielraum präsent.[49] Auf den durchschnittlich 16,5 zwei- bis dreistündigen Gruppentreffen übernehmen die Probanden die Rolle ihrer jeweiligen Spielfigur und planen und notieren schriftlich alle Aktivitäten, die sie im Falle einer tatsächlichen Anschlagsplanung unternehmen würden. Um möglichst große Wirklichkeitstreue zu gewährleisten (vgl. Funke 1995: 209), liefern die Spielmaterialien und -instruktionen reichhaltige Informationen über Rahmenparameter historischer, politischer, sozialer und (auf die gespielten Rollen bezogen) biografischer Art; zudem ist das Spiel offen, das heißt ohne Formalisierung und enge Vorgabe von Handlungsoptionen, konzipiert – die Spielerinnen sind im Rahmen

49 Lorenz Böllinger führte diese psychologischen Beobachtungen im Planspielraum durch.

realistischer, zum Beispiel finanzieller oder zeitlicher Restriktionen in ihren Spielzügen grundsätzlich frei. Die Ergebnisse dieser Spielzüge (zum Beispiel Ergebnisse von Auskundschaftungen oder Versuchen der Waffenbeschaffung) werden jeweils vom Forscherteam als Spielleitung möglichst realitätsnah simuliert und den Probanden als Ausgangslage der Folgesitzung präsentiert.

Gespielt und in ihren Ergebnissen simuliert werden im Verlauf des Planspiels alle Entscheidungs- bzw. Handlungsschritte, die im Rahmen einer Anschlagsplanung erforderlich sind: Auswahl, Beschaffung, Konstruktion, Lagerung und Transport von Anschlagsmitteln, Wahl eines Anschlagsziels, Auskundschaftung von Orten, Beschaffung von Geld und Hilfsmitteln, Organisation der Kommunikation unter den Gruppenmitgliedern, Organisation von Treffpunkten und Materiallagern, Planung des Modus Operandi, Fluchtplanung. Das Planspiel bildet derart Kommunikations- und Entscheidungsprozesse in terroristischen Kleingruppen unter den Bedingungen von Rollenübernahme und Handlungsdruck ab. Es vereint einen regelgeleiteten Wettbewerb – vor allem gegen das Spielsystem, aber auch bedingt gegen andere Planspielgruppen – (*game*) mit der Repräsentation einer aktuellen Situation sowie fortlaufender Prozesse (*simulation*), um Fallstudien über Anschlagsszenarien und -planungsprozesse zu generieren (*case studies*). Das Planspiel stellt damit den Spezialfall eines *simulation game used as a case study* (vgl. Ellington et al. 1982: 11) dar.

1.1.2 Rahmenszenario

Im Zuge der Konstruktion des Planspiels wurde deutlich, dass es von Vorteil wäre, wenn die Aufgabe der Probanden nicht *unmittelbar* darin bestünde, Dschihadisten zu spielen. Daher wurde ein fiktives Alternativszenario entwickelt, welches als Rahmengeschichte des Planspiels dient. Dieser Entscheidung lagen verschiedene methodische und forschungsethische Erwägungen zugrunde.

Zunächst war es methodisch wünschenswert, dass sich die Probanden ein Stück weit mit ideologischen und strategischen Fragen sowie der politischen und sozialen Situation der terroristischen Gruppierung beschäftigen, als deren Mitglieder sie agieren. Erwogen, aber bald verworfen, wurde alternativ die Idee eines Planspiels ohne jede die Motivation zum Anschlag erläuternde Rahmengeschichte. Zwar hätte auch eine derart dekontextualisierte Anschlagsplanung Aufschlüsse über praktische Vorgehensweisen und technische Entscheidungen erbringen können. Der Zusammenhang von Ideologie, Strategie und Taktik sowie die mit der Einnahme einer Kämpferrolle einhergehenden normativen, identitätsbezogenen und expressiven Handlungsaspekte wären damit jedoch weitgehend ausgeblendet worden. Während also einerseits eine in einer Rahmengeschichte plausibilisierte soziale Verortung gewünscht war, war es andererseits in forschungsethischer Hinsicht vorzuziehen, wenn sich die Planspieler nicht ausgiebig mit dschihadistischer Ideologie konfrontiert sehen.

Zweitens sollte das Planspielrahmenszenario für die Teilnehmer nachvollziehbar sein, um das spielerische *role taking* zu erleichtern, dadurch die Authentizität des Kommunikations- und Problemlösungsprozesses zu erhöhen und *role making* zu stimulieren. Aufgrund der Ferne des Dschihadismus zu den kulturellen und lebensweltlichen Erfahrungen der Probanden hätte bei dem Versuch, die dschihadistische Rolle zu übernehmen, die Gefahr bestanden, dass die Planspieler ein ihren Vorstellungen entsprechendes Klischee spielen und medial vermittelte Vorbilder zu reproduzieren suchen, statt sich selbst in die Rolle einzubringen. Ein zusätzliches Problem im Hinblick auf eine eigenständige Rollenübernahme stellen die stark politisierten Diskurse (zum Beispiel über Islam und Gewalt) sowie die besonderen gesellschaftlichen Tabus dar (zum Beispiel Angriffe auf jüdische Einrichtungen), an die der dschihadistische Terrorismus rührt. Ein davon relativ unabhängiges, eigenständiges Ausfüllen der dschihadistischen Rolle wäre weder erwartbar noch forschungsethisch gewünscht gewesen.

Die Antwort auf diese Probleme bestand in der Entwicklung eines fiktiven Szenarios, welches die Strukturen der dschihadistischen Konfliktsituation und Weltdeutung ungefähr (und säkularisiert) abbildet: der »violettistische« Terrorismus. Das Szenario besagt in seinen Grundzügen:

1. Es gibt Menschen verschiedener Hautfarben, darunter auch Menschen mit violetter Hautfarbe. Die Planspieler gehören zu den violetten Menschen.
2. Die violetten Menschen sind in Europa eine Minderheit und werden im Jahr 2030 (unter anderem in Deutschland) auf der Basis einer rassistischen Ideologie diskriminiert (wobei nicht institutionelle, sondern Formen subtiler Diskriminierung im Vordergrund stehen).
3. In Ländern, in denen violette Menschen die Bevölkerungsmehrheit stellen, herrschen Militärdiktaturen. Diese gehen mit Gewalt gegen demokratiefordernde Oppositions- und Widerstandsbewegungen vor und

werden dabei – vorwiegend aus wirtschaftlichen Motiven – von nichtvioletten Ländern (unter anderem von Deutschland) durch militärische Hilfe und den Einsatz von Streitkräften unterstützt. Dabei kommt es zu erheblichen »Kollateralschäden« unter der violetten Zivilbevölkerung.

4. Angesichts der Unterdrückung und Diskriminierung violetter Menschen sowie der militärischen Angriffe auf Violette ruft eine Gruppierung namens »Violette Befreiungsfront« zu gewaltsamem Widerstand und zu Anschlägen auch in Europa auf. Die Probanden spielen Akteure, die diesem Aufruf Folge leisten wollen.

Dieses Szenario erschien aufgrund der Universalität von Diskriminierungs-, Unterdrückungs- und Gewaltfigurationen auf der Basis von Alltagswissen, historischem Allgemeinwissen sowie gegebenenfalls eigenen Erfahrungen relativ leicht nachvollziehbar. Die motivationalen Momente von Ungerechtigkeit sowie der Abwehr von Angriffen auf die Eigengruppe sind ebenfalls universell verfügbar und grundsätzlich lebensweltnah. Da es – außerhalb methodisch kontrollierter Spielmaterialien – kein Rollenmodell eines »violettistischen Terroristen« gibt, reduzierte sich die Chance, dass die Probanden eine klischeehafte Figur nachzuspielen versuchen. Zugleich markieren das fiktive Merkmal »violette Hautfarbe« sowie die Verortung im Jahr 2030 das Planspiel klar als Spiel. Auf diese Weise wurde eine relativ gute Plausibilität des *role taking* mit dem Umstand verknüpft, dass das Spielszenario inhaltlich nicht auf die Realwelt übertragen werden kann.

Formal dagegen bietet das Szenario Analogien zu zentralen Elementen der Strukturlogik des Dschihadismus. Die Szenariogeschichte »Violette Menschen – Geschichte und Situation im Jahr 2030« (vgl. Anlage 1) nutzt in den historischen Teilen Analogien zu verschiedenen Phänomenen und Perioden der Diskriminierung verschiedener Gruppen – mittelalterlicher Antisemitismus, Kolonialismus, wissenschaftlicher Rassismus, rechtliche Sonderbehandlungen, Vorurteile gegen Minderheiten –, während die »neuere Entwicklung« (2012–2030) auf Parallelen zur Geschichte des Islamismus und des Dschihadismus beruht. In Folge der Verwerfungen einer Weltwirtschaftskrise im Jahr 2012 kommt es in Ländern mit violetter Bevölkerungsmehrheit zu Militärputschen gegen demokratische Regierungen.[50] Gegen die

50 Die Länder mit violetter Bevölkerungsmehrheit waren dabei so ausgewählt, dass durchschnittliche Probanden keine spezifischen und gemeinsamen politischen Konflikte mit ihnen assoziieren sollten: Australien, Neuseeland, Papua-Neuguinea, Indonesien, Philippinen, Thailand, Taiwan, Japan, Nepal, Madagaskar, Peru, sowie kleinere ozeanische Inseln wie die Fidschi-Inseln, Vanuatu und Neukaledonien.

Militärregierungen wiederum bildet sich eine gewaltfreie Widerstandsbewegung, die »Violette Demokratiebewegung« (VDB) aus – was den Konflikt des Islamismus mit autoritären Regimen in arabischen Ländern abbildet. Die massive und gewaltsame Unterdrückung der VDB – angelehnt an die Repression gegenüber den Muslimbrüdern in Ägypten – führt schließlich zur Gründung der terroristischen »Violetten Befreiungsfront« (VBF), die zunächst in Ländern mit violetter Bevölkerungsmehrheit Anschläge durchführt. Analog zu al-Qaida wendet sich jedoch auch die VBF schließlich dem »fernen Feind« in Gestalt europäischer Länder zu, welche die violetten Militärdiktaturen im Kampf gegen den »Violettismus« unterstützen. In der violetten Bevölkerung Europas sind jedoch nur wenige Personen bereit, für die VBF zu kämpfen und dem Aufruf zu Anschlägen in Europa Folge zu leisten. Die europäischen Violetten sind zwar Vorurteilen und Diskriminierung ausgesetzt; auch entsteht im Zuge der Wirtschaftskrise und der internationalen Konflikte eine zunehmend antiviolette Stimmung und die europäischen Kriegseinsätze in violetten Ländern werden von der nichtvioletten Bevölkerung Europas unterstützt. Gleichwohl haben sich die meisten Violetten in Europa mit der Situation arrangiert und wollen sich nicht der VBF anschließen, sondern die Vorteile eines – im Vergleich zu den violetten Ländern – immer noch relativ sicheren und guten Lebens bewahren.

Ziel dieser Rahmengeschichte ist nicht die objektive Widerspiegelung realer Geschehnisse, sondern die – insofern gezielt tendenziöse – Übersetzung einer dschihadistischen Konfliktperspektive in ein für durchschnittliche Probanden nachvollziehbares Szenario bei Repräsentation von Gruppenkonstellationen, politischen Konflikten und – angenähert – Ideologie.

Gruppenkonstellation

Die basale Dichotomie »Umma versus Ungläubige« wird durch die einfache Unterscheidung von violett versus nichtviolett gespiegelt. Ausgehend davon entwickelt das Szenario Feinde und Gruppen von Sympathisanten bzw. erhofften Unterstützern, die die wesentlichen Akteure bzw. Bezugsgruppen der dschihadistischen Konfliktwahrnehmung umfassen.

- Terroristische Akteure (»Kämpfer«), die in verschiedenen Ländern operieren, wobei in Deutschland nur kleine Gruppen aktiv sind. Andere Gruppen können Vorbildcharakter haben; zugleich kann ein mögliches Konkurrenzverhältnis um besonders überzeugenden Einsatz für die richtige Sache bestehen.

- Eine gewaltbefürwortende Unterstützerszene, die zum Beispiel auf einschlägigen Internetseiten für Anschläge wirbt oder diese gutheißt. Die einzelne terroristische Gruppe ist zwar relativ isoliert, ideologisch aber Teil einer »Bewegung«.
- Gewaltablehnende Gruppen, die aber die politischen Ziele der Kämpfer teilen (Islamisten bzw. Violette Demokratiebewegung)
- »Interessierte Dritte«, die als unterdrückt wahrgenommen werden, in deren Namen gekämpft wird und von welchen Sympathien und Unterstützung erhofft werden. Da sich die allermeisten Mitglieder der beanspruchten Ingroup nicht am Kampf beteiligen, ihn ablehnen oder mit der Gegenseite kooperieren, erscheinen sie aus terroristischer Perspektive als verblendet oder opportunistisch (Muslime bzw. Violette).
- Feinde, die für die beklagten Missstände verantwortlich sind, hier in der Doppelung »naher Feind« (antiislamistische Autokratien bzw. violette Militärdiktaturen) und »ferner Feind« (westliche Gesellschaften, »Ungläubige« bzw. europäische Staaten, Nichtviolette).

Für den Fall, dass die beanspruchte Ingroup nicht von Anschlägen getroffen werden soll (was für Dschihadisten bei Angriffen auf Muslime in überwiegend muslimischen Ländern nicht gilt, aber in westlichen Ländern ein Kriterium sein kann), wird unter Zielwahlgesichtspunkten relevant, dass mit der Dimension der Hautfarbe eine äußerliche Sichtbarkeit eingeführt wurde, die für Muslime prinzipiell nicht, über zum Beispiel Kleidung, religiöses Verhalten oder aufgrund der Korrelation von Religion und Migrationshintergründen aber gelegentlich oder alltagsweltlich estimativ gegeben ist. Ein weiterer Unterschied ist, dass via Konversion zum oder Abwendung vom Islam ein Gruppenwechsel möglich ist, der von dem fixen Merkmal Hautfarbe verhindert wird. Dies stellt allerdings insofern kein gravierendes Problem dar, als eine violette Person antiviolettistisch sein und eine nichtviolette den Violettismus unterstützen kann, eine politische Flexibilität also möglich bleibt.

Politischer Konflikt und ideologische Rahmung

Die Verteidigungslogik des Dschihadismus abbildend (»Krieg gegen den Islam«), begründet sich auch der violettistische Terrorismus wesentlich aus der Defensive. Dabei wird das zentrale Thema militärischer Konflikte und ziviler Opfer in anderen Ländern verknüpft mit einer weniger gravierenden, aber existenten Ablehnungs- bzw. Diskriminierungserfahrung in Deutschland bzw. Europa. Die Schuld an Leid und Ungerechtigkeit wird in der Rahmengeschichte, im Einklang mit klaren Feindbildkonstruktionen im Dschihadismus, deutlich der Gegenseite zugewiesen. Schwieriger und nur näherungsweise abbildbar war im Rahmen dieses Szenarios die positive und religiös gegründete Zielsetzung einer »islamischen Gesellschaft«. An deren Stelle tritt im Szenario der – für die Planspielerinnen als plausibel erwartete – Kampf für Demokratie und Gleichheit. Ebenso wie es aus islamistischer Perspektive eine Selbstverständlichkeit darstellt, dass die vermeintlich gottgegebenen Regelungen auf Erden umgesetzt werden müssen, etabliert das Planspielszenario eine moralische Selbstverständlichkeit, indem es die Behandlung der Violetten als ungerecht darstellt – was per definitionem abzulehnen ist. Es appelliert darüber hinaus an demokratische und gleichheits- bzw. fairnessbezogene Werte, die unter durchschnittlichen Probanden ebenfalls vorausgesetzt werden durften. Gleichwohl kann die Ausrichtung und Hoffnung auf eine neue, gottgewollte und endlich legitime Gesellschaftsordnung damit nur ansatzweise repräsentiert werden. Mit dem Fehlen der religiösen Komponente entfallen des Weiteren alle spezifisch kampfbezogenen Religionsauslegungen des Dschihadismus: Religiöse Pflicht zum Kampf, göttliche Unterstützung (nach Gottes Ermessen), Märtyrertum samt Aussicht auf paradiesische Belohnungen, Vermeiden von Höllenstrafen. Die Einführung dieser Elemente war – abgesehen von der Idee einer »moralischen Verpflichtung« – nicht ohne Rekurs auf Religion möglich. Auf letzteren wurde aber gerade verzichtet, um ein bloßes Nachspielen von den Probanden lebensweltfremden Klischees zu vermeiden.

1.1.3 Gruppensitzungen

Einführungssitzungen

Die zwei Einführungssitzungen dienen der Erhebung sozioökonomischer und anderer Daten der Probanden, der Besprechung organisatorischer Fragen, der Erläuterung des technischen Arrangements, der Einführung in das Rahmenszenario, der Erläuterung der Spielregeln, der Einführung in die Rollen sowie der ersten Beschäftigung mit violettistischen Propagandamaterialien.

Anhand eines kurzen Fragebogens werden zunächst soziodemografische Merkmale der Planspielerinnen erhoben (unter anderem Alter, Geschlecht, Schulbildung, Berufstätigkeit, Einkommen, Haushaltsgröße; vgl. Anlage 2).

Sodann folgt ein kurzes qualitatives Interview zur Erfassung von regelmäßigen Aufenthaltsorten, Stadtkenntnissen und sozialen Kontakten. Die Teilnehmer werden aufgefordert, eine Stadtkarte zu zeichnen und diejenigen Orte zu markieren, an denen sie sich regelmäßig aufhalten oder die auf sonstige Weise für sie von Bedeutung sind. Über Nachfragen werden dabei auch typische Aktivitäten und soziale Beziehungen erfasst. Im Anschluss an das Gespräch über die selbst gezeichnete Karte wird unter Einsatz eines Stadtplans die Vertrautheit mit verschiedenen Stadtteilen und Orten in der Stadt bestimmt. Dann werden die Spielerinnen aufgefordert, in einem Stundenplan für eine Woche einzutragen, wie sie üblicherweise ihre Zeit verbringen. Diese einführenden Datenerhebungen erfüllen eine mehrfache Funktion. Sie dienen erstens der Beschreibung des Samples, zweitens dem Abgleich der soziodemografischen Daten der Probanden mit den über europäische Dschihadisten bekannten, drittens der Konstruktion einer fiktiven Spielfigur, die in verschiedenen Hinsichten der realen Person des Planspielers angenähert ist. Viertens schließlich werden typische Aufenthaltsorte und Wege auch erhoben, um den möglichen Einfluss von örtlichen Vertrautheiten und Bewegungsmustern auf Zielwahlprozesse bestimmen zu können.

Im nächsten Schritt werden die Probanden in das Rahmenszenario eingeführt. Dazu wird ihnen der Szenariotext über die Geschichte und Situation der violetten Menschen im Jahr 2030 in Form einer Audioaufnahme vorgespielt. Ergänzend und zur Veranschaulichung erhalten die Spieler ein bildbearbeitetes Foto, welches junge Menschen verschiedener Hautfarben, darunter violette Menschen, zeigt. Die Lage der Länder mit violetter Bevölkerungsmehrheit wird anhand einer Weltkarte illustriert (vgl. Abbildung 6).

Nach einer Gelegenheit zu Nachfragen folgt die Erläuterung der Spielregeln. Diese sind in einem Regelbuch (vgl. Anlage 3) dokumentiert, welches den Probanden ausgehändigt und mit ihnen besprochen wird. Grundlegendes Spielziel ist es, als Mitglied der Violetten Befreiungsfront innerhalb von drei bzw. sechs Monaten einen Anschlag in der Stadt zu planen und durchzuführen;[51] zusätzlich ist ein Bekennerschreiben zu verfassen. Das Wort »Anschlag« ist dabei nicht näher spezifiziert – es gibt insbesondere keine Aufforderung, tödliche Anschläge zu planen. Im Einzelnen wird das Spielziel in drei Subziele differenziert: 1. Der Anschlag soll überhaupt »realisiert« werden; 2. mit dem Anschlag sollen die Ziele der Violetten Befreiungsfront

51 Der Zeitraum betrug drei Monate im ersten, sechs Monate für den zweiten und dritten Planspieldurchgang (vgl. Kapitel IV.1.2.4).

dergestalt verfolgt werden, dass dies in den Reihen der VBF auf Zustimmung und Anerkennung stoßen würde; 3. eine Anweisung für das Verhalten nach der Tat soll gegebenenfalls befolgt werden.

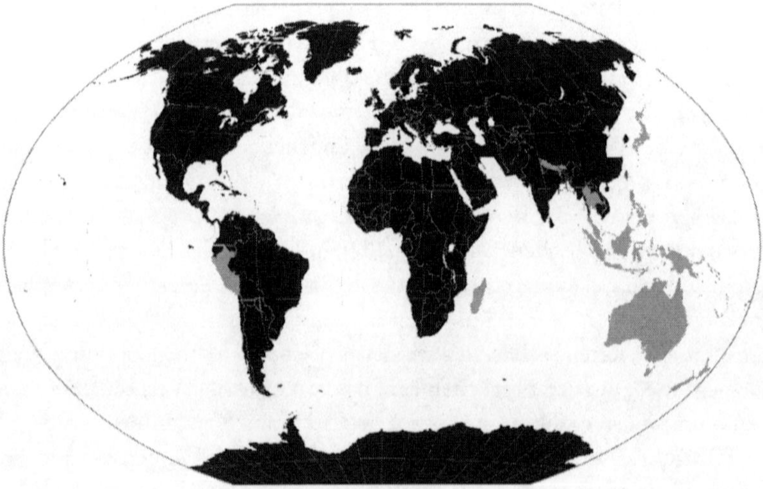

Abbildung 6: Länder mit violetter Bevölkerungsmehrheit (hellgrau gefärbt)

Aufgabe (2), die Zustimmung der VBF zu verfolgen, sollte zu einer engagierten Auseinandersetzung mit dem Szenario beitragen. Die Anweisung (3) wurde nicht allen Gruppen gegeben und, wo sie gegeben wurde, letztlich in allen Gruppen gleich formuliert, nämlich nach der Tat unentdeckt zu entkommen; auf die – für die dschihadistische Anschlagsplanung zwar relevante – Aufforderung zu Selbstmordattentaten wurde aus forschungsethischen Gründen verzichtet. Für die Erreichung der drei Spielziele wurden – mit der Spielleitung als Jury – Punkte vergeben. Für die drei Gruppen mit den höchsten Punktständen waren kleinere Geldpreise ausgelobt. Dieses Verfahren simulierte einerseits eine gewisse Konkurrenz zwischen unabhängigen dschihadistischen Gruppen und sollte andererseits einen zusätzlichen Anreiz zur engagierten Beschäftigung mit Szenario, Rolle und Spielmaterialien setzen.

Die zweite Einführungssitzung beginnt mit der Aushändigung der »Kämpferdokumente«. Entsprechend dem Umstand, dass sich auch reale Terroristen, angesichts des pejorativen Charakters des Terminus, meist nicht als solche bezeichnen wollen, werden die Protagonisten durchweg »Kämpfer« genannt.[52] Jedem Spieler wird eine Figur – ein »Kämpfer« oder eine »Kämpferin« – zugeordnet, deren Rolle er bzw. sie übernimmt. Das »Kämpferdokument« charakterisiert diese Figur in einer Reihe von Eigenschaften: Name, Adresse, Alter, Geschlecht, Geburtsort, finanzielle Ressourcen (monatliche Einkünfte und Ausgaben), Wohnsituation, Ausbildung, Berufstätigkeit, besondere Besitztümer, soziales Umfeld und besondere Fähigkeiten (vgl. Abbildung 7). Dem Kämpferdokument ist zudem ein Stundenplan für eine Woche beigefügt, der den Alltagsablauf der Figur beschreibt. Auf diese Weise werden Ressourcen (ökonomisches, kulturelles und soziales Kapital) sowie aus Person und Lebenssituation sich ergebende Restriktionen simuliert. Um die Authentizität des Planungsprozesses zu erhöhen, ist diese Figur in vielen Hinsichten (zum Beispiel Alter, Erwerbsstatus, ungefähre Wohnadresse, ungefähres soziales Umfeld und ungefährer Alltagsablauf) an die reale Person des jeweiligen Probanden angelehnt. Der Einsatz einer fiktiven Figur erlaubt es jedoch darüber hinaus, von den Eigenschaften der Realperson abzuweichen bzw. diese gezielt zu variieren, wo dies aus methodischen oder forschungsethischen Gründen geboten ist. So werden zum Beispiel die finanziellen Verhältnisse der Figuren nicht an die Realpersonen der Probanden, sondern an typische geschätzte Anschlagskosten im Bereich des europäischen Dschihadismus angelehnt. Die Wohnadresse der Spielfigur wird in der Nähe der Wohnadresse der Probanden platziert, damit Ortskenntnisse plausibel in das Spiel eingebracht werden können; es wird aber nicht die genaue Adresse verwendet – aus Datenschutzgründen, um eine mentale Trennung zwischen Spiel und Realität zu unterstützen, und um reale Personen aus dem Umfeld der Probanden (etwa Nachbarn oder Mitbewohner) aus dem Spiel zu exkludieren. Um die moralische Barriere der Identifikation mit der terroristischen Rolle abzumildern, den Spielcharakter zu betonen und die Realperson von der Rolle zu trennen, wird jeder Figur ein fiktiver Name zugeordnet.

52 Tatsächlich bildet der Dschihadismus hier, mindestens partiell, eine Ausnahme; der Terrorismusbegriff wird gelegentlich offensiv mit religiösen Begründungen vertreten und affirmativ genutzt, so z. B. in *Inspire* 9: »The goal of the operations of the Resistance and the Individual Terrorism Jihad is to inflict as many human and material losses as possible upon the interests of America and her allies« (2011: 23). Für die Planspielerinnen wäre eine entsprechende Selbstbeschreibung vermutlich schwer adaptierbar gewesen.

Marco Mustermann

Violette Straße 5

20144 Hamburg

25 Jahre alt

Männlich

Geboren in Hamburg

Mtl. Einkünfte in €		Mtl. Ausgaben in €	
Einkünfte aus Jobs	300	**Fixkosten** Miete, Strom, Telefon	310
Bafög	400		
		Lebensunterhalt	240
Summe	700	**Summe**	550

Wohnsituation

WG mit David Kortig in einer 2-Zimmer-Wohnung, 3. OG, große Küche, Keller. Dein Zimmer ist 17qm groß.

Job

Bezahltes Praktikum bei einer Krankenkasse

Besitztümer

Rote Vespa

Studium / Ausbildung

Studium der Ingenieurswissenschaften an der TU-Harburg

Soziales Umfeld

Mit **David Kortig** wohnst Du in einer Zweck-WG. Ihr versteht euch gut, esst manchmal zusammen, habt aber sonst nichts miteinander zu tun. David ist wochentags unregelmäßig zu Hause, an Wochenenden meist bei seiner Freundin. David ist nicht violett, aber kein Rassist.

Florian und Karsten sind zwei violette Freunde, die Du noch aus der Schulzeit kennst. Sie sind nicht politisch interessiert. Der Bruder von Florian, **Dominik**, ist ein Kollege bei der Krankenkasse, mit dem Du häufig ausgehst. Im Unterschied zu Florian und Karsten vertritt Dominik tendenziell ‚violettistische' Ansichten.

Benjamin und Andi: Gute Freunde, die Du bei der Waisenhilfsorganisation VCW kennen gelernt hast.

Deine **Eltern** leben in Hannover. Mit ihnen telefonierst Du regelmäßig und ihr seht euch ca. einmal im Monat.

Besondere Fähigkeiten

Naturwissenschaft	5	„Ausreden erfinden"	10
Handwerk/Technik	10	Sportlichkeit	10
Elektrotechnik	5	Schusswaffen	5

Abbildung 7: Kämpferdokument

Im Anschluss an die Aushändigung und Erläuterung der Kämpferdokumente wird eine Geschichte verlesen, die den Weg der Radikalisierung der Kämpfer schildert. Während die Szenariogeschichte in eher lexikalischem Duktus gehalten ist, werden hier persönliche Erlebnisse der – je nach Gruppengröße – bis zu fünf Figuren erzählt, um eine weitere soziale Verortung der Kämpfer zu schaffen und – zusätzlich zur politischen Lage – die Entwicklung einer persönlichen Motivation zur Anschlagsdurchführung zu plausibilisieren. Aus der Perspektive der Protagonisten berichtet die Geschichte von diskriminierenden Erlebnissen in Deutschland, vom Rassismus in Deutschland, von der Mitarbeit in einer violetten Kinderhilfsorganisation, von Protesten gegen den deutschen Kriegseinsatz in violetten Ländern und der Repression gegen Kriegsgegner und violette Demonstranten – wobei auch die Protagonisten zu Opfern von Polizeigewalt werden –, von Kontakten mit gewaltablehnenden und gewaltbefürwortenden Violettisten, schließlich von einer Reise nach Neuseeland (einem Land mit violetter Bevölkerungsmehrheit) und dem Versuch der Kontaktaufnahme mit der Violetten Befreiungsfront. In Neuseeland werden die Protagonisten Zeugen der »Kollateralschäden«, welche der Krieg gegen die violette Widerstandsbewegung fordert. Es gelingt ihnen, Kontaktpersonen der VBF zu treffen, von welchen sie den Hinweis erhalten, dass sie – statt sich am Kampf in Neuseeland zu beteiligen – einen Anschlag in Deutschland durchführen sollten. Die »persönliche Geschichte« greift dergestalt auf typische Radikalisierungstopoi und -erlebnisse – auch, aber nicht nur des europäischen Dschihadismus – zurück: Diskriminierungserfahrung, Gewalterfahrung, Beobachtung unschuldiger Opfer, Eskalation von zunächst friedlichen Protesten, schrittweise zunehmende Kontakte zu gewaltaffinen oder -bereiten Personen (vgl. z. B. McCauley/Moskalenko 2008; Precht 2007; Dalgaard-Nielsen 2010). Abweichend vom dschihadistischen Diskurs spielen Israel und die USA als besondere Feindbilder in der Radikalisierungsgeschichte (wie auch im Szenario insgesamt) keine Rolle und werden auch nicht anderweitig repräsentiert. Umgekehrt – und ebenfalls hinsichtlich der Zielwahlerwägungen der Probanden zu berücksichtigen – spielt die Erfahrung von Polizeigewalt in der persönlichen Geschichte eine größere Rolle als (bislang) im europäischen Dschihadismus.

Zum Abschluss der zweiten Einführungssitzung beginnen die Planspieler, sich mit »violettistischer« Propaganda zu beschäftigen. Zu diesem Zweck haben sie Zugriff auf eine simulierte (nur im Planspielraum lokal zugängliche) Internetplattform einer fiktiven Sympathisantengruppe (»Ultra-Violett.org«; vgl. Abbildung 8).

Abbildung 8: Internetplattform »Ultra-Violett.org«

Die Website ist einschlägigen dschihadistischen Websites nachempfunden; sie präsentiert propagandistisch dargebrachte Nachrichten und Texte, welche die in dschihadistischen Medien vorfindbaren ideologischen, strategischen und taktischen Kernelemente des internationalen Dschihadismus in den »Violettismus« übersetzen. Die Planspieler können sich somit in transformierter Form mit jenen Argumenten auseinandersetzen, denen auch dschihadistische *Low-Cost-* und *Self-Starter-*Gruppen ausgesetzt sind.[53] In der Rubrik »Texte« ist prominent an erster Stelle ein »Positionspapier der Violetten Befreiungsfront« platziert. Dieses beklagt die Diskriminierung von violetten Menschen in Europa sowie die Gewalttaten der »europäischen Besatzungsarmeen in den violetten Ländern« und stellt fest, dass der Versuch, die »rassistischen Europäer« mit friedlichen Mitteln zu stoppen, gescheitert sei. Die Violette Befreiungsfront stehe dagegen für den Kampf gegen Diskriminierung und Unterdrückung und für »Freiheit, Gleichberechtigung und Menschlichkeit«. Unter Zielwahlgesichtspunkten ist relevant, dass Angriffe auf Infrastruktur, Wirtschaft und Politik erwähnt werden (»Wir werden ihre

53 Als Vorlage diente vor allem *Inspire*, das via Internet verbreitete Magazin der al-Qaida auf der Arabischen Halbinsel.

Infrastruktur, ihre Wirtschaft und ihre Politik schwächen, bis ihnen die Kraft für ihre Angriffe ausgeht.«). Auch werden, analog zu dschihadistischer Propaganda, Angriffe auf Zivilisten legitimiert. Während die im Dschihadismus dazu unter anderem genutzten religiösen bzw. schariabezogenen Argumente nicht transferiert werden konnten, wurde das ebenfalls dort gebrauchte Demokratieargument eingesetzt: »Die VBF ist der Ansicht, dass es unter den Rassisten keine wirklichen Zivilisten gibt. Die europäischen Gesellschaften sind Demokratien. Die Menschen in den europäischen Ländern haben ihre Regierungen gewählt und sind daher für das Handeln ihrer Regierungen verantwortlich. Sie unterstützen die Angriffskriege gegen die violetten Länder und haben die Konsequenzen zu tragen.« Das Positionspapier schließt mit der Kritik an »verblendeten« und »verräterischen« europäischen Violetten, die die Diskriminierung für nicht gravierend und das System der Diskriminierung für normal hielten – sowie der Feststellung, dass »die Rassisten« in ihren »eigenen Ländern« bekämpft werden müssten, um den Krieg zu stoppen.

Planungssitzungen

Auf den folgenden Gruppentreffen diskutieren die Spieler (in der Rolle ihrer Spielfiguren) ihre Ideen, entwickeln einen Plan, recherchieren dafür benötigte Informationen und bestimmen ihre weitere Vorgehensweise. Die Gruppentreffen in Räumen der Universität sind dabei die einzige Gelegenheit, bei der die Spieler die Rolle eines Terroristen übernehmen. Alle anderen (fiktiven) »Aktivitäten« der Teilnehmer werden dort geplant und mit ihren Ergebnissen in der jeweils nächsten Sitzung simuliert. Die Probanden sind angewiesen, außerhalb der Gruppentreffen alle spielbezogenen Aktivitäten (zum Beispiel Recherchen oder Gespräche über die Anschlagsplanung) sowie jede spielerische Rollenübernahme zu unterlassen.

Das Spiel ist rundenbasiert, wobei jede Sitzung einer Spielrunde entspricht. Jede Runde wird mit einem Spielzug abgeschlossen, in welchem die Spielerinnen schriftlich festlegen, welche Aktivitäten die Gruppe in der Zeit zwischen den Gruppensitzungen unternehmen soll – etwa den Kauf bestimmter Materialien oder die Auskundschaftung von Zielorten.[54] Dabei entspricht die Spielzeit nicht der Realzeit. Das heißt, eine Gruppe kann bei-

54 Alternativ zur eigenen Verschriftlichung bestand die Möglichkeit, den Spielzug mündlich zu Protokoll zu geben.

spielsweise beschließen, sich (fiktiv) erst in zwei Wochen an einem bestimmten Ort zu treffen, während das nächste reale Gruppentreffen schon in einer Woche ansteht. Auf diese Weise gewinnen die Spieler eine realitätsnähere Souveränität der fiktiven Zeitnutzung.

Um realitätsnahe Entscheidungsprozesse zu generieren, können die Spieler in ihren Spielzügen grundsätzlich alle Aktivitäten festlegen, die auch in der Realität möglich wären. Dabei ist die Spielrealität eine hybride: Das Spiel findet partiell in der realen Stadt, gleichzeitig aber in der Szenariowelt der violetten Menschen im Jahr 2030 statt. Gebäude und Infrastruktur bleiben im Spiel unverändert – ein U-Bahnhof zum Beispiel ist auch in der Welt von 2030 in genau der Form dort, wo er sich 2012 befindet. Auch anonyme Menschenmengen bewegen sich 2030 an den gleichen Orten wie 2012. Gleichzeitig sind die politische und soziale Situation sowie Einzelpersonen verändert – violette Menschen laufen durch die Straßen, die Medien berichten über mit Violetten assoziierte Probleme, Politiker tragen andere Namen und können Parteien angehören, die es im Jahr 2012 noch nicht gab. Diese Konstruktion erlaubt es, Zielwahlprozesse in realen räumlichen Settings zu simulieren, während die Vorteile eines fiktiven Szenarios erhalten bleiben. Zur besseren Integration der zwei Realitäten erhalten die Spieler einen Kalender des Jahres 2030, in welchem die Zuordnung von Daten und Wochentagen dem Jahr der Spieldurchführung (2011/12) entspricht. Ist also zum Beispiel der 01. Dezember 2012 ein Samstag, so ist der 01. Dezember 2030 im Spielkalender ebenfalls ein Samstag, sodass samstägliche Ereignisse in der Realzeit auch in der Spielzeit solche bleiben.

Hinsichtlich ihrer Spielzüge sind die Probanden zu einer möglichst detaillierten Darstellung ihrer Vorgehensweise angehalten. Zwischen den Gruppensitzungen ist es Aufgabe der Spielleitung, die Aktivitäten der Gruppe und deren Ergebnisse zu simulieren. Will also zum Beispiel eine Gruppe einen Ort auskundschaften und dort auf Sicherheitssysteme wie Videokameras achten oder bestimmte Materialien einkaufen, so wird die Spielleitung am Beginn der nächsten Runde eine Einführungsgeschichte präsentieren, welche schildert, was die Gruppenmitglieder beobachtet haben oder wie sich der Einkauf vollzog und ob er erfolgreich war.

Bei diesen Simulationen hat die Spielleitung versucht, möglichst realistische Entwicklungen zu zeichnen. Zu diesem Zweck wurden spielbegleitend ausführliche Internetrecherchen durchgeführt und oft auch Orte von Mitgliedern des Forschungsteams besucht. Eine durchgehend realistische Abbildung war dabei aber – schon aufgrund von begrenzten Ressourcen oder unzugänglichen Orten, aber auch aufgrund notwendig fiktiver sozialer Interaktionen (wie etwa reagiert ein Verkäufer auf die Frage nach bestimmten Materialien?) – weder möglich noch notwendig; denn letztlich relevant für das Forschungsziel war die Beobachtung der Entscheidung unter bestimmten Voraussetzungen, auch wenn diese Voraussetzungen im Einzelfall realitätsnah erfunden waren.

Während die Spielleitung auf diese Weise die Entwicklung der Geschichte wesentlich mitbestimmte, schien es gleichzeitig wichtig, dass sich die Spieler nicht einer unvermittelten Willkür der Spielleitung ausgesetzt sahen. Denn die Reflektionsprozesse, die mit dem Planspiel wesentlich angestoßen werden sollten, sind jene über realistische und wahrscheinliche Konsequenzen eigenen Handelns, nicht über die Intentionen der Spielleitung. Wenngleich sich Letzteres nicht ganz vermeiden ließ, wurde es einerseits durch die Präsentation möglichst plausibler Entwicklungen,[55] andererseits durch das Zufallsprinzip eingeschränkt, welches die Entscheidungsmöglichkeiten der Spielleitung begrenzte: Im Falle vieler Aktivitäten werden Ergebnisse mittels eines 20-seitigen Würfels von den Spielern ausgewürfelt. Wie im realen Leben können also Aktivitäten im Spiel mit gewissen (im Einzelfall wieder von der Spielleitung festzusetzenden) Wahrscheinlichkeiten ge- oder misslingen bzw. verschiedene Verläufe nehmen – zum Beispiel: Ein selbstgebauter Zünder kann funktionieren oder nicht, Zeugen können aufmerksam werden oder nicht, eine Flucht kann gelingen oder nicht. Bei komplexeren, aus mehreren Teilschritten bestehenden Aktionen werden die Ergebnisse der Teilschritte nacheinander ausgewürfelt. Das Würfelverfahren ist dabei, wo inhaltlich passend, an die in den Kämpferdokumenten festgehaltenen »Fähigkeiten« der Figuren geknüpft. Auf einer Skala von 1 bis 20 sind dort Kenntnisse bzw. Fertigkeiten in sechs Rubriken verzeichnet: Naturwissenschaft, Handwerk/Technik, Elektrotechnik, »Ausreden erfinden«, Sportlichkeit und Schusswaffengebrauch. Je höher der Punktwert eines Spielers in einer Rubrik, desto höher ist seine Chance, bei einer Aktivität, die die

55 Realitätsnahe Verläufe garantieren allerdings, wo sie von den Probanden nicht (ad hoc) überprüfbar sind, nicht immer, dass sie auch als solche akzeptiert werden. So wollte z. B. eine Spielerin im Rahmen eines Spielzugs eine Versammlung einer real existierenden radikalen Partei besuchen. Das Forscherteam recherchierte daraufhin, wie man über die Parteiversammlungen informiert werden und unter welchen Voraussetzungen man daran als Gast teilnehmen kann. Das Verfahren erwies sich als so kompliziert, dass die Spielerin, als sie die Ergebnisse »ihrer« Recherche in der Folgesitzung erfuhr, dies für eine wenig plausible Erfindung der Spielleitung hielt.

jeweilige Fertigkeit voraussetzt, erfolgreich zu sein.[56] Dieses Verfahren ermöglicht einerseits eine Binnendifferenzierung innerhalb der Gruppen, andererseits die Differenzierung von ganzen Gruppen nach unterschiedlichen einschlägigen Kompetenzen – wie sie in Realfällen etwa zwischen reinen *Self-Startern* und solchen Gruppen bestehen kann, von welchen (manche) Mitglieder terroristische Ausbildungslager besucht haben.

Zur Informationsrecherche stehen den Probanden im Planspielraum zwei PCs mit Internetverbindung zur Verfügung, deren Bildschirminhalte aufgezeichnet werden. Fragen der Funktionsweise, Beschaffung und Konstruktion von Anschlagsmitteln (insbesondere Bomben) bilden allerdings eine Ausnahme sowohl in Bezug auf die Recherchemöglichkeiten der Spieler als auch hinsichtlich des Prinzips der realitätsnahen Simulation. Derartige Fragen dürfen von den Probanden nicht selbst im Internet recherchiert werden, sondern müssen im Rahmen der Spielzüge an die Spielleitung gestellt werden. Um den Prozess einer Recherche nach Bombenbauanleitungen auf eine Art und Weise zu simulieren, die unter Sicherheitsgesichtspunkten unbedenklich ist, hat das Forscherteam fiktive Bombenbauanleitungen vorbereitet, die den Spielern in diesem Fall übergeben werden. Diese fiktiven Anleitungen repräsentieren auf der Basis untauglicher Zutatenlisten und Konstruktionshinweise reale Anleitungen in bestimmten formalen Hinsichten (Schwierigkeit der Herstellung, Schwierigkeit der Materialbeschaffung, zu erwartende Sprengwirkung). Auf diese Weise wird es möglich, Entscheidungsparameter der Mittelwahl zu simulieren, ohne diesbezüglich einschlägiges Wissen zu generieren.

1.2 Probanden und Planspielgruppen

1.2.1 Rekrutierungsprozess

Die Planspielprobanden wurden zunächst über E-Mail-Verteiler und Flyer, dann nach einem Erstkontakt in acht Gruppen (PSG1–5 sowie PSG8–10) im Schneeballverfahren rekrutiert, sodass sich die Gruppenmitglieder bereits vor Beginn des Planspiels persönlich kannten. In den Gruppen 6, 7 und 11 wurden die Probanden einzeln rekrutiert und bildeten eine Planspielgruppe

56 Eine Aktivität glückt, wenn die Augenzahl des Würfels kleiner oder gleich dem jeweiligen Talentwert ist.

mit zunächst unbekannten Mitspielern bzw. -spielerinnen. Unter insgesamt 84 Interessenten wurden 45 zum Erstgespräch mit jeweils mindestens zwei Mitarbeitern des Forschungsteams eingeladen. Neben Erläuterungen zum Projekt und zum zeitlichen und organisatorischen Ablauf des Planspiels diente das Erstgespräch einer Auswahl nach Alter, Geschlecht, Ausbildung und Studienfächern mit dem Ziel, die von Dschihadisten bekannten soziodemografischen Daten näherungsweise abzubilden. Darüber hinaus hatten die Gespräche den Zweck, die Planspieleignung durch eine Einschätzung von sozialen und kommunikativen Kompetenzen, Zuverlässigkeit und emotionaler Stabilität sowie (als Negativkriterien) von eventuellen Neigungen zu politischen oder religiösen Extremismen, zu Fanatismus und zu politischer Gewalt zu bestimmen. Im Anschluss an die Erstgespräche wurden mit 40 Bewerbern bzw. Bewerberinnen Gespräche zur psychodiagnostischen Evaluierung geführt,[57] von denen 35 für die Planspielteilnahme ausgewählt wurden. Die Namen und Anschriften der 35 Personen wurden mit deren Einwilligung dem Bundesamt für Verfassungsschutz für einen Abgleich mit Listen bekannter Personen aus dem Bereich des politischen Extremismus übermittelt (welcher in allen Fällen negativ ausfiel).

1.2.2 Soziodemografische Eckdaten

Das Planspiel wurde von 28 Männern und sieben Frauen durchlaufen. Die Überzahl männlicher Probanden folgt dem Umstand, dass die Täter in realen Fällen europäischen Dschihadismus fast ausschließlich Männer sind; da gleichwohl einzelne Fälle weiblicher Dschihadistinnen real vorkommen, wurde das Planspiel zu einem Fünftel mit Frauen besetzt, um eventuelle Geschlechtsspezifika der Vorgehensweise berücksichtigen zu können.

Die Probanden sind zwischen 19 und 31 Jahre alt, der Altersdurchschnitt liegt bei 24,3 Jahren. Das in der internationalen Fallerhebung festgestellte Durchschnittsalter von 25,6 Jahren unter »Homegrown«-Tätern wird damit näherungsweise abgebildet. Mit Ausnahme von zwei Fällen sind die Probanden in Deutschland geboren – Migrationshintergründe wurden, ebenso wie die Religionszugehörigkeit, im Sample nicht systematisch abgebildet. Die Wohnorte der Planspielerinnen verteilen sich über das Hamburger Stadt- und Einzugsgebiet.

57 Die psychodiagnostischen Gespräche führte Lorenz Böllinger.

		Planspielgruppe (PSG)											gesamt
		1	2	3	4	5	6	7	8	9	10	11	
Anzahl Planspieler		3	3	3	1	4	3	4	5	3	3	3	35
Alter	19-22	0	0	1	0	4	2	2	1	2	3	1	16
	23-25	0	1	2	0	0	1	1	0	1	0	0	6
	26-28	2	2	0	1	0	0	1	2	0	0	0	8
	29-31	1	0	0	0	0	0	0	2	0	0	2	5
Geschlecht	Männlich	3	2	3	0	4	0	4	5	3	3	1	28
	Weiblich	0	1	0	1	0	3	0	0	0	0	2	7
Geburtsland	Deutschland	3	3	3	1	4	3	3	4	3	3	3	33
	Andere	0	0	0	0	0	0	1	1	0	0	0	2
Schulabschluss	Abitur	2	2	3	1	4	3	4	5	1	1	1	27
	Fachhochschulreife	0	1	0	0	0	0	0	0	2	0	1	4
	Realschule	1	0	0	0	0	0	0	0	0	2	1	4
Erwerbsstatus	Berufstätig	0	0	0	0	0	0	0	1	0	0	2	3
	Auszubildender	0	0	0	0	2	0	0	0	3	1	0	6
	Student	3	2	3	1	2	3	4	4	0	0	0	22
	Praktikant	0	0	0	0	0	0	0	0	0	1	1	2
	Arbeitslos	0	1	0	0	0	0	0	0	0	0	0	1
	Abiturient	0	0	0	0	0	0	0	0	0	1	0	1

Tabelle 25: Planspieler nach Planspielgruppen

Für die ersten beiden Durchgänge des Planspiels konnten vor allem Studierende rekrutiert werden, wobei naturwissenschaftliche und technische Studienfächer im ersten Durchgang wenig vertreten waren. Studierende aus diesen Fachrichtungen wurden daher für den zweiten Durchgang bevorzugt ausgewählt. Für den dritten Durchgang wurden schließlich gezielt auch Nichtakademiker gesucht. Insgesamt wurde so, verglichen mit der Realfallerhebung (47,5 Prozent), ein erhöhter Anteil von Akademikern (Studierenden oder Hochschulabsolventen) erreicht (62,9 Prozent). Dagegen sind Studien- und Ausbildungsfächer aus dem naturwissenschaftlich-technischen Bereich im Planspiel unterrepräsentiert. Neben Studierenden finden sich unter den Probanden neun Berufstätige (sechs davon in Ausbildung), eine Arbeitssuchende, ein Abiturient sowie zwei Praktikanten (vgl. Tabelle 25).

1.2.3 Gruppenvariationen

Die Planspieler verteilten sich auf elf Planspielgruppen: sieben Gruppen à drei Personen, zwei Gruppen à vier Personen, eine Gruppe mit fünf Personen sowie eine Einzelspielerin zur Simulation einer *Lone-Wolf*-Planung (vgl. Tabelle 25). In verschiedenen Dimensionen wurden die Planspielgruppen hinsichtlich ihrer Spielvorgaben variiert (vgl. Tabelle 26).

- Finanzielle Mittel und Kompetenzen. Basierend auf Recherchen zu den Kosten realer Anschlagsplanungen des europäischen Dschihadismus sowie zur Einkommenssituation typischer Täter wurden neben sechs »*Low-Cost*«-Gruppen mit einem für den Anschlag verfügbaren Gesamtbudget von circa 10.000 Euro auch fünf »*Minimal Cost*«-Gruppen eingerichtet, deren Budget circa 700 Euro pro Person (zwischen 2.100 Euro und 2.800 Euro pro Gruppe) betrug. Um Tätergruppen mit unterschiedlicher Vernetzung und Ausbildung zu simulieren, hatten die Gruppen mit erhöhtem Budget außerdem Spielerfiguren mit erhöhten einschlägigen Kompetenzen (wie Schusswaffengebrauch) und Kontakte zu Unterstützern, die den »Minimal Cost«-Gruppen fehlten.
- Infrastrukturvorgaben. Da Angriffe auf die zivile Infrastruktur ein Schwerpunktthema des Basisprojekts darstellten, sollte sichergestellt werden, dass derartige Szenarien auch im Planspiel vorkämen. Zwei Gruppen des ersten Durchgangs (PSG2 und PSG3) wurde ohne weitere Spezifizierung vorgegeben, einen Anschlag auf einen beliebigen Infrastrukturbereich zu planen (»allgemeine Infrastrukturvorgabe«). Beide Gruppen entschieden sich für die Verkehrsinfrastruktur; andere Anlagen der zivilen Infrastruktur wurden auch von den übrigen Gruppen kaum als näher erwogene Anschlagsziele in Betracht gezogen. Daraufhin erhielten zwei weitere Gruppen des darauf folgenden Planspieldurchgangs (PSG6 und PSG8) die enger begrenzte Vorgabe, wahlweise die Energieversorgung, die Wasserversorgung, das Telefonnetz bzw. das Internet oder den Flugverkehr anzugreifen. Im letzten Durchgang wurde schließlich eine Gruppe (PSG11) mit der nochmals spezifischeren Vorgabe versehen, entweder den Flugverkehr oder die Kommunikationsinfrastruktur anzugreifen (»spezifische Infrastrukturvorgaben«). Diese spezifischen Vorgaben wurden jedoch nicht in den ersten Planungssitzungen gemacht – stattdessen wurde zunächst beobachtet, welche Ideen die Planspieler frei generierten. Erst nachdem sich eine oder mehrere Zielwahlerwägungen vorläufig verfestigt hatte(n), wurde – als Anordnung

der Führungsriege der Violetten Befreiungsfront präsentiert – eine Eingrenzung auf spezifische infrastrukturelle Ziele vorgenommen.

– Ideologische Vorgaben. Zwei Planspielgruppen (PSG8 und PSG11) wurden die Propagandatexte der simulierten Internetplattform vorenthalten, um die Wirkung der dort präsentierten, aus dem Dschihadismus adaptierten ideologischen, strategischen und taktischen Anregungen auf den Planungsverlauf besser einschätzen zu können.[58]

PSG	Ressourcen	Infrastrukturvorgabe	Propaganda
1	minimal	keine	ja
2	low	allgemein	ja
3	low	allgemein	ja
4	minimal	keine	ja
5	minimal	keine	ja
6	low	spezifisch	ja
7	low	keine	ja
8	low	spezifisch	nein
9	minimal	keine	ja
10	minimal	keine	ja
11	low	spezifisch	nein

Tabelle 26: Gruppenvariationen

1.2.4 Durchgänge und generierte Daten

Das Planspieldesign wurde zunächst einem Pretest unterzogen, welcher vier Sitzungen einer Testgruppe von drei Personen umfasste: eine Einführungssitzung mit Erläuterung des Planspiels und Einführung in Rahmenszenario, Spielregeln und Spielmaterialien, zwei Planungssitzungen und ein Evaluationsgespräch. Im Pretest erwies sich das Spiel als grundsätzlich wie geplant spielbar. Die Spielregeln waren verständlich, das Rahmenszenario »Violette Menschen« wurde von den Probanden angenommen und erlaubte eine hinlänglich plausible Rollenübernahme und den Beginn eines Anschlagsplanungsprozesses. Die eigentliche Spieldurchführung umfasste sodann drei

58 Gleichwohl konnten sich auch diese Gruppen – auf begrenztere Weise – hinsichtlich der Ziel- und Mittelwahl an Vorbildern orientieren, wie sie der Rahmenszenariogeschichte zu entnehmen waren oder sich aus eigenen Recherchen der Spieler im Spielverlauf ergaben.

aufeinander folgende Durchgänge von November 2011 bis August 2012. Auf die zwei Einführungssitzungen folgten in Durchgang I und II bis zu 16 Gruppentreffen und im leicht verkürzten Durchgang III bis zu zwölf weitere Gruppentreffen vor der abschließenden Gruppendiskussion (vgl. Tabelle 27).

Durchgang	Gruppenanzahl	Zeitraum
I	5	November 2011 bis Februar 2012
II	3	Februar bis Mai 2012
III	3	Juni bis August 2012

Tabelle 27: Planspieldurchgänge

Die Planspieldurchführung erstreckte sich über insgesamt 190 Gruppensitzungen, die Audioaufnahmen umfassen mehr als 460 Stunden Tonmaterial. In gleicher Länge liegen Bildschirmmitschnitte von den Rechercheaktivitäten der Planspieler an den beiden Computern im Planspielraum vor. Eine vollständige Transkription der Sitzungen war angesichts des Datenumfangs nicht möglich. Die Sitzungen wurden von den sie beobachtenden Projektmitarbeitern zunächst in Protokollen dokumentiert; auf der Basis der Protokolle sowie der Tonaufnahmen wurden sodann besonders relevante Ausschnitte für die Transkription ausgewählt.[59]

1.3 Auswertungsschritte

Die Transkripte und Protokolle der Gruppensitzungen wurden in einem ersten Schritt nach ziel- und mittelwahlrelevanten Dimensionen codiert. Die *Codierung* wurde auf zugleich offene und konzeptionell angeleitete Weise vorgenommen. Auf der einen Seite wurden Codes im Sinne eines in der Grounded Theory (vgl. Glaser/Strauss 1967; Strauss/Corbin 1990) basierten Vorgehens zunächst induktiv aus dem Material entwickelt, um alle relevanten und im Prozess des Codierens beobachteten Aspekte aufzunehmen. Andererseits waren mit der allgemeinen Terrorismusforschung sowie der Zielwahlliteratur Dimensionen vorgegeben, deren Bedeutung für die Planspielerinnen erfasst werden sollte. Das Codesystem umfasste daher von Anbeginn

59 Für die Transkriptionsregeln vgl. Anlage 5.

ideologische, strategische und taktische Aspekte und berücksichtigte ergänzend die von Clarke und Newman (2006) im EVIL-DONE-Schema beschriebenen Faktoren (vgl. Kapitel I). Im finalen, durch induktives Vorgehen ausgebauten Codesystem wurden in der Rubrik »Ideologie« Legitimationen des terroristischen Vorgehens berücksichtigt sowie Thematisierungen politischer Ziele des Terrorismus, wie sie mit dem Rahmenszenario angeregt waren (die Überwindung des Rassismus, die Herstellung von Demokratie in violetten Ländern, die Verbesserung der Situation der Violetten). Strategische Erwägungen umfassten Drohungen bzw. Zwangswirkungen, die Schwächung des Gegners, die Erhöhung von Kosten für den Gegner, die Mobilisierung weiterer Violetter sowie ein pädagogisches, zum »Umdenken« bewegendes Vorgehen. Dabei wurden auch Erörterungen über strategisch unerwünschte Nebenfolgen bestimmter Anschläge sowie Infragestellungen des strategischen Sinns erfasst. Zusätzlich zu den – die präventiven Strafzwecke abbildenden – instrumentell strategischen Erwägungen der Planspieler wurden expressive Momente (Aufmerksamkeit erzeugen, »Zeichen setzen«), dramaturgisch-identitätsbezogene Momente (dichotomisierende Gruppenkonstruktionen, Orientierung an Vorbildern, Identifikation mit der Rolle, Thematisierung des Selbstverständnisses) und normenregulierte Momente erfasst (Rache- und Vergeltungsmotive, Thematisierungen von Schuld und Verantwortung, moralische Abwägungen). Für die taktische Ebene wurden eine Reihe allgemeiner taktischer Ausrichtungen codiert wie die Orientierung an Schadensmaximierung, an Angstmaximierung, an erwartetem Chaos oder die Rolle von Exponiertheit, Vitalität und Symbolcharakter. Daneben wurden spezifischere Themen wie die Planung von Mehrfachanschlägen, die Suche nach Orten mit mangelnden Fluchtmöglichkeiten oder Diskussionen über Angriffe auf Menschenansammlungen berücksichtigt (vgl. Kapitel IV.3). Neben Faktoren, die Angriffsziele oder -szenarien attraktiv bzw. unattraktiv erscheinen lassen, umfasste die Codierung Aspekte der technischen Machbarkeit bzw. Durchführbarkeit. Hierzu gehören unter anderem die Thematisierung erwarteter technischer Schwierigkeiten, Erwägungen zu Waffen und deren Beschaffung, Details der Auskundschaftung von Angriffszielen, die Berücksichtigung finanzieller Aspekte, Maßnahmen zur Konspiration sowie Thematisierungen von Entdeckungsrisiken angesichts von Kameras, Sicherheitspersonal, zufälligen Zeugen und Polizeiarbeit. Gesondert erfasst wurden schließlich Momente der Radikalisierung von Gewaltthematisierungen sowie Erwägungen zu speziellen Opfergruppen wie Zivilisten, violetten

Menschen und Kindern. Insgesamt verfolgte das Codesystem das Ziel, Sinnkonstruktionen der Ziel- und Mittelwahl möglichst umfänglich abzubilden.

Im Anschluss an die Basiscodierung und basierend auf dem Codesystem wurden die einzelnen erfassten Faktoren *gruppenspezifisch beschrieben* und in ihrer Relevanz für Ziel- und Mittelselektionen bewertet. Ziel dieses Arbeitsschrittes war die Zusammenfassung der relevanten Sinnzusammenhänge auf Gruppenebene. Für jede Planspielgruppe wurde überdies ein *Gruppenbericht* verfasst, der den Verlauf des Entscheidungsprozesses darstellt (vgl. Fallskizzen, Kapitel IV.2). Im Folgeschritt wurde eine *gruppenübergreifende Auswertung* vorgenommen, wobei der Schwerpunkt neben den Kriterien der Szenariowahl auf *Risikoparametern* (vgl. Kapitel IV.4) lag. »Risikoparameter« sind die Wahrscheinlichkeit eines Anschlags erhöhende Faktoren, die an potenziellen Anschlagszielen ohne Wissen über die Besonderheiten oder spezifischen Präferenzen einer bestimmten Gruppe beobachtbar oder auf der Basis von Vorwissen über die terroristische Bewegung insgesamt erschließbar sind. Diese Parameter fokussieren neben den *Kriterien* der Wahl von Anschlagsszenarien so weit wie möglich auch deren *Ergebnisse*. In risikoanalytischer Hinsicht ist es (unter anderem) für den Fall des globalen Dschihadismus in Europa wichtig, Einschätzungen jenseits der Präferenzen einzelner Tätergruppen oder »Zellen« zu gewinnen – denn wir haben es hier mit Gruppierungen zu tun, die als einzelne in der Regel ohnehin nur einen Anschlagsversuch unternehmen. Anders als bei langlebigen, größeren Organisationen ist eine Risikobewertung auf der Basis von Untersuchungen zu strategischen oder anderen Präferenzen der Einzelgruppe hier wenig Erfolg versprechend. Stattdessen müssen typische, aber durchaus heterogene Präferenzen der dschihadistischen Gesamtbewegung bzw. ihrer europäischen Ausläufer in den Blick genommen werden. Die Logik der Bestimmung von Risikoparametern versucht in pragmatischer wie theoretischer Perspektive einen Mittelweg zwischen vorliegenden konventionellen und situationslogischen Zielwahlmodellen einzunehmen. Das konventionelle Modell von Drake (1998) will möglichst umfänglich alle (oder wenigstens die wesentlichen) Faktoren benennen, die eine Zielwahl beeinflussen können, leidet aber in theoretischer wie risikoprognostischer Hinsicht daran, dass weitgehend offen bleibt, zu welchen Ergebnissen, das heißt konkreten Anschlagsszenarien, die Vielzahl von Faktoren in ihrer Interdependenz und Konkurrenz letztlich führt. Wir erfahren, auf Basis welcher Kriterien sich Entscheidungen vollziehen, kaum aber, was entschieden wird – es handelt sich eher um ein Modell des Wählens als eines der Wahl. Das situationslogische Modell von Clarke und

Newman (2006) versucht dagegen, »intrinsische« Eigenschaften wahrscheinlicherer Anschlagsziele zu bestimmen, und ist somit – bei ebenfalls bestehendem Anspruch, das terroristische Entscheiden als »thinking terrorist« zu spiegeln – stärker auf die Möglichkeit orientiert, die Resultate von Zielwahlprozessen einschätzen zu können. Dabei wird allerdings der Zielwahlprozess taktisch verkürzt, und es zeigte sich zudem, dass die vermeintlich intrinsischen Eigenschaften von Anschlagszielen tatsächlich nicht intrinsische sind, sondern von Bewertungen durch spezifische terroristische Akteure abhängen (vgl. Kapitel I). Unser Modell der Risikoparameter will einerseits so weit wie möglich dem Anspruch von Clarke und Newman folgen, die *Ergebnisse* von Szenariowahlen in ihrer relativen Wahrscheinlichkeit bewerten zu können. Andererseits geschieht dies vor dem Hintergrund eines nicht bloß taktischen, sondern die Logik des Terrorismus als soziale Kontrolle abbildenden Verständnisses der Wahl von Anschlagszielen und -mitteln. Zudem wird nicht der Anspruch verfolgt, allein an den Objekten selbst feststellbare Eigenschaften zu berücksichtigen – soll die Abbildung der Szenariowahl über einzelne, bekannte Akteure hinaus generalisierbar sein, so müssen (auch divergente) Deutungen aus der Perspektive typischer terroristischer Akteure berücksichtigt werden. Wir suchen daher nicht nach »intrinsischen« Eigenschaften, sondern nach deutungsabhängigen Determinanten der *Attraktivität* von Anschlagszielen bzw. -szenarien sowie der *Einschätzung* der technischen Umsetzbarkeit bzw. *Machbarkeit* von Anschlägen.

Das am Planspiel entwickelte Modell der Risikoparameter wurde in einem weiteren Schritt *mit Erkenntnissen aus Realfällen abgeglichen.* Wenngleich die Determinanten der Attraktivität von Anschlagsszenarien sowie Machbarkeitseinschätzungen an Realfällen nicht in gleicher Weise systematisch beobachtbar sind und zu Vergleichszwecken vorliegen (in welchem Fall das Planspiel überflüssig gewesen wäre), lassen es die für Realfälle bekannten Daten doch zu, einzelne Parameter näherungsweise auf ihre Plausibilität für Echtfälle zu prüfen und sie, basierend auf Wissen über den Dschihadismus, gegebenenfalls so anzupassen, dass sie diesen (und nicht nur den Violettismus) beschreiben. In einem letzten Auswertungsschritt konnten aus den Risikoparametern *Hauptselektionskriterien* (vgl. Kapitel IV.4) destilliert werden, welche die Risikoparameter erklären und sich als allgemeine Regeln zur Wahl von Anschlagszielen und -mitteln verstehen lassen.

2 Planspielszenarien

2.1 Ablauf der Planungsprozesse

In den Anschlagsplanungen der Probanden lassen sich drei idealtypische Planungsphasen unterscheiden: Eine *Brainstormingphase*, in der mögliche Anschlagsszenarien nach ideologisch-politischen sowie nach Praktikabilitätsgesichtspunkten sondiert und eine Reihe von für attraktiv und grundsätzlich realisierbar befundenen Szenarien bzw. Zielklassen in die engere Auswahl gerückt wird. In der darauf folgenden *Phase der operativen Sondierung* beginnen die Spieler mit der Auskundschaftung von Anschlagszielen und der Recherche nach Beschaffungs- und Herstellungsmöglichkeiten der für attraktiv befundenen Anschlagsmittel. Praktikabilitätserwägungen treten nun in den Vordergrund. Einige Ziele werden aussortiert. Typischerweise entscheiden sich Spieler relativ frühzeitig für ein Anschlagsmittel, wohingegen die Zielauswahl noch nicht abgeschlossen ist, sondern mehrere Optionen parallel verfolgt werden. Meist erst in der *Phase der Mittelbeschaffung und Modus-Operandi-Planung* wird ein Anschlagsziel festgelegt. Ausschlaggebend für die letztliche Wahl des Anschlagsziels ist nun die Detailplanung des Modus Operandi, die einerseits auf die Parameter des Anschlagsmittels, andererseits auf die nun ausgearbeiteten Fluchtpläne abgestimmt wird.

2.1.1 Sinnstiftungs- und Brainstormingphase

Auf den ersten ein bis zwei Sitzungen sammeln die Spieler Ideen für Anschlagsszenarien. Dabei orientieren sie sich an ersten, im Zuge der Propagandalektüre diskutierten Zwecksetzungen bzw. impliziten Sinnentwürfen der Gewaltanwendung, die zwar unscharf bleiben und zwischen den Spielern teilweise deutlich divergieren, jedoch einen groben Orientierungsrahmen bilden. Das Brainstorming stellt dabei gleichzeitig einen die Machbarkeit und den Nutzen einzelner Anschlagsszenarien abwägenden Sondierungsprozess und einen Such- und Sinnstiftungsprozess dar, in dessen Verlauf Kriterien für einen »guten« Anschlag überhaupt erst entwickelt werden. In vielen Gruppen wird das Brainstorming von Grundsatzdiskussionen über die Ziele und Adressaten eines Anschlags überlagert; es stellt gewissermaßen eine Pendelbewegung zwischen der Generierung von Anschlagsszenarien, der Bewertung von Anschlagsszenarien und Auseinandersetzungen um den Sinn und Zweck von Anschlägen dar.

Das Brainstorming umfasst dabei regelmäßig ein breites Spektrum von Angriffszielen, das abhängig von dem entwickelten Orientierungsrahmen einerseits und einer möglichen Infrastrukturvorgabe der Spielleitung andererseits verschiedene Schwerpunkte – oft: Maximierung von Personenschäden, Angriffe auf Verantwortliche und/oder Schädigung von Wirtschaft und Infrastruktur – aufweisen kann. Das Brainstorming bezieht sich dabei überwiegend auf Zielklassen. Einzelziele werden mit Ausnahme von exponierten Zielen innerhalb einer Zielklasse nur als Beispiele angeführt. Die Brainstormingphase schließt mit einer Eingrenzung des Spektrums attraktiver und als grundsätzlich realisierbar eingeschätzter Anschlagsszenarien, auf die sich die Spieler in der weiteren Planung fokussieren wollen.

2.1.2 Operative Sondierung

In der zweiten Phase, nach Abschluss des Brainstormings, beginnen die Gruppen mit der operativen Sondierung der in die engere Auswahl gerückten Anschlagsziele und Anschlagsmittel. Informationen über Angriffsziele und Anschlagsmittel werden im Internet recherchiert, erste Auskundschaftungen von Angriffszielen finden statt, Recherchen nach der Wirkungsweise sowie nach den Herstellungs- und Beschaffungsmöglichkeiten von Anschlagsmitteln beginnen.

In dieser Phase geht es um die Evaluation der technischen Realisierbarkeit der für attraktiv befundenen Anschlagsszenarien. Im Kontext von Szenarien, die sich gegen komplexe Infrastrukturen wie die Trinkwasser- oder die Stromversorgung richten, steht hier die Suche nach systemischen Schwachstellen und geeigneten Anschlagsmethoden im Mittelpunkt. Bei Anschlagsszenarien, die auf die Erzeugung einer physischen Schadenswirkung bzw. auf die Tötung von Menschen an einem konkreten Ort abzielen, werden dagegen die Gegebenheiten an potenziellen Anschlagsorten in den Blick genommen: Die Spieler eruieren die Eignung des Ortes, um mit dem anvisierten, bereits in seiner Wirkungsweise sondierten Anschlagsmittel eine bestimmte Schadenswirkung entfalten zu können; zudem versuchen die Gruppen, die Sicherheitsarrangements zu erkunden. Ausführliche Diskussionen über den Modus Operandi finden in dieser Phase noch nicht statt. Vielmehr wird geprüft, ob sich ein Anschlagsszenario grundsätzlich realisieren ließe.

Auskundschaftungen führen zum Ausschluss eines Anschlagsszenarios bzw. -ziels, zur einstweiligen Zurückstellung oder zur Fokussierung der weiteren Planung auf dieses Anschlagsziel. Die Sondierung der Anschlagsziele geht dabei Hand in Hand mit der Sondierung der Wirkungsweise sowie der Herstellungs- und Beschaffungsmöglichkeiten der Anschlagsmittel. Typischerweise legt sich eine Gruppe in dieser Phase bereits auf ein oder mehrere Anschlagsmittel fest und prüft die Kosten und Beschaffungswege für die dafür benötigten Materialien. Die Selektion von Angriffszielen in dieser Phase lässt sich daher teilweise als eine mittelbezogene Selektion von Zielen innerhalb einer bestimmten Zielklasse beschreiben. In vielen Gruppen lässt sich dabei eine Tendenz zur Überschätzung der eigenen Möglichkeiten beobachten. Dies liegt einerseits daran, dass die Detailfragen des Modus Operandi, auch der Flucht, noch nicht erörtert werden. Andererseits unterschätzen viele Spieler den tatsächlichen Aufwand zum Beispiel der Herstellung von großen Mengen von Sprengstoff. Typisches Beispiel für diese Selbstüberschätzungen sind die gerade zu Beginn der operativen Sondierungsphase noch häufig diskutierten zeitgleichen Anschläge an verschiedenen Orten oder Anschlagsszenarien im Nahverkehr, bei denen Tunneleingänge blockiert und gleichzeitig Züge zum Entgleisen gebracht werden sowie überdies Brand- und Sprengmittel an U-Bahnhöfen zum Einsatz kommen sollen.

2.1.3 Phase der Mittelbeschaffung und Modus-Operandi-Planung

Die Beschaffung und Herstellung der Anschlagsmittel und die Planung eines entsprechenden Modus Operandi kennzeichnen die letzte Phase der Anschlagsplanung. Unter den Planspielgruppen lassen sich dabei zwei Fälle unterscheiden. Einige Gruppen – tendenziell solche mit höherem technischen Sachverstand – entscheiden sich noch vor Beginn der Materialbeschaffung für ein oder mehrere Anschlagsziele und entwickeln bereits konkrete Vorstellungen über einen Modus Operandi; die Spieler legen die Parameter für das Anschlagsmittel entsprechend dem geplanten Vorgehen fest (Menge des Sprengstoffes, Anzahl der Sprengsätze, geeignete Sprengkörper) und beginnen mit der Beschaffung der dafür benötigten Materialien. Der überwiegende Teil der Gruppen beginnt dagegen mit der Materialbeschaffung, ohne sich bereits auf ein Anschlagsziel und einen konkreten Modus Operandi festgelegt zu haben – die Spieler orientieren sich bei der Materialbeschaffung an einer ungefähren Vorstellung über die zur Realisierung der angedachten Anschlagsszenarien benötigte Menge an Sprengstoff; Behältnisse bzw. Sprengkörper werden nach Opportunitätsgesichtspunkten beschafft, und die schließlich verfügbaren Materialien bestimmen ihrerseits den Modus Operandi mit.

Die Modus-Operandi-Planung wird zudem durch die Fluchtplanung beeinflusst. Zwar thematisieren die Spieler Möglichkeiten, sich unentdeckt vom Tatort zu entfernen, schon in der Brainstorming- und operativen Sondierungsphase. Erst im Zuge der Detailplanung aber machen sich die Spieler nähere Gedanken über die konkreten Umstände und Erfordernisse der unmittelbaren und weiteren Flucht vom Tatort. Im Falle von Sprengsätzen geht es etwa darum, zwischen Deponierung und Zündung der Bombe ein ausreichend großes Zeitfenster für die Flucht zu haben. Damit die Sprengsätze während dieser Zeit nicht entdeckt werden können, müssen sie entsprechend getarnt werden – ein Erfordernis, das wiederum die Wahl des letztlichen Vorgehens und Anschlagsziels beeinflussen kann.

Insgesamt werden im Zusammenhang mit der Modus-Operandi-Planung die Zielorte nun nach spezifischeren Kriterien bewertet: nach der Eignung des Anschlagsortes, um mit den nach Abschluss des Beschaffungs- und Konstruktionsverfahrens konkret zur Verfügung stehenden Anschlagsmitteln die gewünschte Schadenswirkung erzielen zu können, nach den Möglichkeiten, das nun in bestimmter Größe und Form vorliegende Anschlagsmittel unentdeckt an den Anschlagsort verbringen zu können und nach den Möglichkeiten der Deponierung des Anschlagsmittels am Zielort für den für die Flucht benötigten Zeitraum.

2.2 Anschlagsszenarien

Betrachten wir die Anschlagsszenarien der Planspielgruppen nach angegriffenen Zielklassen, so ergibt sich folgende Verteilung:[60] Jeweils vier Gruppen

60 Die Zahl der angegriffenen Zielklassen übersteigt in der Summe die Gruppenanzahl; aus drei Gründen: 1. Einige Gruppen planen Mehrfachanschläge auf Ziele unterschiedlicher

richten ihre Anschlagsplanungen gegen staatliche Einrichtungen oder Politiker, zivile Menschenansammlungen sowie den öffentlichen Nah- bzw. Regionalverkehr. Zwei Gruppen wählen Wirtschaftsvertreter und jeweils eine Gruppe generiert Szenarien zu Anschlägen im Bereich des Schienenfernverkehrs und des Straßengüterverkehrs. Durch spezifische Infrastrukturvorgaben konnte außerdem je ein Szenario auf die Bereiche Stromversorgung, Wasserversorgung und Flugverkehr generiert werden, die ohne Vorgabe nicht als Anschlagsziel gewählt wurden (vgl. Tabelle 28). Bezüglich der verwendeten Anschlagsmittel lässt sich analog zu Realfällen ein Mittelkonservativismus konstatieren: Neun Gruppen verwenden für ihre Anschläge (mindestens unter anderem) Spreng- und Brandsätze, nur jeweils zwei Szenarien werden unter Verwendung von Schusswaffen oder Gift geplant; zwei Gruppen setzen anderweitige Methoden (Mechanismus zur Zugentgleisung, Umsägen von Strommasten) ein.

Zielklassen	Anzahl Planspielgruppen mit entsprechenden Szenarien
Staat/Politik/Behörden	4
zivile Menschenansammlungen (ohne ÖPNV)	4
ÖPNV/Regionalbahnen	4
(Rüstungs-)Wirtschaft/Vertreter	2
Fernbahnverkehr	1
Straßengüterverkehr	1
nach spezifischer Infrastrukturvorgabe zusätzlich:	
Stromversorgung	1
Wasserversorgung	1
Flugverkehr	1

Tabelle 28: Szenarien nach Zielklassen

Ohne dass die Spielregeln die Tötung von Menschen zur Bedingung eines erfolgreichen Anschlags gemacht hätten (allerdings mit entsprechenden Vorbildern der Anschläge der fiktiven Violetten Befreiungsfront), richten sich nahezu alle von den Gruppen generierten Anschlagsszenarien gegen Menschenleben. Dabei lassen sich die Szenarien (zunächst: ohne spezielle Infrastrukturvorgaben) unterteilen in solche, die sich eher »indiskriminativ«

Zielklassen. 2. Bei Gruppen, die bereits einen Anschlagsplan ausgearbeitet hatten, bevor sie eine Infrastrukturvorgabe erhielten, wird auch das zuerst ausgearbeitete Szenario mitgezählt. 3. Einzelne Anschlagsziele können mehrere Zielklassen zugleich betreffen.

gegen Zivilbevölkerung richten (meist in Verbindung mit Angriffen auf die Verkehrsinfrastruktur) und solche, die sich gegen Personen oder Institutionen richten, welche als Hauptverantwortliche am Rahmenkonflikt ausgemacht werden.[61] Für Angriffe auf Zivilbevölkerung entscheiden sich die Gruppen PSG2 (Entgleisung eines Fernverkehrszuges), PSG3 (Anschlag auf eine U-Bahn und eine Silvesterfeier), PSG5 (Anschlag auf Weihnachtsmärkte und U-Bahnhof), PSG9 (Anschläge auf ein Volksfest) und PSG11 (Anschläge auf einen Regionalverkehrszug und auf ein Volksfest). Spezifisch gegen »Hauptverantwortliche« richten sich PSG1 (Polizeieinrichtung), PSG4 (Behörde), PSG6 (Kongress mit Politik- und Wirtschaftsvertretern), PSG8 (Rüstungsfirmen und Waffenlobbyisten) und PSG10 (Schusswaffenangriff auf Politiker). Allein PSG7 verlässt dieses Grundmuster mit Anschlägen auf ein (menschenleeres) Busdepot und auf Tanklastwagen – dies in Verbindung mit der Zündung von violetten Rauchbomben in der Innenstadt. Nach der speziellen Infrastrukturvorgabe geht PSG6 von der Konzentration auf Hauptverantwortliche über zur Schädigung von Infrastruktur ohne unmittelbare Tötung von Menschen (Anschlag auf Freileitungsmasten); PSG8 wechselt von Hauptverantwortlichen zum Infrastrukturangriff mit Massentötung (Trinkwasservergiftung); und PSG11 verlagert einen Teil des zuvor geplanten Doppelanschlags (auf den Bahnverkehr und auf ein Volksfest) in den Bereich des Flughafens (vgl. Tabelle 29).

61 Die Darstellung der Szenarien ist durchgehend so konkret gehalten, dass Prozesse der Ziel- und Mittelwahl darstellbar und nachvollziehbar sind, gleichzeitig so abstrahiert, dass keine über bekannte terroristische Fantasien hinausgehenden Hinweise auf eventuelle Tatgelegenheiten gegeben werden. Dieses Vorgehen wird durch den Umstand erleichtert, dass sich die Ziel- und Mittelwahlerwägungen der Planspieler weitgehend im Rahmen der von Dschihadisten bekannten Zielklassen und Vorgehensweisen bewegen, sodass mit der reduzierten Konkretion der Darstellung keine Hinweise auf neuartige, aber relevante Anschlagsszenarien entfallen.

Planspielgruppe	Szenario ohne Infrastrukturvorgabe (ISV), mit allgemeiner ISV (PSG2, 3) oder vor spezifischer ISV (PSG6, 8, 11)	Szenario nach spezifischer Infrastrukturvorgabe
1	Sprengstoffanschlag auf eine Polizeieinrichtung	
2	Entgleisung eines Fernverkehrszuges	
3	Doppelanschlag: Sprengstoffanschläge auf eine zentral gelegene U-Bahn-Station sowie auf eine in der Nähe stattfindende Silvesterfeier	
4	Selbstmordattentat in einer Behörde	
5	Mehrfachanschlag: Sprengstoffanschläge auf zwei zentral gelegene Weihnachtsmärkte sowie einen zentral gelegenen U-Bahnhof	
6	Giftanschlag auf Kongress mit Vertretern von Politik und Wirtschaft	Anschlag auf drei Freileitungsmasten im Umland der Stadt
7	Mehrfachanschlag: Sprengstoff- und Brandanschläge auf ein Busdepot sowie auf vier Tanklastwagen, zusätzlich Rauchbomben im Stadtzentrum	
8	Mehrfachanschlag: Sprengstoffanschläge auf Rüstungsfirmen und Schusswaffenangriffe auf Waffenlobbyisten	Vergiftung des Trinkwassers
9	mehrere Sprengstoffanschläge auf ein Volksfest	
10	Schusswaffenangriff auf einen ranghohen Politiker der Stadt während einer Veranstaltung in einer Schule	
11	Doppelanschlag: Sprengstoffanschläge auf einen Regionalverkehrszug an einem zentralen Bahnhof sowie auf ein Volksfest	Sprengstoffanschläge im Bereich des Flughafens und auf einen Regionalverkehrszug an einem zentralen Bahnhof

Tabelle 29: Szenarien der Planspielgruppen

2.3 Fallskizzen[62]

2.3.1 Anschläge auf Zivilbevölkerung

PSG2

PSG2 hat drei Mitglieder mit den Spielernamen Andi, Benjamin und Janina. Die beruflichen Hintergründe bzw. Ausbildungsrichtungen der Probanden liegen im technisch-naturwissenschaftlichen und kaufmännischen Bereich. Die Gruppe hat die allgemeine Vorgabe, Infrastruktur anzugreifen.

Mit der favorisierten Idee einer Zugentgleisung verfolgt die Gruppe das aus der violettistischen Propaganda adaptierte Ziel, durch nachhaltigen wirtschaftlichen Schaden Druck auf die Regierung auszuüben. Der wirtschaftliche (sowie ein psychologischer) Schaden soll durch die Verbreitung von Angst und Schrecken erreicht werden, und diesem Zweck dienen zivile Opfer im Bereich des Bahnverkehrs. Weniger als anderen Gruppen geht es PSG2 anfangs um den Aspekt einer Vergeltung an einer irgendwie »schuldigen« Zivilbevölkerung oder um das pädagogische Ansinnen, ein Umdenken zu induzieren. Allerdings zeigen sich im Rahmen der späteren Diskussion über das Bekennerschreiben Differenzen der strategischen Deutung des Anschlags. Während Andi den Rassismus bekämpfen und Beobachter überzeugen will, dass die Rassisten falsch liegen, ist es nach Benjamin erforderlich, »nicht nur gegen die rassistische Ideologie, sondern auch gegen die Rassisten« zu kämpfen – man müsse diese »ausrotten«, damit »man endlich Platz hat, was Positives zu entwickeln« (PSG2_GS14[63]). Die Idee des politischen Drucks durch Angst und Schrecken ist dagegen ein konsensfähiger Punkt. Ebenfalls wichtig ist es für die Gruppe, andere Violette zum Widerstand zu mobilisieren.

Die Idee der Zugentgleisung wird von der Gruppe relativ früh im Planungsverlauf fokussiert. Andere Szenarien, die (zumeist nur eher kurz und brainstormingartig) diskutiert, aber wieder verworfen werden, sind etwa Anschläge auf prominente Verkehrsknotenpunkte (wie besondere Brücken oder Tunnel), Anschläge im Bereich des Regionalverkehrs oder auf Busse des ÖPNV, Anschläge auf Autobahnen, die Vergiftung bzw. Verseuchung von Trinkwasser oder Lebensmitteln, ein Hackerangriff auf Banken oder

62 Die den Fallskizzen zugrunde liegenden Auswertungsarbeiten geschahen unter Mitarbeit von Robert Pelzer und Martin Carrillo Aravena.

63 Die Abkürzung »GS« verweist auf die jeweilige Gruppensitzung, »BK« auf Bekennerschreiben und »SP« auf Spielzüge.

Telekommunikationssysteme, Anschläge auf Containerschiffe oder Fähren, ein Anschlag auf Umspannwerke mit dem Ziel eines Stromausfalls oder eine Sprengung im Bereich des Flughafens. Meist sind es negative Machbarkeitseinschätzungen, die gegen diese Pläne vorgebracht werden – sei es mangelnde Expertise (Hackerangriff), Probleme der Beschaffung von Materialien (Gifte), Probleme der Konstruktion hinlänglich starker Bomben (Brücken), Zugangsprobleme (Containerschiffe) oder Bedenken hinsichtlich der Realisierbarkeit größerer Schäden (Stromausfall). Im Fall des ÖPNV stört sich die eher risikoaverse und auf unentdecktes Entkommen bedachte Gruppe an der Kameraüberwachung.

Während in alternative Pläne geringe Rechercheressourcen investiert werden – so erkundigt sich die Gruppe etwa nach freien Stellen im Flughafenbereich –, konzentrieren sich operative Sondierung und Mittelbeschaffung auf den Entgleisungsplan. Schon in der ersten Planungssitzung erörtert die Gruppe verschiedene denkbare Methoden, einen Zug zum Entgleisen zu bringen. In späteren Sitzungen folgen intensive Recherchen zu Zugunglücken, Streckenverläufen und Fahrplänen sowie Überlegungen zur Physik der Entgleisung, zur potenziellen Wirkung verschiedener Verfahren und zur Eignung zu verwendender Materialien. Angesichts des für die Gruppe wichtigen Ziels, auch nach dem Anschlag nicht entdeckt zu werden, spielen Fragen der Zurückverfolgbarkeit von notwendigen Einkäufen, der Ermittlungsmöglichkeiten der Polizei und der Spurenbeseitigung eine erhebliche Rolle. Für den Fall, dass ein Gruppenmitglied eine Observation bemerken sollte, werden codierte SMS-Nachrichten zur Warnung der anderen vereinbart.

Nachdem die Gruppe ein ihrer Ansicht nach geeignetes Verfahren gefunden hat, beschafft sie die erforderlichen Materialien in verschiedenen Geschäften und unternimmt notwendige Vorbereitungen in der privaten Wohnung zweier Gruppenmitglieder. Um das Vorgehen zu testen, führt die Gruppe einen »Probeanschlag« durch. Als Ziel wählt sie eine Regionalbahn in einem benachbarten Bundesland – in einer Gegend, die einem Gruppenmitglied näher bekannt ist und die außerdem hinreichend weit entfernt erscheint, um die Verbindung zur Gruppe zu verschleiern. Am Ort des Probeanschlags hinterlässt die Gruppe ein gesprühtes Hakenkreuz, um den Verdacht auf Rechtsextreme zu lenken; sie bekennt sich aber dann später im Bekennerschreiben auch zu diesem Anschlag.

Nach erfolgreichem Probeanschlag soll sich der eigentliche Anschlag auf einen ICE richten. Nachts bzw. frühmorgens führt die Gruppe ihre Manipulationen an einer ICE-Trasse durch. Ein Gruppenmitglied hält dabei ein

Messer und eine Gartenharke bereit, um damit eventuell auftauchende Zeugen zu töten. Rund um den Tatort werden Bekennerschreiben verteilt; weitere Bekennerschreiben werden auf dem Rückweg in den Briefkästen von Wohnhäusern deponiert, wieder weitere an verschiedene Zeitungen und »als violettistisch eingestufte Vereinigungen« (PSG2_SP17) versandt. Übrig gebliebene Werkzeuge und Materialien entsorgt die Gruppe an verschiedenen Plätzen in der Nähe des Tatorts und in der Stadt. Die Gruppenmitglieder planen keine Flucht, sondern wollen nach dem Anschlag ihren Alltag möglichst unauffällig fortsetzen.

Das Bekennerschreiben ist vorwiegend an Violette adressiert und enthält eine Aufforderung zur Umsetzung von Anschlägen samt anleitungsartiger Beschreibung des eigenen Anschlags, Ratschlägen zu konspirativem Verhalten und dem Hinweis, dass derartige Anschläge mit geringen finanziellen Mitteln und auf einfache Weise umsetzbar seien: »Jeder kann mit einfachsten Mitteln einen eigenen Anschlag machen, um die rassistische Politik hier in Deutschland zu bekämpfen« (PSG2_BK). Wenngleich strategisch-instrumentell gedeutet, finden sich im Bekennerschreiben aber auch talionisch-retributive Ansätze: Man müsse die Rassisten, »die unser aller Leben zerstört haben«, spüren lassen, »wie es ist, der ständigen Angst ausgesetzt zu sein, die wir – und vor allem unsere Brüder und Schwestern in Neuseeland – täglich spüren« (PSG2_BK). Der Anschlag speziell auf den Bahnverkehr wird zusätzlich mit einer moralischen Kritik an der Deutschen Bahn erläutert und rationalisiert.

PSG3

PSG3 hat drei Mitglieder mit den Spielernamen Andi, Benjamin und Marco. Die beruflichen Hintergründe bzw. Ausbildungsrichtungen der Probanden liegen im Bereich der Rechtswissenschaften. Die Gruppe hat die allgemeine Vorgabe, Infrastruktur anzugreifen.

Ein zentrales Thema der Gruppe ist die Erzeugung verbreiteter und großer Angst. Schon im Anfangsbrainstorming werden konsekutive Anschläge erwogen, »weil es die Leute quasi konditioniert auf Angst« und nicht als einzelner schwarzer Tag abgeschrieben werden könne (PSG3_GS2). In diesem Zusammenhang wird auch eine Diskussion über »Nadelstiche« geführt: Angedacht werden mehrere »kleinere« Anschläge, um Unsicherheit zu erzeugen – am Ende müsse aber doch noch »was Großes« kommen. Auch im Rahmen der »Nadelstich«-Diskussion bleibt es jedoch nicht bei »kleineren«

Szenarien. So wird etwa der zur Weihnachtszeit vorgesehene Einsatz von Bomben, die hohe Hitze und Druck erzeugen, diskutiert: Man habe dann »viele zerfetzte und schreiende Menschen« – »[d]as wär ein guter erster Nadelstich« (PSG3_GS2). In Anlehnung an den Film »Operation Kingdom« wird erwogen, zwei Anschläge durchzuführen, wobei beim zweiten, größeren Anschlag gezielt auch die Helfer zu treffen wären. Ein bestimmendes Kriterium bei der Opferauswahl ist, dass es »alle« treffen soll – jeder soll sich als potenzielles nächstes Opfer fühlen müssen. In einem der von der Gruppe diskutierten Szenarien wird die Demonstration von Wahllosigkeit direkt zum Thema: Bei dem Gedanken, beliebige Familien in wenig besiedelten Gegenden zu töten (was auf violette Familien in Neuseeland verweisen soll), werden Wiederholung und Zufälligkeit der Opferauswahl zum Kern des imaginierten Grauens: »Wahllos werden Familien ausgerottet … ein zweites Mal, ein drittes Mal, ein viertes Mal« (PSG3_GS2). Die Gruppe zeichnet sich durch den Entwurf starker, infernalischer Gewaltszenarien aus, wobei auch besondere Tabuthemen aufgeworfen und – der Entgrenzung der Gewaltfantasie zum Trotz – recht sachlich diskutiert werden. So wird etwa erwogen, dass ein Angriff auf einen Kindergarten eine große Schockwirkung hätte, dass andererseits die besondere emotionale Aufladung im Falle kindlicher Opfer eine rationale Reaktion auf den Anschlag verhindern könnte; große Aufmerksamkeit kollidiere hier mit mangelndem Verständnis und mangelnder Offenheit für die Argumentation der Attentäter, was zu einem schlechten »Kosten-Nutzen-Verhältnis« führe (PSG3_GS2). Als nachteilig empfindet die Gruppe, wenn die Gewalt nicht plastisch sichtbar wird – so führe etwa die Vergiftung von Infusionen in einem Krankenhaus zu »Riesenangst« und »Riesenaufwand«, es fehlten aber Bilder und Eindrücke, die auf vergleichbares Leiden der Violetten verweisen (ebd.).

Die Entscheidung für die letztlich gewählten Anschlagsziele (eine zentral gelegene U-Bahn-Station sowie eine in der Nähe stattfindende Silvesterfeier) findet erst im späteren Planungsverlauf statt. Zuvor werden verschiedene Zielwahlerörterungen parallel zur Beschäftigung mit Fragen der Mittelbeschaffung und -konstruktion getroffen. Anschlagsszenarien, die wiederholt besprochen werden und mehr Raum einnehmen, sind unter anderem die Idee eines Anschlags in einem Tunnel, ein Anschlag auf eine Schule und ein Anschlag auf die U-Bahn (Züge, Gleise, Haltestellen, vor allem im Innenstadtbereich). Auch die Idee konsekutiver Anschläge wird wiederholt thematisiert. Die Idee eines Brandanschlags auf eine Schule wird in der zehnten

Sitzung das letzte Mal diskutiert. Eine dezidierte Entscheidung dagegen findet nicht statt. Das Thema wird beendet, später erscheint die Größe der konstruierten Bombe ein Anlass, über andere Anschlagsziele nachzudenken. Ein möglicher Anschlag auf einen Tunnel war in der siebten Sitzung das letzte Mal ausführlich diskutiert worden. Als problematisch erscheinen hier jedoch mögliche Sicherheits- bzw. Überwachungstechnik, die erzielbare Sprengwirkung sowie der im Effekt gegebene »Mehrwert« gegenüber einem U-Bahn-Anschlag. In der zwölften Sitzung, in der der finale Anschlagsplan konkretisiert wird, wird dieses Szenario noch einmal kurz erwähnt, aber schnell verworfen, a. weil die Menge des verfügbaren Sprengstoffs für den Tunnel als eher gering erscheint und b. aufgrund des Entdeckungsrisikos angesichts der dort vermuteten Videoaufzeichnung.

Die Zahl der diskutierten möglichen Anschlagsszenarien nimmt tendenziell von Sitzung zu Sitzung ab, während parallel die Beschäftigung mit Fragen der Bombenkonstruktion und Mittelbeschaffung zunimmt. Die Gruppe hat bei Internetrecherchen Anleitungen zum Bau von schwarzpulver- sowie salzsäurebasierten Bomben gefunden und entscheidet sich schließlich aufgrund der größeren Sprengkraft bei geringerem Volumen für die »Salzsäurebombe«; die Herstellung von Schwarzpulver aus Böllern wird jedoch ebenfalls noch über mehrere Sitzungen parallel erwogen. Die Materialien zum Bombenbau werden deutschlandweit eingekauft. Zur Konstruktion der Bomben mietet sich die Gruppe in einem Ferienhaus auf einer Ostseeinsel ein. Die letztliche Entscheidung hinsichtlich des umzusetzenden Anschlagsszenarios ist bestimmt von der Verfügbarkeit von zwei Bomben (eine kleinere, eine größere) und geschieht zwischen der Idee eines Anschlags auf einen Weihnachtsmarkt und einem Anschlag zu Silvester. Die Diskussion über den Weihnachtsmarktanschlag nimmt den schon im ersten Brainstorming entwickelten Gedanken des Doppelanschlags wieder auf. Erwogen wird, die zweite Bombe in der Notaufnahme eines Krankenhauses in der Nähe des Weihnachtsmarkts zu zünden, um die dorthin verbrachten Verletzten zu treffen. Auch die filmisch inspirierte Idee, Rettungskräfte zu treffen, wird wieder erwähnt: »Ich bin ja […] großer Fan von dieser Operation-Kingdom-Nummer, dass man wirklich, ja 'nen, 'nen, 'nen Ursprung setzt und dann die Rettungskräfte noch mitnimmt« (PSG3_GS12). Für Silvester wird ein Anschlag in einem Vergnügungsviertel erwogen: Dort sei es zum Jahreswechsel »unfassbar voll« (PSG3_GS12). In Bezug auf das für die Gruppe wichtige Kriterium einer dicht gedrängten Menschenansammlung erscheint dann aber die letztlich gewählte Silvesterfeier noch geeigneter:

Dort sei man »sicher [...], dass die Leute dermaßen dicht gedrängt sind, dass es echt nicht mehr feierlich ist« (PSG3_GS12). Auch gegenüber Weihnachtsmärkten wird hier eine dichtere Menschenmenge erwartet. Zudem ist die Vorbereitungszeit bis Silvester länger; und mit dem parallel vorgesehenen U-Bahn-Anschlag könne man zudem Infrastruktur treffen.

Für den Anschlag deponiert die Gruppe die kleinere Bombe in einem stehen gelassenen Rucksack in der U-Bahn und die größere auf einer nahe gelegenen Promenade. Die Anschläge sollen von Marco und Andi durchgeführt werden, während Benjamin verreist ist. Bei der Durchführung tragen die Täter Faschingsmasken, was ihnen am Silvesterabend als unverdächtig erscheint. Die Bombe auf der Promenade soll kurz nach der Detonation der U-Bahn-Bombe gezündet werden. Nach den Anschlägen sollen die verbleibenden Tatutensilien (Handys, Akkus, SIM-Karten, Masken) zunächst in einem Fach von Marcos Motorroller versteckt werden. Dann fahren beide zurück zu einer Silvesterparty, die sie schon vor der Tat kurz besucht hatten. »Dort angekommen, versuchen sie jeweils eine Frau zu finden, mit der sie die Nacht als Alibi verbringen können« (PSG3_SP13).

Das Bekennerschreiben der Gruppe existiert in zwei Versionen. Die erste Version war zur Veröffentlichung nach den erfolgreichen Anschlägen geplant. Die zweite Version ist an den Umstand angepasst, dass die Anschläge (im Spiel aufgrund technischer Mängel) gescheitert waren. Schreiben Nummer 1 richtet sich an die (nichtviolette) Bevölkerung, die von der Regierung unterschieden wird (»Nicht nur eure Regierung, sondern auch ihr selbst ...«). Es enthält gegen Ende Forderungen und Drohungen: »[E]ure Heimat« werde »kein sicherer Ort sein«, solange die Unterdrückung von Violetten in Europa und Übersee kein Ende finde; »[i]hr steht vor der Wahl. Beendet euren Krieg und wir beenden unseren.« Größtenteils behandelt der Text moralische Fragen – Schuldabwendung, Schuldzuschreibung, Vorwürfe, talionische Darstellungen, Appelle, das eigene Unrecht einzusehen, Appelle, angesichts eigenen Schmerzes den Schmerz der Violetten zu verstehen und zu beenden. Version Nummer 2 stellt (nach dem Scheitern der Anschläge) das Vorgehen als »letzte Warnung« dar: »Um unschuldige Zivilisten zu schützen, aber auch die friedliebenden Violetten vor den Wogen der Reaktionen auf einen solchen Akt zu bewahren, haben wir es bei dieser letzten Warnung belassen« (PSG3_BK).

PSG5

PSG5 hat vier Mitglieder mit den Spielernamen Andi, Benjamin, Marco und Bernd. Die beruflichen Hintergründe bzw. Ausbildungsrichtungen der Probanden liegen im medizinischen, kaufmännischen und planerischen Bereich.

Im Anfangsbrainstorming entwickelt die Gruppe die Idee, dass der Anschlag eine Doppelbotschaft senden solle: zum einen an die allgemeine Bevölkerung, den Krieg nicht weiter zu unterstützen, zum anderen an die Violetten, sich gegen Unterdrückung zu wehren. Beide Seiten müssten zum Umdenken bewegt und die Violetten aufgeweckt und mobilisiert werden. Es wird zunächst diskutiert, ob der Anschlag eher »symbolisch« sein solle (was zur Erwägung von politischen und militärischen Einrichtungen als Angriffszielen führt) oder ob »breitflächig« möglichst viele Menschen getroffen werden sollten (PSG5_GS4). Angesichts dieser Frage von »Qualität« versus »Quantität« stellt Andi fest: »Quantität lässt sich schöner planen. Bei Qualität muss man auf jedes Detail, Überwachung etc. achten« (PSG5_GS3). Aus der violettistischen Propaganda adaptiert die Gruppe das Argument, dass es unter Nichtvioletten keine wirklichen Zivilisten gebe, da jeder von ihnen ein Rassist sei. Zudem ist die Gruppe bestrebt, »etwas Großes« zu vollbringen. Wie in PSG3 findet auch in PSG5 eine Ausrichtung auf infernalische, besonders grausame und Opferzahlen maximierende Szenarien statt. Auch hier geht dies mit der Thematisierung besonderer Tabuthemen (etwa eines Angriffs auf eine Frühchenstation oder ein Traumazentrum) einher. Im Hinblick auf den U-Bahn-Bereich wird erwogen, Fluchtwege zu versperren, Panik zu erzeugen, fliehende Menschen mit Giftgas zu töten. Zentral ist der Gedanke einer reziproken Zufügung von Leid (wie es auch Violette in violetten Ländern erfahren) und die Drohung mit fortwährender Unsicherheit für den Fall der Fortsetzung des Krieges gegen Violette. Dabei soll der Anschlag sicherstellen, dass sich jedermann betroffen fühlt.

Während die Gruppe recht bald einen U-Bahn-Anschlag in den Fokus nimmt und beginnt, Verkehrsknotenpunkte des ÖPNV im Hinblick auf starke Frequentierung und enge Zugänge zu sondieren, bleibt die letztliche Entscheidung über die Angriffsziele bis in den späteren Planungsverlauf offen. Andere Szenarien, die teils im anfänglichen Brainstorming, teils parallel zur Mittelbeschaffung und Bombenkonstruktion erwogen und sondiert werden, sind etwa die Verseuchung von Infusionen in einer Klinik, Schusswaffenangriffe in einer Klinik, Anschläge auf Großveranstaltungen oder auf den Straßenverkehr. Mit dem Ziel, die gesellschaftliche Elite zu treffen, werden die örtlichen Gegebenheiten einer Privatschule ausgekundschaftet. Eine Zugentgleisung wird thematisiert, aber als nicht durchführbar befunden. Im Rahmen von Überlegungen zu geschlossenen Räumen (zwecks erhöhter Sprengwirkung) gerät ein Kino in den Blick – hier bestehen allerdings Bedenken, dass Sicherheitspersonal die Sprengsätze entdecken könnte. Noch zum Ende der Planung, nach der Konstruktion der Bomben und bis kurz vor der Durchführung des Anschlags, werden verschiedene Ziele erwogen. Angeregt wird, durch Anschläge auf mehrere Ziele den »psychologischen Druck« zu erhöhen (PSG5_GS10). Um allgemeine Betroffenheit zu bewirken, wird unter anderem ein Einkaufszentrum vorgeschlagen – bei einem Anschlag alleine auf die U-Bahn würden sich »alle, die jemals Auto fahren, denken, ›ja gut, dass ich Auto fahr‹«, was auf die Hälfte der Stadtbewohner zutreffe, »die niemals eine U-Bahn betreten. Aber wenn wir ein Einkaufszentrum nehmen, da ist wirklich jeder betroffen« (PSG5_GS16). Die letztlich gewählten Anschlagsziele – eine zentrale U-Bahn-Station und zwei nahe gelegene Weihnachtsmärkte – tragen dem (bei zusätzlicher Berücksichtigung möglichst guter gemeinsamer Fluchtmöglichkeiten) Rechnung.

Schon im anfänglichen Brainstroming erwägt die Gruppe den kombinierten Einsatz von Sprengsätzen und Giftgasen und beginnt in der Folge mit der Recherche nach geeigneten Anleitungen und Materialien. Bei einer Internetsuche finden die Spieler Anleitungen zum Bau von Rohr- und Propangasbomben und entscheiden sich aufgrund der einfacheren Konstruktion zunächst für die erstere. Sie setzen allerdings ihre Suche nach Anleitungen für Bomben mit stärkerer Sprengwirkung fort und finden schließlich die für sie überzeugendere »Salzsäurebombe«. Zur Erhöhung der Brandwirkung soll zusätzlich ein Brandbeschleuniger eingesetzt werden, während die Recherchen nach Giftgasen die Spieler zu der Überzeugung führen, dass deren Beschaffung und Einsatz nicht realisierbar ist. Bei der Beschaffung erforderlicher Materialien zeigt sich die Gruppe eher unvorsichtig: Zutaten und Werkzeuge werden in Baumärkten in der Stadt besorgt und über den Internetversandhandel eingekauft, mit Lieferung an Privatadressen der Gruppenmitglieder. Nachdem sie durch eine Zeitungsmeldung davon Kenntnis erlangen, dass gerade ein anderer Violettist aufgrund der Bestellung größerer Mengen Salzsäure festgenommen wurde, werden die Spieler vorsichtiger – die Lagerung der Materialien und die Herstellung der Bomben soll nun in einem Wohnmobil geschehen und nicht, wie zunächst geplant, in der Wohnung eines Gruppenmitglieds; auch soll der Anschlag von Januar auf Dezember vorverlegt werden, um eine vorherige Festnahme zu vermeiden. Angesichts des vermeintlich gestiegenen Entdeckungsrisikos gewinnt auch die Fluchtplanung an Relevanz. Diese ist mitbestimmend für die Auswahl nahe beieinander liegender Angriffsziele, um nach Deponierung der Bomben ein schnelles Treffen der Gruppenmitglieder und ein gemeinsames Verlassen der Stadt zu ermöglichen.

Für den Anschlag hat die Gruppe vier Reisetaschen präpariert, die neben »Salzsäurebomben« verschiedene ätzende Flüssigkeiten, Brandbeschleuniger und Nägel enthalten und mit Vorhängeschlössern verschlossen sind. Die Zeitzünder der in der U-Bahn-Station deponierten Bomben sind auf die Einfahrt von Zügen an den entsprechenden Gleisen abgestimmt. Nachdem die Taschen, zwei in der U-Bahn-Station, zwei auf Weihnachtsmärkten, abgestellt sind, trifft sich die Gruppe am Fluchtwagen, um sich über das benachbarte Ausland in ein violettes Land und schließlich nach Neuseeland abzusetzen, wo sich die Mitglieder der dortigen Violetten Befreiungsfront anschließen wollen.

Für den Versand des Bekennerschreibens hat die Gruppe eine E-Mail-Adresse unter dem Namen des Bundespräsidenten eingerichtet und einen automatisierten Versand für vier Tage nach dem Anschlag installiert. Das Schreiben geht an verschiedene lokale und überregionale Tageszeitungen, das LKA, das BKA, den Deutschen Bundestag und das Bundeskanzleramt. Unter dem Titel »Ihr Rassisten, ihr Kriegstreiber, ihr Maden im Speck« klagt es die nichtviolette Bevölkerung an und kombiniert Retributionslogik mit der Forderung, Krieg und Ausbeutung zu stoppen: »Nun werdet ihr sehen, wie die violetten Völker in Übersee, das für euch so herrlich weit entfernt erscheint, leiden müssen, da ihr es selbst tun werdet. Wendet ihr euch ab und versucht, die Schrecken auszublenden, werdet ihr wieder nur Grausamkeit erfahren. Jederzeit. Überall« (PSG5_BK). Zusätzlich ergeht ein Mobilisierungsappell an andere Violette.

PSG9

PSG9 hat drei Mitglieder mit den Spielernamen Andi, Benjamin und Marco. Die beruflichen Hintergründe bzw. Ausbildungsrichtungen der Probanden liegen im IT-Bereich.

Ohne sich über politische Rahmenbedingungen und strategische Zielsetzungen näher auszutauschen, beginnt die Gruppe unmittelbar mit dem Entwurf möglicher Anschlagsszenarien. Die Zielrichtung dabei ist eine »große

Wirkung«, insbesondere in Form hoher medialer Aufmerksamkeit. Im Rahmen einer Diskussion über einen Anschlag auf das Rathaus spielt der Aspekt der politischen Symbolik eine Rolle. Wesentlich aber erscheinen der Gruppe zum Zwecke großer Wirkung hohe Schäden geeignet – sei es in Form von Personenschäden, in Form von Infrastrukturschädigungen oder idealerweise beides zusammen. Als attraktiv wird die Erzeugung von Chaos und Panik gewertet. Chaos könne etwa generiert werden, indem verteilt über die Stadt an vielen Orten kleinere Anschläge verübt würden. Beim letztlich gewählten Anschlag auf ein Volksfest werden acht Bomben an verschiedenen dort befindlichen Orten gezündet, wobei die Wahl der Orte ein Höchstmaß an Panik sicherstellen soll.

Im Laufe der Planungssitzungen erwägt die Gruppe eine Vielzahl von Anschlagsszenarien. Vor dem Hintergrund ihrer Informatikkenntnisse macht sich die Gruppe Gedanken über Cyberangriffe auf ein Atomkraftwerk, ein Umspannwerk, ein Bahnstellwerk oder die Börse, kommt aber letztlich zu dem Schluss, dass die entsprechenden Rechenzentren zu gut gesichert seien. Auch der Gedanke, über berufliche Verbindungen in ein Atomkraftwerk einzudringen und dort vor Ort eine Störung auszulösen, wird angesichts erwarteter starker Sicherheitssysteme wieder verworfen. Szenarien, die brainstormingartig nur kurz besprochen werden, sind etwa Angriffe auf Fußgängertunnel mit hohem Personenaufkommen, in Einkaufsstraßen oder Vergnügungsvierteln, auf Containerschiffe, auf einen Tunnel oder im Flughafenbereich. Auch die Vergiftung von Trinkwasser, das Herbeiführen von Zugentgleisungen oder die Sprengung einer menschenbesetzten Eisfläche im Winter werden erwogen. Es sind negative Machbarkeitseinschätzungen, die die Gruppe Angriffe auf komplexe oder als gut gesichert bewertete Infrastrukturziele wie Wasserwerke oder Flughafen verwerfen lassen. Schon in der Brainstormingphase nehmen die Ideen eines Anschlags auf das Rathaus sowie auf das Volksfest größeren Raum ein. Diese Ansätze werden auch in den Folgesitzungen vertieft. Während das Rathaus als politisches Ziel attraktiv wirkt, ist Andi der Meinung, dass nur Personenschäden hohe Medienaufmerksamkeit garantieren. Die Gruppe favorisiert daher zunächst ein Szenario des kombinierten Angriffs auf das Rathaus und den ÖPNV – durch einen Cyberangriff auf das Ampelsystem, so die (später als unrealistisch eingeschätzte) Überlegung der Spieler, könne das Fahrgastaufkommen im ÖPNV zusätzlich erhöht werden. Im Hinblick auf das Volksfest erscheinen hohe Besucherzahlen und die Annahme geringer Sicherheits- und Überwachungsmaßnahmen günstig. Wie in anderen Gruppen, so spielt hier in ersten Überlegungen der Gedanke des Angriffs auf Flüchtende eine Rolle: Mehrere kleinere Sprengsätze könnten auf dem Volksfest gezündet werden, um die fliehenden Menschen sodann an den Ausgängen mit weiteren Bomben zu treffen.

Konkretere Rechercheergebnisse führen im Rahmen der operativen Sondierung zum Ausschluss des Rathausplans: Die geplante Zufahrt zum Rathaus mit einer Autobombe wird durch Poller verhindert, und Taschenkontrollen stören das Vordringen in das Rathaus mit Sprengsätzen. Obgleich auch einige Energie in das Auskundschaften des U-Bahn- und Abwassertunnelsystems unter dem Rathaus investiert wurde, gibt die Gruppe angesichts dieser Resultate den Plan auf und konzentriert sich auf das Volksfest. Bei der Suche nach Anleitungen zum Bombenbau stößt die Gruppe auf Konstruktionshinweise für Rohrbomben, Salzsäurebomben und ANFO-Bomben. Die Herstellung letzterer wird im Vergleich zur Salzsäurebombe als einfacher eingeschätzt, weshalb die Gruppe sich für ANFO entscheidet. Das erforderliche Zubehör zum Bau der Bombe wird in Baumärkten, auf Flohmärkten und im Chemieversandhandel eingekauft. Als Lieferadresse für die Chemikalien wird eine leer stehende Druckerei gewählt, wo das Paket von einem Gruppenmitglied unter einem Vorwand in Empfang genommen werden soll. Nachdem der Paketbote die Lieferung nicht ohne Vorzeigen eines Ausweises aushändigen will, entwendet ein Spieler das Paket gewaltsam; in der Folge wird dieser Spieler von der Polizei identifiziert und observiert. Nachdem die Gruppe dies bemerkt, soll der Anschlag nurmehr von den anderen beiden Gruppenmitgliedern durchgeführt werden. Die Herstellung des Sprengstoffes soll zunächst in Andis Wohnung geschehen, wird dann aber aufgrund starker Geruchsbildung in ein Waldstück verlagert. Fingerabdrücke und andere Spuren versuchen die Spieler in der Wohnung sowie auf allen Konstruktionsbestandteilen der Bomben zu beseitigen.

Am Vormittag des Anschlagstages baut ein Spieler ein Dreimannzelt an einem Ostseecampingplatz auf, was als Alibi dienen soll. Abends fahren zwei Gruppenmitglieder, Sonnenbrillen und Schirmmützen tragend, zum Volksfest und deponieren dort acht Bomben an zuvor ausgewählten Orten. Zur Tarnung wollen die beiden einen gewöhnlichen Besuch simulieren und an verschiedenen Ständen etwas einkaufen oder Vergnügungseinrichtungen nutzen. Die Sprengsätze sollen später während des Feuerwerks per Fernzündung gezündet werden. Ein neunter Sprengsatz, der nicht mehr in ihre Umhängetaschen passte und im Auto verblieb, wird auf der Flucht an einer

Uferpromenade deponiert, die Fernzündeeinrichtungen werden unterwegs in einen Fluss geworfen.

Im Bekennerschreiben rechtfertigt die Gruppe den Einsatz von Gewalt damit, dass friedliche Mittel versagt hätten, und entwickelt eine talionische Logik: »Lange genug haben wir es mit friedlichen Mitteln versucht. Lange genug haben wir geredet. Lange genug haben wir demonstriert. […] Doch ihr habt mit Verfolgung und Folter geantwortet. […] Nun müsst ihr die Konsequenzen tragen und das Leid unseres Volkes fühlen, am eigenen Körper spüren, eure Angehörigen zu Grabe tragen« (PSG9_BK). Das Schreiben fordert Demokratie in violetten Ländern, den Abzug deutschen Militärs aus violetten Ländern und Gleichberechtigung für Violette in Deutschland. Die VBF sei bereit, »alle erdenklichen Mittel einzusetzen, sollten die Forderungen nicht erfüllt werden« (ebd.). Die Gruppe will den Brief an verschiedene Printmedien, Nachrichtensender und -agenturen versenden. Das Bekennerschreiben endet mit einem Zitat aus dem Motto der Hackergruppe »Anonymus«: »We are Legion. We do not forgive. We do not forget. Expect us« (ebd.).

PSG11

PSG11 hat drei Mitglieder mit den Spielernamen Andi, Christie und Janina. Die beruflichen Hintergründe bzw. Ausbildungsrichtungen der Probanden liegen im technischen und kaufmännischen Bereich. Nach einem Planungsbeginn ohne Zielvorgaben erhält die Gruppe die spezifische Vorgabe, den Flugverkehr anzugreifen. PSG11 ist eine der zwei Gruppen, denen die violettistische Propagandawebsite nicht präsentiert wurde.

Um eine ideologisch-strategische Auseinandersetzung mit der Rolle bei fehlenden Propagandamaterialien zu stimulieren, wurde die Gruppe aufgefordert, in der ersten Planungssitzung einen Kampfaufruf an andere violettistische Gruppen zu verfassen. Dabei orientiert sich die Gruppe an im Internet recherchierten Vorbildern (besonders: RAF) und konstruiert sich das Selbstverständnis einer Art »RAF der Gegenwart«, die sich für die Ungerechtigkeiten, die der violetten Bevölkerung widerfahren sind, rächen will. Zudem sehen sie sich auch als »Rekrutierer«, als »Kopf« einer neuen Bewegung, die andere Violette zum gewaltbereiten Kampf animieren will. Von Anfang an spielt die Frage nach der Tötung von Zivilisten eine Rolle. Der Gruppe erscheint es zunächst attraktiver, Hauptschuldige anzugreifen – es sollen nicht »die Falschen« getroffen werden. Überlegungen zu Anschlagszielen, bei denen ausschließlich Zivilisten betroffen wären – etwa ein Krankenhaus, Bars, Kneipen oder Clubs – werden eingangs nicht weiterverfolgt. Andererseits aber wird recht zügig entschieden, dass es zu schwierig sei, Zivilisten grundsätzlich zu verschonen, und eine Haltung der Rücksichtslosigkeit vorgeschlagen: »Ich würd sagen, Zivilisten mit. […] Keine Grenzen« (PSG11_GS3). Am Ende der Brainstormingphase hat die Gruppe vor allem Politiker und politische Veranstaltungen im Blick. Die Diskussion konzentriert sich auf das Rathaus und ein Kongresszentrum als Ort großer (auch politischer) Veranstaltungen. Beide Ziele verbindet in der Sicht der Spieler, dass ein Anschlag eine große Aufmerksamkeit entfalten würde, dass dabei nicht nur »unschuldige Zivilisten« getötet würden (deren Tod allerdings explizit in Kauf genommen werden soll, um der »Botschaft« Nachdruck zu verleihen) und dass eine politische Botschaft vermittelt und ein »Zeichen gesetzt« werde.

Die Gruppe fällt insgesamt durch eher knappe Diskussionen und schnelle, pragmatische Entscheidungen auf. Alternativen werden oft nicht gründlich erwogen, Diskussionsprozesse im Sinne eines zügigen und bestimmten Fortschreitens der Planung abgekürzt. Anschlagsszenarien, die nur kurz angesprochen und unter anderem aufgrund negativer Machbarkeitseinschätzung abgelehnt werden, sind beispielsweise ein Angriff auf die Stromversorgung oder ein Giftangriff auf die Wasserversorgung (»Das ist viel zu kompliziert gedacht. Wie […] willste das denn machen?«; PSG11_GS3), ein Anschlag während eines großen Fußballspiels (»Das is' auch nicht einfach«; ebd.), Anschläge auf den Flughafen oder auf eine Botschaft, die von den Spielern als zu stark bewacht empfunden wird. Stattdessen beginnt die Gruppe mit Recherchen zum Rathaus und dem Kongresszentrum. Nach der Teilnahme an einer Rathausführung entsteht jedoch der Eindruck, dass es nicht leicht sein wird, dort unbemerkt Bomben zu platzieren (größere Taschen müssen zum Beispiel an der Garderobe abgegeben werden). Zudem will die Gruppe nicht nur das Rathaus an sich, sondern politische Veranstaltungen (zum Beispiel Staatsbesuche) angreifen, kann aber bei ihren Recherchen keine geeigneten Veranstaltungen finden. Daraufhin wird von dem Anschlagsszenario »Rathaus« wieder Abstand genommen. Auch die Recherche nach passenden, insbesondere politischen Veranstaltungen im Kongresszentrum fällt für die Gruppe unbefriedigend aus. Obwohl die Spieler den Zugang zum Gelände für leicht möglich halten und das

Gebäude als weniger bewacht als das Rathaus empfinden, verwerfen sie daher auch diese Idee. Fokussiert auf das Thema »Veranstaltungen«, und da politische Veranstaltungen im Planungszeitraum entweder nicht auffindbar sind oder schwer anzugreifen scheinen, entwickeln sich die Überlegungen der Gruppe hin zu Veranstaltungen aller Art. So werden ein Sportevent, öffentliche Vergnügungsveranstaltungen oder Straßenparaden als Anschlagsziele erwogen. Schließlich fällt die engere Wahl auf ein Volksfest: Das sei nicht schlecht, denn »wir können sagen: ›Ey, wir werden hier fertig gemacht, und ihr habt euern Spaß, das ist euch egal‹« (PSG11_GS4). Der ursprüngliche Gedanke, den Tod von Zivilisten nur als Verstärkung der Botschaft oder Kollateralschaden in Kauf zu nehmen, verkehrt sich zunehmend ins Gegenteil (»Vielleicht ist es auch nicht schlecht, Zivilisten mit zu treffen, weil [...] dann muss die Politik auf jeden Fall reagieren«; PSG11_GS4). Ferner erscheint den Spielern zunehmend die Idee eines parallelen Doppelanschlags attraktiv. Eine Bombe in einem Zug zurückzulassen, scheint einfach zu realisieren. Der Hauptbahnhof, in dem ein einfahrender Zug auf einem zentralen Gleis explodieren soll, steht bald als parallel zum Volksfest anzugreifendes Anschlagsziel fest (»Bahnhof ist ja einfach, das können wir einfach mitmachen«; PSG11_GS4). Durch diese Auswahl soll ein wichtiger Teil der Verkehrsinfrastruktur getroffen und im Rahmen des Doppelanschlages Verwirrung und Chaos gestiftet werden.

Zur Hälfte des Spielverlaufes erhalten die Spieler von der Spielleitung die Vorgabe, sich den Flugverkehr als Anschlagsziel vorzunehmen. Spontan erscheint es den Spielern am einfachsten, ihre bisherigen Überlegungen zu Bombenangriffen auf einen Außenbereich des Flughafens zu übertragen. Zwar werden weitere Möglichkeiten in Betracht gezogen, jedoch aufgrund negativer Machbarkeitseinschätzungen wieder verworfen: Es scheint den Spielerinnen aufgrund der hohen Sicherheitsvorkehrungen am Flughafen unmöglich, gefährliche Materialien (Messer, Flüssigkeiten) durch die Sicherheitskontrolle (womöglich sogar ins Flugzeug) zu schmuggeln (»Du kommst ja nirgends hin, eigentlich«; PSG11_GS7). Um sich dem Flughafen von innen zu nähern, bewerben sich die Spieler auf verschiedene Stellenangebote bei Geschäften im Flughafen. Letztendlich nehmen sie diese Gelegenheiten jedoch nicht wahr, da sie sich für einen Bombenanschlag im Außenbereich entschieden haben. Ihr Vorhaben eines Doppelanschlags geben sie indes nicht auf; eine Bombe in einer Regionalbahn im Hauptbahnhof soll parallel gezündet werden.

Bei dem Anschlag kommen Kofferbomben zum Einsatz. In zwei Koffern befinden sich jeweils mehrere Rohrbomben, die mit mehreren Zeitzündern gleichzeitig gezündet werden sollen. Zwar waren zu Beginn des Planspiels alternative Anschlagsmittel kurz erwähnt worden (Schusswaffen, Gift), die Bombe war jedoch bald und ohne ausführliche Diskussion das Mittel der Wahl. Das erforderliche Schwarzpulver erwog die Gruppe zunächst im Ausland einzukaufen, konnte es dann aber in der Stadt über einen Kontaktmann der »Violetten Befreiungsfront« besorgen. Die zuvor in ihren Kellern gelagerten Bomben sollen am Tag des Anschlags morgens im Berufsverkehr von zwei Gruppenmitgliedern deponiert werden. Das dritte Gruppenmitglied operiert als Fahrer für einen der Anschläge. Während der Anschlagsdurchführung sind die Mitglieder verkleidet. Gedanken über Tarnung, geeignete Verstecke für die Anschlagsmaterialien und Verhaltensauffälligkeiten, die dem sozialen Umfeld auffallen könnten, haben sich die Spielerinnen allerdings erst in den letzten Planungssitzungen gemacht, während die Gruppe zuvor durch einen Mangel an systematischer Konspirationstätigkeit auffiel.

Das Bekennerschreiben der Gruppe ist knapp gehalten. Es enthält wesentlich eine kurze Erläuterung der Gründe für die (bzw. eine Legitimation der) Tat, Forderungen und Drohungen. Der Anschlag wird als ein »Zurückschlagen« dargestellt, die Gegenseite (»ihr«) habe »uns den Krieg erklärt« und die Violetten über einen langen Zeitraum »weltweit unterdrückt, gefoltert und diskriminiert«. Mit rhetorischen Fragen in Fettdruck (»Was haben wir verbrochen? Für was klagt ihr uns an?«) wird darauf verwiesen, dass die Aggression der Gegenseite keinen legitimen Anlass hat und insofern (besonders) ungerecht ist. Der Anschlag holt gewissermaßen das Verbrechen nach, für das die Violetten schon zuvor unschuldig »bestraft« wurden. Es folgen die Forderung nach sofortigem Stopp der »Diskriminierung, Folter, Vergewaltigung und Morde an uns Violetten« und die Ankündigung, dass die »Aktionen gegen die Feinde der Violetten« erst eingestellt würden, wenn die Forderungen erfüllt sind (PSG11_BK). Das Schreiben wird an eine große Boulevardzeitung gesandt.

2.3.2 Anschläge auf Hauptverantwortliche

PSG1

PSG1 hat drei Mitglieder mit den Spielernamen Andi, Benjamin und Marco. Die beruflichen Hintergründe bzw. Ausbildungsrichtungen der Probanden liegen im pädagogischen Bereich.

Die anfängliche Ideensammlung der Gruppe oszilliert zwischen dem Gedanken eines stärker symbolischen Anschlags auf eine spezifische, repräsentative Opfer- (bzw. Täter-)Gruppe einerseits und indiskriminativer Massenviktimisierung andererseits. Bei der Lektüre der violettistischen Internetpropaganda stößt die Gruppe auf eine Kritik an der medialen Berichterstattung über den Violettismus bzw. die Probleme der Violetten. Daraus resultiert die Idee, die Medien seien Teil des unterdrückenden Systems, und der Anschlag könne ein »Weckruf an die Medien« sein (PSG1_GS2). Ein medienbezogener Anschlag könne »nicht nur den passiven Violetten«, sondern auch dem »Großteil der Weißen […] zeigen, dass sie letztendlich auch mal Sachen hinterfragen sollen« (PSG1_GS3). Als weitere, spezifischere Anschlagsziele werden die Rüstungsindustrie, die Bundeswehr und die Polizei diskutiert. Auf der anderen Seite wird vorübergehend erwogen, mit einem Anschlag möglichst viele zivile Opfer zu treffen. Die Gruppe ist mit den ambivalenten Botschaften der Internetpropagandaplattform konfrontiert, wo einerseits Anschläge auch gegen zivile Opfer angeregt werden und wo andererseits von einem heldenhaften und ehrenhaften Kampf und einer dezidierten Abgrenzung von den »mörderischen Verbrechen« der Nichtvioletten die Rede ist. Angesichts der Frage, ob man vorrangig »ein Zeichen setzen« oder aber möglichst viele Opfer erzielen wolle, werden die Spielmaterialien an einer Stelle der Diskussion im Sinne einer Präferenz für die Maximierung der Opferzahlen interpretiert. Der Gedanke des Zeichensetzens kann nun auch relativ umstandslos mit dem Plan einer Massentötung verbunden werden: Wenn es das vorrangige Ziel sei, Zeichen zu setzen, aufmerksam zu machen, andere zu gewinnen, so Marco, dann wäre es effektiv, »eine große Masse an nichtvioletten Zivilisten« der »Spaßgesellschaft« zu treffen (PSG1_GS3). Ein Anschlag auf Zivilisten ist für die Gruppe jedoch schwer mit dem Gedanken zu vereinbaren, dass man sich – so ihre Lektüre der Propaganda – nicht zu etwas Ungerechtem provozieren lassen solle, was ein negatives Bild auf den violetten Kampf werfen könnte. Überwiegend konzentriert sich die Diskussion auf die Auswahl von Zielen, welche die Unterdrückung spezifischer repräsentieren: Verlagshäuser und Medienanstalten sowie Ziele aus dem Bereich der Rüstungsindustrie, der Bundeswehr und der Polizei.

Zu den eher kurz erwogenen Zivilisten betreffenden Anschlagszielen gehören Veranstaltungen in größeren Veranstaltungshallen, Weihnachtsmärkte, Vergnügungsviertel, Hafen- und Uferpromenaden zu Silvester sowie Krankenhäuser und ein Fährschiff. Dabei werden die Dichte der jeweiligen Menschenansammlungen, das Entdeckungsrisiko sowie die Frage berücksichtigt, an welchen Orten sich möglichst wenige Violette aufhalten würden. Weitergehende Erwägungen und Recherchen konzentrieren sich jedoch auf als Hauptschuldige ausgemachte Institutionen. Im Rahmen ihrer Spielzüge formuliert die Gruppe eine Auskundschaftung einer Bundeswehreinrichtung, um sich über Sicherheitsvorkehrungen (insbesondere Videoüberwachung) sowie die Frequentierung verschiedener Orte, Zugangswege und mögliche Zugangsbarrieren zu informieren. In puncto Medien werden Verlagshäuser und Redaktionsräume verschiedener Zeitungen und Zeitschriften als mögliche Ziele erwogen. Die Gruppe besichtigt die Gebäude von außen, um nach Sicherheitsmaßnahmen Ausschau zu halten, und überlegt, wie und unter welchem Vorwand die entsprechenden Innenräume ausgekundschaftet werden könnten. Ein Angriff auf Medienhäuser wird jedoch im Verlaufe der siebten und achten Sitzung, vor allem aufgrund der empfundenen Schwierigkeiten eines unbemerkten Zugangs, verworfen bzw. nicht mehr weiterverfolgt. Die Möglichkeit eines Angriffs auf eine Fähre zum Werk eines Rüstungsherstellers wird ebenfalls nicht nachhaltig (nur bis zur sechsten Sitzung) entwickelt. Als nachteilig erscheint hier vor allem, dass der Schaden an zivilen Opfern hoch, der Schaden für den Rüstungskonzern allerdings nur gering sei. Das letztlich gewählte Ziel ist eine Polizeieinrichtung. Polizisten, so wird argumentiert, würden den Krieg ganz sicher unterstützen; jeder, der sich jetzt für die Polizei entscheide, sei antiviolett (PSG1_GS4). Bei der Auswahl einer geeigneten Polizeieinrichtung sucht die Gruppe nach belebten Anlagen mit möglichst leichter Zugänglichkeit. Durch Internetrecherchen und im Zuge mehrfacher Ortsbesichtigungen werden eine Anlage und deren Sicherheitsvorkehrungen von der Gruppe ausgekundschaftet. Während des Planungsprozesses wird mehrfach das Problem diskutiert, dass bei dem Anschlag auch Violette getötet werden könnten; dieses Problem erscheint angesichts des Feindbilds Polizei rationalisierbar: »Und ganz ehrlich … bei der Bundeswehr und bei der Polizei würd mir das auch nicht weh tun, wenn ich da auch Violette erwisch, weil die sind dann für mich Überläufer« (PSG1_GS4).

Hinsichtlich der Mittelwahl ist die Diskussion in der Gruppe von Anfang an stark von der Idee des Einsatzes von Bomben geprägt. Zusätzlich spielt der Gedanke der Verwendung von Gift eine gewisse Rolle – so wird erwogen, Soldaten oder Polizisten zu vergiften oder Giftgas in Lüftungssysteme einzuleiten. Die diesbezügliche Diskussion bleibt jedoch eher kurz, denn die Beschaffung und der Einsatz von Giften erscheinen wenig praktikabel: »Wir kriegen nicht mal 'ne Thermoskanne mit Nägeln irgendwie richtig ... also ist für uns schon 'n Hindernis, und du willst jetzt mit Giftgas kommen?« (PSG1_GS8). Und auch in symbolischer Hinsicht wirkt Gift weniger attraktiv als das Zünden von Bomben, da Gift »hinterhältig« sei und »von der Weltöffentlichkeit« »in jedem Fall komplett verurteilt« würde, während das Legen einer Bombe als reziproke Aktion (»Gleiches mit Gleichem«) erklärt werden könne (PSG1_GS6). Bei Internetrecherchen stößt die Gruppe auf Anleitungen zum Bau von schwarzpulverbasierten Rohrbomben und Propangasbomben. Die Verwendung von Schwarzpulver erscheint nach einiger Diskussion als einfacher und unauffälliger im Vergleich zu anderen Sprengstoffen. Kurz vor Silvester werden in Bau- und Supermärkten Böller eingekauft. In Benjamins und Andis Wohnungen zerschneiden die Spieler die Silvesterböller, extrahieren das Schwarzpulver und bauen Bomben. In einem Naturschutzgebiet wird eine davon getestet, bevor eine weitere beim Anschlag zum Einsatz kommt.

Der Sprengsatz ist am Tag vor dem Anschlag in Benjamins Wohnung von Marco präpariert und am Tag des Anschlags mit zwei Zeitzündern versehen worden. Marco macht sich daraufhin auf den Weg zur Arbeit. Die beim Bombenbau übrig gebliebenen Kleinmaterialien nimmt er dabei in einem Rucksack mit, welchen er vor seiner Ankunft am Arbeitsplatz in eine Mülltüte steckt, die er in einer Mülltonne entsorgen will. Andi verbringt den ganzen Vormittag des Anschlagstags bei der Arbeit. Die finale Anschlagsdurchführung übernimmt Benjamin. In seiner Wohnung stellt er den Zeitzünder ein, packt den Sprengsatz in einen Rucksack und macht sich mit dem Fahrrad auf den Weg zur Polizeieinrichtung (die im Spiel als öffentlich zugänglich konzipiert war). Unterwegs hat er sich mit Schirmmütze und Schal vermummt, die Utensilien waren von Fingerabdrücken gereinigt worden. In der Polizeieinrichtung deponiert er den Rucksack unter einem Tisch, bevor er diese unter einem Vorwand wieder verlässt und mit dem Fahrrad zurück zu seiner nahe gelegenen Wohnung fährt. Dort stellte er das Rad ab und geht zum Imbiss gegenüber, um zum Zeitpunkt der Explosion unter Menschen zu sein.

Das Bekennerschreiben betont zunächst den demonstrativ-exemplarischen Charakter des Anschlags: dieser sei ein »Exempel gegen die Verbrechen der rassistischen Allianz (deren Teil Deutschland ist) an der violetten Weltbevölkerung«. Der nächste Absatz erläutert, warum gerade die Polizei angegriffen wurde. Diese unterstütze durch die Ausbildung der »Civilguards« in Neuseeland die »Terrorherrschaft der westlichen Diktatur«; zudem schränke sie in Deutschland die Versammlungs- und Meinungsfreiheit derjenigen ein, die die »rassistische Weltverschwörung« aufdecken wollten. Das Vorgehen der Polizei sei »zweifelsfrei rassistisch motiviert«, eine Mitschuld wird jedem Polizisten zugeschrieben. Sodann verlagert sich die Schuldzuschreibung auf ein nicht näher spezifiziertes Kollektiv (»ihr«) – wohl die nichtvioletten Deutschen, eventuell aber auch die Europäer oder die europäischen Regierungen. Diesen werden Verbrechen an der violetten Bevölkerung in vielen Ländern der Welt vorgeworfen. Ein »wir« (sei es die Gruppe, sei es die »Violette Befreiungsfront«) grenzt sich davon als »Krieger, Menschen des Mutes, der Ehre im Kampf für eine freie Welt« ab. Das Schreiben endet mit der Forderung nach sofortigem Abzug aller ausländischen Truppen aus violetten Ländern und dem Ende der Unterstützung der dortigen Militärdiktaturen (PSG1_BK).

PSG4

PSG4 ist eine Einzelspielerin (Spielername Christie), die eine Lone-Wolf-Planung simuliert. Der berufliche Hintergrund bzw. die Ausbildungsrichtung der Probandin liegt im sozialwissenschaftlichen Bereich. Die Probandin hat zuvor an der Pretestgruppe teilgenommen.

Christie ist in ihrem Selbstgespräch an der »symbolischen« Dimension des Anschlags orientiert – die Tat soll eine »Nachricht« sein, ein »Zeichen« setzen. Zudem adaptiert sie aus der violettistischen Propaganda den Gedanken, dass eine Schädigung von Wirtschaft und Infrastruktur im Sinne der VBF sei. Auch ist ihr wichtig, dass der Anschlag nicht als Ausdruck individueller Pathologien gedeutet, sondern ernst genommen und als politische Botschaft verstanden wird, dass »es nicht nur um den Spaß am Töten geht, sondern dass dahinter 'ne Nachricht steht« (PSG4_GS2). Vor diesem Hintergrund erscheint nicht in erster Linie die Maximierung von Opferzahlen erstrebenswert: »Dementsprechend wäre es vielleicht auch 'ne Überlegung wert, dass es sekundär ist, wie viele Leute ich dabei in den Tod ziehe. […]

Sondern, primär, äh, der Schaden beziehungsweise der symbolische Charakter des Zielortes« (PSG4_GS2). Schon im anfänglichen Brainstroming geraten auf dieser Basis zwei Ziele in den Blick, an denen Christie auch im weiteren Planungsverlauf vorwiegend festhält: ein Hafenbereich und eine Behörde. Der Hafen erscheint attraktiv, da hier Wirtschaft und Infrastruktur geschädigt werden könnten; außerdem sieht Christie einen internationalen symbolischen Bezug (der auf den internationalen Konflikt verweist) sowie den Vorteil, dass wenige Zivilisten getroffen würden. Der Behörde mit ihren Programmen zur Integration violetter Jugendlicher werden »scheinheilige Hilfsangebote« vorgeworfen – eigentlich tue man nichts für die Violetten (PSG4_GS6).

Alternative Szenarien werden eher knapp erwogen. Den in der Pretestgruppe entwickelten Gedanken eines Angriffs auf eine Messe verwirft Christie, nachdem sie für den geplanten Tatzeitraum keine Messeveranstaltung ausfindig machen kann, welche einen hinreichenden symbolischen Bezug zum Rahmenszenario hätte. Besprochen werden weiter Ziele, die auf die Diskriminierung der violetten Bevölkerung verweisen, etwa antiviolettistische Demonstrationen oder Treffpunkte rechter und antivioletter Parteien. Christie unternimmt erste Schritte, um den Veranstaltungsort einer rechtsradikalen Parteiversammlung ausfindig zu machen, verfolgt den Plan aber nicht weiter, als sie herausfindet, dass Nichtmitgliedern der Ort nicht ohne Weiteres preisgegeben wird. Anstelle direkten Antiviolettismus als Anschlagsziel wirkt letztlich die Ausrichtung an der »verkannten Schuld« der vermeintlich provioletten Behörde attraktiver. Die Zielwahlerwägungen konzentrieren sich bald auf die Behörde und den Hafenbereich, wozu Christie genauere Recherchen und Auskundschaftungen durchführt. Ohne dezidierten Entscheidungsprozess entwickelt sich dann die Behörde als präferiertes Ziel. Anlässlich eines zu Recherchezwecken unter einem Vorwand arrangierten Treffens mit einem Mitarbeiter eines Hafenterminals stellt Christie fest, dass sie dieses eigentlich nicht mehr wahrnehmen will, weil sie sich »innerlich« ohnehin schon für die Behörde entschieden habe (PSG4_GS13).

In der Mittelwahl ist die Spielerin auf Brand- und Sprengsätze fokussiert. Dabei versucht sie, sich an früheren Anschlägen zu orientieren und unternimmt Recherchen zu vergangenen Angriffen auf ähnliche Zieltypen. Im Internet findet sie Bauanleitungen zu Rohrbomben und Propangasbomben und entscheidet sich für erstere, da ihr die Propangasvariante in der Herstellung zu kompliziert erscheint. Chemikalien zum Bombenbau bestellt Christie im Internetversandhandel. Hierbei zeigt sie ein sehr geringes Konspirationsniveau und sendet etwa – da gemäß Chemikalien-Verbotsverordnung für den Kauf bestimmter Stoffe eine Identitätsfeststellung erforderlich ist – eine Kopie ihres Personalausweises ein. Trotz der darauf einsetzenden Hinweise auf eine polizeiliche Observation setzt sie die Bombenkonstruktion in einer angemieteten Garage fort und führt Bombentests in einem Waldstück durch.

Als einzige Spielerin des Planspiels plant Christie einen Selbstmordanschlag – sie sei bereit, »für die Sache« zu sterben; ein Selbstmordattentat sei symbolisch vorteilhaft, es gehe dabei nicht um die »Angst, dass ich gefasst werde – weil ich glaube, das widerspräche meiner, meinen Werten und meinem Glauben«, sondern darum, dass »es ausdrückt, dass ich mich damit identifiziere, was ich tue, und daran wirklich glaube, was ich tue« (PSG4_GS6). Während die Probandin in solchen Äußerungen versucht, sich in die Rolle einer besonders überzeugten Terroristin hineinzuversetzen, lässt andererseits die Motivation zum Rollenspiel mit fortdauerndem Planungsverlauf deutlich nach. Die realen Schwierigkeiten einer Lone-Wolf-Planung werden im Planspiel reproduziert und erweisen sich als zu hoch: »Radikalisierung«, Aufrechterhaltung der Motivation, Fokussierung auf die terroristische Perspektive und Bewältigung der Planungsarbeit sind ohne stützende Gruppe und befördernde Gruppendynamik schwerer zu realisieren (und auch: zu spielen). Die nachlassende Motivation korrespondiert mit nachlässiger und wenig konspirativer Vorgehensweise. Nachdem von der Planspielleitung eingebrachte Hinweise auf einen imminenten polizeilichen Zugriff wesentlich unbeantwortet bleiben, wird das Spiel mit einer Festnahme Christies vorzeitig abgebrochen.

Das vor der Festnahme vorbereitete Bekennerschreiben betont die erfolglosen Versuche friedlichen Widerstands (»Taten müssen sprechen, wenn Worte versagen«) und den symbolischen Charakter des Anschlags (»Heute wurde ein Zeichen gesetzt«). Die Schuld am Anschlag wird der diskriminierenden Gesellschaft zugeschrieben: Gewaltfreie Überzeugungsarbeit habe versagt, und »[j]eder Bürger, der den Rassismus gegen Violette unterstützt, sollte sich als Verantwortlicher für diesen Anschlag sehen. Denn IHR macht uns zu dem, was wir sind: Freiheits- und Widerstandskämpfer«. Zudem zielt das Schreiben auf den Widerspruch zwischen Schein und Realität und erläutert in diesem Zusammenhang die Wahl der Behörde als Anschlagsziel – die Gesellschaft halte den Anschein der Demokratie aufrecht, während Violette diskriminiert würden, und die eigentlich für die Förderung der Gleichberechtigung Violetter zuständige Behörde sei tatsächlich »ein symbolischer Ort für das Praktizieren und Unterstützen der ungleichen Behandlung von Violetten« (PSG4_BK).

PSG6

PSG6 hat drei Mitglieder mit den Spielernamen Christie, Janina und Julia. Es ist die einzige Planspielgruppe mit ausschließlich weiblichen Probandinnen. Die beruflichen Hintergründe bzw. Ausbildungsrichtungen der Probandinnen liegen im pädagogischen, sozialwissenschaftlichen und rechtswissenschaftlichen Bereich. Nach einem Planungsbeginn ohne Zielvorgaben erhält die Gruppe die spezifische Vorgabe, wahlweise die Energieversorgung, die Wasserversorgung, die Telekommunikationsinfrastruktur oder den Flugverkehr anzugreifen.

In ihrem anfänglichen Brainstorming setzt sich die Gruppe mit der moralischen Problematik des Angriffs auf Zivilisten auseinander. Dabei wird, in Auseinandersetzung mit den violettistischen Propagandamaterialien, zunächst entschieden, möglichst keine Zivilisten (insbesondere keine Kinder und Violette) zu treffen. Andererseits werden brainstormingartig dann doch Ziele mit eher indiskriminativer Viktimisierung erwogen, so etwa öffentliche Verkehrsmittel, Supermärkte, Weihnachtsmärkte oder die Trinkwasserversorgung. Hinsichtlich der Frage, wie möglichst viel Aufmerksamkeit zu generieren sei, wird eine »quantitative« von einer »qualitativen« Lösung unterschieden: entweder eine große Zahl von Opfern oder aber bekannte und »wichtige« Opfer. Während Julia und Christie etwas »Großes« machen wollen – »also nicht im Sinne von kompliziert, sondern von vielen Menschen« (PSG6_GS4) – und es für »hinnehmbar« halten, »wenn Zivilisten und unter Umständen auch Violette dabei getötet werden« (ebd.), will Janina einen Anschlag verüben, der »irgendwie gezielt ist. Also, ich würd nicht gerne einfach wahllos irgendwie 'ne Bombe von mir aus irgendwo abwerfen und dann hoffen, dass es möglichst viele Leute trifft. […] [D]ieses ganz Wahllose, das sagt mir wenig zu« (PSG6_GS4). Gewissermaßen als Kompromiss entsteht die Idee eines Anschlags auf einen Kongress mit Vertretern von Wirtschaft und Politik. Hier soll eine größere Zahl von Hauptverantwortlichen für die Diskriminierung und Ausbeutung Violetter getroffen werden, und mediale Aufmerksamkeit scheint ebenfalls garantiert. Bei dem Kongress will die Gruppe das Essen vergiften; ein vermeintlich geeignetes Gift, welches sich aus leicht beschaffbaren Samen extrahieren lässt, wird im Internet recherchiert.

Nachdem sich der Plan des Giftanschlags konkretisiert hat, erhält die Gruppe – im Spiel über eine Kontaktperson der Violetten Befreiungsfront – die spezifische Infrastrukturvorgabe. Die Diskussion konzentriert sich fortan auf Fragen der Machbarkeit und der vermuteten Wirkung verschiedener Angriffsmethoden. Der Flugverkehr erscheint angesichts erwarteter wirtschaftlicher Folgeschäden als attraktives Ziel, abschreckend sind jedoch die erheblichen Sicherheitsvorkehrungen an Flughäfen. Der Telekommunikationsbereich erscheint technisch schwierig anzugreifen, während gleichzeitig die Wirkung eines begrenzten Angriffs keinen hinreichenden Schaden verspricht. Ausführlicher wird eine mögliche Vergiftung des Trinkwassers besprochen; diese wird jedoch von Janina angesichts der erwarteten Massenviktimisierung als exzessiv abgelehnt: »[I]ch hätte, glaub ich, ein Problem damit, total viele Menschen, die zwar alle irgendwie an der Unterdrückung von den Violetten beteiligt sind, aber wo jetzt keiner irgendwie […] – klar sind irgendwo alle dafür verantwortlich, aber wollen wir jetzt deswegen alle umbringen?« (PSG6_GS8). Die Gruppe entscheidet sich schließlich für einen Anschlag auf die Energieversorgung, von dem sie sich verspricht, mit relativ wenig Aufwand eine große, auch andere Infrastrukturbereiche betreffende Wirkung zu erzielen.

In ihren Recherchen gerät die Gruppe zu der Überzeugung, dass die Zerstörung von Hochspannungsleitungen erforderlich sei, um einen Stromausfall zu erzielen. Als schwierig erweist sich jedoch die Identifikation kritischer Stellen im Stromnetz, deren Beschädigung auch tatsächlich eine breitflächige Wirkung hätte. Die Spielerinnen wählen schließlich Hochspannungsmasten in der Nähe eines Kernkraftwerkes aus, von denen sie sich erhoffen, dass sie kritische Knotenpunkte darstellen – was sich aber nicht mit Sicherheit herausfinden lässt. Der Gedanke, die Masten mittels Sprengstoff zum Einsturz zu bringen, wird nach näheren Überlegungen und Recherchen als nicht praktikabel verworfen. Auch der Plan, den Stahl mittels Thermit zu schmelzen, erscheint der Gruppe nicht durchführbar. Die Spielerinnen entschließen sich, die Masten mit Trennschleifern durchzusägen. Diese werden in anderen Städten eingekauft und in einer gemieteten Werkstatt an alten Stahlträgern erprobt.

Um den Geräuschpegel der gewählten Anschlagsmethode durch Außengeräusche zu kompensieren, wartet die Gruppe für den Anschlag auf einen

Tag, für den ein nächtliches Gewitter vorhergesagt wird. Am Tag des Anschlags wird in Christies Wohnung eine Audioaufnahme eines früheren Treffens zu Alibizwecken gestartet, bevor sich die Gruppe auf den Weg zu den Hochspannungsmasten macht. Am Auto sind falsche Nummernschilder angebracht, die Spielerinnen haben sich Arbeitskleidung besorgt und Dienstausweise gefälscht, um sich gegebenenfalls als Mitarbeiterinnen des Stromnetzbetreibers auszugeben. Für den Fall, dass eventuell auftauchende Zeugen diese Legende nicht glauben, ist geplant, sie mithilfe eines mitgeführten Elektroschockers sowie Kabelbindern auszuschalten. Nachdem die Masten mittels Trennschleifern zerstört wurden, werden die Geräte auf der Rückfahrt in einen Fluss geworfen. Die Gruppe will für den Fall, dass sie während des Anschlags gesehen würde, ins Ausland flüchten und im Falle unentdeckter Anschlagsdurchführung nach Hause zurückkehren.

Im eher knapp gehaltenen Bekennerschreiben erläutert die Gruppe, dass der Stromausfall kein Unfall gewesen sei, sondern ein »Zeichen gegen die Unterdrückung und Diskriminierung der Violetten in Europa und der ganzen Welt«. Hingewiesen wird auf die defensive Logik des Anschlags, der als Verteidigungsmaßnahme und Reaktion auf die Taten der Gegenseite präsentiert wird. Gedroht wird mit »weitere[n] Maßnahmen«, sollte die »Diskriminierung in Europa nicht enden und sollten die Truppen in den violetten Ländern stationiert bleiben« (PSG6_BK).

PSG8

PSG8 hat fünf Mitglieder mit den Spielernamen Andi, Peter, Marco, Bernd und Benjamin. Die beruflichen Hintergründe bzw. Ausbildungsrichtungen der Probanden liegen im mathematisch-naturwissenschaftlichen, sozialwissenschaftlichen und kaufmännischen Bereich. Nach einem Planungsbeginn ohne Zielvorgaben erhält die Gruppe die spezifische Vorgabe, wahlweise die Energieversorgung, die Wasserversorgung, die Telekommunikationsinfrastruktur oder den Flugverkehr anzugreifen. PSG8 ist eine der zwei Gruppen, denen die violettistische Propagandawebsite nicht präsentiert wurde.

Um eine ideologisch-strategische Auseinandersetzung mit der Rolle bei fehlenden Propagandamaterialien zu stimulieren, wurde die Gruppe aufgefordert, in der ersten Planungssitzung einen Mobilisierungsaufruf an andere violettistische Gruppen zu verfassen. Dabei entwickelt sich eine Diskussion über politische und strategische Zielsetzungen sowie moralische Legitimationen. Die politischen Zielsetzungen werden aus dem Rahmenszenario adaptiert: Es geht um die Befreiung violetter Länder von Militärdiktaturen, die Wiederherstellung der Demokratie und um den Kampf gegen die Diskriminierung Violetter. In strategischer Hinsicht wird einerseits das verbreitete Thema der Abschreckung des Gegners durch Angst und Schrecken erörtert. Andererseits entwickelt sich eine gewisse Präferenz für die Strategie der Schwächung des Gegners, insbesondere seines Militärs, und der Erhöhung der Kosten des Krieges gegen die Violetten. Demzufolge richtet sich die Anschlagsplanung vor der Infrastrukturvorgabe nach ausführlicher Diskussion auf die Rüstungsindustrie und mit ihr verbundene Lobbyisten und Politiker sowie Rüstungsgüter transportierende Containerschiffe aus. Im Vergleich zur breitflächigen Erzeugung von Angst wird hier eine geringere Gefahr gesehen, dass Violette in der Folge der Anschläge noch stärker diskriminiert würden. Moralisch wird die Anwendung von Gewalt von Andi instrumentell und ultima-ratio-orientiert begründet: Da es mit anderen Mitteln nicht möglich sei, die Militärdiktaturen zu stoppen, »müssen wir einfach über Leichen gehen, aber ich denke nicht, dass irgendwie die Leute hier es verdient hätten zu sterben, also es is', wir wollen ja keine Menschenopfer« (PSG8_GS2). Bernd neigt zu einer schärferen Feindgruppenkonstruktion: »[K]lar könnte man auch sagen, einfach, wir sehen die komplette Bundeswehr, alle Soldaten, als potenzielle Feinde an, weil die ja unsere Leute umbringen, können wir die a-, sollten wir sie auch umbringen, weil dann können sie unsre Leute nicht mehr umbringen« (ebd.). Marco schließlich präferiert unmittelbar einen expressiven Vergeltungstopos: »[D]ie verdienen es, auf's Maul zu kriegen, das is' doch die Message« (ebd.).

Die Gruppe vollzieht eine sehr detaillierte Brainstormingphase, in welcher – wenngleich im Vergleich zu rüstungsbezogenen und militärischen Zielen weniger ausführlich – auch Angriffe mit zivilen Opfern diskutiert werden, so etwa Sprengstoffanschläge auf Menschenmengen, die Verseuchung von Trinkwasser oder ein Anschlag auf ein Atomkraftwerk. In der fünften Sitzung führt die Gruppe ein systematisches Rating von Anschlagsszenarien nach verschiedenen, als wichtig erachteten Kriterien durch: Medienresonanz, Effektivität in Hinblick auf Befreiung der Heimatländer, Durchführbarkeit (Risiko, Kosten, Komplexität, soziale Ressourcen, Planbarkeit), ethischer Aspekt, Mobilisierungseffekt, Größe, Schwächung des Feindes. Als Anschlagsziele mit den höchsten Punktzahlen ergeben sich eine Waffenfabrik, ein Containerschiff, ein Atomkraftwerk und eine Militärbasis.

Während ein Angriff auf ein Atomkraftwerk nicht weiterverfolgt wird, finden in der Folge (und ohne ein Ziel schon festgelegt zu haben) Recherchen zu Rüstungsunternehmen und Zulieferbetrieben, Bundeswehranlagen und Politikern sowie Reedereien, die Rüstungsgüter transportieren, statt. Im Internet wird nach Möglichkeiten der Sprengstoff- und Giftgasherstellung gesucht. Andi verfolgt zudem ein Szenario weiter, welches in der Rankingliste nur einen hinteren Platz einnahm, ihm aber attraktiv erscheint: die Vergiftung von Trinkwasser. Während die anderen Spieler hier moralische Bedenken vortragen und zudem die Realisierbarkeit als schlecht einschätzen, beginnt Andi mit Recherchen zum Wassersystem und zu geeigneten Giften.

Noch in der achten Gruppensitzung werden die verschiedenen präferierten Anschlagsszenarien (auf eine Waffenfabrik, auf Containerschiffe, auf Politiker und auf die Trinkwasserversorgung) parallel verfolgt. In der neunten Sitzung erhält die Gruppe die Vorgabe, einen Anschlag auf die Energieversorgung, die Wasserversorgung, die Telekommunikationsinfrastruktur oder den Flugverkehr zu verüben. Die Gruppe einigt sich auf das – durch Andis Engagement schon vorbereitete – Trinkwasserszenario, dem gegenüber in den anderen Infrastrukturbereichen eine schwierigere Durchführbarkeit von Anschlägen oder ein geringerer resultierender Schaden erwartet wird. Die Gruppe beginnt, sich in die Rohrsystemtechnik einzuarbeiten, recherchiert nach Möglichkeiten, Wasserrohre anzubohren und versucht, in Archiven sowie über Praktikumsstellen bei den Wasserwerken an Netzpläne des Rohrsystems zu gelangen. Nachdem Letzteres nicht gelingt, werden Medienberichte über Rohrbrüche analysiert und Rohrbaustellen inspiziert, um die Lage der Rohre zu erkunden. Unter einer Legende gelingt es Benjamin, im Fachhandel Geräte zur Anbohrung von unter Druck stehenden Rohren zu erwerben. Das benötigte Gift soll mit einem Überfall auf einen Gefahrguttransporter beschafft werden. Dabei sollen Schusswaffen eingesetzt werden, die über einen Kontaktmann der Violetten Befreiungsfront besorgt werden können.

Am Tag des Anschlags lenkt die Gruppe einen Chemietransporter unter einem Vorwand auf einen Raststättenparkplatz, wo der Fahrer überwältigt und gefesselt wird. Der Transporter wird – von einem Spieler, der zu diesem Zweck zuvor Fahrstunden genommen hat – zu einem Umschlagplatz gefahren; dort wird das Gift in kleinere LKW umgeladen und der LKW-Fahrer getötet. In einer angemieteten Garage laden die Spieler sodann die Giftfässer aus und führen weitere Vorbereitungen durch. Schließlich wird das Gift zu einer abgelegenen Grünfläche transportiert, wo die Gruppenmitglieder im

Vorfeld ein Rohr freigelegt haben, und mittels professioneller Geräte in das Rohr gepumpt.

Das Bekennerschreiben wurde alleine von Benjamin verfasst und in der Gruppe nicht diskutiert. Es trägt den Titel »Ein kaltes Glas Wasser unter kälter werdender Haut«, erklärt der Bevölkerung europäischer Länder den Krieg und legitimiert die Tat. Diese erkläre sich als Reaktion auf offensichtliches Unrecht: »Wer sehen kann, der sieht das Unrecht, das zu bekämpfen uns Tugend ist und Pflicht.« Eine Pathologisierung der Gruppenmitglieder wird zurückgewiesen – diese seien »wie alle anderen auch, vom unbarmherzigen Messer der Strukturen geschnitzt«. Die Bevölkerung werde, obgleich »dumm und arm gehalten«, durch ihre Ignoranz zum Täter: »[W]er mitmacht, macht sich schuldig, offensives Schweigen verrät den Täter«, und »Dummheit schützt vor Strafe nicht, am wenigsten im Krieg (der hiermit erklärt sei)«. Es wird angekündigt, den »ungezielten Massenmord« in anderen europäischen Regionen »aus Gründen der Gerechtigkeit« zu wiederholen, da die hiesigen Opfer keine besondere Schuld treffe (PSG8_BK).

PSG10

PSG10 hat drei Mitglieder mit den Spielernamen Andi, Benjamin und Marco. Die beruflichen Hintergründe bzw. Ausbildungsrichtungen der Probanden liegen im handwerklichen und kaufmännischen Bereich.

Von der ersten Planungssitzung an legt Marco Wert darauf, dass bei dem Anschlag keine violetten Personen zu Schaden kommen dürfen, weil dies mit der Zielsetzung der Aktion nicht vereinbar sei: »Wir dürfen nicht einen Einzigen treffen. [...] Sobald wir einen einzigen Violetten treffen, sind wir aus dem Spiel. Weil dann geht doch komplett die Botschaft verloren« (PSG10_GS3). Andi und Benjamin folgen diesem Argument zunächst. Doch in der zweiten Planungssitzung, in der Marco abwesend ist, trägt Benjamin den Gedanken vor, dass gerade ein Anschlag auf Unschuldige geeignet sei, um Aufmerksamkeit zu generieren: »[W]enn du auch welche, Unschuldige triffst, dann kriegst du ja viel mehr Aufmerksamkeit, dann werden die sich ja auch irgendwann dafür interessieren« (PSG10_GS4). Da man nicht sehr viele Regierungsmitglieder an einem Ort treffen könne, bliebe ein solcher Anschlag auch immer »nur ein kleines Ausrufezeichen [...]. Dann wirst du vielleicht zwei, drei Hände voll an Leuten in die Luft jagen. [...] Wenn du jetzt die U-Bahn oder ein anderes öffentliches Gebäude nimmst, dann werden da viel mehr Leute unterwegs sein« (ebd.). Als in der folgenden Sitzung Marco wieder anwesend ist, wird ihm die Idee eines Anschlags auf die U-Bahn vorgetragen. Marco bleibt jedoch bei seiner Position, dass die Viktimisierung von Violetten unbedingt zu vermeiden sei, und kann schließlich die anderen Gruppenmitglieder für den Plan der »gezielten Exekution« einer berühmten Persönlichkeit gewinnen. Der Anschlag soll nicht zu weiterer Eskalation von Gewalt beitragen, es solle nicht »blind« zugeschlagen und weiterer Hass erzeugt, sondern zum Ende des gewaltsamen Konflikts beigetragen werden. Vorläufig einigt sich die Gruppe darauf, ein Attentat auf einen Politiker durchzuführen.

Die Gruppe beginnt mit Recherchen darüber, welche führenden Politiker die deutschen Kriegseinsätze in violetten Ländern unterstützen. Im Internet suchen sie außerdem nach Veranstaltungen, an denen diese Politiker möglicherweise teilnehmen würden. Im weiteren Planungsverlauf wird jedoch die Zielwahlfrage dann vorerst nicht weiter diskutiert oder präzisiert. Stattdessen richtet sich die Aufmerksamkeit auf die Beschaffung von Schusswaffen. Von einer Kontaktperson der Violetten Befreiungsfront erhält die Gruppe eine alte Pistole, ist damit jedoch unzufrieden, da diese als »zu kleinkalibrig« bewertet wird. Die Spieler entwickeln daraufhin einen Plan zum Überfall auf eine Gruppe von Jagdschülern, der die eingangs gemachten Überlegungen zu einer »gezielten Exekution« konterkariert: In einem Jagdgebiet wird dem Lehrer das Gewehr entwendet und die fünfköpfige Jagdgruppe wird, um Zeugen zu eliminieren, erschossen. Bei der Diskussion dieses Plans sind moralische Fragen weitgehend ausgeblendet, die Sorgen der Gruppe konzentrieren sich auf das gestiegene Entdeckungsrisiko in der Folge des Überfalls. Erst nachdem die Waffe beschafft ist, widmet sich die Gruppe wieder der Zielwahlfrage und beginnt erneut mit Recherchen nach Veranstaltungen mit Politikerbeteiligung. Geeignet erscheint schließlich ein Bürgergespräch eines bekannten Politikers, welches in einer Schule stattfinden soll. Einige Tage vor der Veranstaltung erkundet Marco das Gelände auf der Suche nach einer geeigneten Schussposition. Er findet einen Ort schräg gegenüber dem Schulhof, der ihm passend erscheint.

Am Tag des Anschlags bezieht Marco dort mit dem Jagdgewehr Position, während Benjamin im Fluchtwagen wartet und Andi sich, bewaffnet mit der von der Violetten Befreiungsfront bezogenen Pistole, unter die Gäste auf dem Schulhof mischt. Mit dieser soll er aus kurzer Distanz auf den Politiker schießen, sollte Marco sein Ziel verfehlen. Als Marco tatsächlich nicht trifft, entscheidet sich Andi jedoch spontan gegen diesen Ersatzplan, da er der Ansicht ist, in diesem Fall nicht unentdeckt entkommen zu können. Als sich für Andi nach dem erfolglosen Anschlag der Eindruck verdichtet, dass er – angesichts der fortgeschrittenen Ermittlungen bezüglich des Überfalls auf die Jagdgruppe – auf jeden Fall festgenommen würde, entschließt er sich nochmals, dem Politiker bei einer anderen Gelegenheit aufzulauern und ihn zu erschießen; er kann jedoch den Aufenthaltsort seiner Zielperson nicht mehr ermitteln.

In dem kurz gehaltenen Bekennerschreiben bekennt sich die Gruppe im Namen der Violetten Befreiungsfront zu dem erfolglosen Anschlag und erklärt, dieser sei als Angriff auf die violettenfeindliche Regierung zu werten. Für den Fall, dass die Diskriminierung violetter Menschen nicht ende, wird mit weiteren Anschlägen gedroht. Man wolle »ein neues Bewusstsein für eine Gesellschaft schaffen, die Violette als gleichwertig ansieht«. Gefordert wird zudem der sofortige Stopp von Waffenlieferungen in »besetzte Länder«, die Absetzung der dortigen Diktatoren und die Wiedereinführung von Demokratie (PSG10_BK).

2.3.3 Sonderfall: PSG7

PSG7 hat vier Mitglieder mit den Spielernamen Andi, Benjamin, Marco und Bernd. Die beruflichen Hintergründe bzw. Ausbildungsrichtungen der Probanden liegen im technisch-naturwissenschaftlichen Bereich.

Die Gruppe will mit ihrem Anschlag ein »einschneidendes Erlebnis« (PSG7_GS4) herbeiführen, welches mittels einer Drohwirkung gegenüber Verantwortungsträgern und Bevölkerung dazu beiträgt, in Europa ein Umdenken zu befördern. Gleichzeitig sollen aber so wenige Menschen wie möglich zu Schaden kommen. Anders als die übrigen Planspielgruppen ist PSG7 weder auf Massentötungen von Zivilisten noch auf die Tötung spezifischer Hauptverantwortlicher ausgerichtet. Die zu erzielende Medienaufmerksamkeit, welche für die Gruppe eine große Rolle spielt, soll durch eine beeindruckende Professionalität der Durchführung erreicht werden – »je professioneller die Ausführung, umso ernster […] wird, wird man unsere Sachen diskutieren« (PSG7_GS5) – sowie durch die dadurch unterstützte Botschaft, dass Anschläge gegen Zivilisten jederzeit möglich wären: Im Bekennerschreiben könne man »explizit sagen […], wir wollten keine zivilen Opfer, aber wenn, […] wir hätten es sofort machen können« (PSG7_GS5). Schon in ersten Brainstormingüberlegungen entsteht dabei die Idee, die Infrastruktur an verschiedenen Stellen parallel anzugreifen – man könne versuchen, »so viele Anschläge sozusagen auf ein Mal zu machen wie möglich« (PSG7_GS4). Auch die letztlich gewählten Ziele werden bereits in der Brainstormingphase genannt: Ein Anschlag auf einen Busbetriebsbahnhof soll »Chaos« verbreiten, wirtschaftlichen Schaden herbeiführen und den Personenverkehr behindern. Zugleich soll er Einsatzkräfte binden und als Ablenkung für Anschläge auf Chemietanklaster dienen, welche von der Gruppe in technischer Faszination für das dort zu erwartende chemische und physikalische Geschehen diskutiert werden. Zudem sollen an verschiedenen zentralen Orten in der Stadt violette Rauchbomben als »Warnsignal« und »Zeichen« gezündet werden.

Ein alternatives Szenario, welches von der Gruppe ausführlicher diskutiert wurde, ist die Zerstörung einer großen Brücke. Die Spieler kommen dabei jedoch zu dem Schluss, dass sie Sprengsätze mit der erforderlichen Sprengkraft nicht beschaffen bzw. konstruieren könnten. Sie erwarten, höchstens eine kurzfristige Sperrung der Brücke erreichen zu können, und vermissen darin einen nachhaltigen Effekt. Aufgrund negativer Machbarkeitseinschätzungen werden auch die Idee einer Zugentgleisung sowie der Gedanke verworfen, Industrieanlagen durch Anschläge auf die Stromversorgung vom Netz zu trennen.

Um Zugang zum Busbetriebsgelände zu erhalten, bewirbt sich ein Gruppenmitglied erfolgreich für eine Ausbildung zum Busfahrer. Im Internet recherchieren die Spieler nach Anleitungen zum Bau von Brandsätzen, die auf dem Betriebshof zum Einsatz kommen sollen. Für den Angriff auf Chemietransporter werden zudem Bombenbauanleitungen gesucht. Als die Gruppe die Anleitungen für Rohr- und Salzsäurebomben findet, zeigt sie sich unzufrieden: Die Sprengkraft erscheint für die geplanten Anschläge als nicht hoch genug. Die Spieler recherchieren daraufhin nach Möglichkeiten zur Herstellung speziellerer Sprengstoffe, zu Initialsprengkapseln und zu Schneidladungen. Dabei zeichnet sich die Gruppe durch eine genaue Diskussion technischer Detailfragen der Mittelwahl aus. Die zur Konstruktion der ausgewählten Sprengstoffe erforderlichen Materialien werden im Internethandel bestellt – als Lieferadressen dienen private und universitäre Adressen der Gruppenmitglieder – und in Kellern gelagert. Ein Tagungshaus der Kinderhilfsorganisation »Violet Children of War« dient zum Bombenbau, Brandsätze werden in der Wohnung eines Gruppenmitglieds präpariert und Schneidladungen in einer Selbsthilfewerkstatt konstruiert. Um Initialsprengkapseln erwerben zu können, nimmt ein Gruppenmitglied an einem Vorbereitungskurs zum Erhalt eines entsprechenden Befähigungsscheins teil. Da aber schließlich kein plausibler Grund für den Antrag auf den Befähigungsschein gefunden wird, beschließen die Spieler, die Initialsprengkapsel aus Böllern zu bauen, die im Ausland eingekauft werden.

Am Tag des Anschlags werden an belebten Orten im Stadtzentrum zunächst Rauchbomben in Mülleimern platziert. Nachmittags fährt der als Busfahrer angestellte Andi auf den Betriebshof; im Kofferraum hat er Reisetaschen mit Kartons deponiert, welche mehrere Spreng- und Brandsätze enthalten. Nachdem abends ein anderes Gruppenmitglied eine Überwachungskamera vor Ort zerstört hat, kehrt Andi zurück und deponiert die Spreng- und Brandsätze unter Bussen. Zeitzünder werden auf verschiedene Uhrzeiten im Rahmen von 30 Minuten eingestellt, um die Aufregung unter Einsatzkräften zu erhöhen. Zwei weitere Gruppenmitglieder fahren zu einer Autobahnraststätte, die an vorhergehenden Wochenenden von der Gruppe hinsichtlich der Pausen von Gefahrguttransporteuren ausgekundschaftet worden war. Dort bringen sie an vier Chemietransportern ihre ausgeklügelte Konstruktionen aus Schneidladungen, Lunten und Fernzündern an. Diese sollen – je nach dem von den Transportern genommenen Weg – bevorzugt in Hafen- oder Industriegebieten, notfalls aber auch auf der Autobahn gezündet werden.

Das Bekennerschreiben der Gruppe legitimiert die Tat unter Appellen an Menschlichkeit und Gleichbehandlung: »Wir sind Menschen wie alle anderen, wir sind einander gleich und haben ein Anrecht auf Gleichbehandlung und Achtung unserer Menschenrechte wie jede/r andere! Doch wir bekommen Sie nicht! Deshalb kämpfen wir für die violette Sache!« Das Schreiben wirft der deutschen Mehrheitsgesellschaft vor, tatenlos bei der Misshandlung und Demütigung violetter Mitbürger zugesehen zu haben und betont, dass die Gruppe jederzeit in der Lage gewesen wäre, »Anschläge in zentraler Lage und mit todbringender Wirkung auszuführen«. Der Anschlag diene dazu, Deutschland »aus dem Schlummer der Ignoranz« zu wecken. Gefordert werden unter anderem der Rückzug der Truppen aus violetten Ländern, Entschädigungs- und Reparationszahlungen an die dortige Bevölkerung und eine Entschuldigung des deutschen Bundestags für die Repression gegenüber Violetten in Deutschland. Das Schreiben endet in patriotischer Argumentation: »Wir sind Deutsche. Wir lieben Deutschland. Doch das Deutschland, in das wir uns verliebt haben, ist krank. Ein Krebs durchzieht die Volksseele und die einzige Therapie ist der offene Kampf mit Wort, Feder und Schwert!« (PSG7_BK).

3 Legitimation, Strategie, Taktik: Dschihadistisches Potpourri, Adaptionen durch die Planspieler und methodische Evaluation

Das entwickelte Planspieldesign war geeignet, eine über durchschnittlich knapp 17 Sitzungen tragfähige Simulationsarbeit zu stimulieren. In ausführlichen Diskussionen und handlungsorientierten Entscheidungsprozessen beschäftigten sich die Probanden mit allen grundlegenden Aspekten, die im Zuge einer Anschlagsplanung handlungs- und entscheidungsrelevant werden. Dabei konnten Daten zu Erwägungen auf allen Ebenen des Prozesses der Anschlagsplanung in großem Detailreichtum generiert werden. Angesichts der Nutzung des Planspiels als ergänzend-ersatzweiser Empirie zu in den entscheidenden Hinsichten schwer bis nicht beobachtbaren Realfällen stellt sich unter methodischen Gesichtspunkten neben Fragen der Replizierbarkeit des Verfahrens insbesondere die Frage der Validität der Ergebnisse. Wir gehen davon aus, dass sich letztere Frage näherungsweise über einen Vergleich bekannter Dimensionen des Dschihadismus mit Resultaten des »violettistischen Terrorismus« beantworten lässt, und verbinden daher eine Überblicksdarstellung global-dschihadistischer Legitimationen, Strategien und Taktiken mit der Erörterung der Adaption von deren »violettistischen« Analoga durch die Planspieler und der Frage der methodischen Evaluation des Planspielverfahrens.

3.1 Replizierbarkeit

Um möglichst realitätsnahe Kommunikations- und Entscheidungsprozesse anzustoßen, galt das Prinzip, dass die Teilnehmerinnen und Teilnehmer im Rahmen des Spiels grundsätzlich auf jede Weise handeln können, die auch in der Realität möglich wäre. Da also die (spielerischen) Handlungsmöglichkeiten der Probanden prinzipiell unbegrenzt sein sollten, war eine offene

Strukturierung des Spielverlaufs erforderlich. Das Forscherteam (in seiner Funktion als Spielleitung) musste für jede von den Gruppen (in Form eines Spielzugs) durchgeführte Handlung wahrscheinliche und realitätsnahe Konsequenzen entwickeln, die den Probanden in Form einer schriftlichen Simulation als Feedback zurückgegeben werden konnten. Dieses Verfahren der freien Handlungsmöglichkeiten erhöht – im Vergleich zu stärkerer Vorstrukturierung und begrenzten Handlungsoptionen – die Wirklichkeitsnähe der Simulation durch eine Reduktion des Abstraktionsniveaus, geht aber andererseits mit einer reduzierten Standardisierung und Einbußen an exakter Replizierbarkeit einher. Während das Planspieldesign die Spielregeln, den formalen Ablauf, das Rahmenszenario, die Rolleneinführung und die Spielmaterialien standardisiert, sind die Einzelheiten der Entwicklung der fiktiven Geschichte auch von der jeweils konkreten Spielleitung abhängig.

Diesem Problem wurde einerseits durch eine enge Abstimmung der drei für die Erstellung der Simulation verantwortlichen Projektmitarbeiter begegnet, was die Entwicklung eines geteilten und vergleichbaren Verfahrens ermöglichte. Andererseits galt für die Spielleitung stets das Prinzip der Realitätsnähe, welches durch ausführliche Recherchen und gemeinsame Diskussionen von Entwicklungsverläufen garantiert werden und die Simulationsverläufe – bei aller grundsätzlichen Variationsmöglichkeit – auf das empirisch Mögliche und Wahrscheinliche begrenzen sollte. Dafür, dass mit diesem Verfahren ein trotz der Offenheit des Spielverlaufs relativ guter Grad der Reproduzierbarkeit der Ergebnisse erzielt wurde, sprechen die empirische Sättigung nach elf Planspieldurchgängen sowie die Vergleichbarkeit der Planungsmuster in von verschiedenen Projektmitarbeitern betreuten Planspielgruppen.

3.2 Authentizität und Transferierbarkeit

Das Planspiel ist ein *simulation game used as a case study* (vgl. Ellington et al. 1982: 11). In Bezug auf die Analyse terroristischer Planungsprozesse hat es den Charakter einer substituierten Empirie. Im Gegensatz zu den Kommunikationsprozessen tatsächlicher Täter ist die Planspielkommunikation detailliert beobachtbar, stellt aber im Gegenzug keine reale Tatplanung dar. Damit stellt sich eine doppelte Validitätsfrage:

1. Authentizität (bezüglich des Verhältnisses von Spieler und Rolle): Inwiefern agieren die Probanden im Planspiel so, wie sie selbst unter (»violettistischen«) Realbedingungen handeln würden?
2. Transferierbarkeit (bezüglich des Verhältnisses von Planspiel und Dschihadismus): Inwieweit entspricht der im Planspiel simulierte Prozess einer dschihadistischen Anschlagsplanung?

Beide Fragen sind grundsätzlich unabhängig: Denkbar ist, dass die Probanden im Spiel ihre eigene Person authentisch einbringen, dabei aber keine Muster dschihadistischer Anschlagsplanungen reproduzieren. Denkbar ist auch, dass die Simulation eine dschihadistische Planung abbildet, obwohl die Probanden selbst unter realen Verhältnissen anders agieren würden.

Methodologisch sprechen verschiedene Gründe für eine mit Einschränkungen bestehende Authentizität und partielle Transferierbarkeit (externe Validität; vgl. Steinke 2000: 320) des simulierten Prozesses auf reale Anschlagsplanungen. Betrachten wir Terroristen als psychologisch normale Akteure, die subjektiv rational handeln und insofern für andere Menschen verstehbar sind, so spricht vor diesem Hintergrund zunächst nichts grundsätzlich gegen die Annahme, dass Probanden – geeignete Kontextinformationen vorausgesetzt – die Rolle terroristischer Akteure partiell adäquat übernehmen können. Sodann generiert das Planspielsetting Kommunikationen, Erwägungen und Bewertungen hinsichtlich der Attraktivität und Realisierbarkeit von Anschlagsszenarien, deren Authentizität jedenfalls über die mit alternativen Verfahren (wie etwa Gruppendiskussionen oder Gedankenexperimenten) erreichbare hinausgehen dürfte – aufgrund erhöhter und länger andauernder Rollenübernahme, spielerischen Handlungsdrucks, Erfolgsstrebens und des Erfordernisses der Bewältigung von im Spielverlauf auftretenden sozialen und technischen Problemen. Schließlich gibt es Strukturerfordernisse eines einigermaßen rationalen Anschlagsplanungsprozesses, die weder im Spiel noch in der Realität gänzlich ignoriert werden können, wenn ein Anschlag geplant und zum Erfolg geführt werden soll; hierzu gehören vor allem technische Fragen wie die Einschätzung von Vulnerabilitäten, die Bewertung der eigenen Möglichkeiten, die Organisation von Konspiration, die Beschaffung von Anschlagsmitteln, die Entwicklung eines Modus Operandi.

Gleichwohl bestehen vor allem fünf Gründe, die die Validität des Planspielverfahrens eingeschränkt haben könnten. Zum einen ließen sich nicht alle Aspekte dschihadistischen Denkens gleich gut in den »Violettismus« übersetzen – insbesondere die religiöse Dimension war schwer abzubilden.

Zweitens waren einige Realitätsbezüge im Planspiel aus Sicherheitserwägungen sowie aus forschungsethischen Gründen gezielt eingeschränkt worden – insbesondere a) fand keine Beschäftigung mit der realistischen Konstruktion von Anschlagsmitteln (speziell: Bomben) sowie mit der realistischen Beschaffung entsprechender Zutaten statt und b) blieb das Spiel auf Aktivitäten im Planspielraum begrenzt, sodass eine Auskundschaftung von Anschlagszielen vor Ort nicht möglich war. Drittens sind die Probanden keinem vorangehenden Radikalisierungsprozess unterzogen und auch im Spiel keiner mit Realbedingungen vergleichbaren Radikalisierungsdynamik ausgesetzt – die für spezifische, zeitlich klar begrenzte Gruppensitzungen übernommene Rolle in einem fiktiven Szenario wird nicht lebensbestimmend, die Gruppendynamik gleicht über weite Strecken derjenigen studentischer Arbeitsgruppen. Viertens wird der Prozess der Rollenübernahme und -ausgestaltung durch gesellschaftlich präformierte, auch milieuspezifische Norm- und Wertvorstellungen beeinflusst. Fünftens schließlich zeichnet sich die Spielsituation im Vergleich zur Realplanung durch erheblich abgeschwächte Handlungskonsequenzen aus. Die methodische Anlage lässt also weder vollständige, noch vollständig fehlende Authentizität und Transferierbarkeit erwarten.

Die erzielte Authentizität und Transferierbarkeit lassen sich näherungsweise empirisch evaluieren. Eine Einschätzung zur Frage nach dem Verhältnis von Spielfigur und Spieler lässt sich über das Kriterium der Identifikation der Probanden mit ihrer Rolle gewinnen. Eine Aufforderung zur Rollenübernahme geht grundsätzlich mit der Spielteilnahme einher. Das *role-taking* ist in dem folgenden, über viele Stunden sich erstreckenden Kommunikationsprozess nicht ohne *role-making*, nicht ohne ein eigenes, kreatives Ausfüllen der Rolle möglich. Beides ist wiederum nicht möglich ohne ein Mindestmaß an Identifikation mit der terroristischen Rolle. Allerdings besteht ein potenziell weites Spektrum zwischen reserviertem Rollenspiel unter dem Ausdruck starker Rollendistanz auf der einen Seite und einer aktiv identifizierenden, akzeptierenden oder spielerisch affirmativen Rollenübernahme auf der anderen. Je größer die aktive Identifikation, und je größer das Ausmaß des *role-making* im Gegensatz zum bloßen *role-taking*, desto stärker wird die eigene Person in die Rolle eingebracht und desto eher, so lässt sich annehmen, ist von einer Planung auszugehen, welche näherungsweise jener entspricht, die die Probanden auch unter realen Bedingungen praktizieren würden.[64]

Eine Einschätzung des Verhältnisses von Planspiel und Dschihadismus wird möglich anhand des Vergleichs des im Planspiel generierten »Violettismus« mit bekannten Aspekten des Dschihadismus; ein solcher Vergleich hat Implikationen auch für unbekannte Aspekte der Anschlagsplanung, wenn wir annehmen: Je größer die Übereinstimmung des violettistischen mit dschihadistischem Anschlagshandeln in bekannten Hinsichten, desto wahrscheinlicher ist die Übereinstimmung auch in solchen Hinsichten, die für den Dschihadismus unbekannt sind.[65] Mit Ausnahme von Gruppe 8 und Gruppe 11 hatten alle Gruppen Zugriff auf die »violettistische« Internet-Propagandaplattform. Diese liefert legitimatorische, strategische und taktische Anregungen nach dem Vorbild dschihadistischer Propaganda. Die Aufforderung, die terroristische Rolle zu übernehmen und einen Anschlag im Sinne der »Violetten Befreiungsfront« zu begehen, impliziert, dass eine Person gespielt werden soll, welche die Inhalte dieser Propaganda grundsätzlich unterstützt. Dass also überhaupt Analogien zum Dschihadismus entstehen, ist dem Planspieldesign geschuldet und intendiert. Welche Analogien sich aber genau entwickeln, ist eine empirische Frage, die a priori nicht sicher prognostizierbar war. Die dschihadistisch/violettistischen Argumente konnten selektiv abgewehrt, hinterfragt oder kritisiert werden, sie konnten ironisiert und weitgehend verworfen werden; sie konnten fraglos zu Spielzwecken adaptiert oder als grundsätzlich plausible angenommen und jedenfalls auf ganz unterschiedliche Weise umgesetzt werden. Angesichts teils widersprüchlicher propagandistischer Anregungen und der Begrenzung auf einen Anschlag musste mindestens eine Auswahl aus verschiedenen Anregungen getroffen werden, die eine aktive Rezeption und kontingente Transformation der Propaganda in die Praxis erforderte und die Entstehung größerer oder kleinerer Parallelen zum Dschihadismus ermöglichte. Den Fragen der Gemeinsamkeiten und Unterschiede zwischen Violettismus und Dschiha-

---

64 Dies allerdings bleibt eine unsichere Annahme, da ein tatsächlicher Radikalisierungsprozess die Probandinnen so transformieren könnte, dass sie sich in diesem Fall (schon deshalb) anders verhalten würden, selbst wenn sie ihre Person zum Zeitpunkt des Spiels authentisch einbringen.

65 Die Gültigkeit dieser Annahme hängt im Einzelnen von Kausalbeziehungen zwischen verschiedenen Dimensionen des Anschlagshandelns ab. Möglich, allerdings unwahrscheinlicher, wäre auch eine sehr abweichende Übereinstimmung in bekannten und unbekannten Dimensionen.

dismus sowie der aktiven Identifikation (versus Rollendistanz) der Probanden mit der terroristischen Rolle wird im Folgenden auf den Ebenen der Gewaltlegitimation, der strategischen Erwägungen sowie des taktischen Vorgehens nachgegangen.

3.3 Ideologie: Ziele und Legitimation

Die violettistische Propaganda hat – wie ihr dschihadistisches Vorbild – in ideologischer, strategischer und taktischer Hinsicht Potpourricharakter: Sie liefert keine eindeutige Konzeption, sondern Wahlmöglichkeiten, die von einzelnen Akteuren auf verschiedenste Weise selektiert und kombiniert werden können. Wollte man in eher klassischer Manier »finale«, »ideologische« Ziele der dschihadistischen Bewegung bestimmen, so sind als zwei große, in der global-dschihadistischen Propaganda thematisierte Zielsetzungen dschihadistischer Gewalt zunächst die Errichtung »islamischer« Gesellschaften sowie die Verteidigung von Muslimen und/oder islamischen Territorien in einem globalen Konflikt mit dem »Westen« zu nennen. Wenn allerdings politische Ziele »final« oder »primär« genannt, und davon nicht nur strategische, sondern auch stärker normenregulierte, expressive und dramaturgische sowie persönlichere Zielsetzungen als »sekundär« oder »proximate« (vgl. z. B. Richardson 2007; Crenshaw 1981) unterschieden werden, so ist dies handlungstheoretisch unbefriedigend. Denn dabei werden nur Endzwecke in politisch-instrumenteller Logik als solche gewertet, während der Selbst- und Endzweckcharakter anderer Motive keinen »finalen« Status begründen soll – ohne dass für diese Unterscheidung ein anderer Grund ersichtlich wäre als eben eine Präferenz für politisch-instrumentelle Deutungen. Das prominente Motiv der Rache für Angriffe auf Muslime liefert einen normenregulierten Selbstzweck und ist mit dem Topos der Verteidigung von Muslimen eng verwoben. Auch das regelmäßig aufzufindende Motiv der vigilantistischen Bestrafung der Verletzung religiöser Einzelnormen kann – neben möglichen strategischen Intentionen – einen expressiv-normativen Zweck in sich finden. Gleiches gilt für das mit den anderen Zielsetzungen verflochtene und häufig thematisierte Motiv der Erfüllung einer religiösen Pflicht, welches – als zugleich normenregulierter und persönlich instrumenteller Motivzusammenhang (Eintritt in das Paradies) – einen Endzweck postuliert bzw. auf einen solchen rekurriert. In dramaturgischer Hinsicht schließlich kann für einzelne Akteure auch die Inszenierung einer Helden- und Kämpferrolle an sich befriedigend sein. Wir erörtern diese Motivstränge exemplarisch an Beispielen islamistischer Theoretiker und Ausführungen globaldschihadistischer Propaganda, bevor die Adaption der näherungsweise analogen »violettistischen« Ideologie durch die Planspielerinnen dargestellt wird.

Islamische Gesellschaft. Nach islamistischer Interpretation enthält die islamische Lehre zeitlose, göttliche Vorschriften über die gottgewollte Ordnung der Gesellschaft, welche – qua göttliche Anordnung – umzusetzen sind (vgl. z. B. Münch-Heubner 2001; Tibi 2002; Hunter 2011; Rohe 2010). So führt der islamistische Vordenker Sayyid Qutb aus: »The reasons for Jihaad […] are these: to establish god's authority in the earth; to arrange human affairs according to the true guidance provided by God; to abolish all the Satanic forces and Satanic systems of life; to end the lordship of one man over others, since all men are creatures of God and no one has the authority to make them his servants or to make arbitrary laws for them. These reasons are sufficient for proclaiming Jihaad« (Qutb 2008: 70). Die gute Gesellschaft hat den Regeln der Scharia (in islamistischer Interpretation) zu folgen. Andere Gesellschaftsformen gelten als gottlos, satanisch, verworfen. Nur innerhalb einer »islamischen Gesellschaft« sei es dem Einzelnen möglich, ein wahrhaft muslimisches Leben zu führen (ebd.), und nur in einer islamischen Gesellschaft könne die Herrschaft von Menschen über Menschen überwunden werden – weil dort vermeintlich nur die göttliche Autorität herrsche. Als Herrschaftsform wird in der Regel ein Kalifat angestrebt, in dem der Kalif die Anwendung der göttlichen Regeln überwachen soll. Andere Herrschaftsformen, insbesondere auch demokratische, sind aus dieser Perspektive abzulehnen, da sie – so Qutbs Vorwurf – stets die Herrschaft von Menschen über Menschen implizierten. Der auf menschliche Herrschaft bezogene »herrschaftskritische« Anspruch folgt der unbedingten Anerkennung der Herrschaft Gottes: Wenn Gott den Menschen Gesetze vorgegeben hat, dürfen sich Menschen offenbar nicht anmaßen, eigene (und andere) Gesetze zu erlassen. Die Anerkennung menschlicher Herrschaft entspreche, so Qutb, einer Art Verehrung von Menschen – Verehrung dürfe aber gemäß dem islamischen Grundsatz »Es gibt keinen Gott außer Gott« nur Gott als einziger Quelle von Autorität zukommen (ebd.). Dieses Thema resoniert auch in bin Ladens Fatwa »Declaration of War against the Americans Occupying the Land of the Two Holy Places« (1996) in der vielfach wiederholten Formel: »No power and power acquiring except through Allah.« Aus diesem Wissen um die vorzügliche islamische Gesellschaftsordnung lassen sich nun – grundsätzlich oder vorerst – verschieden umfangreiche Zielsetzungen ableiten. Die weitestreichende Schlussfolgerung lautet, dass Gottes Anordnungen *weltweit* umzusetzen sind, also kein Raum für eine nichtislamische Gesellschaft bleibt. So spricht eben Sayyid Qutb davon, dass Gottes Autorität »in the earth« herzustellen sei, dass »human affairs« generell nach der Anleitung Gottes zu regeln seien, dass »all the Satanic forces and Satanic systems of life« abzuschaffen seien. Auch Abdullah Azzams Pläne zielen auf die gesamte Menschheit: »Im Islam ist der Kampf rechtmäßig, wenn er dem Zweck dient, das Wort Gottes zu verbreiten, die Menschheit vor der Gottlosigkeit zu erretten, sie aus der völligen Finsternis hienieden ins Licht dieser Welt und des Jenseits zu geleiten. Daher wurde in dieser heiligen Religion der Kampf als ein Mittel verankert, um politische, wirtschaftliche und gesellschaftliche Hindernisse gegen den Aufruf zum muslimischen Glauben zu überwinden. Wir können sogar sagen, daß der Zweck des Dschihads (der Kampf) darin besteht, die Schranken niederzureißen, die diese Religion davon abhalten, sich über den gesamten Erdkreis auszubreiten« (2006c: 235).[66] Da die weltweite islamische Gesellschaft ein fernes Ziel ist, kann deren Errichtung zunächst in (irgend) *einem Land* angestrebt werden, welches als Basis für die Organisation des weiteren Dschihad dienen soll. So sagt schon Abdullah Azzam: »Eine muslimische Gesellschaft in einem Land zu errichten ist für die Muslime eine Notwendigkeit wie Wasser und Luft« (Azzam 2006b: 202). Weiter reduziert findet sich der Gedanke in einer neueren, im Internet verbreiteten dschihadistischen Publikation (Al-Shami o. J.). Das Fernziel ist auch hier die islamische Beherrschung der Erde: »[T]he rightly-guided Islaamic Khilaafah means to govern the *entire* earth with *all* of the Shari'ah revealed by Allaah to His Prophet (S). This, no doubt, is something acceptable to all of the Mujaahidiin in this day and age« (ebd.: 10; Hervorhebungen im Original). Strategisch müsse aber die Errichtung von »safe havens« für Mudschahedin im Vordergrund stehen – »not solely for the purpose of taking control of land, not solely for the purpose of establishing Shari'ah, not

66 Der koranische Grundsatz »Es gibt keinen Zwang in der Religion« wird in diesem Zusammenhang so ausgelegt, dass eine Zwangskonversion nicht erfolgen soll – innerhalb der islamischen Gesellschaft hätten (abrahamitisch-monotheistische) Nichtmuslime das Recht, Nichtmuslime zu bleiben (bei Anerkennung des für sie vorgesehenen, subordinierten Dhimmi-Status): »[T]his religion forbids the imposition of its belief by force, as is clear from the verse, ›There is no compulsion in religion‹ (2:256), while on the other hand it tries to annihilate all those political and material powers which stand between people and Islam« (Qutb 2008: 57).

solely for the purpose of attacking the far enemy, and not solely for the purpose of spreading out throughout the land – rather, for the purpose of constructing the infrastructure for the rightly-guided Islaamic Khilaafah« (ebd.: 15; im Original mit Hervorhebungen). Das zunächst fern erscheinende Ziel der Errichtung eines Kalifats nach islamistischen Vorstellungen wurde nunmehr – bei allerdings bestehenden Anerkennungsstreitigkeiten auch unter Islamisten – spektakulär durch den »Islamischen Staat« umgesetzt und erweist sich als Attraktor für internationale Dschihadreisende (vgl. Said 2014). Neben den Ideen der weltweiten oder in eher beliebigen Ländern angestrebten islamischen Gesellschaft, spielt traditionell der – für den europäischen Dschihadismus allerdings in seiner Relevanz tendenziell nachlassende (vgl. Nesser 2004) – Fokus auf *bestimmte, »islamische« Länder* in Opposition zu (oft autoritär-repressiven) Regierungen eine Rolle in der dschihadistischen Bewegung. Hier kann sich die Motivation einerseits aus dem Kampf gegen Repression, andererseits aus dem Wunsch nach Umsetzung einer korrekt islamistischen Repression im eigenen Umfeld speisen. Oftmals bleibt die Frage, wie weit sich eine islamische Gesellschaft bzw. ein islamischer Staat erstrecken solle, auch wesentlich unbeantwortet. Eine Formel dafür lautet: Islamischer Staat für (alle) Muslime. Dies scheint die Möglichkeit zu eröffnen, dass bestimmte Regionen der Erde »islamisch« sein könnten, während andere (nicht spezifizierte) den Nichtmuslimen überlassen blieben. So sagt etwa der amerikanische Al-Qaida-Sprecher Adam Gadahn (2010): Dschihad »is the personal duty of every able-bodied Muslim on the face of this earth, until the last Muslim captive is freed and the last piece of occupied Islamic land is recovered and until Muslims live in safety and security in the benevolent shadow of the Islamic state.« Die genauere Ausbreitung des »islamischen Staates« hinge dann davon ab, wie weit die Idee »okkupierter« Territorien gefasst wird und was dort geschehen solle, wo Muslime außerhalb des islamischen Staates leben.

Kampf um muslimische Territorien. Der defensiv verstandene Dschihad gilt, im Vergleich zur offensiven Ausbreitung des Herrschaftsbereichs, als vordringlichere Verpflichtung. Der offensive Dschihad, so Abdullah Azzam, sei eine kollektive Pflicht (die von Muslimen insgesamt bzw. von beliebigen Muslimen erfüllt werden kann) – »das mindeste, was man tun kann, besteht darin, die Grenzen der islamischen Welt zu bewachen, und, um die Feinde Gottes abzuschrecken, mindestens einmal jährlich eine Streitmacht zu entsenden« (2006a: 179). Der defensive Dschihad aber (die Verteidigung der muslimischen Gebiete bzw. »die Vertreibung der Ungläubigen aus unseren

Ländern«) sei eine »höchstpersönliche Verpflichtung«, die »oberste Pflicht des einzelnen« (ders. 2006a: 179, 174) – »bis das Land von dem Makel der Ungläubigen gereinigt ist« (ders. 2006b: 201). Der Einzelne ist dieser Idee zufolge verpflichtet, einzugreifen, wenn sein Eingreifen zur Verteidigung der muslimischen Gebiete erforderlich ist. Ambivalent wird die Unterscheidung von offensiven und defensiven Ausrichtungen, wo es um die Rückeroberung ehemals muslimischer Gebiete geht. Dieser Lehre zufolge muss um jedes Stück Land gekämpft werden, das irgendwann einmal unter muslimischer Herrschaft stand: »Der Dschihad unter Einsatz des eigenen Lebens und Geldes ist an jedem Ort, den die Ungläubigen erobert haben, eine persönliche Pflicht, und dies so lange, bis das letzte Stück Land, das einmal muslimisch gewesen ist, befreit worden ist« (Azzam 2006b: 207). Die Abwehr der »Okkupation« muslimischer Länder durch »Ungläubige« war in jüngerer Zeit insbesondere im Zusammenhang mit Afghanistan und Irak ein starkes Motiv im dschihadistischen Diskurs (vgl. z. B. *Inspire* 2, 2010: 10; 11ff.; ebd.: 23; *Inspire* 1, 2010: 56ff.). In seiner Kritik der Stationierung von US-Militär in Saudi-Arabien findet sich das Thema auch prägnant bei Osama bin Laden in seiner Kriegserklärungsfatwa (1996). In ausgeweiteter Form wird der Gedanke der Rückeroberung aber auch etwa auf Andalusien angewandt – so schreibt *Inspire 4 (2010: 24) über Roshonara Choudhry:* »she has fulfilled a deed that is *fard 'ayn* (individually obligatory) on the Muslims from East to West ever since the fall of Andalus« (vgl. auch z. B. *Jihad Recollections* 3, 2009: 52).

Verteidigung von Muslimen und Rache für geschädigte oder getötete Muslime. Der Topos der Verteidigung von Muslimen ist mit einem Vergeltungstopos verwoben. Strafe bzw. Rache für verletzte und getötete Muslime und, damit verknüpft, die Abschreckung von Angriffen auf Muslime sind prominente und auch für bin Laden zentrale Themen: »And as I looked at those demolished towers in Lebanon, it entered my mind that we should punish the oppressor in kind and that we should destroy towers in America in order that they taste some of what we tasted and so that they be deterred from killing our women and children. […] Your security is in your own hands. And every state that doesn't play with our security has automatically guaranteed its own security« (zit. in *Inspire* 4, 2010: 18). In der internetbasierten dschihadistischen Propaganda spielt das Thema der Angriffe auf Muslime eine prägnante Rolle; das Verteidigungs- und Vergeltungsthema nimmt gegenüber der Kalifatsorientierung eine wohl dominante Rolle ein. Dabei kann »Verteidigung« allerdings auch weiter gefasst und nicht nur auf die Abwehr von physischen Angriffen, sondern als Verteidigung gegen Angriffe »auf den Islam« verstanden werden – so stellen für Adam Gadahn die Tötung von Muslimen ebenso wie Gesetze gegen Vollverschleierungen Gründe für den Gegenangriff dar: »There is no inviolability for the realms from which armies emerge to kill Muslims and occupy their lands; there is no inviolability for those who put the weak and oppressed to the sword; and there is no inviolability for those who make war on the chastity of the Muslimah and her hijab in their countries and the countries of the Muslims, by passing laws and supporting and encouraging those who don't fear Allah, Lord of the worlds« (*Inspire* 4, 2010: 17). Im Topos des Kriegs oder »Kreuzzugs« gegen den Islam (vgl. z. B. *Inspire* 5: 9f.; *Inspire* 7: 13) sammeln sich die Themen der Angriffe auf Muslime, der Okkupation, der antischariatischen Politik, der Beleidigung des Islam und der Verweigerung islamischer Lebenspraxis, die insgesamt die Verteidigungssituation begründen.

Vigilantismus. Die Sanktionierung spezifischer Einzelabweichungen ist ein gleichfalls wichtiges Motiv von Dschihadisten. Sie tritt vor allem in zwei Formen auf: Sanktionierung von Muslimen, die nicht dem »wahren« Islam folgen, und Sanktionierung von »Ungläubigen«, die den Islam oder seinen Propheten beleidigen. Die Sanktionierung von Schiiten spielt für den europäischen Dschihadismus bislang keine besondere Rolle, scheint aber doch als Thema in der global orientierten Propaganda auf. So weist *Inspire* 4 (2010: 5) ausdrücklich darauf hin, dass diese zu den Hauptgegnern gehörten, und feiert enthusiastisch Anschläge, bei denen Schiiten getötet wurden: »All praise is due to Allah who enabled us now to incept the beginning of a program to attack the third side of the triangle of evil, the Shi'a. The inception of this program was through two blessed martyrdom operations in al Jawf and Saada. The former resulted in 31 deaths and the latter left behind at least 142 dead and hundreds of injuries.« Neben der Bestrafung von »Verbrechen« soll der Feldzug gegen Schiiten sicherstellen, dass jeder Dissens in religiösen Fragen beseitigt wird; Reinheitsfantasien – die Lehre und das Land betreffend – sind hier mitbestimmend: »[W]e have for you men who will not rest until they purify the land from their impurity and crimes against ahl as-sunnah and until there is no more dissent and all religion belongs to Allah and the transgressors would know what an evil fate awaits them« (ebd.: 6, im Original fett). Relevanter für Europa, und ein Thema, das in jüngerer Zeit häufig aktiviert wurde, ist die Bestrafung symbolischer, als beleidigend empfundener Angriffe auf den Islam (bzw. die Ehre seines letzten Propheten).

Entsprechende Anschläge bzw. Versuche betrafen zum Beispiel Kurt Westergaard, Lars Vilks oder die Redaktion der Satirezeitschrift Charlie Hebdo. Was in westlichen Medien oft als eine Art spontaner Ausbruch von Gefühlen angesichts einer Ehrverletzung gezeichnet wird, folgt in islamistischer Logik religiös-rechtlichen Regeln und Vorschriften. Anwar al-Awlaki (2007) etwa erklärte in einer ausführlichen Rede mit dem Titel »The dust will never settle down«, welche Passagen aus Koran und Hadithen seiner Interpretation zufolge die Tötung derjenigen nahelegen, die den Propheten beleidigt haben (eine Kampagne unter gleichem Namen und mit Empfehlungen für Anschlagsziele findet sich in *Inspire* 1, 2010: 21ff.; vgl. ähnlich wieder *Inspire* 10, 2013: 14f.). Der ehemalige AQAP-Führer Abu Basir sieht in Mohammed-Kartoons Kriminalität und Aggression, die eine Auslöschung des Gegners erfordern: »These heinous crimes which the human soul rejects such as the cartoons of the Messenger […] and holding celebrations and awarding those who curse the Prophet […] require us to target the Americans. In fact they require us to wipe them out of the map completely. America is a cancer that needs to be removed along with the West that is supporting this criminal behavior […]. Thus, we insist on fighting against this oppression and aggression« (*Inspire* 1, 2010: 17).

Pflichterfüllung, Paradies, Höllenvermeidung. Die terroristische Sanktionspraxis ist ihrerseits rückgekoppelt an die Erwartung persönlicher positiver bzw. an das Bestreben zur Vermeidung negativer postmortaler Sanktionen. Die Beteiligung am Dschihad ist nicht als Option, sondern als persönliche Pflicht konzipiert, deren märtyrerhafte Erfüllung verschiedene Boni und die Vermeidung von Qualen mit sich bringt. »Dies sind«, so Abdullah Azzam (2006b: 204), »die sieben Vergünstigungen, die dem Märtyrer gewährt werden: schon ab dem ersten Blutstropfen, der vergossen wird, werden ihm seine Sünden vergeben; er erblickt seinen Platz im Paradies; er trägt das Gewand des Glaubens; er heiratet 62 Huris; er erleidet nicht die Qualen des Grabes; er wird nicht von großen Schrecken heimgesucht; er wird mit einem Szepter der Würde aus Edelsteinen gekrönt, die kostbarer sind als die Welt und ihre Schätze; er darf sich für sechzig Personen aus seiner Familie verbürgen«. Die Rolle des Pflichtgedankens und individueller Belohnungen ist unter ausführenden Dschihadisten wahrscheinlich als größer einzuschätzen denn unter stärker strategisch orientierten Planungsstäben (vgl. z. B. Pape 2003). Schwer einzuschätzen ist, welche Relevanz die Furcht vor postmortalen Strafen im Vergleich zur Hoffnung auf Belohnungen hat. In der internetbasierten Propaganda wird das Märtyrertum ausgiebig zelebriert (vgl.

z. B. *Inspire* 6, 2011, nach dem Tod Osama bin Ladens, oder *Inspire* 9, 2012, zum Tod Anwar al-Awlakis), während die konkreten postmortalen »Lebensumstände« in der einen wie der anderen Richtung wenig konkretisiert werden. Neben Paradiesesversprechungen finden sich allerdings auch Hinweise auf Höllenstrafen im Falle mangelnder Pflichterfüllung (vgl. Abbildung 9), und für den wahrhaft Höllengläubigen muss die Aussicht auf möglicherweise endlose Folter ein dramatischer motivationaler Faktor sein. Schon Abdullah Azzam (2006b: 199) weist auch darauf hin: »Schwäche ist für Gott keine Entschuldigung, sondern ein Verbrechen, für das man sich möglicherweise die Hölle einhandelt.«

Heldentum. Neben der religiösen Aufladung kann die Kämpfer- und Märtyrerrolle weltlich als Weg der heldenhaften Selbstinszenierung attraktiv sein. Die dschihadistische Propaganda präsentiert bewaffnete Kämpfer in Szenen der Abenteuer- und Kriegerromantik und Kampfbereitschaft zelebrierende Erlebnisberichte à la »My Life in Jihad« (z. B. *Inspire* 2, 2010: 11ff.), betont die Tugend der Opferbereitschaft für Allah, den Islam und die Muslime (*Inspire* 2, 2010: 23), publiziert ehrende Nachrufe auf Mitkämpfer (z. B. *Inspire* 6, 2011: 16ff.) und feiert Personen, die Anschläge durchgeführt haben als vorbildhafte Helden: »Here you are in the battlefield, just like heroes before you like Muhammad Atta, and his fellow pilots, Muhammad Siddique Khan and his fellow fedayeen, Muhammad Boyeri, Nidal Malik Hassan, Umar al-Farouk Abdulmuttalab, Faisal Shahzad and hundreds of others« (Adam Gadahn in *Inspire* 4, 2010: 17; vgl. auch z. B. *Jihad Recollections* 3, 2009: 10f.).

Unterschiedliche Akteure innerhalb der dschihadistischen Bewegung können auf der Basis dieses ideologischen Potpourris unterschiedliche Ziele ansteuern oder die Bedeutung verschiedener Einzelzielsetzungen unterschiedlich bewerten. Ein dschihadistischer Akteur mag insbesondere die Tötung muslimischer Zivilisten rächen wollen, ein anderer angesichts einer Mohammedkarikatur besonders empört sein, ein dritter mag den Kampf für die Durchsetzung der Scharia als heilige Pflicht empfinden etc. In der Regel wird sich die Zielsetzung als eine unterschiedlich akzentuierte Mischung (mancher) dieser Faktoren darstellen.

Abbildung 9: »What will you choose?«, aus: Inspire 4, 2010

Die Frage nach letzten Zielen terroristischer Organisationen und Akteure ist eng und nicht separierbar mit der Frage der Legitimation des Terrorismus verknüpft. Angesichts der offenbaren und gravierenden Normverletzungen durch terroristische Anschläge kann der erfahrene oder kommunizierte Motivzusammenhang nicht nur beliebige, sondern muss im normativen Sinne besonders »gute Gründe« des Handelns benennen. Auch deshalb greift eine rein instrumentelle Betrachtung von Mittel-Zweck-Zusammenhängen hier zu kurz: Die Tötung von (insbesondere relativ unbeteiligten) Menschen ist nicht eine beliebige Handlung, die mit der bloßen Benennung des Handlungsziels »erklärt« wäre, sondern muss angesichts des normativen Rahmens regelmäßig Verbotshinweise und moralische Anwürfe antizipierend bearbeiten und eine Antwort darauf wenigstens anvisieren. Während jede sanktionierende soziale Kontrolle als Machtausübung in modernen Gesellschaften grundsätzlich legitimationsbedürftig ist (vgl. Popitz 1992), weist terroristische soziale Kontrolle zusätzliche Besonderheiten auf. Sie ist – verglichen mit staatlicher sozialer Kontrolle – einerseits einem erhöhten Legitimationsdruck ausgesetzt, insofern sie kriminalisiert und stigmatisiert ist, regelmäßig gravierende körperliche Sanktionen stattfinden, Opfer *pars pro toto* ausgewählt werden, die Kontrollinstanzen sich selbst ernennen und zudem aus einer Extrem- und Minderheitenposition heraus operieren, die auf vielfachen Widerspruch stößt. Besondere legitimatorische Schwierigkeiten entstehen auch typischerweise daraus, dass sich der Terrorismus nicht oder schwerlich auf das Recht berufen kann. Andererseits ist terroristische soziale Kontrolle in bestimmten Hinsichten einem verringerten Legitimationsdruck ausgesetzt: Es bestehen keine formalen Verfahren der Kontrolle und Kritik der Kontrolleure, es gibt keine Rechtsvorschriften für die Sanktionierungspraxis, und es besteht die Möglichkeit, dem Legitimationsdiskurs durch Rückzug in »kommunikative Isolate« (Elwert 2003) teilweise auszuweichen.

Die Legitimationsstrategie des dschihadistischen Terrorismus besteht *ultimativ* in einer Auslagerung der Entscheidung (und Entscheidungsbefugnis) an die koranische Gottesfigur als Letztautorität. Der gläubige Dschihadist erfüllt seine Pflicht und die Frage, ob es richtig ist (und richtig ist, zu tun), was Gott anordnet, stellt sich nicht – Gott definiert das Richtige. Anders als andere substaatliche Terrorismen stützt sich der Dschihadismus mit dem islamischen Recht dabei auf ein ausgebautes, aber nicht einheitlich kodifiziertes Rechtssystem, aus welchem islamistische Prediger und Intellektuelle zahlreiche göttliche Einzelverordnungen und dschihadistische unter anderem eine akute Pflicht zum Dschihad deduzieren. Terrorismus als substaatliche soziale Kontrolle ist hier subjektiv unmittelbar Anwendung und Durchsetzung geltenden Rechts und kann gewissermaßen »positivistisch« legitimiert werden. Der Idee der strikten Unterwerfung unter Allahs Willen folgend, darf es dabei keine Rolle spielen, was genau dieser Gott anordnet. Der Mensch ist in keiner Weise kompetent oder zuständig, Allahs Beschlüsse zu hinterfragen. Weitere, über die Feststellung von Gottesbeschlüssen hinausgehende Legitimationen sind damit strikt genommen entbehrlich. Dies kann dazu führen, dass auch fundamentale moralische Regeln mit dem Hinweis auf den vermeintlichen, aus Koran und/oder Mohammeds Vorbild erschlossenen Gotteswillen außer Kraft gesetzt werden. In dieser Richtung – wenngleich ambivalent bleibend, da zusätzlich durch eine Verteidigungslogik abgesichert – argumentiert etwa Adil al-Abbab, der vermeintliche Aussagen Mohammeds sowie Koranverse so deutet, dass Ungläubige zwar nur im Rahmen eines Kriegszustandes, dann aber *als solche* auf göttlichen Beschluss getötet wurden und werden dürfen: »[T]he disbeliever who is in a state of war with the Muslims is killed because of his disbelief. [...] Allah based the order of killing them on their associating other gods with Allah. This proves that the bases [sic] for killing the disbelievers is their disbelief« (*Inspire* 4, 2010: 20). Allerdings ist der Gläubige, dem ein vermeintliches göttliches Einverständnis oder eine vermeintliche göttliche Anordnung zur Legitimation *beliebiger* Taten ausreicht, ein Idealtyp (paradigmatisch versinnbildlicht in Abrahams Bereitschaft zur Opferung Isaaks), der empirisch zu selten vorkommen dürfte, um eine globale dschihadistische Bewegung mit Nachwuchskräften zu speisen. Wirksam sind zusätzliche, der gewöhnlichen Logik sanktionierender sozialer Kontrolle folgende Legitimationsmuster.

Um zu erklären, warum der Angriff auf westliche Zivilisten zweifellos legitim sei, bleibt auch Adil al-Abbab nicht bei der Feststellung, dass Ungläubige als solche nach Allahs Beschluss und Mohammeds Vorbild getötet werden dürften. Stattdessen betont er zusätzlich deren Kampf gegen Muslime und weist darauf hin, dass bestimmte Kategorien ungläubiger Nichtkombattanten geschützt seien, Amerikaner und Europäer aber einen Krieg gegen Muslime führten, wobei Wähler für das Handeln ihrer Regierungen verantwortlich seien: »They are in a state of war with us because their governments kill our brothers in Palestine, Afghanistan, and Iraq. These governments fight those who want to establish shari'ah law. Thus we target them because they are disbelievers and because of their war against us« (ebd.: 21). Außerdem seien militärische und ökonomische Ziele zu bevorzugen, wobei nicht vermeidbare Kollateralschäden laut den Rechtsgelehrten der wesentlichen sunnitischen Rechtsschulen in Kauf genommen werden dürften. Die göttliche Legitimation ist damit eingebettet in die weltlichen Legitimationsmuster des schuldhaften Handelns der Gegenseite, der Reziprozität und des Ultima-Ratio-Prinzips. Die defensive Logik von gerechter Vergeltung und notwendiger Verteidigung spielt entsprechend im dschihadistischen Legitimationsdiskurs eine wichtige Rolle, pointiert zusammengefasst etwa von Anwar al-Awlaki: »We say that whoever terrorizes us, we will terrorize them and we will do what we can to strip them of their safety and security as long as they do us the same« (*Inspire* 2, Herbst 2010: 35). Doch egal ob in dieser defensiven, auf Gewalttaten des Gegners Bezug nehmenden Logik oder in einer eher »offensiven«, auf die Beseitigung »nichtislamischer« Herrschaft zielenden Argumentation: Kern der Legitimation des dschihadistischen Terrorismus ist immer ein Normbruch der Gegenseite, auf dessen Bearbeitung und gegebenenfalls Abstellung für die Zukunft das eigene Handeln ausgerichtet ist – sei es die Verletzung von Normen durch physische Angriffe, durch die »Okkupation« von Territorien, durch das Vertreten religiöser »Irrlehren«, durch die Beleidigung des »Propheten«, durch Opposition zum (schariatischen) Recht oder – wo »Ungläubige« als solche ins Visier geraten – weil sie den Islam nicht annehmen, obwohl und nachdem sie von ihm gehört haben.

Auch im Planspielszenario samt violettistischer Propaganda werden verschiedene Sinnangebote für Zielsetzungen des Terrorismus gemacht. Der Gedanke der richtigen versus falschen Gesellschaft (»islamischer Staat«) wird in den Motiven der Überwindung des Rassismus und der Herstellung von Demokratie in violetten Ländern näherungsweise gespiegelt. Die Verteidigungslogik ist in der Rahmengeschichte vor allem mit dem Thema des Krieges in violetten Ländern prominent. Auch für die Vergeltungslogik ist mit der Betonung der Schuld der Gegenseite die Basis bereitet. Nicht abgebildet ist der Aspekt des Vigilantismus gegen spezifische Einzelabweichungen. Auch der im Dschihadismus gegebene Bezug auf eine extraterrestrische Ultimativautorität spielt im Planspiel keine Rolle, da wir annahmen, dass dies mehr zu einer klischeehaft-komischen Inszenierung führen denn als Grundlage authentischer Erwägungen dienen würde. Die gesamte religiös-rechtliche Fundierung fehlt den Planspielerinnen ebenso wie der religiöse Pflichtcharakter des eigenen Handelns als Gehorsamsübung gegenüber einem mit postmortalen Strafen und Vergnügungen sanktionierenden Gott. Das mit der Adaption von Zielen verbundene Legitimationsproblem stellt sich für die Planspieler im Zuge der Rollenübernahme auf einer abgeschwächten Metaebene. Die Probandin muss und will nicht Terrorismus legitimieren, sondern eine Person spielen, die Terrorismus in der Szenariosituation für richtig hält. Zudem ist den Spielfiguren die Entscheidung zum Anschlag bereits mit der Rolle vorgegeben und muss insofern nicht selbst begründet werden – das Planspiel handelt von Anschlagsplanungen, nicht von Entscheidungen zum Terrorismus. Gleichwohl induziert die Aufforderung zum Rollenspiel Auseinandersetzungen mit der Sinn- und Legitimationsfrage, die einerseits im Sinne einer (strategischen oder anderweitigen) Ausrichtung des konkreten Anschlags auf dessen letztliche Ziele und andererseits als Teil der Plausibilisierung der eigenen Rolle relevant werden kann.

Unter den mit dem Szenario gegebenen weltlichen Zielen zeigt sich, in legitimatorischer wie motivationaler Hinsicht, für die Planspieler der Gedanke der Reaktion auf Gewalt mit Gegengewalt in einer Logik von Verteidigung, Widerstand und Vergeltung als dominant. Eine defensive Konstruktion des eigenen Handelns ist den Probanden für die Plausibilisierung ihrer Rolle entscheidend wichtig, und die Überwindung des Ungerechten bzw. Falschen wird ausgiebiger thematisiert als die Herstellung des Richtigen. Die nicht unmittelbar mit erlittener physischer Gewalt assoziierten Zielgebungen – Überwindung des Rassismus und Herstellung demokratischer Verhältnisse in violetten Ländern – haben als handlungsbegründende Ziele vergleichsweise geringere Bedeutung, unterstützen aber die Defensivlogik und werden zur moralischen Selbst- und Fremdverortung sowie, damit verbunden, zur Aufwertung der Eigengruppe und zur Abwertung von Feinden und Opfern eingesetzt. Mit den Begriffspaaren »Demokratie versus Diktatur« und »Gleichheit versus Rassismus« werden Dichotomien eingeführt, die die Unterscheidung von violett versus nichtviolett moralisch aufladen und befördern. Dies kann, mehr oder minder ironisch, eine unmittelbare Ergänzungslegitimation des Gewalteinsatzes darstellen: »Außerdem sind wir Demokraten, also sehen uns jedenfalls als solche. Von daher, find ich, sollten wir auch dementsprechend […] das von dem demokratischen Standpunkt aus sagen: Dass man auch für die Demokratie Menschen töten kann« (PSG2_GS12). Der Demokratieverweis führt einen »höheren Grund« (PSG2_GS10) für das eigene Handeln ein und unterstützt die Diskreditierung des Gegners, »weil sie sagen zwar, sie wären Demokratien, aber sie sind ja keine wirklichen Demokratien, weil sonst würden sie uns ja nicht diskriminieren« (PSG2_GS2). Der besonders pejorative Rassismusvorwurf kann beiläufig zur unmittelbaren Gewaltlegitimation (bzw. der Abwehr näheren Legitimationsbedarfs) dienen – was bedeutet schon »ein Rassist mehr oder weniger« (PSG1_GS5)? Ebenso wie die Abwertung der Opfer als Nichtdemokraten und Rassisten stellt die komplementäre Selbstverortung als Demokraten und Antirassisten eine einfache ergänzende Neutralisierungstechnik dar, die einen normativ-dramaturgischen Sinnzusammenhang der kollektiven Überlegenheit und Differenz befördert – die »Rassisten« sind die »Ungläubigen« der Planspieler.

Der Demokratiegedanke kann allerdings auch als grundsätzlich im Widerspruch zu politischer Gewalt oder mindestens zu Angriffen auf Zivilisten stehend empfunden werden – wer eine Demokratie will, so ein Spieler in PSG8, dürfe nur Entscheider töten. Derartige zielwahlbezogene Einschränkungen wirken jedoch kaum nachhaltig:

> Marco: Aber das passt doch nicht zu unserem Profil, wenn du sagst, so, wir kämpfen für Demokratie in unserem Land, und du sprengst hier irgendwie tausend Unschuldige in die Luft. Das passt doch gar nicht (zu uns).
>
> […]
>
> Andi: Nee, widerspricht sich nicht. Mittel zum Zweck.
>
> (PSG8_GS7)

Auch kann gerade über das Argument der Verantwortung von Wählern der Demokratieverweis zur Legitimation von Angriffen auf Durchschnittszivilisten dienen. Die Idee einer pro-violetten und antirassistischen Ausrichtung kann ebenfalls in Widersprüche führen – so zum einen dort, wo, wie im Planspielszenario vorgegeben, violette Unterdrücker von Violetten thematisiert werden, während andererseits für Violette gekämpft und violette Anschlagsopfer vermieden werden sollen. Hier müssen gesonderte Argumente konstruiert werden, um die »Verräter« als »Kollateralschaden« zu akzeptieren oder den »Seitenwechsel« zu bestrafen:

> Janina: Dann sol- wär's eigentlich gerecht, mit denen dann kein Mitleid mehr zu haben, wenn sie sich erst gegen die Leute gestellt haben.
>
> Julia: Ja. Wenn sie auf der Seite des Feindes …
>
> Janina: [Find ich.]
>
> Julia: … sind so quasi.
>
> (PSG6_GS2)

Zum anderen kann die hautfarbenbasierte Gruppeneinteilung als »fast schon wieder eine Rasseneinteilung« kritisiert werden (PSG10_GS2) und führt in PSG2 zu der ironischen Anmerkung: »Dann definieren wir uns über zwei Eigenschaften, nämlich erst mal über das Violette und zweitens da drüber, dass wir Nazis sind« (PSG2_GS16). Derartige Kritik vermag aber typischerweise die basale Konfliktlogik der Dichotomie »violett versus nichtviolett« nicht nachhaltig einzuschränken.

Entscheidender aber als die Themen Demokratie und allgemeiner Rassismus ist das Thema der Reaktion auf physische Gewalt, welches sowohl in kollektiver Verteidigungslogik prospektiv verantwortungsethisch über den Ultima-Ratio-Gedanken als auch gesinnungsethisch retributiv in den Topoi von Reziprozität und Vergeltung gewendet wird und zur Rationalisierung der eigenen Rolle dient. Wichtig ist den Gruppen regelmäßig das – mit der Szenariogeschichte vorgegebene – Thema, dass andere, friedliche Mittel erfolglos versucht worden waren, um Angriffe auf Violette zu stoppen – die terroristische Gewalt ist das letzte und angesichts der Umstände erforderliche Mittel:

> Julia: Und ganz wichtig, wir verteidigen uns nur, ne?
>
> Janina: [Ja].
>
> Christie: [Ja] klar. (---) Ist ja auch so. Also, ich mein, ne, wir haben alles andere irgendwie versucht, und äh …
>
> Julia: Hmhm
>
> Janina: Hmhm
>
> Christie: … wenn die da nich', wie heißt das so schön? Wer nicht hören will, muss fühlen, ne?
>
> (PSG6_GS3)

Das Verteidigungsmotiv kann zwar kritisch diskutiert und gelegentlich ironisiert werden (»Die Freiheit Neuseelands wird in St. Georg verteidigt«; PSG8_GS2), wird aber insgesamt recht problemlos akzeptiert. Dabei zeigen manche Planspieler eine ausgeprägte Präferenz für eine rein instrumentelle, vergeltungsfreie Ultima-Ratio-Argumentation. »Also für mich persönlich«, so ein Spieler in PSG7, »ist das keine Vergeltung, sondern einfach eine Maßnahme, um die Situation zu verändern, um für eine bessere Zukunft zu kämpfen« (PSG7_GS2). »[W]ir wollen ja«, so auch ein Spieler in PSG8, »keine Toten oder so, aber im Notfall, ähm, müssen wir halt über Leichen gehen, weil es gibt kein anderes Mittel« (PSG8_GS2). Typischerweise aber legitimieren Reziprozitäts- und Vergeltungsgedanken die Gewaltanwendung zusätzlich – »Es ist auf jeden Fall immer 'ne Vergeltungsmaßnahme« (PSG7_GS2), die Menschen in Deutschland sollen in eigener Erfahrung »sehen, wie die Völker in Übersee […] leiden müssen« (PSG5_BK), die »Rassisten« sollen »beim Bahnfahren […] endlich die Ängste« erleben, »die uns täglich verfolgen« (PSG2_GS13), »sie haben den Krieg angefangen, und jetzt ist der Krieg hier« (PSG1_GS16). Reziprozität und Vergeltung gibt der Gewalt auch inhaltlich, in der konkreten Zielwahl, eine Richtung: Die Legitimation terroristischer Gewalt fällt umso leichter, je besser sich den ausgewählten Opfern die Schuld am Gesamtkonflikt und an Angriffen auf die

Eigengruppe zurechnen lässt; Anschläge auf Machthaber, Meinungsführer und Vertreter des staatlichen Gewaltmonopols sind einfacher rationalisierbar als solche auf eher unbeteiligte Zivilisten. Wo auch die Idee entwickelt wird, dass gerade Anschläge auf Unschuldige geeignet seien, Aufmerksamkeit zu erregen (PSG10_GS4), wird diese nicht weiterverfolgt.

Die Zuschreibung der Schuld – am Konfliktgeschehen, an den Missständen insgesamt und letztlich am Anschlag selbst – an die Gegenseite ist für alle motivational und legitimatorisch relevanten Motivzusammenhänge fundierend: Nur weil der Gegner in der Vergangenheit ungerecht gehandelt hat und aktuell weiter ungerecht handelt, findet der Anschlag statt. »Letztendlich ist das Bekennerschreiben ja auch dafür da, um denen die Schuld dafür zu geben«, so ein Spieler aus PSG1, »ihr seid schuld, dass wir das gemacht haben, was wir auch immer gemacht haben und an wem wir das auch immer verübt haben« (PSG1_GS2). »Wir sind nicht der Ursprungsaggressor«, wird auch in PSG3 festgestellt (PSG3_GS2). »Ihr habt uns den Krieg erklärt«, so PSG11, »nun haben wir zurückgeschlagen« (PSG11_BK). »Die Verantwortung liegt nicht bei uns, die liegt bei den Rassisten«, heißt es in PSG9 (PSG9_GS13) – »weißt du, wir sind unschuldig, wir können nichts dafür« (PSG9_GS14). Jene Elemente aus der Szenariogeschichte, die dem rassistischen Feind die Verantwortung zuschreiben, werden oft ausgiebig rezipiert. Dies kann sich zum einen auf den kollektiven Feind allgemein, zum anderen auf konkrete Anschlagsziele beziehen. So wird in PSG1 etwa für die Auswahl der Polizeieinrichtung als Anschlagsziel weniger strategisch als vielmehr emotional und moralisch via Schuldzuschreibung argumentiert, und es werden die verschiedensten Aspekte gesammelt, die speziell die Polizei als verwerflich erscheinen lassen – ein Spieler erörtert zusammenfassend bei der Diskussion über das Bekennerschreiben: »Also das ist Polizei hier […]: keine Gewährung der Versammlungsfreiheit sowie der Meinungsfreiheit, […] Gewalt gegen Zivilisten, Violette, […] willkürliches Vorgehen, […] Unterstützung der Ausbildung der Civil Guards in Neuseeland …« (PSG1_GS16).

Nach einer Wahl bzw. Verfestigung des Anschlagsziels wird auch versucht, die Schuldzuschreibung zu stabilisieren; Bedenken dahingehend, dass andere Gruppen noch »schuldiger« sein könnten als die Polizei, werden eher ad hoc verworfen.

> Marco: Ganz wichtig ist auf jeden Fall die, ähm, die weltweite Unterdrückung, weil die Polizei spielt ihre Rolle bei […] dem globalen Verbrechen, das gegen uns verübt wird.
>
> Benjamin: Eigentlich macht das ja das Militär.

> Marco: Ja, aber es ist ja, also es ist, das, das Militär ist ausführendes Organ für die Gesellschaft hier, also hier, und Polizei ist dabei maßgeblich beteiligt, dass das Ganze so funktioniert …
>
> (PSG1_GS16)

Ähnlich werden auch in PSG2 nach der Wahl der Bahn als Anschlagsziel extensiv Argumente gesucht, die diese als besonders schuldig erscheinen lassen sollen, und die mit der Anschlagsplanung zunächst nichts zu tun gehabt hatten. Die Bahn wird als »faschistisches Unternehmen« thematisiert, das sicher auch durch Waffentransporte von dem Krieg gegen Violette profitiere; erinnert wird auch an »die Judenvergasung, die Judendeportation. Da ist die, äh, Reichsbahn auch voll mit involviert gewesen. Ich find, wir müssen richtig schön die moralische Keule rausholen« (PSG2_GS14).

Die Schuldzuschreibung fundiert die sanktionierende Reaktion und eröffnet gleichzeitig Interpretationsspielräume – je nach angelegten Kriterien kann zwischen »unschuldig, mitschuldig und vollkommen schuldig« unterschieden werden (PSG7_GS3), und dass man »Verantwortliche« treffen will, ist leichter festzustellen, als wer diese seien: »Das ist der zweite Schritt, das können wir noch definieren, wer der Verantwortliche ist, unserer Meinung nach« (PSG8_GS2). Auf der Basis der Schuldzuschreibung an die Gegenseite nimmt die prospektiv-verantwortungsethische, ulitma-ratio-basierte Legitimation implizit eine kausale Erklärung eigenen Handelns vor, welches in wesentlicher Hinsicht *unfrei* erscheint: »Es geht nicht anders.« Beziehungsweise: Es geht nicht anders, wenn man das Ziel erreichen will; das Ziel aber ist – und hier tritt eine gesinnungsethische Fundierung in die Verantwortungsethik ein – aus moralischen Gründen so wichtig, dass es nicht zur Disposition steht, das heißt notwendig Ziel ist. Die gesinnungsethische Legitimation lässt demgegenüber mehr Freiheitsgrade – Retribution ist eine Wahl –, übernimmt mit der »Selbst-schuld«-Logik aber nur Verantwortung für die sanktionierende Verantwortungszuschreibung, nicht für das Leid der Opfer selbst. Dieses haben sich jene, der Logik sanktionierender Kontrolle folgend, selbst zuzuschreiben.

Vor dem Hintergrund von Schuldzuschreibungen, Selbstderesponsibilisierung, Ultima-Ratio-Prinzip und Reziprozitätskonstruktionen erscheinen den Spielern aus der Perspektive ihrer übernommenen Rolle terroristische Anschläge grundsätzlich legitim (wenn nicht geboten) als Reaktion auf Aggression und Ungerechtigkeit. Diese Defensiv- und Sanktionslogik wird von den Planspielern nicht zögernd und distanziert aus den Planspielmaterialien adaptiert; vielmehr erscheinen die *Frames* »Aggression und Vergeltung« sowie »Ungerechtigkeit und Widerstand« leichthin plausibel. Dies gilt für die individuelle Ebene (»Ich wurde angegriffen, deshalb wehre ich mich.«) ebenso wie für die kollektive (»Wir wurden angegriffen, deshalb wehren wir uns.«). Relativ schwer fällt eingangs meist die vollständige Kollektivierung der Gegen- und Opferseite, was zu Beginn des Planungsprozesses in einer Konzentration auf Hauptschuldige resultiert. Mit fortschreitendem Spielverlauf adaptieren jedoch mehrere Gruppen auch Legitimationsmuster für den Angriff auf Zivilbevölkerung (während die restlichen in der Regel mindestens zivile Kollateralschäden akzeptieren) und entscheiden sich für Szenarien der Viktimisierung von Zivilisten. Die Unterscheidung von »violett« und »nichtviolett« aktiviert auf elementare Weise eine wirksame Ingroup-Outgroup-Dichotomie. Anders als im Falle des Dschihadismus ist die Identifikation der Probanden mit der Ingroup (hier also: die Violetten) eher schwach ausgeprägt und lässt zudem im Laufe der Planspielsitzungen (also mit zunehmender Konzentration auf die technischen Aspekte der Anschlagsplanung) weiter nach. Gleichwohl fällt es den Probanden leicht, sich die grundsätzliche legitimatorische Verteidigungslogik zu eigen zu machen. Insgesamt zeigt sich, dass – trotz einer eher gering ausgeprägten emotionalen Identifikation mit der Gruppe der Violetten und bei Fehlen religiöser Motivstränge – basale Muster der Legitimation dschihadistischer Gewalt von den Probanden relativ schnell übernommen und oftmals als verständliche angenommen werden, was in dieser Hinsicht für relativ authentische und partiell transferierbare Kommunikationen spricht.

3.4 Strategien und Taktiken

Wie in ideologischer Hinsicht, so präsentiert die dschihadistische Propaganda auch in strategischer und taktischer Hinsicht ein Potpourri mit vielfältigen Wahl- und Kombinationsmöglichkeiten. Was Strategien anbelangt, so verweist der globale Dschihadismus auf das gesamte Spektrum terroristischer Strafzwecke. In negativ präventiver Hinsicht operiert er vorwiegend mit Forderungen, Drohungen und Abschreckung (so wenn regelmäßig und prominent darauf hingewiesen wird, dass die Sicherheit der Gegenseite nicht gewährleistet sei, solange Okkupation, Angriffe auf Muslime, Beleidigung des Propheten etc. nicht stoppten), setzt aber auch partiell Hoffnungen in *incapacitation*: Der »Westen« soll auf dem Wege ökonomischer Schädigungen in seiner Kampfkraft geschwächt werden (ein Aspekt, der zum Beispiel in einer *Inspire*-Sonderausgabe zu versuchten Anschlägen auf Frachtflugzeuge besonders betont wird – die Operation, die zu massiven Ausgaben im Bereich der Flugsicherheit nötige, habe nur 4.200 Dollar gekostet und sei insofern ein »Schnäppchen« gewesen; *Inspire* 3, 2010). Positiv präventiv werden ein Bewusstseinswandel und die Mobilisierung der Umma für den Kampf gegen das Unrecht angestrebt. Diese in der Planspielpropaganda eingearbeiteten Topoi werden von den Probandinnen aufgegriffen, allerdings anders als in dschihadistischer Propaganda betont.

Direkte Schwächung. Der Gedanke einer direkten, die Kampfkraft einschränkenden Schädigung bzw. Schwächung des Gegners spielt im Planspiel eine eher untergeordnete Rolle. Überlegt wird zwar gelegentlich, ob Angriffe auf militärische Anlagen oder Rüstungsindustrie unmittelbar zu einer Verminderung militärischer Angriffe auf Violette beitragen könnten – es erschiene grundsätzlich attraktiv, mit dem Anschlag technisch in das Konfliktgeschehen eingreifen zu können: »Ich fänd's halt gut«, so argumentiert ein Spieler in PSG8 für den Angriff auf eine Waffenfabrik, »wenn wir einerseits natürlich symbolisch was bewirken, aber es wär natürlich besser, wenn wir zu dem Symbolischen gleichzeitig dann auch noch was haben, was wirklich den Menschen in den violetten Ländern halt hilft, indem's halt irgendwie den Zyklus […] stoppt. Und wenn wir da jetzt […] ein Waffenlager zum Beispiel wär auch 'ne gute Sache. […] Oder Hafen […], damit's nicht mehr verschifft werden kann« (PSG8_GS4). Eine wirkliche militärische Einschränkung des Gegners wird jedoch in der Regel nicht langfristig und ernsthaft erwogen – zu unwahrscheinlich erscheint es, dass Staaten und Militärapparate durch Anschläge unmittelbar signifikant zu schwächen seien. Eher als eine militärische wird gelegentlich eine wirtschaftliche Schädigung der Gesellschaft angedacht, allerdings kaum mit dem Gedanken einer wirklichen *incapacitation* verbunden, sondern mehr als Teil einer Drohungs- und Abschreckungsstrategie.

Zwangswirkung. Leichter verständlich und plausibler als die direkte Einschränkung der Kampfkraft des Gegners ist die schlichte Zwangswirkung instrumenteller Gewalt. Die Logik von Forderungen und Drohungen wird von den Planspielern angenommen und ist Bestandteil nahezu aller Bekennerschreiben. Da materielle Schäden kaum in hinreichender Höhe zu bewirken sind, um eine befriedigende Abschreckungskulisse aufzubauen, führt das Konzept negativer Prävention durch Drohung zu dem Ziel, eine möglichst gute, das heißt starke und breitflächige, Angstwirkung zu erzielen:

> Benjamin: Aber du hast recht mit deinem Angst und Schrecken, das wir verbreiten müssen, weil es geht ja darum, dass der Regierung Druck gemacht wird. Dass sie …
>
> Andi: Abzieht.
>
> Benjamin: Truppen raus aus Neuseeland.
>
> Andi: [//schmunzelt.//]
>
> Janina: [Mhm.]
>
> Andi: Ja.
>
> Benjamin: Das klappt zum einen, wenn die Bevölkerung der Meinung ist, äh, es, der Schaden hier ist zu hoch. Und das wird sie nicht anhand von irgendwelchen materiellen Schäden machen, sondern das ist nur gefühlt. Also wenn sich keiner mehr traut, in die Bahn zu steigen, dann ist der Druck doch schon mal da. (PSG2_GS3)

Eine abgeschwächte, vergleichsweise selten vorkommende Variante der Strategie der Drohung liegt im ökonomischer formulierten Gedanken, die staatlichen »Kosten« einer antivioletten Politik zu erhöhen, »damit's irgendwann nich' mehr, nich' mehr lukra- lukrativ is' […], unsere Länder zu besetzen« (PSG8_GS2). Eine nähere Erörterung der Frage, ob, wie und warum Drohungen tatsächlich zu den erwünschten politischen Resultaten führen würden, unterbleibt allerdings in der Regel. Dass diese wirken, wird eher erhofft bzw. vorausgesetzt als politisch analysiert.

Kommunikation, Pädagogik und Mobilisierung. Attraktiv und relativ einleuchtend erscheint in vielen Gruppen der Gedanke, den Anschlag als kommunikatives und pädagogisches Mittel zu verstehen. Beim Feind soll Einsicht in sein fehlerhaftes Handeln befördert werden; zugleich sollen die lethargischen Violetten zum Widerstand mobilisiert werden. Die pädagogische Intention, verbunden mit expressiven Momenten, kommt im Gedanken des »Zeichensetzens« zum Ausdruck, der in verschiedenen Gruppen eine Rolle spielt. PSG4 überschreibt das Bekennerschreiben mit dem Satz: »Ein Zeichen gegen Ungleichheit wurde gesetzt.« PSG5 vergewissert sich der eigenen Tötungsabsicht unter dem Aspekt des »Zeichens«: »Das heißt, wir sind uns auf jeden Fall einig, es sollten dabei Menschen draufgehen, um wirklich 'n Zeichen zu setzen? Da sind wir schon mal, haben wir schon mal 'n Konsens« (PSG5_GS4). Die Idee des »Zeichens« kann als vages Argument sowohl gegen zu »harmlose« Szenarien (»Das find ich zu harmlos, weil wir, wir wollen ja nicht nur Leute töten, wir wollen ja 'n Zeichen setzen.« PSG11_GS3) als auch gegen zu groß angelegte Szenarien vorgetragen werden (»Geht es dir jetzt darum, noch Tausende Leute da mehr zu töten? Ich mein, darauf kommt's ja im Endeffekt nicht an. Wir wollen ja auch ein Zeichen, ein Zeichen setzen« PSG11_GS6). Für PSG1 bewegt sich die Diskussion um den Zweck des Anschlags zentral um diese Idee: Wiederholt wird betont, dass man ein Zeichen setzen wolle. Auch einzelne Anschlagsideen werden nach diesem Kriterium bewertet; so wird ein Anschlag auf die Polizei als ein »sehr, sehr großes Zeichen« (PSG1_GS6) gelobt. Täter und Opfer (Nichtviolette und Violette) verkennten die Wirklichkeit und sollen »aufgeweckt« und »wachgerüttelt« werden. Der für sozialrevolutionäre Terrorismen charakteristische Gedanke, andere Menschen lebten in einem Einsicht verhindernden Zustand falschen Bewusstseins (vgl. das Konzept der *dschahiliya*; Qutb 2001), ist für die Spieler gut nachvollziehbar. Oft wird der Anschlag demzufolge als eine »Doppelbotschaft« (an Täter und Opfer) konstruiert. Stimulierend erscheint – gemäß dem klassischen Topos der »Propaganda der Tat« – die Idee, durch eigene Vorbildfunktion eine breite Widerstandsbewegung anzustoßen. Am stärksten orientiert sich PSG2 an der Idee der Mobilisierung. Obwohl diese Gruppe mit vergleichsweise mehr Geld ausgestattet war (*Low-Cost*), wählt sie gezielt eine in finanzieller Hinsicht günstige Anschlagsform (Zugentgleisung), um es anderen Gruppen zu ermöglichen, den Plan zu imitieren. Die Gruppe führt in ihrem Bekennerschreiben auch eine Anleitung zu dieser Form von Anschlag aus. Wie im Falle von Forderungen und Drohungen, so wird auch für den Anschlag als »Zeichen« kaum näher diskutiert, ob es wahrscheinlich sei, dass die Situation der Violetten dadurch verbessert würde (und auf welchem Weg genau sich diese Verbesserung einstellen solle). Die expressive Idee des Zeichens erscheint den Spielern plausibel, auch ohne Reflexion über politische Wirkzusammenhänge. Auch dies stellt eine Parallele zu dschihadistischem Schrifttum dar, in welchem die Wirkung von Anschlägen eher behauptet und erhofft als kritisch reflektiert und begründet wird.

Wie im Falle von finalen Zielen und Legitimationen, so versuchen die Planspielerinnen auch strategische Erwägungen, jedenfalls in groben Zügen, so zu (re-)konstruieren, dass sie ihnen persönlich einigermaßen sinnvoll erscheinen. Eine Passage der Diskussion aus PSG5 zeigt, wie verschiedene Versuche der strategischen Sinnstiftung unternommen werden, bevor sich die Anführerfigur Andi mit dem Versuch der Erzeugung einer Massenbewegung einverstanden erklärt. Zunächst wird eine auf die Gesamtgesellschaft bezogene pädagogische Wirkung angedacht, was Andi wenig plausibel findet:

> Marco: [Aber wenn du] ’nen Anschlag, den Anschlag so auslegst, dass du danach sagen kannst, jetzt seht ihr quasi, wie es unserm Volk, äh, eh, äh, unserem Heimatland geht, äh, versucht das zu verstehen und unterstützt es nicht weiter, sozusagen.
>
> Andi: Da würdest du als Deutscher einsichtig sein?
>
> Bernd: Seht, wozu wir imstande sind.
>
> Andi: Als Weißer? Wenn du nicht violett bist?
>
> Marco: Natürlich nicht, aber du bist doch jetzt Terrorist und denkst, das funktioniert.
>
> Andi: Tja.
>
> Bernd: Es geht doch darum
>
> Andi: [(Das is’ Quatsch)].
>
> (PSG5_GS2)

Daraufhin wird von einem Gruppenmitglied eine Mischung aus expressiv eigene Stärke demonstrierender und andere Violette mobilisierender Funktion vorgeschlagen, was dann auch Andi für plausibel befindet:

> Bernd: Zu zeigen, was, wozu man imstande ist, wie ernst ei’m das is’. Und und auch zu zeigen, um anderen violetten Gruppen zu zeigen, dass es funktionieren kann. Und wenn das alle machen[...]
>
> Andi: Nö, äh, mh, eh, ich würd ganz, ganz gern was dazu sagen, also das, das find ich jetzt auch ’nen besseren Ansatz, das erschließt sich mir mehr, dass es nicht so ist wie, was weiß ich, al-Qaida, alle zehn Jahre mal ’nen Anschlag …
>
> Marko: Hmhm.
>
> Andi: … sondern es ist wirklich die, geballten Widerstand erzeugen wollen eben, und es eben wirklich, die Violetten sich dagegen erheben und nicht punktuell Anschläge, also das find ich für mich auch nachvollziehbar.
>
> (PSG5_GS2)

Insgesamt lässt sich beobachten, dass strategische Kernelemente des Dschihadismus (die zugleich Kernelemente des Terrorismus überhaupt sind) für die Probanden relativ leicht nachvollziehbar sind. Die Planspieler distanzieren sich zwar gelegentlich von ihrer Rolle und hinterfragen strategische Überlegungen; sie wollen diese aber andererseits für sich plausibilisieren und versuchen in der Regel, eine strategische Variante zu wählen, die nicht nur vermeintlich der fiktiven Spielfigur, sondern auch ihnen selbst verständlich erscheint. Im Ergebnis sind die Betonungen innerhalb des Strategiemix etwas andere als die vermutlich von dschihadistischen Tätern gesetzten (weniger direkte Schädigung, mehr Pädagogik), während aber die Kernelemente aktiv identifizierend diskutiert und analog erhalten bleiben.

Für die Analyse der technischen Aspekte des Planungsprozesses besonders bedeutsam sind Übereinstimmungen auf der taktischen Ebene der Ziel- und Mittelwahl. Hier bilden die von den Probanden erörterten und entwickelten Szenarien das taktische Spektrum des Dschihadismus – mit der wesentlichen Ausnahme des Mangels an Selbstmordattentaten – grundsätzlich gut ab. Aus forschungsethischen Gründen wurden suizidale Anschläge keiner Planspielgruppe zur Vorgabe gemacht. Die Gruppen erhielten teils die Vorgabe, nach der Tat unentdeckt zu entkommen, teils wurde die Frage des Lebens nach dem Anschlag offen gelassen. Nur PSG4 (die *Lone-Wolf*-Spielerin) entscheidet sich zu einem Selbstmordattentat. Die gering ausgeprägte gespielte Selbstopferungsbereitschaft schränkt die Transferierbarkeit der Ergebnisse in dieser Hinsicht ein und erfordert gegebenenfalls eine zusätzliche Bewertung von Entscheidungsprozessen unter dem Gesichtspunkt möglicher Varianten bei Selbsttötungsabsicht. Andererseits ist die regelmäßige Entscheidung, als Spielfigur weiterleben zu wollen, wiederum ein Hinweis auf die Authentizität des Rollenspiels. Wenn etwa eine Spielerin aus PSG11 zu dieser Frage mehrfach sagt: »Ich bin zu jung, um zu sterben«, so illustriert dies die aktive Identifikation der Probandin mit der Rolle.

Jenseits der Frage des Suizids wird in der einschlägigen internetbasierten dschihadistischen Propaganda eine Vielzahl von Anschlagsszenarien und taktischen Varianten vorgeschlagen. Angeregt werden Massentötung, Konzentration auf ökonomische Schädigung, Angriff auf infrastrukturelle, militärische und politische Ziele, Angriffe auf wirtschaftlich und/oder kulturell symbolische Ziele, Angriffe auf ikonische Einzelpersonen sowie Angriffe auf US-amerikanische Ziele und auf religiöse, insbesondere jüdische Einrichtungen. Mit Ausnahme der letzten beiden Kategorien, die im Planspielrahmenszenario keine Rolle spielen, werden alle anderen Zieltypen in den Auswahlprozessen der Probanden thematisiert und erörtert. Obwohl von den Spielregeln nicht vorgegeben war, dass im Rahmen des Anschlags Menschen getötet werden müssen (geschweige denn dass eine Massentötung stattfinden müsse), werden regelmäßig derartige Szenarien entwickelt – und zwar auch von den Gruppen Nr. 8 und 11, die keinen Zugriff auf die Propagandaplattform und deren taktische Anregungen hatten. Vor dem Hintergrund der Szenariogeschichte entwickeln die Probanden partiell »eigeninitiativ« dschihadismusanaloge Anschlagspläne.

Auch weitere Selektionsmuster weisen Parallelen zu dschihadistischen Taten auf, was eine strukturelle Transferierbarkeit der Ergebnisse erwarten lässt. Wie im Falle realer Täter lässt sich eine pragmatische Entwicklung von besonders herausragenden, aber schwierig anzugreifenden, zu leichter zu attackierenden Zielen (*soft targets*) beobachten. Dabei zeigen sich – im Rahmen der von uns simulierten und eher geringeren Differenzen in finanziellem Budget und Kompetenzen – keine wesentlichen Unterschiede zwischen »*Minimal*«- und »*Low Cost*«-Gruppen. Auch den Gruppen mit leicht erhöhten Ressourcen erscheinen insbesondere komplexe Angriffe auf infrastrukturelle Ziele zunehmend weniger attraktiv. Eine Ausnahme bildet die Verkehrsinfrastruktur, die unter den Planspielgruppen wie auch real besonders im Fokus steht. In Bezug auf die Mittelwahl zeigt sich unter den Probanden eine Konzentration auf Bomben, wie sie auch unter Dschihadisten zu beobachten ist – obgleich die dschihadistische wie auch die »violettistische« Propaganda explizit dazu anregen, auch andere und ungewöhnliche Mittel einzusetzen. Abweichungen zwischen Probanden und Realtätern bestehen dagegen im Hinblick auf die Konspirationstätigkeit bei der Beschaffung der Anschlagsmittel: Die Planspieler, so wurde in einem Workshop mit Vertretern von Sicherheitsbehörden festgestellt, zeigen sich in ihren Maßnahmen zur Umgehung von Überwachung unvorsichtiger und weniger gut informiert als typische dschihadistische Täter.

3.5 Fazit

Das Planspiel liefert Daten zu den im Prozess der Anschlagsplanung angestellten Erwägungen, wie sie bislang – mangels Beobachtbarkeit der entscheidenden Kommunikationsprozesse in realen Terrorgruppen – nicht in dieser Weise vorlagen. Das methodische Verfahren produziert simulierte Fälle, die – wie reale Fälle auch – nicht exakt reproduzierbar sind. Der Entwicklungsverlauf der Fälle hängt auch von den je individuellen Simulationsentscheidungen der Forscher ab. Gleichwohl zeigen sich analoge Prozesse auch bei von verschiedenen Mitarbeitern geleiteten Gruppen sowie eine empirische Sättigung nach elf Planspieldurchgängen, was auf eine zufriedenstellende Replizierbarkeit des Verfahrens schließen lässt.

Zweifellos bestehen im Detail Unterschiede zwischen der Kommunikation nichtradikalisierter Probanden in einem (»violettistischen«) Spielsetting und der Kommunikation realer (dschihadistischer) Täter ebenso wie Unterschiede zwischen dem Verhalten der Probanden im Planspielraum und dem Verhalten, das sie unter realweltlichen Bedingungen zeigen würden. Die Erfahrung der realen Welt ist im Planspiel reduziert, die Konsequenzen eigenen Handelns sind minimiert, und der Identifikation durchschnittlicher Personen mit der terroristischen Rolle sind Grenzen gesetzt. Dies kommt unter anderem im gelegentlichen Ausdruck von Rollendistanz zum Ausdruck.

Andererseits bedeutet einen Anschlagsplanungsprozess spielerisch zu entwickeln auch, sich selbst mit der Rolle so weit identifizieren zu müssen, wie es für *role-taking* und *role-making* erforderlich ist. (In den Gruppendiskussionen nach dem Planspiel erklären einige Spieler, dass sie den Eindruck hatten, weniger eine Rolle als vielmehr »sich selbst« gespielt zu haben.) Dabei zeigt sich, dass terroristisches Denken von durchschnittlichen Probanden relativ leicht nachvollzogen und entwickelt werden kann. Der weltliche Teil dschihadistischer bzw. analoger Argumentationsmuster zur Rechtfertigung von Anschlägen und zur Neutralisierung von Gewalttaten wird zügig angenommen und ausgeführt. Ohne dass die Spielvorgaben es direkt erforderten, planen die Probanden rabiate Anschläge und entwickeln oft eine Art »sportlichen Ehrgeiz«, möglichst viele Opfer zu generieren. Gewaltfantasien werden diskutiert und »Kollateralschäden« in Kauf genommen. Strategien des Terrorismus können weithin leicht adaptiert werden – wobei die Frage nach der politischen Wirkung bzw. Sinnhaftigkeit von Anschlägen oft mit typischen Argumenten, selten aber in näherer Analyse möglicher Wirkzusammenhänge diskutiert und oftmals in einfachen Formeln aufgelöst wird. Das taktische Spektrum der Anschlagsszenarien sowie die Verläufe der Selektionsprozesse weisen neben spezifischen Abweichungen auch deutliche Entsprechungen zu dschihadistischem Vorgehen auf. Dabei konnten die basalen Muster ideologisch-legitimatorischer, strategischer und taktischer Art nicht nur dort beobachtet werden, wo die Planspielgruppen mit aus dem Dschihadismus adaptierter »violettistischer« Propaganda in Form der fiktiven Internetseite konfrontiert waren. Auch die Gruppen 8 und 11, die keinen Zugriff auf diese Materialien (wohl allerdings auf das Rahmenszenario) hatten, entwickeln die Logik der Legitimation von Anschlägen als kollektive Verteidigungsmaßnahme, Ultima Ratio und reziprokes Handeln, erörtern strategische Varianten entlang der Linien positiver und negativer Prävention und entwickeln letztlich drastische Anschlagsszenarien. Die Logik von Pars-pro-Toto-Sanktionierungen in kollektiv gerahmten Konflikten ließ sich nicht nur ohne religiöse Bezüge, sondern auch ohne eingehendere Vorgaben stimulieren und reproduzieren. Insgesamt zeigt sich eine ausgeprägte – nicht emotionale, aber doch kognitive – aktive Identifikation mit dschihadismusanalogen Denkmustern, die Parallelen zu Realfällen evoziert, was auf näherungsweise authentische Kommunikationsprozesse und eine grundsätzliche (in Einzelaspekten jeweils im Vergleich mit Realfällen zu bewertende) Transferierbarkeit mindestens in den technischen Planungsaspekten, aber teilweise auch in der Kommunikation über strategische und gewaltlegitimatorische Fragen schließen lässt.

4 Selektionsmechanismen und Risikoparameter

Der Wahl von Anschlagszielen und -mitteln stellen sich eine Reihe konkreter Probleme: Wer soll direkt geschädigt werden bzw. wo soll *pars pro toto* ein Anschlag erfolgen? Wie und mit welchem Modus Operandi soll und kann dabei vorgegangen werden? Und damit verbunden: Wie stark soll die Schädigung Einzelner bzw. des feindlichen Kollektivs ausfallen? Der konkreten Anschlagsplanung geht es, im Rahmen der Analyse von Terrorismus als Form sanktionierender Kontrolle betrachtet, um die Auswahl exemplarischer Delinquenten sowie die Bestimmung von Sanktionsform und Schwere der Sanktion. In die Beantwortung dieser Fragen können eine Vielzahl von ideologischen, strategischen und taktischen Überlegungen, ebenso wie außerstrategische Faktoren (zum Beispiel Gruppendynamiken, Konkurrenzverhältnisse, Aspekte der Selbstinszenierung) einfließen. Diese verdichten sich allerdings in einigen Hauptselektionsmechanismen, die sich als implizite Regeln der Ziel- und Mittelwahl verstehen lassen (vgl. Kapitel III). *1. Repräsentation des feindlichen Kollektivs.* Verübe den Anschlag gegen Personen und/oder Orte, die den kollektiven Gegner möglichst gut symbolisieren. *2. Schuld/Verantwortung.* Wähle als Anschlagsopfer Personen, Gruppen oder Institutionen, denen eine besondere, über die kollektive hinausgehende Schuld an den von dir beklagten Missständen zugeschrieben werden kann. *3. Großer, aber nicht exzessiver Schaden.* Füge dem Feind einen sehr erheblichen Schaden zu, vermeide dabei aber einen Exzess.[67] *4. Imitation (und gegebenenfalls Übertreffen) von Rollenvorbildern.* Führe den Anschlag ungefähr so (wenngleich eventuell noch beeindruckender) durch, wie »wir« das tun – und wie es unsere »Kämpfer« schon vor dir getan haben. *5. Vulnerabilität.* Bestimme ein

---

67 Wo die Grenze des Exzessiven liegt, kann von verschiedenen Gruppen sehr unterschiedlich definiert werden. Für manche Gruppen ist die Tötung von Zivilisten exzessiv, andere streben die Tötung möglichst vieler Zivilisten an, ziehen die Grenze aber beim gezielten Angriff auf Kinder.

Ziel, das du mit deinen begrenzten Mitteln erheblich beschädigen kannst. *6. Zugang und Entdeckungsrisiko.* Wähle ein Ziel, das du auskundschaften und mit den vorgesehenen Anschlagsmitteln erreichen kannst, ohne vor (im Falle von Fluchtintentionen auch: nach) dem Anschlag entdeckt zu werden. Unterschiedliche, gleichwohl aber typische Umsetzungen dieser allgemeinen und potenziell konfligierenden Regeln bestimmen eine Selektion von Anschlagszielen und -mitteln, deren Schwerpunktsetzungen sich in Risikoparametern beschreiben lassen. Mit den Risikoparametern bestimmen wir solche Faktoren, die die Wahrscheinlichkeit eines Anschlags erhöhen und an potenziellen Anschlagszielen ohne Wissen über die Besonderheiten oder spezifischen Präferenzen einer bestimmten Gruppe beobachtbar oder auf der Basis von Vorwissen über die dschihadistische Bewegung insgesamt erschließbar sind. Die Parameter resultieren aus (deutungsabhängigen) Determinanten der Attraktivität von Anschlagszielen bzw. -szenarien sowie der Einschätzung der technischen Umsetzbarkeit bzw. Machbarkeit von Anschlägen und wollen, soweit wie möglich, die wahrscheinlichen Ergebnisse von Ziel- und Mittelwahlen bestimmen, deren zugrunde liegende Logik von den Hauptselektionsmechanismen beschrieben wird. Da unser Ziel letztlich die Bestimmung von Risikoparametern für dschihadistische (nicht violettistische) Anschläge ist, gleichen wir die Planspielergebnisse in der Darstellung mit zum Dschihadismus gewonnenen Informationen ab, um fundiertere Einschätzungen zur dschihadistischen Anschlagspraxis zu gewinnen.

4.1 Zielwahlen

4.1.1 Gruppenbezogene Wahl: »Hauptverantwortliche« und »Zivilisten«

In allen Planspielgruppen spielt, wenn die Bereitschaft zu einem Anschlag mit Todesopfern grundsätzlich gegeben ist, die Frage eine Rolle, ob dabei »Zivilisten« getötet werden sollen oder ob sich der Anschlag exklusiv auf »hauptverantwortliche« Personen richten soll, denen eine besondere Schuld am Konflikt bzw. an der Diskriminierung von Violetten und Angriffen auf Violette zugeschrieben werden kann. Die Figur des »Zivilisten« gilt den Planspielern dabei nicht nur als Nichtkombattant, sondern meint idealtypisch den *unbeteiligten Unschuldigen* als Gegenpol zum Verantwortlichen und Schuldigen. Personen, denen eine wesentliche Verantwortung für das beklagte

Unrecht zugeschrieben wird (etwa aus den Bereichen Politik oder Rüstungsindustrie), erscheinen demzufolge nicht in gleicher Weise oder gar nicht als eigentliche Zivilisten – nicht der Kombattantenstatus, sondern die persönliche Verantwortung entscheidet darüber, ob und wie sehr der Zivilistenstatus zugesprochen wird. »Wie wollen wir das jetzt eigentlich machen?«, wird etwa in PSG10 gefragt, »wollen wir jetzt nur auf Regierungsleute oder auch Zivilisten?« (PSG10_GS5). Im Angriff auf Zivilisten spitzt sich die moralische Problematik des Terrorismus zu und würde sich – im Falle von Opfern, die tatsächlich aus Täterperspektive als unbeteiligte Unschuldige erfahren würden – transformieren: Von der Pars-pro-Toto-Sanktionierung *irgendwie* Mitschuldiger zur Pars-pro-Toto-Auswahl bloßer Menschenopfer. In der »violettistischen« Planspielpropaganda waren die Spieler mit ambivalenten Botschaften hinsichtlich des Angriffs auf Zivilisten konfrontiert, die der dschihadistischen Propaganda nachgebildet sind. Einerseits werden Angriffe auf Durchschnittsbürger propagiert und an vergangenen Fällen als Erfolge gefeiert, andererseits ist davon die Rede, dass der violette Widerstand nicht auf genauso verwerfliche Weise agieren dürfe wie die Feindesseite und dass Ziele so ausgewählt werden sollten, dass die Anschläge von anderen Violetten nicht als Tötung Unschuldiger gedeutet werden. Angriffe auf Zivilisten werden von den Planspielerinnen typischerweise als besonders problematisch erlebt und zu Beginn des Planspiels oft abgelehnt. Andererseits werden Angriffe auf zivile Menschenansammlungen von nahezu allen Gruppen als Optionen bei der Sammlung von Anschlagsideen thematisiert und von mehreren Gruppen auch letztlich ausgewählt. Die Gruppen durchlaufen typischerweise einen Radikalisierungsprozess, im Zuge dessen sich die Grenze des Exzessiven ausdehnt, Gewaltszenarien eskalieren und – für einige Gruppen – zivile Opfer in Kauf genommen oder direkt angestrebt werden.

Hauptverantwortliche

Nichtsdestotrotz lässt sich im Sinne der Risikoverortung zunächst eine Präferenz für »hauptverantwortliche« Ziele feststellen: Personen, Gruppen und Institutionen, denen eine größere Verantwortung für den zugrunde liegenden Konflikt zugeschrieben wird, sind – unter sonst gleichen Umständen – attraktivere Anschlagsziele als durchschnittliche Personen oder Objekte. Grundsätzlich gilt dabei: Je höherrangig die Verantwortlichen, desto attraktiver werden sie als Anschlagsziele.

Im Planspiel spielt die Orientierung an Verantwortung nicht nur für die Legitimation des eigenen Vorgehens, sondern auch unmittelbar bei der Zielwahl eine wichtige Rolle. Mehrere der von den Gruppen gewählten Anschlagsszenarien richten sich gegen als Hauptverantwortliche identifizierte Personen bzw. sie repräsentierende Einrichtungen, so in PSG1 (Polizeieinrichtung), PSG4 (Behörde), PSG6 (Politiker und Wirtschaftsvertreter; vor Infrastrukturvorgabe), PSG8 (Rüstungsfirmen und Waffenlobbyisten; vor Infrastrukturvorgabe) und PSG10 (hochrangiger Politiker). Auch in der Brainstormingphase genannte oder danach näher erwogene Anschlagsziele betreffen häufig Hauptverantwortliche. Dies gilt auch für solche Planspielgruppen, die in der letztlichen Zielwahl die Orientierung an Hauptverantwortung aufgeben. Oft diskutiert werden in diesem Zusammenhang Anschläge in den Bereichen Politik, Bundeswehr und Rüstungsindustrie.

Reale dschihadistische Anschläge werden aufgrund der besonderen Spektakularität solcher Vorfälle oft mit Angriffen auf Ansammlungen relativ beliebiger Zivilisten assoziiert. Tatsächlich richten sich aber auch viele Zielwahlerwägungen europäischer und amerikanischer Dschihadisten auf als Hauptverantwortliche ausgemachte Personen und Gruppen bzw. auf Einrichtungen, die diese repräsentieren – die internationale Fallanalyse zeigte, dass diesbezügliche Erwägungen in rund zwei Dritteln aller Fälle eine Rolle spielten (vgl. Kapitel II). Dabei lässt sich die konkrete Verortung von Verantwortung unter den Planspielerinnen aufgrund von Abweichungen zwischen Planspielszenario und realen Verhältnissen im Grundsatz, nicht aber eins zu eins im Ergebnis auf die Verantwortungslokalisierung von dschihadistischen Akteuren übertragen. In den Blick dschihadistischer Täter geraten insbesondere die folgenden Gruppen.

1. Entscheidungsträger und staatliche Einrichtungen. Die Orientierung an Verantwortung induziert zunächst allgemein eine Präferenz für Entscheidungsträger, vor allem aus dem Bereich der Politik, sowie staatliche Einrichtungen. Diese auch im Planspiel beobachtbare Tendenz spiegelt sich real in Planungen zu Angriffen auf Vertretungen ausländischer Staaten, auf Einrichtungen der je nationalen Regierung oder auf einzelne Politiker. Botschaften und Konsulate – etwa im Fall geplanter Angriffe auf die amerikanische und die russische Botschaft in Paris (2001, 11-FR1[68] bzw. 2002, 14-FR-4) oder in der Vorgabe der Islamischen Dschihad-Union an die »Sauerlandgruppe«, die

68 Die Fallnummern »1-DE1« ff. verweisen auf die Liste der Fälle in Anlage 1.

usbekische Botschaft anzugreifen (2007, 5-DE5) – geraten dabei wohl vorwiegend als Repräsentanten bzw. Symbole des für den Konflikt verantwortlich gemachten Staates ins Visier. Gleiches gilt für nationale Regierungseinrichtungen, die in realen Fällen keine herausragende Rolle spielen und nur neben (oft vielen) weiteren Zielen erwogen wurden – so sollen Erwägungen zu Anschlägen auf das britische Unterhaus (2004, 23-UK3 und 2006, 26-UK6) und auf Regierungs- und Parlamentsgebäude in Den Haag (2004, 40-NL1) stattgefunden haben. Anders verhält es sich bei Anschlagsplanungen auf einzelne Politiker, die offenbar nicht (nur) als Repräsentanten des hauptverantwortlichen Staates, sondern nach direkter persönlicher Verantwortung ausgewählt werden. Dabei kann es um Politiker gehen, die islamkritische Positionen vertreten (womit sie weniger als Entscheidungsträger und mehr als »individuelle Delinquenten« fungieren; siehe unten) oder um Politiker, die für Kriegseinsätze in mehrheitlich muslimischen Ländern verantwortlich gemacht werden (etwa Roshonara Choudhrys Angriff auf einen Abgeordneten, der für den Irakkrieg gestimmt hatte, 2010, 32-UK12).

2. Kombattanten. Auch Einrichtungen oder Repräsentanten des Militärs standen regelmäßig im Fokus dschihadistischer Anschlagsplanungen. Betroffen sind dabei sowohl Militäreinrichtungen wie auch einzelne Soldaten. Das amerikanische Militär ist in gleicher Weise betroffen wie das nationale Militär, insofern es an Militäreinsätzen im Irak oder in Afghanistan beteiligt ist. Auch hier sind Fälle zu unterscheiden, in denen scheinbar beliebige Soldaten oder Militäreinrichtungen als Repräsentanten des Militärs per se in den Blick geraten, und Fälle, in denen höherrangige oder persönlich für bestimmte Militäreinsätze verantwortlich gemachte Personen oder Einrichtungen ausgewählt werden. Per Zufall wählte Mohamed Merah (2012, 20-FR10) seine soldatischen Opfer aus. Auf die Frage des Verhandlungsführers der Polizei, warum er es auf Soldaten abgesehen habe, antwortet er: »Na weil sie in Afghanistan kämpfen« – »[d]as wichtige für mich ist, dass sie eine Uniform anhaben. Das war das einzige worauf es mir die ganze Zeit ankam: Ich wollte Soldaten töten. Denn sie kämpfen in Afghanistan« (Protokolle 2013). Auch Michael Adebowale und Michael Adebolajo wählten Lee Rigby scheinbar spontan als Armeeangehörigen, und ohne Rücksicht auf seine besondere Funktion innerhalb des Militärs, als Opfer aus (2013, 34-UK14). Öfter aber wurden Soldaten oder Militäreinrichtungen nach ihrer herausgehobenen Funktion oder nach ihrer unmittelbaren Beteiligung an kritisierten Militäreinsätzen ausgewählt – so zog die Düsseldorfer Al-Tawhid-Zelle (2002, 1-

DE1) unter anderem einen Ex-Kommandeur des in Afghanistan eingesetzten KSK sowie einen Ausbilder für ISAF-Truppen als Anschlagsziele in Erwägung, und Arid Uka (2011, 7-DE7) richtete seinen Anschlag gegen US-Soldaten auf dem Weg nach Afghanistan. Auch eher herausragende militärische Anlagen werden, im Vergleich zu durchschnittlichen Kasernen, häufiger Gegenstand von Anschlagserwägungen (zum Beispiel das größere Militärkrankenhaus Ospedale Militare di Milano-Baggio 2008, 38-IT4, oder der belgische Militärflugplatz und NATO-Stützpunkt »Kleine Brogel« 2001, 11-FR1). Neben dem Militär hat im Planspiel szenariobedingt die Polizei als antiviolettistischer »Kombattant« eine zusätzliche, prominentere Rolle – die in Realfällen, wo Sicherheitsbehörden als potenzielle Anschlagsziele bislang von geringerer Relevanz sind, dann auch erwartbar ist, wenn sich im Zuge repressiver Maßnahmen Eskalationstendenzen entwickeln sollten.

3. Individuelle »Delinquenten«. Jenseits des Grundkonflikts mit »dem Westen« spielt das stärker individuell zugeschriebene Thema »Islamkritik« – welches im Planspielszenario keine unmittelbare Entsprechung hat – eine Rolle in Zielwahlen und Zielwahlerwägungen von Realtätern. Betroffen sind neben islamkritischen bis -feindlichen Politikerinnen und Politikern (etwa Ayaan Hirsi Ali und Geert Wilders, 2004, 40-NL1) Verleger, die Mohammed-Karikaturen oder andere aus Sicht der Dschihadisten verunglimpfende Werke über den islamischen Propheten veröffentlicht haben, sowie Künstler, Filmemacher und Publizisten, die für eine Beleidigung Mohammeds und/oder der Muslime und des Islam im Ganzen verantwortlich gemacht werden – Fälle erwogener, geplanter oder vollendeter Anschläge richteten sich etwa gegen den Filmemacher Theo van Gogh (2004, 41-NL2), den Zeichner Kurt Westergaard (2010, 44-DK1), die Zeitung Jyllands-Posten (2010, 46-NOR1), den Eigentümer des Verlags Gibson Square Books Martin Rynja (2008, 31-UK11) und die Redaktion der Zeitschrift Charlie Hebdo (Frankreich 2015; auch 2011, 6-DE6); Todesdrohungen oder Mordaufrufe bestehen unter anderem gegen den iranischen Musiker Shahin Najafi, gegen den Publizisten Hamed Abdel-Samad und den schwedischen Zeichner Lars Vilks (ein Anschlag auf eine Konferenz, bei der dieser anwesend war, fand 2015 in Kopenhagen statt). Medienhäuser, Künstler und Publizisten geraten (bislang) weniger aufgrund allgemeiner Kritik an Islamismus oder Islam, sondern wegen aus islamistischer Sicht unzulässiger, blasphemischer Formen der Kritik in den Fokus von Anschlagsplanungen. Es handelt sich in diesen Fällen um die am wenigsten »terroristische« Form von Gewalt, da hier nur untergeordnet *pars pro toto* sanktioniert, überwiegend aber auf individueller Basis Abweichung vigilantistisch bestraft wird.

4. Hauptfeindgruppen. Ebenfalls im Planspielszenario nicht abgebildet ist das Phänomen, dass Dschihadisten innerhalb einer groß gefassten Feindgruppe (»der Westen«, »die Ungläubigen«) zusätzlich mit Juden und US-Amerikanern spezielle Hauptfeindgruppen ausmachen, gegen die sich ein größerer Teil der Agitation richtet. US-Amerikaner stellen als Repräsentanten der Führungsmacht des vermeintlichen Krieges gegen den Islam eine besondere Feindgruppe für auch europäische Dschihadisten dar. Anschlagsplanungen richten sich dabei allerdings nicht gegen einzelne amerikanische Zivilisten. Vielmehr sind US-amerikanische Ziele im Verbund mit anderen Risikoparametern attraktiv: Anschläge, Planungen und Erwägungen richten sich gegen amerikanische Militärangehörige und Militäreinrichtungen, gegen amerikanische Botschaften sowie gegen Ansammlungen von Zivilisten (so in von London ausgehenden Transatlantikflügen, 2006, 26-UK6, und in einer amerikanischen Fluglinie durch den »Schuhbomber« Richard Reid, 2001, 13-FR3). Jüdische Ziele sind aufgrund des Palästinakonflikts einerseits sowie aufgrund eines religiös unterfütterten Antisemitismus andererseits besonders gefährdet. Hier können neben Synagogen und Einrichtungen, die das Judentum kulturell repräsentieren, auch durchschnittliche Einzelpersonen und wenig symbolträchtige Orte zum Gegenstand von Anschlagserwägungen werden. So plante die Al-Tawhid-Zelle (2002, 1-DE1) Anschläge auf eine vermeintlich jüdische Disco in Düsseldorf, auf ein zufällig entdecktes jüdisches Gemeindehaus in Berlin und auf eine vermeintlich jüdische Homosexuellenbar in Düsseldorf (letztere Zielwahl resultierte aus dem Umstand, dass ein dort beobachteter Sheriffstern mit dem Davidstern verwechselt wurde). Ein Mitglied der Zelle soll auch erwogen haben, einen jüdischen Bäcker zu töten. Eine tschetschenische Gruppe in Frankreich (2002, 14-FR4) hatte vor der Planung eines Anschlags auf die russische Botschaft in Paris Anschläge auf jüdische Einrichtungen, unter anderem ein Bekleidungsgeschäft, in Erwägung gezogen. Mit Mohamed Merahs Angriff auf eine jüdische Schule (2012, 20-FR10) findet sich der einzige Fall eines gezielten dschihadistischen Angriffs auf Kinder.

Das Planspiel zeigt, dass das Verantwortungsprinzip sowohl zur Auswahl von *Zielklassen* als auch für die Auswahl von *Einzelzielen* innerhalb der Zielklassen relevant sein kann. So geraten in PSG1 zunächst Medienhäuser insgesamt aufgrund ihrer politischen Verantwortung als Zielklasse in den Blick, woraufhin dann recherchiert wird, welche einzelnen Medien die

»meiste Hetze« machen; nachdem Bundeswehreinrichtungen als Zielklasse erwogen wurden, erscheint speziell eine Ausbildungsstätte als »Kaderschmiede« besonders attraktiv. Auch *orts- bzw. stadtteilspezifische Überlegungen* können aus der Verantwortungsorientierung abgeleitet werden; so wird etwa in PSG8 von einem Spieler angeregt, dass ein Anschlag in wohlhabenderen Gegenden stattfinden könne, »in der Hoffnung, dass man da halt dann auch die Richtigen trifft« (wenngleich er allerdings gezieltere Anschläge auf »Entscheidungsträger« bevorzugt; PSG8_GS7). Geografisch überwiegt aber letztlich meist die Attraktivität der zentralen Lage (siehe unten).

Eine Besonderheit, welche Hauptverantwortung als Risikoparameter tendenziell unterminiert, ist die zielwahlrelevante Orientierung an *»verkannter Schuld«*: Gerade Verantwortliche geringeren Ranges geraten angesichts ihrer »Scheinheiligkeit« ins Visier. Im Rahmen des erwogenen Anschlags auf Medienhäuser wird dies in PSG1 thematisiert. Es sei vielleicht wichtig, sagt ein Spieler, gerade nicht den Verlag auszuwählen, dessen besondere Violettenfeindlichkeit allgemein bekannt sei (PSG1_GS4). Der Anschlag soll auf Schuld hinweisen, die nicht jedermann schon bemerkt hat. In der letztlichen Anschlagsdurchführung der Gruppe spielt diese Logik dann jedoch keine Rolle mehr. Umgesetzt wird sie dagegen in PSG4, wo eine Behörde unter anderem gerade angesichts ihrer – in der Deutung der Spielerin – nur vermeintlichen und also »scheinheiligen« (PSG4_GS6) Hilfen für Violette attraktiv wird. Der Angriff auf »verkannte Schuldige« ermöglicht Distinktionsgewinne und die Bestätigung der eigenen radikalen Haltung gegenüber einem Feld ideologischer, aber nicht oder weniger gewaltbereiter Unterstützer; dies ist auch für Realfälle grundsätzlich eine Möglichkeit, die aber nicht häufig genug vorkommen dürfte, um die grundsätzliche Brauchbarkeit des Risikoparameters »Hauptverantwortung« einzuschränken.

Menschenansammlungen

Wenn trotz der – unter sonst gleichen Umständen – bestehenden Präferenz für Hauptverantwortliche »Zivilisten« als Ziele in den Blick der Planspieltäter geraten, so vorwiegend nicht als Einzelpersonen, sondern als *Masse*. Während Versammlungen einer größeren Zahl potenzieller Opfer auch für »Hauptverantwortliche« die Attraktivität als Anschlagsziel erhöhen, sind insbesondere Zivilisten im Rahmen von Menschenansammlungen einem erhöhten Anschlagsrisiko ausgesetzt. Für indiskriminative Angriffe auf unspezifische Menschenansammlungen entscheiden sich PSG2 (Zugentgleisung),

PSG3 (Sprengstoffanschlag zu Silvester auf U-Bahn und Promenade), PSG5 (Sprengstoffanschlag auf Weihnachtsmärkte und U-Bahnhof), PSG9 (Sprengstoffanschlag auf Volksfest) und PSG11 (Sprengstoffanschlag auf Nahverkehrszug an einem zentralen Bahnhof und Volksfest vor Infrastrukturvorgabe, Sprengstoffanschlag auf Nahverkehrszug und im Bereich des Flughafens nach Infrastrukturvorgabe). Für eine Massenviktimisierung jenseits einer konkreten Menschenansammlung entscheidet sich auch PSG8 (Trinkwasservergiftung; nach Infrastrukturvorgabe). Für Anschläge auf Ansammlungen von Verantwortungsträgern entscheiden sich PSG1 (Polizeieinrichtung), ansatzweise PSG4 (Behörde; wenngleich hier die Institution, nicht die Menschenansammlung selbst die dominante Rolle spielt) und PSG6 (Kongress mit Vertretern aus Politik und Wirtschaft; vor Infrastrukturvorgabe).

Jenseits der letztlich gewählten Ziele werden Angriffe auf unspezifische Menschenansammlungen in früheren Phasen der Zielwahl von nahezu allen Gruppen als Option mehr oder weniger ausführlich thematisiert, so etwa Anschläge auf Fähren, U-Bahnen oder Konzertveranstaltungen (PSG1), auf S-Bahnen (PSG2), auf Busse, U-Bahnen, Einkaufszentren (PSG3), auf Messebesucher (PSG4), auf Sportveranstaltungen, U-Bahnen, Märkte, Feste, Diskotheken, Kinos (PSG5), auf U-Bahnen (PSG6), auf Fußballveranstaltungen und Straßenfeste (PSG8), auf Bahnhöfe, Bibliotheken, Schulen, Fernzüge (PSG9), auf Feste, U-Bahnen, Großveranstaltungen (PSG10), auf Fußballfans, Vergnügungsveranstaltungen, Konzerte oder Bars (PSG11). Für reale Fälle zeigte die internationale Fallanalyse, dass Angriffe auf durchschnittliche Zivilbevölkerung in rund 54 Prozent der Fälle geplant oder erwogen worden waren.

Für Angriffe auf Menschenansammlungen lassen sich detailliertere Risikoparameter spezifizieren.

1. Dichte Menschenmenge. In einer Logik der Gewaltmaximierung sollen oftmals nicht nur Zivilisten überhaupt getroffen, sondern so viele Opfer wie möglich generiert werden. Dies führt zur Suche nach möglichst großen und dicht gedrängten Menschenansammlungen. An den ausgewählten Orten werden Zeiten starker Frequentierung ausgelotet; so etwa von PSG1 hinsichtlich der Polizeieinrichtung, von PSG9 in Bezug auf das Volksfest, von PSG10 in Bezug auf die U-Bahn, von PSG11 in Bezug auf Volksfest und Bahnhof. Im Falle eines geplanten Angriffs auf öffentliche Verkehrsmittel gerät dabei unter anderem der Berufsverkehr in den Fokus. Auch in realen Fällen beziehen sich Zielerwägungen und -planungen häufig auf Orte, an denen sich (zu bestimmten Zeiten) größere und dichte Menschenmengen aufhalten – so etwa auf U-Bahnen, Regionalverkehrszüge, Nahverkehrsbusse oder Bushaltestellen, Flughäfen, Passagiermaschinen, Einkaufszentren, Nachtclubs und Bars, Fußballstadien oder belebte öffentliche Plätze. Dabei kann in einigen, nicht aber in allen Fällen eine dominante Wirkung einer Maximierungslogik vermutet werden. Während etwa die 7/7-Anschläge von London (2005, 24-UK4) und die Anschläge von Madrid (2004, 9-ES1) im Berufsverkehr, und damit zu Zeiten einer erwartbaren Maximierung der Menschenmenge und -dichte, erfolgten, planten die Londoner Nachahmungstäter vom 21. Juli 2005 (25-UK5) ebenso wie die »Kofferbomber« (2006, 4-DE4) ihre Anschläge für den Nachmittag.

2. Schlechte Fluchtmöglichkeiten für Opfer. Neben dem Ziel der Opfermaximierung werden in einigen Planspielgruppen sadistische und infernalische Szenarien entworfen, die zu möglichst grausamen Viktimisierungen führen sollen. Die Logik der Grausamkeitsmaximierung macht Anschlagsorte attraktiv, die besonders eng erscheinen und mangelnde Fluchtmöglichkeiten bieten, zum Beispiel Straßentunnel (PSG2, PSG5), U-Bahn-Tunnel, enge U-Bahnhöfe. In diesem Zusammenhang werden auch Überlegungen angestellt, durch Barrikaden an den Ausgängen enger Orte eine Flucht unmöglich zu machen. Auch wenn nicht bestimmbar ist, welche Rolle der Gedanke der Grausamkeitsmaximierung in Realfällen spielt, scheint es angesichts von Hinweisen auf Opfermaximierungstendenzen und Erwägungen zum Angriff auf Flüchtende sinnvoll, den Aspekt schlechter Fluchtmöglichkeiten als Risikoparameter aufzunehmen.

3. Unspezifische, heterogene Gruppen. Ein Gedanke, der in manchen Planspielgruppen eine Rolle spielt, ist, dass sich *jedermann* als potenzielles Opfer des nächsten Anschlags betroffen fühlen soll. Insbesondere PSG3 ist es wichtig, eine generalisierte – und nicht nur bestimmte Gruppen treffende – Angst zu erzeugen. Für die Zielwahl hat dies zur Folge, dass heterogene Gruppen von Durchschnittsbürgern an für den Einzelnen kaum vermeidbaren Orten angegriffen werden sollen. Weniger attraktiv erscheinen dagegen in irgendeiner Weise spezifische (zum Beispiel subkulturelle) Gruppen, mit denen sich nicht jeder identifizieren würde, und Orte, die umgehbar sind. Auch in Realfällen richten sich Anschläge und Anschlagsplanungen gegen Zivilisten meist auf unspezifische Menschenmengen an öffentlich zugänglichen Orten und betreffen etwa Einkaufszentren, belebte Plätze oder den öffentlichen Personennahverkehr. Dagegen wurden Orte, an welchen sich bestimmte Milieus oder subkulturelle Gruppierungen versammeln, bislang nicht zum Ziel von Anschlägen – das feindliche Kollektiv wird mit der Auswahl der Opfer als Ganzes repräsentiert.

4. Vergnügungsveranstaltungen. Manchen Planspielgruppen erscheint es attraktiv, Menschen im Rahmen von Vergnügungsveranstaltungen (etwa Volksfeste, größere öffentliche Feiern) zu treffen. Dies verspricht eine besonders ausgeprägte psychologische Wirkung durch das Einbrechen der Gewalt in eine Stimmung der Unbeschwertheit und kann auch als eine Bestrafung der Empathielosigkeit gemeint sein, die vermeintlich dadurch zum Ausdruck kommt, dass der Leiden der eigenen Bezugsgruppe zum Trotz ausgelassen gefeiert wird. Eine gewisse Parallele zeigt sich in Realfällen dort, wo Angriffe auf Bars oder Nachtclubs erwogen, hier aber auch mit der besonderen »Verderbtheit« dieser Orte begründet werden – so thematisiert die Sauerlandgruppe (5-DE5) die »Schlampen« in den anzugreifenden Discos, und in einem abgehörten Telefongespräch eines englischen Falls (23-UK3) soll einer der Täter zur Wahl eines Nachtclubs als Anschlagsziel geäußert haben: »no-one can even turn round and say ›oh they were innocent‹ those slags dancing around« (BBC News, 25. Mai 2006). Da in solchen Äußerungen speziell eine auf Sexualität und eventuell auch auf Alkoholkonsum, Tanz und Musik abzielende (und sexistisch informierte) Ablehnung der dekadenten Normverletzungen der »ungläubigen« Gesellschaft zum Ausdruck kommt, ist schwer bestimmbar, ob sich der im Planspiel aufzeigbare Befund einer gelegentlichen Ausrichtung auf Vergnügungsveranstaltungen im Allgemeinen für Realfälle übertragen lässt. Da öffentliche Vergnügungsveranstaltungen aber zudem dichte Menschenansammlungen relativ unspezifischer Gruppen generieren, ist ein Risikoparameter »Vergnügungsveranstaltungen« mindestens nicht kontraindiziert.

5. Bevorzugung von erwachsenen Outgroup-Mitgliedern. Gezielte Angriffe auf Kinder werden von den Planspielern als besonders grausam empfunden. Das macht sie in gewisser Weise attraktiv (Aufmerksamkeit, Angst), gleichzeitig aber auch unattraktiv (moralische Hemmungen, Schaden für Außenwahrnehmung). Gezielte Angriffe auf Kinder werden in den Gruppen entweder spontan oder letztlich abgelehnt und unterbleiben. Als Kollateralschäden werden Kinder jedoch regelmäßig in Kauf genommen, eine aufwendige Vermeidung von Kindern als Opfer findet im Rahmen indiskriminativer Angriffe nicht statt. Anwar al-Awlaki kommt in seinen islamrechtlichen Betrachtungen zu dem Schluss, dass Frauen und Kinder nicht gezielt angegriffen werden sollten, dass dies aber für Frauen nicht gelte, wenn sie sich in irgendeiner Weise (auch durch finanzielle Beiträge oder »opinions«) am Krieg gegen Muslime beteiligten, und dass Kombattanten angegriffen werden dürften, auch wenn Frauen und Kinder dabei getötet werden (*Inspire* 8, 2011: 41). Aus realen Anschlagsplanungen sind vereinzelte direkte Hinweise auf die Relevanz der Vermeidung kindlicher Opfer zu gewinnen. So wird in der Sauerlandgruppe, hinsichtlich eines Anschlags auf einen Supermarkt, kommentiert: »Ja, aber wenn da viele Kinder und so sind, dann haben wir ein Problem, so Kleinkind – weil die gehen meistens mit kleinen Kindern einkaufen« (Gesamtzusammenstellung 2008). In den Planungen des Beghal-Netzwerks (2001, 11-FR1) machte der Selbstmordattentäter *in spe* seine Tat davon abhängig, dass keine Kinder, Frauen und Zivilisten getötet würden. Im Ergebnis ist der einzige Fall eines gezielten Angriffs auf Kinder im Bereich des europäischen und US-amerikanischen Dschihadismus – inklusive bekannter Tatplanungen – Mohamed Merahs Angriff auf eine Schule in Toulouse. Für spezifische Kinderveranstaltungen kann insofern von einem reduzierten Anschlagsrisiko ausgegangen werden.

Ebenso kann für spezifische Bezugsgruppenansammlungen ein reduziertes Anschlagsrisiko angenommen werden. In den Planspielgruppen wird das Problem violetter Opfer regelmäßig thematisiert. Die eigene Bezugsgruppe nicht zu treffen, ist für manche Gruppen von geringer, für andere von höherer Relevanz. Regelmäßig aber werden Opfer aus der eigenen Bezugsgruppe letztlich als unvermeidbare Kollateralschäden im Rahmen indiskriminativer Angriffe hingenommen. In realen Fällen stellen global betrachtet Muslime einen großen Teil der Opfer des Dschihadismus dar. Der Dschihadismus beansprucht zwar, im Sinne des Islam und zur Verteidigung von Muslimen zu agieren, greift aber immer wieder gezielt Muslime an, wenn diese sich dem Herrschaftsanspruch des nach dschihadistischer Deutung wahren Islam entgegenstellen, einer vermeintlich falschen Lehrmeinung anhängen oder nach dschihadistisch-schariatischer Deutung todeswürdige Verbrechen begangen haben. Der europäische *Low-Cost*-Dschihadismus aber agiert in Gesellschaften, die aus dschihadistischer Sicht von »Ungläubigen« dominiert sind, und der gezielte, massenhafte Angriff auf zufällige Muslime liegt hier weniger nahe und stünde vor einem besonderen Legitimationsproblem. Während aus den bekannten Zielwahlerwägungen in Realfällen keine Hinweise auf die Relevanz dieses Kriteriums gewonnen werden können, lässt sich jedenfalls im Ergebnis feststellen, dass Menschenansammlungen mit einer erwartbaren Konzentration von Muslimen bislang nicht zum Angriffsziel geworden sind. Muslimische Kollateralschäden werden dagegen immer wieder hingenommen und können mit verschiedenen Neutralisierungsmustern (zum Beispiel: Kollaboration, keine »wahren Muslime«, Komärtyrertum) bearbeitet werden.

Hauptverantwortliche und Zivilisten: Motivationszusammenhänge und Hauptselektionsmechanismen

Betrachten wir näher die Gründe, aus denen zunächst »hauptverantwortliche« Personen oder Institutionen als attraktivere Anschlagsziele erscheinen, so stoßen wir in den Planspieldaten auf eine Reihe von Erwägungen in verschiedenen Motivzusammenhängen. In normativer Hinsicht fügt sich die Wahl von Hauptverantwortlichen nahtloser in die Legitimation terroristischer Anschläge als Widerstands- und Verteidigungshandlung angesichts von ungerechten Angriffen auf die Eigengruppe ein und kommt Vergeltungsmotiven besser entgegen. Die Viktimisierung Unschuldiger ist besonders schwer, die Viktimisierung von Hauptschuldigen erheblich leichter zu rechtfertigen und zu neutralisieren. Nachdem für die Planspieler die Zuschreibung der Verantwortung für das Konfliktgeschehen an die Gegenseite von zentraler Bedeutung ist, vereinfacht die Auswahl von Hauptverantwortlichen als Opfer die Markierung von Schuld ebenso wie die Inszenierung eigener Unschuld. Während ein explizites und verbalisiertes Vergeltungsmotiv bei den Planspielern eine geringere Rolle spielt als in realen Fällen, sind gleichwohl für die Orientierung auf Hauptverantwortliche auch punitive und vergeltende Aspekte jenseits des bloß legitimatorischen Moments von Bedeutung. »Mein Vorschlag wäre« so etwa ein Spieler aus PSG8, »dafür würd ich votieren, zu sagen, der Tod von Menschen ist dann gerechtfertigt, und mehr als gerechtfertigt, sondern in höchstem Maße erwünscht, wenn sie zu den Verantwortlichen für die Unterdrückung zählen« (PSG8_GS2). In PSG1 fällt insbesondere ein Gruppenmitglied durch emotionalisierende und stärker individualisierende Schuldzuschreibungen auf. Für den Fall eines Anschlags auf ein Medienunternehmen will er »den größten Schweinehund rauspicken« (PSG1_GS4); in Bezug auf einen Violettismusforscher schlägt er eine Recherche vor, um herauszufinden, »ob das nicht auch so 'n richtiger Drecksack ist« (ebd.); zu Bundeswehr und Polizei merkt er an, dass man gegen diese »eigentlich [...] den meisten Hass entwickelt« habe (PSG1_GS2). Die Orientierung an Hauptverantwortung schafft hier einen emotionalen Anker zur Fokussierung moralischer Empörung. Zwar können (im Planspiel wie in Realfällen) auch Angriffe auf durchschnittliche Zivilisten als Widerstand, Verteidigung und Vergeltung verstanden werden, was aber die Orientierung an Schuld und Reziprozität erschwert. Mit der Wahl von Hauptverantwortlichen rückt die terroristische Sanktion näher an gewöhnliche, individualisierende Sanktionen heran (ohne mit diesen identisch zu werden): Sie bestraft individuell plausibel als »Täter« konzipierbare Personen und erfordert insofern ein geringeres Maß an Radikalisierung als eine exklusivere Pars-pro-Toto-Orientierung.

Die Orientierung an Hauptverantwortlichen kann auch einer instrumentellen, strategischen Logik folgen. Zum einen werden Erwägungen zur Kommunizierbarkeit des eigenen Anliegens und zur Mobilisierungswirkung angestellt. Besonders verwerflich erscheinende Anschläge (also gerade auch solche auf Unschuldige oder weniger Schuldige) sind schwerer als politische Aktion vermittelbar und könnten (so etwa PSG3 in Bezug auf Anschläge auf Kinder) hinsichtlich der »public relations« der Gruppe nachteilig sein und eine rationale politische Auseinandersetzung verhindern. Auch der Sympathiegewinn in der eigenen Bezugsgruppe erscheint umso fraglicher, je mehr Personen viktimisiert werden, die als unbeteiligte und unschuldige erscheinen. Die Erläuterung und Begründung von Anschlägen, gegenüber Feind- wie Bezugsgruppen, wird durch die Konzentration auf Hauptverantwortliche erleichtert. Zum anderen kann die Orientierung an Hauptverantwortlichen unter dem Aspekt einer – wenigstens partiellen – *incapacitation* gesehen werden. Ein Giftangriff auf einen Kongress mit Vertretern aus Politik und Wirtschaft erscheint PSG6 attraktiv, weil dies nicht nur die (im moralischen Sinne) »richtigen Leute« trifft, sondern weil diese zugleich die (funktional) »wichtigen« Personen seien (PSG6_GS3). Auch in PSG8 wird eine Verquickung von moralischer, expressiver und praktischer Wirkung eines Angriffs auf Hauptverantwortliche gesehen. »Ich möchte Führungskräfte umbringen […] der Bundeswehr«, so ein Planspieler, das habe »eine große symbolische Wirkung, und es hätte auch eine praktische Wirkung, weil das genau die, die Tiere sind, die in den violetten Ländern für Not und Elend sorgen« (PSG8_GS4). Eine Waffenfabrik wird von einem anderen als Angriffsziel vorgeschlagen, »weil es ein Signal ist, weil es konkret um diese Leute geht, die auch drin verstrickt sind […], und vor allem, es tut auch finanziell ein bisschen weh« (PSG8_GS4).

Wenn Anschläge auf Zivilisten gleichwohl erwogen und geplant werden, so zunächst beeinflusst durch Machbarkeitserwägungen. Komplexe Infrastruktursysteme zu schädigen erscheint oftmals schwierig, hochrangige Verantwortungsträger scheinen gut geschützt. Zivile Menschenmengen stellen demgegenüber relativ leicht angreifbare *soft targets* dar. In PSG11 etwa spielt die Frage, ob Zivilisten getroffen werden sollen bzw. deren Tötung in Kauf genommen werden soll, früh in der Diskussion eine Rolle. Wenngleich sich zwei Spieler in der dritten Planspielsitzung dafür aussprechen, Zivilisten nicht auszusparen, fokussiert sich die Zielsuche zunächst auf Politiker. Schon in der vierten Sitzung wird aber angesichts von Machbarkeitsproblemen die bis zum Schluss weiterverfolgte Idee entwickelt, eine Sprengung in einem Zug herbeizuführen.

> Andi: Wie willst du jetzt zum Beispiel die Stromversorgung […] irgendwie angreifen? Guck mal, wir drei, wir drei!
>
> […]
>
> Andi: Das ist ja überhaupt nicht realistisch. Wir drei, wie, wie solln, wie wolln wir das denn machen? […] Rathaus finde ich schon schwer. Und das andere ist noch viel schwerer.
>
> Janina: Ja gut, wenn ihr halt nicht so viele Unschuldige mit reinziehen wollt.
>
> Andi: Ne, es, es geht, es geht nicht unbedingt um Unschuldige. Ich denk mal, es geht darum, das durchzuführen, dass es schwer werden wird.
>
> Christie: Gut, aber das Rathaus mit 'ner Bombe ist genau so schwer wie das Stromwerk.
>
> […]
>
> Andi: Dann können wir auch […] irgend 'nen Zug sprengen. Dann machen wir es uns ganz einfach. Verstecken wir da 'ne Bombe, und dann gehen wir wieder raus.
>
> (PSG11_GS4)

Neben derart pragmatischen Fragen der Realisierbarkeit von Anschlägen können auch strategische und taktische Überlegungen zivile Opfer attraktiv erscheinen lassen. Zivile Massenviktimisierungen erscheinen besonders geeignet zur Erzeugung größtmöglicher Aufmerksamkeit sowie – damit verbunden – zur Angst- und Schadensmaximierung. So trägt ein Spieler in PSG1 vor, dass es als »Zeichen«, um Aufmerksamkeit zu generieren und um andere zu »gewinnen«, effektiv wäre, »eine große Masse an nichtvioletten Zivilisten« der »Spaßgesellschaft« zu treffen (PSG1_GS3). Auch in PSG6 wird unter dem Aspekt der Aufmerksamkeit ein Anschlag auf Zivilisten erwogen: »Ich würd gern was machen, was plusminus leicht zu realisieren is', […] und es soll, finde ich, viel Aufmerksamkeit erregen, und für mich wär's deswegen auch hinnehmbar, wenn dabei Zivilisten und unter Umständen auch Violette dabei getötet werden (---) aber um eben 'ne große Medienaufmerksamkeit und große Erschütterung irgendwie hinzukriegen« (PSG6_GS4). In PSG2 wird der Gedanke entwickelt, dass die durch zivile Opfer zu erzeugende weit verbreitete Angst am ehesten geeignet sei, eine Logik der Schadensmaximierung umzusetzen und politischen Druck aufzubauen. Das Thema Angstmaximierung durch zivile Opfer wird auch in PSG3 ausführlich erörtert. Die »allgemeine Bevölkerung« soll »zermürbt« werden: »Sie sollen sich in ihrem eigenen Land nicht mehr sicher fühlen« (PSG3_GS2). In diesem Zusammenhang werden einerseits größtmöglicher Schaden und ein infernalisches Szenario angestrebt, andererseits wird erwogen, durch regelmäßige, gegebenenfalls auch kleinere Anschläge das Sicherheitsgefühl nachhaltig zu beeinträchtigen – die Zielauswahl soll dabei eine ubiquitäre Viktimisierungsfurcht sicherstellen.

In normativer Hinsicht wird das Problem des Angriffs auf Zivilisten vorwiegend durch die Kollateralschadenslogik der Unvermeidbarkeit, durch Mitschuldlogik in individueller Responsibilisierung sowie durch Reziprozitätslogik in kollektiver Responsibilisierung gelöst bzw. teilweise so transformiert, dass Zivilisten eine eigenständige Attraktivität als Anschlagsziele gewinnen.

1. Unvermeidbarkeit. Für die Gruppen entsteht das Problem, dass im Rahmen von Anschlägen, die sowohl grundsätzlich attraktiv als auch mit den eigenen Fähigkeiten und Ressourcen umsetzbar erscheinen, zivile Opfer häufig unvermeidbar wirken. Daraufhin stellt sich eine pragmatisch begründete Akzeptanz von Kollateralschäden ein. So wird etwa in PSG7 wiederholt von einem Spieler vorgetragen, dass zivile Opfer vermieden werden müssten, worauf ein anderer erwidert: »Wir ham gesagt, wir wolln es vermeiden, aber wenn es sich nicht vermeiden lässt, […] dann is' das so« (PSG7_GS3). Auch in PSG1 wird festgestellt, dass sich zivile Opfer angesichts der meisten Anschlagsszenarien schwer vermeiden ließen. Die Überlegung, für einen Angriff auf Polizisten eine Veranstaltung auszuwählen, an der ausschließlich Polizisten teilnehmen, wird verworfen, weil man dort selbst zu sehr auffallen würde und die Erfolgswahrscheinlichkeit reduziert wäre. Die Möglichkeit ziviler Opfer wird schließlich als unvermeidlich hingenommen und akzeptiert bzw. verdrängt und negiert:

> Andi: So viele Opfer wie möglich.
>
> Benjamin: Zivilisten werden wir da nicht … also wir werden keinen treffen, der nicht auf dem Gelände ist (P ca. 8 Sek.) wir haben jetzt die ganzen Böller … (PSG1_GS15)

Wer sich auf dem Polizeigelände befindet, so wird es hier gedeutet, ist kein wirklicher Zivilist – und das beschaffte Schwarzpulver soll nun auch eingesetzt werden.

2. Individuelle Responsibilisierung. Im Rahmen von Responsibilisierungsmustern scheint ein Angriff auf Zivilisten legitim oder gar attraktiv, insofern diesen auch persönliche Schuld zugeschrieben wird. Der »Zivilist« als unbeteiligter Unschuldiger existiert dieser Logik zufolge eigentlich nicht. Das in der Planspielpropaganda beinhaltete (aus dschihadistischer Literatur übernommene) Argument, dass es in Demokratien keine wirklichen Zivilisten gebe, wird in verschiedenen Gruppen erörtert und kaum pauschal zurückgewiesen. Durchschnittspersonen kann außerdem vorgeworfen werden: mehr oder minder aktive Unterstützung der feindlichen Hauptverantwortlichen (»Mitmachen«), üble Gesinnung (»Rassisten«) oder Duldung der Verhältnisse bei sträflicher Widerstandslosigkeit.

Zu dem Gedanken, dass es unter »den Rassisten« keine wahren Zivilisten gebe, wird etwa in PSG1 kommentiert: »Das ist heftig, ne? Ihr habt die gewählt, also seid ihr auch schuld daran« (PSG1_GS2). Wenngleich die Gruppe bei ihrer Anschlagsplanung grundsätzlich an Hauptverantwortlichen orientiert bleibt, zeigen sich auch Tendenzen der Ausdehnung der Schuldzuschreibung. Als ein Spieler fragt, ob so viele Opfer wie möglich generiert werden sollen, erhält er die Antwort: »Ja. Also ich meine, die machen ja auch alle mit dabei. Ob es nun Zivilisten sind oder Polizisten oder Bundeswehr« (PSG1_GS3). Auch PSG6 erörtert die Verantwortung von Wählern, in PSG10 geht ein Spieler von einer Mitschuld »der Leute« am Regierungshandeln aus, »weil sie selbst nichts dagegen tun« (PSG10_GS3), PSG7 will zivile Opfer nach Möglichkeit vermeiden, rechtfertigt diese, falls sie unvermeidbar seien, aber ebenfalls mit dem Hinweis darauf, dass »im Endeffekt« auch Zivilisten »irgendwie« schuldig seien, »und wenn da ein paar Unschuldige sind – wir sind ja auch letztendlich unschuldig« (PSG7_GS4). Angesichts des Wählerarguments wird in der Gruppe das Problem gesehen, dass die aktuelle Regierung nicht von allen gewählt worden sei – während die Responsibilisierung von Wählern der Regierungspartei(en) vergleichsweise plausibel erscheint. Eher umstandslos wird die Schuld von Zivilisten in PSG5 akzeptiert:

> Benjamin: Und zivile Opfer gibt es nicht.
>
> Bernd: Dadurch, dass jeder ein Rassist ist.
>
> (PSG5_GS2)

3. Kollektive Responsibilisierung/Reziprozität. Im Sinne einer Logik kollektiver Verantwortung und kollektiver Reziprozität wird die Tötung von Zivilisten damit gerechtfertigt, dass von der Gegenseite auch violette Zivilisten getötet werden. Dabei können eigene Taten als verhältnismäßig kleine interpretiert werden. Nachdem in PSG11 darauf hingewiesen wurde, dass bei der Sprengung eines Zuges möglicherweise 1.000 Tote resultieren könnten, antwortet eine Spielerin: »Ja, Pech gehabt. Es (geht) aber um Millionen, es geht um Millionen Violette, da jucken mich doch die tausend Zivilisten nicht« (PSG11_GS4). Relativ ausführlich wird das Thema kollektiver Reziprozität in PSG3 diskutiert, wo auch darüber nachgedacht wird, die Komplementarität für das Anschlagspublikum zu inszenieren und diese zu kommunizieren. »Du kannst halt direkt darauf hinweisen«, so ein Spieler, »wie soll ich sagen, ja, es mag sein, dass es jetzt Verletzte, Tote oder was weiß ich was gab, aber dieselben Schäden haben wir tagtäglich zu Hause, also dass du wirklich 'ne, 'ne Balance ziehst nach dem Motto: Okay, wir sind nicht der Ursprungsaggressor beziehungsweise derjenige, der hier übers Ziel hinaus schießt« (PSG3_GS2). Erwogen wird von einem Spieler der Gruppe auch, Viktimisierungen in Neuseeland möglichst genau zu reproduzieren und Anschläge als direkten Gegenpart zur Tötung von Violetten zu präsentieren: »Wenn […] man's schafft, das irgendwie zu kreieren, da könnte man wirklich, hab ich jetzt grad 'nen Flyer vor Augen oder, ähm, auf den Flyer quasi Bilder von dem, äh, von dem Event in Neuseeland nimmst und sagst: Sieht aus wie das, was ihr gerade jetzt erlebt habt, war aber da und da, und zwar täglich« (PSG3_GS2).

In die Wahl von »Hauptverantwortlichen« oder Ansammlungen von »Zivilisten« als Anschlagsziele können, so zeigt sich, verschiedenste strategische, normative, pragmatische und weitere Motivzusammenhänge einfließen. Dabei sind manche Zusammenhänge zur Zielwahl klarer – das Anliegen der Angstmaximierung wird zum Beispiel eher zum Angriff auf Zivilisten leiten –, während andere keinesfalls eindeutig sind: Der Gedanke einer möglichst guten »Kommunizierbarkeit« des politischen Anliegens kann in Passung gebracht werden zur Auswahl von Hauptverantwortlichen (bessere Erklärbarkeit und Legitimierbarkeit des Anschlags) wie zum Angriff auf Zivilisten (mehr Aufmerksamkeit für das eigene Anliegen). Dass schon solchen einzelnen Sinnzusammenhängen Eindeutigkeit oft ermangelt und zudem zahlreiche Sinnzusammenhänge in verschiedensten Kombinationen auftreten (oder im Einzelfall auch nicht thematisiert werden) können, kann als ein Grund dafür gesehen werden, dass strategiebasierte systematische und konkretisierte Modelle der Zielwahl schwer zu erstellen sind.

Vor dem Hintergrund der aus den Planspielergebnissen destillierten *Hauptselektionsmechanismen* erklärt sich die Attraktivität von Hauptverantwortlichen Personen als Anschlagszielen wesentlich aus dem Prinzip der Schuldorientierung, aber auch aus weiteren Faktoren. Entscheidungsträger repräsentieren feindliche Kollektive in herausgehobener Weise, Angriffe auf eine begrenzte Menge von »Hauptverantwortlichen« können als erheblicher, aber durch die Vermeidung ziviler Opfer nicht exzessiver Schaden gedeutet werden, und für Angriffe auf »Hauptverantwortliche« stehen zahlreiche Rollenvorbilder bereit. Nachteilhaft aus Täterperspektive ist der regelmäßig gegebene besondere Schutz einschlägiger Personen und Institutionen, was die Vulnerabilität (unter Berücksichtigung eigener Ressourcen) reduziert, den Zugang erschwert und das Entdeckungsrisiko erhöht und eine Verlagerung zu *soft targets* wahrscheinlicher macht (vgl. Abbildung 10).

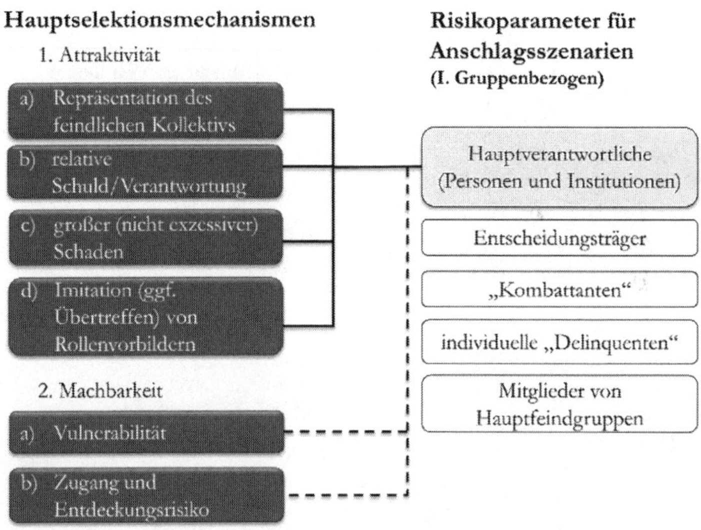

Abbildung 10: Risikoparameter – Hauptverantwortliche

Anschläge auf relativ beliebige Zivilisten folgen ebenfalls einer Serie von Rollenvorbildern und illustrieren die auf das feindliche Kollektiv als Ganzes gerichtete Zielrichtung des Anschlags durch den Ausdruck der Irrelevanz des Einzelnen und der Zufälligkeit individueller Opfer. Darüber hinaus sind es Machbarkeitsgründe (hohe Vulnerabilität, leichter Zugang und geringes Entdeckungsrisiko *ex ante*), die die Wahl ziviler Menschenansammlungen als Anschlagsziele befördern. Ambivalent ist dagegen die Orientierung an relativer Schuld bzw. Verantwortung sowie am Prinzip eines großen, aber nicht exzessiven Schadens. Gegen Anschläge auf Zivilisten spricht, dass die Verantwortung der Opfer aufwendiger konstruiert werden muss und dass der Schaden die Grenze des exzessiv Erscheinenden übersteigen kann. Gelingt dagegen die individuelle oder kollektive Responsibilisierung von Zivilisten und die Ausweitung der Grenze des Exzessiven (vor allem via Kontrastierung mit dem Leid der Eigengruppe), so können Anschläge auf Zivilbevölkerung nicht nur den Charakter eines pragmatisch-behelfsmäßigen Ausweichens auf *soft targets* haben, sondern auch in diesen Hinsichten eigenständig attraktiv werden (vgl. Abbildung 11).

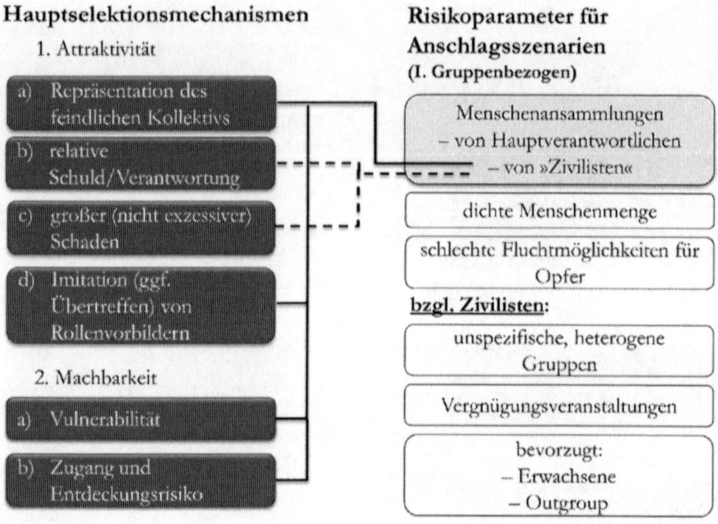

Abbildung 11: Risikoparameter – Zivilisten

4.1.2 Systembezogen: zentrale Lage, Bekanntheit, Vitalität, Kritikalität[69]

Neben der Wahl von Opfergruppen sind für die Zielwahl systembezogene, räumliche und funktionale Kriterien relevant. Ein erhöhtes Anschlagsrisiko kann für allgemein bekannte und zentral gelegene Orte angenommen werden (vgl. Abbildung 12). Oft ohne dass diese Aspekte explizit als Kriterien der Zielwahl diskutiert würden, sind die meisten von den Planspielgruppen gewählten Anschlagsziele (insbesondere die vorgabenunabhängig selbst gewählten) in der Stadt bekannte Objekte in zentraler Lage. Gleiches gilt im Ergebnis – ohne dass entsprechende Zielwahlabwägungen bekannt wären – auch für Realfälle: Ein großer Teil der von Dschihadisten angegriffenen oder im Planungsprozess in den Blick genommenen Ziele liegt in Innenstadtbereichen; Ausnahmen sind aber etwa Angriffe auf Züge (wie in Madrid, 9-ES1, oder im Fall der »Kofferbomber«, 4-DE4) oder Erwägungen zu Angriffen auf Flughäfen, Fußballstadien oder Militäreinrichtungen. Auch sind die Objekte, die in Realfällen ins Visier geraten, oft allgemein bekannte Orte. Auch hier bestehen, bei übergeordneter Bedeutung anderer Selektionsparameter, Ausnahmen – etwa bei Plänen zu Anschlägen auf eher unbekannte jüdische Einrichtungen.

Die Bedeutung des Kriteriums der Bekanntheit erklärt sich partiell schlicht aus dem Umstand, dass weithin bekannte Orte auch mit höherer Wahrscheinlichkeit in der Tätergruppe bekannt sind und somit überhaupt als mögliche Ziele ins Bewusstsein treten können. Orte, welche einer größeren Anzahl von Gruppenmitgliedern bekannt sind, haben eine größere Chance, im Zielbrainstorming eingebracht zu werden. Für Orte, die allgemein bekannt sind, erhöht sich auch die Wahrscheinlichkeit, dass sie *allen* Gruppenmitgliedern bekannt sind, und damit die Chance, dass sich die Mitglieder auf dieses Ziel einigen können. Zusätzlich sind allgemein bekannte Orte auch solche, bei denen eine erhöhte Wahrscheinlichkeit dafür besteht, dass die Gruppenmitglieder diese nicht nur vom Hörensagen kennen, sondern auch schon einmal vor Ort waren und persönlich damit *vertraut* sind; auch dies befördert die Chance der Auswahl als Anschlagsziel.

69 Die Darstellungen zu Vitalität und Kritikalität basieren auf Auswertungsarbeiten, die schwerpunktmäßig von Martin Carrillo Aravena durchgeführt wurden (vgl. Fischer et al. 2014: 160f.).

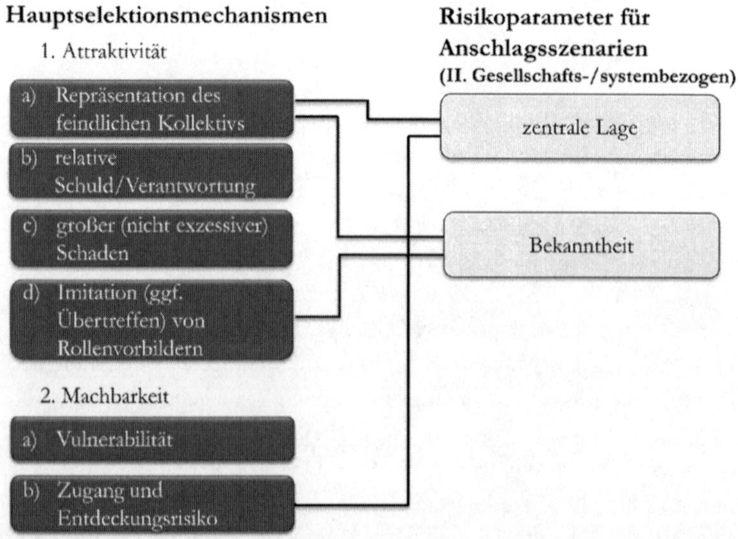

Abbildung 12: Risikoparameter – Zentrale Lage und Bekanntheit

Neben diesen, geteilte Wissensbestände um Orte betreffenden Faktoren sind Fragen der Repräsentation relevant. Kulturell, politisch oder wirtschaftlich symbolische Orte sind allgemein bekannte und oft auch zentral gelegene Orte. Über den Parameter der Bekanntheit wird also das für terroristische Zielwahlen häufig als wichtig genannte Kriterium der Symbolik mit abgedeckt und seine Operationalisierung vereinfacht. Zusätzlich zur Nutzung der Symbolik spezifischer Orte symbolisiert ein Anschlag in zentraler Lage *per se*, dass die zu sanktionierende Gesellschaft in ihrem Kern getroffen wird. Anschläge auf bekannte Orte erhöhen zudem die Spektakularität des Ereignisses, was im Sinne der allgemeinen Formel »Erzielung von Aufmerksamkeit« ebenso Vorteile verspricht wie als Weg, Rollenvorbildern nachzueifern und diese gegebenenfalls noch zu übertreffen. Schließlich bieten unter dem Gesichtspunkt des Entdeckungsrisikos zentral gelegene Innenstadtbereiche günstigere Gelegenheiten für eine eventuell beabsichtigte Flucht.

Für geplante Angriffe auf Infrastruktureinrichtungen geraten funktionale Aspekte in den Blick der Planspielerinnen: Vitale und als kritisch eingeschätzte Objekte sind einem erhöhten Anschlagsrisiko ausgesetzt (vgl. Abbildung 13). Vitalität bezieht sich auf die Bedeutung, die das zu störende Infrastruktursystem für das tägliche Leben der angegriffenen Gesellschaft besitzt: Vital sind »targets [that] are critical to a society's day-to-day functioning« (Clarke/Newman 2006: 94). Grundsätzlich erscheinen bei infrastrukturbezogenen Angriffen schwerere gesellschaftliche Störungen attraktiver als geringere, weshalb die Planspieler vitale Bereiche zu identifizieren versuchen; in diesem Zusammenhang werden Anschläge auf zum Beispiel die Elektrizitätsversorgung, die Wasserversorgung oder auf Verkehrsknotenpunkte attraktiv. Exzessiv erscheint allerdings oftmals eine breitflächige Trinkwasservergiftung mit der dabei vorgestellten Massentötungswirkung.

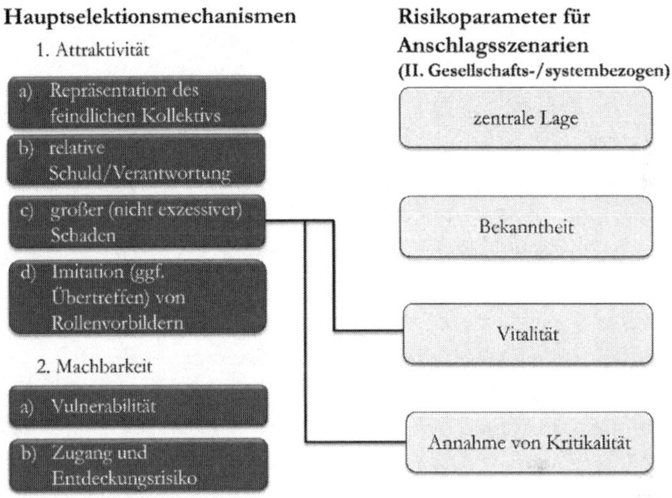

Abbildung 13: Risikoparameter – Vitalität und Kritikalität

»Kritikalität« bezieht sich im Unterschied zur »Vitalität« nicht auf das gesamte zu störende Infrastruktursystem, sondern auf seine einzelnen Bestandteile. Kritische Bestandteile sind Objekte, deren Zerstörung oder Manipulation das jeweilige Infrastruktursystem substanziell funktional beeinträchtigt. Versuchen laienhafte Anschlagsplaner, kritische Bestandteile in Infrastrukturen zu identifizieren, so kann das Ergebnis deutlich von Expertenbeurteilungen abweichen; dies gilt insbesondere für komplexe Versorgungsinfrastrukturen wie etwa die Energie- oder Wasserversorgung. Wo nur ein vages Alltagsverständnis über die Funktionsweise der betreffenden Systeme zur Verfügung steht, hängen die Beurteilungen stark von den mit moderatem Aufwand recherchierbaren Informationen ab.

Bei Einschätzungen der Kritikalität orientieren sich die Planspielerinnen insbesondere an der *Identifizierbarkeit entscheidender Knotenpunkte* sowie an *Annahmen über die Geschwindigkeit der Systemwiederherstellung.* In beiden Hinsichten stellen sich für Ersttäter ohne einschlägige Fachkenntnisse im Falle von Versorgungsinfrastruktureinrichtungen erhebliche Probleme. Die Planspieler versuchen, die Organisationsstruktur von Infrastruktursystemen nachzuvollziehen, wobei ein netzwerkartiger Aufbau – wie im Falle der Wasser- und Stromversorgung – die Identifikation kritischer Anlagen und Anlagenteile erheblich erschwert. Schon aus diesem Grund werden derartige Ziele von vielen Gruppen bereits frühzeitig ausgeschlossen. Wo die Planspieler (meist nach einer entsprechenden Infrastrukturvorgabe, so z. B. PSG6 und PSG8) dennoch versuchen, in netzwerkartig organisierten Infrastruktursystemen Schwachstellen aufzufinden, vermuten sie diese in Orten der Einspeisung (Wasserwerke, Kraftwerke) oder an multiplen Knotenpunkten. Der Suche danach nähern sich die Planspieler durch die Recherche von schematischen Netzplänen sowie über Berichte über vergangene Störungen und Ausfälle. Angestrebt werden lang anhaltende, wenig attraktiv sind dagegen kurzfristige Störungen von Infrastruktursystemen; nur im ersteren Falle wird mit einem für weite Teile der Bevölkerung spürbaren Effekt und der erhofften Aufmerksamkeit gerechnet. Problematisch aus Täterperspektive ist es daher, wenn – wie häufig im Fall der Elektrizitätsversorgung – von Systemredundanzen, Kompensationsmöglichkeiten und einer zügig erfolgenden Wiederherstellung ausgegangen wird. Insgesamt ist die Kritikalität einzelner Anlagenteile im Bereich der Versorgungsinfrastruktur aus Laiensicht nur schwer zu beurteilen, und Gruppen, die bis zuletzt an Anschlagsplänen auf entsprechende Systeme festhalten, können die Unsicherheiten bezüglich der Auswirkungen trotz umfangreicher Recherchen nicht ausräumen. Subjektiv einfacher gestaltet sich dies im Bereich der Verkehrsinfrastruktur, wo etwa zentrale Bahnhöfe oder viel befahrene Tunnel auf der Basis von Alltagswissen als kritisch bewertet werden.

In Realfällen finden sich verschiedentlich Erwägungen bezüglich infrastruktureller Störungen, aber – abgesehen von der Verkehrsinfrastruktur – bislang keine Umsetzungen oder fortgeschrittenen Planungen. Hauptgrund sind dabei vermutlich Verlagerungen zu *soft targets* angesichts von Machbarkeitsproblemen. Welche Rolle Vitalität und Kritikalität in Realfällen bei Entscheidungsprozessen für Anschläge auf die Verkehrsinfrastruktur spielen, ist auf der Basis der vorliegenden Informationen kaum bestimmbar. Die 7/7-Anschläge von London trafen einen wichtigen Verkehrsknotenpunkt (vgl.

Jordán 2008), in anderen Fällen waren auch weniger kritische Streckenabschnitte im Visier. Anzunehmen ist, dass für derartige Angriffe die Generierung zahlreicher Opfer im Vordergrund steht und Beeinträchtigungen des Verkehrssystems eine untergeordnete Rolle spielen. Das Ziel des Angriffs auf wirtschaftlich vitale Bereiche wird gelegentlich thematisiert – so sagte Richard Reid (13-FR3) vor Gericht, es sei ihm mit dem Anschlag auf einen Transatlantikflug um die wirtschaftliche Schädigung der Airline gegangen. Im Fall des versuchten Anschlags auf ein im Jemen gestartetes Frachtflugzeug führt *Inspire* 3 (2010) ausführlich die Vorzüge wirtschaftlicher Schäden aus. Im Fall (bislang seltener) Anschlagsplanungen auf Versorgungsinfrastrukturen kann jedenfalls plausibel angenommen werden, dass Vitalität und Kritikalität für Realfälle planspielanaloge Risikoparameter darstellen.

4.2 Szenariopräferenzen

Die Wahl von Anschlagsmitteln ist mit der Wahl von Anschlagszielen eng verknüpft. Allerdings lässt sich keine einfache zeitliche und logische Abfolge in der Wahl von Zielen und Mitteln beobachten. Es verhält sich also nicht so, dass die Planspieltäterinnen jeweils zunächst ein Ziel wählen und dann nach passenden Mitteln suchen. Auch wird nicht schlicht zielunabhängig ein Mittel gewählt und dann ein passendes Ziel selektiert. Statt von getrennten und sukzessiven Prozessen der Ziel- und Mittelwahl auszugehen, ist es realitätsnäher, diese als interdependent und integriert zu betrachten. Zum einen können ungefähre Zielvorstellungen Mittelwahlen anregen und Mittelpräferenzen Zielwahlen mitbestimmen – je weiter der Planungsprozess fortgeschritten ist, und je mehr Anschlagsmittel bereits beschafft oder präpariert sind, desto stärker neigt die sich verfestigende Mittelwahl dazu, finale Zielwahlen mit anzuleiten. Zum anderen umfassen in der Regel schon erste Einfälle, spätestens frühe Sondierungen von Angriffszielen bereits Überlegungen zu den einzusetzenden Angriffsmitteln (entwickelt wird etwa die Idee eines *Bombenanschlags* auf U-Bahn-Station X, nicht nur der Gedanke, die betreffende Station *irgendwie* zum Angriffsziel zu machen). Generiert und gewählt werden also typischerweise *Gesamtszenarien* – wobei es zu Anpassungsprozessen kommen kann, wenn zum Beispiel erwogene Zielorte als zu gut gesichert oder Mittel (in hinreichendem Umfang) als nicht beschaffbar erscheinen.

Jenseits der praktischen Erfordernisse, dass das Anschlagsmittel zu einem präferierten Gesamtszenario passen muss und Beschaffung, Konstruktion und Einsatz der Mittel mit den Kompetenzen und Ressourcen der Gruppe zu bewerkstelligen sein müssen, lassen sich Mittel und Ziele betreffende Szenariopräferenzen beobachten, die sich partiell, aber nicht ausschließlich instrumentell erklären: In den Anschlagsideen kristallisieren sich regelmäßig eingesetzte, dominante Mittel heraus, Mehrfachanschläge erscheinen häufig attraktiv, und es besteht eine Tendenz zur Wiederholung früherer Szenarien.

4.2.1 Dominante Mittel

Szenarien, die sich mit Spreng- und Brandsätzen durchführen lassen, sind als wahrscheinlicher einzuschätzen als andere Szenarien. Es folgen Szenarien unter Einsatz von Schusswaffen sowie von Stich- und Schnittwaffen (vgl. Abbildung 14).

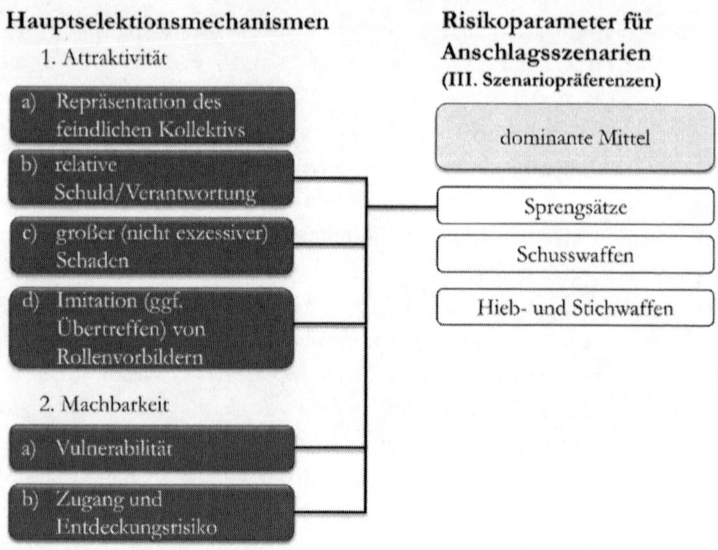

Abbildung 14: Risikoparameter – Dominante Mittel

In der globalen Dschihadpropaganda sind verschiedentlich Innovationsaufrufe zu beobachten, was den Einsatz von Anschlagsmitteln anbelangt. Dies dürfte darauf zurückzuführen sein, dass anschlagsbereite Gruppen öfter in der Phase der Beschaffung von Materialien und des Baus von Bomben entdeckt und festgenommen wurden. Bislang wurden jedoch in den meisten Fällen Bombenanschläge geplant. Schusswaffen kommen gelegentlich zum Einsatz, Angriffe auf Einzelpersonen werden auch regelmäßig mit Stich- und Schnittwaffen unternommen (zum Beispiel Messer- und Machetenangriff auf van Gogh, 2004, 41-NL2, Messer- und Axtangriff auf Kurt Westergaard, 2010, 44-DK1, Messerangriff durch Roshonara Choudhry, 2010, 32-UK12, Messer- und Beilangriff auf Lee Rigby, 2013, 34-UK14). Zum Einsatz von Giften liegen Erwägungen in einigen Fällen vor (z. B. 43-NL4), die aber bislang nie weiterverfolgt und umgesetzt wurden.

Eine der dschihadistischen Propaganda entsprechende Anregung, alternative Mittel zur Bombe zu benutzen war auch in die »violettistische« Propaganda übernommen worden. Gleichwohl zeigt sich auch unter den Planspielgruppen ein entsprechender Mittelkonservativismus. Nur drei der elf Gruppen entwickeln vor der speziellen Infrastrukturvorgabe Anschlagsszenarien ohne den Einsatz von Sprengsätzen (PSG2: Mechanismus zur Zugentgleisung; PSG6: Gift-Anschlag; PSG10: Schusswaffenangriff). Nach der Infrastrukturvorgabe geht PSG6 zum Umsägen von Freileitungsmasten und PSG8 zu einer Trinkwasservergiftung über, während die Gruppe zuvor Sprengstoffanschläge auf Rüstungsfirmen mit Schusswaffenangriffen auf Waffenlobbyisten kombinieren wollte.

Der Konservativismus in der Mittelwahl bzw. die Dominanz von Sprengsätzen kann durch verschiedene Faktoren erklärt werden. Im Hinblick auf die Orientierung an Schuld bzw. Verantwortung spielt auch bei der Mittelwahl der Vergeltungsgedanke eine Rolle: Muslime in islamischen Ländern waren (wie auch Violette in violetten Ländern im Planspielszenario) Opfer von Bomben- und Drohnenangriffen westlicher Armeen, weshalb der Einsatz von Bomben prozedural einer talionischen Logik und Symbolik entspricht. Darüber hinaus ist die Wirkung von Bombenanschlägen bekannt und der durch sie hervorgerufene Schaden stark und konkret visualisierbar, während die Wirkung spezifischer Eingriffe in komplexe Infrastruktursysteme (selbst unter der Annahme, dass der Eingriff technisch gelänge) schwerer prognostizierbar ist. Hinsichtlich der Wirkung von Rollenvorbildern ergibt sich auch für die Mittelwahl ein selbstverstärkender Mechanismus: Für Bombenangriffe existieren zahlreiche Beispiele, und diese Reihe wird durch weitere Imitationen verlängert. Dabei wird die Übernahme eines Selbstbildes als Krieger und Kämpfer durch die mit dem Bombeneinsatz geweckten Kriegsassoziationen bestärkt. Unter Machbarkeitsgesichtspunkten sind Bomben mit geringem Entdeckungsrisiko, zum Beispiel in Koffern oder Taschen, transportierbar und an Anschlagsorte zu verbringen. Auch versprechen sie eine hohe Vulnerabilität angesichts eigener Ressourcen und Kompetenzen. Materialien zum Bombenbau erscheinen verhältnismäßig leichter zugänglich bzw. beschaffbar als andere (wie zum Beispiel Gifte). Die Kenntnisse in Konstruktion und Anwendung sind entweder vorhanden oder wirken grundsätzlich – etwa über Internetanleitungen – erwerbbar. Szenarien wie Wasservergiftung, Störung der Elektrizitätsversorgung oder Störung der Telekommunikation erfordern demgegenüber schwerer erwerbbares Expertenwissen.

Das Planspiel wurde vor den Erfolgen des »Islamischen Staates« konzipiert und bildet auch hinsichtlich der Mittelwahl dessen Besonderheiten nicht ab. In daher gegebenenfalls erforderlichen Anpassungen von Bedrohungsszenarien zeigt sich die mit zunehmender Konkretion steigende Relativität von Risikoparametern, während die Hauptselektionsmechanismen als fundierend und weiterhin gültig angenommen werden können. Der Islamische Staat hat sich unter anderem mit einer Reihe prominent inszenierter Enthauptungen hervorgetan. Angesichts der starken Wirkung von Rollenvorbildern kann vermutet werden, dass die Attraktivität dieser Tötungsmethode sowie, erweitert, möglicherweise der Einsatz von Schnitt-, Hieb- und Stichwaffen überhaupt auch unter unabhängig operierenden europäischen Dschihadisten angestiegen ist. Aufgrund der sehr problemlosen Beschaffbarkeit eignen sich diese Waffen auch besonders für den ganz unprofessionellen Teil dschihadistischer Akteure. Umgekehrt dürfte mit der Rückkehr von kampferfahrenen und/oder besser vernetzten Dschihadisten aus Kriegsgebieten auch der Schusswaffeneinsatz unter (eigene Ressourcen und Kompetenzen einschließenden) Vulnerabilitätsgesichtspunkten erleichtert worden sein – worauf bereits verschiedene Anschläge bzw. Anschlagsplanungen hindeuten.[70]

70 z. B. der Anschlag auf Charlie Hebdo, 07.01.2015, oder die Anschläge vom 13.11.2015 in Paris.

4.2.2 Mehrfachanschläge

Das Risiko von Anschlägen erhöht sich unmittelbar nach einem erfolgten Anschlag. Dies gilt insbesondere für die bei einem ersten Anschlag getroffene Zielklasse, in vermutlich geringerem Maße auch für andere Zielklassen (vgl. Abbildung 15).

Mehrfachanschläge spielen in Realfällen eine beträchtliche Rolle. Bei nahezu allen Fällen durchgeführter oder versuchter Sprengstoffanschläge, an denen mehr als eine Person beteiligt war, handelte es sich um Mehrfachanschläge – so bei den Anschlägen in Madrid (2004, 9_ES1), in London (2005, 24-UK4), im Fall des Londoner 7/7-Nachahmungsversuchs (2005, 25-UK5), bei versuchten Anschlägen auf einen Londoner Nachtclub, eine Bushaltestelle und den Flughafen Glasgow (2007, 28-UK8) sowie im Fall der »Kofferbomber« in Deutschland (2006, 4-DE4). Hinweise auf die Planung von Mehrfachanschlägen liegen auch für die Sauerlandgruppe (2007, 5-DE5), die Al-Tawhid-Zelle (2002, 1-DE1) und die Planer von Anschlägen auf Transatlantikflüge (2006, 26-UK6) vor.

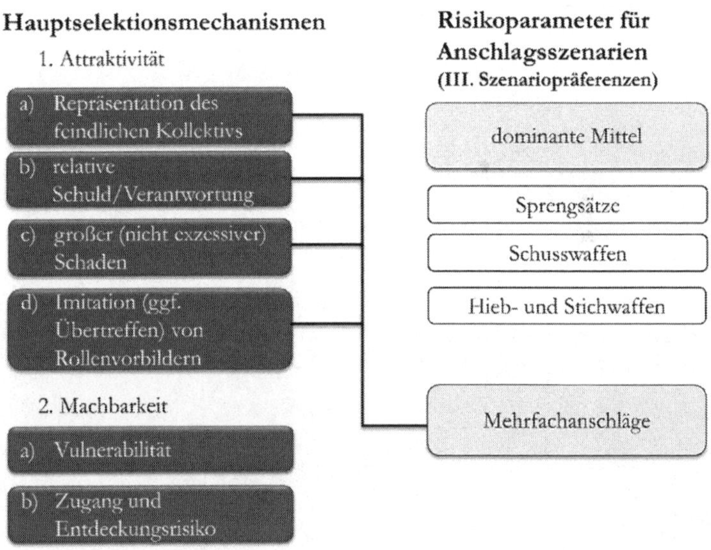

Abbildung 15: Risikoparameter – Mehrfachanschläge

Auch unter den Planspielern sind Mehrfachanschläge eine sehr regelmäßige Fantasie. PSG3 entscheidet sich für einen Anschlag auf eine U-Bahn-Station sowie eine in der Nähe stattfindende Silvesterfeier; PSG5 greift zwei Weihnachtsmärkte und einen zentral gelegenen U-Bahnhof an; PSG7 verübt einen Sprengstoff- und Brandanschlag auf ein Busdepot sowie auf mehrere Tanklastwagen; PSG8 plant (vor der Infrastrukturvorgabe) Sprengstoffanschläge auf Rüstungsfirmen und Schusswaffenangriffe auf Waffenlobbyisten; PSG9 verübt mehrere simultane Sprengstoffanschläge auf ein Volksfest; PSG11 plant vor der Infrastrukturvorgabe Anschläge auf einen Zug in einem zentralen Bahnhof und auf ein Volksfest und geht nach der Vorgabe zu einem Anschlag auf einen Regionalverkehrszug und einen Anschlag im Bereich des Flughafens über. In gewisser Weise (wenngleich anderer Logik folgend) verübt auch PSG2 einen Mehrfachanschlag in Form eines der letztlichen Tat vorgelagerten Probeanschlags. Auch die Gruppen, die letztlich keinen Mehrfachanschlag durchführen wollen, hatten zuvor über die Option diskutiert.

In den erwogenen Szenarien von Mehrfachanschlägen lassen sich verschiedene Varianten unterscheiden, wobei sich im Planspiel jeweils die erstere Version als dominant erwies:

Ziel- bzw. Opfertypen
- gleicher Zieltyp (zum Beispiel Menschenmengen)
- anderer Zieltyp

Zeitlich
- simultan oder kurz aufeinanderfolgend (hierbei unter anderem: Angriff auf Rettungs-/Einsatzkräfte)
- in einer Serie über einen längeren Zeitraum

Geografisch
- nahe gelegenes Ziel (vor allem: mehrere Bomben an einem Ort)
- Ziel an einem anderem Ort (zum Beispiel Sprengstoffanschlag auf ein Volksfest und eine S-Bahn)

Angewandte Mittel
- gleiches Mittel (vor allem: mehrere Bomben)
- unterschiedliche Mittel (zum Beispiel Sprengstoffanschlag und Schusswaffenangriff)

Mehrfachanschläge können aus verschiedenen Gründen attraktiv werden. Sie sollen, so die Absicht in PSG7, ein Gefühl von Jedermannbetroffenheit auslösen und folgen insofern der Regel der Repräsentation des feindlichen Kollektivs. Dabei kann insbesondere der Gedanke, mit einem Zweitanschlag

Rettungskräfte zu treffen, zum Ausdruck bringen, dass wirklich jedes Mitglied der Feindgruppe, unabhängig von individuellem Verhalten, gemeint ist. Hinsichtlich der Distribution von Schuld können Mehrfachanschläge dem Wunsch entsprechen, den eigenen Motivationszusammenhang umfänglich zeichenhaft abzubilden und die Komplexität der eigenen Haltung und Absichten genauer zu repräsentieren als ein einzelner Anschlag. So will PSG4 mit dem Anschlag auf den Hafen ein »Zeichen« im Hinblick auf Wirtschaft und Infrastruktur setzen und mit dem Anschlag auf die Behörde ein Zeichen für Gleichstellung und gegen Ungerechtigkeit (PSG4_GS6). Mit der breitflächigeren Schadenswirkung (PSG6, PSG7, PSG9) erhoffen sich die Spieler von mehreren Anschlägen auch eine höhere Spektakularität (z. B. PSG1), eine stärkere Angstwirkung (PSG2, PSG3, PSG7) und eine Erhöhung des resultierenden Chaos (PSG7, PSG9) – was sowohl der Imitation wie gegebenenfalls dem Übertreffen von Rollenvorbildern dienlich ist. Eine Rolle spielen auch praktische bzw. Machbarkeitserwägungen: Im Falle mehrerer Anschläge erhöhe sich die Wahrscheinlichkeit, dass wenigstens einer gelingt (PSG1). Auch der Wunsch, alle beschafften oder konstruierten Anschlagsmittel zum Einsatz zu bringen, trägt zum Gedanken an Mehrfachanschläge bei (PSG9). Schließlich können schlicht Entscheidungsschwierigkeiten zwischen verschiedenen Szenarien die Idee von Mehrfachanschlägen befördern (PSG11).

4.2.3 Szenariowiederholungen

Das Risiko für (bestimmte und ähnliche) Szenarien erhöht sich vermutlich, nachdem sie (einmal oder mehrfach) umgesetzt worden sind (vgl. Abbildung 16).

Für die Planspielerinnen zeigt sich eine starke Orientierung an Rollenvorbildern. Die Probanden führen zum Beispiel regelmäßige Diskussionen über die RAF; aber auch beim Fall Breivik, bei dschihadistischen Anschlägen oder bei Snipervorfällen werden Vergleichspunkte und Inspirationen gesucht. Die Gruppen zeigen ebenso ein großes Interesse an der Frage, welche Anschläge die Violette Befreiungsfront bereits durchgeführt habe. Hier kommt nicht nur das Moment der Selbstverortung in der Bewegung, sondern überdies das der Gruppenkonkurrenz zum Tragen. Beide Aspekte gemeinsam führen in der Tendenz zu Konservativismus und Eskalation: Die Täter orientieren sich an vergangenen Anschlägen, wollen hinsichtlich der Größe und Spektakularität des Anschlags aber nicht hinter ihren Vorbildern zurückstehen. Die Vorbildorientierung kann Zieltypen und Angriffsmodi betreffen, und Fragen der Attraktivität ebenso wie solche der Machbarkeit (was bereits erfolgreich umgesetzt wurde, kann offenbar in puncto Vulnerabilität sowie hinsichtlich des Zugangs und des Entdeckungsrisikos funktionieren).

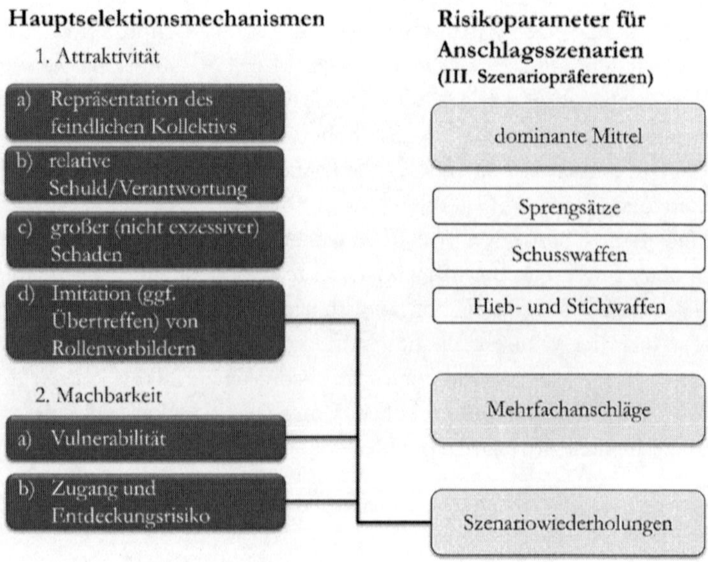

Abbildung 16: Risikoparameter – Szenariowiederholungen

Für Realtäter ist die Relevanz szenariospezifischer Vorbilder hinsichtlich der Wiederholung von Szenarien empirisch schwerer zu bestimmen. In dschihadistischer Propagandaliteratur werden Anschläge und Täter als Vorbilder inszeniert und gefeiert. Ein direkter Nachahmungsfall ist der Anschlagsversuch vom 21. Juli 2005 in London (25-UK5): So deponierten die Attentäter von 7/7 eine Bombe zufällig und planwidrig in einem Bus, während das gleiche Vorgehen von den Planern des 21. Juli beabsichtigt war. Die Rolle von Vorbildern dürfte auch wesentlich die zwischen Dschihadismus und Violettismus unterschiedliche Bedeutung des Flugverkehrs als Angriffsziel erklären: Während die Planspielterroristen angesichts der starken Sicherheitsvorkehrungen flugverkehrbezogene Szenarien meist schnell verwerfen, haben Dschihadisten angesichts starker Vorbilder eine größere Neigung zu solchen Szenarien. Unabhängig von (allerdings auch für Realfälle anzunehmenden) Vorbildwirkungen können sich Häufungen bestimmter Szenarien auch aus der jeweiligen Verfügbarkeit von Waffen, der je aktuellen Distribution von Kompetenzen, aus Trends im Skandalisierungsdiskurs (zum Beispiel beim Thema Islamkritik) sowie schließlich aus der typische Szenarien generierenden Wirkung der Selektionsmechanismen insgesamt ergeben.

4.3 Machbarkeitserwägungen[71]

4.3.1 Vulnerabilität

Vulnerabilitätseinschätzungen beziehen sich auf die Frage, ob an einem potenziellen Anschlagsziel mit den zur Verfügung stehenden Mitteln die gewünschte Schadenswirkung erreicht werden kann. Im Hinblick auf den Einsatz von Bomben werden von den Planspielern hierzu vorwiegend Probleme der Stabilität von Objekten sowie Sprengwirkungen in engen versus weitläufigen Räumen thematisiert. Für den Fall von Brandszenarien wird zudem die Brennbarkeit von Materialien diskutiert. Erörtert werden schließlich mögliche Schutzvorrichtungen, die eine Schadenswirkung einschränken oder neutralisieren könnten (vgl. Abbildung 17).

1. Instabilität. Im Rahmen von Sprengstoffanschlägen fragen sich die Planspielerinnen, wie stabil ein Objekt ist und ob es der Explosion einer Bombe standhalten könnte. Mangels eigener Erfahrung gehen die Ersttäter dabei in ihren Versuchen, die Sprengwirkung verschiedener Bomben einzuschätzen, meist von Angaben zu vergangenen Anschlägen aus. Basierend auf solchen Recherchen nimmt letztlich keine Gruppe an, einen Sprengsatz solcher Stärke präparieren zu können, dass damit ein ganzes Gebäude gesprengt werden könnte. Auch die als attraktiv bewertete Sprengung von prominenten Brücken oder Tunneln wird als nicht machbar eingeschätzt.

2. Enge Innenräume. Auch die Sprengung weitläufiger Areale, wie etwa von Umspannwerken oder Containerterminals, übersteigt nach Einschätzung der Planspielerinnen die eigenen Möglichkeiten. Dagegen werden bei Anschlägen, die auf die Maximierung von Opferzahlen ausgerichtet sind, enge

71 Die Darstellungen zu Machbarkeitserwägungen basieren auf Auswertungsarbeiten, die schwerpunktmäßig von Martin Carrillo Aravena durchgeführt wurden (vgl. Fischer et al. 2014: 161–165).

Innenräume als vorteilhaft eingeschätzt. Während beispielsweise ein Kinosaal als tendenziell zu weitläufig wahrgenommen werden kann (PSG5), bieten enge Durchgänge im Bereich unterirdischer U-Bahn-Haltestellen eine vermeintlich günstigere Tatgelegenheit. Über die Potenzierung der Sprengwirkung hinaus können sich Täter mit der Wahl geschlossener Räume auch eine schadhafte Rauchentwicklung erhoffen, die aufgrund von Vergiftungen zu weiteren Opfern führen soll (PSG3_GS8).

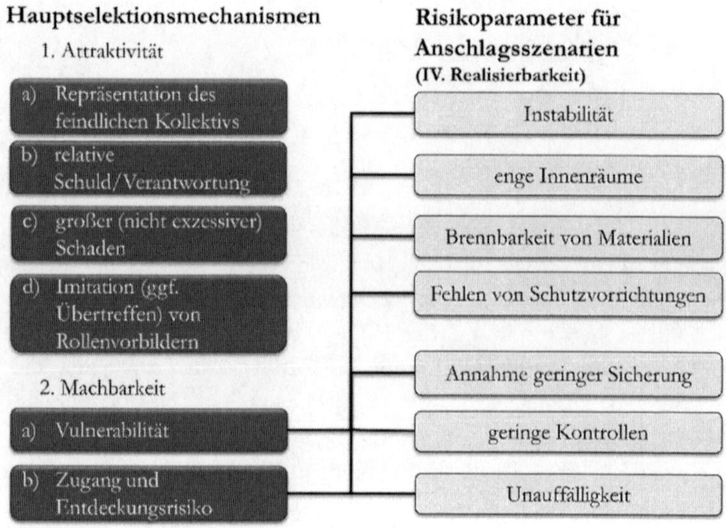

Abbildung 17: Risikoparameter – machbarkeitsbezogene

3. Brennbarkeit von Materialien. Nichtbrennbare Materialien, so die Befürchtung von Gruppen, die auf infernalische Szenarien abzielen, können die Schadenswirkung mindern. So vermuten PSG3 und PSG5, dass die im Bereich des öffentlichen Nahverkehrs verwendeten Materialien nicht brennbar seien, und folglich werde der Effekt eines Brandsatzes erheblich abgeschwächt (PSG3_GS2). Gruppe 5, die mit ihren Sprengsätzen einen Großbrand in einer U-Bahn-Haltestelle auslösen will, mischt deshalb zusätzlich Brandbeschleuniger bei. Zudem hoffen die Spieler, dass die einfahrenden Bahnen und der auf dem Bahnsteig befindliche Kiosk genügend brennbares Material bieten würden.

4. Fehlen von Schutzvorrichtungen. Neben den Schutzvorrichtungen, die die Kontrolle des räumlichen Zugangs und die Erhöhung der Entdeckungswahrscheinlichkeit betreffen (siehe unten), können Ziele durch Maßnahmen oder situative Umstände geschützt sein, die die eigentliche Tatbegehung erschweren. Ob als Schutzmaßnahme installiert oder schlicht konstruktionsbedingt, verringern physische Zugriffshindernisse die Wahrscheinlichkeit eines Angriffs umso mehr, je mehr ihre Überwindung zeitaufwendig und/oder (zum Beispiel aufgrund von Lärmentwicklung) auffällig ist oder spezielles Wissen und spezielle Werkzeuge voraussetzt. Im Falle von unterirdischen Wasser- und Stromleitungen etwa stellt bereits deren Lokalisierung die Planspieler vor Herausforderungen; entsprechend erscheint es ihnen regelmäßig wenig Erfolg versprechend, mehrere Meter tief nach diesen Leitungen zu graben. Neben unmittelbaren physischen Hindernissen werden solche (vermuteten) Schutzvorrichtungen als Probleme wahrgenommen, welche Manipulationen oder einsetzende Schadenswirkungen anzeigen. So wird häufig gegen eine Wasservergiftung eingewendet, die Gifteinspeisung könne ebenso wie der Druckabfall durch Lecks im Wasserrohr vermutlich durch entsprechende Sensoren detektiert werden; auch für die Energieversorgung nehmen die Planspieler an, Manipulationen könnten im Rahmen eines Systems zur Detektion von Störungen schnell entdeckt, lokalisiert und behoben werden. Schließlich werden wiederholt Schutzmaßnahmen thematisiert, die die Schadenswirkung neutralisieren könnten – wie etwa Wassersprinkler oder sonstige Brandschutzvorrichtungen. Dabei sind die Planspielerinnen hinsichtlich der Versorgungsinfrastruktur wiederum auf laienhafte Vermutungen angewiesen. So wird bezüglich einer möglichen Vergiftung des Trinkwassers oft angenommen, dass die Klärwerke die meisten Verunreinigungen und Gifte herausfiltern könnten – daher müsse man entweder Gift an geeigneten Stellen nach den Filteranlagen einleiten oder aber herausfinden, welche Verunreinigungen von der Anlage nicht erkannt werden. Diese vermuteten Schwierigkeiten bringen die Gruppen regelmäßig von der weiteren Verfolgung eines solchen Plans ab.

Für Realfälle liegen nur wenige Hinweise auf einzelne Vulnerabilitätserwägungen der Anschlagsplaner vor. Dass Überlegungen zur Vulnerabilität überhaupt angestellt werden, ist allerdings Voraussetzung eines einigermaßen rationalen Anschlagsplanungsprozesses und bestätigt sich empirisch auch in der Tendenz zur Verlagerung von ambitionierten, aber weniger vulnerablen Zielen auf *soft targets* im Zuge der Selektion von Angriffsobjekten (vgl. Kapitel II). In einzelnen Fällen sind spezifischere, und mit den Planspielergebnissen kongruente, Überlegungen bekannt. So hatten die »Kofferbomber« (4-DE4) in Erwägung gezogen, die Hohenzollernbrücke in Köln zu sprengen, sahen davon aber – analog zu den Stabilitätserwägungen der Planspielerinnen – wieder ab, da sie davon ausgingen, nicht die erforderliche Sprengkraft generieren zu können. An der Sauerlandgruppe (5-DE5) zeigt sich die Relevanz von Stabilitäts- in Verbindung mit Innenraumerwägungen auch für die Selektion innerhalb einer Zielklasse: Bei der Abwägung zwischen einem (von außen geschehenden) Angriff auf ein Pub und auf eine Disco wird in der Gruppe erörtert, dass die meisten Personen durch die Splitterwirkung der Bombe stürben; daher sei ein Pub besser geeignet, da bei einer Disco eventuell »gar kein Fenster und 'ne fette Mauer« zu erwarten sei, was den zu erwartenden Schaden reduziere – vielleicht stürze die Mauer ein, aber es stürben dann nur diejenigen, die neben dieser Mauer stünden (vgl. »Gesamtzusammenstellung« 2008). Die Relevanz der Vulnerabilitätsparameter insgesamt kann auf der Basis der verfügbaren Empirie zu Realfällen nicht sicher bestätigt, angesichts ihres technischen, von ideologischen Fragen vermutlich wenig beeinflussten Charakters aber plausibel angenommen werden.

4.3.2 Zugang und Entdeckungsrisiko

Erwägungen zu relativ leicht zugänglichen Orten mit relativ geringem Entdeckungsrisiko orientieren sich zunächst an spontanen Annahmen über die Sicherung von Objekten, sodann am Ausmaß von Zugangsbeschränkungen und Kontrollen sowie der Bewertung der eigenen Unauffälligkeit am Anschlagsort (vgl. Abbildung 17).

1. *Annahme geringer Sicherung.* Die Planspieler treffen erste Entscheidungen auf der Basis intuitiver und zunächst unüberprüfter Bewertungen über das angenommene Ausmaß der Sicherung diskutierter Anschlagsziele. Eine Annahme hoher Sicherung führt regelmäßig schon in der anfänglichen Brainstormingphase zum Ausschluss potenzieller Ziele; die Wahrscheinlichkeit eines Angriffs auf *vermeintlich* stark gesicherte Ziele ist entsprechend reduziert, was auf eine präventive, abschreckende Wirkung der Außendarstellung von Präventionsbemühungen hinweist.

Erste Einschätzungen über das Ausmaß der Sicherung von Objekten geschehen zum einen vor dem Hintergrund eigener Beobachtungen und Erfahrungen (zum Beispiel an Flughäfen, Fußballstadien oder Botschaften).

Des Weiteren gelten manche Orte ihrer Funktion nach als besonders gesichert (zum Beispiel Anlagen von Sicherheitsbehörden, Bundeswehr oder Rüstungsindustrie). Auch eine öffentliche Diskussion über anschlagsgefährdete Orte kann eine Rolle spielen, insofern für diese die Existenz besonderer Schutzkonzepte angenommen werden kann (zum Beispiel Weihnachtsmärkte, Hauptbahnhöfe, Großveranstaltungen, Kundgebungen von Politikern, Fußballstadien und Atomkraftwerke). Schließlich wird vom Bekanntheitsgrad von Personen sowie Betreibern, Institutionen und Firmen auf eine entsprechend hohe Sicherung geschlossen. Während Annahmen hoher Objektsicherung zum spontanen Ausschluss potenzieller Ziele führen können, verhält es sich anders, wenn eine Gruppe bereits Vorbereitungsaufwand in einen bestimmten Anschlag investiert hat. Werden zu einem solchen Zeitpunkt starke Sicherungsmaßnahmen angenommen oder erkannt, wird regelmäßig trotzdem am Anschlagsplan festgehalten.

Der Zusammenhang zwischen Annahmen über Sicherungsmaßnahmen und der Wahrscheinlichkeit einer Auswahl von Zielen ist vermutlich nicht linear. Denn auch Objekte, die als besonders gering gesichert erscheinen (zum Beispiel Bildungseinrichtungen, Autobahnen, Kraftfahrzeuge) werden von den Gruppen trotz der Annahme einer leichten Durchführbarkeit von Anschlägen nicht ausgewählt. Dabei spielt – neben anderen Attraktivitätskriterien – auch das Bestreben eine Rolle, etwas »Großes« zu machen und zum Zwecke der Selbstinszenierung einen ausgefeilten Angriffsplan zu entwerfen.

2. Geringe Kontrollen. Zugangsbeschränkungen und Kontrollen erweisen sich für die Planspieler als abschreckend. Letztlich wählt lediglich eine Gruppe (PSG7: Busdepot) einen nicht öffentlich zugänglichen Anschlagsort.

Ein Problem stellen zunächst Objekte dar, bei welchen der Zugang *spezielle Berechtigungen* erfordert. Risikoaverse Gruppen vermeiden solche Orte, um das Entdeckungsrisiko nicht nur vor und während, sondern auch nach der Tat zu minimieren. Andere Gruppen zeigen zwar die Bereitschaft, ein erhöhtes Risiko einzugehen, finden aber oft keine Wege, Zugangsbeschränkungen auf geeignete Weise zu umgehen. So wird gelegentlich erwogen (zum Beispiel PSG8), sich auf dem Wege eines Praktikums Zugang zu Infrastrukturbetrieben zu verschaffen, was aber andererseits als aufwendig und wenig hilfreich erscheint, da ein Zugang zu sicherheitsrelevanten Bereichen dabei nicht erwartet wird. Als Gelegenheiten zur Umgehung von Zutrittsbeschränkungen werden häufig auch Sonderveranstaltungen wie ein »Tag der offenen Tür« oder öffentliche Führungen genannt, zu denen die normalerweise gültigen Einlassregeln außer Kraft gesetzt oder gelockert sind; einige Gruppen nutzen derartige Gelegenheiten nicht zur Tatdurchführung, aber zur Auskundschaftung möglicher Angriffsziele. Angesichts der Komplikationen werden zutrittsbeschränkte Ziele letztlich aber regelmäßig verworfen. Neben grundsätzlichen Zugangsbeschränkungen sind – insbesondere da sich viele Gruppen frühzeitig auf die Verwendung von Sprengsätzen fokussieren – *Gepäckkontrollen* besonders problematisch. Doch auch sanftere Einlasskontrollen – wie die bloße Anwesenheit eines Pförtners oder die Notwendigkeit, beim Betreten einer Einrichtung einen Empfang zu passieren – entfalten teilweise eine abschreckende Wirkung. Besonders ungünstig erscheinen Orte, an denen sich regelmäßig und häufig *Sicherheitspersonal oder Polizeibeamte* aufhalten. Bei Auskundschaftungen diverser potenzieller Anschlagsziele achten die Planspieler explizit auf die Anwesenheit von Sicherheitspersonal, welches meist als ernsthaftes Hindernis wahrgenommen wird. Vernachlässigt wird die mögliche Anwesenheit von Sicherheitspersonal allerdings, wenn die Wahrscheinlichkeit der Anwesenheit als gering eingestuft wird.

Kameraüberwachung wird regelmäßig als Problem thematisiert. Sie entfaltet für die Planspieler eine hemmende Wirkung allerdings nur dort, wo – innerhalb des Spektrums attraktiv erscheinender Ziele – zwischen kameraüberwachten und nicht überwachten Orten gewählt werden kann. Wird die Kameraüberwachung als ubiquitär erlebt, so wird sie als unvermeidbarer Risikofaktor hingenommen. Für Spieler, die nach der Tat unerkannt bleiben wollen, stellt sich das Problem einer möglichen nachträglichen Identifizierung anhand von Kameraaufnahmen. Dies wird aber in den meisten Fällen als nicht so gravierend eingeschätzt, dass es zum Ausschluss der diskutierten Ziele reicht. Allenfalls wird versucht, die Vorgehensweise derart anzupassen, dass die Kameraaufnahmen möglichst unbrauchbar sind: Die Planspieler setzen sich Mützen auf, versuchen, nicht direkt in die Kamera zu schauen, benützen Masken etc. Fragen des Zugangs und der Verbringung der Anschlagsmittel an den Zielort haben gegenüber Fragen des Entdeckungsrisikos deutlich größere Relevanz. Oft vermuten die Planspieler, dass keine Livebeobachtung von Kamerabildern, sondern nur eine Aufzeichnung stattfinde, was die Taterfolgswahrscheinlichkeit nicht beeinträchtigt. Auch im Falle einer Beobachtung von Kamerabildern in Echtzeit wird allerdings zumeist angenommen, dass die Reaktionszeit der Sicherheitskräfte nicht schnell genug ist: Beim Szenario einer liegen gelassenen Kofferbombe lassen die Täter meist nur sehr kurze Zeiträume zwischen der Deponierung des Sprengsatzes und seiner Detonation verstreichen. Ein Problem stellt Kameraüberwachung indes für die Phase der Tatvorbereitung und Auskundschaftung des Zielorts dar.

3. Unauffälligkeit. Neben formellen spielen informelle Kontrollen eine Rolle für die Planspieltäter. Bevorzugt werden Orte, an welchen man sich unauffällig aufhalten und verhalten kann.

An öffentlichen Orten, an denen heterogene und anonyme Personenkreise üblich sind, besteht für einen Täter ein eher geringes Risiko, aufzufallen. Dies macht etwa den öffentlichen Nahverkehr attraktiv, in dem sich Personen unterschiedlicher sozialer Schichten, ethnischer Zugehörigkeiten und Altersgruppen versammeln. Problematischer erscheinen dagegen Orte, an denen spezifischere Personengruppen oder sich persönlich bekannte Personen erwartet werden. Hier steigt für die Täter die Wahrscheinlichkeit, gegebenenfalls als Nichtdazugehörige aufzufallen, angesprochen zu werden oder unter besondere Beobachtung zu geraten. PSG6 etwa erörtert vor der Infrastrukturvorgabe einen möglichen Anschlag auf einen politischen Kongress oder ein Treffen einer politischen Partei. Dabei stellt sich jedoch die Frage, wie man es bei der Versammlung einer Partei mit möglicherweise nur wenigen (oder gar keinen) violetten Mitgliedern vermeiden könnte, unmittelbar Verdacht zu erregen. In PSG5 gehen die Spieler davon aus, dass sie sich als Fremde nicht unauffällig in einer Schulaula aufhalten könnten (PSG5_GS16). Auf die Vermutung eines Spielers aus PSG3, mit einem »weißen Kittel« könne man sich in Krankenhäusern frei bewegen und dort »alles machen«, reagieren seine Mitspieler skeptisch: Sie gehen davon aus, dass sich das Krankenhauspersonal gegenseitig kenne (PSG3_GS2). In diese Überlegungen kann auch das Umfeld der jeweiligen Einrichtungen einbezogen werden. So glaubt PSG1, an der ausgewählten Polizeieinrichtung auch deshalb nicht besonders aufzufallen, weil sich in deren unmittelbarer Umgebung andere, öffentlich genutzte Einrichtungen befinden; daher sei es nicht ungewöhnlich, dass sich Zivilisten in der Gegend aufhalten.

Neben dem bloßen Aufenthalt sind Fragen des ortsüblichen Verhaltens relevant. Informelle Kontrolle wird umso problematischer, je weniger man mit den in bestimmten Handlungskontexten geltenden Verhaltensnormen vertraut ist. Für Räume, in denen sich die Täter alltäglich bewegen (etwa der ÖPNV), sind die dort gültigen Verhaltensnormen internalisiert. Hier fällt es relativ leicht, vorherzusehen, was als Abweichung empfunden wird und welche Konsequenzen verschiedene abweichende Handlungen haben könnten.

Für fremde Handlungskontexte ist dagegen die Vorbereitung schwieriger und sind die Konsequenzen ungewöhnlichen Verhaltens fraglich.

Aufgrund der Dominanz von Szenarien unter Verwendung von Sprengsätzen kommt schließlich der *unauffälligen Ablage von Bomben* eine besondere Bedeutung zu (ein Aspekt, der im Fall von Selbstmordattentaten unerheblich ist). Als problematisch wird die diesbezügliche Sensibilisierung von Sicherheitspersonal und Öffentlichkeit angesehen. Die Planspieler bereiten sich daher oft minutiös auf den Moment der Deponierung von Sprengsätzen vor. So will der Täter aus PSG1, der seinen mit Sprengstoff bestückten Wanderrucksack in einer Polizeieinrichtung zurück lassen soll, einen Anruf auf dem Handy vortäuschen, um – wegen vermeintlich schlechten Empfangs – mit einer plausiblen Erklärung den Raum verlassen zu können. In PSG3 sollen zufällige Passanten gebeten werden, kurz auf den getarnten Sprengsatz aufzupassen. Gruppen, die eine Tasche in U-Bahnen zurücklassen wollen, befürchten meist, dass andere Fahrgäste sie auf die vergessene Tasche hinweisen könnten. Üblicherweise wird daher der Plan entworfen, sich im Türbereich des Waggons aufzuhalten und kurz vor dem Schließen der Türen aus der Bahn zu springen, um anderen Fahrgästen keine Zeit für Reaktionen zu lassen. Günstig erscheint es aus Tätersicht, wenn die am Zielort anwesenden Personen dort nicht längere Zeit verweilen, sondern ihn lediglich passieren. Zudem versuchen die Spieler, Momente abzupassen, in denen keine Beobachtung durch Sicherheitspersonal gegeben ist. Als vorteilhaft erscheinen Orte, an denen große Gepäckstücke üblich sind, an welchen die Zuordnung abgelegter Gepäckstücke zu Personen erschwert ist und welche Möglichkeiten zur versteckten Ablage in Nischen, Winkeln oder Behältern bieten.

Wie für Vulnerabilitätsfragen, so liegen auch für Abwägungen zu Zugang und Entdeckungsrisiken aus Realfällen nur wenige Daten vor. Während Abweichungen in Einzeleinschätzungen zwischen Planspielerinnen und Dschihadisten nicht auszuschließen sind, gilt indes auch hier, dass es sich um Parameter technischer Art handelt, deren Übertragbarkeit auf einigermaßen rationale Planungsprozesse im Großen und Ganzen plausibel angenommen werden kann. Die Wahl relativ leicht zugänglicher Orte fügt sich in das Muster der Selektionstendenz für *soft targets*. Wo reale Erwägungen bekannt sind, zeigen sich diese wiederum kongruent mit den aus dem Planspiel gewonnenen Parametern. So sahen die »Kofferbomber« (4-DE4) scheinbar ohne nähere Auskundschaftung möglicher Tatorte von einem Anschlag im Rahmen der Fußballweltmeisterschaft 2006 ab, weil sie die Sicherheitsvorkehrungen dort für hoch hielten. Die Sauerlandgruppe (5-DE5) nahm von einem Anschlag auf die usbekische Botschaft ebenfalls angesichts erwarteter hoher Sicherheitsmaßnahmen Abstand. Im Falle von – im Planspiel nicht systematisch abgebildeten – Selbstmordattentaten oder auch im Falle der – im Planspiel nicht vorkommenden – Bereitschaft, im Zuge der Anschlagsdurchführung einen »Märtyrertod« in Auseinandersetzung mit Sicherheitskräften zu sterben, spielen naturgemäß Entdeckungsrisiken *ex post* keine Rolle mehr. Die Relevanz von Fragen des Zugangs und des Entdeckungsrisikos *ex ante* (in der Auskundschaftung von Zielen und der ungehinderten Erreichung des Tatorts zur Anschlagsdurchführung) wird dadurch jedoch wenngleich im Detail geändert (keine Notwendigkeit zur Abstellung und, je nach Verfahren, zum Transport von Koffern, Taschen oder Ähnlichem), so doch grundsätzlich nicht eingeschränkt. Die Planspielergebnisse zeigten überdies, dass auch Täter ohne Selbstopferungsbereitschaft Fragen der Entdeckung *ex ante* oft größere Bedeutung zumessen als der Möglichkeit ihrer nachträglichen Festnahme – was zusätzlich auf substanzielle Übereinstimmungen der Relevanz von Zugangs- und Entdeckungsfragen zwischen Akteuren mit und ohne Todesbereitschaft hindeutet.

4.4 Fazit

Das System der Risikoparameter (vgl. Abbildung 18) bietet in praktischer, risikoevaluativer Hinsicht ein strukturiertes Raster zur Einschätzung der relativen Wahrscheinlichkeit der Auswahl bestimmter Angriffsszenarien unter europäischen dschihadistischen Ersttätern. Es identifiziert solche Eigenschaften von Objekten, die ohne Kenntnisse über die spezifischen strategischen und sonstigen Präferenzen sowie die je individuellen Kompetenzen einer bestimmten Tätergruppe (oder eines *Lone-Wolf*-Täters) beobachtbar sind. Dies bildet – im Verbund mit der erforderlichen Detailbewertung situativer Gegebenheiten vor Ort – die Grundlage für den Vergleich der Anschlagswahrscheinlichkeit an konkreten Anlagen und Objekten, aber auch zwischen Infrastrukturbereichen insgesamt. Neben der Zielwahl lassen sich Angriffsmittel und konkrete Vorgehensweisen in einer szenariospezifischen Risikobewertung einschätzen. Schließlich kann das Raster der Parameter für die Konstruktion relevanter Szenarien in bestimmten Infrastrukturbereichen oder an konkreten Objekten eingesetzt werden. Während die Risikoparameter von den Präferenzen bestimmter Gruppen abstrahieren müssen (da aus der Perspektive der situativen Prävention unbekannt ist, welcher Typus von Gruppe einen Anschlag planen wird), resultieren sie doch aus einer Analyse typischer Handlungslogiken und typischer Wahrnehmungen von Tatgelegenheiten. Diese Rückbindung an terroristische Handlungslogiken ermöglicht – eine jeweilige Einzelfallevaluation vorausgesetzt – eine flexible Anpassung der Risikoevaluation an sich verändernde situative, gesellschaftliche und politische Gegebenheiten. Die Relevanz vieler an den Planspielmaterialien entwickelter Parameter lässt sich auch an Realfällen gut illustrieren. Dort, wo dies mangels Datengrundlage nicht möglich ist, liefern die planspielgenerierten Ergebnisse plausible Hypothesen zur weiteren Untersuchung realer Anschlagsplanungen, können aber nicht vorbehaltlos übertragen werden. Insgesamt wollen die Ergebnisse eine im Spektrum bisher vorliegender Zielwahl-, Risikobewertungs- und Präventionsmodelle bestehende Lücke füllen: Das Raster der Risikoparameter ist detaillierter und, so hoffen wir, praxisnäher als bisherige allgemeine Zielwahlmodelle konventioneller oder opportunitätslogischer Art; es ist gleichzeitig allgemeiner – und mithin universeller anwendbar – als spezifische, anlagenbezogene Schutzchecklisten.

Abbildung 18: Risikoparameter im Überblick

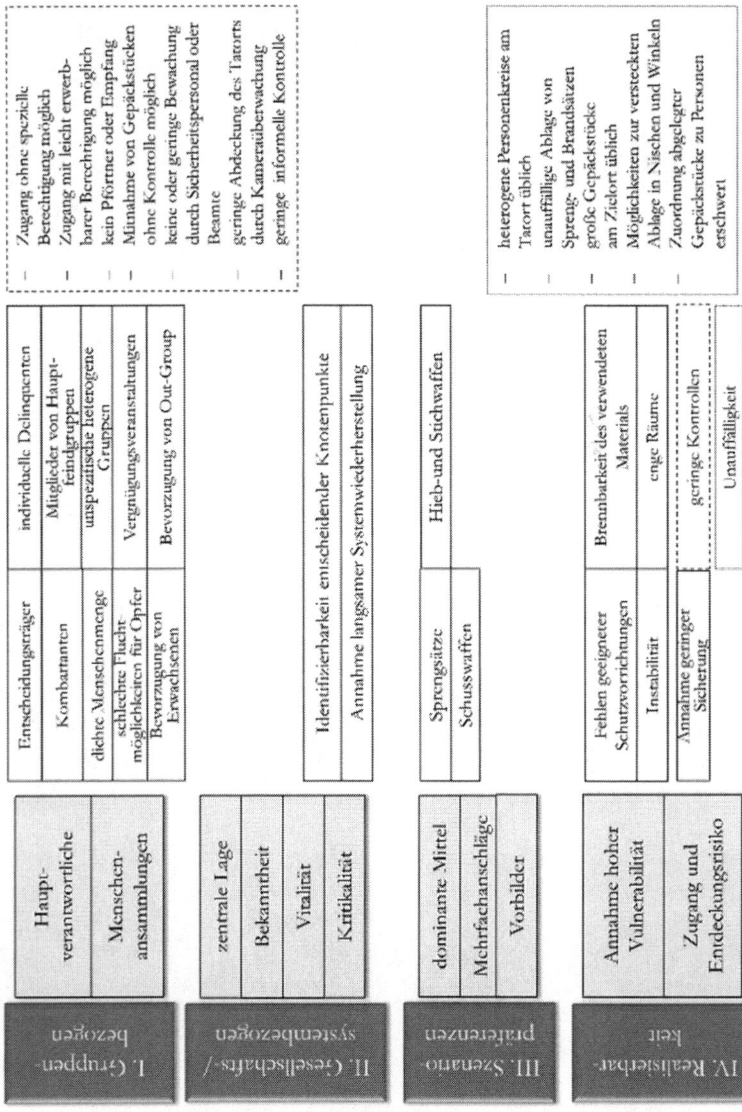

V. Individuelle Handlungslogiken: Exemplarische Fallrekonstruktionen

Einleitung

Die wiederkehrenden Muster dschihadistischer Anschläge verdeutlichen den kollektiven Charakter terroristischen Handelns. Dieser erklärt sich neben vergleichbaren Handlungsvoraussetzungen (Ressourcen, Fähigkeiten, Tatgelegenheitsstrukturen und anderes) aus überindividuellen Sinnmustern, die die Akteure übernehmen und reproduzieren. Gleichwohl zeigen sich zwischen Tätergruppen mitunter deutliche Unterschiede in der Ziel- und Mittelwahl. Dies betrifft zum einen divergierende Präferenzen hinsichtlich der anzugreifenden Opfergruppen (insbesondere den Kontrast zwischen Hauptverantwortungsträgern und der durchschnittlichen Zivilbevölkerung), zum anderen eine stark unterschiedlich ausgeprägte Bereitschaft zur Massenviktimisierung und zum eigenen Märtyrertod. Um diese Binnendifferenzierungen im Phänomenfeld dschihadistischer Anschlagsgewalt besser verstehen zu können, gilt es im Folgenden, die Handlungslogiken individueller Täter genauer zu untersuchen. Im Mittelpunkt steht die Frage, welchen Orientierungen dschihadistische Täter bei der Planung und Durchführung eines Anschlags konkret gefolgt sind. Darüber hinaus wird der Frage nachgegangen, inwiefern sich die Genese dieser Orientierungen in spezifischen biografisch-lebensweltlichen Problemlagen und Erfahrungsräumen verorten lässt.

Ausgangspunkt ist dabei die Konzeptualisierung dschihadistischer Radikalisierung als *konversionsartiger* Prozess der Übernahme eines dschihadistischen Deutungsmusters. Die Übernahme eines Deutungsmusters findet dabei vor dem Hintergrund konkreter biografischer Problemlagen einer Lebenspraxis statt, als deren Krisenlösung es sich bewähren muss. Hieran anschließend entwickeln wir die These, dass Anschläge europäischer Dschihadisten als Ausdruck eines Bewährungshandelns und darin als Versuche der Bewältigung jeweils biografie- und lebensweltspezifischer Probleme der Bewährung interpretiert werden können.

Das Kapitel gliedert sich in drei Abschnitte: Im ersten Teil wird auf Basis der oevermannschen Strukturtheorie ein theoretisch-methodischer Rahmen zur Untersuchung der beiden Fragestellungen entwickelt. Auf dieser Basis erfolgt im zweiten Kapitel eine Strukturbestimmung dschihadistischer Lebenspraxis. Im Mittelpunkt steht hier die Analyse des »Bewährungsgedankens« im Dschihadismus. Anhand von vier exemplarischen Fallrekonstruktionen werden im dritten Abschnitt die der jeweiligen Anschlags(planungs)praxis zugrunde liegenden Orientierungsgehalte der Täter bzw. Täterinnen herausgearbeitet (»sinngenetische Interpretation«) und vor dem Hintergrund der jeweiligen Daten zur Biografie der Täter interpretiert (»soziogenetische Interpretation«).[72] Anhand der Ergebnisse soll eine erste Basistypik des Zusammenhangs zwischen Anschlagsorientierungen und biografisch eingefärbten Bewährungsthemen entwickelt werden, deren Ziel es ist, Aufschluss über zentrale Tat- und Täterzusammenhänge zu gewinnen.

72 Die Termini »sinngenetisch« und »soziogenetisch« entstammen der dokumentarischen Methode Bohnsacks und bezeichnen dort zwei Stufen der Textinterpretation bzw. Typenbildung. Als »sinngenetische Interpretation« wird die Rekonstruktion eines Praxisvollzügen zugrunde liegenden generativen Sinnmusters (Orientierungsmuster, Habitus oder Deutungsmuster) bezeichnet. Die »soziogenetische Interpretation« fragt, welchem Erfahrungsraum die vorgefundene Orientierung zugeordnet werden kann (Bohnsack et al. 2010: 165; Mannheim 1980).

1 Theoretisch-methodischer Rahmen

1.1 Anschlagspraxis statt »Terrorismus«

Zur Benennung von anschlagsartigen, aus dem Verborgenen heraus geplanten Gewaltakten, die sich gegen Personen, vor allem gegen sogenannte Nichtkombattanten, richten, hat sich in den Sozialwissenschaften der Terrorismusbegriff weitgehend durchgesetzt. Er beschreibt eine bestimmte Methode der Gewaltanwendung, deren Spezifikum in der Verfolgung politischer Ziele über den Umweg der psychologischen Folgen der Gewaltanwendung besteht (Münkler 2002: 177; Hess 2002: 84f.; Scheerer 2002: 25f.; Waldmann 1998: 12f.; Knelangen 2008: 78; Schmidt 2004: 207). Von anderen Formen der politischen Gewalt unterscheide sich der Terrorismus daher durch die Differenz zwischen den Opfern und den eigentlichen Adressaten der Gewalthandlung. Terroristen gehe es nicht um die Maximierung von Schaden per se, also die unmittelbar getroffenen Opfer. Dem physischen Angriffsziel komme vielmehr nur eine mittelnde Funktion zu, um Botschaften an ein möglichst breites Publikum auszusenden und bei den Zielgruppen jeweils Reaktionen auszulösen (etwa Unterstützungsbereitschaft, Unsicherheit, Schrecken), welche die politischen Ziele indirekt fördern. Terrorismus sei daher primär als eine »Kommunikationsstrategie« zu verstehen (Waldmann 2005: 15; vgl. auch Schmid/de Graaf 1982; Crelinsten 1987; Münkler 2001). Diesem Verständnis von Terrorismus als einer Methode der Gewaltanwendung folgend, handelt es sich bei Terrorismus um eine Form instrumentell rationalen Handelns (vgl. z. B. Hoffman 2002: 17), vor deren Hintergrund sich die Frage der Rationalität und Logik eines Anschlags auf eine Frage der Mittelrationalität reduzieren lässt (Witte 2007: 19). Diese von Crenshaw (1990, 1988) auch als »instrumentelles Modell« bezeichnete Analyseperspektive basiert dabei auf zwei zentralen Grundannahmen (vgl. auch Abrahms 2008: 80f.): Erstens der Annahme, dass die Entscheidung für terroristische Gewalt Ergebnis einer rationalen Abwägung zwischen verschiedenen strategischen Handlungsoptionen darstellt. Terroristische Gruppen würden sich für die terroristische Option entscheiden, da es sich um ein hoch effizientes Mittel bzw. eine effektive Strategie zur Verfolgung politischer Zielsetzungen handelt.[73] Leitend ist zweitens die Annahme, dass die terroristischen Handlungen selbst – also der Mitteleinsatz und die Zielwahl – wohlkalkuliert, also auf ein Höchstmaß an Effektivität ausgerichtet sind (vgl. auch Witte 2007: 17; McCormick 2003: 482). Aufgrund der dem »instrumentellen« Modell terroristischen Handelns zugrunde liegenden Zuschreibung von Zweckrationalität soll im Folgenden von dem *rationalistischen Modell terroristischen Handelns* gesprochen werden.[74]

Festgemacht wird der Charakter einer instrumentellen Gewaltanwendung, wie es der Begriff der »Strategie« schon impliziert, an einer den Tätern zugeschriebenen Intention. So heißt es bei Waldmann (1998: 10): »Gewaltakte sollen allgemeine Unsicherheit und Schrecken erzeugen«; oder bei Hess (1988: 59, vgl. auch 2002: 84f.): »Terrorismus ist (1) eine Reihe von vorsätzlichen Akten direkter physischer Gewalt, die (2) punktuell und unvorhersehbar, aber systematisch (3) mit der Absicht psychischer Wirkung auf weit mehr Personen als nur die physisch getroffenen Opfer (4) im Rahmen einer politischen Strategie ausgeführt werden.« Mit dieser Bestimmung verbinden sich zwei Probleme. Wird der Terrorismusbegriff zunächst nicht als analytisches Konzept, sondern, wie meist der Fall, zum Zwecke der Klassifikation eines zu untersuchenden Phänomenbereiches verwendet, muss den Akteuren a priori eine bestimmte Intention zugerechnet werden, obwohl diese gar nicht direkt beobachtbar, der Erfahrung zugänglich ist. Ob Akteure eine bestimmte Intention gehabt haben, kann vielmehr erst nach Erhebung, Analyse und Interpretation entsprechender Daten entschieden werden. Dies führt nicht nur im öffentlichen Diskurs, sondern auch in der Terrorismusforschung dazu, dass der Charakter einer Gewalthandlung als terroristisch bereits an Merkmalen von Tat und Opfern festgemacht wird, ohne die Intentionen der Akteure näher zu betrachten. Diese werden den Tätern viel-

73 Beispielhaft für diesen Erklärungsansatz stehen etwa die Arbeiten von Witte (2007) oder von Pape (2005) zu Selbstmordattentätern.

74 Vgl. dazu Pettenkofer (2010), der in Bezug auf die die Protest- und Bewegungsforschung dominierenden Gelegenheitsstruktur-Ansätze des »Political Process Model« und des »Ressource Mobilization Approach« vom »rationalistischen Paradigma« der Protestforschung redet. Das »instrumentelle Modell« in der Terrorismusforschung lässt sich diesem Paradigma klar zuordnen.

mehr auf Basis eines beobachtbaren Tatmerkmales zugeschrieben. Am häufigsten zu beobachten ist dabei wohl die Zuschreibung einer Intention der Verbreitung von Angst und Schrecken anhand des Merkmals einer indiskriminativen Viktimisierung von Zivilisten. Die a priori vorgenommene Festschreibung der Eigenschaft »terroristisch« läuft nun Gefahr, den Erkenntnisprozess in eine bestimmte Bahn zu lenken und so selektiv überhaupt nur jene Aspekte des beobachteten Wirklichkeitsausschnitts zu berücksichtigen, die den definitorischen Merkmalen terroristischen Handelns entsprechen und sich somit unter das Konzept des Terrorismus subsumieren lassen.

Damit verbunden ist das zweite Problem: Der Terrorismusbegriff wird häufig als Klassifikations- oder Gattungsbegriff zur Bezeichnung einer bestimmte Form politischer Gewalt verwendet, obwohl das Merkmal »terroristisch« nur auf eine bestimmte Methode der Gewaltanwendung verweist, mit der sich die Absicht verbindet, Wirkungen auf weit mehr als die unmittelbar getroffenen Opfer zu entfalten. Die Methode Terrorismus erscheint auf einmal als ein Wesensmerkmal einer sich Gewaltmittel bedienenden politischen Praxis. Gegenstand von Studien aus der Terrorismusforschung sind so auch nicht Akteure, die Terrorismus als Methode oder Strategie (gegebenenfalls neben anderen Methoden und Strategien oder in bestimmten Phasen) einsetzen, sondern »terroristische Gruppen« oder »Terroristen«, also soziale Entitäten, deren Wesensmerkmal der »Terrorismus« zu sein scheint. Kennzeichen des Terrorismuskonzeptes respektive der Terrorismusforschung ist damit eine rationalistische Verengung des zu untersuchenden Gewalthandelns auf den Aspekt terroristisch-instrumentellen Handelns und zugleich eine Ontologisierung des Terroristisch-Instrumentellen als Wesensmerkmal der zu untersuchenden Gewaltpraktiken. Ausschlaggebend dafür scheinen zwei Gründe zu sein:

Erstens ließe sich eine Abgrenzung von Terrorismus als eigenständigem Untersuchungsgegenstand schwer begründen, wenn es sich hierbei nur um eine Methode der Gewalt handelte, die von ganz unterschiedlichen Akteuren in unterschiedlichen Situationen angewandt werden kann. Schließlich käme wohl niemand auf die Idee, aus der phänomenübergreifend zu beobachtenden Anwendung von Sabotage als eine Aktionsform politischer Gruppen den eigenständigen Forschungsstrang einer »Sabotagismus«-Forschung zu begründen. Um den Terrorismus als eigenständigen Untersuchungsgegenstand zu konstituieren, das heißt hinsichtlich der Zielsetzungen, Ideologien etc. völlig disparate »Terrorismen« als ein (unter einem Aspekt gleiches) soziales Phänomen untersuchen zu können, muss die Methode Terrorismus zum Wesenskern einer bestimmten Praxis schlechthin gemacht werden.

Ein zweiter Grund besteht in der Präventionsorientierung der Terrorismusforschung. Dem Mainstream der Terrorismusforschung geht es nicht vorrangig um die Analyse des Charakters der von ihr als terroristisch klassifizierten Gewalthandlungen, sondern darum, Ursachenerklärungen für ein Phänomen zu liefern, mit dem Ziel, einen Beitrag zu seinem Verschwinden zu leisten (siehe dazu Scheerer 2002; Pelzer/Scheerer 2006).[75]

Die rationalistische Festschreibung des instrumentellen Charakters des Gewalthandelns und seine Ontologisierung führen zu einer weitgehenden Ausblendung der Binnenperspektive der Akteure, also der Ausklammerung der Frage, welchen Sinn die Akteure dem Gewaltakt überhaupt zuschreiben. Damit verbindet sich schließlich ein weitgehendes Desinteresse daran, *wie* die als terroristisch bezeichnete Gewalt ausgeübt wird. Der Gewaltakt erscheint nicht als an sich sinnhafter Vollzug einer Handlung, sondern als ein im Grunde austauschbares Mittel. Der Sinn von Anschlägen wird so konsequent außerhalb des Gewaltaktes, in politischen Zielen bzw. einer »kommunikativen Gewaltstrategie« verortet. Weichen die als terroristisch etikettierten Anschläge dann von Erwartungen zweckrationalen Handelns ab, ist die Terrorismusforschung schnell geneigt – wie die Diskussion um religiös motivierten Terrorismus zeigt (vgl. Kapitel I.2.1) – sie als eine Form zielloser, intentionsloser Gewalt zu charakterisieren, die ihren Sinn nur mehr aus dem Vollzug des zerstörerischen Gewaltaktes bezieht.

Für die Analyse der Gewalthandlungen erweist sich das herkömmliche Terrorismuskonzept also als ungeeignet, da es den Charakter der zu untersuchenden Gewaltpraktik im Vorhinein festschreibt und auf Formen instrumentellen Handelns verengt. Anstelle des Terrorismusbegriffs soll daher im Folgenden der Begriff *Anschlagsgewalt* verwendet werden. Dieser zielt, anders als der Terrorismusbegriff, nicht auf eine spezifische Handlungslogik oder

---

75 Dass sie dabei meist einer askriptiven Begriffsstrategie (Scheerer 2002: 23ff.) folgt, die an Bewertungen und nicht Beschreibungen von Handlungsmerkmalen ansetzt, ist nur die Kehrseite der Medaille. Die Fixierung auf Ursachenerklärungen folgt dabei der politischen und moralischen Bewertung politischer Gewalt als illegitimer Gewalt, die es zu bekämpfen gilt. Ist eine solche normative Vorentscheidung erst einmal getroffen, droht sich auch die Auswahl der Erklärung der Handlung an der ihr zugeschriebenen Moralität zu orientieren – es wird versucht, Böses aus Bösem zu erklären (Sack 1984: 31).

Strategie politischer Gewalt, sondern stellt auf eine spezifische Organisationsform und Taktik ab.[76] In Abgrenzung zu Gewaltakten, die wenig oder gar keine Planung erfordern und mit einfachsten Mitteln auskommen, zeichnet sich Anschlagsgewalt zunächst durch einen höheren Planungsgrad aus, der auf einen aufwendigeren Prozess der Mittelorganisation, aber auch einen (damit in der Regel in Verbindung stehenden) höheren Kriminalisierungsdruck verweist. In Abgrenzung zu Formen der Massenmilitanz, also aus der Masse heraus begangenen Gewaltakten, zeichnet sich Anschlagsgewalt dadurch aus, dass sie klandestin im Verborgenen geplant und von Einzelnen oder kleineren Gruppen ausgeübt wird.[77] Es kann daher analog auch von klandestiner politischer Gewalt gesprochen werden.[78]

In Abgrenzung zum Mainstream der Terrorismusforschung, in deren Mittelpunkt Ursachenerklärungen für Täter und Taten liegen, soll hier in Anlehnung an eine »genuine Soziologie der Gewalt« (von Trotha 1997: 20) der Gewaltakt als eine Form sinnhaften Handelns verstanden und analysiert werden. Ausgangspunkt ist dabei die Annahme, dass Anschläge, wie alle Gewalthandlungen, nur als Kombination von instrumentellen und nichtinstrumentellen Handlungsformen (Lüdtke 1984: 238f.) zu verstehen sind. Dabei kommt es darauf an, nichtinstrumentelle Handlungsformen, also Formen expressiven, normenregulierten und dramaturgischen Handelns, nicht als zusätzliche Handlungsphänomene, sondern als konstitutive, mit intentionalen und instrumentellen Handlungsformen vermischte Bestandteile des in

76 In Abgrenzung zu einem ätiologischen Begriff der »politisch motivierten Gewalt«, der auf die Ebene der personalen Motivation abstellt und dort eine Dominanz dezidiert politischer Beweggründe gegenüber »sozialen« Beweggründen des Gewalthandelns impliziert, ist hier von »politischer Gewalt« im Sinne von Gewalthandlungen die Rede, die von ihren Akteuren in einen Konflikt um Vorstellungen politischer Ordnung gestellt werden. Definitionskriterium ist ein Deutungszusammenhang im Unterschied zur Frage nach der Motivation zu dessen Rezeption oder Übernahme, für das sich der ätiologisch-kriminologische, im Grunde nur die entsprechende polizeistatistische Kategorie doppelnde Begriff »politisch motivierte Gewalt« interessiert.

77 Vgl. auch die Klassifikation linksradikaler Militanz bei Haunss (2004: 171), der zwischen Gewaltakten, die keiner oder wenig Planung bedürfen, Massenmilitanz und klandestiner Militanz unterscheidet.

78 Hier wird, angelehnt an den eher weit gefassten Gewaltbegriff der Protestforschung, unter Gewalt die absichtlich herbeigeführte oder leichtfertig in Kauf genommene Beschädigung/Zerstörung von Sachen oder Verletzung/Tötung von Personen verstanden (vgl. Rucht 1999). Im Unterschied zu Terrorismusbegriffen, die wie bei Henner Hess auf physische Gewalt fokussieren, wird dadurch ein breiteres Spektrum an Handlungen einbegriffen. Die Begriffe Gewalt und Militanz werden dabei synonym verwendet.

Rede stehenden Gewalthandelns zu untersuchen. Erst die *Analyse der Gewalthandlungen aus der Binnenperspektive der Akteure* kann dabei Aufschluss über das Mischungsverhältnis der Handlungsformen und die Eigendynamik ihrer Kombination und damit den jeweiligen Charakter der Gewaltpraxis geben (vgl. Sofsky 1996: 49). Ganz gleich ob man sich dabei einer wissenssoziologischen, praxistheoretischen oder strukturtheoretischen Begrifflichkeit bedient, geht es dabei immer darum, den Gewaltakt nicht subsumtionslogisch durch zugeschriebene Zwecke, Normen oder Wertorientierungen zu erklären, sondern über den Weg einer Rekonstruktion von Wissensordnungen, Habitusformationen oder Deutungsmustern, die das Gewalthandeln mit Sinn ausstatten und den Akteuren Orientierungsmaßstäbe für die Umsetzung des Gewalthandelns zur Verfügung stellen. Methodologisch resultiert daraus ein Wechsel in der Analyseeinstellung, weg von der Frage – wie Bohnsack et al. es formulieren – »*was* die gesellschaftliche Realität in der Perspektive der Akteure *ist*, zur Frage danach, *wie* diese in der Praxis hergestellt wird. [...] Die Frage nach dem Wie ist die Frage nach dem Modus Operandi, nach dem der Praxis zugrunde liegenden Habitus« (2013: 13f., Hervorhebungen im Original).

1.2 Deutungsmuster und Bewährung

Für die Analyse von Sinngebilden unter dem Gesichtspunkt ihrer praktischen Orientierungsleistung und Vermittlung mit sozialen Strukturen haben sich in der deutschsprachigen Soziologie vor allem zwei theoretisch verwandte, auf die Vermittlung zwischen Struktur und Handlung abzielende, Konzepte etabliert: das Habituskonzept Bourdieus und der strukturtheoretische Deutungsmusteransatz Ulrich Oevermanns.[79] Beide Ansätze sind nicht nur verwandt, sondern, wie Oevermann selbst schreibt, strukturell vollständig übereinstimmend. Sowohl Habitusformationen als auch Deutungsmuster haben generativen Status, sie »bestimmen das konkrete praktische Handeln nach dem Modus, wie Algorithmen konkrete Äußerungen generieren« (Oevermann 2001b: 46); es handelt sich jeweils um implizites

79 Einen weiteren vergleichbaren Ansatz bildet das von Bohnsack (1992; u. a.) in seiner dokumentarischen Methode in Weiterentwicklung von Karl Mannheims Konzept der »konjunktiven Erfahrungsräume« ausgearbeitete Konzept der »kollektiven Orientierungsmuster«.

Wissen, das intern quasiargumentativ strukturiert und durch eine »sinnlogische Architektonik« geprägt ist. Unterschiede zwischen beiden Ansätzen liegen im methodischen Zugriff (für einen detaillierten Vergleich der Methoden siehe Müller 2011). Im Unterschied zu Bourdieu geht der Deutungsmusteransatz wie andere rekonstruktionsmethodologische Ansätze von der Sequenzialität sinnstrukturierter Gebilde aus, die sich deshalb in Interaktions-/Handlungssequenzen rekonstruieren lassen. Strukturen realisieren sich in dieser Perspektive erst in der sequenziellen Anordnung der Äußerungen einer Lebenspraxis (Oevermann et al. 1979: 419), das heißt, sie stellen nicht Anfangs- oder Endzustand eines Interaktionssystems dar, sondern sind nur fallkonkret in Prozessausschnitten ihrer Reproduktion und Transformation überhaupt greifbar (Sutter 1997: 95). Bourdieu gelingt es demgegenüber mit seinem Habituskonzept nicht, »die prozesshafte Strukturiertheit der Praxis zu erfassen. Er analysiert weniger Prozessstrukturen als deren Resultate […]« (Meuser/Sackmann 1992: 25). Der Deutungsmusteransatz kann schließlich ebenso wie die dokumentarische Methode Bohnsacks mit der Sequenzanalyse auf ein methodisch-kontrolliertes und forschungspraktisch vielfach erprobtes Verfahren zur Rekonstruktion kollektiver Sinngehalte zurückgreifen, weshalb er hier den methodisch-theoretischen Ansatz der Wahl darstellt.

Im Folgenden werden zunächst Grundzüge des Konzeptes sozialer Deutungsmuster sowie der hier zentrale Begriff der »Bewährung« skizziert; anschließend erfolgt eine kurze Diskussion einer wissenssoziologischen Kritik an dem strukturtheoretischen Ansatz.

1.2.1 Grundzüge des Deutungsmusteransatzes

Der Begriff und das Konzept »soziale Deutungsmuster« wurde von Oevermann 1973 (2001a) in die soziologische Diskussion eingeführt und später von ihm selbst (Oevermann 2001b) sowie von Seiten der Wissenssoziologie (siehe vor allem Meuser/Sackmann 1992; Plaß/Schetsche 2001; Höffling et al. 2002) weiterentwickelt. In der soziologischen Literatur finden sich mittlerweile verschiedene Varianten von Deutungsmusteranalysen und -ansätzen. Von einem einheitlichen Konzept kann daher nicht gesprochen werden (Lüdemann 1992: 120). Wenn im Folgenden vom Deutungsmusteransatz gesprochen wird, beziehen wir uns auf das strukturtheoretische Deutungsmusterkonzept nach Oevermann.

Für die Konzeptualisierung sozialer Deutungsmuster sind zwei Bestimmungen zentral: *erstens* die Abgrenzung von isolierten Einstellungsmustern und *zweitens* ihr funktionaler Bezug auf objektive, deutungsbedürftige Handlungsprobleme, die sich einer Lebenspraxis in einer bestimmten gesellschaftlichen Situation stellen.

Oevermann grenzt die Deutungsmusterkategorie zunächst von isolierten Meinungen oder Einstellungen zu einem partikularen Handlungsobjekt ab und definiert sie als »in sich nach allgemeinen Konsistenzregeln strukturierte Argumentationszusammenhänge« (2001a: 5), die sich durch eine eigene Logik auszeichnen und so Kriterien der Vernünftigkeit und Gültigkeit, der Akzeptabilität und Angemessenheit von Meinungen, Urteilen und Handlungen abgeben. Bestandteile von sozialen Deutungsmustern sind Wissensbestände, Normen, Wertorientierungen und Interpretationsmuster, die in einem inneren Zusammenhang stehen und durch eine Struktur gekennzeichnet sind, die nach impliziten Regeln der Konsistenz von Urteilen, Argumenten und Interpretationen rekonstruiert werden kann. Grundannahme ist dabei, dass menschliches Handeln regelgeleitet ist und pragmatisch unter der Verpflichtung der Widerspruchsfreiheit steht. Deutungsmuster sind dabei die Begründungen, denen das Handlungssubjekt praktisch folgt (das vermittelnde Element der Handlungsregel). Sie ermöglichen, dass das Handlungssubjekt ein systematisches Urteil über die Angemessenheit des konkreten Handelns abgeben kann. Dadurch bieten sie dem Akteur nicht nur Interpretationen, sondern auch situationsadäquate Evaluationen und Legitimationen.

Deutungsmuster fungieren dabei wie ein implizites, stillschweigendes Regelwissen eines (auch im Sinne von Giddens) praktischen, aber nicht notwendig diskursiv verfügbaren Bewusstseins von handlungsleitenden Regeln. Dies befähigt Akteure, Urteile über die Angemessenheit des Handelns abzugeben, ohne dass sie zur Explikation der Regel in der Lage wären (vgl. auch Meuser/Sackmann 1992: 16). Als überindividuelle Sinngehalte stellen Deutungsmuster »soziale Tatsachen sui generis« dar, die sich von individuellen Einstellungsmustern, die das Subjekt in seinem Bildungsprozess erwirbt, unterscheiden (Sutter 1997: 101). Individuelle Sinnkonstruktionen bilden Konkretionen oder Derivate von überindividuellen sozialen Deutungsmustern (ebd.).

Der funktionale Bezug auf objektive Handlungsprobleme bildet die zweite zentrale Bestimmung. Die Kategorie »soziale Deutungsmuster« zielt darauf ab, kollektiv verbindliche Deutungen für eine historisch konkrete

Form der Vergemeinschaftung innerhalb einer Gruppe, eines Milieus oder der Gesellschaft zu analysieren, die als Krisenlösungen auf eine problematische Lage reagieren und sich darin bewähren müssen (Oevermann 2001b: 51). Kennzeichnend für den Deutungsmusteransatz ist die rekursive Prozesslogik von Handlungsproblemen und Deutungsmustern. Kraft ihrer inneren Logik können sich Deutungsmuster gegenüber den objektiven Handlungsproblemen, die Ausgangsbedingung ihrer sozialen Konstruktion waren, verselbstständigen und durch ihre Anwendung neue deutungsbedürftige Handlungsprobleme aufwerfen, die unter Umständen eine Transformation des Deutungsmusters nach sich ziehen, wenn dieses keine Lösungen für die neue Situation bereitstellen kann. Die Struktur eines jeweiligen Deutungsmusters kann daher nur unter Berücksichtigung dieser Problemstellungen, auf die Deutungsmuster eine Antwort geben, erfasst werden. Wissen, welches ohne handlungspraktischen Deutungszwang, etwa durch Partizipation in der medialen Öffentlichkeit (Bildungswissen) oder in der Berufspraxis (Fachwissen) angeeignet wurde, kann Oevermann zufolge zwar in Deutungsmuster eingewoben (assimiliert) werden, jedoch ist es selbst nicht mit Deutungsmustern gleichzusetzen.

1.2.2 Das Bewährungsproblem angesichts der Endlichkeit des Lebens

Der Deutungsmusteransatz steht in engem Zusammenhang mit den beiden konstitutionstheoretischen Grundbegriffen in Oevermanns Soziologie: Krise und Routine. Oevermann geht von der Krisenhaftigkeit von Lebenspraxis aus, die darin besteht, dass die Lebenspraxis immer wieder mit Situationen konfrontiert ist, in der trotz eines fehlenden Orientierungsmaßstabes eine Entscheidung getroffen werden muss, die eine rationale Begründbarkeit in Anspruch nehmen kann. Nur kann diese Begründung aktuell nicht gegeben werden, sondern sich erst in der Zukunft als richtig oder falsch erweisen (Oevermann 1996: 35). Eine sich bewährende Krisenlösung bezeichnet Oevermann als Routine. Routinen stellen insofern die Schließung einer Krise dar, die ihrerseits erst die Routine eröffnet. Die Krise wird dabei als Ort der »Entstehung von Autonomie« und damit als Ort der »Entstehung des Neuen« verstanden. Mit Autonomie bezeichnet Oevermann dabei das nie vollständig realisierbare Strukturpotenzial eines mit sich selbst identischen und somit autonom handlungsfähigen (empirischen) Subjekts. Dieses Strukturpotenzial realisiert sich Oevermann zufolge durch die eigenständige

Hervorbringung einer Krisenlösung im Modus der Selbstcharismatisierung.[80] Die Autonomie ist dabei eine Qualität bzw. ein Potenzial, das ähnlich dem weberschen Charisma nicht abschließend gesichert ist, sondern sich immer wieder in der Krise bewähren muss.[81]

Mit dem Konzept der Bewährung bezeichnet Oevermann zunächst das Problem der »Füllung von offener Zukunft« (2003: 350), das er angesichts der Endlichkeit des Lebens als ein »nicht stillstellbares« Dauerproblem konzipiert, das darin zum Ausdruck kommt, dass ein konkretes Subjekt sich nie sicher sein kann, ob die in der Krise in die offene Zukunft hinein mit Anspruch auf Begründbarkeit, aber aktuell begründungslos getroffene Entscheidung sich später als richtig herausstellen wird. Die sich daraus ergebende »nicht stillstellbare Bewährungsdynamik« kommt erst mit dem Tode zum Stillstand. Erst wenn das Leben vorbei ist, ließe sich endgültig über die Bewährung entscheiden.

Aus diesem Strukturmoment der nicht stillstellbaren Bewährungsdynamik leitet Oevermann (1995a: 3ff.; 1995b: 63ff.) sein Strukturmodell von Religiosität ab, welches das Dauerproblem der Bewährung nun auf die Ebene der Sinnfrage anhebt. Das Modell leitet sich wie folgt her: Durch die Entstehung der Sprache mit ihrer Bedeutungsfunktion entstehe ein Dualismus zwischen einem unmittelbar im Hier und Jetzt der Lebenspraxis gegebenen Handlungsraum und einer hypothetisch konstruierten Welt von Möglichkeiten in der Vergangenheit und in der Zukunft. Durch diese Konstruktion »theoretischer Welten« in Raum und Zeit entstehe nun zwingend ein Bewusstsein von der Endlichkeit des Lebens. Das Hier und Jetzt

80 Charisma bezeichnet bei Oevermann die Quelle, aus der eine Lebenspraxis im Krisenfalle eine überzeugende Lösung entwickelt (Oevermann 2008: 19f.). Charismatisch zu handeln bedeutet dann, mit Anspruch auf Vernünftigkeit spontan eine Entscheidung in eine offene, ungewisse Zukunft treffen zu können. Oevermann verallgemeinert hier das organisations- bzw. herrschaftssoziologische Charismakonzept Webers. Bei diesem bezeichnet das Charisma eine persönliche Qualität, die eine Lösung in krisenhaften Situationen ermöglicht, die von der auf »Befriedigung berechenbarer Dauerbedürfnisse« zugeschnittenen bürokratischen Struktur nicht mehr geleistet werden kann (Weber 1980: 654). Dadurch komme dem Charisma eine »schöpferische revolutionäre Kraft« zu.

81 Der Begriff der Bewährung bezieht sich bei Weber auf persönliche Qualitäten einer Person, die nicht ein für alle Mal, etwa durch Setzung bzw. Zuschreibung gesichert sind, sondern immer wieder, dauerhaft, durch praktische Erweise sich bzw. einer Gemeinschaft gegenüber bestätigt werden müssen. Die Autorität eines »charismatischen Helden« leitet sich »nicht aus Ordnungen und Satzungen und nicht wie die patrimoniale Gewalt aus hergebrachtem Brauch oder feudalem Treueversprechen ab, sondern er gewinnt und behält sie nur durch Bewährung seiner Kräfte im Leben« (Weber 1980: 656).

der gegebenen Lebenspraxis werde nun transzendiert auf ein jenseits der unmittelbaren Erfahrung bereits bestehendes Leben in der Vergangenheit und des weiterlaufenden Lebens in der Zukunft. Daraus ergibt sich nun die – Oevermann zufolge universell gültige – dreifache Sinnfrage nach Herkunft, Identität und Zukunft: Woher komme(n) ich (wir)? Wohin gehe(n) ich (wir)? Wer bin (sind) ich (wir)? Angesichts der Endlichkeit des Lebens stehe jedoch nur begrenzte Zeit zur Verfügung, um dem Leben einen Sinn zu geben, der mit der Beantwortung dieser Fragen übereinstimmt. Ob das der Fall ist, könne sich jedoch eigentlich erst in einer Zukunft nach Ende des Lebens erweisen. Die einzige Möglichkeit zur Ausübung einer Kontrolle über diese Zukunft bestehe nun in der Bewährung im diesseitigen Leben. Daraus folge eine Bewährungsdynamik, die deshalb nicht stillstellbar ist, weil es eine absolute Bewährung, die Gewissheit gibt, allein deshalb schon nicht geben kann, weil die Möglichkeiten einer Lebenspraxis nicht festgeschrieben sind, sondern sich »im Vollzug des praktischen Lebens erst unvorhersehbar eröffnen und in dem Maße ständig erweitern, in dem Teilziele des Strebens erreicht worden sind« (Oevermann 1995a: 5). Es bedürfe daher eines Bewährungsmythos, der verbindlich darüber Auskunft geben kann, wie die drei Sinnfragen zu beantworten sind. Damit dieser Mythos seine beruhigende Wirkung entfalten kann, bedürfe es der suggestiven Evidenzsicherung durch eine gelebte praktische Vergemeinschaftung.

Aus einem Bewährungsmythos leiten sich positive Kriterien und praktisch wirksame Anzeichen der Bewährung ab (ebd.: 1995b: 64). Wie Weber in seiner Analyse des calvinistischen Erlösungsmythos zeigt, können Bewährungsmythen dabei als Deutungsmuster fungieren. So leiten die Bewährungskriterien des reformierten calvinistischen Erlösungsmythos das »innerweltliche« Handeln unmittelbar an oder geben zumindest die selbstverständlich geltenden Prämissen ab, aus denen der Gläubige (bzw. stellvertretend für ihn die kanonisierte Lehre) Antworten für die verschiedenen Lebensbereiche ableiten kann. Doch dieser Bewährungsmythos entwickelte sich gerade in Reaktion auf ein Bewährungsproblem, das aus der spezifischen Weltbildkonstruktion des Calvinismus resultierte, nämlich das Problem der Ungewissheit der Heilserwartung. Ein bereits vorher eingerichteter Bewährungsmythos wurde in Anpassung an das Gewissheitsbedürfnis der Gläubigen transformiert (vgl. Schluchter 1976: 273). Ein Bewährungsmythos als Deutung eines Bewährungsproblems kann unter bestimmten gesellschaftlichen Umständen somit selbst wieder ein neues Bewährungsproblem hervorbringen, das eine Anpassung des Mythos erforderlich macht.

1.2.3 Zur wissenssoziologischen Kritik des strukturtheoretischen Ansatzes

Das strukturtheoretische Konzept sozialer Deutungsmuster wurde von Seiten der Wissenssoziologie adaptiert, kritisiert und umgeformt. So haben vor allem Plaß/Schetsche (2001) in Kritik an Oevermanns Ansatz eine wissenssoziologische Fundierung der Theorie sozialer Deutungsmuster versucht. Im Folgenden soll diese Kritik kursorisch dargestellt werden, um Differenzen zwischen einem wissenssoziologischen und dem hier vertretenen strukturtheoretischen Ansatz deutlich zu machen.

Ausgangspunkt von Plaß/Schetsches Deutungsmustertheorie ist der Anspruch, »ein tragfähiges theoretisches Fundament für die zukünftige empirische Analyse sozialer Wissensbestände und ihrer kollektiven Anwendung« (Plaß/Schetsche 2001: 512) zu entwickeln, indem Deutungsmuster nicht mehr als »subjektorientiertes Schematakonzept« oder primär heuristisches Instrument, sondern als »Formkategorie sozialen Wissens« verstanden werden. Im Unterschied zu Oevermann intendieren Plaß/Schetsche mit der Kategorie sozialer Deutungsmuster eine allgemeine Theorie sozialen Wissens. In dieser Perspektive sei auch jedes Wissen als Bestandteil von Deutungsmustern zu berücksichtigen, das nicht durch Krisen erzeugt wurde, da »der Anteil des genuin milieuspezifischen und lebensweltlich verankerten Wissens einen immer geringeren Anteil des kollektiven (und auch des subjektiven) Wissens ausmacht« (ebd.: 519). In diesem Zusammenhang kritisieren Plaß/Schetsche die universalistische Grundannahme Oevermanns, der zufolge auf universale Strukturprobleme, wie die Geschlechterdifferenz oder die Endlichkeit des Lebens, zeit-, kultur- und milieuspezifisch unterschiedliche Antworten, also Deutungsmuster, entwickelt werden. Sie werfen ihm ein ahistorisches Verständnis von objektiven Handlungsproblemen vor: »Diese Perspektive ist tendenziell blind für die historisch spezifischen Problematisierungsweisen, durch die Handlungsprobleme entstehen und die selbst in hohem Maße von Deutungsmustern geprägt sind« (ebd.: 521). Am Beispiel des Geschlechterverhältnisses ließe sich der Vorteil der wissenssoziologischen Perspektive illustrieren. Während aus einer universalistischen Betrachtungsweise danach gefragt werden würde, wie das in allen Kulturen vorhandene Problem der Geschlechterdifferenz mithilfe milieuspezifischer handlungsleitender Deutungsmuster gelöst werde, würde der wissenssoziologische Ansatz die Frage stellen, warum die Problematisierung der Geschlechterdifferenz in bisher nicht da gewesener Weise sowohl im Alltagsbewusstsein der meisten Gesellschaftsmitglieder, als auch in unterschiedlichen Bereichen des sozialen Lebens eine Rolle spielt. Die universalistische Perspektive, so wird implizit unterstellt, würde sich gegenüber den Ursachen und strukturellen Gegebenheiten moderner Gesellschaften, in denen die Geschlechterdifferenz zunehmend problematisiert wird, blind stellen. Objektive Handlungsprobleme seien »weniger die Voraussetzung als vielmehr die Folge der Verbreitung spezifischer Deutungsmuster« (ebd.: 533).

Ähnlich argumentieren Wohlrab-Sahr (2003) und Pettenkofer (2010: 190) in ihrer Kritik an Oevermanns These eines universellen, anthropologisch verankerten Bewährungsproblems. Oevermanns Argument sei enthistorisierend und würde unter der Hand eine christentumsspezifische Perspektive universalisieren, die normativ auch dort ein Bewährungsproblem vermutet, wo sich ein an Bewährung orientiertes Handeln gar nicht finde. Demgegenüber werde der Bewährungsgedanke durch eine bestimmte Deutung der Welt, wie vor allem eine unhinterfragte Jenseitsvorstellung, semantisch erst »eingeschaltet« (Wohlrab-Sahr 2003: 393). Auf das Problem der Ungewissheit und begrenzten Lebenszeit müsse nicht mit einem Bewährungsgedanken reagiert werden. Möglich seien auch beispielsweise Fatalismus, Hedonismus oder Pragmatismus, so Wohlrab-Sahr.

Die von Plaß/Schetsche und Wohlrab-Sahr vorgetragene Kritik weist Oevermann mit Verweis auf den sich aus strukturtheoretischer Perspektive darstellenden »wissenssoziologischen Kategorienfehler« einer Vermischung von Deutung und Deutungsgegenstand zurück. Neben diesen sozialtheoretischen Differenzen scheint der Streit aber teilweise auf Missverständnissen zu beruhen. So sind Oevermanns »objektive Handlungsprobleme« lediglich Anfangsbedingungen für die soziale Konstruktion von Deutungsmustern, welche sich verselbstständigen und durch die veränderte Deutung der sozialen Umwelt neue Handlungsprobleme aufwerfen. Empirisch beziehen sich Deutungsmuster auch bei Oevermann daher immer auf ein bereits Gedeutetes und sind zudem vermischt mit nicht unter Deutungszwang angeeignetem Wissen; die Unterscheidung liegt hier zwischen der empirischen Realität von Deutungsmustern und einem von »kulturindustriellen Einflüssen« (Oevermann 2001c) bereinigten Begriff von Deutungsmustern als funktional auf Krisenlösungen bezogene Wissensbestände.

Ebenso ist die Benennung universeller Strukturprobleme, wie die Endlichkeit des Lebens, die sich historisch nicht endgültig schließen, sondern als Krisen immer wieder von Neuem gelöst und bewältigt werden müssen, für

Oevermann lediglich Ausgangspunkt »für eine Betrachtung der Dynamik im historisch nach vorne sich spiralförmig transformierenden unauflöslichen Zusammenhang von objektiven Handlungsproblemen und darauf bezogenen verbindlichen Deutungsmustern« (2001c: 545). So wird auch ein Bewährungsmythos bzw. das in ihm artikulierte Bewährungsproblem nicht losgelöst von kulturellen Mustern betrachtet. Diese werden nur wiederum in ihrer (von Eigendynamiken bereinigten) Genese selbst in einem funktionalen Zusammenhang zu Handlungsproblemen, das heißt zu Deutungsgegenständen stehend betrachtet. Das strukturtheoretische Argument betrifft den Strukturaufbau von Deutungsmustern und besagt, dass Deutungen nicht beliebig sein können, sondern in ihrer Form auf den gedeuteten Gegenstand bezogen sind.[82] In dieser Hinsicht besteht keine Differenz zur wissenssoziologischen Position, die den Bezug von Deutungsmustern auf und ihre Strukturierungsleistung für Handlungsprobleme ebenso betonen.

Im Rahmen dieser Studie werden kollektive Deutungsmuster unter dem Gesichtspunkt der *Konversion* in diese Deutungsmuster und einer sich daraus in Abhängigkeit von subjektiven Voraussetzungen ergebenen Bewährungsdynamik betrachtet. Es geht also um subjektive Bewährungsdynamiken, die sich aus der Anwendung eines Deutungsmusters auf das eigene Leben ergeben, nicht aber um eine Deutungsmusteranalyse im eigentlichen Sinne, die auf eine Rekonstruktion der Entstehung und Transformation kollektiver Deutungsmuster abzielt. In diesem begrenzten Blickwinkel auf Deutungsmuster braucht uns schließlich auch die Kontroverse Strukturtheorie versus Wissenssoziologie nicht weiter zu tangieren.

---

82 Mit Blick auf das Postulat der Universalität des Bewährungsproblems wäre Oevermann gleichwohl vorzuhalten, konzeptionell nicht sauber genug zwischen beiden Ebenen zu trennen und damit Missverständnisse zu provozieren: zwischen einem in der Struktur von Lebenspraxis angelegten Dauerproblem der Bewährung, das zur Konstruktion entsprechender Mythen überhaupt erst führt, auf der einen Seite und jenen sich aus der Eigendynamik des Mythos selbst ergebenen, wiederum deutungsbedürftigen Problemen auf der anderen Seite. Dies hängt auch damit zusammen, dass sich für Oevermann mit dem im christlich-jüdischen Schöpfungsmythos besonders elaboriert artikulierten Bewährungsproblem ein hohes Maß an Freisetzung des Autonomisierungspotenzials menschlicher Lebenspraxis verbindet. Oevermann erklärt damit einen das Bewährungsproblem im Sinne der christlich-jüdischen Tradition deutenden Mythos zum normativen Ideal gelungener Freisetzung von Autonomie und damit verbundener Rationalisierung der Welt. Wo das Bewährungsproblem sich nicht zur Genüge bewusstgemacht wurde, beschränke es sich etwa auf Verantwortung des Subjektes für konformes und nichtkonformes Verhalten wie im »magischen und animistischen Schicksalsglauben« (vgl. Oevermann 1995a).

1.3 Konversion in radikale Deutungsmuster und deren Bewährung

Konversionen beschreiben »einen umfassenden Wandel der Identität […], im Zuge dessen die bisherige strukturierende Weltsicht zugunsten einer anderen aufgegeben wird« und sind darin eine Form der Krisen- und Problembewältigung biografischer Erfahrungen (Wohlrab-Sahr 1996: 20f.). Da Deutungsmuster den Kern derartiger »Weltsichten« ausmachen, lässt sich Konversion aus deutungsmustertheoretischer Perspektive als Prozess der individuellen Adaption eines »radikal anderen« Deutungsmusters beschreiben. Bezieht sich der Begriff der Konversion auf die Radikalität eines Wandels, unabhängig davon, von wo nach wo dieser Wandel stattfindet, stellt der Radikalisierungsbegriff auf die Radikalität eines Deutungsmusters ab und impliziert somit eine Spezifizierung des »Wo«. Radikalisierung wollen wir hier insofern verstehen als *konversionsartigen Prozess* der individuellen Adaption des Deutungsmusters einer radikalen Gruppe oder Bewegung (im Folgenden: eines radikalen Deutungsmusters).

Das Konzept der Konversion impliziert dabei eine in zweifacher Hinsicht individualisierende Betrachtungsweise von Phänomenen der Radikalisierung. Der Blick richtet sich zunächst auf die individuelle Übernahme einer kollektiven radikalen Orientierung, nicht aber auf gesellschaftliche Prozesse der Entstehung dieser kollektiven Orientierung. Ferner lässt der Fokus auf biografische Problemlagen außer Acht, dass die individuelle Radikalisierung auch Ergebnis anderer, nicht primär biografischer, sondern aktuell konfliktbezogener Erfahrungsgehalte, die wiederum Ergebnis kollektiver Prozesse sind, sein kann. Während die Individualisierung erster Art zunächst nur (ganz im Sinne des methodologisch-individualistischen Karrieremodells von Hess/Scheerer 2003) eine Beschreibung sozialer Prozesse aus der Perspektive eines Individuums impliziert, geht mit der Individualisierung zweiter Art von vornherein eine Verkürzung einher. Die Fruchtbarmachung des Konversionskonzeptes für ein Verständnis politischer Radikalisierung macht es daher zunächst einmal erforderlich, den Begriff der Konversion von einem funktionalen Bezug auf biografische Problemlagen zu entkleiden und für andersartige »deutungsbedürftige« Problemlagen, etwa milieu- oder bewegungsspezifische, zu öffnen. Auch die deutungsmustertheoretische Konzeptualisierung des Konversionsbegriffes legt diese Öffnung nahe. Entscheidend ist die Krisenhaftigkeit einer Problemlage, die sich nicht auf biografische Krisenerfahrungen beziehen muss, sondern zunächst einmal das Scheitern eines zuvor eingerichteten (bzw. adaptierten) Deutungsmusters.

Aus deutungsmustertheoretischer Perspektive erforderlich ist des Weiteren eine Präzisierung dessen, was mit Weltsicht oder Weltanschauung gemeint sein kann, also wo hinein ein Subjekt konvertiert. Im Unterschied zu Ideologien etwa beziehen sich Deutungsmuster in ihrer Geltung immer auf die konkrete Praxis einer *Vergemeinschaftung*.[83] Das Deutungsmuster verbürgt die Lebenspraxis umfassend, das heißt nicht nur in Hinsicht auf bestimmte Bereiche dieser Praxis und die sich dort stellenden Probleme.[84] Diesbezüglich wäre zunächst festzuhalten, dass sich Deutungsmuster militanter politischer oder religiöser Gruppen nicht nur auf das Gewalthandeln beziehen, sondern für alle Problemstellungen dieser Lebenspraxis Antworten parat haben müssen. Umfassender als Ideologien müssen Deutungsmuster, die insofern auch als Weltbilder bezeichnet werden können, wie Alltagstheorien oder -philosophien operieren, die im Prinzip für alle Lebensbereiche und deren typische Problemstellungen Antworten bereithalten bzw. dann, wenn das explizit nicht der Fall sein sollte, für die Entfaltung solcher Antworten die selbstverständlich geltenden Prämissen abgeben.

Die Konversion in ein Deutungsmuster geht somit einher mit einem Prozess der Inklusion des radikalisierten/sich radikalisierenden Subjektes in

83 Unter Gemeinschaften bzw. Vergemeinschaftungen werden hier soziale Kollektive von ganzen Personen verstanden, die nicht durch Beziehungen zwischen »Rollenträgern«, sondern durch »diffuse Beziehungen« bestimmt sind (zum Beispiel Familien oder Peergroups, Oevermann 2014: 38f.). Die soziale Beziehung beruht auf subjektiv gefühlter affektueller oder traditionaler Zusammengehörigkeit der Beteiligten (Weber 1980: § 9).

84 Deutungsmuster gehen daher nicht in Ideologien auf. Während Ideologien »auf die Funktion der Verteidigung einer Interessenlage oder die Manipulation von Realitätserkenntnis gegen die Logik des besseren Arguments beschränkt sind« (Oevermann 2001b: 43), sind Deutungsmuster nicht zur Erfüllung dieser Funktion entstanden. Deutungsmuster erfüllen die Funktion der Legitimation bspw. des Gewalthandelns quasi nebenbei, »weil sie grundlegend als verbindliche Interpretationen von Welt eine wie selbstverständlich für gültig gehaltene Orientierung in der typischen, durchschnittlichen und erwartbaren Handlungswirklichkeit der Lebenswelt verbürgen, für die sie konstitutiv gelten. […] Deutungsmuster sind also kognitive Formationen, deren Geltungsreichweite sich mit der konkreten historischen Praxis von Vergemeinschaftungen als Kollektivitäten von ganzen Personen deckt, und deren Geltungsbasis in der vollziehenden Praxis dieser Vergemeinschaftungen verwurzelt ist. Aber sie operieren konkret in der Praxis individueller Subjekte und reproduzieren darin deren Zugehörigkeit zu ihrem Milieu« (ebd.).

die Geltungsbasis des Deutungsmusters: die radikale Vergemeinschaftung.[85] Mit Blick auf die hier gegenständlichen Formen von Radikalität kommen als »Träger« von Deutungsmustern neben gruppenartigen Vergemeinschaftungen auch die folgenden höher aggregierten Gebilde in Betracht:

(1) Radikale (soziale, religiöse) Bewegung. Im Sinne eines Begriffs von »sozialer Bewegung« (Roth/Rucht 2008: 23ff.) werden hierunter Netzwerke von Gruppen und Organisationen verstanden, die als kollektiver Akteur mit einer bestimmten kollektiven Identität, Zielen, Überzeugungen und Deutungen für radikalen gesellschaftlichen Wandel mobilisieren.

Unterhalb dieser Ebene eines durch gemeinsame Zielsetzungen und Frames konstituierten kollektiven Akteurs existieren jedoch distinkte Formen der Praxis und durch sie konstituierte Erfahrungsräume, für die wir den Begriff der Szene verwenden wollen. Unter *(2) Szenen* werden in Anlehnung an Haunss (2011: 44; 2004: 82ff.) innerhalb einer Bewegung durch die Alltagspraxis konstituierte Netzwerke von Personen verstanden, die sich durch eine spezifische Identität, Praxisformen und daran gekoppelte Normen, Wertvorstellungen und Erfahrungsräume auszeichnen. Ein wichtiges Merkmal von Szenen sind Orte, an denen Interaktionen und Kommunikationen stattfinden (vgl. auch Hitzler et al. 2001: 22).

Eine dritte Form von Vergemeinschaftungen bilden *(3) radikale Milieus.* Darunter verstehen wir durch Gemeinsamkeiten des biografischen Erlebens und Schicksals innerhalb einer Szene bzw. Bewegung konstituierte »konjunktive Erfahrungsräume« (Mannheim 1980), die jedoch gleichwohl nicht an gemeinschaftliche Interaktionen der Milieuangehörigen gebunden sind (vgl. Bohnsack 2000: 112) wie etwa geschlechts- und generationenspezifische Erfahrungsräume.86 Milieus bilden eine Differenzierungsebene innerhalb von Szenen, aber auch szeneübergreifend innerhalb von Bewegungen.

---

85 Deutungsmustertheoretisch ist zunächst nur eine (Selbst-)Inklusion in die Vergemeinschaftung impliziert, nicht aber eine Sozialisation durch Teilnahme an vergemeinschaftungstypischen Praktiken.

86 Der hier verwendete Milieubegriff unterscheidet sich von dem in der Bewegungsforschung häufig rezipierten Begriff »soziale Milieus« von Schulze (2005: 174), der darunter durch »gruppenspezifische Existenzformen und erhöhte Binnenkommunikation« voneinander abgehobene Personengruppen versteht. Auch unterscheidet er sich von der Verwendung des Milieubegriffs in der Terrorismusforschung, in der wie bei Malthaner und Waldmann (2012: 19) der Begriff »radikales Milieu« als Dachbegriff zur Bezeichnung des sozialen Umfelds militanter Gruppen verwendet wird.

In seinem Bezug auf Vergemeinschaftungen als Geltungsbasis von Deutungsmustern ist der Deutungsmusterbegriff klar von dem bewegungssoziologischen Framingkonzept (Snow et al. 1986) abzugrenzen, in dem »Deutungsrahmen« in einen funktionellen Bezug zu Mobilisierungsprozessen und damit verbundenen Problemen der Kommunikation von Anliegen usw. gestellt sind. Auf der anderen Seite besteht der primäre Zweck von Deutungsmustern radikaler Bewegungen aber auch nicht in der Explikation eines alternativen Gesellschaftsentwurfes, also einer abstrakten Theorie. Radikale Deutungsmuster verbürgen vielmehr die Praxis einer innerhalb der bestehenden Gesellschaftsordnung real existierenden, einem anderen Gesellschaftsentwurf gegenüber verpflichteten und daher in Konflikt mit der herrschenden politischen Vergemeinschaftung, dem Herrschaftsverband, stehenden Vergemeinschaftung. Radikale Deutungsmuster formulieren daher nicht nur ein Gegenmodell von Gesellschaft, sondern auch ein Gegenmodell zu den in der Gesellschaft existierenden/herrschenden Vergemeinschaftungen und Handlungsentwürfen. Als ein solches *Gegenmodell von Vergemeinschaftung* liefern sie schließlich alternative Deutungen und Orientierungen für die sich innerhalb existierender, herrschender Vergemeinschaftungen stellenden Handlungsprobleme.[87] Die radikale Vergemeinschaftung als Gegenmodell zu herrschenden Vergemeinschaftungen verbürgt die dauerhafte Integration der Mitglieder einer Gemeinschaft und soll ihre Rückkehr in herrschende Vergemeinschaftungen verhindern. Unterschiedliche Formen radikaler Vergemeinschaftungen lassen sich dabei danach differenzieren, zu welchem Grade sowie in welchen Hinsichten ein radikales Anderssein und damit eine Überwindung der ansozialisierten Bindungen an bestehenden Vergemeinschaftungen als Form der Krisenlösung propagiert werden.

Für den hier gegenständlichen Fall des *Dschihadismus* können wir von einer sektenförmigen, totalen Form der Vergemeinschaftung ausgehen. Charakteristikum dieser Form von Vergemeinschaftung ist, wie in den folgenden Abschnitten weiter auszuführen sein wird, die Unterordnung des Subjektes unter die absolute Entscheidungsgewalt der souveränen Macht Gottes, die die Einheit der Gläubigen verbürgt.[88] Es resultiert daraus die Anforderung

---

87 Einen Aspekt dieses Gegenmodells bilden dann schließlich die in den Framingtheorien thematischen Formen einer strategischen Kommunikation gegenüber Zielgruppen, die aus bestehenden Vergemeinschaftungen quasi herausmobilisiert werden sollen.

88 Das Subjekt ist hier wie in der modernen Souveränitätslehre als »homo sacer« (Agamben) der uneingeschränkten Verfügungsmacht des Souveräns ausgeliefert. Der Einschluss des

einer vollständigen Überwindung der Bindungen an alle Formen nicht- bzw. »unislamischer« Vergemeinschaftung. Das konvertierte Subjekt darf keiner anderen Vergemeinschaftung als der von Gott gestifteten angehören. Die Zugehörigkeit zur Gemeinschaft ergibt sich über die Exklusivität der emotionalen Bindung an Gott und die seinem Willen folgenden »wahren« Gläubigen. Die radikale Vergemeinschaftung konstituiert sich somit aus einem *radikalen Bruch* mit allen vorherigen Vergemeinschaftungen. Die spezifische Form der Krisenlösung eines solchen Deutungsmusters besteht hier in der Ablösung von einem die Problemstellungen verursachenden bisherigen Leben. Das dschihadistische Deutungsmuster als solches ist damit bewährungsresistent, da nicht die Problemlösung, sondern nur das Subjekt, das sich nicht vollständig aus vorherigen Bindungen herausgelöst hat bzw. konvertiert ist, scheitern kann.

Für ein konvertierendes Subjekt stellen sich nun abhängig von seinem Herkunftsmilieu bzw. seinem vorherigen Handlungsentwurf inhaltlich spezifische Ablöse- oder Konversionsanforderungen. Die individuelle Besonderheit eines konvertierten bzw. konvertierenden Subjektes besteht in dieser Perspektive in der individuellen Ausprägung eines Bewährungsproblems, das sich aus der Anwendung des übernommenen Deutungsmusters auf deutungsbedürftige Problemstellungen, zu deren Lösung das Deutungsmuster ursprünglich übernommen wurde, ergibt. Da diese Problemstellungen innerhalb des (eine totale Loslösung von bisherigen Weltanschauungen verlangenden) Deutungsmusters durch eine Ablösung des Subjektes aus bisherigen Deutungsmustern und Vergemeinschaftungen gelöst werden, lässt sich dieses Bewährungsproblem als ein Problem der (Vergewisserung der eigenen) Ablösung konzeptualisieren.

Einzelnen in dieses Gefüge absoluter Gewalt folgt jedoch nicht der Feindbestimmung einer staatlichen Souveränität, wie im Lager, sondern ist ein Akt selbst gewählter Unterwerfung, mit dem eine Lebenspraxis auf krisenhafte Strukturprobleme der Gesellschaft reagiert. Diese Strukturprobleme werden im Islamismus als eine Verfallenheit an äußere Objekte der Sinnlichkeit und Lustbefriedigung gedeutet. Die spezifische Form der islamistischen Krisenbewältigung lässt sich psychoanalytisch beschreiben als eine Umlenkung der idealisierten Übertragung narzisstischer Energie von eben jenen Formen der Äußerlichkeit (auf die eine stabile Übertragung in Zeiten der Krise zunehmend problematisch wird) auf das Größen-Selbst göttlicher Souveränität und eine daran geknüpfte religiöse Gemeinschaftsidentität (Lewed 2010).

1.4 Politisch motivierte Straftaten als Ausdruck eines Bewährungshandelns

In Folgenden gilt es, das kriminologische Argument zu entfalten, dass sich in Straftaten »politisch Delinquenter«, anders als im Falle »gewöhnlicher Delinquenz«, nicht der Grad eines Verlustes von Unrechtsbewusstsein, sondern der Grad der Transformation eines Normbewusstseins widerspiegelt. Unter diesem Aspekt stellen Straftaten eine Bewährungsprobe für eine konvertierte Lebenspraxis dar und können als Ausdruck der Bewältigung einer Bewährungsproblematik interpretiert werden.

1.4.1 Strukturtheoretisches Verständnis »politischer Delinquenz«

Innerhalb der Kriminologie lässt sich bekanntlich zwischen einem konstruktivistischen und einem ätiologisch-positivistischen Verständnis von kriminellen Handlungen als Gegenstandsbereich der Kriminologie unterscheiden. Dem konstruktivistischen Verständnis folgend ist Kriminalität eine Zuschreibungskategorie und als solche immer Ergebnis der Zuschreibung eines »negativen Gutes« (Sack 1968: 469f.). »Kriminalität« ist damit zuallererst Ausdruck der Besonderheit spezifischer Praktiken der sozialen Kontrolle (formeller, informeller, kulturspezifischer usw.), die dieses Etikett zuschreiben. Demgegenüber verweist ein kriminelles Verhalten nach dem positivistisch-ätiologischen Kriminalitätsverständnis auf eine Besonderheit der die Norm verletzenden Lebenspraxis selbst.

Aus strukturtheoretischer Perspektive folgen wir im Grundsatz einem sozialkonstruktivistischen Kriminalitätsverständnis, sehen darin jedoch keine Beschränkung des Untersuchungsgegenstands der Kriminalsoziologie auf Prozesse der Normgenese, der Normanwendung und damit verbundener Etikettierung. Vielmehr ist die rechtsverletzende Handlung, insofern sie von Individuen eigenverantwortlich, das heißt im Wissen um die geltenden Normen, ausgeführt wird, ja ein erklärungsbedürftiges Besonderes, das sich nicht aus dem Allgemeinen, der Norm, von selbst schon erklärt. In diesem Besonderen der (je individuellen) Abweichung reproduzieren sich (neben dem Recht bzw. der Rechtsanwendung) vielmehr weitere gesellschaftliche Strukturmomente und Phänomene (etwa soziale Ungleichheit). Der anomietheoretischen Grundannahme folgend verweisen rechtsverletzende Handlungen (die nicht politisch, gesinnungsethisch oder aus materieller Not heraus motiviert sind) gerade auf einen Konflikt zwischen materiellen, soziopsychischen Bedürfnissen eines Individuums und den sich im Recht niederschlagenden Ansprüchen und Zumutungen gesellschaftlicher Normen der Bedürfnisbefriedigung.[89] Die rechtsverletzende Handlung verweist hier auf eine *spezifische Form der Bewältigung* dieses Konfliktes. Solange das Individuum sich als Teil einer Rechtsgemeinschaft, deren Normen es als legitim anerkennt, dem »Gemeinwohl« verpflichtet fühlt, muss es für seinen Handlungsentwurf immer Allgemeingültigkeit in Anspruch nehmen. Kann das Individuum unter diesen Voraussetzungen die Diskrepanz zwischen Bedürfnissen und – anomietheoretisch formuliert – legalen Mitteln zur Bedürfnisbefriedigung nicht mehr aushalten und es kommt zur Straftat, so gibt das Individuum seinen Anspruch auf öffentliche Anerkennung deshalb auf. Die Tat lässt sich nicht als vernünftig rechtfertigen, sondern kann allenfalls eine Mittel-Zweck-Rationalität beanspruchen. Der Straftäter kann seine rechtsverletzende Handlung nicht als Entwurf einer wünschenswerten zukünftigen Lebensform propagieren (vgl. Oevermann et al. 1985: 201). Der Verlust des Unrechtsbewusstseins macht hier die spezifische Form der Bewältigung des Konfliktes zwischen eigenen Bedürfnissen und gesellschaftlichen Normalitätserwartungen inhaltlich aus. Straftaten, die entsprechend nicht politisch motiviert sind oder aus einer Zwangslage wie materieller Not begangen wurden, dokumentieren daher immer eine Verletzung verpflichtender moralisch-ethischer Regeln und damit eine Lockerung des gemeinwohlbezogenen Rechtsbewusstseins bzw. der verinnerlichten Gewissensbildung. Das Subjekt kann sich – sofern es eben nicht Teil einer »Subkultur« ist, die die Geltung abweichender Normen verbürgt – nur noch unter der Voraussetzung subjektiv retten und erhalten, dass es die Realisierung der Normverletzung aus der bewusstseinsfähigen Repräsentanz der Bedeutung des eigenen Handelns ausblendet.[90] Als in dieser Hinsicht von der der Struktur realitätsgerechten Handelns abweichende Handlungen verweisen Rechtsverletzungen Oevermann zufolge auf eine sozialisatorisch bedingte »Beschädigung der psychosozialen Integrität« einer Lebenspraxis. Straftaten

89 Bezugspunkt bildet hier eine von Oevermann et al. (1985) in Ansätzen explizierte Theorie der Straftat, die er im Zusammenhang mit seiner Untersuchung zum Problem der »Perseveranz in Delikttyp und modus operandi« mit Blickpunkt auf die Reform des Kriminalpolizeilichen Meldedienstes und die Begründung einer kriminalistischen Handlungslehre, entwickelt hat.

90 Etwa durch die von Skyes/Matza (1957) beschriebenen Neutralisierungstechniken.

verweisen daher auf die individuelle Besonderheit einer Konfliktbewältigung, weshalb sie sich als Ausdruck eines bestimmten Typs von Biografie und Lebenswelt lesen lassen (vgl. ebd.: 200ff.).

Die individuelle Besonderheit eines Täters manifestiert sich dabei auf zwei Ebenen einer Straftat, die sich mit Oevermann als eine in Hinblick auf das Verhältnis von Risiko und Gewinnchance mehr oder weniger durchrationalisierte Strategie der rechtsverletzenden Handlung konzeptualisieren lässt. Die erste Ebene bildet dabei die Strategie der Zielerreichung (Primärhandlung). Hier geht es um das Ziel der Straftat und die Mittel, die der Handelnde zur Erreichung dieses Ziels einsetzt. Die zweite Ebene bilden die von einem Täter ergriffenen Maßnahmen, um unentdeckt zu bleiben (Tarnhandlung). Die Ausgestaltung sowohl der Primär- als auch der Tarnhandlung lässt sich im Falle »gewöhnlicher Delinquenz« als Ausdruck einer spezifischen Form der Bewältigung des Konfliktes zwischen individuellen Bedürfnissen und Antrieben auf der einen und Ansprüchen der Allgemeinheit, der gegenüber man sich selbst als deren Teil verpflichtet fühlt, auf der anderen Seite interpretieren. Der Modus der Konfliktbewältigung wird dabei nach Oevermann durch das Verhältnis des bewusstseinsfähigen Subjektes zur latenten Sinnstruktur seiner strafbaren Handlung bestimmt. Dieses Verhältnis bildet sozusagen den Gradmesser für fehlendes Unrechtsbewusstsein. Auf der Ebene der *Primärhandlung* geht es dabei um die Bestimmung des bei der Durchführung der Tat selbst zum Ausdruck kommenden Unrechtsbewusstseins. Darüber Aufschluss geben Hemmungen bei der Durchführung der Tat bzw. Versuche, die Rechtsverletzung in Grenzen zu halten. Auf der Ebene der Tarnhandlung geht es um das Maß der Kontrolle der Bedingungen einer erfolgreichen Tarnung. Entscheidend ist hier die Adäquanz des Verhältnisses von *Tarnhandlung* und der gegenwärtigen ziel- und bedürfnisorientierten Strafhandlung, die das Verhältnis des Subjektes zur objektiven Bedeutung seiner Handlung bestimmt. Der Grad der Inadäquanz der Tarnung ist ebenso Gradmesser für den Verlust des Unrechtsbewusstseins des Täters, aus dem sich Rückschlüsse auf die Persönlichkeitsstruktur und Lebenswelt ziehen lassen.

Politisch oder gesinnungsethisch motivierte Rechtsverletzungen bilden demgegenüber zunächst keine Funktion des »privaten, individuell bestimmbaren Bedürfnissystems des Täters« (Sack 1993: 384f.), sondern Mittel zu einem politischen, moralischen oder wertbezogenen Zweck (vgl. auch Sack 1984: 39). Merton (1967: 360f.) bezeichnet den politisch Devianten daher als »non-conformist deviant«. Während der »gewöhnliche Delinquente« keinen Anspruch auf öffentliche Geltung seines Normbruchs erhebt – er findet es nur nützlich oder expressiv, die Norm zu verletzen –, stellt der politisch Delinquente die Legitimität der von ihm verletzten Norm infrage und ist von der Richtigkeit und dem moralischen Wert seiner Handlungen überzeugt. Während der Nonkonformist bestehende Normen verändern bzw. durch neue Normen ersetzen will, versucht der bloß »aberant« Abweichende (Merton), der Norm zu entfliehen. Ist die Straftat Ausdruck einer Kritik an den bestehenden Verhältnissen im Namen eines eigenen, besseren Entwurfes der Gesellschaft, so grenzt sich das Gelingenskriterium des eigenen Handlungsentwurfs also von dem der sozialen Allgemeinheit ab und beansprucht ein höheres Maß an praktischer Vernunft (Oevermann 1985: 201ff.). Der eigene Entwurf gilt nun umgekehrt gar umso gelungener, je mehr er im Sinne des Anderen scheitert.[91] Anders als im Falle gewöhnlicher Devianz stellt die Rechtsverletzung also keine Abweichung von der Struktur realitätsgerechten Handelns dar. Die Infragestellung des normativen Geltungsanspruchs der bestehenden Ordnung bildet vielmehr eine Erfüllungsbedingung des Gelingens eines radikalen, auf die Überwindung der Verhältnisse ausgerichteten Handlungsentwurfes. Im Unterschied zum gewöhnlichen Delinquenten besteht für den politisch Delinquenten daher auch kein zu bewältigender Konflikt zwischen eigenen Bedürfnissen und Zielsetzungen auf der einen und gesellschaftlichen Normalitätserwartungen auf der anderen Seite, da letztere für ihn, sofern er hinreichend von seiner Sache überzeugt ist, keine Rolle spielen. Es besteht für ihn daher auch kein Anlass, die Normverletzung aus der subjektiv realisierten Bedeutung der Handlung durch Anwendung entsprechender Neutralisierungstechniken auszublenden. Somit

---

91 Die lustvolle Inszenierung und Zur-Schau-Stellung der Abweichung, auch in dem Wissen um negative Konsequenzen, ist integraler Bestandteil politischer Delinquenz, der strukturlogisch daher ein Hang zum Martyrium schon eingeschrieben ist, wie bereits Merton feststellte: Der extreme Nonkonformist »enters upon his public course of nonconformity with full knowledge that he runs the risk, so high a risk as to be almost a certainty, of severe punishment for his behavior by the group. This kind of man is, in the fairly strict sense, a martyr – that is, one who sacrifices self for principle« (Merton 1967: 364). Dabei liegt für Merton der zentrale soziologische Unterschied zwischen dem »nonconformist deviant« und dem »aberrant deviant« in der bezugsgruppenhaften Verknüpfung des Nonkonformisten mit ebenfalls nonkonformen sowie unter umgekehrten Vorzeichen mit normkonformen Mitgliedern der Gesellschaft, bei denen die Rechtsverletzungen des politisch Devianten nicht wie im Falle des aus egoistischen Motiven handelnden gewöhnlichen Kriminellen auf Desinteresse, sondern auf moralische Entrüstung stoßen (vgl. auch Sack 1993: 385).

lässt sich die Besonderheit eines Täters hier nicht an dem Grad des Verlustes des Unrechtsbewusstseins festmachen. Vielmehr setzt umgekehrt die im Namen des alternativen Handlungsentwurfes begangene Straftat nicht den Verlust eines Unrechtsbewusstseins, sondern eine erfolgreiche Transformation des Gewissens voraus.

1.4.2 Straftaten als Ausdruck des Grades der Konversion

Die Beteiligung an Gewalthandlungen bildet ein zentrales Gelingenskriterium dezidiert militanter Handlungsentwürfe und ist für das konvertierende Subjekt somit zentrale Anforderung an seine Bewährung. Die Straftat ist dabei in zweierlei Hinsicht ein Gradmesser der Konversion: Sie dokumentiert zum einen, wie umfassend das Subjekt dazu bereit ist, die herrschenden Normen zu verletzen und vice versa den alternativen Normen der radikalen Vergemeinschaftung zu folgen. Zum anderen ist sie Ausdruck der Opferbereitschaft des Subjektes, durch das es seine Bindung an die Normen der radikalen Vergemeinschaftung bezeugen kann.

Grundsätzlich lassen sich zwei Dimensionen der Konversion bzw. Ablösung und einer damit verbundenen Ablöseproblematik unterscheiden. Auf der Ebene der *Normbindung bzw. Gewissensbildung* geht es um die Verinnerlichung der Normen der radikalen Vergemeinschaftung. Prototypisch kommt eine defizitäre Transformation der Gewissensbildung in Hemmungen bei der Durchführung der Tat bzw. der Realisierung eines bestimmten, normativ erwarteten Tatniveaus zum Ausdruck (oder umgekehrt in einer übertriebenen, innerhalb des Deutungsmusters geltende moralische Standards verletzenden Hemmungslosigkeit). Die zweite Ebene bilden die ansozialisierten *Bedürfnisse und Ziele* des Subjektes, von denen es sich ablösen muss, sofern sie mit Normanforderungen des radikalen Deutungsmusters in Konflikt stehen. Charakteristisch für einen solchen Konflikt wäre etwa das Festhalten an einem konformen Lebensstil mit Beruf und Familie, der einer für die Ausführung bestimmter Gewaltformen erforderlichen Risikobereitschaft oder dem Erfordernis klandestiner Organisationsformen der Gewalt (zum Beispiel in den »Untergrund« zu gehen) entgegensteht.

Eine gelungene Konversion beschreibt eine vollständige Transformation des Normbewusstseins durch Desozialisation des Subjektes aus den vorgängigen Vergemeinschaftungen, in deren Zuge ein neues Deutungsmuster verinnerlicht wird und für das Subjekt persönliche Ziele, Bedürfnisse und Norminhalte der vorausgegangenen Sozialisation nicht mehr gültig sind. Mit

Blick auf den hier interessierenden Zusammenhang strafbarer Handlungen ist dabei von Bedeutung, dass eine Teilnahme an strafbaren, politisch oder gesinnungsethisch kontextualisierten Handlungen zunächst eine hinreichende Desozialisation aus der bürgerlichen Rechtsgemeinschaft, die eine effektive Neutralisierung des relativen Unrechtsgehalts der Tat ermöglicht, voraussetzt, nicht jedoch zwingend die gelungene Sozialisation in die radikale Vergemeinschaftung, die es dem Subjekt ermöglicht, die Tat auch als vernünftig zu rechtfertigen. So kann eine Desozialisation aus der Rechtsgemeinschaft auch innerhalb krimineller Subkulturen stattfinden. Die Bereitschaft zur Verletzung herrschender Normen und das Ausmaß der Normverletzung sind daher wie oben geschildert nicht der zentrale Maßstab einer gelungenen Konversion, die sich erst in dem aus der richtigen Gesinnung vollzogenen Normbruch einstellt.[92]

Mit Blick auf die Transformation des Normbewusstseins eines Subjektes lassen sich drei theoretische Stufen der Konversion und damit verbundene Tätertypen unterscheiden:

(1) Begrenzung des Normbruchs. Das Subjekt kann die Verletzung herrschender Normen aufgrund der unzureichenden Adaption des radikalen Deutungsmusters nur im begrenzten Maße als vernünftig rechtfertigen. Bestehende Bindungen an die Normen einer konträren Vergemeinschaftung (etwa die bürgerliche Rechtsgemeinschaft) zwingen das radikalisierte Subjekt zu einer Begrenzung der Normverletzung, mit der Folge, dass elementare Anforderungen des radikalen Deutungsmusters nicht erfüllt werden können. Das Subjekt müsste nun seinen Anspruch auf Anerkennung innerhalb der radikalen Vergemeinschaftung aufgeben. Unter dieser Voraussetzung kann es sich subjektiv nur retten, wenn es die Nichterfüllung oder mangelnde Erfüllung der elementaren Ablöseanforderung stark relativiert oder ganz aus dem Bewusstsein ausblendet.

Dieser theoretische Tätertypus manifestiert sich auf der Ebene der *primären Tathandlung* durch Hemmungen bei der Durchführung der Tat bzw. Versuche, den (aus Perspektive des alten Deutungsmusters bestehenden) Unrechtsgehalt der strafbaren Handlung zu begrenzen. Die Aufrechterhaltung der Bindung an einen konformen Lebensstil bedingt eine geringe Risikobereitschaft bzw. eine Abschwächung von Handlungskonsequenzen der

92 Hier spiegelt sich die Erkenntnis wider, dass politische Beweggründe bzw. ideologische Überzeugungen für eine Beteiligung an sogenannten »politisch« motivierten Gewalttaten nicht ausschlaggebend sein müssen, sondern diese auch anders motiviert sein kann. Den Tätern fehlt dann ein entsprechend transformiertes Unrechtsbewusstsein.

Tat, die persönlichen Zielen entgegenstehen (etwa ein Bindungen an ein konformes Leben gefährdender Repressionsdruck ob eines hohen Tatniveaus). Da das Subjekt die Normverletzung entsprechend seines aufrechterhaltenen Unrechtsbewusstseins begrenzt, braucht diese nicht ausgeblendet zu werden, womit die Bedingungen einer erfolgreichen Tarnung kontrolliert werden können.

(2) Ausblendung des Unrechts. Auch hier kann das Subjekt die Verletzung herrschender Normen aufgrund der unzureichenden Adaption des radikalen Deutungsmusters nur in begrenztem Maße als vernünftig rechtfertigen. Anders als im ersten Fall hat das Subjekt ein gegenüber dem radikalen Entwurf konträres Normgewissen jedoch nicht ausgebildet oder dieses bereits verloren. Der Modus, der es dem Subjekt hier ermöglicht, Straftaten dennoch durchzuführen, ist die Ausblendung des Unrechtsgehalts.

Auf der Ebene der *primären Tathandlung* zeigt sich der Grad des Verlustes eines Unrechtsbewusstseins durch den Wegfall normativer Begrenzungen, die eine Entgrenzung des Gewaltaktes ermöglichen. Blendet ein Täter die Verletzung herrschender Normen aus dem Bewusstsein aus, so zeigt sich dies auf der Ebene der *sekundären Tathandlung* durch eine mangelnde Adäquanz der ergriffenen Maßnahmen zur Tarnung und Flucht.

(3) Bewährung der Normbindung. Eine gelungene Konversion in die radikale Vergemeinschaftung bedeutet neben einem hohen Grad der Kongruenz zwischen subjektiven Bedürfnissen und Normanforderungen der Gemeinschaft eine vollständige Transformation der Normbindung. Diese ermöglicht es dem Subjekt, Normverletzungen als vernünftig zu rechtfertigen. Es ist in der Lage, die Gelingenskriterien des Deutungsmusters umfassend zu erfüllen.

Fühlt sich das Subjekt gegenüber den Normen der radikalen Vergemeinschaftung im hohen Maße verpflichtet, so besteht nun Anlass, sich der eigenen Übereinstimmung oder besser Bindung an diese Normen und damit der Ablösung aus vorherigen Vergemeinschaftungsbezügen immer wieder zu vergewissern. Der Vergewisserungsbedarf ist dabei umso größer, je mehr das Subjekt Anlass hat, an der Stabilität seiner Ablösung zu zweifeln.

Anlässe, an der Festigkeit der Normbindung zu zweifeln, bestehen dabei umso mehr, je stärker das Subjekt in seinem vorherigen Leben von den jetzt als verbindlich erachteten Normen abgewichen ist, etwa durch ein »Leben voller Sünden« oder eine Zugehörigkeit zu jetzigen politischen Gegnern. Anlass für Zweifel kann aber auch dann bestehen, wenn aktuelle persönliche Ziele und Bedürfnisse mit normativen Anforderungen nicht vereinbar sind, etwa der Wunsch nach Aufrechterhaltung von Bindungen an ein konformes Leben.

Ausmaß und Inhalte eines Vergewisserungsbedarfs könnten sich auf der Ebene der *Primärhandlung* in der Herbeiführung von Bestätigungseffekten für die Bindung an die Normen der radikalen Vergemeinschaftung zeigen. Zu erwarten ist hier eine starke Normorientierung des Gewalthandelns und eine besonders strenge oder gar penible Umsetzung der deutungsmusterspezifischen Normen.

Da das Subjekt die Normverletzung als vernünftig rechtfertigen kann, braucht es diese nicht auszublenden, was ein hohes Maß an adäquater Tarnung impliziert. Die ausgeprägte Normbindung kann jedoch zur Inkaufnahme eines höheren Entdeckungsrisikos führen, wodurch die subjektiven Anforderungen an das Niveau der Tarnung sinken.

Eine gelungene Konversion zeigt sich auf der Ebene der Primärhandlung in einem Streben nach *Bewährung der Normbindung* in der (und durch die) Straftat. Das Ausmaß der Normverletzung sowie die Strenge der Normanwendung bilden zentrale Indikatoren für ein solches Bewährungshandeln. Auf der Ebene der Sekundärhandlung zeigt sich die gelungene Konversion in der Befähigung des Subjektes zu einer adäquaten Tarnung.

2. Strukturbestimmung: der dschihadistische Bewährungsgedanke

Nachdem die Konversion in ein radikales Deutungsmuster und deren Bewährung abstrakt-theoretisch erörtert wurden, gilt es, die Überlegungen nun im Sinne einer Strukturbestimmung auf den empirischen Fall dschihadistischer Deutungsmuster respektive Vergemeinschaftungen zu übertragen. Im Mittelpunkt steht dabei die Frage, welche Anforderungen der Bewährung Dschihadisten an sich stellen, die hier in Europa ihrer »Pflicht zum Dschihad« nachkommen wollen. Eine allgemeine Kontrastfolie für einen »Bewährungsgedanken« bildet der von Weber beschriebene Bewährungsmechanismus der protestantischen Ethik, der daher den Ausgangspunkt der religionssoziologischen Analyse des »Bewährungsgedankens« im Dschihadismus bildet.

2.1 Webers Rekonstruktion des Bewährungsgedankens in der protestantischen Ethik

In seiner Religionssoziologie beschreibt Weber mit dem Konzept der Bewährung einen sozialen Mechanismus, der erklären soll, wie eine religiös motivierte Weltablehnung, die an Handlungsfolgen zunächst völlig desinteressiert ist, zu einer rationalen Umgestaltung der Welt, gegebenenfalls sogar zu einem am äußeren Erfolg orientierten Handeln führen kann (Pettenkofer 2010: 185f.). Ausgangspunkt des von Weber rekonstruierten protestantischen Bewährungsgedankens bildet dabei zunächst die im strikten Monotheismus bestehende unübersteigbare Differenz zwischen der Immanenz des irdischen Lebens und der Transzendenz der göttlichen Sphäre. Der durch Erbsünde verderbte Mensch kann keine direkte Verbindung zur göttlichen Ordnung haben (vgl. auch Oevermann 1995a: 23). Daraus folgt nun ein ethischer Dualismus zwischen der kreatürlichen, sündhaften Ordnung der »Welt« und einer göttlichen Allmacht und Vollkommenheit (Weber 1980: 314). Gesteigert zum Ausdruck kommt dieser Dualismus in der Vorstellung einer vom Gläubigen weder durch gute noch schlechte Taten beeinflussbaren göttlichen Gnadenwahl, der Prädestination. Weber argumentiert, dass das Ungewissheitsproblem des Gläubigen der Prädestinationslehre dazu führt, dass der Gläubige im irdischen Leben nach beruhigenden Anzeichen für die Erwähltheit sucht und diese Anzeichen nun in einer erfolgreich durchgehaltenen innerweltlichen Askese, das heißt einer asketischen Weltbeherrschung zum Zweck der Mehrung von Gottes Ruhm, sieht. Gute Werke sind kein Realgrund, wohl aber Erkenntnisgrund des Erlösungsschicksals (Schluchter 1976: 273).

Dass die Calvinisten ihre Heilsgewissheit gerade durch rationale Berufsarbeit und nicht etwa durch Weltflucht zu bestätigen suchten, folgt nun wesentlich aus dem »in maiorem gloriam dei«-Prinzip, also der Vorstellung, dass der Erwählte nur dazu da ist »den Ruhm Gottes in der Welt durch Vollstreckung seiner Gebote an seinem Teil zu mehren. Gott aber will die soziale Leistung des Christen, denn er will, dass die soziale Gestaltung des Lebens seinen Geboten gemäß und so eingerichtet werde, dass sie jenem Zweck entspreche« (Weber 1988: 100). Gute Werke dürfen also keinem anderen Zweck dienen als der Mehrung von Gottes Ruhm. Weber argumentiert nun, dass die Calvinisten in der rationalen Berufsarbeit die Möglichkeit fanden, zum einen, wie von Gott gewollt, soziale Leistungen für die Gemeinschaft zu erbringen, also dem Gebot der Nächstenliebe zu folgen, andererseits sich von affektuellen, persönlichen Beziehungen, die im Verdacht der Kreaturvergötterung stehen, fernzuhalten (vgl. auch Giesing 2002: 144):

> »Die ›Nächstenliebe‹ äußert sich – da sie ja nur Dienst am Ruhme Gottes, nicht: der Kreatur, sein darf – in erster Linie in Erfüllung der durch die lex naturae gegebenen Berufsaufgaben, und sie nimmt dabei einen eigentümlich sachlich-unpersönlichen Charakter an: den eines Dienstes an der rationalen Gestaltung des uns umgebenden gesellschaftlichen Kosmos. Denn die wunderbar zweckvolle Gestaltung und Einrichtung dieses Kosmos, welcher ja nach der Offenbarung der Bibel und ebenso nach der natürlichen Einsicht augenscheinlich darauf zugeschnitten ist, dem ›Nutzen‹ des Menschengeschlechtes zu dienen, lässt die Arbeit im Dienst dieses unpersönlichen gesellschaftlichen Nutzens als Gottes Ruhm fördernd und also gottgewollt erkennen.« (Weber 1988: 101)

In der Berufsarbeit bewährt sich der Gläubige damit in einer spezifischen ethischen Qualität, der er als Zeichen seiner Heilsgewissheit genügen muss. Indem er die Welt rational gestaltet, folgt er praktisch der Norm, gehorsam

Dienst an dem im sachlich Zweckvollen sich verwirklichenden Ruhme Gottes zu leisten. Durch die Verrichtung einer durch rationale Sachlichkeit gekennzeichneten Arbeit enthält er sich der Ordnung des Kreatürlichen (Askese), wodurch er sich seiner *Bindung an die Norm* vergewissern kann, nämlich sich ausschließlich an der Mehrung von Gottes Ruhm zu orientieren, also aus der richtigen Gesinnung heraus zu handeln. Dass es zu einer Bewährung in »innerweltlicher Askese« durch Berufsarbeit und nicht etwa durch Missionsleistungen kommt, hängt mit spezifischen Vorstellungen davon zusammen, wie die Welt nach »Gottes Willen« zu gestalten bzw. zu ordnen sei. Die Calvinisten gingen, so Weber, davon aus, dass Gott eine Ordnung wolle, die sich an dem »Sachlich-Zweckvollen« als Ausdruck einer unter seinem Willen stehenden »Ordnung des Kreatürlichen« orientiere (Weber 1988: FN 184).

Entscheidend an dem hier beschriebenen Bewährungsmechanismus ist, dass die Handlungen nicht nur gemäß der Norm (also gemäß der göttlichen Gebote, die strikt einzuhalten sind und nach denen die Welt zu gestalten ist), sondern unmittelbar aus einer Bindung an diese Norm heraus vollzogen werden sollen (Pettenkofer 2010: 187). Den Anhängern einer solchen Norm stellt sich nun ein Ungewissheitsproblem. Mit der Weltablehnung verknüpfen sich »hohe ethische Anforderungen, die rasch zweifeln lassen, ob man diesen Forderungen genügt bzw. die entsprechenden Werte wirklich verinnerlicht hat, ob man also wirklich eigentlich anders ist« (ebd.: 188). Um die Normbindung zu garantieren, bedarf es spezifischer Kriterien zur Überprüfung moralischen Handelns. Die Ungewissheit resultiert nun daraus, dass die geforderte richtige Gesinnung einen nicht beobachtbaren inneren Zustand darstellt. Sie motiviert zu einer Suche nach Zeichen für das Vorliegen dieses Zustands, nach Handlungen mit Beweiswert, die den Beteiligten einen authentischen Ausdruck ihres inneren Zustands liefern (ebd.: 189). Daraus erklärt sich die entscheidende Konsequenz des Bewährungsgedankens: Die Bewährung vollzieht sich nicht in einem, wie Weber schreibt, »Aufspeichern verdienstlicher Einzelleistungen«, sondern in einer »zu jeder Zeit vor der Alternative: erwählt oder verworfen? stehenden systematischen Selbstkontrolle« (Weber 1988: 109f.). Zu bewähren gilt es einen inneren Zustand, eine Qualität der Persönlichkeit: »Nicht einzelne Verstöße – die dem Prädestinierten als Kreatur wie allen Sündern widerfahren –, sondern das Wissen, dass nicht diese Verstöße, sondern das gottgewollte Handeln aus der eigentlichen, durch die geheimnisvolle Gnadenbeziehung gestifteten inneren Beziehung zu Gott fließen, die zentrale und konstante Qualität der Persönlichkeit also, gibt Gewissheit des Heils und der Gnadenperseveranz« (Weber 1980: 346).

Zusammenfassend lässt sich festhalten, dass für den von Weber beschriebenen Bewährungsgedanken die an äußeren Zeichen zu prüfende richtige Gesinnung das entscheidende Element bildet. Nicht allein durch Befolgung der göttlichen Gebote, sondern erst in dem Nachweis, dabei aus der richtigen Gesinnung gehandelt zu haben, bewährt sich der Gläubige der Prädestinationslehre vor Gott als Erwählter. Die richtige Gesinnung, der zufolge das gottgewollte Handeln aus keinem anderen Grund als der Mehrung von Gottes Ruhm praktiziert werden darf (also etwa materiellem Eigeninteresse), dokumentiert sich darin, dass der Gläubige sich aller Zwecksetzungen, Mittel und Tätigkeiten, die er als Erscheinungsform der kreatürlich verderbten Welt interpretiert, enthält.

Die Bewährung in innerweltlicher Askese setzt nun eine neue Spannung frei, die aus der latenten Gegenläufigkeit der beiden Anforderungen – Weltbeherrschung und Askese – resultiert. Denn dort, wo Weltbeherrschung (zum Zwecke der Mehrung von Gottes Ruhm) eine rationale Anpassung ihrer Mittel und Ziele an Umweltbedingungen erforderlich macht, fordert die Askese gerade Enthaltung. Um die Welt zu beherrschen, muss sich der Gläubige auf deren Gesetze einlassen. Durch diese praktische Anerkennung der Gesetze droht eine Entwertung des religiösen Postulats (Schluchter 1976: 274). Der Praxis asketischer Weltbeherrschung bleibt daher das Problem immanent, Mittel und Ziele so zu wählen, dass Weltgestaltung im Auftrag Gottes möglich wird, ohne sich dabei auf die Gesetze der Welt einzulassen und damit ihrer Sündhaftigkeit anheimzufallen. Weber thematisiert dieses Spannungsverhältnis zwischen Anforderungen rationalen Handelns und religiösen Geltungsansprüchen, auf das vor allem Kippenberg (unter anderem 2007) immer wieder hingewiesen hat, in seiner berühmten »Zwischenbetrachtung« zur »Ethik der Weltreligionen« als einen Zwiespalt zwischen einem am Erfolg ausgerichteten Handeln, bei dem der Zweck die Mittel heiligt, und einer Ausrichtung am Eigenwert des Tuns, die den Gläubigen berechtigt, »die Verantwortung für die Folgen abzulehnen, sie Gott oder der von Gott zugelassenen Verderbtheit und Torheit der Welt zuzuschieben«

(Weber 1980: 552).[93] Formen einer gesinnungsethisch rationalisierten Erlösungsreligiosität würden dabei zur letzten Alternative neigen, nach der Maßgabe »der Christ tut recht und stellt den Erfolg Gott anheim« (ebd.). Die konsequente Umsetzung dieser Haltung führe, so Weber, dazu, dass das eigene Handeln »gegenüber den Eigengesetzlichkeiten der Welt zur Irrationalität der Wirkung verurteilt« wird oder gar ein Handeln in den Kategorien von Mittel und Zwecken von vornherein als gottfremd abgelehnt wird (ebd.).94

Aus dem Spannungsverhältnis zwischen Weltablehnung und Weltgestaltung, wie es sich in der puritanischen Ethik findet, folgt eine gegenläufige Bewegung von Schließung und Öffnung der Glaubensgemeinschaft zum Zwecke der Betätigung der eigenen Gesinnung innerhalb und gegenüber den Ordnungen der Welt. Giesing (2002: 105) spricht hier treffend von der Spannung zwischen einem Reinheits- und Herrschaftsgedanken. Oevermann argumentiert (2006: 398ff.), dass eine universalistische Ethik, vor deren Folie eine Glaubensgemeinschaft in Anspruch nehmen muss, dass alle Beziehungen zu vermeintlich anderen Göttern Schmähungen des einen Gottes sind, dem alle Menschen zu folgen haben, sinnlogisch die Annahme einer Erwähltheit der diesem Gott folgenden Anhänger voraussetzt. Der exklusiven

93 Ausgangspunkt von Webers Betrachtung ist dabei zunächst das Spannungsverhältnis zwischen einer universalistischen Brüderlichkeitsethik und rationalem Handeln, das »unentrinnbar an die brüderlichkeitsfremden Bedingungen der Welt, die seine Mittel oder Zwecke sein müssen« (1980: 551), gebunden bleibe und dadurch in Spannung zu dem Gebot einer über alle sozialen Gegensätze hinweg zu praktizierenden Brüderlichkeit stehe. Die Entstehung einer universalistischen Brüderlichkeitsethik erklärt Weber als Folge einer ihren Anhängern die Befreiung von Leid in Aussicht stellenden Erlösungsreligiosität. Um die Anhänger in einen »heiligen und deshalb das Heil versichernden Dauerhabitus der Erlösten« zu versetzen, sei es erforderlich, die Lebensführung als Ganze zu systematisieren. Durch diese Bindung der Erlangung des Heils an eine bestimmte Lebensführung, das heißt die gesinnungsethische Rationalisierung (Weber spricht auch von Sublimierung) des Heils, bildet sich eine Form der Gemeinschaftsreligiosität, der exklusiven Gemeinschaft der »wahren« Gläubigen, denen das Heil verheißen ist (vgl. Kippenberg 2009: 196). Je weitreichender das Leiden und damit das Ziel der Erlösung gefasst werden, desto stärker entwickelt sich nun eine Beistand und Nothilfe gegenüber Glaubensbrüdern einfordernde Brüderlichkeitsethik, die in Konflikt mit traditionalen Vergemeinschaftungsprozessen (Sippschaftsbeziehungen) sowie den »brüderlichkeitsfremden« Ordnungen und Werten der Welt tritt (Weber 1980: 543).

94 Gesinnungs- und Verantwortungsethik bilden zwar gegenläufige Prinzipien, aber keine sich ausschließenden Gegensätze. Schluchter (1988a: 169) weist darauf hin, dass die Unterscheidung im Zusammenhang mit einer Theorie von den Grenzen der Ethik stehe. So gibt es für Weber keine gesinnungslose Verantwortungsethik, wohl aber eine verantwortungslose Gesinnungsethik.

Zugehörigkeit, derer sich die Anhänger gesinnungsethisch bewähren müssen, steht nun der universalistische Geltungsanspruch des allmächtigen einen Gottes, dem sich alle zu unterwerfen haben, gegenüber, durch dessen sozial-partizipatorische Einlösung die Erwähltheit aber gerade infrage gestellt wäre. Daraus ergibt sich für die strikte monotheistische Glaubensgemeinschaft das Dilemma, dass sie den kognitiv-universalistischen Geltungsbereich immer nur unter der Bedingung der Aufrechterhaltung ihrer Exklusivität praktisch vergrößern kann. Je größer die Gemeinschaft wird, desto schwieriger wird es, diese Exklusivität eines radikalen Andersseins gesinnungsethisch zu bewähren. Um Exklusivität aufrechtzuerhalten, müssten die ethischen Anforderungen im Grunde mit jedem Schritt der Vergrößerung immer weiter steigen, auf keinen Fall aber dürfen sie sinken und an Bedingungen erfolgreicher Inklusion angepasst werden.

In Hinblick auf die Umwelt der nicht »wahren Gläubigen« folgt daraus vor allem die Weigerung, sich auf die realen Bedingungen ihres Un- oder Fehlglaubens (also etwa einer fehlenden Überzeugung in den Offenbarungsglauben, mangelnde Glaubwürdigkeit der Offenbarung etc.) überhaupt einzulassen, weil damit bereits die Nichtexklusivität des Glaubens notwendig eingestanden würde. Vielmehr ist im Vorhinein durch Gott schon festgelegt, ob die richtige Gesinnung da ist oder fehlt. Sie kann durch den missionierenden Gläubigen nicht erzeugt, sondern nur geweckt werden. Dies ist die Vorstellung, dass der Erwählte im Grunde nur noch nicht weiß, dass er der Gemeinschaft der Erwählten zugehört. Daher braucht er auch nicht überzeugt, sondern es braucht ihm vielmehr nur die wahre, reine Überzeugung exemplarisch vorgelebt zu werden, damit die Gesinnung in ihm geweckt wird.

2.2 Grundlagen der Heilssuche radikal monotheistischer islamischer Religiosität

Zwar kann für das Gottesbild im Islam insgesamt ein strikter Monotheismus als kennzeichnend betrachtet werden (Figl 2003: 554). Hinsichtlich des Grades einer Transzendenz Gottes unterscheiden sich jedoch die Gotteskonzeptionen in verschiedenen Richtungen des Islam (Sunniten, Schiiten, Sufis und andere), den verschiedenen theologischen Schulen sowie Formen gelebter Religiosität. Bezugspunkt der folgenden Erörterungen bildet eine kompromisslos monotheistische Gotteskonzeption, wie sie für die vorherrschenden theologischen Positionen im orthodoxen, das heißt sunnitischen Islam typisch ist (vgl. Ragab 2012; Khorchide 2012), aber auch für einen Islam wahabistischer Prägung, der für den Salafismus Bezugspunkt ist.

Einer kompromisslos monotheistischen Position zufolge gebühre allein dem allmächtigen und allwissenden, also überweltlichen Schöpfergott Ehrfurcht. Die unermessliche Machtfülle führt zu einer unübersteigbaren Differenz zwischen Mensch und Gott, wodurch jegliche Realpräsenz Gottes, jede Art von Vermittlung energisch verworfen werden muss. Zentrale Heilsbotschaft ist daher auch die gehorsame Befolgung der im Koran verkündeten Rechtleitung. Wo der Mensch der Rechtleitung folgt und auch im Inneren die Wende zum einen Gott vollzieht, hat er die Anwartschaft auf das Paradies gewonnen (Gilliot 2004: 44). Er kann sich seines letztlichen Heils gewiss sein, sofern er der Rechtleitung folgt, was allein in seiner Verantwortung liegt. Er wird zwar am Tag der Abrechnung für seine persönlichen Taten vom allgerechten Gott zur Rechenschaft gezogen, als Muslim jedoch allenfalls für einen befristeten Zeitraum in die Hölle gelangen (Krawietz 2008: 39). Der Gläubige ist somit zwar selbst daran schuld, wenn er der Rechtleitung nicht folgt und verloren geht, umgekehrt kann ihm das Paradies aber nur der allmächtige, barmherzige Gott schenken (Räisänen 2004: 149f.). Der Gläubige kann sich einer Belohnung für die erworbenen Dienste vor Gott zwar sicher sein, »aber in welchem Ausmaß Gott den einzelnen Menschen Seine Barmherzigkeit angedeihen lassen wird, bleibt unkalkulierbar« (Krawietz 2008: 40).

Gott ist zwar barmherzig, gerecht und sündenvergebend. Sein bestimmendes Merkmal, seine Wesenseigenschaft, bleibt jedoch – zumindest nach orthodoxer Auffassung – seine Allmacht und nicht eine Allgnade (vgl. Schluchter 1988b: 301).[95] Dieser Gotteskonzeption ist eine »sündenvergebende Gnade« sowie die Vorstellung einer Erbsünde fremd, weil sie von einer Gott misslungenen Schöpfung und einer Untüchtigkeit des Menschen zum Guten ausgeht. Da der Mensch nicht durch einen Sündenfall verdorben wurde, bedarf es nicht der Erlösung, sondern der Hinwendung zu Gott

95 Gott wird im Koran zwar am häufigsten als »Allerbarmer« und »Barmherziger« angerufen. Khorchide (2012) zufolge hat sich in der islamischen systematischen Theologie jedoch die asaritische Position durchgesetzt, der zufolge Gott niemanden für seine Taten belohnen muss, da er als Allmächtiger keinen Gesetzmäßigkeiten unterliegt (ebd.: 79f.). Belohnungen sind Handlungen, die Gott nur aus seiner Großzügigkeit heraus vollzieht. Somit ist die Gerechtigkeit nach asaritischer Auffassung nur Ausdruck des »göttlichen Willens«, nicht aber Wesen Gottes.

(Schreiner 2004: 30). Im Vordergrund stehen daher »metaphysische, kosmologische und teleologische Deutungen der Wirksamkeit Gottes, nicht ethische und soteriologische« (Schluchter 1987: 38f.). Gleichwohl bezieht sich die Vorstellung der göttlichen Prädestination im Islam auf alle Ereignisse im Diesseits und Jenseits.[96] Der »prädestinatianischen« sowie prädeterministischen Allmacht Gottes, dem der Gläubige sein Leben, die Rechtleitung und schließlich das Heil zu verdanken hat, steht die Selbstverantwortlichkeit des Einzelnen für sein Heil unvermittelt gegenüber (Schluchter 1988b: 303). In dieser Unvermitteltheit gewinnt die Beziehung zwischen Mensch und Gott den Charakter einer Herrscher-Untertanen-Beziehung. Der freie Wille ist beschränkt auf die Wahl, entweder Gottes Rechtleitung zu folgen oder sich »satanischen Kräften« hinzugeben, also auf einen Dualismus zwischen Gut und Böse, wobei die Entscheidung für das Gute als einzig Richtige schon durch Rechtleitung vorgeprägt ist und durch das gehorsame Befolgen der Rechtleitung bereits gesichert ist (Oevermann 2012: 246). Die Bewährungsleistung ist hier zunächst eine reine Gehorsamsleistung, über die genau Buch geführt, bis über diese Bilanz am Jüngsten Tag endgültig abgerechnet wird (ebd.: 245). Eine gesinnungsethische Bewährung in der Gesamtlebensführung geht daraus, wie Weber in seinen Beobachtungen des frühen Islam feststellte, noch nicht zwingend hervor, da dafür eine religiöse »Prämie« fehlt (Weber 1988: 102).[97] Webers Beobachtungen beschränken sich gleichwohl auf den Frühislam der medinesischen Phase, den er als eine feudal orientierte »Kriegerreligion« der Weltanpassung beschreibt, in der Elemente einer ethisierten Erlösungsreligion aus der ersten Mekkaperiode zurückgedrängt waren (Weber 1980: 376). Weber übersah dabei jedoch puritanische, ein aktives

96 Die Frage, welche Rolle der Prädestinationsglaube im Islam spielt, wird gleichwohl kontrovers diskutiert. So spricht Räisänen (2004: 149) von einer nur »prädestinatianischen Rhetorik« Mohammeds, die der sozialen Erfahrung geschuldet war, mit der Verkündung der Offenbarung auch auf Ablehnung zu stoßen. Demgegenüber werde im Koran fast durchweg die Selbstverantwortung für das Heil betont, weshalb von einer Prädestinationslehre nicht die Rede sein könne.

97 Weber (1988: 102) zufolge sei der Vorhersehungsglaube im Islam prädeterministisch auf das Diesseitsschicksal bezogen. Die deterministisch interpretierte Vorhersehung habe in ihrer tendenziell fatalistischen Konsequenz eine angsthemmende Wirkung, da sie dem Gläubigen die Gewissheit gebe, dass das, was ihm widerfahren wird, von Gott vorherbestimmt ist (vgl. auch Schluchter 1987: 41). Wo diesseitige Schicksalsgläubigkeit und jenseitige Heilsgewissheit in außeralltäglichen Situationen zu »kriegerischer Furchtlosigkeit« und »rücksichtsloser Selbstvergessenheit« führten (Weltbeherrschung als Eroberung), nehme sie in alltäglichen Situationen den Charakter »unsystematischer, utilitaristischer Werkheiligkeit« an (ebd.: 43).

ethisches Verhalten im täglichen Leben einfordernde Strömungen im Islam (Peters 1987: 229), wie sie insbesondere im Fundamentalismus zum Tragen kommen.

2.3 Die nicht stillstellbare Bewährungsdynamik der Lebenspraxis im salafistischen Islam

Im Anschluss an Roy (2004: 234f.), der den Begriff des Neofundamentalismus weitgehend synonym mit Salafismus verwendet, lassen sich unter dem Terminus Salafismus Bewegungen fassen, die auf eine kulturelle Identitäten transzendierende Re-Islamisierung (vorerst) mehrheitlich muslimischer Gesellschaften nach dem Vorbild der prophetischen Tradition (Sunna) abzielen. Salafismus bezeichnet damit den Versuch, »islamische Idealgesellschaften nach dem Muster der Frühzeit der Muslime im Mekka und Medina des 7. Jahrhunderts zu schaffen, dies aber zuallererst durch einen Wandel des sozialen, kulturellen und ökonomischen Lebens nach dem Vorbild der Gesellschaft zur Zeit des Propheten und seiner Gefährten« (Steinberg 2005: 21). Ein solcher Rückbezug auf eine idealisierte Frühzeit des Islam geht auf die klassische Salafiya zurück, die Ende des 19. Jahrhunderts im Vorderen Orient als Gegenbewegung zur Kolonialisierung der islamischen Welt im Sinne einer Modernisierung nach westlichem Muster entstand (ebd.: 16). Sie wollte demgegenüber eine Modernisierung bei gleichzeitiger Rückbesinnung auf die »religiösen Wurzeln« und proklamierte eine Vereinbarkeit von Islam und Moderne (ebd.: 17). Im Unterschied zur politischen Ideologie des Islamismus, die auf die Errichtung eines islamischen Staates als Strategie der Islamisierung abzielt, lehnen neofundamentalistische Bewegungen einen sich dem Ziel der Staatsgründung angedeihenden politischen Aktivismus auf Kosten religiöser Prinzipien ab (Roy 2004: 234f.). Zwar verfolgen sie das Ziel der Errichtung eines (weltumspannenden) Kalifats. Dieses wird jedoch als Ergebnis und nicht als Werkzeug der Islamisierung der Gesellschaft betrachtet (ebd.; vgl. auch Lohlker 2012: 136).

Das neofundamentalistische Denken kreist dabei um zwei Gegensätze: erstens den Gegensatz zwischen Monotheismus und Polytheismus. Dem Glauben an den einen und allmächtigen Schöpfergott (*tawhid*), dem allein Ehrfurcht gebühre und dem allein sich der Mensch unterzuordnen habe, versus eine Beigesellung (*schirk*) von anderen Göttern, Menschen oder Dingen neben den einen Gott. Zweitens der Gegensatz zwischen der Sunna, dem normativen Beispiel des Propheten, das als perfekte Umsetzung des *tawhid* gilt und davon abweichenden Neuerungen (*bida*; vgl. Peters 1987: 220). Die strikte Befolgung des im Koran offenbarten göttlichen Wortes, das wie ein Gesetz behandelt wird, sowie die Nachahmung des prophetischen Modells sind das Maß aller Dinge (Wiktorowicz 2006: 209). Die Praxis des Salafismus ist dabei zunächst quietistisch, nicht auf politischen Aktivismus ausgerichtet (Lohlker 2012: 135). Er ist eine Bewegung der Selbstreform »based on a decontextualized, homogenized idea of what is Islam making it a standardized formula to be applied in the life of its followers« (ebd.). Jeder Muslim ist gefordert, Gebote und Verbote der Religion in der gesellschaftlichen Praxis anzuwenden:

»Salafis believe that by strictly following the rules and guidance in the Qur'an and Sunna (path or example of the Prophet Muhammad) they eliminate the biases of human subjectivity and self-interest, thereby allowing them to identify the singular truth of God's commands. From this perspective, there is only one legitimate religious interpretation; Islamic pluralism does not exist.« (Wiktorowicz 2006: 207)

Im Anschluss an Wiktorowicz (ebd.) lässt sich zwischen einem puristischen, politischen und dschihadistischen Salafismus unterscheiden. Puristische Bewegungen verfolgen keine politischen Ambitionen. Ihr Ziel ist es, Muslime zu einer religiösen Lebensführung (zurück) zu führen und den Islam von allen als nichtislamisch verstandenen Einflüssen zu reinigen. Davon zu unterscheiden sind »Politicos«, die salafistische Ideen in die politische Arena tragen, und schließlich Dschihadisten, die Gewalt als Mittel zur Etablierung von islamischen Staaten einsetzen wollen. Alle drei Strömungen verbindet nach Wiktorowicz derselbe Glaube. Unterschiede bestünden vielmehr in der »kontextuellen Analyse« der historischen Situation bzw. der Strategie (ebd.: 208).

Das salafistische Konzept eines »wahren Islam« nach dem prophetischen Vorbild stellt hohe Anforderungen an die Lebensführung und den inneren Zustand des Gläubigen (strikte Befolgung der religiösen Vorschriften, ständige »Arbeit« an der Festigkeit des Glaubens). Im Gegenzug ist ihm als Angehörigen der erwählten Gemeinschaft »wahrer« Gläubiger (in der Mythologie des Salafismus der »saved sect«) ein privilegierter Zugang zum Paradies am Tag der Abrechnung in Aussicht gestellt.[98] Anders als im Calvinismus muss sich der Gläubige aber nicht als bereits festgeschriebener Erwählter bewähren, sondern sich seine Erwähltheit erst durch den wahrhaftigen Gottesgehorsam im Diesseits verdienen. Ob er dabei auf dem richtigen Weg ist, darin kann er sich gleichwohl nie ganz sicher sein (vgl. auch Wiktorowicz/Kaltenhaler 2006: 316ff.). Dabei geht es im Kern darum, dass der »wahre« Gläubige nach salafistischem Islamverständnis nicht nur in der Lebenstotalität gottesfürchtig sein soll, indem er dem Willen Allahs bis in die letzte Pore des Alltagslebens nach dem normativen Beispiel des Propheten folgt, sondern dass er dies als »wahrer« Muslim auch aus der wahrhaften Überzeugung von der Existenz und Erhabenheit des einen Gottes tut und nicht aus anderen Gründen. Dieser geforderte innere Zustand der Gottergebenheit als Charaktereigenschaft ist nun nicht wie im Calvinismus Erkenntnisgrund des Heilsschicksals, sondern vielmehr wie auch das Folgen der Rechtleitung selbst sein Realgrund, genauer: Bedingung, unter der die Gehorsamsleistungen des Gläubigen von Gott angenommen werden. Gute Taten sind nichts wert, wenn sie nicht in der richtigen Absicht begangen wurden. Umgekehrt gelten die strikte Befolgung der Lehre nach prophetischem Vorbild, die Einhaltung aller Vorschriften und Vermeidung von Sünden sowie auch ein dauerhaft gutes Benehmen und anderes als Zeichen dafür, auf dem richtigen Weg zu sein und nicht, wie es der Mehrheit der Muslime und der herrschenden Lehre zugeschrieben wird, menschlichen Bedürfnissen (Verlockungen des Satans) aus Mangel an »wahrem« Glauben nachzugeben und dadurch die »wahre« Lehre und Klarheit des *tawhid* zu verwässern (vgl. auch Wiktorowicz 2006: 210). Der Gläubige, der die strikte Befolgung der Vorschriften durchhält, kann sich gemäß salafistischer Auslegung daher nie sicher sein, damit schon Gott zur Genüge gefallen zu haben. Denn ob er mit der richtigen Absicht handelt, ob seine Gottesfurcht, sein Glaube, also wirklich groß genug ist, an all dem muss der Gläubige dauerhaft, bis zum Tag der Abrechnung zweifeln. Diese Zweifel bringen im Unterschied zum Calvinismus aber keine konstante, dauerhafte Askese hervor, sondern führen vielmehr zu einer Dynamik der stetigen *Perfektionierung des Glaubens*, der Persönlichkeitseigenschaften und der Taten. Man kann immer

98 Wiktorowicz (2006: 209) zufolge hatte der Prophet der Legende nach bereits zu Lebzeiten prophezeit, dass Muslime vom »wahren« Glauben abfallen würden. Von 73 Sekten, in die die Umma zerfallen werde, würde nur eine Sekte nicht in die Hölle, sondern direkt ins Paradies kommen. Dabei handelt es sich um jene, die seinem Ratschlag gefolgt sind, nur Koran und Sunna zu folgen.

noch mehr machen, Gott immer noch mehr dienen, noch mehr Taten vollbringen, den Glauben noch mehr steigen lassen.[99] Quelle dieser bis zum Ende des Lebens nicht stillstellbaren Bewährungsdynamik des salafistischen Handlungsentwurfes im Sinne nicht enden wollender Perfektionierbarkeit des aus »reiner Intention« erbrachten Gehorsams ist die Ungewissheit darüber, ob bzw. in welchem Ausmaß die vor Gott erbrachten Gehorsamsleistungen von Gott am Tag der Abrechnung angenommen werden.[100]

Im salafistischen Islam zeigt sich also der Gedanke einer doppelten Bewährung des heilsausschlaggebenden Gottgehorsams durch gute Taten (vice versa das Vermeiden des Verbotenen) einerseits und die richtige, fest sitzende Gesinnung andererseits, die eine nicht stillstellbare Bewährungsdynamik in Gestalt eines Perfektionierungsdrangs in Gang setzt. Die Ausformung dieser Bewährungsdynamik soll hier kurz exemplarisch an Vorträgen des im deutschsprachigen Raum prominenten salafistischen Predigers »Abu Abdullah« der Missionsgruppe »Die Wahre Religion« aufgezeigt werden.[101] Zu Beginn seines Vortrags mit dem Titel »Wie stärke ich meinen Iman?« benutzt er zur Verdeutlichung des Erfordernisses einer ständigen Selbstprüfung seines *imans* (Glaubens) die Allegorie eines Kraftfahrzeugs, dessen Zustand man ebenfalls ständig kontrollieren müsse:

»Der Muslim und Gläubige sollte immer auf der Hut sein und immer seinen Iman kontrollieren und checken und wenn man so will, dass man sagt, wie bei einem Fahr-

---

99 Diese in salafistischen Deutungsmustern angelegte regressive Perfektionierungsdynamik lässt sich auch polit-ökonomisch interpretieren. Der radikale Islam kann dabei als Versuch verstanden werden, die eigene abstrakte warengesellschaftliche Vermittlung durch Rückgriff auf ein vermeintlich Ursprüngliches zu verbannen. Da der abstrakte gesellschaftliche Vermittlungszusammenhang aber dauerhaft präsent bleibt, muss das vermeintlich Unmittelbare immer wieder als gesellschaftlich Vermitteltes, also als Fiktion erfahren werden. Das Unmittelbare, der Gehorsam, muss so durch ständige Perfektionierung authentisch zu machen versucht werden.

100 Dabei ist der dem salafistischen Islam folgende Gläubige zunächst von Bewährungsdruck entlastet, da in seinem Gehorsamsglauben die Spannung zwischen Gott und Mensch und damit die Autonomie des Subjektes als Quelle für eigenständig in die Zukunft zu treffende Entscheidungen getilgt ist. Er braucht nicht von sich aus nicht zwischen Gut und Böse zu unterscheiden, sondern lediglich die von Gott als bindend vorgegebenen Entscheidungen zu vollziehen.

101 Als Beispiel könnten beliebig andere Vorträge der Gruppe »Wahre Religion« aber auch anderer salafistischer Prediger angeführt werden. Der genannte Vortrag wurde ausgewählt, da er sich im Unterschied zu anderen Vorträgen, in deren Mittelpunkt einzelne Regelungen und Konzepte aus Koran und Sunna stehen, mit Fragen der Perfektionierung des Glaubens und der Glaubenspraxis insgesamt beschäftigt.

zeug ein Servicebuch hat und immer wieder sein Auto kontrolliert, ob alles in Ordnung ist: der Ölstand, so muss man das auch, so muss der Gläubige das mit seinem *iman* machen.« (Abu Abdullah 2011: TC 1:49)

Der mechanistisch-verdinglichende Vergleich des Glaubens mit einem Auto verdeutlicht zunächst, dass der Glaube keine feststehende, bewährungsunabhängige Qualität darstellt, sondern auch verloren und abgenutzt werden kann und daher der ständigen Prüfung, Anstrengung und Erneuerung bedarf. Die mechanistische Allegorie ist nicht zufällig, gerade weil sie nur eine aus vielen möglichen Sinnbildern für eine Selbstprüfung darstellt. Wie ein Kraftfahrzeug in seiner Bestimmung zu fahren und in nichts weiter aufgeht, ist das Dasein des Gläubigen darin und nur darin bestimmt, Gott zu dienen. Ebenso wie eine dem Menschen dienen sollende Technologie stets dahin tendieren muss, diese Aufgabe noch besser zu bewältigen, so soll es auch mit dem Gehorsam des Menschen gegenüber Gott sein.

Der Vortrag fährt darin fort, die vorbildhafte Praxis der Altvorderen zu erläutern, wobei Abu Abdullah auf Erzählungen aus den Hadithen von »al-Bukhari« und »Muslim« verweist. Seine zentrale Botschaft dabei lautet: Sie haben »gearbeitet und geschuftet, um ihren Iman stärker zu machen«, obwohl sie das »Ticket für das Paradies« schon in der Hand hatten. So habe Abu Bakr (einer der ersten Anhänger des Propheten Mohammed), obwohl er die »frohe Botschaft« schon erhalten habe, sich nicht zurückgelehnt, sondern, obwohl er außerdem als Staatsführer (nach Mohammeds Tod) Besseres zu tun gehabt habe, bei einer alten kranken Frau regelmäßig geputzt und gekocht. Somit habe er nur aus Hingabe an Gott weiter gute Taten begangen (ebd.: TC 7:14). Von Mohammed berichtet er, dass dieser eine so große Gottesfurcht hatte, dass er, wenn er den Koran rezitierte, weinen musste. Abu Abdullah resümiert: »Und so haben sie ihren *iman* stark gemacht, mit diesen Gebeten, mit dem Weinen für Allah *azza wa jal* [Anm.: der Mächtige und Majestätische], vor Furcht, Furcht zu haben, und Taten haben sie gemacht, viele Taten, und haben sich trotzdem als sie und ihre Taten als gering gesehen« (ebd.: TC 15:42). Die Botschaft lautet, die Arbeit an seinem Glauben nicht aus eigenem Heilsinteresse zu verrichten, sondern für Gott allein.

Die Dynamik einer stetigen Selbstkontrolle und Selbstoptimierung wird dabei gleichwohl angefacht durch die Ungewissheit, ob die Taten bzw. Persönlichkeitseigenschaften für einen direkten Zugang zum Paradies am Tag der Abrechnung als Teil der erwählten Gemeinschaft ausreichen. So rezipiert Abu Abdullah aus den Hadithen von »al-Bukhari« und »Muslim« eine

Erzählung von den »Sieben Arten von Menschen«, die am Tag der Abrechnung »Schutzschatten unter dem Thron Allahs« genießen und damit der Strafe, in quälender Hitze auf die Abrechnung warten zu müssen, entkommen können (Abu Abdullah 2010). Es handelt sich dabei um ein Sammelsurium von Eigenschaften, angefangen bei dem »gerecht Herrschenden«, dem »im Herzen mit der Moschee Verbundenen«, über denjenigen, der der Einladung zum unehelichen Geschlechtsverkehr einer »hübschen und angesehenen Frau« widersteht, bis hin zu dem, der »im Stillen Allah gedachte«. Abu Abdullah zufolge solle der Gläubige aus der Ungewissheit heraus, ob er die Anforderungen vor Gott erfüllen werde, versuchen, sich möglichst viele dieser Eigenschaften anzueignen, »weil du weißt nicht, diese eine, vielleicht hat das Allah nicht akzeptiert, weil du es schlecht gemacht hast. Vielleicht war deine Absicht nicht gut. Deswegen. Und jede von denen nützt dir umso mehr, damit du an diesem Tag, wenn die Sonne eine Meile über den Köpfen der Menschen steht, [...] und an diesem heißen Tag, an diesem quälenden Tag, diesem schlimmen Tag, der so lang ist, da wird Allah bestimmten Menschen wegen bestimmten Eigenschaften oder Taten, die sie hatten oder gemacht haben, Schatten gewähren unter seinem Thron« (ebd.: TC 8:42).

2.4 Das Spannungsverhältnis zwischen innerem und äußerem Gehorsam

In islamistischen Bewegungen, die die Gesellschaft radikal umgestalten wollen, stellt die Umsetzung von »Gottes Gesetz« in der Gesellschaft nun ein zentrales Feld der Bewährung des Gehorsams gegenüber Gott dar. Es ist die Pflicht des Gläubigen, das »Rechte zu gebieten und das Unrechte zu verbieten«, weil es »göttlicher Wille« ist, dass sein Gesetz allein gelten soll. Es folgt daraus die Pflicht, dem »göttlichen Gesetz« in der Welt Geltung zu verschaffen. Der eigene Gehorsam bewährt sich nun nicht mehr nur darin, dem »göttlichen Willen« selbst zu folgen, also Rechtes zu tun, sondern selbst als Werkzeug Gottes wirksam zu werden. Gehorsam zu sein bedeutet zugleich, das Rechte zu tun und dem Rechten Geltung zu verschaffen. Dieses Bestreben, »Gottes Gesetz« im Hier und Jetzt Geltung zu verschaffen, wird noch dadurch befeuert, dass erst die Durchsetzung des prophetischen Modells der Gesellschaft, das als einzig legitime Form der Vergemeinschaftung gilt, den Gläubigen in die Lage versetzt, der Rechtleitung im vollen Umfang gerecht zu werden. Ein Leben nach den Vorschriften von Koran und Sunna kann erst vollumfänglich geführt werden, wenn der Zustand des Unglaubens zumindest im Geltungsbereich der eigenen Vergemeinschaftung überwunden wurde. Die Glaubensgemeinschaft ist also als solche erlösungsbedürftig, da der Zustand des gesellschaftlichen Unglaubens ein Hindernis für ein vollkommen rechtgeleitetes Leben des Einzelnen in der Gemeinschaft bildet.[102] Zwar hängt sein Heilsschicksal nicht von der Herstellung dieses kollektiven Zustands ab, aber die Perfektionierung des Glaubens muss notwendig auf die Herstellung dieses Zustands drängen, als Mittel zum Zweck, dem Gehorsam in allen Lebenslagen besser nachkommen zu können.

Ist die Durchsetzung »islamischer« Normen ein zentrales Feld der Bewährung des Gehorsams, führt dies dazu, dass sich der Gläubige im salafistischen Islam nicht mehr nur um seinen Gehorsam, sondern eben auch um die Geltung des »göttlichen Gesetzes«, also den Gehorsam der anderen sorgen muss. Freigesetzt wird dadurch ein auf die tatsächliche Durchsetzung »islamischer« Normen abzielender Aktivismus, der ein Erfolgsstreben automatisch schon in sich tragen muss, da jedes Stück durchgesetztes »islamisches« Recht als eine Erfüllung des »göttlichen Willens« gilt und damit als eine gottgefällige Tat, durch die sich der Rechtgeleitete in seiner Gehorsamkeit bewähren kann.[103] Ein solcher an Erfolgen interessierter Aktivismus führt nun aber zu einer Interessensverschlingung mit der prädeterministischen Lehre von der Allmacht Gottes, der zufolge die Entscheidung über Erfolg und Misserfolg allein in Gottes Hand liegt. Orientiert sich der Gläubige an Erfolgsaussichten, macht er sich daran, sich selbst zum Lenker der Dinge emporzuschwingen, und er läuft ständig Gefahr, Gottes Befehle, die er unabhängig von den Aussichten auf Erfolg auszuführen hat, zu missachten. Damit wäre die richtige Intention, die notwendig ist, damit die vor Gott

102 Vgl. auch Funke/Günther (2012: 14), die auf die Gleichzeitigkeit und Interdependenz von Immanenz und Transzendenz im Gesellschaftsmodell der Dschihadisten hinweisen. Erst wenn die gottgewollte Ordnung auf Erden durchgesetzt ist, ist eine Erlösung der Muslime als Kollektiv möglich.

103 Erfolgreiche Missionierung bringt nicht umsonst auch Pluspunkte für den Tag der Abrechnung. Beispielsweise begründet die »Ansar International e. V.« ihre *dawa* (»Ruf zum Islam«) wie folgt: »Der Prophet Muhammad, Allah's Segen und Frieden auf ihm, sagt: ›Derjenige, der veranlasst, Gutes zu tun, bekommt die gleiche Belohnung wie der Wohltäter‹ (Muslim). Alles, was diese Person an Gutem verrichtet, kriegst auch du auf deine Waagschalen … Subhanallah, was für eine gewaltige Investition! So investiere noch heute und erwarte den Morgen nicht!« (Ansar International e. V. o. J.).

erbrachten Leistungen von diesem später angenommen werden, infrage gestellt.[104]

Die Überlegungen lassen sich bis hierher wie folgt zusammenfassen: Stellt die Durchsetzung von »Gottes Gesetz« für Salafisten einen heilsförderlichen Akt des Gehorsams respektive der Fügung unter »Gottes Willen« dar, so führen die beiden Bewährungsanforderungen – gute Taten und richtige Gesinnung – nun zu einer inneren Spannung und latent gegenläufigen Perfektionierungsdynamik zwischen Erfolgsstreben in der Umsetzung von »Gottes Gesetz« – im Folgenden bezeichnet als *äußerer Gehorsam* – auf der einen und der reinen, von jedem Erfolgsstreben bereinigten Intention – im Folgenden bezeichnet als *innerer Gehorsam* – auf der anderen Seite. Findet die Perfektionierung der »reinen Intention« ihre unüberschreitbare Grenze im Martyrium,[105] drängt die Perfektionierung des äußeren Gehorsams zu einer maximierenden Zurgeltungbringung des »göttlichen Gesetzes« im Hier und Jetzt. Die Perfektionierung des inneren Gehorsams drängt zu Taten mit Bekenntnischarakter, an denen gerade nicht die Handlungsfolgen, sondern nur die in der Tat zum Ausdruck kommende Festigkeit des Glaubens zählt. Als Zeichen der Festigkeit des Glaubens gilt es, dem »göttlichen Willen« ohne Rücksicht auf Handlungsfolgen Folge zu leisten, das heißt, dem »göttlichen Gesetz« unverkürzt in der Unmittelbarkeit des Hier und Jetzt Geltung zu verschaffen. Die Maximierung des äußeren Gehorsams tendiert demgegenüber zu einer Ausrichtung des Handelns an einer erfolgreichen (mittelbaren) Durchsetzung des »göttlichen Gesetzes« in der Welt, tendiert also zu Formen strategischen Handelns.[106]

104 Wenn Gott wollte, hätte er sein Gesetzt bereits universell durchgesetzt, er tut dies aber gerade nicht, um dem Menschen die Chance zu geben, sich in Gehorsam bewähren und als Belohnung dafür wieder ins Paradies zurückkehren zu können, aus dem die Menschen ja wegen ihres ursprünglichen Ungehorsams seinerzeit vertrieben wurden (vgl. Oevermann 2012: 245ff.). Er verlangt also die Normdurchsetzung immer nur als Gehorsamsbeweis, nicht aber als Zweck in sich selbst.

105 Als Belohnung für diese höchste Stufe der Opferbereitschaft für Gott sichert das Martyrium, wenn es von Gott angenommen wird, nicht nur einen direkten Zugang zum Paradies, sondern auch die Einnahme einer hohen Stufe, direkt neben »Gottes Thron« (vgl. etwa Gerlitz 1992: 199).

106 Der Spielraum für strategisch-politisches Handeln ist darüber hinaus bereits durch die Kopplung des politischen Handelns an den Bewährungsgedanken eingeschränkt. Als Bewährungsleistung zählt gewissermaßen die Summe der Gehorsamsleistungen – der selbst vollbrachten und an anderen erwirkten, wobei jede erwirkte auch eine selbst vollbrachte ist und daher doppelt oder noch mehr zählt, insofern der Rechtgeleitete selbst wiederum andere (»so Gott will«) auf den richtigen Weg führen kann. Dem Gläubigen bringt es heilsökonomisch nichts, wenn der göttliche Ordnungsentwurf erst in einer Zukunft nach

Diese gegenläufige Perfektionierungsdynamik von innerem und äußerem Gehorsam zeigt sich bereits in puristisch ausgerichteten Bewegungen, die keine politische Agitation betreiben, sondern das Ziel einer »islamischen« Gesellschaftsordnung durch intensive Missionsbemühungen verfolgen. Zur Bewährung des inneren Gehorsams ist es erforderlich, die »wahre« Lehre unverkürzt, das heißt, ohne Rücksicht auf ihre Rezeption zu verkünden und den Erfolg allein Gott, der »leitet, wen er will«, zu überantworten. Erfolgreiche Missionierung wird dadurch zum Zufallsprodukt einer an Missionserfolgen zunächst desinteressierten, bloßen Verkündung des Glaubens.[107]

2.5 Der Bewährungsgedanke im Dschihadkonzept des Salafi-Dschihadismus

Bevor wir die herausgestellten Strukturmerkmale salafistischer Religiosität am Dschihadismus untersuchen, sind zunächst weitere Begriffsklärungen erforderlich. Mit dem Begriff des Salafi-Dschihadismus werden auf der Methodologie des Salafismus basierende Bewegungen bezeichnet, die den kämpferischen Dschihad propagieren (Lohlker 2012: 136; Brachman 2008).[108] Salafi-Dschihadisten sehen sich wie andere Salafisten als Speerspitze des Islam, als Überbleibsel der »wahren« Anhänger Mohammeds. Als solche agieren sie zunächst als eine religiöse Erneuerungsbewegung, die die Masse der nicht »rechtgeleiteten« Muslime zum »wahren« Glauben zurückführen will. Ihr Ziel ist die Etablierung einer allumfassenden Rechts- und

seinem Leben eingelöst werden würde. Alles, was zählt, ist der im Diesseits für Gott durch eigenes Wirken erzielte Gehorsam.

107 Gleichwohl bleibt das Spannungsverhältnis zwischen äußerem und innerem Gehorsam insofern nur ein latentes, da Handlungen, die an Folgen völlig desinteressiert sind, wie eben das Martyrium, sich trotzdem in Bezug auf einen bestimmten Zweck als instrumentell rational erweisen können. Das bedeutet, dass eine effektive Durchsetzung und unverkürzte Zur-Geltung-Bringung des »göttlichen Gesetzes« nicht im Widerspruch stehen müssen, wie sich etwa eindrucksvoll am Beispiel des Islamischen Staates zeigt. Die hohe Opferbereitschaft der Dschihadisten erwies sich als ein militärisch effektives Instrument.

108 Die Kategorie »Salafi-Dschihadismus« sagt zwar wenig über politische Präferenzen der so bezeichneten dschihadistischen Gruppierungen aus (Heghammer 2009: 253). Er beschreibt jedoch das religiöse Selbstverständnis, von dem ausgehend aus soziologischer Perspektive der Strukturaufbau politischen Handelns zu analysieren ist.

Werteordnung (zunächst in den Ländern der islamischen Welt), die unmittelbar auf Koran und Sunna gründet. Brachman (2008: 44ff.) nennt fünf doktrinäre Säulen des Salafi-Dschihadismus:

1. Loyalität gegenüber dem göttlichen Gesetz und der Umma sowie Ablehnung von allem, was diesem widerspricht, inklusive der nichtmuslimischen Gesellschaft (*al-wala wa-l-bara*);
2. ein umfassendes Bekenntnis zur Einheit/Einzigkeit Gottes (*tawhid*). Damit verbinden sich weitere Erfordernisse: die Aneignung von Wissen über Gott, eine tiefe Gewissheit der Wahrhaftigkeit des Eingottglaubens, Bestätigungen der Affirmation und Liebe zur eigenen Unterordnung unter diesen Glauben, die Befolgung des *tawhid* in Taten, die Wahrhaftigkeit und Aufrichtigkeit des Glaubens;
3. eine tiefe Gewissheit in die Fundamente des Glaubens (*aqida*) und ein damit verbundenes Streben nach dessen Perfektionierung, wobei die in der Sunna des Propheten überlieferte *aqida*, also die Art und Weise, wie die direkten Anhänger Mohammeds den *tawhid* praktisch umgesetzt haben und gegen Ignoranz (*dschahiliya*) und Beigesellung (von etwas anderem, was neben Gott angebetet wird, *schirk*) vorgegangen waren, maßgeblich ist;
4. eine offene Feindschaft gegen »Pseudomuslime« und deren Erklärung zu »Ungläubigen« (*takfir*);
5. schließlich der Dschihad in einem gegenüber herrschenden Lehren verengten Verständnis als rein physischer Kampf, wobei sowohl der defensive als auch der offensive Dschihad als Teil der Glaubenspflicht (*aqida*) und somit für jeden einzelnen Muslim als verpflichtend angesehen werden. Der offensive Dschihad reagiere dabei auf die Weigerung von Nichtmuslimen zum Islam zu konvertieren bzw. die Herrschaft des Islam anzuerkennen (ebd.: 50).[109]

Ausgangspunkt des Dschihadkonzeptes im Salafi-Dschihadismus bildet die Bestimmung des Dschihad als einer Pflicht im Glauben, der jeder Muslim

109 Zwischen unterschiedlichen Strömungen des Dschihadismus, hier vor allem zwischen al-Qaida und dem Islamischen Staat, bestehen zum Teil erhebliche ideologische Unterschiede, die sich vor allem an dem Verständnis des *takfir* (vgl. Drennan 2008), Vorstellungen über den richtigen Zeitpunkt zur Errichtung eines Kalifates, und damit verbunden der Ausrichtung des Kampfes gegen einen »nahen« versus »fernen« Feind (Azoulay 2015: 18) festmachen.

nachzukommen hat. Der Dschihad wird somit als integraler Teil der Glaubenspraxis verstanden. Entsprechend bilden der Dschihad gegen die eigene Seele bzw. den Satan sowie der bewaffnete Dschihad gegen die »Ungläubigen« eine Einheit in der Glaubenspraxis (vgl. auch Kippenberg 2008: 166).[110] Als integraler Teil der Glaubenspraxis ist der Dschihad damit nicht nur eine Pflicht, der man einfach so nachkommt, sondern auch ein Mittel zur Perfektionierung des Glaubens (Brachman 2008: 41; Elmaz 2012: 17). So lautet der erste Satz der Präambel in al-Awlakis Traktat »44 Ways to Support Jihad«: »Jihad is the greatest deed in Islam and the salvation of the ummah is in practicing it.« Damit der Dschihad von Gott als Erfüllung der Glaubenspflicht, als gute Tat, angenommen wird, ist wie bei jeder Tat die Intention des Gläubigen ausschlaggebend. Der Dschihad darf nur darin motiviert sein, Gott zu gefallen, nicht aber anderen zu imponieren, als tapfer zu gelten, Ruhm zu erlangen etc. Als eine Bewährungsprobe des Glaubens zählt im Dschihad allein die Absicht, Gott zu dienen (Kippenberg 2008: 167; Roy 2004: 246f.).[111] Kippenberg (ebd.: 178) zeigt anhand der sogenannten »Geistlichen Anleitung« der Attentäter vom 11. September, wie die »Reinheit der Intention« rituell sichergestellt werden sollte. Er rekonstruiert drei Phasen der Vorbereitung des Attentats, die darauf ausgerichtet waren, die Intention zu reinigen und damit den Bewährungserfolg sicherzustellen. In der Nacht vor dem Angriff (erste Phase) sollten bestimmte (kriegsbezogene) Koransuren rezitiert werden, um den Kämpfern Mut zu machen. Daneben sollten Meditationen und Reinigungsrituale durchgeführt werden, mit dem Ziel, die Intention »zu erneuern« und das am Leben hängende Selbst zu

110 Der ägyptische Dschihadtheoretiker Abd al-Salam Faraj argumentiert in seiner Schrift »The Neglected Duty« (§ 88; abgedruckt in Jansen 1986), dass der bewaffnete Dschihad nicht das Ende einer Stufenleiter der Glaubenspraxis darstellt – dies sei eine Ansicht, die nur darauf ausgelegt sei, Muslime vom bewaffneten Dschihad abzuhalten –, sondern auf gleicher Stufe mit dem Kampf gegen das eigene Selbst geführt werden müsse.

111 Zur Reinheit der Intention schreibt Faraj »§ 130: An Important Matter Which Requires Intention: Complete devotion to jihad for the cause of God: ›Complete devotion‹ (ikhlas) can be defined as ›removing all imperfections from the aspiration of getting closer to God – Exalted and Majestic He is.‹ It is also said that it can be defined as ›forgetting the outward appearance of things created by looking uninterruptedly towards the Creator‹« (Jansen 1986: 222). Ähnlich beschreibt Sayyid Qutb die erforderliche Reinigung der Intention: »Before a Muslim steps into the battlefield, he has already fought a great battle within himself against Satan – against his own desires and ambitions, his personal interests and inclinations, the interests of his family and of his nation; against that which is not from Islam; against every obstacle which comes into the way of worshipping God and the implementation of the Divine authority on earth, returning his authority to God and taking it away from the rebellious usurpers« (1978: 55f.).

überwinden. Die zweite Phase bezieht sich auf die Konfrontation mit der »satanischen Zivilisation« am Flughafen. Thema ist hier nun die ebenfalls rituell durch Rezitation entsprechender Suren sicherzustellende Überwindung der Furcht vor dem Feind. Die Erlangung der Furchtlosigkeit wird dabei als Zeichen der Unversöhnlichkeit des Glaubens gegenüber der umfassend vom Unglauben verdorbenen äußeren Welt, dessen einziger Wohnort das Herz und die Intention des Gläubigen darstellt, interpretiert. Die Ausführung der Tat und der Märtyrertod bilden schließlich die dritte Phase, in der Gott gebeten wird, dem Kämpfer das Märtyrertum zu schenken.

Ist der Dschihad im Verständnis des Salafi-Dschihadismus also zunächst eine Glaubensprüfung, deren Gelingen unabhängig von politisch-militärischen Erfolgen ist, findet sich auf der anderen Seite aber ein durchaus elaboriertes Verständnis des Dschihad als einer Methode des Kampfes zur Verteidigung von Muslimen sowie zur Errichtung eines weltumspannenden Kalifates. Als eine solche Kampfform benötige der Dschihad, wie bereits Sayyid Qutb in *Wegzeichen* schreibt, die Organisationsform und Methode einer Bewegung, die sich als Avantgarde herausbilden müsse:

»When Jahiliyyah takes the form, not of a ›theory‹ but of an active movement in this fashion, then any attempt to abolish this Jahiliyyah and to bring people back to God which presents Islam merely as a theory will be undesirable, rather useless. […] When the purpose is to abolish the existing system and to replace it with a new system which in its character principles and all its general and particular aspects, is different from the controlling jahili system, then it stands to reason that this new system should also come into the battlefield as an organized movement and a viable group.« (Qutb 1978: 35)

Auch für das Selbstverständnis der al-Qaida ist das Verständnis des Dschihad als einer Methode zur Erreichung politischer Zielsetzungen zentral. So beschreibt al-Qaida in den sogenannten »Bylaws« ihr Selbstverständnis wie folgt:

»A religious group of the nation of Mohammad (God's blessing and peace be upon him) whose faith is the faith of the believers in Sunna (profit teachings) and Jama'ah (consensus), are adopting Jihad as a method for change so that the ›Word of God‹ becomes supreme, and they (the group) are working to provoke Jihad, prepare for it, and exercise it by whatever means possible.« (al-Qaida o. J.)

Während der Dschihad als Glaubensprüfung von dem Gläubigen ein Desinteresse an den Erfolgsaussichten des Kampfes verlangt, impliziert die Anwendung des Dschihad als eine Methode zur Errichtung einer »islamischen« Ordnung umgekehrt ein Interesse an den Handlungsfolgen und damit eine

Anpassung des Handelns an veränderte Bedingungen und Erfolgsaussichten. Hieraus ergeben sich entsprechend gegenläufige Handlungsanforderungen, die das dschihadistische Deutungsmuster irgendwie auflösen muss. Das Spannungsverhältnis zwischen innerem und äußerem Gehorsam zeigt sich hier in zugespitzter Form, da der Dschihad eine gewaltsame Auseinandersetzung mit einem (zumal überlegenen) Gegner darstellt, der ohne ein Mindestmaß an militärisch-strategischer Folgenorientierung gar nicht überlebensfähig wäre. Im Folgenden soll exemplarisch anhand des gerade auch in Europa populären Dschihadtheoretikers al-Awlaki aufgezeigt werden, wie das Spannungsverhältnis zwischen Gottesdienst und Methode in einem heilsgeschichtlichen Deutungsrahmen aufzulösen versucht wird.

In seinem Vortrag »Allah is Preparing us for Victory« verweist al-Awlaki auf das göttliche Siegversprechen, das fester Bestandteil des Glaubens sein müsse. Gott habe versprochen, dass die Umma gegen die »Ungläubigen« irgendwann siegreich sein werde – wann, entscheide allein Gott: »If Allah wants an end he will create for it its means. […] If Allah wants victory for the Umma, then he will create the circumstances for that« (al-Awlaki o. J.: TC 00:00:29). Für einen nahenden Sieg spreche, dass sich die Umma in einer schwierigen Zeit der Zwietracht (*fitna*) befinde, in der die Gläubigen Prüfungen ausgesetzt werden, Situationen, in denen jeder eine Wahl zwischen Glauben und Unglauben treffen muss. Diese schwierige Zeit sei Zeichen für die bald bevorstehende letzte Schlacht zwischen »Glaube und Unglaube« (*al-malhama*), aus der die »wahren« Gläubigen siegreich hervorgehen würden, da Gott ihnen die Mittel zum Sieg an die Hand geben werde. Vor diesem Hintergrund sollten sich Muslime nicht über ihre derzeitige Lage, ihre Unterlegenheit gegenüber einem übermächtigen Gegner beklagen, sondern die schwierige Zeit als Zeichen des nahenden Sieges und schließlich als Chance der Bewährung verstehen:

»Now, if we are getting close to those times, you really, really, really don't want to be sitting on the sidelines and lose out on all of this *ajr* (Anm.: Belohnungen) in this Golden Era; because it is a Golden Era. […] But this *ajr* won't be handed out for free; it would demand a lot. Because it is the greatest status it would demand the greatest sacrifice. And that's why only the best of the best – the ones whom Allah *azza wa jal* has chosen – will be able to carry it out until the end because the *fitna* will be serious. […] To survive in those dangerous times, you need to have a lot of *iman*. […] It does not make a difference if you have 30 percent or 50 percent or 80 percent, you have to have a 100 percent, otherwise you die. Half-empty tank is the same as an empty tank. You have to have a full tank of *iman* ready for that time because it is a special time and special status.« (ebd.: TC 01:03:54–01:06:27)

Die Prüfungen würden dabei so lange weitergehen, bis beide Seiten vollständig separiert seien: »a camp with *iman* and no *nifaq* (Anm.: Heuchler) and a camp with *kufr* and no *iman*« (ebd.: TC 01:13:06). Weltgeschichtliche Ereignisse, insbesondere Militäreinsätze westlicher Staaten in muslimischen Ländern, werden als von Gott vorbestimmter Teil dieser Prüfung gesehen.

Die zentrale Botschaft al-Awlakis lautet, dass ein militärischer Erfolg im Dschihad ausschließlich von der Festigkeit des Glaubens abhänge und damit das Ergebnis einer erfolgreich bestandenen Glaubensprüfung sei, für die Gott den »wahren« Gläubigen als Belohnung die Mittel zum Sieg an die Hand gebe: »If you fulfill the requirements of iman then Allah will give you the victory because Allah *azza wa jal* said: Allah is the protector of the believers, not the ones who have a lot of weapons, not the ones who have a lot of numbers – it is the ones who have *iman*« (ebd.: TC 00:30:09). Der militärische Erfolg ist dabei nicht nur unabhängig von der realen militärischen Stärke der Kämpfenden, sondern setzt paradoxerweise gerade eine erhebliche Unterlegenheit voraus, da nur unter diesen Voraussetzungen die Glaubensfestigkeit der Kämpfenden auf die Probe gestellt werden kann. Als Belohnung für ihre Standfestigkeit und Opferbereitschaft erhalten die »wahren« Gläubigen von Gott schließlich das Sieg bringende Mittel, das sie nur noch, Gottes Leitung folgend, ergreifen müssen. Von dem Kämpfer wird hier keine eigenverantwortliche Entscheidung abverlangt, sondern wiederum nur der Vollzug einer göttlich vorgegebenen Entscheidung (Wahl des Mittels). Diese Konstruktion ermöglicht es, eine realiter stattfindende Orientierung an Handlungsfolgen als Erkenntnis und Vollzug des »göttlichen Willens« zu interpretieren. Indem die Befähigung zum methodischen Vorgehen nicht als eine Qualität der Ratio, sondern des Glaubens, der Befähigung zur Erkenntnis und Umsetzung des »göttlichen Willens«, umgedeutet wird, kann der methodische, auf rationalen Entscheidungen fußende Kampf mit der Logik des Dschihad als Gehorsamsleistung kompatibilisiert werden.

Als Ergebnis einer erfolgreichen Glaubensprüfung sind politisch-militärische Erfolge ein Zeichen der Zugehörigkeit zur »siegreichen Gruppe«, weshalb der Versuch der Herbeiführung eines Erfolgs der Bewährung zuträglich ist. Hier ähnelt die dschihadistische Logik dem zuvor erörterten calvinistischen Gewinnstreben. Der militärische Erfolg bzw. das Erfolgsstreben ist kein Realgrund für die Zugehörigkeit zur »siegreichen Gruppe«, wohl aber sein Erkenntnisgrund. Ferner bleibt der politisch-militärische Erfolg auch nur eines von mehreren möglichen Zeichen des Sieges: »Victory is not limited to military victory«, doziert al-Awlaki in seiner Vortragsreihe zu al-

Uyayris Buch »Constants on the Path of Jihad« (5. Teil). Die größte Herausforderung sei vielmehr, auf dem Pfad des Dschihad standfest zu bleiben: »Just to choose the path is a challenge and to remain steadfast is a challenge. And this is a sign of victory« (al-Awlaki o. J.:TC 00:00:03). An anderer Stelle: »A Muslim who is steadfast is always winning. A Muslim who is steadfast will never lose« (ebd.: TC 00:59:53). Al-Awlaki zählt eine Reihe weiterer Zeichen bzw. Bedeutungen des Sieges auf,[112] die Vorstufen des prophezeiten Endsieges darstellen: »We'll go through all these forms of victory, but eventually the Umma will also be victorious in the battlefield. That will be the end result« (ebd.: TC 01:23:00).

Ein Erfolgsstreben im Dschihad, der Versuch, zu den »Besten der Besten« zu gehören, und damit aber auch die erfolgreiche Tat des Einzelnen, kann somit als Zeichen der Zugehörigkeit zur siegreichen Gruppe und damit auch als Zeichen für einen bestimmten inneren Zustand, nämlich die Ablösung vom Unglauben, gedeutet werden. Diese Verbindung zwischen Ablösung und erfolgreicher Tat soll im Folgenden exemplarisch am Beispiel eines Aufrufes des Al-Qaida-Sprechers Adam Gadahn zum Dschihad mit dem Titel »Ruf zu den Waffen« (»A Call to Arms«) aus dem Jahr 2010 veranschaulicht werden. Im Mittelpunkt seines an Muslime im Westen gerichteten Aufrufs zum Dschihad steht das sogenannte »Fort Hood shooting« vom 5. November 2009. Der US-Soldat Nidal Malik Hasan erschoss in der texanischen US-Militärbasis Fort Hood 13 Soldaten und verwundete Dutzende. Adam Gadahn preist die Tat als ein »role-model who has opened a door, lit a path and shown the way forward for every Muslim who finds himself

112 Al-Awlaki zählt insgesamt elf Zeichen bzw. Bedeutungen des Sieges auf: 1. die Überwindung der Bindung an diese Welt; 2. der Sieg gegen den *schaitan*; 3. als Mudschahed von Allah den Weg gewiesen bekommen; 4. die Zurückweisung muslimischer Gelehrter, die Muslime vom Weg des Dschihad abzubringen versuchten; 5. die Standfestigkeit auf dem Weg des Dschihad (niemals die Prinzipien aufgeben); 6. die Opferbereitschaft für die Sache des Islam (Leben und Eigentum), bezeugt unter anderem auch durch die Aufnahme des Kampf gegen einen weit überlegenen Gegner; 7. der Sieg der »Idee« (»they could lose the battle, but their Da'wa would achieve victory, […] no one can stop the *dawa* of the victorious sect, because it is the ideas that will keep the sect going from generation to generation« (32:49)); 8. die Zerstörung des Feindes durch ein Wunder oder ein übernatürliches Ereignis als Belohnung Gottes dafür, dass die Mudschahedin ihr Bestes gegeben haben (in der Vorbereitung auf den Kampf und im Kampf selbst); 9. die Verfestigung des »Unglaubens« der »Ungläubigen«, wodurch sichergestellt ist, dass sie die Rechtleitung nie erreichen wird und sie als »Ungläubige« sterben müssen; 10. die Erwählung von Märtyrern aus den Reihen der Mudschahedin durch Allah; 11. schließlich der Sieg auf dem Schlachtfeld als Vorsehung und Endergebnis der nichtphysischen Formen des Sieges.

among the unbelievers and yearns to discharge his duty to Allah and play a part in the defense of Islam and Muslims against the savage, heartless and bloody Zionist Crusader assault on our religion, sacred places and homelands« (Gadhan 2010). Die Doppelbestimmung des Dschihad als Glaubensprüfung und Kampfmethode kommt hier bereits prägnant zum Ausdruck. In den Folgesequenzen lobt Gadahn die Tat Hasans schließlich aus den folgenden zwei Gründen: Die Tat sei zunächst effizient und strategisch nützlich gewesen. Sie habe gezeigt, »what one righteous Muslim with an assault rifle can do for his religion and brothers in faith [...]« (ebd.). Durch seine Aktion habe er es mithilfe Gottes vollbracht, die amerikanischen Streitkräfte bedeutend zu demoralisieren. Zu einem perfekten Vorbild wird die Tat jedoch für Gadahn erst durch die Symbolisierung des radikalen Bruchs mit der »ungläubigen« Gesellschaft, in die man selbst verstrickt war, wodurch die Tat zugleich den Charakter einer Wiedergutmachungsleistung vor Allah erhält:

»And defiant Brother Nidal didn't make the youthful mistake he made in joining the American army an excuse for making the mistake of a lifetime and taking part in the fighting and killing of Muslims in Afghanistan, Iraq or anywhere else. This is why I believe that defiant Brother Nidal is the ideal role-model for every repentant Muslim in the armies of the unbelievers and apostate regimes who, like him, has come to the correct conclusion that true Islam isn't in a name or a set of rituals but in fact is in total submission and obedience to Allah and total disobedience to and disassociation from the unbelievers.« (ebd.)

Die Tat wird zu einer vorbildhaften Tat, indem sie zwei Kriterien erfüllt: authentisch die Loslösung vom Unglauben zum Ausdruck zu bringen und einen die eigenen Möglichkeiten bestmöglich ausnutzenden, strategisch nützlichen Beitrag zum Dschihad zu leisten.

Zusammenfassend lässt sich feststellen, dass der dschihadistische Handlungsentwurf als eine Glaubensprüfung konzeptualisiert wird, deren Gelingen maßgeblich von der durch Opferbereitschaft und Standhaftigkeit dokumentierten Ablösung des Kämpfers von weltlichen Belangen abhängt. Die Erzielung politisch-militärischer Erfolge stellt dabei selbst kein Kriterium, wohl aber ein Zeichen des Gelingens dar und ist insofern von heilspragmatischer Bedeutung im Sinne einer zu perfektionierenden Bewährungsleistung. Die Orientierung am Erfolg bzw. die Kontrolle des Erfolgs ist somit aus heilspragmatischen Gründen anzustreben, kann aber die für die Bewährung ausschlaggebende »reine Intention«, die durch die Ablösung von allen weltlichen Belangen und darin vor allem durch die Opferbereitschaft bezeugt wird, nicht ersetzen. Sollten Zweifel an einer solchen gelungenen Ablösung bestehen, kann ein zu hohes Maß an Erfolgskontrolle diesem Zeugnis gar entgegenstehen.

2.6 Exkurs zum Bewährungsgedanken in säkularen radikalen Bewegungen

Das Problem der Bewährung angesichts einer ungewissen Erwähltheit (wie im Calvinismus) oder einer ungewissen Qualität des Heilsschicksals (wie im Islam) scheint auf den ersten Blick ein spezifisches Problem von Religiosität zu sein. Im Folgenden soll gezeigt werden, dass der Bewährungsgedanke sehr wohl auch in inhaltlich säkularen politischen Bewegungen zu finden ist, dort aber mit einem anderen Strukturproblem verknüpft ist, und zwar dem Problem der Ungewissheit darüber, ob der eigene Handlungsentwurf tatsächlich zur grundlegenden Umwälzung der gesellschaftlichen Ordnung beiträgt, was sich womöglich erst in einer Zukunft nach Ende des eigenen Lebens wird erweisen können.

Pettenkofer (2010: 189ff.) zufolge findet sich bei radikalem Protest ein der protestantischen Ethik analoges Ungewissheitsproblem. Je umfassender sich eine Bewegung gegen eine bestehende Ordnung richtet, »desto mehr müssten ihre Mitglieder nicht nur an den anderen Mitgliedern, sondern auch an sich selbst zweifeln, was die subjektive Festigkeit dieser Ablehnung betrifft« (ebd.: 191). Ebenso wie in protestantischen Sekten oder salafistischen Gruppen zähle also nicht allein die Normbefolgung, sondern die richtige, mit der bestehenden Ordnung (Welt) unversöhnliche Gesinnung, ein nicht beobachtbarer innerer Zustand radikalen Andersseins, was Pettenkofer am Beispiel Linksradikaler illustriert. Durch den Bewährungszwang der eigenen Überzeugung finde eine Normbindung des Handelns statt, die zum internen Aufbau einer gegenüber der Umwelt eigenständigen Struktur und dadurch zu einer Abkoppelung des Handelns von einer Orientierung an politischen Gelegenheitsstrukturen führe. Dies steht zwar im Einklang mit Forschungsbefunden zu linksradikalen Protestbewegungen, die in der Wertbindung der Akteure ein entscheidendes Element des Aktivismus sehen (etwa Della Porta 2002). Eine systematisch-theoretische Ableitung dieser Wertbindung und eines darauf fußenden Bewährungsgedankens aus Strukturproblemen radikaler Bewegungen steht jedoch noch aus. Erste Überlegungen dazu werden im Folgenden skizziert.

Pettenkofer leitet den Bewährungsgedanken aus der Vergewisserungsbedürftigkeit eines »radikalen Andersseins« ab, die sich aus der umfassenden Ablehnung einer bestehenden Ordnung ergebe. Er unterstellt dadurch stillschweigend, dass einer solchen Ablehnung automatisch schon die Tendenz innewohne, von ihrem eigentlichen Gehalt absehend bloße Gesinnung zu sein. Dem kann zwar insoweit gefolgt werden, als die radikale Ablehnung immer eine vergewisserungsbedürftige Inanspruchnahme eines radikalen Andersseins beinhaltet. Dies heißt jedoch nicht, dass die Normbindung automatisch schon das zentrale Gelingenskriterium des Handlungsentwurfes bilden muss. Konstitutionstheoretisch betrachtet liegt hier ein Kurzschluss vor, der die antagonistische Praxis gar nicht in ihrem Anspruch, nicht nur radikal »anders« zu sein, sondern die Zustände auch radikal ändern zu wollen, ernst nimmt.[113] Der radikale Aktivist verleiht seinem Leben einen Sinn gerade darin, in irgendeiner Form Teil eines Unternehmens der Errichtung einer anderen Gesellschaft, eines Aufbruchs in eine andere Zukunft, zu sein. Ungewiss ist für den Aktivisten zunächst noch nicht, ob er eine entsprechende Gesinnung auch wirklich internalisiert hat oder seinem Handeln nicht doch ganz andere Absichten zugrunde liegen, sondern vielmehr, ob die eigene Praxis wirklich geeignet ist, die bestehende Ordnung zu überwinden.[114]

Konstitutiv für radikale politische Bewegungen, die die bestehende Ordnung grundsätzlich umwälzen wollen, ist zunächst – analog dem monotheistischen Dualismus zwischen Irdischem und Göttlichem – die kategoriale, unübersteigbare Differenz zwischen der bestehenden Ordnung im Hier und Jetzt und einer in der Zukunft zu errichtenden neuen Ordnung. Daraus folgt nun ein zweifacher Dualismus. Erstens: Der Aktivist kann sich nicht versöhnlich mit einem gegebenen Zustand der Gesellschaft zeigen, solange die alte Ordnung darin nicht vollständig aufgehoben ist. Zweitens: Aus diesem

113 Dem radikalen politischen Akteur von vornherein die ernst gemeinte Absicht einer Gesellschaftsveränderung in Abrede zu stellen, erregt dabei Verdacht, Ideologie zu sein – als ob es keine guten Gründe für eine radikale Kritik an kapitalistischen Verhältnissen gebe.

114 Im Falle emanzipatorisch-undogmatischer Bewegungen ist dieses Bewährungsproblem dadurch verschärft, dass sie über *keinen abgeschlossenen* Entwurf einer anderen Gesellschaft verfügen, sondern nur über eine Utopie der »befreiten Gesellschaft« und eine an diese geknüpfte Hoffnung auf eine (echte) Transzendierung des Bestehenden. Fraglich ist für diese Bewegungen nicht nur, ob die eigene Praxis geeignet ist, die bestehende Ordnung zu transzendieren, sondern auch, ob die Transzendierung selbst überhaupt möglich ist.

Dualismus zwischen der vollständigen und der nur partiellen Aufhebung der falschen Ordnung folgt zwingend auch ein Dualismus zwischen revolutionärer und nichtrevolutionärer Praxis. Je weiter der gegenwärtige Zustand des Bestehenden aber vom angestrebten Zustand seiner Aufhebung entfernt ist, je langwieriger also das Projekt einer Abschaffung der bestehenden Ordnung angelegt ist, desto größer muss die Ungewissheit darüber sein, ob die revolutionäre Praxis auch wirklich »revolutionär« ist, ob sie also geeignet ist, auf dieses finale Ziel zuzusteuern, oder ob sie umgekehrt nur kleine Veränderungen, Reformen zur Folge haben wird. Dass sich die Erfüllung des Gesellschaftsentwurfes und damit auch der an diesen geknüpfte eigene Lebensentwurf womöglich erst in ferner Zukunft, nach Ende des eigenen Lebens wird positiv bewähren können, ist Ausgangspunkt einer nicht stillstellbaren Bewährungsdynamik der revolutionären Lebenspraxis, deren Bewältigung eines entsprechenden Bewährungsmythos bedarf, der dem Revolutionär beruhigende Anzeichen dafür gibt, auf dem richtigen Weg zu sein. Revolutionäre Theorien stellen gewöhnlich einen solchen Bewährungsmythos zur Verfügung.

Das skizzierte Bewährungsproblem kann idealtypisch auf zwei Weisen bewältigt werden: durch eine ritualistische oder gesinnungsethische Sublimierung der Bewährungsanforderung, wodurch der Handlungsentwurf einer praktischen Bewährung entzogen wird, oder indem der Handlungsentwurf einer praktischen Bewährung ausgesetzt wird. Letzteres setzt eine Bereitschaft der Praxis voraus, sich ihrem möglichen Scheitern in der Krise zu stellen und als Reaktion auf das Scheitern den Handlungsentwurf anzupassen. Eine solche Bereitschaft ist von vornherein dort gering ausgeprägt, wo die neue Ordnung bzw. der Weg zu ihrer Implementierung dogmatisch, einem geoffenbarten Gesetz gleichkommend, bereits festgeschrieben und damit die Autonomie einer revolutionären Praxis von vornherein getilgt ist.

Ritualismus und Gesinnungsethik bilden zwei Stufen der Sublimierung der politischen Bewährungsanforderung. Ritualismus meint hier die Vergewisserung des revolutionären Handlungsentwurfes in ritualisierten Praktiken einer partiellen, zeitlich und räumlich begrenzten Zur-Geltung-Bringung der Normen des revolutionären Ordnungsentwurfes (etwa im Rahmen von Protestaktionen). Da die Normen des revolutionären Entwurfes in Ritualen nur punktuell zur Geltung gebracht werden können, kann das Bewährungsproblem nicht vollständig sublimiert werden. Dadurch ist die Grundlage gelegt, für die nächste Stufe der Sublimierung: die Verinnerlichung des Geltungsanspruchs der neuen Ordnung durch die Einforderung eines an der richtigen

Gesinnung ausgerichteten Handelns. Diese setzt nun einen der protestantischen Ethik analogen Bewährungsmechanismus in Form dauerhafter Selbstprüfung der Festigkeit der Gesinnung in Gang, wie ihn Pettenkofer am Beispiel militanter Anti-AKW-Aktivisten beschreibt. Im Mittelpunkt steht hier nicht mehr die performative Zur-Geltung-Bringung von Normen des revolutionären Handlungsentwurfes im Hier und Jetzt, sondern die Erbringung des Nachweises eines normgebundenen Handelns, des Nachweises also, dass das Handeln von einer revolutionären Gesinnung getragen ist und ihm nicht ganz andere Motive zugrunde liegen.[115]

Säkulare revolutionäre Bewegungen unterscheiden sich von religiös revolutionären Bewegungen wie dem Dschihadismus in einem entscheidenden Punkt: Während für den sozialen Revolutionär der praktisch revolutionäre Gehalt des eigenen Handlungsentwurfes bewährungsbedürftig ist und damit die Folgen des eigenen Handelns in der sozialen und physischen Umwelt ausschlaggebend sein müssen, ist für den Dschihadisten – zumindest gemäß der reinen Lehre – der revolutionäre Gehalt seines Handlungsentwurfes gerade nicht bewährungsbedürftig. Für ihn zählt vielmehr nur die Gesinnung, der unbedingte Gehorsam gegenüber Gott, den es durch Taten zu bezeugen und zu perfektionieren gilt. Die erfolgreiche Umsetzung von »Gottes Gesetz«, also revolutionäre Handlungsfolgen, sind nur Mittel zum Zweck, ein Zeichen, auf dem richtigen Weg zu sein.

2.7 Hypothesen zu Bewährungsthemen europäischer Dschihadisten

Der europäische Dschihadismus weist bislang keine auf Dauer gestellten Vergemeinschaftungsformen mit einer kontinuierlichen Gewaltpraxis auf. So waren bisherige Anschläge und Anschlagsplanungen von Homegrown-Dschihadisten Taten von Ersttätern. Die Taten markieren gewissermaßen den (vorläufigen) Abschluss eines entsprechenden Radikalisierungs- bzw. Konversionsprozesses. Stehen die Taten biografisch im Zusammenhang mit

115 Eine Untersuchung der Bedingungszusammenhänge der Entwicklung radikaler Bewegungen in Kategorien des hier schemenhaft angedeuteten Strukturmodells radikalen Protests steht noch aus. Dabei ginge es vor allem darum, den Zusammenhang zwischen Weltanschauung/Ordnungsentwürfen, Bewährungsproblem und den darauf bezogenen Deutungsmustern/Bewährungsmythen zu untersuchen.

einer gerade erst erfolgten Ablösung aus vorherigen Vergemeinschaftungen, können wir von einer ausgeprägten Bewährungsbedürftigkeit der Ablösung und damit einem ausgeprägten Bewährungsgedanken im Falle europäischer Dschihadisten ausgehen, der durch den Umstand der Sozialisation in einer »ungläubigen« Gesellschaft noch einmal verschärft ist. Homegrown-Dschihadisten waren vor ihrer Einmündung in den Dschihadismus in unterschiedlichem Maße und auf unterschiedliche Weise in »Unglauben« verstrickt. Wir gehen davon aus, dass sich diese Verstrickungen in einem spezifischen Bewährungsthema widerspiegeln, das sich aus der Anwendung des übernommenen dschihadistischen Deutungsmusters auf die eigene Biografie und Lebenswelt ergibt. Das dschihadistische Deutungsmuster ist, wie gezeigt wurde, resistent gegen ein Scheitern; scheitern kann nur das sich nicht vollständig Gott zuwendende Subjekt. Die Krisenlösung für deutungsbedürftige Problemstellungen, vor deren Hintergrund ein Subjekt das Deutungsmuster übernommen hat, besteht dabei in der vollkommenen Überwindung der Bindungen an alle Formen nicht- bzw. »unislamischer« Vergemeinschaftung.

In der Forschung zu Radikalisierungsprozessen wurden im Wesentlichen Identitätsprobleme als Ausgangspunkt einer Einmündung in dschihadistische Vergemeinschaftungen identifiziert. Dabei lassen sich im Grunde zwei Syndrome von Problemen skizzieren: Eine Reihe von Arbeiten beziehen sich auf migrationsspezifische Identitätsproblematiken einer doppelten Zugehörigkeitsunsicherheit unter muslimischen Migranten der zweiten und dritten Generation. Sie wollen an der Gesellschaft teilhaben, doch wird ihnen als »Muslimen« innerhalb der nichtmuslimischen Mehrheitsgesellschaft keine volle Anerkennung zuteil (Roy 2005; Khosrokhavar 2005; Waldmann 2010; bereits Schiffauer 2000).[116] Darüber hinaus weisen Studien jedoch ein breiteres, eher unspezifisches Spektrum von Identitätsproblemen und biografischen Orientierungskrisen aus (etwa Kleinmann 2012) oder verorten Identitätsproblematiken in (frühkindlichen) Mangelerfahrungen, Belastungen in der Familie und allgemeinen Erfahrungen sozialer Ausgrenzung

116 Überzeugende Nachweise für die Radikalisierungsvalenz von Identitäts- und Marginalisierungsproblemen finden sich in den quantitativen Studien von Bartlett/Miller (2012) und Brettfeld/Wetzels (2007). Derartige Problemlagen bleiben gleichwohl ein radikalisierungsunspezifisches Phänomen (Pisoiu 2012: 26, 40), da sie sowohl zu einer konformen als auch abweichenden Anpassung des Individuums führen können (vgl. Pelzer 2014).

(Lützinger 2010). Verwiesen wird darüber hinaus auf das Phänomen vorgängiger krimineller Karrieren (etwa Precht 2007) und Aspekte eines »hedonistischen Lebensstils« (Bartlett/Miller 2012).

Wenngleich hier auf ein weites Spektrum von Problemstellungen verwiesen ist, lassen sich mit Blick auf mögliche Bewährungsthematiken gleichwohl drei grobe thematische Stränge identifizieren:

1. Mit Blick auf die *Zugehörigkeitsunsicherheit* bildet die Herstellung einer eindeutigen Zugehörigkeit zur muslimischen Glaubensgemeinschaft, verbunden mit der Aufgabe eines Wunsches nach Anerkennung durch die nichtmuslimische Mehrheitsgesellschaft, ein naheliegendes Bewährungsthema von muslimisch-migrantischen Dschihadisten.
2. Im Falle *biografisch bedingter Orientierungskrisen* kann ein dschihadistisches Deutungsmuster attraktiv sein, weil es das Subjekt stark von dem Druck, autonome Entscheidungen treffen und begründen zu müssen, entlastet. Entscheidungen können direkt an Gott delegiert oder innerhalb einer »symbolisch gelagerten Gesinnungsgemeinschaft« einem handlungsentlastenden Einheitsraum, in dem kein oder nur noch entlastender Bezug zur Realität hergestellt werden muss, getroffen werden (vgl. zu Biografien in religiös-weltanschaulichen Milieus allgemein Schöll 1998). Die Bewährung des dschihadistischen Handlungsentwurfes erfordert in diesem Fall die Aufgabe der eigenen Autonomie.
3. Schließlich verweisen *kriminelle Karrieren* oder Formen eines »hedonistischen Lebensstils« eher auf Probleme mangelnder Selbstkontrolle hinsichtlich der Einhaltung von als verpflichtend anerkannten Normen. Ein naheliegendes Bewährungsthema ist hier das Gelingen eines quasi »sittlichen« Lebenswandels.

Auf den beiden in Kapitel V.1.4 dargestellten Dimensionen von Konversion in Radikalität – der Transformation des Normbewusstseins und der Transformation von subjektiven Bedürfnissen und Zielen – ergeben sich für diese drei bewährungsthematischen Stränge unterschiedliche Ausprägungen, die hier hypothesenartig skizziert werden sollen:

Transformation des Normbewusstseins. Die Anerkennung des »göttlichen Willens« als einzig gültigen Vernunftmaßstab bildet den für das Subjekt bewährungsbedürftigen Kern seines dschihadistischen Handlungsentwurfes. Die Sünde, anderen als »göttlichen Gesetzen« gefolgt zu sein, gilt es, durch eine möglichst strenge Normbefolgung zu kompensieren und den Bruch mit einer vorherigen Abweichung vom »wahren« Glauben zu dokumentieren.

Wenngleich diese Dimension für alle drei der oben genannten bewährungsthematischen Stränge relevant ist, sind unterschiedliche Ausprägungen zu erwarten.

Zu (1): Geht es bei der Zugehörigkeitsthematik um die Auflösung eines Zwiespaltes, eines Hin- und Hergerissenseins zwischen Kollektiven, so steht hier nicht die Geltung eines »neuen« Vernunftmaßstabes im Mittelpunkt, sondern die Frage der affektiv-emotionalen Bindung an eine Vergemeinschaftung. Diese Bindung vermittelt sich zwar über die Befolgung der innerhalb der Gemeinschaft geltenden Normen, aber die Normen selbst sind im Grunde austauschbar. Zu bezeugen gilt es im Grunde nur die Normbefolgung als Zeichen der Zugehörigkeit zur Gemeinschaft.

Zu (2): Erfolgt die Bewältigung einer biografisch bedingten Orientierungskrise mittel eines dschihadistischen Deutungsmusters durch Delegation lebenspraktischer Entscheidungen an ein übergeordnetes Regelsystem, so bildet die Transformation des Normbewusstseins hier das entscheidende Element der Konversion. Denn erst unter der Voraussetzung einer vollständigen Überzeugung in die Geltung einer alleinigen Entscheidungsinstanz »Gott« kann die Krise mithilfe des Deutungsmusters wirkungsvoll stillgestellt werden. Zu vergewissern gilt es hier daher nicht nur die Normbefolgung als Zeichen der Abkoppelung von vorherigen Vergemeinschaftungen. Um die Krise stillstellen zu können, muss sich das Subjekt auch seiner vollständigen und ausschließlichen Bindung an den externalisierten Vernunftmaßstab vergewissern.

Zu 3: Für die Problematik der Bewährung eines »sittlichen« Lebenswandels zählt der neue Vernunftmaßstab demgegenüber nur vermittelt über die auf der Verhaltensebene umzusetzende methodisierte Lebensführung. Wie bei der Zugehörigkeitsthematik ist hier daher wesentlich nur die Normbefolgung bewährungsbedürftig.

Transformation von subjektiven Bedürfnissen und Zielen. Hier geht es um die Abkoppelung des Subjektes von persönlichen Zielen und Bedürfnissen, die einer gottgefälligen Lebensweise entgegenstehen und die Gefahr der Begehung von Sünden bergen. Nach islamischem Verständnis ist dies der »große Dschihad«, der niemals endende Kampf gegen die »innere Triebseele« (*nafs*). Diese bringe den Menschen dazu, seinen Wünschen und Neigungen nachzugehen und muss daher von dem Gläubigen in einem dauernden Kampf unterworfen werden (Berger 2010: 180, 223). Der Satan bedient sich dieser »Triebseele«, wenn er den Gläubigen zu Ungehorsam zu verführen versucht. Vor diesen »Einflüsterungen« des Satans findet der Gläubige Zuflucht bei

Gott. Dazu muss er sich Gott vollkommen hinwenden. Dies bedeutet »die Ausrichtung des ganzen menschlichen Seins auf die vom Schöpfer verfügte Ordnung und die vollkommene Abkehr von allen Einflüsterungen des Satans, die die umfassende Eingestimmtheit des Menschen auf seinen Herren stören könnten« (Nagel 1983: 137). Erst nach Erreichung eines solchen Zustands der totalen Hinwendung zu Gott, ist die »Triebseele« also gewissermaßen stillgestellt und kann keinen weiteren Ungehorsam produzieren.

Auch hinsichtlich der Überwindung einer nicht gottgefälligen Lebensweise ergeben sich für die drei bewährungsthematischen Stränge unterschiedliche Ausprägungen:

Zu 1: Geht es um die Herstellung einer eindeutigen Zugehörigkeit zum »wahren Islam« in Abgrenzung zu einer vorherigen Suche nach Anerkennung durch die Gesellschaft, so ist hier weniger ein den fundamentalistischen Vorstellungen entsprechender »sittlicher« Lebenswandel das entscheidende Element, sondern vielmehr die Abkoppelung von auf gesellschaftliche Teilhabe und Anerkennung ausgerichteten Zielen und Bedürfnissen. Bewährungsthematisch ist somit nicht die Aufgabe eines »unislamischen«, sondern bloß eines gesellschaftskonformen Lebensentwurfes zugunsten eines ausschließlich auf das neue Kollektiv bezogenen Lebensentwurfes.

Zu 2: Für die Bewährung einer vollständigen Aufgabe der Autonomie und vice versa Zuwendung zu Gott ist die Durchhaltung einer gottgefälligen Lebensweise nur Mittel zum Zweck, ein Zeichen dafür, auf dem richtigen Weg zu sein. Für den Gläubigen zählt letztlich nur der Endzustand einer Zerstörung der »Triebseele«. Thematisch ist für ihn entsprechend lediglich sein innerer Zustand, nicht aber die Durchhaltung einer methodisierten Lebensführung wie in dem dritten bewährungsthematischen Strang.

Zu 3: Im Mittelpunkt steht die Überwindung einer unmethodisierten und »unsittlichen« Lebensführung. Der Endzustand einer qua Bewusstseinstransformation zu erreichenden Zerstörung der »Triebseele« ist nicht relevant, es reicht deren Stillstellung oder Bändigung durch Techniken der Selbstkontrolle, also die Befolgung religiöser Alltagsrituale.

Nur der zweite bewährungsthematische Strang entfaltet eine Bewährungsdynamik in die Richtung einer Perfektionierung des Glaubens. Demgegenüber zeigt die idealtypisch auf eine Zugehörigkeitsthematik begrenzte Identitätsproblematik keinen Anlass für eine radikale Konversion, während die Bewährung eines »sittlichen« Lebenswandels einen mittleren Konversionsgrad indiziert. Jeweils handelt es sich um idealtypische Konstruktionen, die in der Realität eher in Mischformen anzutreffen sein werden.

3 Fallrekonstruktionen

Die aufgeführten bewährungsthematischen Stränge dienen als eine erste theoretische Differenzierung, die es am Material zu überprüfen gilt. Ziel der folgenden Fallrekonstruktionen ist es, Bewährungsthematiken und Anschlagsorientierungen dschihadistischer Täter interpretativ herauszupräparieren und mit dem Ziel der sinn- und soziogenetischen Typenbildung (Typik Bewährung und Typik Anschlagsorientierung) fallvergleichend zu analysieren.

3.1 Methodik

3.1.1 Analyseschritte und Datenbasis

Die Analyse erfolgt dabei in zwei Schritten: der sequenzanalytischen Rekonstruktion der jeweils subjektiven Bewährungskriterien und den damit verbundenen Kriterien einer gelungenen Gewaltpraxis sowie der anschließenden Analyse der Tathandlung bzw. Tatplanung.

Sequenzanalyse

Im Mittelpunkt der Interpretation stehen die Herausarbeitung der subjektiven Bewährungsthematik und der damit im Zusammenhang stehenden subjektiven Kriterien des Gelingens, also der positiven Bewährung der dschihadistischen Praxis. Gegenstand bilden also je individuelle Derivationen eines dschihadistischen Deutungsmusters. Dabei gilt es, die Bewährungsthematik in Bezug auf eine biografiespezifische Ablöseproblematik, die sich aus der Anwendung des kollektiven dschihadistischen Deutungsmusters (seiner Geltungsstandards) auf die eigene Biografie ergibt, zu interpretieren. Gegenstand ist die Biografie vor Einmündung in den Dschihadismus.

Die ideale Datenbasis bilden natürliche Interaktionsprotokolle einer dschihadistischen Praxis in Form von Interviewdaten oder Tonbandmitschnitten aus polizeilichen Überwachungsmaßnahmen. Sofern aus polizeilichen oder gerichtlichen Beschuldigtenvernehmungen vollständige und weitgehend natürliche Protokolle vorliegen, bieten diese sich ebenfalls für eine Rekonstruktion der Bewährungsthematiken an. Es handelt sich wie im Falle von Interviews um Ex-post-Interpretationen der Taten, die im ungünstigen Fall Teil einer juristischen, politischen oder moralischen Verteidigungsstrategie sind. Dies schränkt die Interpretationsmöglichkeiten zwar ein, gleichwohl regelt ein übernommenes Deutungsmuster gerade auch das Interaktionsverhalten gegenüber staatlichen Instanzen, etwa die Entscheidung, sich auf das juristische Spiel einzulassen oder sich diesem zu verweigern. Insofern lassen sich auch aus verteidigungsstrategisch motivierten Äußerungen dahinterliegende Orientierungsgehalte interpretativ herausarbeiten. Geeignet erscheinen ferner auch von Tätern selbst produzierte Daten in Form von Abschiedsbriefen oder Bekennervideos, die sich als eigene »kommunikative Gattung« (Luckmann 1986) verstehen lassen, deren Zweck darin besteht, der Nachwelt den Sinn des Gewaltaktes zu erläutern (Graitl 2012). Es handelt sich um Formen einer methodisch kontrollierten Textproduktion, die im Unterschied zu Interaktionsprotokollen nicht die zeitlich-sequenzielle Generierung einer Handlung protokolliert, sondern nur das beabsichtigte kommunikative Ergebnis, was die Rekonstruktion der Bewährungsthematiken und Anschlagsorientierungen zumindest erschwert.

Da Protokolle, die die genannten Anforderungen erfüllen, nur für wenige Fälle zur Verfügung standen, ist das Fallsample von vornherein stark begrenzt.

Tat- und Planungsanalyse

Auf Basis der jeweils zur Verfügung stehenden Informationen über die Zielwahl, Mittelwahl und den Modus Operandi der (geplanten) Tat gilt es, die anhand von Täteräußerungen rekonstruierte Handlungslogik zu überprüfen. Datengrundlage der Tat- und Planungsanalyse bilden von Sicherheitsbehörden und/oder Gerichten getroffene Feststellungen oder, wenn diese nicht vorlagen, aus Medienberichten gewonnene Informationen (zur Problematik der Validität und Reliabilität, siehe Erläuterungen in Kapitel II.2).

Die Analyse fokussiert auf die folgenden vier Aspekte der Tathandlung bzw. Tatplanung:

(1) Opferbereitschaft. In einer hohen selbst gewählten Opferbereitschaft bis hin zum Märtyrertod zeigt sich ein hoher Grad der Konversion. Indikatoren bilden neben dem geplanten Selbstmordattentat die Planung von bewaffneten Auseinandersetzungen mit Sicherheitskräften im Nachgang der Tat. Die Inkaufnahme eines hohen Entdeckungsrisikos bei der Tat, also der eigenen Festnahme während oder im Nachgang der Tat, bildet einen mittleren Grad der Opferbereitschaft, wohingegen ein ausgearbeiteter Fluchtplan eine niedrige Bereitschaft indiziert.

(2) Sicherstellung des Taterfolgs. Auch an dem Umfang der zur Sicherstellung des Taterfolgs (zum Beispiel redundante Zünder) ergriffenen Maßnahmen dokumentiert sich der Grad der Konversion eines Täters. Während eine niedrige Erfolgskontrolle Zweifel an seiner Bereitschaft zur Verletzung der herrschenden Normen und vice versa zum Vollzug des »göttlichen Willens« aufkommen lässt, würde eine zu hohe Erfolgskontrolle die »reine Intention« des Dschihadisten infrage stellen, da schließlich allein Gott über Erfolg und Misserfolg zu entscheiden hat.

(3) Charakter der Sanktionierung und Normpräferenzen. Der Anschlag reagiert als negative Sanktion auf Verletzungen vermeintlich »islamischer« Normen und verschafft diesen Normen dadurch Geltung. Die Besonderheit eines Täters zeigt sich dabei zum einen in der aus einer biografisch gefärbten Bewährungsthematik resultierenden Präferenz des Täters für spezifische Normen bzw. Norminhalte (zum Beispiel des Verbots einer Beleidigung des Propheten). Zum anderen zeigt sie sich darin, zu welchem Grad der Täter in seiner Tat nicht bloß den Geltungsanspruch einer einzelnen Norm, sondern einen umfassenden Geltungsanspruch des »göttlichen Gesetzes« zu behaupten versucht. Ausdruck dessen ist auf der Ebene der Zielwahl die Viktimisierung möglichst vieler Individuen, denen eine Schuld an Normverletzungen zugeschrieben werden kann, wobei ein nur durchschnittliches Schuldmaß bzw. eine abstrakte Schuldigkeit qua Gruppenzugehörigkeit nicht nur hinreichend sind, sondern im Sinne einer exemplarischen Sanktionierung durch die Tat abgebildet werden sollten. Auf der Ebene der Mittelwahl zeigt sich ein umfassender Geltungsanspruch in der Letalität des gewählten Angriffsmittels sowie in der angestrebten Opferzahl. Das Letalitätsniveau muss gleichwohl im Verhältnis zu den operativen Fähigkeiten des Täters interpretiert werden.

(4) Adäquanz der Tarnung. Ausschlaggebend ist hier die Adäquanz des Verhältnisses von Tarnhandlung – sowohl in der Phase der Tatplanung als auch der Tatdurchführung – und der Strafhandlung im Hinblick auf

Entdeckungsrisiken. Dabei geht es zum einen um die von Tätern erwarteten Sicherheitsvorkehrungen an potenziellen Anschlagszielen, zum anderen um die erwarteten Reaktionen der Strafverfolgungsbehörden. Die realistische Einschätzung des Entdeckungsrisikos und damit die Fähigkeit zu einer adäquaten Tarnung setzen voraus, dass ein Täter die objektive Bedeutung seiner Strafhandlung (den Unrechtsgehalt bzw. die Sanktionsbewährheit) erkennt und nicht ausblendet. Letzteres ist der Fall, wenn ein Täter ein Unrechtsbewusstsein (bezüglich der herrschenden Normen) nie ausgebildet oder wieder verloren hat, die Normverletzung aufgrund einer unvollständigen Konversion in den Dschihadismus gleichzeitig aber nicht als vernünftig rechtfertigen kann (siehe Kapitel V.1.4.2). Wie im Falle der Sicherstellung des Taterfolgs stehen auch die ergriffenen Maßnahmen zur Tarnung in einem Spannungsverhältnis zwischen notwendiger Kontrolle der Bedingungen erfolgreicher Tarnung und der Zuschreibung des Tarnungserfolgs an den »göttlichen Willen«. Die Tarnungsmaßnahmen müssen einen gewissen prädeterministischen Spielraum aufweisen.

3.1.2 Auswertungsverfahren

Die Auswertung textförmiger Daten erfolgt sequenzanalytisch, wobei ausgewählte Protokollabschnitte unter Verwendung des Interpretationsverfahrens der »objektiven Hermeneutik« (Oevermann et al. 1979; Wernet 2000) interpretiert werden. Die »Kunstlehre« der objektiven Hermeneutik zielt darauf ab, latente Sinnstrukturen materialer Ausdrucksgestalten aufzudecken und in ihrer fallspezifischen Wirkungsweise und Prozesslogik zu rekonstruieren (Kleemann et al. 2009: 124). Zur Beschreibung der Diskursorganisation einer Interaktfolge greifen wir ferner auf die Terminologie der dokumentarischen Methode Bohnsacks (1992; 2000) zurück.

Zur Rekonstruktion der latenten Sinnstruktur einer protokollierten Äußerungsfolge werden Lesarten expliziert, das heißt Kontextbedingungen gesucht, die diese (Sprech-)handlung pragmatisch oder sinnäquivalent erfüllen. Eine erschöpfende Lesartenbildung erschließt alle Kontexttypen, in denen die Äußerung als sozial akzeptabel oder vernünftig gelten kann. Über die allgemeinen Bedeutungsmöglichkeiten hinaus sind auch fallspezifische Lesarten einzelner Interakte zu bilden. Die Erschließung der an einer jeweiligen Sequenzstelle bzw. Sequenzfolge eröffneten Handlungs- bzw. Ausdrucksmöglichkeiten erfolgt mit dem Ziel, die tatsächlich vollzogene

Selektion, die die Fallstrukturiertheit einer Lebenspraxis sequenziell in Erscheinung bringt, abbilden zu können: »Entspricht die tatsächlich erfolgte (Sprech-)Handlung einer der Optionen, die an die Erfüllungsbedingungen des vorgängigen Interakts geregelt anschließen können, ist, bis zum Erweis des Gegenteils, eine ›normal‹ verlaufende Handlungspraxis indiziert« (Sutter 1997: 189). Wenn die Erfüllungsbedingungen einer Äußerung im konkreten äußeren Kontext nicht vorliegen, liegt eine Abweichung von der Normalform des Handelns vor, die sich im Grenzfall als pathologisches Handeln beschreiben lässt. Mit Voranschreiten der Sequenzanalyse wächst das Wissen über den inneren Kontext der protokollierten Handlungspraxis, der sich aus der rekonstruierten Bedeutungsstruktur der vorausgehenden Sequenzstellen ergibt. Die Handlungspraxis erscheint zunehmend als besonders motiviert und die nachfolgenden Äußerungen als von der Reproduktionsgesetzlichkeit der Fallstruktur bestimmte Bewegung (Oevermann et al. 1979: 54). Wenn es gelingt, eine Sequenz als motivierte Gestaltbildung zu fassen, ohne dass in dieser Sequenz mit der rekonstruierten Gestalt unvereinbare Sinnkonstellationen aufgetaucht sind, ist die Rekonstruktion der Fallstrukturgesetzlichkeit abgeschlossen (Wernet 2000: 80). Die nachfolgenden Sequenzen des Textes können als eindeutig motiviert »reprognostiziert« werden. Ist die Fallstrukturgesetzlichkeit einer vollständigen Sequenz rekonstruiert, kann von der extensiven Feinanalyse zur Kurzüberprüfung übergegangen werden. Die Interpretation des weiteren Textes erfolgt dann mit dem Ziel zu prüfen, ob sich die Fallstrukturhypothese bestätigt oder präzisiert werden kann.

Im Mittelpunkt des Interpretationsvorgangs steht die gedankenexperimentelle Entwicklung von Lesarten zu einer vorliegenden Äußerungssequenz mit dem Ziel, plausible Hypothesen zur Fallstruktur zu finden. Dabei wird in Vereinfachung der oevermannschen Feinanalyse dem Dreischritt von Wernet (2000: 92) gefolgt: Zunächst werden gedankenexperimentell Geschichten unter Ausblendung des tatsächlichen Kontextes der Äußerung entwickelt. Aus diesen Geschichten werden im zweiten Schritt Lesarten mit Blick auf die an den Text gerichteten Fragestellungen generiert. Im dritten Schritt werden die Lesarten mit dem tatsächlichen Kontext konfrontiert. Häufig geht es dabei um die Konfrontation dieser Textbedeutung(en) mit einer Aussageintention, die für die Erschließung der Fallstruktur von besonderer Bedeutung ist. In der Darstellung der Interpretation erfolgt eine ausführliche Lesartenentwicklung dabei lediglich für riskante oder sonst nur schwer nachvollziehbar erscheinende Interpretationen. Nachdem eine Fallstrukturhypothese rekonstruiert werden konnte, wird diese an ausgewählten weiteren Passagen überprüft und weiter zu konturieren versucht.

Die zur Interpretation eines Falles ausgewählten Textpassagen werden fortlaufend nummeriert. Mit »Passage« wird dabei lediglich der zur Interpretation ausgewählte Text- bzw. Protokollabschnitt unabhängig von seiner Länge bezeichnet; würde der komplette Text in die Interpretation einbezogen, entspräche die Passage dem kompletten Text. Die Sequenzen werden entsprechend pro Passage durchnummeriert (z. B. Passage 1, Sequenz 1; Passage 1, Sequenz 2).

3.1.3 Fallbestimmung und Fallauswahl

Ein Fall bildet die individuelle Lebenspraxis eines individuellen Täters, auf dessen Bewährungsproblematik und darauf bezogene Bewährungskriterien die Analyse abzielt. »Fälle« von Anschlägen/Anschlagsplanungen bestehen, insofern es sich nicht um Einzeltäter handelt, aus mehreren Einzelfällen. Vollständige Protokolle von Täteräußerungen in Form von Bekennerschreiben oder -videos, Audioaufnahmen oder Transkripte von Gesprächen oder Interviews lagen für die folgenden zehn Fälle von Anschlägen/Anschlagsplanungen vor.

Fall	Tat	Täter	Datengrundlage
Sauerlandgruppe (5-DE5, 2007)	geplante Sprengstoffanschläge gegen amerikanische Pubs und den Flughafen in Frankfurt am Main	Gruppe, überwiegend »Konver-titen«	TKÜ-Protokolle im Vorfeld der Tat
Arid Uka (7-DE7, 2011)	Ermordung zweier US-amerikanischer Soldaten	Einzeltäter, muslimischer Familienhintergrund	Statement vor Gericht
Yehya Kaddouri (40-NL1, 2004)	geplante Anschläge gegen Politiker und Regierungsgebäude	Einzeltäter, muslimischer Familienhintergrund	Forumseinträge im Vorfeld der Tat
van Gogh (41-NL2, 2004)	Ermordung von Theo van Gogh/ Islamkritiker	Einzeltäter, muslimischer Familienhintergrund	Abschiedsbrief

Mohamed Merah (20-FR10, 2012)	Ermordung von drei französischen Soldaten, drei jüdischen Kindern und einem Religionslehrer	Einzeltäter, muslimischer Familienhintergrund	Mitschnitte eines Telefonats mit Polizeibeamtem
London 7/7 (24-UK4, 2005)	Selbstmordanschläge in der Londoner U-Bahn und einem Bus	Gruppe, überwiegend muslimischer Familienhintergrund	Videobotschaft im Vorfeld der Tat
Nicky Reilly (30-UK10, 2008)	versuchter Selbstmordanschlag in einem Café	Einzeltäter, »Konvertit«	Bekennerschreiben im Vorfeld der Tat
Roshonara Choudhry (32-UK12, 2010)	versuchte Tötung eines britischen »Member of Parliament«	Einzeltäterin, muslimischer Familienhintergrund	Transkript eines Presseinterviews
Woolwich (34-UK14, 2013)	Ermordung eines britischen Soldaten	Duo, »Konvertiten«	Videostatement während der Tat
Stockholm bombing (45-SE1, 2010)	versuchter Selbstmordanschlag in einer Einkaufsstraße	Einzeltäter, muslimischer Familienhintergrund	Transkript einer Audiobotschaft, nach der Tat

Tabelle 30: Ausgangssample

Die Auswahl exemplarisch zu rekonstruierender Fälle erfolgte theoretisch fokussiert mit dem Ziel, die drei im Theorieteil hergeleiteten bewährungsthematischen Stränge abzubilden. Als Beispiel für eine Zugehörigkeitsproblematik wurde der Fall Roshonara Choudhry ausgewählt. Der »Konvertiten«-Fall Woolwich/Adebolajo wurde als kontrastierender Fall eines in der Orientierungskrise »Suchenden« ausgewählt, wobei ein zudem vorliegender krimineller Hintergrund zusätzlich auf die Relevanz der Bewährung eines »sittlichen« Lebenswandels schließen ließ. Weitere zwei Fälle bilden die beiden Mitglieder der »Sauerlandgruppe«, Fritz Gelowicz und Adem Yilmaz, die, anders als in den ersten beiden Fällen, eine Massenviktimisierung (unter »Amerikanern«) planten, wobei Gelowicz und Yilmaz gleichzeitig einen Kontrast zwischen der Bewährung der Aufgabe der eigenen Autonomie (Gelowicz) und der Bewährung eines »sittlichen« Lebenswandels (Yilmaz) abbilden. Eine empirische Sättigung konnte auf dieser Basis nicht erreicht werden; im Rahmen der Studie konnten jedoch keine weiteren Fallrekonstruktionen geleistet werden.

3.2 Choudhry (Fall 1)

3.2.1 Fallkontext und Datenbasis

Am 14. Mai 2010 attackierte die seinerzeit 21-jährige Muslima Roshonara Choudhry den britischen Parlamentsabgeordneten Stephen Creswell Timms während einer Sprachstunde in seinem Wahlkreis im Beckton Globe community centre im Londoner Stadtteil Newham mit einem Küchenmesser. Vier Stunden nach ihrer Verhaftung wurde Choudhry von zwei Kriminalbeamten des Londoner Stadtbezirks Newham verhört. In dem Verhör begründet sie die Tat mit Timms Unterstützung des Irakkrieges und ihrer Pflicht, Muslime zu verteidigen. Der Guardian veröffentlichte Ausschnitte des Transkriptes dieses Verhörs am 3. November 2010. Der Beginn des Verhörs wurde nicht protokolliert, sondern lediglich thematisch zusammengefasst. Unklar bleibt, wer das Transkript angefertigt hat und wie vollständig transkribiert wurde.

3.2.2 Biografische Hintergrundinformationen

Medienberichten zufolge (The Guardian vom 2. November 2010) wurde Choudhry in England als ältestes von fünf Kindern einer aus Bangladesch stammenden Familie muslimischen Glaubens geboren und wuchs in eher ärmlichen Verhältnissen in einem nicht ausgeprägt religiösen Umfeld auf. Ihre Mutter sei in Großbritannien geboren worden, ihr Vater soll als Schneider gearbeitet haben, aber zum Zeitpunkt der Tat arbeitslos gewesen sein (ebd.). Die Eltern sollen daher auf finanzielle Hilfe der Kinder angewiesen gewesen sein (ebd.). Choudhry stand am Beginn einer akademischen Karriere. Sie studierte eigenem Bekunden zufolge am Londoner King's College Englisch und Kommunikation, brach das Studium aber ein halbes Jahr vor der Tat ab (The Guardian vom 3. November 2010). Zu diesem Zeitpunkt hatte sie ihr drittes Studienjahr absolviert. Wegen herausragender Leistungen habe sie im zweiten Studienjahr einen Preis gewonnen, wobei sie das Preisgeld zur Stundung des Studienkredites verwendet habe (The Guardian vom 2. November 2010). Sie soll neben Englisch auch fließend Arabisch, Französisch und Bengali gesprochen haben (ebd.). An Wochenenden soll sie bis zur Tat im Rahmen des Nachhilfeprojektes »KnowledgeBox« als Ehrenamtliche muslimischen Schülern Nachhilfeunterricht gegeben haben, um bildungsbenachteiligten Muslimen zu helfen (ebd.). Es wird darüber hinaus angenommen, dass sie Lehrerin werden wollte (ebd.). Choudhry radikalisierte sich nach eigenem Bekunden im Zuge ihrer Auseinandersetzung mit Lehren radikaler Prediger wie al-Awlaki und Abdullah Azzam (The Guardian vom 3. November 2010). Laut polizeilichen Ermittlungen soll sie im letzten Quartal des Jahres 2009, also etwa ein halbes Jahr vor der Tat, damit begonnen haben, dschihadistisches Material im Internet abzurufen (The Guardian vom 2. November 2010). Es liegen keine Informationen über Kontakte zu dschihadistischen Gruppen vor.

3.2.3 Sequenzanalyse

Sequenzanalyse eines ausgewählten Abschnittes

Für die Sequenzanalyse ausgewählt wurde der protokollierte Beginn des Verhörs, in dem Choudhry von den Vernehmungsbeamten zu den Gründen für ihren Studienabbruch befragt wird. Die Passage lässt weitreichenden Aufschluss über Bewährungskriterien erwarten, da hier eine biografische Entscheidung im Zusammenhang mit dem Tatentschluss thematisiert wird.

> Passage 1, Sequenz 1:
> Polizist: So what made you drop out of that?
> Choudhry: Cos … because […]

Der protokollierte Verhörmitschnitt folgt der Interaktionslogik einer Verhörsituation, in der die Polizei die Fragen stellt und der Verhörte wahrheitsgemäße Antworten zu geben hat. Die biografische Entscheidung des »Studienabbruchs« ist hiermit zugleich in den Rahmen einer polizeilichen Ursachenermittlung der Tat gestellt, womit der Studienabbruch als ein potenziell den Radikalisierungsprozess und damit die Tat erklärendes Moment stigmatisiert wird. Ganz gleich ob der Studienabbruch dabei nun als Teil eines Ursachenzusammenhangs gedacht wird oder aber als bloßes Symptom einer Radikalisierung, jeweils erscheint er als ein erklärungsbedürftiges Übel, das sich selbst wiederum nur aus einem anderen Übel erklären ließe. Die Verhörte wird damit zum bloßen Objekt ihrer Entscheidung degradiert, nicht aber als Subjekt adressiert, das eigenständige Entscheidungen zu treffen in der Lage wäre und gute Gründe für seine Entscheidung haben könnte. Diese Entsubjektivierung der Entscheidung zum Studienabbruch wird durch die Formulierung der Frage nach den Beweggründen, in der das »Was«

und nicht das »Warum« (zum Beispiel »Why have you …«) im Mittelpunkt steht, tendenziell verstärkt.

In der Folgesequenz (»Cos … because«), der wir uns zunächst kontextfrei zuwenden, setzt der Sprecher zu einer Antwort auf eine vorher gestellte Frage nach Gründen für ein Tun oder eine Meinung an, wobei die Frage für den Antwortenden nicht weiter interpretationsbedürftig ist. Auch muss der Antwortende nicht erst nach Gründen suchen. Vielmehr scheint er bereit und in der Lage, seine Gründe ohne Umschweife anzugeben. Der Fragestellung und damit auch dem Fragesteller wird so Legitimität zugesprochen; die Entscheidungsgründe erscheinen zudem fester Bestandteil eines diskursiven Wissensbestands des Sprechers zu sein. Der Antwortende schwenkt von einer informellen (»cos«) zu einer formellen (»because«) Ausdrucksweise. Es muss sich um eine offiziöse Interaktionssituation handeln, in der von den Interaktionspartnern eine formelle Kommunikation erwartet wird. Der plötzliche Wechsel signalisiert, dass dem Antwortenden dieser Charakter der Interaktionssituation erst während seiner Rede gewahr wird und er seinen Sprachstil daraufhin anpasst. Ein möglicher Kontext wäre, dass dem formellen Gespräch zunächst ein informelles Gespräch zwischen den Interaktionspartnern vorausging, wie etwa in einer Interviewsituation. So könnte vor dem offiziellen Interview ein »lockeres« Gespräch zwischen dem Interviewer und dem Interviewten stattgefunden haben. Möglich wäre auch, dass der Antwortende dem formellen Charakter der Gesprächssituation im Grunde keine Bedeutung beimisst, dieser also für den Inhalt seiner Antwort belanglos ist, er jedoch trotzdem versucht, der in der Interaktionssituation bestehenden Erwartung an ein formell korrektes Verhalten gerecht zu werden. Hierzu passt folgende Geschichte: Ein Schüler wird von einem Mitschüler ständig gemobbt. In einer Situation wehrt sich der Schüler und schlägt zu. Ein Lehrer beobachtet die Situation und stellt den Schüler tadelnd zur Rede. Aufgebracht und von der Angemessenheit seiner Reaktion überzeugt, begründet er sein Verhalten damit, gemobbt worden zu sein, wobei für seine Begründung keine Rolle spielt, dass diese von einem Lehrer abgefragt wird. Gleichwohl erweist er der Autorität des Lehrers durch die Wahl seiner Ausdrucksweise Respekt.

Der tatsächliche Kontext der Äußerung ist eine stigmatisierende Verhörsituation. Es handelt sich hier nicht um den Beginn des Verhörs, sondern lediglich um die Eingangssequenz der vom Guardian ausgewählten Passage des protokollierten Verhörmitschnitts. Somit kann die Lesart, der zufolge sich der plötzliche Wechsel aus einem vor dem Verhör stattgefundenen informellen Gespräch erklärt, ausgeschlossen werden. Plausibel erscheint vielmehr die zweite Lesart. Diese lässt sich vor dem äußeren Fallkontext wie folgt erweitern: Choudhry hat *gute Gründe* für ihren Studienabbruch, die sie selbstbewusst gegenüber der Allgemeinheit in Anspruch nimmt. Dabei ist zunächst unerheblich, wer diese Gründe (als eine die Allgemeinheit vertretende Instanz) gerade abfragt. Dass es sich um ein Verhör handelt, in dem alles, was sie sagt, später gegen sie verwendet werden kann, scheint für sie keine Rolle zu spielen. Gleichwohl unterwirft sie sich der Logik des Verhörs, der zufolge der Verhörte »brav« auf die Fragen der Polizei zu antworten und der polizeilichen Autorität durch Einhaltung eines formellen Sprachstils Respekt zu zollen hat. Dies spricht dafür, dass sie die Norm- und Wertvorstellungen der Allgemeinheit nicht grundsätzlich infrage stellt und somit Anspruch auf öffentliche Anerkennung ihrer Gründe erhebt. Interaktionslogisch reagiert Choudhry auf die Stigmatisierung des Studienabbruchs mit der Forderung nach Anerkennung ihres Studienabbruchs und damit nach Anerkennung ihres »islamischen« Lebensentwurfes.

Passage 1, Sequenz 2:
[…] King's College is involved in things where they work against Muslims.

Die Verhörte begründet ihren Studienabbruch normativ mit der Beteiligung des Colleges an gegen Muslime gerichteten Handlungen. An was sich das College konkret beteiligt hat (»things«) und auf welche Weise Muslime davon negativ betroffen waren (»work against«), bleibt zunächst offen und erscheint daher nebensächlich. Choudhry hebt damit hervor, mit ihrer Entscheidung einer für sie selbstverständlich geltenden, verpflichtenden Norm gefolgt zu sein und entsprochen zu haben. Der Stigmatisierung des Studienabbruchs als Ursache oder Symptom einer Radikalisierung stellt sie damit ein normkonformes Verhalten als positives Identitätsmerkmal gegenüber. Dabei bleibt zunächst noch offen, welche bzw. wessen Norm Choudhry hier wie selbstverständlich als Grundlage ihrer Entscheidung für den Studienabbruch in Anspruch nimmt. Zwei Lesarten erscheinen plausibel: 1. der Rekurs auf allgemein (in der Mehrheitsgesellschaft oder unter Muslimen) anerkannte Norm- und Wertprinzipien – dies spräche für eine bloße Reaktion auf die sich in der stigmatisierenden Verhörsituation stellenden Legitimationserfordernisse; 2. die selbstverständliche Inanspruchnahme einer nur in der eigenen Bezugsgruppe, nicht aber der Mehrheitsgesellschaft geltenden Norm.

Gegen die erste Lesart spricht, dass ein Rekurs auf eine allgemein anerkannte Norm zu Legitimationszwecken erwarten ließe, dass der Sprecher die inhaltliche Übereinstimmung seines Verhaltens mit dieser Norm irgendwie auszuweisen versucht. Dies ist in der vorliegenden Äußerung, in der die Norm lediglich als Grund für eine Entscheidung herangezogen wird, aber gerade nicht der Fall. Der Sprecher bringt zum Ausdruck, dass es sich um eine normative und nicht anderweitig orientierte Entscheidung handelte. Dies spricht für die zweite Lesart, der zufolge der Studienbruch einen Akt der Befolgung von innerhalb der eigenen Bezugsgruppe geltenden Normen darstellt.

Die Konfrontation der Äußerung mit dem äußeren Kontextwissen bekräftigt die zweite Lesart. So ist bekannt, dass der Studienabbruch in den Zeitraum einer Hinwendung zum Dschihadismus fiel, dem gegenüber sich Choudhry auch zum Zeitpunkt des Verhörs verpflichtet fühlte. Dabei bildet die Erfüllung der individuellen Pflicht zur Verteidigung von Muslimen ein zentrales Gelingenskriterium des dschihadistischen Entwurfes. Jedoch beinhaltet dieser auch zwingend eine über die Defensivlogik hinausgehende Abkehr von der »ungläubigen« Gesellschaft als Ganzes. Diese erfordert zwar keine Aufgabe des Universitätsstudiums, wohl aber zwingend eine Verschiebung der Zielsetzung von der Verfolgung eines individuellen Bildungsziels hin zur Verfolgung eines für die Sache des Islam dienlichen Zwecks.[117] Eine solche, aus der Konversion in den dschihadistischen Handlungsentwurf resultierende, radikale Verschiebung der Handlungsziele würde jedoch nahelegen, den Studienabbruch im Kontext einer umfassenderen Abkehr von der nichtmuslimischen Gesellschaft zu thematisieren, wohingegen für Choudhry nur die Abkehr von einer Institution, die den Tatbestand der Unterdrückung von Muslimen erfüllt, von Bedeutung ist.

Hieran anschließend lässt sich eine erste *Hypothese zur Fallstruktur* aufstellen. Dass Choudhry die Verteidigung von Muslimen als normativ verpflichtende Verhaltensanforderung in den Mittelpunkt stellt, deutet darauf hin, dass die Loyalität gegenüber der Umma für sie das zentrale Kriterium

117 So ist etwa aus Sicht von al-Awlaki der Aufenthalt eines Muslims in nichtmuslimischen Ländern nur akzeptabel, wenn dieser seiner Verantwortung in der *dawa* nachkommt: »It is not allowed for us to live in a non-muslim environment, unless we are fulfilling our responsibilities of *dawa*. [...] It doesn't mean that every single person needs to do the same thing. We mean Da'wa in a comprehensive way. Anything that is deserving the welfare of Islam, everything that deserves the obligation of the method will fall under *dawa*« (al-Awlaki o. J., Youtube-Lecture »Rulings on Living in a Non-Muslim Country?«).

der Bewährung darstellt. Damit verbindet sich das Erfordernis einer vollständigen Aufgabe des Wunsches nach einer Anerkennung ihres »islamischen« Lebensentwurfes seitens der nichtmuslimischen Mehrheitsgesellschaft. Die Übernahme des dschihadistischen Handlungsentwurfes dient hier der Bewältigung eines Zugehörigkeits- und Anerkennungskonfliktes. Bewährungsbedürftig ist für Choudhry damit nicht eine bestimmte Qualität des Glaubens, sondern die vorher vakante, nicht eindeutige Zugehörigkeit zur Gemeinschaft der Muslime als einer innerhalb der Mehrheitsgesellschaft diskriminierten Gemeinschaft, einer Schicksalsgemeinschaft und damit als Zufluchtsort für Muslime, denen außerhalb dieser Gemeinschaft keine volle Anerkennung zuteilwird. Dies impliziert eine Profanisierung der dschihadistischen Vorstellung von der Umma. Sie erscheint nicht als eine durch die Reinheit des Glaubens, sondern nur noch als eine durch praktische Solidarität vermittelte Gemeinschaft. Entsprechend ist für Choudhry nicht Gott, sondern die Umma Adressat der vom Einzelnen zu erfüllenden Pflicht. Dies indiziert schließlich eine unvollständige Konversion in das dschihadistische Deutungsmuster und vice versa einen nicht vollständigen Bruch mit der »ungläubigen« Gesellschaft.

Passage 1, Sequenz 3:

Polizist: OK. What sort of things?

Choudhry: The last year, or the year before, they gave an award to Shimon Peres [Anm. Guardian: Israeli politician] and they also have a department for tackling radicalisation … So I just didn't wanna go there anymore … cos it would be against my religion.

Auch auf Nachfrage verweist Choudhry abermals nur auf das Vorliegen des Tatbestands eines gegen Muslime gerichteten Verhaltens, ohne darzulegen, inwiefern dieses Verhalten Muslimen schaden würde. Es bestätigt sich die in der vorherigen Sequenz dargelegte Lesart, dass Choudhry ihre Entsprechung mit kollektiv verbindlichen Normen zum Ausdruck bringt. Im zweiten Satz wird diese Selbstbindung noch einmal durch die präsupponierte Einheit von Willen und Normbefolgung unterstrichen. Zum Ausdruck gebracht wird, dass es ihr Wille und ihre Entscheidung war, einer kollektiv verbindlichen Norm zu folgen, und nicht die Entscheidung von jemand anderem (»didn't wanna go there« anstelle von zum Beispiel »not allowed to go there«).

Passage 1, Sequenz 4:

Polizist: OK, and when did you sort of make that decision?

Choudhry: About a month ago.

Polizist: OK. It seems quite a long time to be there and almost to the end of that course, you know, the end and just to let it go. Is there any … did you have any problems understanding the course?

Choudhry: I was the top student.

Indem der Polizist den von Choudhry vorgetragenen normativen Gründen Verständnisschwierigkeiten als mögliche Ursache für den Abbruch des Studiums entgegenstellt, verweigert er Choudhrys »islamischen« Lebensentwurf, also den als Grundlage des Handelns in Anspruch genommenen »islamischen« Normen, die Anerkennung und stellt ihn gar in einen Zusammenhang mit den vermuteten Verständnisschwierigkeiten. Unterstellt wird damit letztlich eine Unvereinbarkeit zwischen der Orientierung an »islamischen Normen«, so wie sie Choudhry in Anspruch nimmt, und Bildungserfolg. Der Fallstrukturhypothese eines Zugehörigkeits- und Anerkennungskonfliktes folgend ist für Choudhry umgekehrt die Vereinbarkeit ihres »islamischen« Lebensentwurfes mit Bildungserfolg von zentraler Bedeutung. Sie muss den vom Polizisten vollzogenen Rahmenwechsel des Gespräches – es soll um ihre universitären Leistungen statt um ihre Normvorstellungen gehen – daher mitgehen und die Behauptung mangelnder Vereinbarkeit durch den Verweis auf ihre herausragenden Leistungen im Studium sofort widerlegen, statt auf der Anerkennung normativer Entscheidungsgründe zu beharren. Es bestätigt sich hier die auf die Bewältigung einer Zugehörigkeitsproblematik begrenzte Rezeption eines dschihadistischen Deutungsmusters.

Überprüfung der Fallstrukturhypothese anhand weiterer Protokollabschnitte

Wir verlassen die Sequenzanalyse und gehen zur gezielten Kurzüberprüfung der Hypothese über, wobei wir aufgrund der Kürze des Interviewtranskriptes dem sequenziellen Ablauf folgen können:

Aufgabe der Tätigkeit als Nachhilfelehrerin als Konsequenz der Tat. Choudhry erläutert, dass sie nach Abbruch des Studiums als Nachhilfelehrerein bei »KnowledgeBox« arbeitete, diese Tätigkeit aber habe aufgeben müssen. Erst auf Nachfrage des Polizisten »Why's that then?« erläutert sie den Grund: »Because of what I just did today«, womit dem Umstand, die Tätigkeit als Tutorin als Konsequenz der Tat aufgeben zu müssen, eine besondere Bedeutung beigemessen wird. Hier zeigt sich erneut und im Einklang mit der Hypothese eines nicht vollständig vollzogenen Bruches mit der »ungläubigen« Gesellschaft, dass Choudhry an ihrem alten Leben, ihrer Bildungskarriere, im Grunde noch hängt und diese nur schweren Herzens aufgegeben hat. Durch die Tat gibt sie ihr Streben nach gesellschaftlicher Anerkennung ihres »islamischen« Lebensentwurfes auf, ohne dass der Wunsch nach Anerkennung vollständig getilgt wäre.

Tat als Akt der Normbefolgung. Nach Erörterung der Tatvorbereitung, beantwortet Choudhry die Frage des Beamten, was ihr »durch den Kopf gegangen sei«, bevor sie telefonisch den Termin mit Timms in seinem Büro vereinbarte: »I thought that it's not right that he voted for the declaration of war in Iraq.« Erneut wird lediglich auf das Vorliegen des Tatbestands eines Fehlverhaltens (»not right«) verwiesen, ohne dieses inhaltlich näher zu bestimmen. Hier zeigt sich deutlich, dass der Nachweis der Übereinstimmung mit einer Norm für Choudhry das zentrale Thema ihres Anschlags ist. Diese Lesart bestätigt sich in der darauf folgenden Sequenz. Auf die Nachfrage des Beamten, was sie dazu gebracht habe, »darüber nachzudenken« (darüber, dass es nicht richtig sei, den Irakkrieg zu befürworten), erläutert Choudhry, dies sei Folge davon, mehr über »den Islam« gelernt zu haben. Choudhry nimmt als Grundlage ihrer Verurteilung des Irakkrieges somit ein objektiviertes Wissen über »den Islam« in Anspruch, das sie bloß angewendet habe. Zentrales Thema ist auch hier wieder die Befolgung bzw. Anwendung kollektiv verbindlicher Norm- und Wertprinzipien als Zeichen für die Zugehörigkeit zur Ingroup.

Loyalität gegenüber der Umma. Choudhry verweist schließlich auf ihr Studium von Texten des dschihadistischen Predigers al-Awlaki. Auf die Frage des Beamten, wie diese Texte ihre Entscheidung beeinflusst hätten, gibt sie kund: »I thought that I should have loyalty to my Muslim brothers and sisters in Palestine and so I should leave King's and that would show my loyalty to them.« Choudhry definiert Loyalität hier über den Akt des Sich-loyal-Verhaltens hinaus als eine konstante Haltung, eine überdauernde Qualität einer Person (»should have loyalty to« anstelle von »be loyal to«). Es geht somit nicht darum, einer bestimmten Verhaltensanforderung (einem »loyalen« Verhalten) nur nachzukommen (der Normbefolgung), sondern die Bindung an diese Verhaltensanforderung als dauerhafte Persönlichkeitseigenschaft zu demonstrieren. Thematisch ist hier Loyalität also als eine bewährungsbedürftige Eigenschaft, die man zu unterschiedlichen Graden erfüllen kann. Dies erklärt auch die Wahl des Hilfsverbs »should« statt »must«.

Es bestätigt sich, dass das zentrale Gelingenskriterium Choudhrys nicht ein zu prüfender Gehorsam gegenüber Gott ist, sondern der »Besitz« von

Loyalität gegenüber einer Gemeinschaft, den es in der Tat zu prüfen gilt. Dass diese Zugehörigkeit für Choudhry derart vergewisserungsbedürftig ist, bekräftigt die Hypothese von der Zugehörigkeitsunsicherheit als dem zugrunde liegenden Strukturproblem.

Aufgabe der bisherigen Lebensplanung als hohe Kosten (Tribut) der Tat. Nachdem Choudhry die Gründe ihres Handelns retrospektiv dargelegt hat, fragt der Beamte nun, wie sie über ihre an diesem Tag begangene Tat denkt.

> Choudhry: I feel like I've ruined the rest of my life. I feel like it's worth it because millions of Iraqis are suffering and I should do what I can to help them and not just be inactive and do nothing while they suffer.

Bezeichnenderweise expliziert Choudhry zu Beginn die enormen Kosten der Tat, da sie ihre bisherige Lebensplanung unwiederbringlich aufgeben muss. Dass sie die Aufgabe ihrer bisherigen Lebensplanung in der »ungläubigen« Gesellschaft als Kosten und nicht etwa als »Befreiung« deutet, bestätigt ihre unvollständige Konversion in das dschihadistische Deutungsmuster. Die hohen Kosten nehme sie aber in Kauf, um angesichts des Leidens von Muslimen im Irak ihrer Pflicht nachkommen zu können. Nicht die Aussicht, tatsächliche Hilfe leisten zu können, ist für Choudhry bedeutsam, sondern nur die Pflichterfüllung. Durch die Tat tauscht sie die bisherige Lebensplanung innerhalb der nichtmuslimischen Mehrheitsgesellschaft, die für sie Zugehörigkeitsunsicherheit und ein Defizit an Anerkennung bedeuteten, gegen eine durch Prüfung der Loyalität gegenüber der Umma hergestellte Zugehörigkeitssicherheit ein. Ist die Gemeinschaft der Muslime nach salafistisch-islamistischem Verständnis eine exklusive Gemeinschaft der »wahrhaft« Gläubigen, die sich gerade nicht durch eine Brüderlichkeitsethik allein, sondern vor allem durch ihre Reinheit und damit durch ihre radikale Differenz gegenüber den »Ungläubigen« definiert, erscheint sie hier als eine inhaltlich quasi austauschbare Hilfs- und Solidargemeinschaft, in der Zugehörigkeit ausschließlich nach dem Kriterium der gelebten Solidarität hergestellt wird. Dieses Zugehörigkeitskriterium praktischer Brüderlichkeit wird in einer der folgenden Sequenzen weiter elaboriert in Hinblick auf den Aspekt der Wehrhaftigkeit des Kollektivs und der Überwindung seiner Opferrolle:

> Polizist: I just want to go over a little bit how your thought has gone from getting to religion to all of a sudden wanting some form of vengeance.
>
> Choudhry: Because as Muslims we're all brothers and sisters and we should all look out for each other and we shouldn't sit back and do nothing while others suffer. We shouldn't allow the people who oppress us to get away with it and to

> think that they can do whatever they want to us and we're just gonna lie down and take it.

Choudhry konstruiert hier den kleinsten möglichen Maßstab praktischer Solidarität unter Muslimen: nicht weggucken, wenn Brüder leiden, sondern »etwas« tun. Im zweiten Satz wird dieses »Etwas-Tun« näher bestimmt als eine sanktionierende Reaktion auf unterdrückerische Unrechtshandlungen. Der negative Gegenhorizont bleibt das Nichtstun, die Duldung von Unrechtshandlungen. Maßstab praktischer Solidarität und damit der Herstellung von Zugehörigkeit ist die Zur-Geltung-Bringung des Rechts auf Selbstverteidigung des Kollektivs und damit das Existenzrecht als solches, nicht aber etwa der Kampf um Selbstbestimmung oder Ähnliches. In vollkommenem Einklang mit der Fallstrukturhypothese wird das Kollektiv nicht als Gegenmodell zur »ungläubigen« Gesellschaft entworfen, sondern als eine im Grunde bloße Solidargemeinschaft Benachteiligter.

Ambivalente Bereitschaft zum Martyrium. Der Interpretation folgend, dass Choudhry keinen radikalen Bruch mit der »ungläubigen« Gesellschaft vollzieht, also weiterhin am Diesseits hängt, ist von einer eher gering ausgeprägten, zumindest höchst ambivalenten Opferbereitschaft auszugehen. Religiöse Gründe für ein Martyrium scheiden aus, ebenso wie ein auswegloser Leidensdruck als Angehöriger eines gedemütigten Kollektivs. Im Gegenteil verfügte Choudhry als Angehörige einer muslimischen Bildungselite über eine Vielzahl von Möglichkeiten, sich auf anderem Wege für das Kollektiv einzusetzen. Übrig bleibt damit lediglich das Martyrium als Mittel zum Zweck der Erbringung eines – nach Scheitern aller vorherigen Loyalitätsbekenntnisse – ultimativen Loyalitätsnachweises. Eine solche Kette gescheiterter Loyalitätsnachweise lässt sich in Choudhrys Biografie ohne Weiteres jedoch nicht feststellen. Wir gehen somit davon aus, dass sie keinen Märtyrertod anstrebte, sondern lediglich eine entsprechende Bereitschaft in Szene setzte. In der folgenden Sequenz äußert sich Choudhry direkt zu diesem Thema:

> Polizist: What did you think was gonna happen once you'd carried out your intentions?
>
> Choudhry: I thought that I would either get arrested or maybe I would like get killed or something.
>
> Polizist: How would you get killed?
>
> Choudhry: A Like, if the police came and they had guns.

Bei der Attacke auf Timms getötet zu werden, stellt sie als eine von zwei möglichen Varianten dar, und zwar als unwahrscheinlichere (»maybe«). Dabei erscheint das Getötetwerden nicht als eine klare Alternativoption zur Verhaftung, sondern wiederum nur als eine von mehreren Varianten, selbst einen Schaden zu erleiden (»or something«). Die Option getötet zu werden bleibt damit abstrakt, womit sich die Hypothese bestätigt, dass Choudhry keine Selbsttötung anstrebte oder plante, sondern lediglich eine entsprechende Bereitschaft inszenierte. So bleibt auch die Elaboration durch Exemplifizierung in der Antwort auf die Nachfrage des Polizisten abstrakt: Ist die Tötung gerade eine von mehreren möglichen Verläufen einer Auseinandersetzung mit der Polizei, die zudem durch das eigene Verhalten beeinflusst werden, wird hier ein tödlicher Verlauf mit der Existenz bewaffneter Polizisten an sich verknüpft und bleibt damit abstrakt.

Der Polizist fordert Choudhry daraufhin auf, ihre Gedankengänge näher zu schildern. Sie wiederholt die beiden genannten Optionen und konkludiert: »But either way I knew I wasn't coming back home again.« Die beiden antizipierten Konsequenzen der Tat – Tod oder Verhaftung – werden in ihrer Konsequenz des Verlustes der bisherigen Lebensplanung als gleichbedeutend dargestellt. Relevant ist für Choudhry nur, dass sie in Folge der Tat ihre bisherige Lebensplanung aufgeben muss, im Gegenzug jedoch durch eine eindeutige Zugehörigkeit zur Umma belohnt wird. Wie oben vermutet, motiviert die Herstellung der Zugehörigkeit hier also kein Martyrium. Dieses bleibt eine bloße Inszenierung, ein Versuch, die Tat »dschihadistischer« aussehen zu lassen als sie in Wirklichkeit war, wie sich in der an die obige Sequenz direkt anschließenden Sequenz bestätigt:

> Polizist: What, what did you think about getting killed then?
> Choudhry: I wanted to die.
> Polizist: Why?
> Choudhry: I wanted to be a martyr.
> Polizist: Why's that then?
> Choudhry: Cos, erm, that's the best way to die.
> Polizist: Who told you that?
> Choudhry: It's an Islamic teaching.

Sie habe also Märtyrer werden wollen, da dies entsprechend der Lehre der beste Weg zu sterben sei. Der Wunsch, Märtyrer zu sein, resultiert hier offensichtlich nicht aus einer tatsächlichen Überzeugung, die dem Gegenüber irgendwie kundgetan wird, sondern dem Anspruch, einer bestehenden Norm Folge geleistet zu haben.

3.2.4 Analyse der Tatplanung und des Tatablaufs

Informationen

(1) Tatplanung. Medienberichten zufolge begann Choudhry ihre Tatplanung etwa einen Monat vor dem Anschlag (The Guardian vom 2. November 2010 und 3. November 2010). Es liegen keine Informationen über weitere in die Tatplanung involvierte Personen vor. Choudhry verfügte über keine speziellen Kenntnisse im Umgang mit Waffen. Mit Blick auf den Zielwahlprozess zeigt sich eine auf direkt Verantwortliche für die Beteiligung Großbritanniens am Irakkrieg eingeengte Zielwahl. So sondierte Choudhry als potenzielle Angriffsziele sämtliche Parlamentarier, die für den Irakkrieg gestimmt hatten. Auf Basis von im Internet verfügbaren Informationen über die Stimmabgaben der einzelnen Parlamentsabgeordneten erstellte sie eine Liste möglicher Zielpersonen für den Anschlag (The Telegraph vom 2. November 2010). Die Auswahl von Timms wurde mutmaßlich durch zwei Faktoren bedingt. Zunächst hatte Choudhry Timms bereits im Jahr 2007 bei einer im Rahmen eines Schulausflugs unternommenen Besichtigungstour durch den Palast von Westminster kennengelernt (The Guardian vom 3. November 2010). Eine andere Studentin hatte Timms ausführlich dazu befragt, warum er für die Teilnahme Großbritanniens am Militäreinsatz im Irak gestimmt und diesen unterstützt habe. Choudhry selbst beteiligte sich nach eigenem Bekunden nicht an der Diskussion (ebd.). Darüber hinaus war Timms Abgeordneter für den Londoner Bezirk East Ham. Als in diesem Bezirk und somit Timms' Wahlkreis wohnhaft hatte sie eine plausible Begründung für den Besuch seiner Sprechstunde. Sie verabredete schließlich einen Termin mit Timms während dessen Sprechstunde im Beckton Globe community centre am 14. Mai 2010 um 14:45 Uhr (Mail online vom 2. November 2010).

(2) Tatablauf. Choudhry betrat das Gebäude mit zwei neu gekauften, scharfen Küchenmessern, die sie in ihrer Tasche versteckt hatte (The Telegraph vom 2. November 2010, Mail online vom 2. November 2010). In den Vernehmungen gab sie an, das zweite Küchenmesser zur Sicherheit mitgenommen zu haben, falls das erste zerbrechen würde (ebd.). Es bleibt unklar, ob sie damit lediglich den Taterfolg sicherstellen wollte oder auch

eine bewaffnete Auseinandersetzung mit Sicherheitskräften anstrebte. Sie gelangte mit den in der Tasche deponierten Messern ungehindert in Timms' Büro. Während sie ihm zur Begrüßung die linke Hand gab, zog sie mit der rechten Hand das Messer und stach zweimal in Richtung Bauchgegend zu (ebd.). In dem Verhör gab sie kund, bewusst auf den Bauch gezielt zu haben, da es sich um ein Weichteil handle und sie davon ausging, hierfür nicht viel Kraft zu benötigen. Sie konnte durch den Assistenten Timms' und eine Sicherheitskraft gestoppt und bis zum Eintreffen der Polizei festgehalten werden (ebd.).

Die Aufnahme einer Überwachungskamera zeigt, wie eine Sicherheitskraft Choudhry von hinten umklammert. Ein Augenzeuge berichtet, dass Choudhry sich nach der Stichattacke ruhig verhalten habe, jedenfalls nicht versuchte wegzurennen. Stephen Timms erlitt durch den Angriff eine Magenperforation sowie einen Leberriss.

Analyse

(1) Opferbereitschaft. Choudhry unternahm keine Fluchtplanung und musste somit davon ausgehen, unmittelbar nach der Tatbegehung überwältigt zu werden. Der Umstand, dass sie nach den Stichen scheinbar ruhig am Ort des Geschehens verharrte, statt sich aktiv in eine Verteidigungsposition zu begeben oder weitere Personen zu attackieren, spricht gegen die Planung einer bewaffneten Auseinandersetzung unter Inkaufnahme des eigenen Todes. Auch die Wahl eines Küchenmessers als Waffe spricht gegen eine solche Planung. Zwar kann auch eine nicht nahkampfausgebildete und körperlich unterlegende Person mit einem Messer Widerstand leisten und erheblichen Schaden anrichten, sodass sich Sicherheitskräfte etwa genötigt sehen, sie zu erschießen. Hätte Choudhry wirklich den Märtyrertod sterben wollen, wäre zumindest der Versuch der Beschaffung einer Waffe mit höherem Droh- und Verletzungspotenzial zu erwarten gewesen. Choudhry besorgte sich aber nicht einmal ein beidseitig scharfes Jagdmesser, noch hat sie Versuche der Beschaffung einer Schusswaffe unternommen.

(2) Sicherstellung des Taterfolgs. Choudhry besorgte zwei Küchenmesser, auch kaufte sie neue Messer mit entsprechend scharfen Klingen. Sie ergriff somit Maßnahmen zur Erhöhung der Erfolgswahrscheinlichkeit eines tödlichen Angriffs. Zwar hätte sie den Taterfolg durch die Wahl eines Jagd- oder Kampfmessers noch einmal steigern können. Insofern die Tat tatsächlich

nur auf ein Opfer abzielte und sie eine darüber hinausgehende Auseinandersetzung mit Sicherheitskräften nicht anstrebte, lässt sich der Wahl eines scharfen Küchenmessers jedoch bereits ein großes Erfolgsstreben des Täters zuschreiben.

(3) Charakter der Sanktionierung und Normpräferenzen. Der Fall zeigt eine hochselektive Opfergruppenwahl, die sich aus dem Kriterium der direkten Verantwortung für Kriegshandlungen ableitet. Choudhry wählt einen Politiker, der den Irakkrieg nicht nur unterstützt, sondern mitverantwortlich ist für die Beteiligung Großbritanniens an diesem Krieg. Sanktioniert wird hier also ein hohes Maß an politischer Verantwortung für Muslime viktimisierende Kriegshandlungen. Choudhry begrenzt ihre Attacke bewusst auf einen »Hauptverantwortlichen«, dem eine direkte Beteiligung an oder Unterstützung von Unrechtshandlungen, also ein konkreter Tatbeitrag nachgewiesen werden kann. Durch diese hohe Schwelle der Responsibilisierung wird die individuelle Besonderheit des Normbruchs (also die besondere Schuld und die partikulare Einzelnorm) betont, nicht aber das in dem Normbruch zum Ausdruck kommende Allgemeine einer umfassenden Delinquenz der »Ungläubigen«. Die Tat dokumentiert somit keinen umfassenden Geltungsanspruch des »göttlichen Gesetzes«, sondern einen auf die partikulare Einzelnorm begrenzten Geltungsanspruch.

(4) Adäquanz der Tarnung. Choudhry ergriff beim Zutritt in das Gebäude adäquate Tarnmaßnahmen, indem sie das Messer in einer Tasche versteckte. Sie war sich der Konsequenzen der Tat (einer Festnahme) bewusst und versuchte nicht, dieser Konsequenz mit inadäquaten Mitteln bei fehlender Fluchtplanung zu entgehen.

3.2.5 Zusammenfassende Charakterisierung der Fallstruktur

Die von Choudhry angestrebte akademische Karriere zusammen mit ihrem Engagement gegen Benachteiligung von Muslimen indiziert einen stark auf Zugehörigkeit zur nichtmuslimischen Mehrheitsgesellschaft und deren Anerkennung ausgerichteten Lebensentwurf. Diesen Lebensentwurf und mithin den Wunsch nach Anerkennung gibt sie durch die Tat zugunsten einer ausschließlichen Zugehörigkeit zur Umma auf. Diese erscheint als eine praktische Solidarität vermittelnde Gemeinschaft, deren Inhalte im Grunde austauschbar sind und die nur in diesem Aspekt der Solidarität als ein Gegenmodell zur nichtmuslimischen Mehrheitsgesellschaft als Ort der

Ausgrenzungserfahrung entworfen wird. Kriterium der Bewährung von eindeutiger Zugehörigkeit ist der »Besitz« von Loyalität gegenüber der Umma, nicht aber der Glaube selbst. Adressat der Pflichterfüllung ist daher nicht Gott, sondern die Umma. Mit dieser unvollständigen Konversion in das dschihadistische Deutungsmuster verbindet sich eine auf die Aufgabe der bisherigen Lebensplanung begrenzte Opferbereitschaft. Charakteristisches Merkmal der Zielwahl ist die gezielte Responsibilisierung eines »Hauptverantwortlichen«, in der sich ebenfalls der auf die Befolgung und Sanktionierung einer partikularen Einzelnorm begrenzte Handlungsentwurf Choudhrys dokumentiert.

3.3 Woolwich/Adebolajo (Fall 2)

3.3.1 Fallkontext und Datenbasis

Am 22. Mai 2013 ermordeten der zum Tatzeitpunkt 22-jährige Michael Oluwatobi Adebowale und der 28-jährige Michael Olumide Adebolajo den britischen Soldaten Lee Rigby im Londoner Stadtteil Woolwich. Der Soldat wurde mit einem Auto angefahren und anschließend von den beiden Insassen mit einem Messer und einem Hackbeil getötet. Anschließend zogen die Täter ihr Opfer auf die Mitte der Fahrbahn und verweilten am Tatort. Eine Frau verwickelte die Täter in ein Gespräch. Adebolajo soll schließlich Passanten aufgefordert haben, das Geschehen mit dem Handy zu filmen. Ein später vom britischen Sender Independent Television veröffentlichtes Video zeigt eine eineinhalbminütige Rede Adebolajos, in der er sich zu den Gründen der Tat äußert. Das Video und die anschließende Rede bilden die Grundlage der Fallrekonstruktion.

3.3.2 Biografische Hintergrundinformationen

Der zum Tatzeitpunkt 28-jährige britische Staatsbürger Michael Olumide Adebolajo wuchs Medienberichten zufolge (Mail online vom 23. Mai 2013) in einer christlich geprägten nigerianischen Familie im nordöstlich von London gelegenen Romford in Essex auf. Sein in Nigeria geborener Vater soll als Krankenpfleger, seine Mutter als Sozialarbeiterin gearbeitet haben (ebd.). Nach Besuch der Marshalls Park School bis 2001 und des Havering Sixth

Form College bis 2003 soll er, im Alter von etwa 18 Jahren, zum Islam konvertiert sein (ebd.). Berichtet wird ferner, dass er zu diesem Zeitpunkt außerdem Mitglied einer Straßengang wurde (ebd.). Wegen gewalttätigen Verhaltens soll er für kurze Zeit inhaftiert worden sein (ebd.). Auf seiner Facebook-Seite habe sich zu dieser Zeit folgender Eintrag befunden: »Mostly HMP [prison]. I have been a naughty boy but don't tell anybody. Nowadays I'm a personal trainer« (ebd.). Ein Freund soll berichtet haben, dass Adebolajo ihm erzählt habe, während seines Gefängnisaufenthaltes zum Islam konvertiert zu sein. Vermutlich sei er bereits hier in Kontakt mit der ab 2005 verbotenen politisch-salafistischen Al-Muhajiroun-Organisation gekommen, in deren Umfeld er später weiter aktiv gewesen sei (ebd.). Um ihren Sohn aus diesen Kreisen herauszuholen, sei die Familie in eine Kleinstadt nach Lincolnshire im Nordosten Englands gezogen (ebd.). Adebolajo soll zu dieser Zeit exzessiv Cannabis konsumiert und mit anderen Drogen experimentiert haben (ebd.). Laut Spiegel Online (vom 24. Mai 2013) soll er wenige Monate nach dem Umzug zum Studium an der Greenwich University nach London zurückgekehrt sein, wo sich seine Kontakte in die Szene intensiviert hätten. Ab 2004 habe er regelmäßig an Veranstaltungen von al-Muhajiroun teilgenommen. Die beiden Anführer, Bakri Mohammed und Anjem Choudary, hätten für den militanten Dschihad geworben und unter anderem zur Tötung von Soldaten aufgerufen (ebd.).

Im Jahr 2006 wurde Adebolajo während teils gewaltsamer Proteste gegen die Verurteilung eines radikalen Predigers festgenommen (The Telegraph vom 23. Mai 2013). Im Jahr 2009 sprach er auf einer Demonstration gegen die English Defence League vor der Harrow Central Mosque. Im Jahr 2010 wurde er wegen des Verdachts, sich den al-Shabaab-Milizen anzuschließen, in Kenia verhaftet und nach Großbritannien ausgewiesen (BBC Magazine vom 19. Dezember 2013). Der MI5 soll versucht haben, Adebolajo zu einer Zusammenarbeit zu bewegen, was dieser aber abgelehnt habe (ebd.).

Der 22-jährige britische Staatsbürger Michael Adebowale, dessen Fall hier jedoch nicht analysiert wird, wuchs Medienberichten zufolge (The Telegraph vom 27. Mai 2013, Mail Online vom 25. Mai 2013) bei seiner streng christlichen, nigerianischstämmigen Mutter auf, die sich vom Vater, einem Angestellten der »Nigerian High Commission«, getrennt hatte und als Bewährungshelferin arbeitete (ebd.). Adebowale habe nach dem College an der Greenwich University studiert (ebd.). Ein Freund der Familie soll berichtet haben, dass Adebowale vor seiner Konversion zum Islam im Alter von 19 Jahren als Mitglied der Gang »Woolwich Boys« mit Drogen gedealt habe (ebd.). Er sei Zeuge geworden, wie ein Freund während eines Drogengeschäftes getötet wurde (ebd.). Bei diesem Vorfall soll er selbst verletzt und anschließend wegen Drogenhandels zu einer Jugendstrafe von acht Monaten verurteilt worden sein (ebd.). Bei Adebowale sei eine posttraumatische Belastungsstörung diagnostiziert worden (ebd.). Die Konversion zum Islam soll in die Zeit des Studiums an der Greenwich University gefallen sein, wo er Michael Adebolajo kennengelernt habe (ebd.).

3.3.3 Sequenzanalyse

Sequenzanalyse eines ausgewählten Abschnittes

Für die Sequenzanalyse ausgewählt wurde der Beginn eines von »The Sun« veröffentlichten Videomitschnittes der Szenerie am Tatort wenige Minuten nach der Tat (verfügbar bei LiveLeak vom 23. Mai 2013). Der Videomitschnitt lässt weitreichenden Aufschluss über Bewährungskriterien erwarten, da sich Adebolajo während des Tatgeschehens, wenige Minuten nach Vollendung des Mordes, auf die Auseinandersetzung mit der Polizei wartend zu den Gründen der Tat äußert.

Passage 1, Sequenz 1 [TC 00:00 bis 00:16]: Der Beginn der Szene wurde aus dem Fenster eines Fahrzeuges gefilmt, wahrscheinlich eines Busses. Zu sehen ist ein auf dem Bürgersteig stehender Mann mit einem Messer in der Hand. Circa drei Meter von ihm entfernt liegt eine Person regungslos auf der Fahrbahn. Eine zweite Person kniet vor der liegenden Person, dieser zugewandt, und inspiziert diese. Zwei weitere Personen stehen um diese Personen herum, dem Mann auf der Fahrbahn zugewandt. Im Hintergrund ist außerdem ein Passant zu sehen, der sich auf dem Bürgersteig in Richtung des Geschehens bewegt. Der Mann mit dem Messer ist den Personen ebenfalls zugewandt und gestikuliert in ihre Richtung. Was er sagt, bleibt unverständlich.

Zur besseren Nachvollziehbarkeit der zu dieser Sequenz entwickelten Lesarten wird die Lesartenentwicklung hier ausführlicher wiedergegeben. Dem Prinzip der kontextfreien Interpretation folgend fragen wir zunächst nach der fallunspezifischen, allgemeinen Bedeutungsstruktur dieser Sequenz, also in welchen uns qua alltäglicher Regelkompetenz bekannten Kontexten die in dieser Szene dargestellten Handlungsakte als wohlgeformt erscheinen.

Wir lenken zunächst die Aufmerksamkeit auf das Opfer und die umstehenden drei Personen und blenden den Mann mit dem Messer aus. Folgende Gedankenexperimente (GE):

- GE 1: Die auf der Fahrbahn reglos liegende Person wurde Opfer eines Unfalls oder ist ohne Fremdverursachung selbst zusammengebrochen (etwa aufgrund eines plötzlichen Schlaganfalls). Die vor dem Opfer kniende Person leistet Erste Hilfe bis zum Eintreffen des Krankenwagens. Die anderen beiden um das Opfer stehenden Personen assistieren der knienden Person nicht, sondern blicken in Richtung Bürgersteig, als ob dort irgendetwas vor sich geht. Nicht das Opfer bildet den Mittelpunkt des Geschehens, sondern ein auf dem Bürgersteig sich ereignendes Geschehen, dem sich beide zuwenden. Handelte es sich um einen Unfall, wäre anzunehmen, dass sich auf dem Bürgersteig ein weiteres Opfer bzw. eine in den Unfall verwickelte Person befindet, die anders als die Person auf der Fahrbahn bei Bewusstsein ist, womöglich bereits durch einen Sanitäter behandelt wird und daher die Aufmerksamkeit der beiden Personen auf sich lenkt.
- GE 2: Die regungslose Person wurde Opfer eines Gewaltaktes bzw. einer gewaltsamen Auseinandersetzung, und die Blicke der beiden Personen richten sich auf ein Geschehen, das sich rund um die andere(n) in diesen Akt involvierte(n) Person(en) im Bereich des Bürgersteigs abspielt. Diese Person(en) könnte(n) ebenfalls verletzt sein und behandelt werden (wie bei dem Unfall), oder sie wird (werden) gerade von der Polizei festgenommen. Eine weitere Variante wäre, dass die involvierte(n) Person(en) selbst auf das Eintreffen von Ordnungs- oder Rettungskräften wartet (warten).

Beide Geschichten implizieren ein krisenhaftes Geschehen (Unfall, Gewalt), das aber schon so weit bereinigt ist, dass für die beiden umstehenden Personen kein akuter Handlungsbedarf mehr besteht.

Beziehen wir das Geschehen auf dem Bürgersteig ein, so stellt sich nun die Frage, warum sich die drei um das Opfer gruppierten Personen von dem bewaffneten Mann auf dem Bürgersteig nur drei Meter von ihnen entfernt nicht bedroht fühlen – oder nicht so stark, dass sie einen größeren Abstand zwischen sich und dem Mann herstellen. Sie müssen also aus der Tat und dem Nachtatverhalten des Täters, obwohl dieser immer noch bewaffnet ist, ableiten können, dass es der Täter nicht auf sie abgesehen hat. Neben dieser Besonderheit sind die folgenden Elemente der Szenerie interpretationsbedürftig: 1. dass der Täter das Messer noch in der Hand hält, 2. dass er den Personen auf der Fahrbahn gestikulierend irgendetwas mitzuteilen scheint und 3. dass er überhaupt am Tatort verbleibt. Hierzu sind weitere Gedankenexperimente erforderlich:

- GE 3 (»Notwehrexzess«): Der Täter führte mit der verletzten Person auf der Fahrbahn eine gewaltsame Auseinandersetzung, in deren Zuge er ein Messer zückt und die Person ersticht. Er bleibt am Tatort, da er davon ausgeht, in Notwehr gehandelt zu haben, und will, dass ihm das Notwehrrecht zugestanden wird. Aufgebracht erläutert er den Passanten aus seiner Sicht den Geschehensablauf. Die Passanten fühlen sich nicht bedroht, da sich die tatsächliche und verbale Aggression des Täters nicht gegen sie, sondern das Opfer richtet.
- GE 3.1: Er behält das Messer in der Hand, da er sich durch Passanten, die das Geschehen nicht als Notwehr interpretieren, potenziell bedroht fühlt.
- GE 3.2: Er behält das Messer in der Hand, da auf der Gegenseite eine weitere Person in die Auseinandersetzung verwickelt war, die den Tatort bereits verlassen hat. Der Täter fürchtet, dass sie wieder zurückkommen könnte.

Um den interpretatorischen Sinn dieser Geschichte zu entziffern, gilt es, die Implikationen dieser Geschichte zu explizieren:

- Die Geschichte unterstellt, dass der Täter sich im Recht sieht und dieses Recht für ihn eine gewisse subjektive Bedeutsamkeit hat, da er sonst nicht am Tatort bleiben würde. Er beansprucht also, legitime Absichten gehabt zu haben, und fordert deren öffentliche Anerkennung ein.
- Der Täter scheint sich jedoch nicht sicher zu sein, dass ihm dieses Recht tatsächlich zugestanden wird, da er es sonst nicht für nötig erachten würde, auf die Passanten einzureden und er keinen Grund hätte, sich bedroht zu sehen (GE 3.1).
- Der Täter rekurriert in seinem Verhalten folglich auf Norm- und Wertprinzipien, von denen er weiß, dass sie zumindest strittig sind. Er hat aber einen so ausgeprägten Wunsch nach öffentlicher Anerkennung dieser seinem Verhalten zugrunde liegenden Prinzipien (aus denen er ableitet, im Recht zu sein), dass er dafür eine weitere bewaffnete Auseinandersetzung (etwa mit Passanten) sowie eine strafrechtliche Verfolgung in Kauf nimmt.
- Impliziert ist damit das Vorliegen eines für den Täter existenziellen Konfliktes um die Anerkennung bestimmter Norm- und Wertprinzipien, an die er sich gebunden fühlt. Er weiß den Konflikt nicht mehr anders als

durch Eskalation zu lösen. Für ihn gibt es nur, entweder die Anerkennung jetzt zugestanden zu bekommen oder mit dem bisherigen Leben zu brechen und ins Gefängnis zu gehen.

- Mit Blick auf das Verhältnis zwischen Täter und Passanten impliziert dies, dass der Täter die Passanten als Vertreter der sozialen Allgemeinheit adressiert, von der sich der Täter Anerkennung wünscht, die ihm zugleich diese Anerkennung bisher verweigert.
- Die Differenz zwischen sozialer Allgemeinheit (repräsentiert durch die Passanten) und dem Opfer impliziert, dass der Täter die für sich in Anspruch genommenen Wert- und Normprinzipien für prinzipiell anerkennungsfähig hält.

In der folgenden Geschichte ist das Moment eines eskalierten Anerkennungskonfliktes zugespitzt:

> GE 4 (»Selbstjustiz«, »Rachemord«): Bei dem Opfer handelt es sich um den Mörder des Bruders des Täters, der vor einem Gericht freigesprochen wurde, was der Täter als zutiefst ungerecht erlebt hat. Zahlreiche Versuche, doch noch eine Verurteilung des Mörders zu erwirken, sind gescheitert. Er trifft den Mörder auf offener Straße und nutzt die Gelegenheit, um ihn zur Rechenschaft zu ziehen. Er beansprucht Legitimität für seinen Akt der Selbstjustiz, weiß aber, dass er nicht mit einer öffentlichen Anerkennung der Tat rechnen kann.

Diese Lesart eines Anerkennungskonfliktes impliziert hier einen Fall politischer Delinquenz, die selbst nicht politisch, sondern »privat« (Rache für den Mord an dem Bruder) motiviert ist. Die Tat ist jedoch politisch, da der Straftäter seine Devianz nicht verstecken will, sondern Anspruch auf Anerkennung seines Normbruchs erhebt. Die Forderung nach Anerkennung ist eine politische Forderung, da sie eine Anpassung des geltenden Normsystems erforderte. Die folgende Lesart impliziert dagegen ein dezidiert politisches Motiv der Tat:

> GE 5 (»politisch motiviertes Attentat«): Bei dem Opfer handelt es sich um das Opfer eines politisch motivierten Attentates, zum Beispiel um einen rassistischen Politiker, den der dunkelhäutige Täter auf offener Straße tötet. Der Täter redet auf die Passanten ein, um ihnen seine Beweggründe mitzuteilen. Der Täter behält das Messer in der Hand, da er beabsichtigt, sich gegen eine Festnahme durch Sicherheitskräfte zur Wehr zu setzen.

Aus dieser Geschichte ergeben sich folgende Implikationen:

- Im Unterschied zur vorherigen Lesart bleibt der Täter nicht am Tatort, um Anerkennung für sein Anliegen von der sozialen Allgemeinheit einzufordern, sondern um dieses Anliegen öffentlich zur Geltung bringen zu können. Er bleibt also als Märtyrer für sein Anliegen am Tatort, um das Anliegen verkünden zu können (Missionar) und durch das Selbstopfer Evidenz für dieses Anliegen zu erzeugen.
- Auch hier besteht eine Differenz zwischen der sozialen Allgemeinheit (repräsentiert durch die Passanten) und dem Opfer. Damit ist der Dissens gegenüber der Allgemeinheit nur ein punktueller (in dem GE: Rassismus, Umgang mit Rassisten). Es werden somit keine antagonistischen Wert- und Normvorstellungen zur Geltung gebracht, weshalb der Täter auch in dieser Geschichte davon ausgeht, dass sein Anliegen prinzipiell anerkennungsfähig ist.
- Dass der Täter trotz seines nur begrenzten, im Rahmen herrschender Normvorstellungen prinzipiell anerkennungsfähigen Anliegens als Märtyrer am Tatort bleibt, deutet auch hier auf eine Geschichte gescheiterter Versuche hin, sich mit anderen Mitteln Gehör zu verschaffen.
- Das hier skizzierte politisch motivierte Attentat (GE 5) ließe sich ebenfalls als Fortsetzung der obigen Geschichte, in der der Täter eine öffentliche Anerkennung seiner Selbstjustiz einfordert (GE 4), erzählen. Nach gescheiterten Versuchen, seine Wert- und Normvorstellungen in die Gesellschaft zu integrieren, beschließt er nun, diese offensiv und kämpferisch zur Geltung zu bringen. Der Wunsch nach Anerkennung bleibt jedoch bestehen.

Nun gilt es, die sinnstrukturellen Befunde mit dem tatsächlichen Tatkontext zu konfrontieren: Das Opfer ist ein uniformierter britischer Soldat, der sich zum Tatzeitpunkt gerade auf dem Weg zu seiner Kaserne befand. Er wurde ausschließlich aufgrund seiner Eigenschaft, Soldat zu sein, zum Opfer. Die Täter begründen ihre Tat mit der Beteiligung britischer Streitkräfte an Kriegshandlungen, denen Muslime zum Opfer fallen würden. Angehörige der britischen Streitkräfte seien aus diesem Grunde legitime Angriffsziele. Durch die spezifische Responsibilisierung von Angehörigen der britischen Streitkräfte ist eine deutliche Differenz zwischen Passanten und dem eine Uniform tragenden Opfer zum Ausdruck gebracht. Es wird kein umfassender und antagonistischer, sondern nur ein punktueller und somit prinzipiell auflösbarer Normkonflikt mit der sozialen Allgemeinheit symbolisiert. Den

Tätern ist die Anerkennung ihres Anliegens, Kriegshandlungen zu unterbinden und eine Beteiligung daran zu sanktionieren, von existenzieller Bedeutung. Die britische Gesellschaft verweigert diesem Anliegen jedoch ihre Anerkennung und beteiligt sich weiterhin an Kriegshandlungen. Übertragen wir diese Interpretation auf die Ebene der Bewährungsproblematik, kann eine erste *Hypothese zur Fallstruktur* aufgestellt werden: Durch das bewaffnete Verbleiben am Tatort stellt Adebolajo die Allgemeinheit vor die Wahl, die Legitimität der Bestrafungsaktion entweder anzuerkennen und der für ihn handlungsleitenden Norm dadurch Geltung zu verschaffen, oder er werde mit der Gesellschaft endgültig brechen und den Konflikt durch eine Ausweitung der Responsibilisierung auf weitere Teile der Allgemeinheit eskalieren. Diese Ausweitung der Responsibilisierung geschieht durch die geplante Konfrontation mit den Sicherheitskräften, die als Repräsentanten der sozialen Allgemeinheit ihrerseits die herrschenden Normen durchsetzen und damit den Geltungsanspruch der von Adebolajo beanspruchten Norm negieren. Indem er sein eigenes Leben an die Zur-Geltung-Bringung dieser Norm knüpft, abstrahiert er von dem konkreten Inhalt der Norm auf ein für ihn bindendes Gesetz überhaupt. Die Zur-Geltung-Bringung der Norm ist nur aus dieser Selbstbindung heraus für ihn alternativlos. Er verlangt jedoch nicht, dass dieses Gesetz auch für andere bindend sein müsse – sonst hätte er die Allgemeinheit von vornherein in Haft nehmen müssen. Vielmehr geht es ihm um die gesellschaftliche Anerkennung seiner persönlichen Entscheidung, einer gesellschaftlichen Gruppe anzugehören, die sich an dieses Gesetz gebunden fühlt. Die Achtung der zentralen Verbotsnorm dieses Gesetzes (Tötung von Muslimen) durch die nichtmuslimische Mehrheitsgesellschaft gilt ihm als Zeichen der Anerkennung seines abweichenden Lebensentwurfes.

Adebolajo stellt die Konfrontation mit den Sicherheitsbehörden, durch die er einen nicht nur partikularen, sondern umfassenden Geltungsanspruch des für ihn bindenden Gesetzes einfordert, unter den Vorbehalt der gesellschaftlichen Nichtanerkennung seines Rechts auf Bestrafung von Soldaten, also der Geltung einer partikularen Verbotsnorm. Die Anwendung des dschihadistischen Deutungsmusters erfolgt hier sozusagen reaktant, als Trotzreaktion auf verwehrte gesellschaftliche Anerkennung. Da Adebolajo eine Anerkennung seiner Bestrafungsaktion von vornherein nicht erwarten konnte, bleibt der Vorbehalt gleichwohl nur theoretisch. Er dient einzig dem Zweck, sich der verwehrt bleibenden Anerkennung seines Lebensentwurfes noch ein letztes Mal zu vergewissern. Das Bewährungsthema der Tat ist daher ein Doppeltes: Adebolajo vergewissert sich seiner Bindung an das »göttliche Gesetz«, zugleich vergewissert er sich der versagt bleibenden Anerkennung durch die Gesellschaft, dem Grund für die Hinwendung zum radikalen Islam. Dass dieses Anerkennungsdefizit so vergewisserungsbedürftig ist, deutet auf einen persistenten Wunsch nach Anerkennung hin und damit auf eine brüchig gebliebene Konversion in den Dschihadismus.

Unter Berücksichtigung des biografischen Hintergrunds Adebolajos lässt sich die *Fallstrukturhypothese erweitern*: Auffällig an der Biografie Adebolajos ist die frühe Delinquenz im Jugendalter, kontrastierend zu einem kleinbürgerlichen, religiösen Elternhaus, in dem ein vermutlich großer Anpassungsdruck an elterliche Normalitätserwartungen mit geringer Toleranz für Abweichungen bestand. Adebolajo wurde kein Moratorium spielerischer Abweichungen in der Adoleszenzphase gegönnt. Diese wurden vielmehr stigmatisiert und dadurch eine Abweichungsdynamik hin zu fortgesetzter und sich verfestigender Delinquenz bis zur Haftstrafe in Gang gesetzt.[118] Vor der Folie dieser Deutung der »kriminellen Karriere« lässt sich Adebolajos Tat als Ausdruck eines auch in der Gegenwelt – erst der subkulturell-kriminellen, dann der dschihadistischen – fortbestehenden Wunsches nach gesellschaftlicher (elterlicher) Anerkennung eines von Normalitätserwartungen (der Erwachsenenwelt) abweichenden Lebensentwurfes interpretieren. Die Nichterfüllbarkeit dieses Wunsches spitzte sich mit zunehmender Divergenz zwischen beiden Welten weiter zu und führte zu einer zunehmenden Bindung an die Normen der Gegenwelt. Der dschihadistische Radikalisierungsprozess erfolgte somit nicht abrupt, sondern in Form eines Hineingleitens und blieb in der Aufrechterhaltung des Wunsches nach Anerkennung unvollständig. Durch die diskriminative, auf Verantwortungsträger begrenzte Viktimisierung, hält Adebolajo zumindest die theoretische Möglichkeit offen, dass ihm die gesellschaftliche Anerkennung doch noch zuteilwird. Er muss diese

118 Der Fallstrukturhypothese zufolge ließe sich der Dschihadismus Adebolajos somit aus einem Prozessverlauf sekundärer Devianz erklären (siehe etwa Ferchhoff 1981; Lemert 1982 oder das Stufenmodell von Quensel 1970) im Sinne eines Aufschaukelungsprozesses von primärer Abweichung, sozialer Sanktion (hier Wegzug aufs Land), weiterer Primärabweichung (beginnende Drogenkriminalität), strengeren Sanktionen und Stigmatisierungen als »kriminell« und »andersartig« (im Zuge der Haft), die zunehmend in das Selbstbild übernommen und so zum Ausgangspunkt des eigentlichen delinquenten Verlaufes werden (hier: Hinwendung zu einem radikalen, militanten Islam).

Möglichkeit auch offen halten, um den endgültigen Nachweis einer gesellschaftlich verweigerten Anerkennung seines Lebensentwurfes erhalten zu können.

Passage 1, Sequenz 2 [00:16–00:29]: Die Kamera schwenkt nun etwas nach links, sodass die beiden um das Opfer stehenden Personen ins Zentrum des Bildes rücken. Es sind Bewegungen und Gesten dieser beiden Personen zu sehen. Der Mann in der kurzärmligen Jacke gestikuliert immer wieder in Richtung des Bewaffneten. Die Frau hat die Hände in der Hosentasche und ist dem Mann in der kurzärmligen Jacke zunächst noch zugewandt. Der bewaffnete Mann geht auf dem Bürgersteig vor und zurück, immer noch gestikulierend. Die Frau mit den Händen in der Hosentasche wendet sich in Richtung der Kamera während sie ein Handy aus der Tasche zieht. Sie guckt auf das Display, wendet sich dann wieder zurück in Richtung des Mannes in der kurzärmligen Jacke und steckt das Handy wieder zurück in die Tasche. Zu diesem Zeitpunkt war der Bewaffnete aus dem Bild entwichen. Er hatte sich offenbar weiter von der Straße entfernt, taucht aber kurz darauf mit einem anderen Mann wieder auf der Bildfläche auf. Dann folgt ein Schnitt.

Es findet hier offenbar eine Diskussion zwischen dem Mann in der kurzärmligen Jacke (und gegebenenfalls weiteren Personen, die auf dem Bild nicht zu sehen sind) auf der einen Seite und dem Bewaffneten auf der anderen Seite statt. Während sich der Mann in der kurzärmligen Jacke nicht von der Stelle rührt, vergrößert und verkleinert der Bewaffnete während dieser Diskussion abwechselnd den Abstand zwischen sich und den Personen auf der Straße. Dies ließe sich zunächst als Ausdruck von Nervosität interpretieren. Im Kontext einer verbalen Auseinandersetzung stellt die Vergrößerung des physischen Abstands zum Kontrahenten jedoch eine Geste der Abgrenzung dar, während eine Vorwärtsbewegung als eine tendenziell konfrontative Geste wahrgenommen wird. Der Frau mit den Händen in der Hosentasche ist offenbar unbehaglich zumute, denn sie wendet sich von der Szenerie ab, um auf ihr Handy zu gucken (vielleicht wartet sie auf den Rückruf der von ihr informierten Polizei, oder sie guckt auf die Uhrzeit).

Es findet offenbar eine verbale Auseinandersetzung zwischen Täter und Passanten statt, bei der der Täter den offensiven Part einnimmt, während sich der Mann in der kurzärmligen Jacke verbal zu verteidigen scheint, dabei aber auf Deeskalation bedacht ist (im Unterschied zum Täter bewegt er sich nicht von der Stelle). Auf dieser Basis lassen sich die drei oben entwickelten Lesarten 3 bis 5 wie folgt fortschreiben:

– GE 3+4: Der Mann in der kurzärmligen Jacke oder ein anderer Passant konfrontiert den Täter mit dem (aus seiner Sicht) geschehenen Unrecht.

Der nach Anerkennung seines Rechts trachtende Täter verteidigt sich offensiv, wie etwa »ihr müsst endlich einsehen, dass wir ein Recht auf Selbstverteidigung haben«.

– GE 5: Der Täter geht schon in dem Wissen, dass ihm die Anerkennung auf keinen Fall zuteilwerden wird, in die Situation hinein und konfrontiert die Passanten proaktiv mit seinen Forderungen.

Der Konflikt zwischen Täter und Allgemeinheit ist in dieser Fortentwicklung der Szene deutlicher konturiert. Die Passanten werden als Beteiligte an diesem Konflikt adressiert, da sie die Geltung der von ihm reklamierten Norm nicht anerkennen. Impliziert ist darin die Forderung des Täters, sich endlich auf die richtige Seite zu stellen und der Norm Folge zu leisten, indem für eine Unterbindung kriegerischer Handlungen in muslimischen Ländern gesorgt wird. Da der Täter die Passanten selbst noch nicht für (aus seiner Sicht bestehende) Verbrechen gegen Muslime responsibilisiert, bleibt der Konflikt zwischen Täter und Allgemeinheit nach wie vor auf die Geltung der spezifischen Verbotsnorm begrenzt. Durch seine Forderung, die Norm anzuerkennen, stellt der Täter die Begrenzung des Konfliktes jedoch unter den Vorbehalt einer Erfüllung dieser Forderung. Im Raum steht somit die Ausweitung des Konfliktes durch eine Responsibilisierung der Allgemeinheit für die aus Sicht des Täters an Muslimen begangenen Verbrechen. Also müssen die Passanten die Differenz zwischen sich und dem Opfer als eine nur vorläufige, unter Vorbehalt stehende erfahren und sich in ihrer Sicherheit latent bedroht fühlen. Dass die Passanten sich in der verbalen Auseinandersetzung, ihrer Körpersprache nach zu urteilen (siehe oben), defensiv verhalten, ist ein starkes Indiz dafür.

Passage 1, Sequenz 3 [00:29–00:31]: Es folgt ein Schnitt im Video. In der neuen Szene taucht der bewaffnete Mann vor der Kamera, die immer noch auf Höhe des Busses postiert ist, auf.

Adebolajo erblickt die filmende Person und sieht darin die Gelegenheit, seine zuvor vorgetragenen Botschaften einer breiteren Öffentlichkeit zugänglich zu machen. Eine andere Lesart, etwa eine Absicht, die Person hinter der Kamera zu attackieren, ist von der Fallstruktur ausgeschlossen. Zu klären ist gleichwohl die Frage, warum die missionarisch agierenden Täter nicht selbst für die Aufzeichnung eines Statements – entweder unmittelbar nach der Tat oder vor der Tat – gesorgt haben, statt die öffentliche Verbreitung eines Statements dem Zufall zu überlassen. Schließlich konnten sie nicht sicher davon ausgehen, dass sich vor Eintreffen der Sicherheitskräfte noch die

Gelegenheit dafür durch Präsenz eines filmenden Passanten ergeben würde. Diese Nichtplanung einer öffentlichen Verbreitung lässt sich jedoch vor der Folie der rekonstruierten Fallstruktur als eindeutig motiviert reprognostizieren. Denn Adebolajo geht es darum, einer bestimmten Norm Geltung zu verschaffen und durch die Evidenz seines Selbstopfers seine Bindung an das dieser Norm zugrunde liegende »göttliche Gesetz« zu bezeugen. Nur diesen Akt der Zur-Geltung-Bringung des Gesetzes gilt es sicherzustellen. Eine effektive öffentliche Verbreitung des Anliegens muss demgegenüber sekundär bleiben. Gleichwohl wäre es für die Täter kein Problem gewesen, sich selbst mit einem Handy zu filmen. Dies spricht dafür, dass sich die Täter ganz auf die Vollbringung der pflichterfüllenden Tat konzentriert haben und ihnen weitergehende Planungen gar als Verwässerung der »reinen Intention« erschienen.

> Passage 1, Sequenz 4:
> The only reason we have killed this man today [...]

Eine erste Lesart dieser Sequenz lautet, dass es sich um die Rechtfertigung einer von der Allgemeinheit missbilligten Handlung, allgemein für eine Abweichung von gesellschaftlichen Normalitätserwartungen handelt. Zur Erörterung der Implikationen dieser Lesart folgendes Gedankenexperiment:

> GE 6: Ein Paar äußert sich gegenüber einem anderen Paar: »Der einzige Grund, warum wir keine Kinder haben, ist, dass wir erst einmal den Start ins Berufsleben schaffen wollen.«

Der Sprecher nimmt hier für sich in Anspruch, den Normalitätserwartungen generell zu entsprechen, in diesem Fall aber ausnahmsweise von ihnen abzuweichen, wofür es nur einen einzigen, sehr guten Grund gebe. Einen solchen Grund könnten konfligierende Normalitätserwartungen bilden, die der Sprecher ebenfalls erfüllen will (Einstieg ins Berufsleben). Denkbar wäre auch eine höhere Gewalt, das heißt Ausnahmetatbestände (zum Beispiel Unfruchtbarkeit). In beiden Fällen bringt der Sprecher seine Identifikation mit der geltenden Normvorstellung, dass man Kinder kriegen sollte, zum Ausdruck.

Das folgende Gedankenexperiment führt zu einer kontrastierenden Lesart:

> GE 7: Ein anderes Paar: »Der einzige Grund fürs Kinderkriegen war, dass wir unsere Gene weitervererben wollten.«

Auch hier betont der Sprecher, dass für die infrage stehende Handlung oder Entscheidung für ihn nur ein Grund bedeutsam war oder – stärker normativ –überhaupt nur ein Grund bedeutsam sein dürfe. Im Unterschied zur ersten Lesart handelt es sich nicht um die Rechtfertigung für eine Abweichung von Normalitätserwartungen, sondern um die Proposition einer von gesellschaftlichen Standards abweichenden Begründung des Kinderkriegens. Zumindest für sich selbst will der Sprecher keinen anderen Grund als den genannten gelten lassen.

Übertragen auf die Tötung »des Mannes« besagt Lesart 1, dass der Täter das geltende Verbot der Tötung eines/dieses Mannes generell anerkennt. Die Verletzung des Tötungsverbotes kann sich aus einem Ausnahmetatbestand (zum Beispiel Notwehr) oder eben einer konkurrierenden Norm begründen. In Lesart 2 bezieht sich der Täter nicht auf die Verletzung des geltenden Tötungsverbotes, sondern bezieht sich auf einen davon unabhängigen Beurteilungsmaßstab der Legitimität von Tötungen, während andere Maßstäbe für ihn nicht gelten würden. Beiden Lesarten gemeinsam ist gleichwohl, dass die Tötung »des Mannes« nur unter engen normativen Voraussetzungen legitim erscheint. Sie stellt für den Täter keine Routinehandlung dar (kontrastierend im Stile einer Presseerklärung, GE 8: »Heute haben wir 20 Angriffe gegen Stellungen der Taliban geflogen«), sondern eine außeralltägliche, besonders begründungsbedürftige Handlung. Diese Begründungsbedürftigkeit unterstreicht der Sprecher auch dadurch, dass er das Opfer zunächst als Gattungswesen beschreibt und ihm nicht schon das die Tötung begründende Attribut (Soldat) verleiht. Durch die Wahl des bestimmten Artikels (»this man«) wird aber bereits vorweggenommen, dass das Opfer nicht als Vertreter des Gattungswesens »Mann« getötet wurde, sondern aufgrund einer anderen ihm zukommenden Eigenschaft. Thematisiert wird eine Abweichung von einem Tötungsverbot gegenüber dem Gattungswesen Mensch. Durch das Adverb »today« wird schließlich die Außeralltäglichkeit der Handlung und die Wahl des Zeitpunkts unterstrichen. Es sei also nicht zufällig, dass dieser Mann heute und nicht morgen oder gestern umgebracht wurde. Die Tat wird dadurch in einen Zusammenhang mit situativen Umständen gestellt. Erst nach Vorliegen dieser situativen Umstände seien die normativen Voraussetzungen einer Tötung erfüllt.

Im Kontext der Fallstrukturhypothese erscheinen beide Lesarten (Rechtfertigung versus Bezug auf autonomen Beurteilungsmaßstab) konkludent. Konstatiert wurde die Artikulation eines begrenzten Normkonfliktes mit der Allgemeinheit. Diese Begrenzung impliziert einen weitgehenden normativen

Konsens zwischen Adebolajo und der Allgemeinheit, vor dessen Hintergrund Verletzungen herrschender Normen wie die des Tötungsverbotes als besonders begründungsbedürftig erscheinen. Umgekehrt impliziert die Selbstbindung an das »göttliche Gesetz« als Ganzes einen umfassenden Normkonflikt mit der Allgemeinheit und eine Zurückweisung aller Beurteilungsmaßstäbe, die sich nicht aus dem exklusiv gültigen »göttlichen Gesetz« ableiten. Eine konsequente Anwendung des dschihadistischen Deutungsmusters stellt Adebolajo jedoch wie beschrieben unter den Vorbehalt der Nichterfüllung seiner Forderung nach Anerkennung der partikularen Verbotsnorm (bezüglich physischer Angriffe auf Muslime).

> Passage 1, Sequenz 5:
> […] is because Muslims are dying daily by British soldiers.

Die Tötung wird zunächst nicht mit der Tatbestandsmäßigkeit eines konkreten Verbrechens an Muslimen und der individuellen Schuld des zuvor benannten Mannes begründet, sondern mit der bloßen Feststellung eines materialen Sachverhalts. Dieser besteht in einer dauerhaften Verletzung der körperlichen Unversehrtheit einer bestimmten Gruppe, die durch eine andere Gruppe verursacht wurde. Nicht die Täterschaft der Soldaten wird thematisiert (kontrastierend: »killed daily«), sondern die Opferwerdung (»dying daily«), nicht der Normbruch, sondern die Verletzung des durch die Norm geschützten Rechtsgutes. Die Begründung folgt hier nicht der Logik eines rechtlichen Klärungsprozesses (Sachverhalt – Tatbestandsmäßigkeit – Schuld – Strafe), sondern die Strafe (»we have killed this man«) wird vielmehr direkt aus dem Sachverhalt (»Muslims are dying daily by British soldiers«) abgeleitet, ohne die Tatbestandsmäßigkeit und Schuldfrage zu klären. Der Tatbestand erscheint somit ganz im Sinne einer naturrechtlichen Norm als ein dem Sachverhalt selbst schon innewohnendes Unrecht, das nicht erst durch positives Recht gesetzt werden muss. Die Geltung einer den Tatbestand begründenden Verbotsnorm physischer Angriffe auf Muslime wird also ganz im Einklang mit der Fallstrukturhypothese als hochgradig selbstverständlich vorausgesetzt.

Da die Norm dauerhaft verletzt wird, kann diese nur exemplarisch sanktioniert, also zur Geltung gebracht werden. An dem individuellen Täter wird also ein Exempel statuiert, das von seiner individuellen Schuld – diese spielt keine Rolle – abstrahiert. Er wird beispielhafter, nur durchschnittlicher Schuldiger für das dauerhaft durch seine Gruppe begangene Verbrechen bestraft. Kriterium der Schuldzuschreibung und Strafzumessung ist die bloße

Gruppenzugehörigkeit. Anders als Choudhry wählt Adebolajo demnach als Opfer eine Person, der keine direkte, sondern nur eine indirekte Verantwortung qua Gruppenzugehörigkeit zugeschrieben werden kann. Durch diese Verschiebung von konkreter auf durchschnittliche und damit abstrakte Schuld wird der umfassende Geltungsanspruch der verletzten Norm dokumentiert, weshalb der Strafanspruch nicht auf besonders ausgewiesene Schuldige begrenzt werden darf.

Wir gehen zur Kurzüberprüfung der Fallstrukturhypothese über, folgen aber dem Sequenzablauf der Rede.

> Passage 1, Sequenz 6:
> And this British soldier is one. It is an eye for an eye and a tooth for a tooth.

Als »britischer Soldat« gilt der getötete Mann dem Täter als ein Exemplar aus der zuvor bezeichneten Tätergruppe »Muslime tötender britischer Soldaten«. Das Opfer wird somit nicht als Soldat schlechthin verdammt, sondern als Angehöriger eines gegen Muslime Krieg führenden militärischen Verbands, der insgesamt, unabhängig von Tatbeiträgen einzelner Soldaten, in Haftung genommen wird. Die Zuschreibung von Delinquenz wird damit auf gesellschaftliche Institutionen begrenzt, die direkt für Kriegshandlungen gegen Muslime verantwortlich sind, womit ein nur begrenzter Konflikt mit der Allgemeinheit artikuliert wird. Gleichzeitig wird von individueller Schuld abstrahiert und Delinquenz über die bloße Gruppenzugehörigkeit zugeschrieben, womit der umfassende Geltungsanspruch der verletzten Norm und damit der Geltungsanspruch des »göttlichen Gesetzes«, aus dem sich diese Norm ableitet, zum Ausdruck gebracht wird.

> Passage 1, Sequenz 7:
> By Allah, we swear by the almighty Allah we will never stop fighting you until you leave us alone.

Adressiert wird nun die Allgemeinheit. Ihr wird vorgeworfen, »Muslime nicht in Ruhe zu lassen«, sich also in deren Angelegenheiten einzumischen. Die Verbrechen physischer Angriffe gegen Muslime erscheinen hier nun als Folge einer illegitimen Einmischung in die Angelegenheiten der Muslime. Der Allgemeinheit wird also eine indirekte Verantwortung für diese Verbrechen zugeschrieben. Der Sprecher verspricht, man werde nicht aufhören die Allgemeinheit zu bekämpfen, bis dieser Zustand aufhöre. Die Einlösung des Versprechens wird bei Gott beschworen und damit zu einer existenziellen Frage der Bewährung des Glaubens erklärt.

Im Einklang mit der Fallstrukturhypothese bleibt die Ausweitung der Responsibilisierung auf die Allgemeinheit an die Frage der Zur-Geltung-Bringung der zentralen Verbotsnorm (Tötung von Muslimen) des für Adebolajo bindenden »göttlichen Gesetzes« geknüpft. Dabei artikuliert sich in der Kritik an einem Einmischen in muslimische Angelegenheiten die Forderung nach Anerkennung eines Selbstbestimmung und Eigengesetzlichkeit reklamierenden Lebensentwurfes. Es erscheint so, als wäre die Zur-Geltung-Bringung der Verbotsnorm im Inneren einer mehrheitlich nichtmuslimischen Gesellschaft nur eine Frage der Nichteinmischung in muslimische Angelegenheiten. Dass Adebolajo eigentlich den reklamierten Geltungsanspruch eines »göttlichen Gesetzes« gegen die bestehende, säkulare Rechtsordnung durchsetzen will, muss er dethematisieren, um den Wunsch nach Anerkennung durch die Gesellschaft mit der Bewährung der Bindung gegenüber dem »göttlichen Gesetz« noch irgendwie vereinbaren zu können.

Im Kontext der Fallstrukturhypothese lässt sich die an die Allgemeinheit gerichtete Drohung, den Kampf bis zur Erfüllung der Forderung fortzuführen, zugleich als eine Delegation der Verantwortung interpretieren. Die Allgemeinheit habe es in der Hand, ob man seine göttliche Verpflichtung, weitere Soldaten zu töten und den Opferkreis womöglich auszuweiten, einlösen muss, womit die Chancen auf eine Anerkennung noch weiter sinken. Diese Lesart impliziert, dass Adebolajo die Folgen der Tat gar nicht verantworten will und somit im Grunde gar nicht gutheißt. Diese Delegation der Verantwortung ist Ausdruck der die Fallstruktur kennzeichnenden gegenläufigen Bewegung einer Bewährung der Bindung an das »göttliche Gesetz« bei gleichzeitiger Forderung nach Anerkennung eines nur partikular abweichenden Lebensentwurfes. Durch die Delegation der Verantwortung kann die »reine Intention« der Tat, nichts als Gottes Befehl folgen zu wollen, belegt werden. Zugleich bleibt der Konflikt mit der Allgemeinheit auf die Geltung der defensiven Verbotsnorm beschränkt. Die Allgemeinheit kann auf diese Weise gar als Retter adressiert werden, nämlich als Retter davor, der unbequemen Pflicht, Menschen umbringen zu müssen, weiterhin nachkommen zu müssen.

> Passage 1, Sequenz 8:
>
> So what if we want to live by the Sharia in Muslim lands? Why does that mean you must follow us and chase us and call us extremists and kill us? Rather you lot are extreme. You are the ones that when you drop a bomb you think it hits one person? Or rather your bomb wipes out a whole family? This is the reality.

Adebolajo bezieht sich auf das allgemein anerkannte Recht auf Selbstbestimmung, dessen Anerkennung durch die Allgemeinheit er wie von der Fallstrukturhypothese erwartet anstrebt und hier letztmalig einfordert. Dieses Selbstbestimmungsstreben könne auch für die Allgemeinheit keinen Grund liefern, Muslime Extremisten zu nennen und zu töten. Auch mit der Umkehrung des Extremismusvorwurfes und dessen Elaboration (die Realität von Kollateralschäden) rekurriert Adebolajo auf allgemein geltende Wertvorstellungen.

> Passage 1, Sequenz 9:
> By Allah if I saw your mother today with a buggy I would help her up the stairs. This is my nature. But we are forced by the Qur'an, in Sura At-Tawba, through many many ayah in the Qur'an, we must fight them as they fight us. An eye for an eye, a tooth for a tooth. I apologise that women had to witness this today but in our lands women have to see the same.

Adebolajo beteuert, ein friedliebender und hilfsbereiter Mensch zu sein, der nur durch den Koran zu einer mit dieser friedliebenden Natur kontrastierenden Tat, mit der Konsequenz Gleiches mit Gleichem vergelten zu müssen, gezwungen worden sei. Er bringt damit zum Ausdruck, dass die Tat nicht seinem, sondern ausschließlich »Gottes Willen« entspreche, weshalb er folgerichtig auch die Betroffenheit von Unbeteiligten, die seiner friedliebenden Natur widerspreche, bedauere. Diese Betroffenheit Unbeteiligter begründe sich ebenso wie die Tat selbst nur aus der koranischen Verpflichtung, das begangene Unrecht reziprok vergelten zu müssen.

> Passage 1, Sequenz 10:
> You people will never be safe. Remove your governments, they don't care about you. You think David Cameron is going to get caught in the street when we start busting our guns? You think politicians are going to die? No, it's going to be the average guy, like you and your children. So get rid of them. Tell them to bring our troops back so we can all live in peace. So leave our lands and we can all live in peace. That's all I have to say. [in Arabic:] Allah's peace and blessings be upon you.

Angedroht wird hier eine nächste Stufe der Eskalation, auf der Muslime den Kampf in die Straßen Großbritanniens tragen werden und die Bevölkerung dann nicht mehr sicher sei. Die Bevölkerung wird aufgefordert, selbst dafür Sorge zu tragen, dass keine Soldaten mehr entsendet werden. Es tauchen keine mit der Fallstrukturhypothese unvereinbaren Elemente auf.

Überprüfung der Fallstrukturhypothese anhand weiterer Protokollabschnitte

Zur Überprüfung der rekonstruierten Bewährungsdynamik wird hier zunächst ein im Jahr 2009 entstandener Videomitschnitt einer Rede Adebolajos auf einer Demonstration gegen die English Defense League herangezogen (ITV News vom 29. Mai 2013). Der Videomitschnitt wurde von uns vollständig transkribiert:

»My brothers, remain in your ranks and don't be scared of these (unverständlich). They are pigs … Allah says they are worse than cattle, worse than cattle. Don't be scared of them, yeah. Do not turn your back to them. Don't be scared of them, do not be scared of police or the cameras – you are here only to please Allah. You're not here for any other reason, if you are here just for a fight, leave our ranks. We don't want you. We only want those who are sincere to Allah. Purify your intention.«

Es bestätigt sich zunächst, dass für Adebolajo die Bewährung der Normbindung, in Abgrenzung zu einer bloßen Normbefolgung, zentral ist. Angesichts der Repressionsdrohung der Polizei wird diese Bindung an das »göttliche Gesetz« hier auf die Probe gestellt. Dabei gilt es nicht nur, Furchtlosigkeit gegenüber der Polizei zu zeigen, sondern diese soll ausschließlich darin motiviert sein, Gott zu gefallen. In Adebolajos Ansprache zeigt sich jedoch entsprechend der Fallstrukturhypothese eine dieser Bewährung der Normbindung gegenläufige Bewegung der Begrenzung des Konflikts mit der Allgemeinheit auf den Aspekt verwehrter Anerkennung des abweichenden Lebensentwurfes. Adebolajo tut nämlich so, als würde er »kampfeslustige« Brüder nur wegen der »Unreinheit« ihrer Intention zum Verlassen der Veranstaltung auffordern, obwohl sein Anliegen in Wirklichkeit Deeskalation ist, um die Durchführung einer auf ein konkretes Anliegen begrenzten Protestveranstaltung sicherzustellen. Eigentlich sagt Adebolajo nämlich: »Wenn ihr die Regeln der Gegenseite einhaltet, braucht ihr keine Angst zu haben, denn dann werden sie euch nichts tun.« Adebolajo tut so, als ob ein Bruch der Regeln, das heißt eine Eskalation mit der Polizei, nicht »Gottes Wille« sein könne bzw. nicht im Einklang mit einer »reinen Intention« stehen könne.

Wir wollen des Weiteren prüfen, inwiefern die in Medienberichten zitierten Einlassungen Adebolajos während der Gerichtsverhandlung (The Guardian vom 9. Dezember 2013) der Fallstrukturhypothese widersprechen. Der Strukturlogik des Falles folgend ist zu erwarten, dass Adebolajo zu seiner Tat steht und sich auf das für ihn geltende Gesetz beruft, wobei er die Konflikthaftigkeit des Geltungsanspruchs dieses Gesetzes aber zum Zwecke der Aufrechterhaltung der Forderung nach Anerkennung dethematisiert. Es ist auch deshalb keine Abweichung von der im Zuge des Tatgeschehens vorgebrachten Begründungsstrategie zu erwarten, weil ein prozesstaktisches Interesse vor dem Hintergrund der Märtyrerhandlung nicht plausibel erscheint.

Adebolajo äußert, die Tat in Befolgung eines Befehls von Allah begangen zu haben, und bezeichnet sich als einen Soldaten Allahs: »›Allah commands that I fight those militaries that attack the Muslims‹, he said. ›I don't feel that I have any choice. I obey Allah and I commit my affairs into his hands.‹« Wie auch schon in seinem Statement vor der Kamera erscheint hier die Tat als ein zwangsläufiger Akt des Gehorsams gegenüber Gott, nicht aber als eine unter Zugrundelegung eines anderen Maßstabs der Rationalität getroffene Entscheidung. In dieser Perspektive ist eine innere Abneigung gegenüber Tötungshandlungen an Feinden nicht nur plausibel, sondern umso mehr Zeichen eines inneren Aufgehens in dem Gehorsam gegenüber Gott: »›We planned a military attack which obviously involved – sadly, it's not something enjoyable – the death of a soldier‹, he said.«

Adebolajo bestätigt die Tötung Rigbys, jedoch weist er den Vorwurf eines Mordversuches an den am Tatort eintreffenden Polizisten zurück. Er sei auf das Polizeifahrzeug zugelaufen, da es im Islam eine schwere Sünde sei, feindlichen Soldaten den Rücken zuzuwenden. Ziel sei es gewesen, als Märtyrer zu sterben. Er und Adebowale hätten sich vor der Tat gestritten, wer von beiden beim Eintreffen der Polizei die einzig verfügbare Pistole tragen solle, da diese den angestrebten Tod wahrscheinlicher machen würde. Bemerkenswert ist außerdem, dass Adebolajo dem Erste Hilfe leistenden Beamten Respekt dafür zollt, »to attempt to preserve the lives of two men who on the surface … must have thought I was going to kill them.« Er äußert außerdem seine Bewunderung für die Krankenschwestern, die ihn behandelten: »They were so kind. I told my family that anyone who heard of these people … should bring them chocolates and flowers.« Adebolajo bewundert die Polizisten und das Krankenhauspersonal dafür, ihm trotz seiner Tat so etwas wie Humanität oder Barmherzigkeit entgegengebracht zu haben. Er konstruiert hier somit eine mit der Allgemeinheit geteilte Wertebasis, worin sich erneut der nur begrenzte Konflikt mit der Allgemeinheit widerspiegelt.

3.3.4 Analyse der Tatplanung und des Tatablaufs

Informationen

(1) Tatplanung. Adebolajo äußert sich in einem Verhör mit der Polizei, dass sie beschlossen hätten, in der Umgebung der Kaserne zu warten, bis sie einen Soldaten antreffen (Daily Star Sunday vom 19. Dezember 2013). Wenige Tage vor der Tat soll Adebolajo versucht haben, 38-mm-Munition bei einem ihm bekannten Bandenmitglied zu beschaffen (Sky News vom 19. Dezember 2013). Am Vortag der Tat soll er ein Fünfer-Messer-Set inklusive Messerschärfer gekauft haben (ITV News vom 29. November 2013). Am Tattag habe er seine Wohnung gegen 8 Uhr früh verlassen, um mit dem Auto tanken zu fahren (criminalminds.wiki.com). Da er sein Geld vergessen hatte, soll er sein Handy als Pfand dort gelassen haben und mit dem Auto zur Wohnung zurückgekehrt sein, um das Geld zu holen (ebd.). Nach Bezahlung an der Tankstelle soll er zu Adebowale gefahren sein, von wo die beiden um 13 Uhr zum Tatort aufgebrochen sein sollen (ebd.). Zur Tatplanung liegen ansonsten keine weiteren Informationen vor. So habe sich Adebolajo vor Gericht geweigert, Fragen zur Planung des Anschlags zu beantworten (The Guardian vom 9. Dezember 2013).

(2) Tatablauf. Der Angriff ereignete sich am 22. Mai 2013 kurz vor 14:20 Uhr in der Wellington Street in London-Woolwich in der Nähe der Royal-Artillery-Kaserne, in der der 26-jährige Lee Rigby, der gerade auf dem Weg von der Woolwich Arsenal Station zur Kaserne war, stationiert war (The Guardian vom 9. Dezember 2013). Als er die Straße überquerte, wurde er von den beiden Tätern mit einem Auto angefahren und gleich darauf mit einer Machete und einem Hackbeil attackiert (ebd.). Der Tod sei durch den Zusammenstoß mit dem Auto verursacht worden, was von den Tätern nicht beabsichtigt gewesen wäre. Die Täter hätten versucht, Rigby zu enthaupten (ebd.).

Die Polizei soll etwa zehn Minuten nach der Tat eingetroffen sein. Beim Versuch, die beiden Täter festzunehmen, bedrohten diese die Polizei mit einem Beil und einem Revolver (Mirror vom 24. Mai 2013). In einem Handyvideo ist zu sehen, wie Adebolajo beim Eintreffen des Streifenwagens auf diesen zustürmt und daraufhin von mehreren Schüssen niedergestreckt wird (ebd.). Die verwendete Pistole soll nicht geladen gewesen sein (Sky News vom 19. Dezember 2013).

Analyse

(1) Opferbereitschaft. Die Absicht, als Märtyrer sterben zu wollen, ist aufgrund der bewaffneten Präsenz am Tatort sowie dem konfrontativen Verhalten gegenüber der eintreffenden Polizei glaubhaft. So wurden die Täter schließlich auch angeschossen und hätten sterben können. Gleichwohl haben sie nur begrenzt Maßnahmen zur Sicherstellung des Martyriums getroffen – wie vor Gericht von ihnen selbst mit Blick auf die Verfügbarkeit nur einer Pistole reflektiert wurde. Die Beschaffung einer zweiten Schusswaffe wäre machbar, womöglich aber schwierig gewesen und hätte daher einer längeren Vorbereitungsphase bedurft. Den Tätern war demgegenüber aber offenbar die schnelle Herbeiführung eines Bewährungserfolgs wichtiger als die Sicherstellung des Martyriums.

(2) Sicherstellung des Taterfolgs. Die Täter planten, einem beliebigen Soldaten aufzulauern und diesen zu töten. Als Angreifer konnten sie dabei auf ein Überraschungsmoment und die Arglosigkeit des Opfers setzen, wodurch diesem keine oder nur noch begrenzte Möglichkeiten zur Gegenwehr blieben. Durch den gewählten Modus Operandi, die Nutzung des Autos als Tatwaffe, konnten die Täter davon ausgehen, dass ihr Opfer bereits wehrlos, in jedem Fall aber nur noch begrenzt wehrfähig sein würde, sodass mit der zur Verfügung stehenden, zudem redundanten Bewaffnung der Taterfolg in jedem Falle sichergestellt werden konnte.

(3) Charakter der Sanktionierung und Normpräferenzen. Die Tat bleibt auf die Sanktionierung eines exemplarischen Schuldigen beschränkt und dokumentiert damit einen nur begrenzten Konflikt mit der »ungläubigen« Gesellschaft. Gleichwohl zeigen die Täter durch die dezidierte Wahl eines beliebigen Soldaten und durch die versuchte Enthauptung eine hohe Konsequenz der Anwendung dschihadistischer Normvorstellungen. Durch die explizit exemplarische Sanktionierung der Defensivnorm können die Täter ihre Normbindung bezeugen.

(4) Adäquanz der Tarnung. Mit Blick auf den Tathergang liegen keine Hinweise auf eine inadäquate Tarnung vor. Die Täter waren sich der Konsequenzen der Tat (Tötung, Verletzung, Festnahme) bewusst und versuchten dieser Konsequenz nicht mit inadäquaten Mitteln bei fehlender Fluchtplanung zu entgehen.

3.3.5 Zusammenfassende Charakterisierung der Fallstruktur

Der Dschihadismus Adebolajos fügt sich in die Dynamik einer elternhäusliche Anerkennungsdefizite kompensierenden kriminellen Karriere, in der der Wunsch nach gesellschaftlicher Anerkennung der Abweichung fortbestand, aber zunehmend schwieriger erfüllbar war und so zu einer fortschreitenden Radikalisierung führte. Den Schlusspunkt dieser Radikalisierung setzte das Attentat als ultimativer Beweis der Zugehörigkeit zu einer Gegenwelt, in der gesellschaftliche Anerkennung nicht mehr möglich ist.

Die Fallstruktur kennzeichnet eine gegenläufige Bewegung einer Bewährung der Bindung an das »göttliche Gesetz« bei gleichzeitiger Begrenzung des Konflikts mit der Allgemeinheit auf den Aspekt einer verwehrten Anerkennung des abweichenden Lebensentwurfes. Diese Gegenläufigkeit kommt letztlich darin zum Ausdruck, dass Adebolajo die konsequente Einforderung eines Geltungsanspruchs des »göttlichen Gesetzes« (wie sie sich dann in der märtyrerhaften Konfrontation mit den Sicherheitsbehörden zeigt) unter den Vorbehalt der Nichtanerkennung seines Lebensentwurfes durch die Allgemeinheit stellt. Die Anwendung des dschihadistischen Deutungsmusters erfolgt so als Trotzreaktion auf die verwehrte gesellschaftliche Anerkennung. Die von vornherein unerfüllbare Forderung nach gesellschaftlicher Anerkennung der von Adebolajo reklamierten Verbotsnorm dient dem Zweck, sich der verwehrt bleibenden Anerkennung des Lebensentwurfes noch ein letztes Mal zu vergewissern.

Adebolajo weist die Verantwortung für die Tat radikal von sich, indem er sich auf eine göttliche Pflicht zur Sanktionierung des Verstoßes gegen die reklamierte Verbotsnorm beruft. Die Einlösung dieser Pflicht liege dabei einzig in den Händen der Allgemeinheit, an der es sei, der Norm Geltung zu verschaffen. Durch diese doppelte Delegation von Verantwortung bezeugt er seine Bindung an das »göttliche Gesetz« und kann gleichzeitig den Konflikt mit der Allgemeinheit begrenzen. Die Geltung beanspruchende Verbotsnorm wird durch die Zielwahl eines beliebigen Soldaten, der sich selbst nicht an Kampfhandlungen beteiligt haben muss, exemplarisch sanktioniert. Maßgeblich ist die allgemeine Schuld eines Soldaten. Durch diese Abstraktion von konkreter Verantwortung wird der umfassende Geltungsanspruch der reklamierten Norm und damit der Geltungsanspruch des »göttlichen Gesetzes«, aus dem sich diese Norm ableitet, zum Ausdruck gebracht.

3.4 Sauerlandgruppe/Gelowicz und Yilmaz (Fall 3, 4)

3.4.1 Fallkontext und Datenbasis

Die Sauerlandgruppe plante im Jahr 2007 zeitgleiche Anschläge auf »amerikanische« Pubs, auf ein Parkhaus des Flughafens in Frankfurt am Main sowie gegebenenfalls auf eine Kaserne. Dabei sollten selbst hergestellte Sprengsätze auf Basis von angereichertem Wasserstoffperoxid eingesetzt werden, vorzugsweise als Autobomben. Ursprünglich absolvierten die Mitglieder der Sauerlandgruppe ein Trainingscamp, um anschließend am Dschihad im Irak oder in Tschetschenien teilnehmen zu können. Auf diesem Wege stießen sie auf die usbekische »Islamische Jihad-Union«, deren Trainingslager sie besuchten und die schließlich den Auftrag zur Verübung eines Anschlags in Deutschland erteilte. Die Täter wurden unter anderem wegen Mitgliedschaft in einer ausländischen terroristischen Vereinigung, Verabredung zu Mord und Herbeiführung einer Sprengstoffexplosion zu Haftstrafen zwischen fünf und zwölf Jahren verurteilt.

Der Sauerlandgruppe gehörten drei Personen an: die beiden deutschen Konvertiten Fritz Gelowicz und Daniel Schneider sowie der Türke Adem Yilmaz. Eine weitere Person, der (zum Zeitpunkt der Tat) Deutsche mit türkischem Migrationshintergrund Attila Selek, unterstützte die Gruppe, unter anderem bei der Beschaffung von Zündern.

Datengrundlage für die Analyse der Anschlagsplanung und die Erfassung der biografischen Hintergründe bilden im Wesentlichen die »Tatsachenfeststellungen« des Oberlandesgerichts Düsseldorf. Die Fallrekonstruktion stützt sich indes auf Wortprotokolle der Bundesanwaltschaft von durch die Polizei abgehörten Gesprächen zwischen den Tätern während der Anschlagsplanung. Diese konnten im Rahmen unseres vom Bundesministerium für Bildung und Forschung geförderten Forschungsprojektes »Technische Prävention von Low-Cost-Terrorismus« (2010–2013) eingesehen werden.

3.4.2 Biografische Hintergrundinformationen

Der zum Zeitpunkt der Festnahme 28-jährige Fritz Gelowicz soll in München und Ulm in gutbürgerlichen Verhältnissen aufgewachsen sein (Spiegel Online vom 1. September 2008). Seine Mutter sei Ärztin, sein Vater Ingenieur und Solarzellenunternehmer (ebd.). Aufgrund einer Rechtschreibschwäche und Problemen mit Lehrern soll er erst auf der Abendrealschule seinen Abschluss geschafft haben (ebd.). Nach Scheidung seiner Eltern, die Gelowicz im Alter von 15 Jahren stark belastet haben soll, habe er bei seinem Vater gelebt (ebd.). Durch seinen besten Freund, der zum Salafismus geneigt habe, sei er mit dem Islam in Kontakt gekommen und bereits im Alter von 16 Jahren konvertiert (ebd.). Nach dem Fachabitur und Zivildienst habe er begonnen, das allgemeine Abitur nachholen, zwischendrin jedoch wieder abgebrochen. Anschließend habe er bei seinem Vater gejobbt, bis er im Jahr 2001 (im Alter von 22 Jahren) ein Studium zum Wirtschaftsingenieur an der Fachhochschule Ulm aufgenommen habe (ebd.).

Gelowicz soll regelmäßig das vom Verfassungsschutz beobachtete islamistische »Multikulturhaus« in Neu-Ulm besucht haben, wo er Anhänger des radikalen Predigers Yehia Yousif gewesen sein soll (Kölnische Rundschau vom 10. August 2009). Dort habe er sich mit Attila Selek befreundet und sich mit diesem gemeinsam in der Redaktion der im Multikulturhaus herausgegebenen Zeitschrift »denk mal islamisch« engagiert (OLG Düsseldorf: 25).

Mit 21 Jahren wurde Gelowicz das erste Mal polizeilich auffällig, nachdem er auf dem Ulmer Marktplatz einen Mann zusammengeschlagen haben soll. Das Opfer, ein Arzt, sei von Gelowicz aus dem Auto heraus provoziert worden (»was schaut ihr so blöd«) als er zusammen mit Bekannten aus einem Café herauskam. Einer der Bekannten des Opfers habe gesagt »halt die Klappe«, woraufhin Gelowicz ausgestiegen sei und auf das Opfer eingeschlagen habe (Spiegel Online vom 1. September 2008). Im Dezember 2004 sei er erneut polizeilich auffällig geworden, nachdem er mit Selek in der Öffentlichkeit ein Buch verbrannt und die Polizei in ihrem Auto später dschihadistische Propaganda sichergestellt habe (Kölnische Rundschau vom 10. August 2009). Im Januar 2005 soll er das Studium im achten Semester abgebrochen und zum Hadsch, der Pilgerreise nach Mekka und Medina, gereist sein (Spiegel Online vom 1. September 2008).

Der wie Gelowicz 28-jährige Adem Yilmaz wuchs in der Türkei auf und immigrierte Medienberichten zufolge (Stern vom 4. September 2008) im Alter von sieben Jahren mit seiner Mutter und seinen drei jüngeren Geschwistern nach Deutschland, wo sie in die hessische Kleinstadt Langen im Kreis Offenbach gezogen sein sollen (ebd.). Sein Vater habe bereits länger in Deutschland gelebt. Nach dem Besuch der Realschule von 1997 bis 2000 habe er eine Ausbildung zum Kaufmann bei der Deutschen Bahn mit dem

Schwerpunkt Sicherheit und Service absolviert (ebd.). Nach der Ausbildung sei er zunächst zwei Jahre lang übernommen worden und soll in dieser Zeit im Sicherheitsbereich auf dem Frankfurter Flughafen gearbeitet haben (Telepolis). Anschließend soll er als Kaufhausdetektiv gearbeitet haben (WAZ vom 11. August 2009). Seine Kündigung bei der Deutschen Bahn habe im Zusammenhang mit einer zunehmenden Hinwendung zum Islam gestanden. So habe er nach eigenen Angaben schon während der Ausbildung bei der Deutschen Bahn im Jahr 2003 begonnen, »seine Pflichten im Islam« ernst zu nehmen (Kölner Stadt-Anzeiger vom 11. August 2009). Neben der Kündigung habe er auch seine damalige Verlobte verlassen (ebd.). Yilmaz soll Selek auf einem Islamworkshop in Bonn kennengelernt haben (OLG Düsseldorf: 28). Er begab sich im Januar 2015 ebenfalls zum Hadsch nach Mekka, wo er schließlich über Selek Gelowicz kennenlernte (ebd.).

Der zum Zeitpunkt der Festnahme knapp 22-jährige Daniel Schneider, dessen Fall hier jedoch nicht analysiert wird, wuchs im Saarland auf (Stern vom 22. April 2009). Seine Eltern sollen sich getrennt haben, als er elf Jahre alt war. Schneider habe das Gymnasium besucht (ebd.). Weil er unter anderem ständig das »System« beschimpft habe, sei er in der Schule auffällig geworden (ebd.). Im Alter von 17 Jahren soll er mit zwei Freunden einen Mann in der Saarbrücker Altstadt überfallen und bis zur Bewusstlosigkeit geschlagen haben, weshalb er eine Strafanzeige wegen schwerer Körperverletzung erhielt (ebd.). In seinem Rucksack habe die Polizei eine Signalpistole und 27 Gramm Marihuana gefunden (ebd.). Zu Beginn der 12. Klasse soll er das Gymnasium verlassen haben, um mit seinen Freunden nach Brasilien zu reisen und dort ein »Aussteigerleben« zu führen (ebd.). Dort habe er mit seinen Freunden zweieinhalb Monate bis zum Ablauf des Visums in einem Strandhotel verbracht und soll über 10.000 Euro ausgegeben haben. Das Geld habe er zuvor unter anderem mit Drogengeschäften verdient (ebd.). Nach seiner Rückkehr wurde er im Jahr 2004 wegen schwerer Körperverletzung zu 250 Sozialstunden und zwei Wochen Dauerarrest verurteilt (ebd.). Im Zuge von Besuchen der Freitagsgebete in einer Moschee in der Nachbarschaft soll er zum Islam gefunden und sich von seinem vorherigen Umfeld getrennt haben. Im Jahr 2005 soll er den Grundwehrdienst bei der Bundeswehr absolviert haben (ebd.).

Gelowicz, Yilmaz und der später nicht zur Kerngruppe gehörende Selek reisten den Feststellungen des Oberlandesgerichts Düsseldorf zufolge im August 2005 nach Syrien, um in Damaskus einen Sprachkurs zu absolvieren. Ihr Plan sei dabei gewesen, sich die für eine Teilnahme im Dschihad im Irak erforderlichen Sprachkenntnisse anzueignen sowie Personen kennenzulernen, die ihnen Zugang zu bewaffneten Gruppen im Irak verschaffen könnten. Vor seiner Reise nach Damaskus habe Selek Schneider kennengelernt, der Selek einen Rucksack für einen gemeinsamen Freund, der schon in Damaskus war, übergeben habe (OLG Düsseldorf: 30f.). In Damaskus sollen Gelowicz und Yilmaz schließlich Kontakt mit einem Mitglied der usbekischen Islamischen Jihad-Union (IJU) geknüpft haben (Spiegel Online vom 11. April 2009).

Nach ihrer Rückkehr aus Syrien im Dezember 2005 (Yilmaz) bzw. April 2006 (Gelowicz) sollen beide über die Türkei in den Iran gereist sein, um mithilfe des geknüpften usbekischen Kontaktes in den Irak oder nach Tschetschenien zu gelangen. Anders als von ihnen intendiert, seien sie aber mithilfe ihres Kontaktes nach Wasiristan, eine Bergregion in Pakistan, gelangt, wo sie schließlich von April bis September 2006 ein Ausbildungslager der IJU besucht hätten (OLG Düsseldorf: 43). Schneider soll zusammen mit Selek im Juli 2006 ebenfalls nach Wasiristan gelangt sein, wo er schließlich Gelowicz und Yilmaz kennengelernt habe (ebd.: 58).

Den Feststellungen des Oberlandesgerichts Düsseldorf zufolge suchte Suleyman, einer der Anführer der IJU, in einem noch frühen Stadium der Ausbildung das Gespräch mit Gelowicz und Yilmaz, um mit ihnen über die Möglichkeit eines Anschlags in Europa zu sprechen. Der Anschlag sollte sich nach Vorstellungen der IJU in erster Linie gegen US-amerikanische Militärangehörige richten, da amerikanische Soldaten in Deutschland einfacher und wirkungsvoller als in Pakistan zu bekämpfen seien. Gelowicz und Yilmaz sollen die grundsätzliche Möglichkeit eines solchen Anschlags bejaht haben, aber ihren Wunsch geäußert bzw. darauf beharrt haben, zunächst an der »Front« zu kämpfen, da sie schließlich nach Pakistan gekommen seien, um am bewaffnen Kampf teilzunehmen (OLG Düsseldorf: 49ff., 60). Suleyman und Gelowicz sollen wiederholt über den für Deutschland geplanten Anschlag gesprochen haben. Die IJU habe zum Ausdruck gebracht, dass der Anschlag sich nicht nur gegen »die Amerikaner«, sondern auch gegen die usbekische Botschaft richten solle, ohne diesbezüglich strikte Vorgaben gemacht zu haben (ebd.: 62f.). Die IJU legte den Feststellungen zufolge Wert darauf, nicht gezielt »Unschuldigen« zu treffen, wobei vor allem Kinder als Opfer auszuschließen seien, es ansonsten aber in Kauf genommen werden könne, wenn es auch »Unschuldige« als Opfer gebe (ebd.). Am Ende der Ausbildung sollen Gelowicz und Yilmaz einen Treueeid auf Ahmed, einen

IJU-Führungskader, abgelegt haben (ebd.: 52). Etwa eineinhalb Monate später sollen Ahmed und Suleyman das Gespräch mit Selek gesucht haben, der inzwischen wie Schneider ebenso im pakistanischen Ausbildungslager eingetroffen war. Selek legte weder einen Treueeid ab, noch wollte an dem Anschlagsvorhaben in Deutschland direkt beteiligt sein, sondern zog es vor, in den Dschihad nach Tschetschenien zu ziehen (ebd.: 58f.). Er erklärte sich aber schließlich dazu bereit, zuvor Gelowicz und Yilmaz bei der Anschlagsvorbereitung zu unterstützen. Auch Schneider soll von Suleyman die Anweisung erhalten haben, nach Leisten eines Treueschwures nach Deutschland zurückzureisen (ebd.: 60).

Am Vorabend der Rückreise sollen Ahmed und Suleyman Gelowicz die Anschlagsziele erläutert haben (ebd.: 62f.). Hauptziel sei ein Anschlag, bei dem möglichst viele Soldaten zu Tode kommen. Außerdem solle ein amerikanisches Ziel mit politischer Bedeutung getroffen werden und ferner eine usbekische Einrichtung in Deutschland. Bei Letzterem ginge es aber um eine »Signalwirkung«, nicht um möglichst viele Opfer. Gelowicz sei zu verstehen gegeben worden, dass ein Sprengsatz in der Nähe der Botschaft ausreiche. Ferner sollten durch die Anschläge auch »die Deutschen« gewarnt werden. Die Gruppe solle daher auch ein Ziel auswählen, das für die deutsche Bevölkerung »Signalwirkung« habe. Als mögliches »amerikanisches« Ziel wurden ein amerikanisches Konsulat sowie der Militärflugplatz Ramstein Air Base genannt. Ein Anschlag solle nach Möglichkeit auf deutsche Politiker verübt werden, was Gelowicz aber für nicht realisierbar hielt.

3.4.3 Sequenzanalyse

Sequenzanalyse eines ausgewählten Abschnittes

Die Analyse stützt sich auf von Ermittlungsbehörden angefertigte Wortprotokolle von Gesprächen der Täter in der Spätphase ihrer Anschlagsplanung. Die Fallrekonstruktion stützt sich wesentlich auf Gespräche zwischen Gelowicz und Yilmaz auf einer gemeinsamen Fahrt von Stuttgart nach Freudenstadt und zurück im Juli 2007. In Freudenstadt hatten die Täter das zum Bau der Sprengsätze verwendete Wasserstoffperoxid in einer angemieteten Garage gelagert. Weitere Gespräche zwischen allen drei Tätern, Yilmaz, Gelowicz und Schneider, auf ihrer Autofahrt in ein Ferienhaus im Sauerland einen Tag vor der Festnahme am 2. September 2007 wurden zur Überprüfung der Interpretation herangezogen.[119] Rund ein Drittel der Gespräche haben polizeiliche Überwachungsmaßnahmen zum Thema. Diskutiert wird über vergangene Vorkommnisse – auch das weitere Umfeld betreffend – sowie über aktuelle gegen die Gruppe gerichtete Überwachungsmaßnahmen. Die Akteure fragen sich, ob die Polizei etwas von der Anschlagsplanung mitbekommen habe, und diskutieren erforderliche Sicherheitsvorkehrungen. Ein weiteres Drittel der Gespräche hat die Anschlagsplanung selbst zum Gegenstand. Hier geht es hauptsächlich um Fragen der Zielwahl und des Modus Operandi, um die Beschaffung und Herstellung von Anschlagsmitteln und sonstige Logistik sowie in geringerer Häufigkeit um die Frage, welche Botschaften der Anschlag vermitteln solle und welche gesellschaftlichen Effekte dies haben könnte. Den letzten Themenblock bilden Gespräche über die »Kuffar« (»Ungläubige«), die Fehlleitung anderer Muslime, die Festigkeit im Glauben und den Umgang mit Sünden sowie schließlich den »Weg des Dschihad«.

Für die Sequenzanalyse ausgewählt wurde eine Passage, in der die Entscheidung zur Durchführung einer Anschlagsplanung thematisch ist. An diese Passage schließt sich eine Diskussion zu Fragen der Zielwahl und des Modus Operandi an, die ebenfalls in die Sequenzanalyse einbezogen wurde.[120]

In der der ausgewählten Passage vorgelagerten Passage geht es um den bewaffneten Dschihad außerhalb Europas. Thema des Gespräches zwischen Gelowicz und Yilmaz ist hier zunächst eine beiden bekannte Person, der Yilmaz eine mangelnde Gottesfurcht und bloße Abenteuerlust attestiert und die es deshalb »nicht bringe«. Als Gegenpol zählt er Brüder auf, die

---

119 Die Gespräche der Autofahrt nach Freudenstadt erstrecken sich über einen Zeitraum von circa sechs Stunden; die Gespräche im Zusammenhang mit der Fahrt und dem Aufenthalt ins Ferienhaus circa 14 Stunden.

120 Zum Zeitpunkt der Auswertung lag das Transkript nicht mehr vor. Die Auswertung stützt sich daher auf eine thematische Gliederung, Zusammenfassungen sowie Abschriften einzelner für die Fragestellung als relevant erachteter Passagen. In den vom Generalbundesanwalt zur Verfügung gestellten Wortprotokollen waren alle Namen geschwärzt. Aufgrund der sprachlich-dialektischen Besonderheiten von Gelowicz war eine Zuordnung der Äußerungen jedoch einfach möglich. In Medienberichten wurde zudem eine Reihe von Gesprächssequenzen zwischen Yilmaz und Gelowicz nicht anonymisiert wiedergegeben, so auch die hier ausgewählte Passage. Vor diesem Hintergrund erschien die Heranziehung weiterer Äußerungen zum gleichen Themenfeld – und deren Deanonymisierung – forschungsethisch erlaubt.

»richtige Namen« seien und viel »gebracht haben«. Demgegenüber sei auch er selbst »ein Nichts«. Es wird sodann über weitere Personen gesprochen.

Passage 1, Sequenz 1:

Gelowicz: Aber Allah hat uns unseren Weg gezeigt. […]

Zu dieser Äußerung passen zwei Kontexte, die durch die folgenden Gedankenexperimente beschrieben werden:

- GE 1: Ein Prediger spricht zu Gläubigen von der heutigen Zeit als einer Zeit, in der den Menschen schwierige Entscheidungen abverlangt werden, ihnen aber die Orientierung fehle. Dann ruft er in die Menge: »Aber Gott hat uns unseren Weg gezeigt«.
- GE 2: Ein gläubiges Paar hat eine Entscheidung getroffen, die ihm Probleme bereitet, zum Beispiel ein behindertes Kind zur Welt gebracht zu haben. Der Mann stellt fest: »Hätten wir auf unsere nichtgläubigen Freunde gehört und abgetrieben, hätten wir all die Probleme nicht.« Die Frau antwortet: »Aber Gott hat uns unseren Weg gezeigt.«

Die erste Geschichte beschreibt eine kollektive Orientierungskrise, aus der Gott herausführt. Er zeigt einem den richtigen Weg in (aus) der Krise, den man ohne Gott nicht gefunden hätte. Der »Besitz« von Orientierung wird an die Zuwendung des Gläubigen zu Gott geknüpft, während der Zustand der Orientierungslosigkeit einer mangelnden Zuwendung zu Gott zugerechnet wird. Gott erscheint als eine den Menschen bei der Bewältigung seiner Probleme unterstützende Instanz. Indem er die menschliche Lebenspraxis mit Sinn und Orientierung ausstattet, hilft er dieser bei der Bewältigung ihrer Probleme. In der zweiten Geschichte wird eine kategoriale Differenz zwischen einem von Gott aufgezeigten »richtigen« Weg und den nicht von Gott aufgezeigten »falschen« Wegen gezogen. Gott wird hier nicht unter dem Aspekt der Bewältigung lebenspraktischer Probleme thematisiert, sondern als eine über wahr und falsch entscheidende Instanz, deren Entscheidungen gerade unabhängig von ihrem Beitrag zur Problembewältigung zu befolgen sind.

Den tatsächlichen Kontext der Äußerung bildet ein Gespräch über den »Weg des Dschihad«. In diesem Gespräch wurde die ernsthafte, nicht nur von Abenteuerlust getragene Beteiligung am bewaffneten Dschihad und die damit verbundene Chance, große Verdienste zu leisten, als ein positiver Gegenhorizont zu der bisher auch eigenen Verdienstlosigkeit entworfen (Yilmaz). Von Yilmaz wurde also das Problem aufgeworfen, es bisher im

Dschihad »zu nichts gebracht zu haben«. Beziehen wir weiteres Wissen um den Fall ein, lässt sich diese Problematisierung wie folgt weiter kontextualisieren. Die ursprüngliche Absicht der Gruppe war es, sich im bewaffneten Dschihad zu bewähren (womöglich als Märtyrer zu sterben), nicht aber nach Deutschland zurückzukehren, um einen Anschlag auszuüben. Die Anschlagsplanung erfolgte gegen ihren Willen, den sie gegenüber der IJU-Führung auch deutlich artikulierte (siehe oben).

Vor diesem Hintergrund erscheint es evident, dass Gelowicz mit dem von Gott gezeigten Weg die Anschlagsplanung in Europa meint, die hier von dem alternativen Weg, sich dem bewaffneten Dschihad in muslimischen Ländern anzuschließen, der aber nicht der von Gott gewiesene und daher als falsch zu verwerfen sei, abgegrenzt wird. Mit Blick auf die von Yilmaz proponierte Anforderung einer Bewährung durch Verdienste im Dschihad handelt es sich hier um eine antithetische Differenzierung der Bewährungsanforderung, der zufolge nicht Verdienste als solche, sondern die Befolgung des von Gott vorgegebenen Weges, des »göttlichen Willens«, das Maß aller Dinge zu sein hat. Dass der eigene Wille von dem göttlich gewiesenen Weg abweicht, ist in dieser Logik geradezu ein positiver Gegensatz, da die Befolgung des »göttlichen Willens« dann umso mehr als Zeichen des Gehorsams gegenüber Gott und damit als Zeichen positiver Bewährung dienen kann.

Auf Basis dieser sinnstrukturellen Befunde können wir für den Fall Gelowicz eine erste *Fallstrukturhypothese* wagen: Für Gelowicz reicht es nicht aus, einfach nur den »göttlichen Willen« zu befolgen. Er sucht vielmehr nach Bestätigungen für seine »reine Intention«. Dass die Anschlagsplanung in Deutschland nicht dem ursprünglichen Willen der Gruppe entspricht, gilt ihm dafür als Zeichen. Die Abkoppelung von einem eigenen Willen ist dabei als konstante Persönlichkeitseigenschaft einer ständigen Prüfung zu unterziehen. Umso wichtiger muss es für Gelowicz sein, starke bewährungsbedeutsame Zeichen eines »göttlichen Willens« in der Tathandlung sowie den Planungshandlungen zu produzieren.

> Passage 1, Sequenz 2:
>
> Gelowicz: […] Wir wollten eigentlich was anderes. Wollten nicht das, was wir wollten.

Im ersten Satz wird die Abweichung einer Handlung oder eines Entschlusses von einer ursprünglichen Absicht, die inzwischen aufgegeben wurde, konstatiert. Die Aufgabe dieser ursprünglichen Absicht impliziert zugleich einen Wandel des Gewollten im Sinne von »wir wollten eigentlich was anderes als wir jetzt wollten«. Das den Folgesatz beginnende Verb »wollten« kann als

Elaboration gelesen werden (im Sinne von: »Wir wollten eigentlich was anderes, wollten zu Hause bleiben«). Die tatsächliche Äußerung mündet jedoch in einem Widerspruch (»wir wollten nicht das, was wir wollten«), durch den der zuvor konstruierte Gegensatz zwischen einem ursprünglich Gewollten und einem nichtursprünglich Gewollten aufgehoben wird. Paraphrasiert unter Einbeziehung des Kontextwissens bedeuten beide Sätze: »Wir wollten eigentlich den bewaffneten Dschihad kämpfen. Wir wollten nicht einen Anschlag vorbereiten, was das ist, was wir wollten.« Sinn macht diese Äußerung nur im Falle einer Aufspaltung in zwei »Wir«. Das zweite »Wir« wäre dann ein »Wir«, welches den Anschlag von Anfang an wollte, also ein »Wunsch-Wir«. Ein solches »Wunsch-Wir« steht aber im Widerspruch zum bisher rekonstruierten inneren Fallkontext, weshalb diese Lesart nicht aufrechterhalten werden kann.

Näherliegend scheint hier ein Transkriptionsfehler zu sein. Insofern das Transkript ohnehin an vielen Stellen als unverständlich markierte Auslassungen enthält, muss von einer mitunter schweren Verständlichkeit vieler Äußerungen und somit von weiteren Transkriptionsfehlern ausgegangen werden. Da es zwischen der den Anschlag beauftragenden IJU und der Gruppe, die in den Bergen Waziristans bleiben wollte bzw. den bewaffneten Dschihad in einem muslimischen Land kämpfen wollte, einen Dissens gab, könnte Gelowicz auch gesagt haben: »Wollten nicht das was *sie* [*die*] wollten«. Sollte diese Transkription richtig sein, würde Gelowicz hier den von Gott aufgezeigten Weg mit einer der ursprünglichen Absicht der Gruppe entgegengesetzten Entscheidung einer Organisation identifizieren. Doch wie kann er wissen, dass diese Entscheidung der von Gott aufgezeigte Weg ist? Entweder schreibt er der Organisation den Status zu, ein Sprachrohr Gottes zu sein (dies stünde aber im Widerspruch zu einem radikalen *Tawhid*-Gedanken, demzufolge keinem Menschen, sondern nur Gott Gefolgschaft zu leisten ist), oder er setzt den von Gott gezeigten Weg mit dem Schicksal gleich. Dieser Lesart zufolge wird der Nachweis dafür, sich auf Gottes Weg zu befinden, in Übereinstimmung mit der oben formulierten Fallstrukturhypothese durch die Schicksalsergebenheit (im Rahmen des durch das normativ Gewollte eröffneten Möglichkeitsraumes) erbracht. Je größer der Kontrast zwischen der ursprünglichen Absicht und dem von Gott aufgezeigten Weg, desto stärker das Zeichen der Ergebenheit gegenüber dem von Gott determinierten Lauf der Dinge.

Passage 1, Sequenz 3:
Yilmaz: Allah hat es so gezeigt.

Es handelt sich hier um eine selektive Validierung (Bestätigung) des von Gelowicz proponierten Sinngehalts. Während es Gelowicz gerade herausstellen wollte, dass der Kontrast zur ursprünglich bestehenden Intention ein starker Beweis für den Gott gegenüber erbrachten Gehorsam darstellt, bleibt bei Yilmaz mit der Einstellung »Wir sind Allahs Weg gefolgt« nur der Akt des Gehorsams übrig. Den Beweischarakter rezipiert er nicht.

Passage 1, Sequenz 4:
Gelowicz: Wir haben es akzeptiert, weischt, wie ich mein. Wir haben es akzeptiert, obwohl wir das nicht wollten.

Gelowicz elaboriert nun den präpositionalen Gehalt der zuvor konstatierten Differenz zwischen eigenem Wollen und dem von Gott aufgezeigten Weg. Dieser Weg würde sich quasi in der IJU-Entscheidung zur Begehung eines Anschlags in Deutschland schicksalsmäßig operationalisieren. Er deutet die gegen die eigene Präferenz gerichtete Anschlagsplanung als ein Zeichen dafür, dem von Gott vorgegebenen Weg zu folgen.

Passage 1, Sequenz 5:
Yilmaz: Stimmt, ich denk auch so.

Yilmaz bestätigt den von Gelowicz aufgeworfenen Orientierungsgehalt, wobei er durch das »Stimmt« am Anfang jedoch zum Ausdruck bringt, dass dieser für ihn zuvor nicht selbstverständlich und damit auch nicht von besonderer Relevanz gewesen ist. Erst nach Explikation der Regeln des auch von ihm in Anspruch genommenen dschihadistischen Deutungsmusters kommt er zu dem Ergebnis, dass Gelowicz recht hat. Dies legt die Vermutung nahe, dass hier bei Yilmaz eine anders gelagerte Bewährungsproblematik vorliegt, vor deren Hintergrund der Nachweis einer »reinen Intention« für ihn von geringerer Relevanz ist als für Gelowicz.

Passage 1, Sequenz 6:
Gelowicz: Wir wollten einfach nur gehen und [...]

Zur Verdeutlichung der kontextfreien Sinnstruktur folgende Gedankenexperimente:

GE 3: Zwei Freunde erzählen einem Dritten, dass sie auf einer Party mit schlechter Musik waren und dann hin und her überlegt hätten, was sie als Nächstes machen sollen. Der Freund fragt: »Und was wolltet ihr dann letztlich machen?« Einer der beiden antwortet: »Wir wollten einfach nur gehen.«

Zum Ausdruck gebracht wird hier, dass keine weiteren Pläne bestanden, sondern nur eine physische Differenz zu dem aktuellen Aufenthaltsort hergestellt werden sollte.

> GE 4: Ein Polizist fragt in einem Verhör, was der Verhörte mit seiner Partnerin an einem bestimmten Tag nach Verlassen des Hauses unternommen hatte. Der Verhörte sagt: »Wir wollten einfach nur gehen, in der Gegend herumgehen und uns ein bisschen die Beine vertreten«.

Im Unterschied zur ersten Geschichte bedeutet »Gehen« hier nicht das Verlassen eines Ortes, sondern »herumzugehen« im Sinne von spazierengehen. Zum Ausdruck gebracht wird, dass über das Spazierengehen hinaus keine weiteren Pläne und Absichten bestanden, die für den Polizisten relevant sein könnten. Das Verlassen des Hauses sei ausschließlich aus dem Grund erfolgt, »sich ein wenig die Beine zu vertreten«. Beiden Geschichten gemeinsam ist die Unbestimmtheit des Weges, wohin man genau geht. In der zweiten Geschichte artikuliert der Sprecher überdies eine auf die Tätigkeit des »Gehens« begrenzte Absicht.

In dem tatsächlichen Äußerungskontext handelt es sich um eine Elaboration der in Differenz zum Vorhaben der Anschlagsplanung in Deutschland stehenden ursprünglichen Absicht, einen bewaffneten Dschihad zu kämpfen. Gelowicz bringt nun zum Ausdruck, dass der Weg des Dschihad für ihn inhaltlich, also mit Blick auf die genauen Handlungen, mit denen er ausgefüllt werden sollte, unbestimmt war; ihm sei es nur um den Weg des Dschihad selbst gegangen. Als positiven Gegenhorizont zur Anschlagsplanung in Deutschland entwirft Gelowicz hier somit das Ideal eines reinen, von konkreten Inhalten losgelösten Weg des Dschihad, also gewissermaßen das Ideal einer »reinen Form« des Dschihad als Dienst an Gott.

In dem Entwurf dieses Gegenhorizonts dokumentiert Gelowicz – dem Bewährungsgedanken folgend – seine »reine Intention«. Gleichzeitig ist der spezifische Inhalt für seine Bewährung aber erforderlich, da dieser als göttlicher Entschluss akzeptiert werden muss. Gelowicz erreicht hier somit einen doppelten Bestätigungseffekt seiner »reinen Intention«: durch die Unterordnung des eigenen Willens unter den »göttlichen Willen« sowie durch die innere Bindung an den reinen, von einem spezifischen Inhalt abgekoppelten Weg des Dschihad. Umso mehr erwächst nun aus der latenten Gegenläufigkeit zwischen der als Gottes Entscheidung hinzunehmenden Anschlagsplanung und der reinen, durch den bewaffneten Kampf verkörperten Form das Erfordernis, die Anschlagsplanung dem Ideal der »reinen Form«

anzunähern. Dabei bleibt bis hier aber noch unklar, welche Elemente (Gelingenskriterien) diese Form ausmachen.

Erweiterung der Fallstrukturhypothese: Durch die Externalisierung des Entschlusses zur Anschlagsplanung bestätigt sich Gelowicz zunächst eine von konkreten Inhalten des Dschihad losgelöste »reine Intention«. Die Akzeptanz des Entschlusses gilt ihm als Zeichen der Bewährung. Auf der anderen Seite artikuliert Gelowicz entlang der Differenz zwischen Inhalt und »reiner Form« des Dschihad eine neue Handlungsanforderung, die darin besteht, die »reine Form« des Dschihad durch den Inhalt »Anschlagsplanung« nicht zu sehr zu verwässern. Die Bewährungsdynamik ist durch die Externalisierung des Entschlusses zur Anschlagsplanung also nicht stillgestellt, sondern führt nun zur Suche nach einer Form des Anschlags, die den »reinen Weg des Dschihad« möglichst gut verkörpert.

> Passage 1, Sequenz 7:
> Gelowicz: [...](unverständlich) jetzt ein bisschen Dschihad.

Es bestätigt sich die zweite Lesart (GE 4). Der Gruppe sei es nur darum gegangen, ihre Pflicht zum bewaffneten Dschihad zu erfüllen. Darüber hinaus hätten keine sonstigen Pläne und Ambitionen bestanden, die den Verdacht begründen könnten, von dieser »reinen Intention« der Pflichterfüllung abgewichen zu sein. An die Stelle des Polizisten in GE 4 tritt hier also das normative Ideal der »reinen Intention«, der sich Gelowicz unbedingt vergewissern will.

> Passage 1, Sequenz 8:
> Yilmaz: Aber jetzt, jetzt, jetzt denk ich nicht so, aber jetzt will ich das Beste herausholen, Achie (unverständlich) [...]

Zur Entwicklung von Lesarten dieser Sequenz fragen wir zunächst wieder nach ihrer fallunspezifischen Bedeutungsstruktur mithilfe von Gedankenexperimenten:

- GE 5: »Ich habe mir jahrelang eingeredet, es wäre eigentlich das Beste, diese Beziehung endlich zu beenden. Aber jetzt denk ich nicht so, aber jetzt will ich das Beste herausholen.«
- GE 6: »Beim letzten Spiel dachte ich noch, wir können die Saison abhaken. Aber jetzt denk ich nicht so, aber jetzt will ich das Beste herausholen.«
- GE 7: »Am Anfang dachte ich, wir sollten den Urlaub besser abbrechen. Aber jetzt denk ich nicht so, aber jetzt will ich das Beste herausholen.«

In allen drei Geschichten steht ein Handlungssubjekt vor der Entscheidung zwischen zwei Alternativen (Beziehung verlassen versus fortführen; Kampf aufgeben versus fortführen; Urlaub abbrechen versus fortführen). Impliziert ist jeweils ein Einstellungswandel, in dessen Zuge die zweite Handlungsoption nicht mehr *ausschließlich* negativ bewertet wird, sondern auch etwas Positives entdeckt wird. Die zweite Handlungsmöglichkeit kommt so nun als eine Alternative zur ersten in Betracht, die das Subjekt aus irgendeinem Grund nicht ergreifen kann oder will (zum Beispiel aufgrund eines Treueversprechens in der Beziehung oder aufgrund der für einen Urlaub getätigten Investition, die nicht umsonst gewesen sein soll). Das Subjekt hatte sich somit aus irgendeinem Grund schon vorher auf die zweite Handlungsoption verpflichtet und vollzieht nun einen Einstellungswandel, der es ihm ermöglicht, auch diese Option positiv zu sehen und sie für die Verfolgung der eigenen Handlungsziele, die durch die verbaute erste Option nicht mehr optimal erfüllt werden können, bestmöglich zu nutzen.

In dem tatsächlichen Äußerungskontext geht es um die beiden Handlungsoptionen bewaffneter Dschihad in einem muslimischen Land auf der einen und Anschlagsplanung auf der anderen Seite. Dass die Gruppe sich auf die negativ bewertete zweite Handlungsoption, die Anschlagsplanung, verpflichtet hat, wurde von Gelowicz zuvor gerade positiv als Ausdruck der Fügung unter einen »göttlichen Willen« bewertet. Aufgeworfen wurde damit ein Orientierungsrahmen, dem zufolge die Fügung unter den Willen Allahs handlungsleitend sein müsse, und zwar besonders dort, wo dieser Wille dem eigenen Willen entgegengesetzt ist. Demzufolge gilt es, die Differenz zwischen der aufgrund der Selbstverpflichtung getroffenen Handlungsoption und der selbst präferierten Handlungsoption gerade zu akzeptieren. Demgegenüber vollzieht Yilmaz einen Einstellungswandel von einer ausschließlich negativen Bewertung der Anschlagsplanung hin zu einer positiven Bewertung. Er passt seine eigenen Präferenzen also an den »göttlichen Willen« an, um die ursprünglichen Handlungsziele unter den gesetzten Rahmenbedingungen bestmöglich weiterverfolgen zu können.

Vor der Folie dieser Lesart stellt Yilmaz' Einwurf eine antithetische Differenzierung des von Gelowicz aufgeworfenen Orientierungsgehaltes dar, in der die Reichweite der Orientierung auf die in der Vergangenheit liegende Entscheidung, dem von Gott so vorgegebenen Weg der Anschlagsplanung gefolgt zu sein, beschränkt wird. Der Orientierung an einer Differenz gegenüber dem »göttlichen Willen« stellt Yilmaz eine Orientierung an Handlungszielen gegenüber.

Daraus lässt sich eine erste *Strukturhypothese* für den Fall Yilmaz ableiten: Während es Gelowicz um die Perfektionierung seiner »reinen Intention« geht, folgt Yilmaz einem gegenläufigen Modus der Bewährung: der Bewährung durch die Vollbringung guter Taten. Bewährungsbedürftig ist vorrangig ein durch gute Taten und Normbefolgung abzusichernder »islamisch« konformer Lebenswandel als Voraussetzung für die Erlangung des Heils, weniger ein Gesinnungswandel wie im Falle Gelowicz. Entscheidend ist für ihn daher die erfolgreiche Absolvierung des Wegs des Dschihad bzw. die erfolgreiche Durchführung des Anschlags als Zeichen dafür, den Normen gefolgt zu sein und den Lebenswandel vollbracht zu haben. Unter Hinzuziehung biografischer Hintergrundinformationen wollen wir die *Fallstrukturhypothesen* nun *erweitern*. Zu Yilmaz liegen nur bruchstückhafte Informationen zum Elternhaus vor, die jedoch deutlich die Sozialisation in einem bildungsfernen, von Marginalisierungserfahrungen geprägten, muslimisch-migrantischen Milieu indizieren. Vor der Folie unserer drei idealtypischen bewährungsthematischen Stränge (vgl. Kapitel V.2.7) deuten diese Informationen auf eine Problematik von Marginalisierungs- und Ausgrenzungserfahrungen und eine dadurch erzeugte Identitätsunsicherheit hin, die im Rahmen des übernommenen Handlungsentwurfes gelöst werden soll. Für die Bewährung erforderlich ist die Abgrenzung von einer »unislamischen« Lebensführung, die sich zum einen auf das eigene Herkunftsmilieu bzw. Elternhaus beziehen kann, zum anderen auf vorherige gescheiterte Versuche der Bewältigung von Marginalisierungserfahrungen, die nun als »unislamisch« definiert werden, wie zum Beispiel Kriminalität oder ein »hedonistischer« Lebensstil. Die Abgrenzungsbewegung vom »unislamischen« Herkunftsmilieu legt im Kontext einer unterstellten Marginalisierungsproblematik zudem eine Responsibilisierung dieses Herkunftsmilieus für die gesellschaftliche Ausgrenzung nahe, da dieses gewissermaßen sein Versprechen, durch Assimilation gesellschaftliche Teilhabe zu erreichen, nicht erfüllt hat. Eine Zugehörigkeitsproblematik im Sinne einer von der Mehrheitsgesellschaft verwehrten Anerkennung ist hier im Unterschied zum Fall Choudhry stärker im Sinne einer beidseitigen Abgrenzung akzentuiert, weshalb für Yilmaz nicht die Umma als bloße Solidargemeinschaft, sondern die Exklusivität einer Gemeinschaft »wahrer« Gläubiger den Bezugspunkt bildet.

Auffällig im Falle Gelowicz ist die frühe Hinwendung zum Islam im Alter von 16 Jahren, die sich zunächst als Ausdruck der Bewältigung adoleszenztypischer Orientierungsprobleme interpretieren lässt. Die später einsetzende dschihadistische Radikalisierung mit ihrer Bewährungsdynamik einer totalen Unterordnung unter den »göttlichen Willen« indiziert eine misslungene Bewältigung der Adoleszenzkrise, deren psychosoziale Ursachen hier nicht geklärt werden können.

> Passage 1, Sequenz 9:
>
> Yilmaz: […] Das wirklich, Achie, wirklich, zweiter 11 September, dass Achie, dass (unverständlich). Die Oberketzer und so, […]

Yilmaz wünscht sich eine Wiederholung des eigentlich singulären 11. September. Angestrebt wird eine große, grandiose Tat. Dabei bleibt unklar, was die Größe hier im Einzelnen ausmacht. Im zweiten Satz wird mit der Figur des »Oberketzers« eine Personengruppe benannt, der ein solcher »zweiter« 11. September gelten solle. Impliziert wird dabei ein Äquivalenzverhältnis zwischen der Größe des Anschlags und dem Grad des Ketzerseins. Ein Ketzer ist ein »Irrgläubiger«, der die von der Eigengruppe als universell verbindlich erachteten Dogmen ablehnt. Er weicht umfassend und nicht nur partikular von Normvorstellungen der Eigengruppe ab. Markiert wird somit eine Wesensdifferenz, ein radikales Anderssein. Die Etcetera-Formel »und so« dient dabei als Fortführungssignal, das anzeigt, dass die Eigenschaft bzw. Personengruppe »Oberketzer« Gattungsvertreter einer Kategorie von Eigenschaften bzw. Personengruppen ist. Dadurch, dass mit der Figur des »Oberketzers« eine drastische und umfassende Form der Abweichung zum Identifikationsmerkmal dieser Kategorie gemacht wird, wird der Aspekt des radikalen Andersseins als Gattungsmerkmal hervorgehoben. Indem die Kategorie hier nur angedeutet, nicht aber expliziert wird, verweist Yilmaz auf einen Wissensbestand, dessen gemeinschaftliche Geltung (hier zunächst mit Gelowicz) er wie selbstverständlich voraussetzt. Auch die Verknüpfung zwischen der angedeuteten Kategorie von Personengruppen/Verhaltensweisen und einem anstrebenswerten »zweiten 11. September« setzt Yilmaz als selbstverständlich voraus. Dass er hier im Sinne eines »Du weißt schon, warum« lediglich auf ein die entsprechende Kategorie von Personen explizierendes Deutungsmuster verweist, das Deutungsmuster aber nicht durch Verknüpfung des Ketzers mit weiteren Attributen anwendet, lässt darauf schließen, dass der Aspekt eines generalisierten normabweichenden Verhaltens für ihn nicht von großer Relevanz ist. Dies passt zur bisherigen Fallstrukturhypothese, der zufolge die Normbindung, mit dem sich daraus ableitenden Anspruch auf eine umfassende Zur-Geltung-Bringung des »göttlichen Gesetzes«, für Yilmaz im Unterschied zu Gelowicz von geringerer Relevanz ist.

Passage 1, Sequenz 10:
Yilmaz: [...] die Amerikaner so Kriegsverbrechen (unverständlich).

Wir fragen zunächst nach der kontextfreien Bedeutung der Sequenz, wobei unterstellt wird, dass das »unverständlich« sich auf fehlende folgende Satzbestandteile, nicht jedoch die transkribierten Bestandteile selbst bezieht.

- GE 8: Eine Person erklärt einer anderen, warum sie oder ein Dritter keine Amerikaner mag: »weil die Amerikaner so Kriegsverbrechen begehen, so Bomben auf unschuldige Menschen abwerfen.«
- GE 9: Eine Person erzählt von dem Inhalt eines Buches, Filmes oder Textes: »Es geht dabei um, ähh, die Amerikaner, so Kriegsverbrechen der Amerikaner, also um ...«
- GE 10: Personen spielen das Spiel »Begriffe raten«. Die den Begriff erklärende Person sagt zum Beispiel: »Es geht um Krieg, Bomben auf Menschen werfen ...«, Person B rät: »die Amerikaner, so Kriegsverbrechen, ähh Kollateralschäden«.

Alle drei Geschichten schreiben »den Amerikanern« die Eigenschaft zu, Kriegsverbrechen zu begehen. In der ersten Geschichte erfolgt eine direkte Zuschreibung, da »die Amerikaner« hier Subjekt der Handlung »Kriegsverbrechen« sind. In der zweiten Geschichte erfolgt die Zuschreibung assoziativ durch die Gleichsetzung eines Films über Amerikaner mit einem Film über Kriegsverbrechen »der« Amerikaner. Auch in der dritten Geschichte erfolgt die Zuschreibung assoziativ. Mit »den Amerikanern« als solchen wird ein bestimmter Handlungstyp, das »Kriegsverbrechen«, assoziiert und den »Amerikanern« damit die Verantwortung für Kriegsverbrechen generalisiert zugeschrieben. Entscheidend ist, dass die negative Zuschreibung »Kriegsverbrechen« dem Kollektiv »Amerikaner« zugeschrieben, also ohne Abgleich mit der Realität auf alle Mitglieder der so konstruierten Outgroup bezogen wird. Die objektive Bedeutungsstruktur der Sequenz ist hier also die Artikulation eines Ressentiments gegenüber Amerikanern, das sich auf eine generalisierte Verantwortungszuschreibung für extrem negativ besetzte Handlungen stützt.

Im tatsächlichen Äußerungskontext ist die Sequenz Teil einer Aufzählung von Begründungselementen für einen »zweiten 11. September«. Dabei werden »Amerikaner« in ihrer Eigenschaft, »Kriegsverbrecher« zu sein, als weiterer Gattungsvertreter der Kategorie eines umfassend normabweichenden Verhaltens bzw. als Exemplar des zuvor benannten Gattungsvertreters

»Oberketzer« angeführt. Die Zurechnung erfolgt hier also anhand der zugeschriebenen Eigenschaft »Kriegsverbrecher«, das heißt anhand einer in der Logik des Vorurteils zugeschriebenen generalisierten Verantwortung für vermeintlich an Muslimen begangene Verbrechen. Die Verbrechen werden dabei nicht in den Kontext des »göttlichen Gesetzes« (Verstoß gegen die Verbotsnorm der Tötung von Muslimen), sondern den des Völkerstrafrechts gestellt. Die Zurechnung zur Kategorie Ketzer thematisiert somit nicht ein radikales Anderssein »der Amerikaner« als Ungläubige, sondern ihre umfassende Abweichung von universellen Standards der Humanität. Bezugspunkt dieses Ressentiments bildet ein Konflikt zwischen »den Muslimen« und der in der Figur des »Kriegsverbrechers« perhorreszierten Outgroup der Amerikaner. Es handelt sich also um einen auf eine bestimmte Gruppe bezogenen Manichäismus (die Amerikaner als das Böse schlechthin)[121] und keinen entlang der Kategorie der »Ungläubigen« entgrenzten Manichäismus (die »Ungläubigen« als das Böse schlechthin).

Die entwickelte Lesart enthält keine mit der Fallstrukturhypothese nicht vereinbaren Sinnkonstellationen. Maßgeblich ist für Yilmaz die Befolgung der »göttlichen« Normen als Zeichen eines erfolgreichen »islamischen« Lebenswandels. Zu vollbringen sind dafür gottgefällige Taten, wobei es im Kontext des Dschihad vor allem um die an den Gläubigen gerichtete Verhaltenserwartung geht, seiner Pflicht nachzukommen, Schuldige zu bestrafen. Eine »große« Tat, wie sie im Wunschtraum eines zweiten 11. September zum Ausdruck kommt, durch die dem Feind großer Schaden zugefügt wird und viele Schuldige bestraft werden, wäre subjektiv ein starkes Zeichen dafür, diese Pflicht erfüllt zu haben. Für die Pflichterfüllung ist dabei unerheblich, ob »den Amerikanern« aus den richtigen Gründen Schuld zugerechnet wird, ob also der Aspekt einer generalisierten Abweichung »der Amerikaner« subjektiv für relevant erachtet wird. Entscheidend ist, dass sie für Normverletzungen responsibilisiert werden können – nach welcher Logik auch immer. Erst für ein an der Gesinnung ausgerichtetes Handeln, wie es für Gelowicz charakteristisch ist, wird es wichtig, dem Gegner die richtigen Schuldgründe zuzurechnen.

In dem gruppenbezogenen Manichäismus Yilmaz' zeigt sich gleichwohl eine akzentuierte kollektivistische Orientierung, die dem religiösen Bewährungsstreben latent entgegenläuft. Der Akt der Vergeltung erlangt seine Be-

121 Zum Manichäismus als Strukturmerkmal antiamerikanischer sowie antisemitischer Ressentiments siehe Beyer/Liebe 2010.

deutung nicht nur bzw. primär als eine vor Gott erbrachte Gehorsamsleistung, sondern als Zeichen der Zugehörigkeit zu einem Kollektiv und damit als Mittel der Behauptung einer kollektiven Identität »der Muslime«. So schildert Yilmaz mit der Größenvorstellung eines zweiten 11. September nicht einfach gute Taten, sondern eine Tat, die weit über das übliche Maß hinausginge und insofern Charakter einer »Heldentat« hätte. Yilmaz strebt hier zwar Attribute eines Helden an, dessen Ziel es letztlich immer ist, Ruhm und Anerkennung durch die Eigengruppe zu erlangen. Diese Attribute stehen jedoch nicht im Widerspruch zu einer Bewährung eines »islamisch« konformen Lebenswandels durch gute Taten und Normbefolgung. Einerseits kann das Streben nach Heldentum, das mit tatsächlicher Gottesfürchtigkeit unvereinbar ist, für ihn unproblematisch sein, gerade weil die Orientierung an einem von der richtigen Gesinnung getragenen Handeln in seinem Bewährungsmodell fehlt. Andererseits lassen sich bestimmte Attribute eines Helden wie Standfestigkeit und Furchtlosigkeit durchaus mit dem Ziel einer Befolgung der »göttlichen« Normen kompatibilisieren.

> Passage 1, Sequenz 11:
> Yilmaz: Allah, ich hab, Allah, ich hab keine Angst, das so durchzuführen. Ich hab wirklich nur Angst. Ich hab wirklich nur Angst wegen der Sünden. [...]

In dieser Anschlussproposition wird das Thema der Orientierung bzw. Bewährung auf dem Weg der Anschlagsplanung weiter mit Blick auf die Aspekte Angst und Sünden bearbeitet. Seiner Angstlosigkeit vor der Durchführung des Anschlags stellt Yilmaz eine Angst »wegen der Sünden« gegenüber. Thematisch ist hier zunächst keine Angst vor der Begehung von neuen Sünden in der Zukunft, sondern Angst aufgrund der vergangenen Sünden. Er sorgt sich also darum, ob seine vor Gott erbrachten Leistungen, die er im Zuge seines religiösen Lebenswandels vollbracht hat, am Tag der Abrechnung wirklich ausreichen werden, um den zuvor erbrachten Ungehorsam gegen Gott (Sünden) wiedergutzumachen. Als entscheidende Wiedergutmachungsleistung setzt Yilmaz auf den Anschlag. Umso wichtiger muss es für ihn sein, sich seiner Furchtlosigkeit und Standfestigkeit bezüglich der Durchführung des Anschlags zu vergewissern (»*wirklich nur* Angst wegen der Sünden«) und sich nicht von diesem Weg abbringen zu lassen. Yilmaz' eigentliche Sorge ist also, dass er doch noch von dem Weg des Dschihad, das heißt einer erfolgreichen Durchführung des Anschlags abgebracht werden könnte. Die *Fallstrukturhypothese* bestätigt sich und kann präzisiert werden: Das zentrale Bewährungsthema für Yilmaz bildet die Furchtlosigkeit und Standfestigkeit auf dem Weg des Dschihad (der

Anschlagsplanung). Entscheidendes Prüfkriterium dafür ist der erfolgreiche Anschlag. Je »größer« die Tat, desto größer ist die Prüfung und damit der Beweiswert der Tat, desto größer aber logischerweise auch das Risiko eines Misslingens der Prüfung. Es resultieren daraus die latent gegenläufigen Handlungsorientierungen von Risikominimierung und »Größen«-Maximierung.

Passage 1, Sequenz 12:

Yilmaz: [...] Weil ich hab keine Angst. Ich leb einfach so. Ich les viel Koran, aber, wirklich aber (unverständlich). Ich leb nur dafür, Achie.

Yilmaz vergewissert sich erneut seiner Furchtlosigkeit auf dem Weg der Anschlagsplanung, die er erneut einer Angst vor nur unzureichend erbrachten Leistung in der Lebensführung gegenüberstellt, wobei diesmal nicht vergangene Sünden, sondern die aktuelle Lebensführung thematisch sind. Artikuliert wird die Sorge einer nicht strikt religiös regelgeleiteten Alltagsgestaltung. Er lebe »einfach so«, das heißt ohne die religiösen Regeln wirklich zu befolgen. Mehr als den Koran zu lesen, sei für ihn derzeit sozusagen »nicht drin«. Einer solchen nicht strikt regelgeleiteten Alltagsgestaltung stellt er als positiven Gegenhorizont die alleinige Ausrichtung des Lebens an der Anschlagsplanung (»dafür«) gegenüber. Da die Anschlagsplanung einen Dienst an Gott auf gewissermaßen hohem Niveau darstellt, kann sie, so die Hoffnung von Yilmaz, die mangelnde religiöse Alltagsgestaltung kompensieren. Diese Sinnkonstellation geht vollständig in der Fallstrukturhypothese auf.

Passage 1, Sequenz 13:

Gelowicz: Solang man auf dem Weg bleibt, weischt, Allah wird es spüren.

Gelowicz bestätigt Yilmaz' Hoffnung, die mangelhafte religiöse Alltagsgestaltung durch die Fokussierung auf das Anschlagsvorhaben kompensieren zu können. Entscheidend sei, nicht von dem Weg Allahs abzukommen, wobei es ihm hier um die Zugewandtheit zu Gott, also um einen nicht direkt beobachtbaren, von Gott aber spürbaren inneren Zustand geht und weniger um die Erbringung bloß äußerer Leistungen.

Passage 1, Sequenz 14:

Yilmaz: Auch wenn ein Hindernis kommt, verstehst du, wenn eine Sünde kommt oder so.

Yilmaz elaboriert Gelowicz Proposition in Form einer Exemplifizierung. Entscheidend für ihn sei, trotz eines aufkommenden Hindernisses auf dem Weg zu bleiben, also standhaft zu bleiben. In der Differenz zwischen der

Betonung eines inneren Prüfkriteriums (Gelowicz) und eines äußeren Prüfkriteriums (Yilmaz) zeigt sich gleichwohl der charakteristische Unterschied zwischen den beiden Fallstrukturen. Dass Yilmaz die Standfestigkeit auf das Thema Sünden, also die Standfestigkeit des Glaubens vor den Verlockungen des »Satans« ausweitet, bringt hier noch einmal die für den Fall Yilmaz charakteristische Bewährungsdynamik auf den Punkt. Für die Bewährung des übernommenen Handlungsentwurfes erforderlich ist der »islamisch« konforme Lebenswandel. Je größer der Bewährungsdruck aufgrund vergangener Sünden, desto problematischer erscheint die nicht strikt religiöse Alltagsgestaltung im Kontext der Anschlagsplanung. Die Hoffnung auf eine positive Bewährung verlagert sich dadurch zunehmend auf den Anschlag bzw. die erfolgreiche Durchhaltung der Anschlagsplanung.

Für etwa weitere fünf Minuten wird das Thema Sünden fortgeführt, verknüpft sich jedoch nicht weiter mit einer Thematisierung des geplanten Anschlags. Dann geht das Gespräch über zu Themen der Anschlagsplanung. Im Mittelpunkt steht dabei die Diskussion um Vor- und Nachteile verschiedener Objektklassen, insbesondere Diskotheken, Pubs und Supermärkte. Yilmaz äußert seine Präferenz für Angriffe auf von »Amerikanern« stark frequentierte Diskotheken. Sein Argument für diese Kategorie von Anschlagszielen lautet (auf die Opfergruppe »Amerikaner« hatte sich die Gruppe zu diesem Zeitpunkt schon festgelegt), dass die Gegenseite mit diesem Anschlagsziel nicht rechnen würde. Dabei geht es ihm hier nicht um den Überraschungseffekt, sondern um die erwarteten geringen Sicherheitsvorkehrungen, die eine günstige Tatgelegenheit darstellen. Es müsse jedoch nicht zwingend eine Diskothek sein, vielmehr könne er sich auch einen Supermarkt als Anschlagsziel vorstellen.

> Passage 2, Sequenz 1:
> Gelowicz: Ja, aber wenn da viele Kinder und so sind, dann haben wir ein Problem, so Kleinkind.

Gelowicz problematisiert das Anschlagsziel Supermarkt vor dem Hintergrund einer zu erwartenden Präsenz von »vielen Kindern«. Wie schon in der oben interpretierten Sequenzabfolge kommt ihm die Rolle des Proponenten zu, der einen Orientierungsgehalt aufwirft, der im weiteren Diskurs von beiden elaboriert wird. Durch die Etcetera-Formel »und so« werden Kinder hier der Kategorie »Unschuldige« zugeordnet. Eine Tötung oder Verletzung von »vielen« Unschuldigen will Gelowicz nicht nur vermeiden, sondern unbedingt verhindern. »Dann haben wir ein Problem« heißt, dass der Wert des Anschlags für die eigene Bewährung deutlich geschmälert, womöglich ganz zunichte gemacht werden würde, weil die Tötung von »vielen« Unschuldigen aus Sicht der von ihm in Anspruch genommenen Normen verboten oder zumindest höchst problematisch ist. Es dokumentiert sich hier zunächst das Streben nach einer normativen Klarheit des Anschlags. Dieses Streben steht im Einklang mit der für den Fall Gelowicz zentralen Orientierung an einem Handeln aus »reiner Intention«, das heißt einem Handeln, das aus einer unmittelbaren Bindung an den »göttlichen Willen«, wie er sich im »göttlichen Gesetz« manifestiert, vollzogen wird, dem also keine anderen Absichten bzw. Bindungen (an andere Normen) zugrunde liegen. In den zu vollbringenden guten Taten (hier dem Anschlag) gilt es, aussagekräftige Zeichen für diese Ausschließlichkeit einer Orientierung am »göttlichen Willen« zu produzieren. Die strenge, möglichst perfekte Umsetzung der normativen Vorgaben, wie sie an dieser Sequenzstelle thematisch ist, ist dafür ein notwendiges, gleichwohl noch nicht hinreichendes Zeichen. Erforderlich ist vielmehr auch, in den Taten den Anspruch einer ausschließlichen und umfassenden Geltung des »göttlichen Gesetzes« zum Ausdruck zu bringen.

> Passage 2, Sequenz 2:
> Yilmaz: Weil die gehen meistens mit kleinen Kindern einkaufen, Disco oder so richtig, Abdallah, mit ihren Schlampen, weißt so.

Yilmaz validiert den von Gelowicz proponierten Orientierungsgehalt. Ohne diesen weiter zu elaborieren oder zu differenzieren, zeichnet er einen positiven Gegenhorizont: statt unschuldige kleine Kinder sollen »amerikanische Schlampen« getroffen werden. Er kehrt damit wieder zur ursprünglichen Objektklasse, den Diskotheken zurück. Indem er Gelowicz mit dessen sich selbst so verliehenen Konvertitentitel »Abdullah« anredet, scheint es, als ob er es Gelowicz mit diesem Vorschlag recht machen wollte. Hier reproduziert sich erneut die von der Fallstruktur erzeugte Interaktionsstruktur von Gelowicz als Proponenten eines hohe normative und gesinnungsethische Maßstäbe setzenden Orientierungsgehaltes, und Yilmaz, dem diese Maßstäbe nicht so wichtig sind und der sich so in die Rolle begibt, nach Umsetzungsmöglichkeiten zu suchen, mit dem Ziel, Gelowicz von einer konkreten Praxis zu überzeugen.

> Passage 2, Sequenz 3:
> Gelowicz: Sind die Schlimmsten, Disco sind die Schlimmsten.

Nachdrücklich bestätigt Gelowicz den von Yilmaz aufgeworfenen positiven Gegenhorizont »amerikanische Schlampen« (in Abgrenzung zu Angriffen auf Unschuldige), ohne damit jedoch schon die von Yilmaz präferierte Zielwahl Diskotheken zu bestätigen. Offenbar ist der Ausschluss von Unschuldigen für ihn kein hinreichendes Gelingenskriterium für einen der »reinen Form« des Dschihad, der »reinen Intention« entsprechenden Anschlag. Dass er den Zielwahlvorschlag Yilmaz' hier nicht bestätigt, deutet darauf hin, dass auch eine Fokussierung auf »die Schlimmsten« für ihn nicht adäquat, zumindest aber noch keine hinreichende Erfüllungsbedingung für einen gelungenen Anschlag wäre. Aus dem Anspruch einer umfassenden Zur-Geltung-Bringung des »göttlichen Gesetzes«, die wir Gelowicz aufgrund seines Strebens nach Bewährung der »reinen Intention« unterstellen müssen, folgt nämlich gerade die Devise, das Gesetz auf möglichst viele und möglichst alle Schuldigen, das heißt auch die »durchschnittlich« Schuldigen anzuwenden. An dieser Stelle bleibt noch unklar, welches dieser beiden Kriterien für Gelowicz zentral ist.

Passage 2, Sequenz 4:

Yilmaz: Ja, weißt. Aber Achie, die sollen, die sollen, guck mal, Achie, die kommen hier her und machen so, verstehsch, die amüsieren sich, Achie. Verstehsch und dann schlagen wir zu, Achie, wo sie sich amüsieren, Achie. Verstehst du, was ich meine? Das wäre das Beste, ich, ich mein Ziel ist so 'ne schöne Disco, Achie. Inschallah, ich guck mal, weißt du, wenn, wenn alles.

Nach der Benennung eines positiven Gegenhorizontes zur Viktimisierung von Unschuldigen zeigt Yilmaz nun eine konkrete Möglichkeit auf, wie der validierte Orientierungsgehalt in die Praxis umgesetzt werden kann. Vermutlich mit der Absicht, Gelowicz endlich von einer konkreten Praxis überzeugen zu können, schildert Yilmaz den möglichen Ablauf des Anschlags auf dramaturgische Weise. Er beendet das Thema mit dem konkludierenden Vorschlag, sich ob der genannten Gründe auf Diskotheken als Ziele festzulegen.

Passage 2, Sequenz 5:

Gelowicz: [Paraphrase: Ein Pub ist besser als eine Disco, da in einer Disco erst um 12 Uhr nachts etwas los ist.][122] Die Zeit ist nicht gut für uns.

Yilmaz: Warum nicht? Wenn wir drei Discos nehmen. Drei Discos nehmen, Achie. Weißt du, warum, warum, warum ich?

122 Diese Äußerungssequenz wurde in der Abschrift der Wortprotokolle nur paraphrasiert und kann daher nicht im Original wiedergegeben werden.

Gelowicz fährt also mit einer Anschlussproposition fort, in der das Thema Zielwahl nun von einer anderen Seite, hinsichtlich des Aspekts der günstigen Tatgelegenheit für eine Massenviktimisierung aufgerollt wird. Yilmaz validiert diesen Orientierungsgehalt, hält die Anforderung einer hinreichend hohen Opferzahl im Falle von Angriffen auf drei Diskotheken jedoch für erfüllt.

> Passage 2, Sequenz 6:
>
> Gelowicz: Disco ist auch (unverständlich), weil abgeschottet und ohne Fenster, weischt du. Du kannst schwer rein, weischt!
>
> Yilmaz: Nee, neben dran, Achie, das wird richtig, das fetzt weg, Achie. Das fetzt weg Achie. Verstehst du, was ich mein?
>
> Gelowicz: Besser wär so ein Pub, weißt du. McDonald's!

Der Objektklasse Pubs schreibt Gelowicz eine höhere Vulnerabilität für eine Massenviktimisierung zu. Interpretationsbedürftig ist dabei die Zuordnung eines McDonald's zur Kategorie Pub. Genaugenommen redet Gelowicz jedoch von »so Pub«, also »so einer Art Pub«, womit er eine größere Kategorie von Orten einschließt, an denen Tätigkeiten wie in einem gewöhnlichen Pub stattfinden. Es handelt sich um zwei unterschiedliche Kategorien von Gastronomie, deren Gemeinsamkeit nur in der Zurechnung einer »amerikanischen Kultur« sowie einer angenommenen hohen Frequentierung von Amerikanern besteht. Daraus lässt sich ableiten, dass eine hohe Frequentierung von Amerikanern für ihn das zentrale Kriterium der Zielwahl bildet. Er bevorzugt die Tötung von vielen Schuldigen, denen ein nur durchschnittliches Schuldmaß zugeschrieben werden kann gegenüber einer Tötung von wenigen Opfern, denen ein höheres Maß an Schuld im Sinne einer Abweichung von »islamischen« Normen zukommt (»amerikanische Schlampen«). Die Viktimisierung soll also nicht auf Kosten der Opferzahl auf die »Schlimmsten« begrenzt werden. Die Suche nach einer mit der »reinen Form« des Dschihad übereinstimmenden Anschlagsplanung führt also zu der Orientierung an einer maximalen Zahl zweifelsfrei schuldiger Opfer, wobei diese ausdrücklich auch die durchschnittlich Schuldigen einschließt. In dieser Orientierung schließt sich die Gestalt der Fallstruktur. Entscheidend ist für Gelowicz eine saubere, konsequente und extensive Zur-Geltung-Bringung des »göttlichen Gesetzes« als Zeichen der eigenen Bindung an dieses Gesetz und somit der positiven Bewährung. Dazu muss erstens die Schuldigkeit der getroffenen Opfer unstrittig sein, zweitens gilt es, die partikulare Normverletzung exemplarisch für massenhaft stattfinde Normverletzungen sowie exemplarisch für eine nicht nur partikulare, sondern umfassende, wesensmäßige Abweichung der »Ungläubigen« zu sanktionieren. Praktisch folgt daraus zum einen eine Ausweitung der Schuldzuschreibung auf nur abstrakt Schuldige, denen kein konkreter Tatbeitrag nachgewiesen werden kann, sondern deren Schuld qua Gruppenzugehörigkeit zugerechnet wird. Zum anderen muss die Normverletzung extensiv, das heißt anhand möglichst vieler Schuldiger sanktioniert werden. In dieser Handlungslogik Gelowicz' werden Ziele daher nicht *primär* nach ihrer politischen bzw. überhaupt schuldbezogenen Symbolik ausgewählt, sondern nach dem Kriterium der maximalen Zahl schuldiger Opfer, wobei nur durchschnittlich bzw. abstrakt Schuldige einbezogen werden.

Demgegenüber geht es Yilmaz – folgen wir der Fallstrukturhypothese – primär darum, durch einen »großen« Anschlag durchzuführen, um so ein starkes Zeichen seiner Furchtlosigkeit und Standfestigkeit setzen zu können, womit zudem heldenhafte Attribute zur Geltung kommen, für die Aussicht auf Ruhm und Aufmerksamkeit seitens der eigenen Bezugsgruppe bestehen. Die sachliche Anzahl der Toten muss für ihn daher von geringerer Bedeutung sein, wie sich in seiner Bewertung des Anschlagsziels Diskothek zeigt. Anders als Gelowicz, der es vorzöge, eine Bombe im Inneren zu zünden, womit die Bombe ihre Durchschlagskraft direkt auf die vulnerablen Körper entfalten könnte, reicht es Yilmaz offenbar aus, wenn die Bombe außen gezündet wird, da sie auch dann »richtig wegfetze«. Das »Weggefetzte« sind hier zunächst einmal die Mauern. Yilmaz geht es um einen nicht näher spezifizierten Zerstörungseffekt der Bombe; der Anschlag ist für ihn symbolisches Statement, während er für Gelowicz ein Akt bestrafender Vernichtung ist.

Passage 2, Sequenz 7:

Yilmaz: McDonald's, Achie?

Gelowicz: Wo nur Amerikaner, äh Amis (unverständlich).

Yilmaz: … das Problem ist …

Gelowicz: Diese Schweine.

Yilmaz: … das Problem ist, wir müssen, da wo viele Amerikaner sind, ist auch viel Sicherheit. Verstehst du? Wenn die uns dort sehen, verstehst du.

Yilmaz Nachfrage könnte sich auf die Zuordnung eines McDonald's zur Kategorie Pubs beziehen, oder er kann die Zielwahlerwägung inhaltlich nicht nachvollziehen, da sie von der zuvor gemeinsam etablierten Orientierung an Fragen der »Schuldigkeit« scheinbar abweicht. Gelowicz stellt daraufhin klar, für ihn sei ausschlaggebend, dass sich viele Amerikaner an dem Ort aufhalten. In der Frequentierung von Amerikanern besteht für ihn also das gemeinsame Merkmal von McDonald's und Pubs. Aufschlussreich ist, dass Gelowicz seine Verwendung der Bezeichnung »Amerikaner« sofort zugunsten der Verwendung der leicht abwertenden Kurzform »Amis« korrigiert und die abwertende Zuschreibung »Schweine« hinterherschiebt. Er verwendet hier eine Kategorie, die nicht auf eine spezifische Schuld oder etwas spezifisch Verachtungswürdiges verweist (zum Beispiel Mörder, Kriegsverbrecher), sondern die so bezeichneten Personen in ihrer Gesamtheit als verachtungswürdig charakterisiert. Es bestätigen sich in dieser Sequenz beide oben rekonstruierte Zielwahlpräferenzen: Gelowicz ist es wichtig, eine bezogen auf das Kriterium der Schuldigkeit reine Gruppe zu treffen (in einem Anschlagsziel sollen sich möglichst nur Amerikaner aufhalten), wobei darunter auch die durchschnittlich bzw. abstrakt Schuldigen zu zählen sind, und er strebt nach einer Maximierung der Zahl der getroffenen (schuldigen) Opfer.

Die Orientierung an einer maximalen Opferzahl wird von Yilmaz nicht validiert. Mit dem Verweis auf Sicherheitsvorkehrungen wirft er vielmehr einen divergierenden Orientierungsgehalt auf: die Kontrolle des Tat- und gegebenenfalls Fluchterfolgs durch Ergreifung einer das Entdeckungsrisiko minimierenden günstigen Tatgelegenheit. In dieser Orientierung reproduziert sich die für Yilmaz charakteristische gegenläufige Dynamik von Risikominimierung und einer angestrebten »Größe« der Tat. Die Sicherstellung des Taterfolgs ist für seine Bewährung von zentraler Bedeutung, da sie seine Standfestigkeit und Furchtlosigkeit auf dem Weg des Dschihad bezeugt. Erhöhte Sicherheitsvorkehrungen wie etwa die Präsenz von Sicherheitskräften gefährden die Sicherstellung des Taterfolgs.

Passage 2, Sequenz 8:

Gelowicz: Nee, ich mein auch so wie Disco, nur ein Pub. Nur so ein Pub. Das ist am besten. So ein Schlagscheiß, weischt? Dann hauen alles weg. Aber in der Disco, weischt, kann sein, hast gar kein Fenster und 'ne fette Mauer, weischt. Und da kann sein, du richtest keinen richtigen Schaden an. Vielleicht stürzt die Mauer ein, aber ... sterben tun nur die, die neben der Mauer stehen. Aber die meisten Leute sterben ja durch die Splitter, weischt. Die hauen ja die Splitter in die (unverständlich)

Gelowicz verwirft den Vorschlag McDonald's und plädiert für die Wahl eines Pubs, dem er gegenüber einer Diskothek den Vorzug gibt, weil die Mauern eines Pubs weniger massiv und zudem Fenster vorhanden seien, wodurch ein außerhalb des Gebäudes gezündeter Sprengsatz eine tödlichere Wirkung entfalten würde.

Passage 2, Sequenz 9:

Yilmaz: Das Problem ist, wenn, Achie. Das Problem ist, diese.

Gelowicz: (Unverständlich) so 100 Leute, mehr 200.

Yilmaz: Ja, okay, Achie, Achie, mir is' egal, Achie, wenn, wenn wir so, wenn wir so ein Ziel finden, auch nicht schlecht, Achie. Wie gesagt, ich guck, ich schaue, Achie. Ich geh in 'ne ganz andere Stadt, verstehst du, so, so weiter weg, so nach Frankfurt, und geh in ein Internet rein und guck, wo die ganzen Schweinedings hingehen im Internet, so nach amerikanischen Pub, verstehst du, was ich mein.

Gelowicz: Das ist eine gute Idee.

Während Gelowicz eine ungefähre Zahl von 100 Opfern als unterste Grenze (besser seien 200) festlegt, ist Yilmaz erwartungsgemäß die genaue Opferzahl nicht so wichtig (»mir is' egal, Achie«). Ihm kommt es vielmehr auf eine den Taterfolg sicherstellende Minimierung des Entdeckungsrisikos an, womit er bei Gelowicz jedoch nicht durchdringen kann. Die Rollenverteilung zwischen Gelowicz und Yilmaz reproduziert sich wieder derart, dass Gelowicz die Maßstäbe setzt (»es müssen mindestens 100 Opfer sein«) und Yilmaz entsprechende Umsetzungsmöglichkeiten auslotet (»wie gesagt, ich guck, ich schaue, Achie«).

Überprüfung anhand eines weiteren Protokollausschnittes

Wir verlassen die Sequenzanalyse und überprüfen die entwickelten Fallstrukturhypothesen anhand eines weiteren Protokollausschnittes. Ausgewählt wurde dazu eine Passage, in der Yilmaz und Gelowicz sich mit der Frage beschäftigen, ob die Sicherheitsbehörden bereits Hinweise auf die Anschlagsplanung erlangt haben könnten. Thematisch ist hier der Umgang mit dem eigenen Nichtwissen über Erkenntnisse und Aktivitäten der Gegenseite. Wir erwarten, dass die beiden charakteristischen Fallgestalten in einer divergierenden Orientierung zum Umgang mit Nichtwissen prägnant zum Ausdruck kommen. Im Falle Gelowicz erwarten wir eine Akzeptanz dieses Nichtwissens und eine daraus resultierende Delegation der Verantwortung für ein Unentdecktbleiben oder Entdecktwerden an Gott. Dennoch bildet der Taterfolg, die Vollendung der Tat, ein wichtiges Gelingenskriterium seines Bewährungsmodells, da erst durch die Tat der umfassende Geltungsanspruch des »göttlichen Gesetzes« als Zeichen der eigenen Bindung an dieses Gesetz dokumentiert werden kann. Daraus ergeben sich gegenläufige, in sich widersprüchliche Handlungsanforderungen: Auf der einen Seite gilt es, aus heilsökonomischen Gesichtspunkten unentdeckt zu bleiben, woraus sich eine Logik der Minimierung von Entdeckungsrisiken ergibt. Auf der anderen Seite gilt es, ein von Gott so gewolltes Geschehen hinzunehmen und nicht zu beeinflussen zu versuchen. Diese Haltung begründet einen Fatalismus, der aber zum Zwecke der Sicherstellung des Taterfolgs, das heißt aus heilsökonomischen Gründen begrenzt werden muss. Aus handlungspragmatischer Perspektive wäre zu erwarten, dass der Fatalismus immer dann zum Zuge kommt, wenn sich Entscheidungen bzw. Einschätzungen hinsichtlich des Entdeckungsrisikos nur noch unter hoher Ungewissheit treffen lassen. Während hochgradig rationale Anschlagsplaner in dieser Situation versuchen würden, Ungewissheit durch weitere Nachforschungen und akribische Planung zu reduzieren, wird Gelowicz sich dieser Ungewissheit fatalistisch ergeben.

Bei Yilmaz erwarten wir eine Verknüpfung des Themas Entdeckung mit dem Thema Angst vor einer gescheiterten Anschlagsplanung. Yilmaz sorgt sich darum, ob seine vor Gott erbrachten Leistungen angesichts von Sünden in der Vergangenheit sowie einer aktuell mangelhaften religiösen Alltagsgestaltung am Ende ausreichen werden. Umso wichtiger ist für ihn daher die erfolgreiche Vollendung des Anschlags, in den er seine ganze Hoffnung einer positiven Bewährung hineinverlagert hat. Mit Blick auf den Umgang mit Ungewissheiten ergibt sich daraus, dass er diese anders als Gelowicz nicht fatalistisch bewältigt, sondern abzuwehren versucht, indem er die nicht weiter spezifizierbaren Risiken ausblendet bzw. sie sich schönredet.

In der ausgewählten Passage stellen sich Yilmaz und Gelowicz immer wieder die Frage, wie viel die Behörden über die Anschlagsplanung bereits wüssten. In der folgenden Sequenz beschäftigt sie, bei wem von ihnen die Polizei als erstes »vor der Tür stehen« würde:

Passage 3, Sequenz 1:

Yilmaz: Achie, keiner weiß es. Normalerweise, normalerweise, was ich, was ich gemacht habe, Achie, die müssten mich einlochen, Achie.

Gelowicz: Klar, die müssten uns alle einlochen. (Unverständlich) Wenn die wüssten, aber Allah macht sie blind.

Yilmaz: Nee, Achie, aber auch so. Guck mal, wie viel, wie viel Mist wir gebaut haben.

Yilmaz geht davon aus, sich bereits so auffällig verhalten zu haben, dass die Strafverfolgungsbehörden ihn unter normalen Umständen bereits hätten festnehmen müssen. Für ihn steht in Zweifel, ob die Strafverfolgungsbehörden wirklich nichts wissen oder es einen anderen Grund für die ausbleibende Festnahme gibt. Die Ungewissheit bereitet ihm offensichtlich Sorge; er sucht nach einer beruhigenden Erklärung. Gelowicz bestätigt zunächst die von Yilmaz konstatierte Anomalität und Unbestimmtheit der Situation (»klar«), kann diese jedoch sofort einer durch »Gottes Willen« erwirkten Unwissenheit der Sicherheitsbehörden zurechnen und die Situation somit einer Bestimmtheit zuführen. Dass sie bisher unentdeckt blieben, sei also Ausdruck des »göttlichen Willens«. Yilmaz könnte sein Ungewissheitsproblem nun durch die Übernahme dieser fatalistischen Erklärung stillstellen, was er aber nicht tut. Vielmehr stellt er Gelowicz' Erklärung infrage: Selbst unter der Voraussetzung, dass Gott die Sicherheitsbehörden blind gemacht hätte, bleibe ihre bisher nicht erfolgte Festnahme erklärungsbedürftig. Damit sagt er, dass Gott die Behörden gar nicht so blind gemacht haben könne, wie sie blind sein müssten, um die Gruppe ob ihres dilettantischen Verhaltens noch nicht festgenommen zu haben. Das Ungewissheitsproblem kommt hier noch einmal in gesteigerter Form zum Ausdruck und paart sich mit einer Kritik am eigenen Dilettantismus (»Guck mal, wie viel, wie viel Mist wir gebaut haben«) und der Sorge, diesen nicht abgestellt zu haben. Jedoch zeigt sich hier noch keine Bewegung hin zu einer Abwehr des Problems, wie wir sie eingangs prognostiziert hatten.

Wenige Sequenzen später wird das Gesprächsthema fortgeführt:

Passage 3, Sequenz 2:

Gelowicz: Inschallah denken die jetzt, Allah hat uns dieses Ziel gesetzt. Das Ding, weißt. Jetzt denken die, okay, vielleicht wollten sie was machen, vielleicht wollten die was machen. Ab jetzt werden sie bestimmt nichts mehr machen, weischt, wie ich mein?

Yilmaz: Die können nichts mehr machen.

Gelowicz: Genau. Weil jetzt sind sie bekannt, so überall, weischt.

Yilmaz: Ja, und des […]

Gelowicz konstruiert eine sachliche Erklärung für das Verhalten der Sicherheitsbehörden, die zu der prädeterministischen Vorgabe einer Blindheit der Sicherheitsbehörden passt. Da die Sicherheitsbehörden wüssten, dass ihre

Observation von der Gruppe bemerkt wurde, würden sie nun davon ausgehen, dass die Gruppe ihre Anschlagsplanung wegen des Risikos einer Fortführung der Observation aufgegeben hätte. Das Sachargument schafft auf einmal eine suggestive Evidenz für die irrationale Unterstellung einer Blindheit der Sicherheitsbehörden, die umgekehrt wiederum dem Sachargument Evidenz verleiht. Alternative Erklärungen können so ausgeblendet werden. Yilmaz übernimmt das Sachargument, aus dem er sofort eine Gewissheit abzuleiten versucht (»Die können nichts mehr machen«), während Gelowicz die günstige Prognose ausreicht (»Ab jetzt werden sie bestimmt nichts mehr machen«). Mit der Aussicht, endlich eine beruhigende Erklärung für die merkwürdige Abwesenheit der Sicherheitsbehörden gefunden zu haben, setzt er gerade dazu an, das Argument weiter auszubauen bzw. weitere Indizien zusammenzutragen (»Ja, und des«), doch Gelowicz führt fort:

> Passage 3, Sequenz 3:
>
> Gelowicz: Die sagen, die Kuffar denken ja nicht so wie wir, weischt. Uns ist ja alles egal, weischt, wie ich mein. Wir machen halt so, was danach ist, muss uns ja nicht kümmern so richtig. Die denken aber ja nicht.
>
> Yilmaz: Ja, genau.

Die »Ungläubigen« würden an quasi »weltlichen Dinge« hängen, vor deren Verlust sie Angst hätten. Diese Diesseitsorientierung würden sie sozusagen auf andere übertragen und daher davon ausgehen, dass die Gruppe eine Anschlagsplanung im Falle massiver Observationen aus Angst vor der Entdeckung und dem damit verbundenen Verlust »weltlicher Dinge« aufgäbe. Zusammengefasst interpretiert: Gott mache die Sicherheitsbehörden, vermittelt über seine fehlende Rechtleitung der Feinde, die sie zu »Ungläubigen« mache, blind für die Existenz einer radikalen Perspektivendifferenz des Gläubigen. Entscheidend ist hier die Erklärung der Blindheit der Sicherheitsbehörden aus einer von Gott so gewollten »Ungläubigkeit« der Sicherheitsbehörden. Die göttliche Prädetermination der zukünftigen Ereignisse (des Anschlagserfolgs, der Entdeckung) rückt hier nun in den Hintergrund der Argumentation. Im Vordergrund steht die Figur des »Ungläubigen«, dem eine beschränkte Wahrnehmungsfähigkeit zugeschrieben wird. Das Sachargument erhält für Yilmaz nun zusätzliche Evidenz, was er durch das »Ja, genau« sofort bestätigt.

> Passage 3, Sequenz 4:
>
> Gelowicz: Die denken ja nicht so wie wir, weischt. Inschallah, die denken jetzt so, ja.

Yilmaz: Denen geht es ja wirklich nicht darum, [...]

Da Yilmaz' Äußerung divergierende Lesarten zulässt, wollen wir die kontextfreie Bedeutungsstruktur genauer unter die Lupe nehmen:

- GE 11: Zwei BWL-Studenten beschäftigen sich mit Geschäftsmodellen von Fair-Trade-Produkten und kommen zu dem Schluss: »Denen geht es ja wirklich nicht darum Geld zu verdienen, sondern nur, Menschen zu helfen.«
- GE 12: Jemand beschäftigt sich mit den nur schwer zu durchschauenden Absichten einer Religionsgemeinschaft. Bisher hatte er nur Sekundärliteratur zurate gezogen. Nun zieht er eine Primärquelle heran und stellt erstaunt fest: »Denen geht es ja wirklich nicht darum, uns hier zu missionieren, sondern sie wollen nur Mission in anderen Ländern betreiben.«

Thematisch ist jeweils die überraschende Erkenntnis, dass sich etwas doch so verhält, wie von anderen zuvor behauptet wurde. Eingestanden wird damit, dass man an der Ansicht eines Anderen fälschlich gezweifelt hat. Die Geschichten unterstellen so jeweils eine zuvor stattgefundene Kontroverse um die Intention eines bestimmten Akteurs (Fair-Trader, Religionsgemeinschaft), bei der der Sprecher an der Position eines anderen Beteiligten zweifelte, ohne jedoch bereits eine feste Gegenposition formuliert zu haben. Da er sich seiner Position vielmehr noch unsicher war, eignet er sich daraufhin weiteres Wissen an. Die kundgegebene Erkenntnis ist daher nicht Ergebnis der argumentativen Überzeugungsarbeit der anderen Seite, sondern Ergebnis einer selbstständigen Aneignung von Wissen. Die Erkenntnis ist sozusagen Ergebnis eines am Ideal der Aufklärung orientierten Handelns.

Die Erkenntnis kann aber auch Ergebnis einer von außen aufoktroyierten Aufklärung sein, wie die folgende Geschichte veranschaulicht:

GE 13: Ein Lehrer im Ethikunterricht gibt einen Text einer Religionsgemeinschaft aus und erklärt, dass er den Schülern jetzt aufgrund vielfach bestehender Vorurteile aufzeigen wolle, was die wirklichen Ziele dieser Gemeinschaft seien. Nach Lektüre des Textes meldet sich der erste Schüler zu Wort: »Denen geht es ja wirklich nicht darum ...«

Motivation für die Wissensaneignung ist hier nicht die Klärung einer Kontroverse. Gleichwohl würde ein Schüler, der vorher eine andere Auffassung vertrat oder Zweifel an der Auffassung des Lehrers hegte, anders geantwortet haben, zum Beispiel: »Wie Sie gesagt haben, geht es denen nicht darum ...«. Der Schüler in der vorgenannten Geschichte gesteht also ein, dass der Lehrer doch recht hatte; nur hat er diese Klärung nicht selbst herbeigeführt. Die Geschichte unterstellt damit, dass die Situation für den Schüler vorher nicht klärungsbedürftig war und er sich zum ersten Mal überhaupt eingehend mit der Thematik beschäftigt. In dieser Geschichte wird die Problematik eines Nichtwissens durch den Pädagogen erst erzeugt.

In der folgenden Geschichte ist der Erkenntnisprozess rein sachlich motiviert:

> GE 14: Zwei Gangmitglieder unterhalten sich über die Bedrohung ihres Reviers durch eine andere Gang, die eine »Ecke« in der Nähe des eigenen Reviers besetzt hält: »Ich würde mir um die jetzt keine so großen Sorgen machen. Denen geht es ja wirklich nicht darum, in unser Revier zu gehen, sondern nur ihren Radius ein bisschen auszuweiten.«

Die Geschichte unterstellt einen bereits abgeschlossenen Erkenntnisprozess des Sprechers, der ihn zu dem Ergebnis führt, dass die Gang anders als zunächst befürchtet keine Bedrohung darstelle. Davon versucht er nun, seinen Kumpanen mit Verweis auf die erfolgte sachliche Abklärung zu überzeugen. Die Geschichte unterscheidet sich von der anderen nur durch die rein sachliche, nicht an Pädagogik oder Aufklärung orientierte Motivation der Wissensaneignung.

In dem tatsächlichen Kontext der Äußerung geht es darum, ob die Sicherheitsbehörden die Gruppe weiterverfolgen könnten. Gelowicz geht davon aus, dass die Behörden die Gruppe aus einer Fehleinschätzung heraus nicht weiter beobachten. Diese Fehleinschätzung ergebe sich aus der Denkweise der »Ungläubigen«, die nicht verstehen könnten, dass es für die Gruppe keine Rolle spielt, ob sie als Täter nach der Tat identifiziert wird. Infrage steht also, welche Intention den Sicherheitsbehörden vor dem Hintergrund ihrer Eigenschaft als »Ungläubige« hinsichtlich der fraglichen Weiterverfolgung der Gruppe zugeschrieben werden kann. Auf Basis der entwickelten Lesarten interpretieren wir Yilmaz' Äußerung zunächst als eine Umdeutung der vollkommen waghalsigen, evidenzlosen Einschätzung, die Polizei habe kein Interesse mehr an ihnen, in eine durch Wissensaneignung hervorgebrachte Erkenntnis. Yilmaz tut also so, als habe die Gruppe das anfängliche Nichtwissen in Wissen überführen können, obwohl dies gerade nicht der Fall ist. Da diese Überführung nicht durch operative Aufklärung stattfand, kann sich Yilmaz hier nur auf einen gedanklichen, vorhandene Fakten abwägenden Erkenntnisprozess berufen, weshalb die erste Lesart naheliegt, also die Orientierung an einem Ideal der Aufklärung. Anders als behauptet ist Yilmaz' »Wissen« jedoch das Gegenteil eines am Ideal der Wahrheitsfindung orientierten Erkenntnisprozesses, nämlich ein selbstsuggestiv erzeugtes Scheinwissen, das auf der Zuschreibung stereotyper Eigenschaften der »Ungläubigen« bzw. einer Hoffnung in die Allmächtigkeit Gottes beruht. Während Gelowicz das Nichtwissen hier durch das Befolgen seines Bewährungsgedankens produktiv (nämlich als Zeichen des Gottvertrauens und als Akzeptanz des göttlichen Prädeterminismus) verarbeiten kann, kann Yilmaz das Nichtwissen nicht aushalten bzw. durch ein Vertrauen in Gott neutralisieren, sondern muss dieses in ein Höchstmaß an Gewissheit umdeuten.

> Passage 3, Sequenz 5:
> Yilmaz: […] denen geht es ja nur um die nationale Sicherheit, dass in Deutschland nichts passiert wenn die rausgehen und wenn die zurückkommen, weißt du, Hamdullah, Achie, dann sind die alle wieder hinter [geschwärzter Name] her. Alle hinter dem her.

Ergebnis der Aufklärung sei, dass sich die Sicherheitsbehörden nur an dem Ziel der Gewährleistung von »nationaler Sicherheit« orientieren würden. Die selbstsuggestive Argumentationslogik lautet: Da es den Sicherheitsbehörden nur um nationale Sicherheit gehe, würden sie, da sie die Anschlagsplanung der Gruppe schließlich nicht kennen würden, die Gruppe auch nicht weiterverfolgen. Da die Sicherheitsbehörden ohne Kenntnis der Anschlagsplanung bzw. einen Verdacht nicht aktiv werden und die Gruppe beobachten würden, brauche man sich keine Sorgen zu machen. Zu dem Nebensatz »Wenn die rausgehen und wenn die zurückkommen« lassen sich zwei Lesarten bilden: Der ersten Lesart zufolge bezöge sich das »Rausgehen« und »Zurückkommen« auf die Tätigkeit der Sicherheitsbehörden. Impliziert wäre, dass sich die Sicherheitsbehörden nicht für die Gruppe interessieren, solange diese nicht vor ihren Augen eine Anschlagsplanung unternimmt; an einer proaktiven Ermittlung von Anschlagsplanungen hätten sie jedenfalls kein Interesse. In der zweiten Lesart bezieht sich das »Die« auf andere Dschihadisten, die im Ausland waren oder sind und wieder zurückkommen. »Nationale Sicherheit« würde sich hier auf eine von außen kommende Bedrohung beziehen. Vor dem Hintergrund, dass die Sauerlandgruppe von Bundesbehörden überwacht wurde, macht diese Lesart durchaus Sinn, da sich die Zuständigkeit von Bundesbehörden tatsächlich erst aus einer länderübergreifenden Sicherheitslage ergibt. Dazu passt zudem die Folgeäußerung, dass die

Behörden dann wieder hinter einer anderen Person her seien (in dieser Lesart: die gerade eingereist ist). Auch in dieser Lesart dokumentiert sich die Konstruktion eines Mythos, demzufolge eine Anschlagsplanung in der Dimension der Gruppe kein intensives Verfolgungsinteresse evozieren würde.

Durch die selbstsuggestive Umdeutung der Ungewissheit in Gewissheit blendet Yilmaz das bestehende Entdeckungsrisiko letztlich aus. Er bedient sich dazu eines Mythos (die Sicherheitsbehörden würden nicht proaktiv vorgehen), dessen Evidenz durch Gelowicz Deutung, die Sicherheitsbehörden würden durch Allah blind gemacht werden, verbürgt wird. Diese Ausblendung zeigt sich an anderer Stelle in ihrer ganzen Zuspitzung und Widersprüchlichkeit mit der im selben Zuge geäußerten Sorge um ein aufgrund von Sicherheitsvorkehrungen an Zielobjekten zu hohes Entdeckungsrisiko wie folgt: »[…] Ich glaube, inschallah wird nicht schief gehen, Achie, verstehst du, so gut gelaufen, Achie. Die riechen nicht mal. Die haben nicht mal Geruch, dass wir das machen, dass wir das vorhaben, verstehst du.«

3.4.4 Analyse der Tatplanung

Informationen

Der von der IJU-Führung zum »Emir« der Gruppe ernannte Gelowicz habe die Vorgabe erhalten, einen Sprengstoffanschlag durchzuführen, bei dem möglichst viele amerikanische Soldaten zu Tode kommen (OLG Düsseldorf: 62). Daneben hätten nach Willen der IJU ein »amerikanisches Ziel mit politischer Bedeutung« wie etwa ein amerikanisches Konsulat oder die Ramstein Air Base (ebd.: 63) sowie eine staatliche usbekische Einrichtung getroffen werden sollen. Den Feststellungen des Oberlandesgerichts zufolge sei es der IJU bei diesen Zielen um die »Signalwirkung«, nicht jedoch um eine hohe Opferzahl gegangen. Aufgrund hoher Sicherheitsvorkehrungen an der usbekischen Botschaft sei es zudem ausreichend, wenn ein Sprengsatz in der Nähe explodiere. Ferner habe die IJU-Führung die deutsche Bevölkerung vor einer Fortführung des Bundeswehreinsatzes in Afghanistan warnen wollen. Die Gruppe bzw. Gelowicz sei aus diesem Grunde dazu aufgefordert worden, ein weiteres Anschlagsziel zu suchen, das für die deutsche Bevölkerung eine Signalwirkung habe.

Die Vorgaben der IJU dienten der Gruppe als Orientierungsrahmen bei der Zielauswahl. Den Feststellungen des Oberlandesgerichts zufolge habe sich die Gruppe darauf geeinigt, »drei große amerikanische Anschlagsziele«

auszuwählen, an denen sich viele Amerikaner aufhalten (ebd.: 87). Dabei sei angestrebt worden, den Anschlag vor der für Oktober 2007 vorgesehenen Abstimmung des Deutschen Bundestages über den weiteren Bundeswehreinsatz in Afghanistan durchzuführen, um die diesbezügliche Bundestags-Entscheidung im Sinne eines Abzugs der Bundeswehr aus Afghanistan zu beeinflussen (ebd.). Gelowicz und Yilmaz – die beiden federführenden Anschlagsplaner – sollen sich auf Pubs und Diskotheken als Hauptanschlagsziele festgelegt und dabei eine Zielmarke von 150 Toten angestrebt haben (ebd.: 75, 87). Im Vordergrund hätten dabei zunächst Anschläge auf große amerikanische Diskotheken gestanden. Es sei erwogen worden, eine kleine Sprengung durchzuführen, die Feueralarm auslöst, um dann bei der Flucht der Besucher eine weitere Explosion auszulösen, die möglichst viele Menschen tötet. Gelowicz befürchtete jedoch, wie auch aus der oben interpretierten Passage deutlich wurde, dass bei dem Anschlag lediglich die Mauern der Diskotheken einstürzten, und schlug vor diesem Hintergrund schließlich »amerikanische Pubs« als Anschlagsziele vor. Die aus angereichertem Wasserstoffperoxid herzustellenden Sprengsätze sollten zusätzlich mit Schrauben und Muttern sowie mit einer Gasflasche versehen werden (ebd.: 87). Zur Anschlagsdurchführung sei geplant gewesen, vor den jeweiligen Anschlagsorten jeweils mit einem Sprengsatz präparierte Autos abzustellen, wobei die Gruppe als Tatzeitpunkt einen Tag am Wochenende zwischen 24 und 1 Uhr anvisiert haben soll. Für jedes Hauptziel sei eine Sprengmasse von 200 Kilogramm anvisiert worden (ebd.: 89).

Analog zur Vorgabe der IJU habe unter den drei amerikanischen Zielen auch ein »Ziel mit Symbolcharakter« sein sollen, selbst wenn sich dort nur wenige US-Amerikaner aufhalten würden (ebd.: 88). Auf Vorschlag Schneiders hin seien Angriffe auf amerikanische Militärbasen in Erwägung gezogen worden. Schneider habe dabei insbesondere die Ramstein Air Base ins Auge gefasst, die er als Dreh- und Angelpunkt für Militäreinsätze im Irak und in Afghanistan ausmachte. Dabei sei es ihm darauf angekommen, die dort stationierten US-Soldaten, nach Möglichkeit die Kommandozentreale, zu treffen (ebd.: 69). Yilmaz und Gelowicz sollen die Ramstein Air Base allerdings als ein zu schwieriges, wenngleich prestigeträchtiges Angriffsziel bewertet haben. Im Gespräch sollen des Weiteren die US-Militärbasis in Kaiserslautern, die Schneider selbst ausgekundschaftet haben soll, dort insbesondere ein Supermarkt und ein McDonald's-Restaurant sowie ein Fuhrpark amerikanischer Truppen in Neunkirchen, gewesen sein (ebd.: 68f.).

Als »Nebenziele« (ebd.: 89) hätte die Gruppe schließlich geplant, Sprengsätze am Flughafen in Frankfurt am Main zur Explosion zu bringen, mit dem Ziel, eine Unterbrechung des Flugverkehrs für mehrere Tage zu bewirken. Dies sollte eine »letzte Warnung« an Deutschland sein, seine Truppen aus Afghanistan abzuziehen. Aus den Wortprotokollen geht hervor, dass die Gruppe zunächst erwogen hatte, in der Flughafenhalle kleine Sprengsätze in Mülleimern zu deponieren, gelangte dann aber zu der Einschätzung, dass es dort keine Mülleimer gebe. Yilmaz verwies zudem auf das Problem einer flächendeckenden Kameraüberwachung (Wortprotokolle der Fahrt Freudenstadt–Stuttgart vom 20. Juli 2007: 147). Stattdessen sei der Plan gefasst worden, nachts größere Sprengsätze in Flughafenparkhäusern abzustellen, wobei möglichst eine Etage ohne parkende Fahrzeuge gewählt werden sollte, damit es hier keine Opfer gebe (OLG Düsseldorf: 89).

Gelowicz soll in sechs Einzelfahrten mit einem von Selek mit einem gestohlenen Führerschein angemieteten Auto insgesamt zwölf Kanister mit 35-prozentigem Wasserstoffperoxid mit einem Gesamtgewicht von circa 730 Kilogramm beschafft haben. Die Chemikalie sei bei einem über eine Internetseite ausfindig gemachten Händler für insgesamt 2.400 Euro gekauft worden. Nach Anreicherung auf 70 Prozent hätten der Gruppe 365 Kilogramm hochkonzentriertes Wasserstoffperoxid zur Verfügung gestanden, woraus nach Beimischung von Mehl eine Sprengmasse von 550 Kilogramm hätte erzielt werden können, was in etwa der Sprengkraft einer gleichen Menge TNT entspräche (ebd.: 73f., 76). Die Polizei habe jedoch drei der zwölf Fässer durch eine 3-prozentige Lösung ausgetauscht. Die Kanister seien zunächst in einer unter falschem Namen angemieteten Garage im schwarzwälderischen Freudenstadt-Wittlensweiler angemietet worden. Gelowicz habe bei der Anmietung die Legende verwendet, Lagermöglichkeiten für ein Onlinebusiness zu benötigen (ebd.: 74). Für die Herstellung der Sprengsätze habe Gelowicz schließlich unter falschem Namen ein Ferienhaus im sauerländischen Medebach-Oberschledorn angemietet (ebd.: 85), in dem die Gruppe schlussendlich festgenommen wurde. Die Gruppe soll von der IJU 20 elektrische Zünder über einen Kontaktmann in der Türkei erhalten haben, wobei nur zwei Zünder überhaupt funktioniert haben sollen (ebd.: 84). Die Gruppe habe jedoch selbst für den Transport nach Deutschland sorgen müssen. Zu diesem Zweck habe Selek für 1.000 Euro einen Bekannten in der Türkei, der sonst Drogen nach Deutschland schmuggelt, beauftragt. Dieser habe zunächst Probleme in der Durchführung des Transportes gesehen und deshalb über Kontakte zur »jugoslawischen Mafia«

sechs weitere Zünder besorgt, von denen mindestens einer funktioniert haben soll (ebd.: 84). Der Gruppe hätten somit insgesamt nur drei funktionstüchtige Zünder zur Verfügung gestanden.

Am Morgen der Festnahme sei die Gruppe mit einer geringen Menge der angereicherten Chemikalie in einen nahe gelegenen Wald gefahren, um eine Testzündung durchzuführen. Sie hätte sich über die geringe Hitzeentwicklung gewundert, die Ursache dafür aber in dem verwendeten Kessel gesehen und aus diesem Grunde beschlossen, nach Kassel zu fahren, um einen anderen Kessel zu kaufen. Vor Verlassen des Ferienhauses erfolgte jedoch der Zugriff durch die Polizei. Während Gelowicz und Yilmaz keinen Widerstand geleistet hätten, habe Schneider versucht, über das Badezimmerfenster zu fliehen. Trotz der im Garten postierten, mit Maschinenpistolen bewaffneten Beamten habe er den Fluchtversuch fortgesetzt. Er sei von einem Beamten niedergerissen worden, habe diesem in dem Gerangel jedoch seine Pistole entwenden und einen Schuss abgeben können, der den Polizeibeamten allerdings verfehlt habe. Dann sei er von weiteren Beamten überwältigt worden (ebd.: 94ff.).

Analyse

(1) Opferbereitschaft. Gelowicz soll vor Gericht die Planung eines Selbstmordattentates abgestritten haben (Süddeutsche Zeitung vom 30. September 2009). Auch in den hier ausgewerteten Wortprotokollen stand die Durchführung einer Märtyreroperation nicht zur Debatte. Die fehlende Absicht einer Märtyreroperation ergab sich auch aus der rekonstruierten Gestalt der Fallstruktur. Für Gelowicz ist eine weitgehende, den eigenen Tod in Kauf nehmende Opferbereitschaft an die Realisierung einer »reinen Form« des Dschihad gebunden ist, deren Voraussetzungen im Kontext einer Anschlagsplanung in Deutschland schwieriger zu erfüllen sind als im Kontext bewaffneter Auseinandersetzungen mit einer klar definierten Feindgruppe. Mit Blick auf die Anschlagsplanung zeigt sich also eine niedrige Opferbereitschaft. Die Gruppe plante, nach dem Anschlag unentdeckt zu entkommen. Um den Behörden die Aufklärung des Anschlags zu erschweren, erwägen Gelowicz und Yilmaz gar, sich erst zwei Monate nach dem Anschlag zu der Tat zu bekennen. Gelowicz: »Wenn Allah des nicht will, dann werden

sie es rausfinden, aber ich will es ihnen schwer machen, weischt, verstehst.«123 Gleichwohl müsse man mit allem rechnen, auch einem langjährigen Gefängnisaufenthalt, so Yilmaz an anderer Stelle. Die Opferbereitschaft beschränkt sich hier also auf eine Bereitschaft zur Inkaufnahme eines langjährigen Gefängnisaufenthaltes.

(2) Sicherstellung des Taterfolgs. Da sich die Gruppe zum Zeitpunkt ihrer Festnahme noch in der Tatplanungsphase befand, bleibt unklar, welche Maßnahmen zur Sicherstellung des Taterfolgs getroffen worden wären. Sowohl für das Bewährungsmodell von Yilmaz als auch das von Gelowicz ist die Vollendung der Tat wichtig: für Gelowicz zur Produktion aussagekräftiger Zeichen seiner »reinen Intention«, für Yilmaz zur Erbringung einer großen Leistung vor Gott, durch die Sünden aus der Vergangenheit kompensiert werden können.

(3) Charakter der Sanktionierung und Normpräferenzen. Sanktioniert wird wie in den vorherigen Fällen die für den Dschihadismus zentrale Defensivnorm eines Verbots von physischen Angriffen auf Muslime. Wenngleich sich in amerikanischen Pubs und Diskotheken auch Soldaten aufhalten mögen, handelt es sich zunächst um zivile Orte, an denen zwar eine Präsenz von amerikanischen Soldaten, aber eben auch von deren nichtsoldatischen Angehörigen, von Amerikanern, die sich aus andere Gründen in Deutschland aufhalten, sowie von Nichtamerikanern angenommen werden muss. Durch die Anschläge auf Pubs wären somit nicht nur bzw. vorrangig »Hauptverantwortliche«, sondern vielmehr durchschnittliche »Amerikaner« sanktioniert worden. Die infrage stehende Norm sollte hier also im Unterschied zu den vorherigen Fällen auf einer deutlich niedrigeren Responsibilisierungsschwelle sanktioniert werden. Dies erklärt sich im Rahmen der rekonstruierten Fallstruktur daraus, dass es Gelowicz wichtig ist, die umfassende Geltungsbedürftigkeit der Norm und damit des »göttlichen Gesetzes« zu demonstrieren. Daraus ergibt sich das Primat der Maximierung der Zahl schuldiger Opfer, zu denen auch durchschnittliche Schuldige zählen.

Die weiteren in die Zielwahl einbezogenen »amerikanischen« Ziele, insbesondere die Ramstein Air Base, repräsentieren demgegenüber »Hauptverantwortungsträger«, wobei hier mit Blick auf die Rolle von Ramstein als Sitz des Hauptquartiers der NATO-Kommandobehörde Allied Air Command und die strategische Funktion des Militärflugplatzes für den Irakkrieg der

123 Fahrt von Freudenstadt nach Stuttgart am 20.07.2007, Gesamtzusammenstellung der Wortprotokolle, S. 149 (Ordner 00661910, File 00011910).

Aspekt einer unmittelbaren Verantwortung für Kriegshandlungen symbolisiert wird. Dieses Anschlagsziel wurde im Laufe der Anschlagsplanung jedoch aufgrund einer negativen Machbarkeitseinschätzung, vor allem für die angestrebte Massenviktimisierung, verworfen.

Mit der Planung des dezidiert nicht als Massenviktimisierung ausgelegten Angriffs auf ein Parkhaus am Flughafen in Frankfurt am Main setzen die Täter zunächst eine IJU-Vorgabe um. Es werden in diesem Zusammenhang weitere Anschlagsziele erwogen, die die deutsche Bevölkerung adressieren, wie etwa die Deponierung von kleineren Sprengsätzen (200 Gramm) in Mülleimern in einer Halle in Mühlheim. Wenngleich Gelowicz die Tötung »durchschnittlicher Zivilisten« billigend in Kauf nimmt, will er deren physische Viktimisierung in Grenzen halten, da es sich nicht um eindeutig Schuldige handelt, deren Tötung daher nur als Kollateralschäden und somit tendenziell nur schwer legitimierbar wäre. Demgegenüber zeigte die Rekonstruktion des Falles Yilmaz eine weniger feindbildzentrierte denn effektbezogene Orientierung bei der Zielwahl im Sinne einer »großen« Tat (zum Beispiel ein »zweiter 11. September«), wohingegen die normative Klarheit des Anschlags (Viktimisierung nur zweifelsfrei Schuldiger) für ihn geringere Relevanz hat. In den Zielwahlerwägungen der Gruppe zeigt er sich gegenüber einer Viktimisierung »durchschnittlicher Zivilisten« daher auch weniger abgeneigt als Gelowicz.

(4) Adäquanz der Tarnung. Aussagen treffen lassen sich hier nur über das Vorfeld der Tat, die Tatplanung, während der die Täter ihr Entdeckungsrisiko massiv unterschätzt haben. Trotz der von ihnen erkannten Observationsmaßnahmen der Sicherheitsbehörden setzen sie ihre Anschlagsplanung fort, ohne zusätzliche Maßnahmen zu ergreifen, die von einem durchschnittlich rationalen Akteur in dieser Situation zu erwarten gewesen wären (zum Beispiel systematisches Absetzen gegenüber potenziellen Observanten, Wechsel der Autos wegen der Gefahr, abgehört zu werden usw.). Die zur Tarnung ergriffenen Maßnahmen waren daher inadäquat. In der Interpretation der dritten Passage (Kapitel V.3.4.3) konnte gezeigt werden, dass sich in diesem Verhalten die jeweils charakteristischen Fallstrukturen reproduzieren. Die Unterschätzung der Sicherheitsbehörden folgt dabei nicht aus einer Ausblendung der objektiven Bedeutung der geplanten Rechtsverletzungen, sondern im Falle Yilmaz auf Basis der Konstruktion eines die Verdrängung von Entdeckungsrisiken organisierenden Mythos, demzufolge die Sicherheitsbehörden Anschlagsplanungen nur verfolgen würden, wenn diese sozusagen direkt vor ihren Augen stattfänden. Dieser Mythos erhält über den

Umstand der bisher fehlenden Verhaftung hinaus zusätzliche Evidenz durch Gelowicz Erklärung, dass die Wahrnehmungsfähigkeit der Sicherheitsbehörden durch deren »Ungläubigkeit« stark eingeschränkt werde.

3.4.5 Zusammenfassende Charakterisierung der Fallstruktur

Fall Gelowicz

Ursprüngliche Intention der Gruppe war es nicht, einen Anschlag in Deutschland zu planen, sondern den bewaffneten Dschihad in einem muslimischen Land zu kämpfen, der für Gelowicz den »reinen Weg« des Dschihad verkörpert. Dieser »reine Weg« ist Bezugspunkt seines Bewährungsmodells. Die Anschlagsplanung wird nun als ein »Entschluss« Gottes gedeutet, der dem eigenen Willen entgegensteht, aber als Zeichen des Gehorsams gegen Gott zu akzeptieren ist. Die Akzeptanz dieses »Entschlusses« gilt Gelowicz als Zeichen seiner bedingungslosen Fügung unter den »göttlichen Willen«.

Die Befolgung der vom eigentlich präferierten »reinen Weg« abweichenden Anschlagsplanung entfacht nun aber umso mehr eine Bewährungsdynamik der »reinen Intention«, die sich in der Suche nach einem Ziel mit Aussicht auf maximale Opferzahlen unter zweifelsfrei Schuldigen niederschlägt. Die Bewährung der »reinen Intention« verknüpft sich dabei mit einem heilspragmatisch begrenzten Fatalismus, wodurch die Bedingungen für eine erfolgreiche Planung, Tarnung und Sicherstellung des Taterfolgs ab dem Punkt einer einsetzenden Ungewissheit über mögliche Konsequenzen nur noch in Grenzen kontrolliert werden können. Die bestehende Kontingenz soll nicht im Zuge weiterführender Eruierungen und daran anschließende sicherheitstaktische Maßnahmen begrenzt werden. Vielmehr soll der Verlauf des Geschehens der göttlichen Souveränität und Allmacht überlassen bleiben.

Zentrales Bewährungsthema Gelowicz' ist die alleinige Geltung einer externalisierten Entscheidungsinstanz, an die die Lebenspraxis komplett delegiert werden kann. Durch die Befolgung eines »reinen Weges« des Dschihad soll sichergestellt werden, dass nur mehr die externalisierte Entscheidungsinstanz die Lebenspraxis vollzieht.

Fall Yilmaz

Bei Yilmaz zeigte sich eine gegenüber dem Fall Gelowicz anders gelagerte Bewährungsproblematik, nämlich die Bewährung eines »islamisch« codierten Lebenswandels, der aus einem durch Demütigungs- und Marginalisierungserfahrungen geprägten Herkunftsmilieu bzw. gescheiterten vorherigen Versuchen, diese Probleme anderweitig zu bewältigen, herausführt. Vergewisserungsbedürftig ist für Yilmaz als Voraussetzung für die Erlangung des Heils der »islamisch« konforme Lebenswandel, den es durch gute Taten und die Befolgung des »göttlichen Willens« zu demonstrieren gilt. Yilmaz sorgt sich, dass seine bisher vor Gott erbrachten Leistungen angesichts von in der Vergangenheit begangenen Sünden sowie einer im Kontext der Anschlagsplanung von religiösen Regeln abweichenden Alltagsgestaltung nicht ausreichen könnten. Die Hoffnung auf eine positive Bewährung durch gute Taten verlagert sich dadurch zunehmend auf das Durchhalten der Anschlagsplanung und die damit verbundene Vollendung des Anschlags als Nachweis der Befolgung des »göttlichen Willens« und Zeichen der Standfestigkeit auf dem Wege Gottes. Mangelnde Standfestigkeit und Angst vor einem Scheitern des Anschlags bilden die bestimmenden Themen. Daraus folgt zunächst eine erhöhte Bereitschaft zur Kontrolle des Erfolgs und zur Reduzierung von Entdeckungsrisiken, vor deren Hintergrund Yilmaz als der im Vergleich zu Gelowicz rationalere Planer erscheint. Das Gegenteil ist aber der Fall. Denn die große Angst vor einem Scheitern des Anschlags führt dazu, dass Yilmaz das Risiko einer Fortsetzung der staatlichen Überwachung kleinredet und tendenziell ausblendet. Gelowicz gelangte vor dem Hintergrund seines Bewährungsmodells, in dem die positive Bewährung nicht auf den Taterfolg reduziert ist, dagegen zu einer realistischeren Einschätzung des Entdeckungsrisikos, wenngleich er die Frage der Entdeckung als nur begrenzt kontrollierbar an Gott delegieren muss.

Anders als Gelowicz fehlt Yilmaz das Streben nach einer Perfektionierung des Glaubens und daher auch nach einer Perfektionierung der Erfüllung und Zur-Geltung-Bringung eines »göttlichen Willens« in der Tat. Die Tat dient nicht der Prüfung der »reinen Intention«, sondern der Prüfung der Normbefolgung bzw. Standfestigkeit auf dem Weg Gottes. Entscheidend für Yilmaz ist daher vor allem die erfolgreiche Vollendung einer möglichst »großen«, gottgefälligen Tat als Nachweis dafür, dem »göttlichen Willen« gehorsam gefolgt zu sein und seine Pflichten erfüllt zu haben. Da ihm das auf die »innere Intention« bezogene Perfektionierungsstreben fehlt, sind ihm eine tatsächliche Maximierung der Zahl der getöteten Schuldigen sowie eine saubere Differenzierung zwischen Schuldigen und Unschuldigen im Unterschied zu Gelowicz nicht so wichtig.

3.5 Zusammenfassende Typisierung

In den vier rekonstruierten Fällen wurden jeweils unterschiedliche Bewährungsthematiken identifiziert, die sich mit jeweils charakteristischen Anschlagsorientierungen verknüpften. Im Folgenden werden die strukturlogischen Zusammenhänge zwischen Bewährungsthematiken und Anschlagsorientierungen in typenbildender Absicht mit Blick auf die in den Einzelfällen generalisierbaren Elemente herausgearbeitet.

Typ A: Loyalitätsnachweis gegenüber der Umma

Choudhry geht es um den Nachweis von Loyalität gegenüber der Umma als Zeichen der Zugehörigkeit. Dieser Nachweis wird durch Sanktionierung der für den Dschihadismus zentralen Defensivnorm anhand eines *besonders* schuldexponierten »Hauptverantwortlichen« erbracht, dem eine direkte Verantwortung für die aus ihrer Sicht an Muslimen begangenen Verbrechen zugeschrieben werden kann. Für Choudhry zählt nur die Sanktionierung der partikularen Einzelnorm als Zeichen ihrer Pflichterfüllung und damit Zugehörigkeit zur Umma, weshalb sie durch die Tat nur ihre Bindung an die partikulare Norm, nicht jedoch einen umfassenden Geltungsanspruch des »göttlichen Gesetzes« bezeugen muss. Dem zugrunde liegt die Orientierung an der Herstellung einer Zugehörigkeitssicherheit zur Umma als einer praktische Solidarität vermittelnden Gemeinschaft, die nur in diesem Aspekt der Solidarität ein Gegenmodell zur nichtmuslimischen Mehrheitsgesellschaft als Ort der Ausgrenzungserfahrung bildet. Die Tat folgt nicht der Logik einer exemplarischen, möglichst extensiven Sanktionierung von aus dschihadistischer Sicht bestehenden Normverstößen, sondern letztlich einem Konzept von Solidarität.

Strukturgeneralisierend ließe sich am Fall Choudhry explizieren, dass das Streben nach Anerkennung für einen islamischen Lebensentwurf oder, noch allgemeiner, die Suche nach einer klaren Gruppenzugehörigkeit strukturell schon eine Säkularisierung der dschihadistischen Krisenlösung bedingt. Diese Säkularisierung entfaltet eine dem Solidaritätsgedanken oder der (sich an diesem orientierenden) Vergeltungslogik folgende Praxis. In dieser Logik erfolgt eine Massenviktimisierung unter Zivilisten nur als letztes Mittel, um sich als Subjekt und der Eigengruppe Gehör zu verschaffen, nachdem andere Wege gescheitert sind.

Typ B: Normbindung bei aufrechterhaltenem Wunsch nach Anerkennung

Im Fall Adebolajo ist eine gegenläufige Bewährungsdynamik charakteristisch. Auf der einen Seite steht die Bewährung der Bindung an das »göttliche Gesetz«, auf der anderen Seite der Wunsch nach gesellschaftlicher Anerkennung des abweichenden Handlungsentwurfes, der den Konflikt mit der Allgemeinheit auf die Geltung der partikularen Defensivnorm begrenzt. Die konsequente Behauptung eines Geltungsanspruchs des »göttlichen Gesetzes«, der sinnlogisch immer die Tendenz zu einer Ausweitung der Schuldzuschreibung innewohnt, wird unter den Vorbehalt der Nichtanerkennung des Lebensentwurfes durch die Allgemeinheit gestellt und erfolgt somit in Form einer Trotzreaktion.

Die Tötung eines beliebigen Soldaten zielt auf die Sanktionierung eines exemplarischen »Hauptverantwortlichen« und abstrahiert weitgehend von einer konkreten Verantwortung des Opfers. Adebolajo bezeugt so seine Bindung an einen umfassenden Geltungsanspruch des »göttlichen Gesetzes«. Gleichzeitig wird durch die auf »Hauptverantwortliche« begrenzte Responsibilisierung eine hohe Sanktionsschwelle gelegt, die einen Wunsch nach einer Begrenzung des Konfliktes mit der Allgemeinheit in Folge eines aufrechterhaltenen Wunsches nach Anerkennung des abweichenden Lebensentwurfes zum Ausdruck bringt.

Charakteristisch für den Fall ist die trotz Selbstverpflichtung gegenüber den dschihadistischen Normen nur begrenzte Entfaltung einer Eskalationsdynamik, die sich aus dem Streben nach Anerkennung für einen abweichenden Lebensentwurf erklärt. Der Dschihadismus übernimmt hier strukturell die Rolle einer politisch und kulturell mit der Gesellschaft opponierenden Jugendbewegung, in der (adoleszenztypisch) eine Opposition gegenüber der Erwachsenenwelt artikuliert wird. Ihr Konflikt mit der Allgemeinheit bleibt jedoch durch ihre Funktion, nur ein Scharnier für den Übergang in die Erwachsenenwelt zu sein, begrenzt. Dabei ist naheliegend, dass diesem empirisch wohl am häufigsten vorkommenden Typus islamistischer Radikalisierung das geringste Potenzial einer Gewalteskalation im europäischen Kontext innewohnt.

Typ C: Aufgabe von Autonomie

Zentrales Thema ist wie bei Typ B die Vergewisserung der eigenen Bindung an das »göttliche Gesetz« und damit an eine externalisierte Entscheidungsinstanz, an die die eigene Lebenspraxis komplett delegiert werden kann. Die Normbindung kontrastiert hier jedoch nicht mit einem gegenläufigen Wunsch nach gesellschaftlicher Anerkennung. Einziges Gelingenskriterium seines Handlungsentwurfes ist für Gelowicz die Aufgabe der eigenen Autonomie. Stärker als im Fall Adebolajo resultiert daraus eine Dynamik der Perfektionierung der »reinen Intention«, die sich in der Suche nach einem Ziel mit maximalen Opferzahlen unter (aus seiner Perspektive) zweifelsfrei Schuldigen niederschlägt. Die Bewährung der »reinen Intention« verknüpft sich dabei mit einem heilspragmatisch begrenzten Fatalismus, wodurch die Bedingungen für eine erfolgreiche Planung, Tarnung und Sicherstellung des Taterfolgs ab dem Punkt einer einsetzenden Ungewissheit über mögliche Konsequenzen nur noch in Grenzen kontrolliert werden können.

Charakteristisch an diesem Typus ist das mit der radikalen Delegation der eigenen Lebenspraxis an Gott einhergehende Streben nach einer Tat, die die vollkommene Unterordnung unter die göttliche Souveränität verkörpert. Was Gott »will«, ist dabei vor der Folie des übernommenen dschihadistischen Deutungsmusters nicht beliebig interpretierbar. Die Tötung von möglichst vielen Schuldigen bzw. »Ungläubigen« bildet vielmehr ein zentrales Element dieses Willens. Der vorliegende Typus schließt die indiskriminative Massenviktimisierung unter »durchschnittlichen Zivilisten« daher nicht aus, sondern ermöglicht diese vielmehr erst (im Rahmen einer religiösen Logik) und begrenzt sie zugleich, abhängig davon, ob aus Sicht des Täters die normativen Voraussetzungen in einer gegebenen Situation vorliegen oder nicht. Hätten sich deutsche Truppen am Irakkrieg beteiligt, hätte Gelowicz statt »Amerikanern« womöglich deutsche Zivilisten angegriffen.

Wie bei Typ B findet eine Konversion zum Islam in der Adoleszenzphase statt und lässt sich daher als Versuch der Bewältigung adoleszenztypischer Orientierungsprobleme interpretieren. Das mit der dschihadistischen Radikalisierung verbundene Steben nach vollständiger Aufgabe der Autonomie indiziert dabei eine misslungene Bewältigung der Adoleszenzphase, anderen Ende hier nicht die Herausbildung einer autonomen Subjektivität, sondern deren Verweigerung steht. Dies erklärt selbstverständlich nicht den Dschihadismus, aber die Entstehung spezifischer Bedürfnisstrukturen, die durch unterschiedliche Formen der Vergemeinschaftung bzw. verschiedene Ideologien bedient werden können. Der Typus »Aufgabe von Autonomie«

bildet jedoch eine aufschlussreiche Differenzierung innerhalb des Spektrums dschihadistischer Täter.

Typ D: Absicherung eines »islamisch« konformen Lebenswandels

Zentrales Bewährungskriterium bildet das Durchhalten eines »islamisch«-sittlichen Lebenswandels durch Befolgung »islamischer« Normen und gute Taten, um die im Rahmen eines vorherigen »unislamischen« Lebensentwurfes begangenen Sünden zu kompensieren. Je größer die Zweifel in die Konstanz des eigenen Lebenswandels, desto mehr verlagert sich die Hoffnung auf eine positive Bewährung in den Anschlag. Neben dem Streben nach einem »großen« Anschlag bildet die Sorge um den Taterfolg sowie – damit verbunden –um die eigene Standfestigkeit auf dem Weg der Anschlagsplanung das für diesen Typus entscheidende Element. Die Anforderungen einer normativen Klarheit der Tat sowie einer maximalen Zahl der Opfer stehen im Hintergrund.

Charakteristisch für diesen Typus sind das fehlende Streben nach einer Perfektionierung der »reinen Intention« und damit ein auf Normbefolgung limitiertes Modell der Bewährung, deren Thema die erfolgreiche Absolvierung eines »islamisch« konformen Lebenswandels bildet. Gerade in seiner Begrenzung auf Aspekte der Normkonformität beschränkt sich der übernommene, religiös limitierte dschihadistische Lebensentwurf auf die Funktion der Herstellung einer klaren Gruppenzugehörigkeit und sozialen Identität und reagiert damit auf Problemlagen einer Identitäts- bzw. Zugehörigkeitsunsicherheit, wie sie gerade bei jungen Muslimen anzutreffen sind. Der Dschihadismus im Falle Yilmaz' konstituiert daher auch keinen religiös begründeten, sondern auf eine bestimmte Gruppe, »die Amerikaner«, begrenzten Manichäismus, worin er einer kollektivistischen Logik folgt. Wie beim ersten Typus handelt es sich auch hier um den Fall eines säkularisierten Dschihadismus. Die kollektivistische Orientierung bildet in beiden Typen eine Reaktion auf Erfahrungen der Exklusion innerhalb der nichtmuslimischen Mehrheitsgesellschaft.

Kontrastierung: »Konvertiten« versus Nicht-»Konvertiten«

In den hier betrachteten Fällen unterscheiden sich »Konvertiten« von »geborenen Muslimen« in der Typik deutungsbedürftiger Problemstellungen. Für Choudhry und Yilmaz bilden kollektive Marginalisierungserfahrungen, die sich im Rahmen einer kollektivistischen Logik gut bewältigen lassen, den Ausgangspunkt. Bei Gelowicz fehlt eine solche Erfahrung kollektiver Marginalisierung, bei Adebolajo bleibt ihre Rolle unklar. Ausgangspunkt einer Konversion zum Islam bilden hier vermutlich adoleszenztypische Problemlagen, wobei sich die in beiden Fällen ausgeprägte Bindung an eine externalisierte Entscheidungsinstanz, an die die Lebenspraxis handlungsentlastend delegiert werden soll, als Ausdruck einer misslungenen Bewältigung der Adoleszenzphase interpretieren lässt.

Fazit zur Strukturlogik dschihadistischer Anschlagsgewalt

Gewalthandlungen sind wie jede soziale Handlung deutungsvermittelt. Aus Deutungen einer Situation bzw. Deutungsmustern leiten sich mögliche Ziele und Mittel einer Handlung sowie entsprechende Präferenzhierarchien ab (Esser 2010). Im Rahmen der quantitativen Auswertung konnten diese Deutungen nur für einen spezifischen Aspekt, die Thematisierung des Referenzortes des Konfliktgeschehens, in den Blick genommen werden. Für die aufgezeigten Korrelationen zwischen Täter- und Tatmerkmalen fehlt ein solcher Hinweis auf einen möglichen Erklärungszusammenhang. Mit den deutungsmustertheoretisch angeleiteten Fallrekonstruktionen konnte nachgewiesen werden, dass Tat- und Tätermerkmale in einem komplexen Zusammenhang zueinander stehen. Zwischen den vier skizzierten Tätertypen zeigten sich charakteristische Differenzen in Zielwahlpräferenzen. Diese erklären sich zum einen aus unterschiedlichen Graden der Konversion in ein dschihadistisches Deutungsmuster, zum anderen aus unterschiedlichen, im Rahmen des dschihadistischen Deutungsmusters bearbeiteten, lebenswelt- und biografiespezifischen Problemlagen (Bewährungsthematiken). Soziodemografische Merkmale, wie sie im quantitativen Studienteil erhoben wurden, bilden jedoch, wenn überhaupt, nur einen sehr weichen Indikator für derartige Problemlagen. In den Fallrekonstruktionen wurde überdies deutlich, dass die individuellen Fallstrukturen mit Blick auf die Zielwahlpräferenzen eher im Detail liegende Differenzierungen erklären. Als von der Fallstruktur motiviert rekonstruieren ließ sich nur etwa das Streben nach einer die Zahl der Opfer maximierenden Massenviktimisierung im Fall Gelowicz gegenüber einer bloßen Massenviktimisierung, der es auf die genaue Opferzahl nicht ankommt, im Fall Yilmaz. Charakteristisch war ferner der Kontrast zwischen einer Sanktionierung nur durchschnittlicher »Verantwortungsträger« gegenüber der Sanktionierung von schuldexponierten »Verantwortungsträgern«.

In den Fallrekonstruktionen zeigte sich dabei nur ein soziodemografisch vermittelter Kontrast der Zielwahlpräferenzen: eine kollektivistische (bezogen auf die Umma) Orientierung bei Nichtkonvertiten gegenüber einer strikteren Orientierung am dschihadistischen Bewährungsgedanken im Sinne der Perfektionierung der eigenen Bindung an den »göttlichen Willen« bei den Konvertiten. Bei ersterer geht es um die Zur-Geltung-Bringung der religiös und damit kollektiv verbindlichen Norm, Muslime gegen äußere Angriffe zu verteidigen und dadurch seiner Pflicht als Gruppenmitglied bzw. Gläubiger nachzukommen. Bei letzterer soll die Tat einen umfassenden Geltungsanspruch des »göttlichen Gesetzes« und nicht nur einer partikularen Einzelnorm artikulieren. Die Zur-Geltung-Bringung des »göttlichen Gesetzes« dient dabei als Zeichen der »reinen Intention«, das heißt eines Handelns, das das Gesetz nicht bloß befolgt, sondern unmittelbar aus einer Bindung an dieses Gesetz vollzogen wird. Um den umfassenden Geltungsanspruch behaupten zu können, muss die partikulare Normverletzung exemplarisch für massenhaft stattfindende Normverletzungen sowie exemplarisch für eine nicht nur partikulare, sondern umfassende, wesensmäßige Abweichung der »Ungläubigen« sanktioniert werden. Praktisch folgt daraus zum einen eine Ausweitung der Schuldzuschreibung auf nur abstrakt Schuldige, denen kein konkreter Tatbeitrag nachgewiesen werden kann, sondern deren Schuld sich allein aus ihrer Gruppenzugehörigkeit ergibt. Zum anderen muss die Normverletzung extensiv, das heißt anhand möglichst vieler Schuldiger sanktioniert werden. Hieran lässt sich die Hypothese anschließen, dass die Orientierung am dschihadistischen Bewährungsgedanken mit einer im höheren Maße indiskriminativen Opferwahl (»durchschnittliche Zivilisten« bzw. »durchschnittlich schuldige Verantwortungsträger«) einhergeht.

Die Konstruktion und Viktimisierung von abstrakt Schuldigen ist das entscheidende Element dschihadistischer Sanktionslogik, die sich sowohl aus einem religiösen Manichäismus entlang der Differenz »Gläubige – Ungläubige« als auch gruppenspezifischen Manichäismen (»die Amerikaner«, »die Juden«) ableiten kann. Die Responsibilisierung der Opfer erfolgt nicht aufgrund ihrer Beteiligung an Taten oder aufgrund von Unterstützungshandlungen, sondern aufgrund ihrer Zugehörigkeit zur feindlichen Gruppe und eines dieser Gruppe zugeschriebenen radikalen, »existenziellen« Andersseins, das die Delinquenz auf Verhaltensebene hervorbringt oder jedenfalls immerzu hervorbringen könnte. Gerade in dieser von Handlungen einzelner Individuen abstrahierenden Sanktionierung des »seinsmäßig« Anderen, artikuliert sich der Geltungsanspruch eines göttlichen »Gesetzes überhaupt«, einer göttlichen Souveränität. Indem der Dschihadist jeweils selbst entscheidet, welche Individuen der Kategorie des bedrohlichen Anderen in einer gegebenen Situation zuzurechnen sind, agiert er im Modus souveräner Machtausübung. Diese liegt nach Schmitt gerade darin, zu entscheiden, »ob das Anderssein des Fremden im konkret vorliegenden Konfliktfalle die Negation der eigenen Art Existenz bedeutet und deshalb abgewehrt oder bekämpft wird, um die eigene, seinsmäßige Art von Leben zu bewahren« (1938: 27). Der Souverän ist, wie Agamben (2002: 42) schreibt, der Punkt, an dem Gewalt und Recht ununterscheidbar sind und jeweils ineinander übergehen, also Recht durch Gewalt gesetzt, aber umgekehrt das Recht durch die souveräne Gewalt jederzeit im Ausnahmezustand außer Kraft gesetzt werden kann. Wird diese gewaltsame Souveränität in der bürgerlichen Gesellschaft erst im Ausnahmezustand sichtbar und erst in der Krise zum bestimmenden Modus staatlichen Handelns, wohingegen im Normalzustand die Rechtsstaatlichkeit das bestimmende Element bildet,[124] muss der Dschihadismus die göttliche Souveränität zunächst erst einmal in souveräne Staatlichkeit überführen, das heißt Recht gewaltsam setzen. Der Dschihadismus agiert daher als rechtsetzende souveräne Gewalt im permanenten Zustand der Ausnahme von dem zu errichtenden Normalzustand einer »islamischen« Herrschaft.

Dschihadistische Gewalt – zumal in Europa – bildet daher den soziologischen Typus einer souveränen, aber noch nicht in Staatsform konstituierten Gewalt. Anders als in ihrem Selbstbild, vollziehen Dschihadisten nicht nur die vom Gesetzgeber, Gott, schon getroffenen Entscheidungen fallspezifisch, also im Modus eines rechtspflegerischen Handelns, sondern sie agieren selbst als Souverän.[125] Gott ist letztlich nur Projektionsfläche für eine

124 Dabei bleibt, wie Krasmann (2010: 233) deutlich macht, der Ausnahmezustand, wenngleich er die Rechtsstaatlichkeit auszuhöhlen droht, funktional auf den Normalzustand bezogen: »So soll die Ausnahme es ermöglichen, das Recht des Normalzustands intakt zu lassen.«

125 Das Rechtsprechen vollzieht sich immer als Fallentscheidung, die erst die konkrete Verwirklichung des abstrakten Rechtsprinzips, wie es in Gesetzesform vorliegt, darstellt. Die Gesetzesanwendung auf den konkreten Fall kann deshalb nicht maschinenmäßig vonstattengehen, sondern bedarf der richterlichen Fall- und Gesetzeswürdigung. Die Prozedur des Rechtsprechens gliedert sich so in zwei Teile: die Erkenntnis der Beschaffenheit des Falles nach seiner unmittelbaren Einzelheit und die Subsumtion des Falles unter das Gesetz (vgl. Wernet 1997: 43). Ist ein Richter somit an das Allgemeine, das heißt die in Gesetze geronnenen Entscheidungen des Gesetzgebers gebunden, so entsprechen die von ihm getroffenen Schuld- und Sanktionsentscheidungen nur einem »Auffinden« einer Entscheidung, die der Gesetzgeber durch das gesetzte Recht schon längst getroffen hat (siehe

idealisierte Übertragung des Größen-Selbst auf eine externalisierte Instanz, der man sich vollständig unterordnet und im Zustand der Unterordnung, dem Zustand der Nähe zu Gott im Tod (im Paradies nehmen sie unter Gottes Thron Platz), all die Attribute des Größen-Selbst wieder auf sich selbst zurückübertragen bekommt (Lewed 2010).[126] Der Dschihadismus bietet Handlungsentlastung durch radikale Delegation der Lebenspraxis an eine externalisierte Entscheidungsinstanz und vermittelt im selben Zuge das Gefühl von Größe und Erhabenheit.

Nur einer der vier rekonstruierten Typen repräsentiert jedoch eine dem dschihadistischen Bewährungsgedanken konsequent folgende Anschlagspraxis. Bei zwei Typen dominierte eine kollektivistische Logik im Sinne eines säkularisierten Dschihadismus. Eine dezidiert religiöse Logik besitzt daher nur begrenzte Erklärungskraft für die sich in den quantitativen Daten widerspiegelnden Zielwahlpräferenzen.

Maiwald 1997: 78; Oevermann 2000: 68). Zwar ist auch der *Dschihadist* in seinen Schuld- und Sanktionsentscheidungen an das Allgemeine, die abstrakten göttlichen Normvorschriften, gebunden. Diese Bindung ist jedoch hier nur eine gesinnungsmäßige, nicht aber durch Verfahren und juristische Methodik geregelte. Dem entspricht, dass die Normen und Rechtsprinzipien, auf die sich Dschihadisten berufen, nicht oder nur fragmentarisch und zudem konkurrierend kanonisiert zu werden scheinen. Der Dschihadist ist also gefordert, die von ihm zur Anwendung zu bringenden Normen und Rechtsprinzipien aus einem noch Allgemeineren (den Grundprinzipien des Glaubens) abzuleiten und fallkonkret zu legitimieren. Es eröffnen sich enorme Spielräume, wie sie von unterschiedlichen dschihadistischen Gruppen und Bewegungen dann auch genutzt werden. Im Endeffekt wird das göttliche Recht erst im Akt der Sanktionierung gesetzt.

126 Derartige Prozesse der idealisierten Übertragung auf ein Kollektivsubjekt finden sich wohl in unterschiedlichem Maße bei allen Formen kollektiver Gewalt, siehe vor allem die Befunde Böllingers (1981: 222f.) für sozialrevolutionäre Terroristen in den 1970er-Jahren. Bildete hier vor allem die in der Klandestinität agierende Kleingruppe Projektionsfläche für Größengefühle, ist es im Dschihadismus die unübersteigbare Allmacht Gottes, mit der man sich regressiv zu verschmelzen wünscht.

VI. Zusammenfassung und Ausblick

1 Die Strukturlogik dschihadistischer Anschlagsplanung

Anschlagsplanungen sind der Praxiskern des Terrorismus. Gleichwohl hat die Terrorismusforschung, die sich der Erklärung des Terrorismus an sich umfänglich annimmt, Fragen der konkreten Anschlagsplanung bislang nachrangig behandelt. Systematische Erklärungen von Ziel- und Mittelwahlen – für terroristische Anschlagsplanungen im Allgemeinen wie für dschihadistische im Besonderen – wurden nur selten versucht und erweisen sich in risikoanalytischer wie in theoretischer Hinsicht als nicht gänzlich befriedigend. Konventionelle Modelle der Zielwahl (vor allem Drake 1998) thematisieren Aspekte, die im Rahmen terroristischer Entscheidungsprozesse relevant werden können, geben aber kaum Hinweise über die inhaltliche Auswirkung der zahlreichen Faktoren in konkreten Fällen – sie beschreiben Momente des Wählens mehr als Ergebnisse der Wahl und erlauben nur schwerlich einen Vergleich der relativen Wahrscheinlichkeiten bestimmter Anschlagsszenarien. Eine situationslogische Vorgehensweise (Clarke/Newman 2006) unternimmt dagegen den an taktischer Logik ausgerichteten und stärker ergebnisorientierten Versuch, intrinsische Eigenschaften attraktiver Zielobjekte zu bestimmen und in einem Ratingverfahren zu vergleichen; eine nähere Betrachtung zeigt jedoch, dass die vermeintlich »intrinsischen« Eigenschaften tatsächlich deutungsabhängige Charakteristika sind, die taktische Verkürzung wenig überzeugt, und der tatsächliche Ausbau des von den Autoren nur exemplarisch illustrierten Ratingverfahrens vor erheblichen Hürden stünde. Beide Modelle sind auf die Verarbeitung unsystematisch erhobener bzw. gedankenexperimentell generierter Empirie angewiesen. In beiden Fällen ist die Übertragbarkeit auf dschihadistische Anschlagsplanungen in Europa fraglich. Und beide Ansätze gehen theoretisch von einer wesentlich instrumentellen Logik der Anschlagsplanung und des Terrorismus überhaupt aus und unternehmen keine weitergehende Integration von Anschlagsplanungsmodellen und Terrorismustheorie. Die Frage, warum Akteure überhaupt zu Anschlägen als Mittel der politischen Auseinandersetzung greifen, erscheint der zielwahlorientierten Forschung ebenso nachrangig wie umgekehrt die konkrete Anschlagsplanung weithin der Terrorismustheorie.

Dies gilt speziell auch für die Erforschung des europäischen »Homegrown«-Dschihadismus. Hier steht auf der einen Seite eine sogenannte »Radikalisierungsforschung«, die sich mit Beweggründen einer Hinwendung zum Dschihadismus und Beteiligung an Gewalthandlungen beschäftigt, dabei jedoch an unterschiedlichen Ausformungen dschihadistischer Gewaltpraxis und damit korrespondierenden Ausprägungen von Radikalität und Gewaltbereitschaft wenig interessiert ist – es geht nicht um die verstehende Erklärung der Genese jeweils spezifischer dschihadistischer Gewaltpraxen, sondern um die Frage. »warum A und nicht B« zum Dschihadisten geworden ist. Demgegenüber stehen tatbezogene Forschungen, die Zielwahlen europäischer Anschläge aus globalen strategischen Zielvorhaben des dschihadistischen Diskurses zu erklären versuchen. Die Frage, welchen Verstehens- und Entscheidungsregeln die Täter in ihren Anschlagsplanungen tatsächlich folgen, wird dabei kaum gestellt. Das Selbstverständnis der Akteure, normative Vorgaben des Islam umsetzen und durch den Gewaltakt einer individuellen Pflicht zum Dschihad nachkommen zu wollen, bleibt in der Analyse der Anschlagsplanungen unberücksichtigt, deren Logik auch damit auf Aspekte der politisch-instrumentellen Rationalität verengt wird.

Eine Möglichkeit, Fragen der Ziel- und Mittelwahl aus dieser Verengung auf eine instrumentelle Logik herauszuführen und mit einer allgemeinen soziologischen Terrorismustheorie zu integrieren, eröffnet sich mit der Analyse von Terrorismus als Form der sozialen Kontrolle. Viele Akte der Kriminalität sind Akte der sozialen Kontrolle, die (aus der Perspektive der jeweiligen Kontrollinstanzen) abweichendes Verhalten definieren und darauf reagieren. Auch Terrorismus behauptet und reagiert auf Normabweichungen; im Falle des Dschihadismus sind dies vor allem ungerechtfertigte Angriffe auf Muslime, unzulässige Einflüsse nichtmuslimischer Staaten in mehrheitlich muslimischen Ländern und von vermeintlich göttlichen Vorschriften abweichende Gesellschaftsordnungen. Der Dschihadismus – wie jeder substaatliche, sozialrevolutionäre Terrorismus – unternimmt negative Sanktionierungen von Normverletzungen und definiert Devianz vor dem Hintergrund einer erst noch vollständig zu etablierenden, aber moralisch als geltend erachteten Alternativordnung. Wie staatliches Strafen auch, setzt er auf eine »psychische Wirkung« der Sanktionen: Beobachter sollen im Sinne der Normkonformität beeinflusst werden. Die Handlungslogik des Terrorismus entspricht wesentlich den auch hier und heute postulierten staatlichen Strafzwecken: Es geht um Vergeltung, negative Prävention (durch Abschreckung und gegebenenfalls *incapacitation*) sowie positive Prävention (durch Normstärkung, Mobilisierung und Resozialisation). Anders als im Falle eines funktionierenden Staates sieht sich der Terrorismus massenhafter und systemischer Delinquenz gegenüber – eine Vielzahl von Akteuren mit unterschiedlicher, je individueller Verantwortung generiert fortwährend Unrecht. Die terroristische Sanktionierung kann sich nicht auf alle »Delinquenten« richten, sie vollzieht sich *pars pro toto*. Die Strafaktionen des Terrorismus entspringen der Logik kollektiver Haftung, richten sich auf soziale Einheiten, schädigen aber unmittelbar meist das Kollektiv repräsentierende, exemplarische Individuen. Schon angesichts der relativen Machtlosigkeit terroristischer Gruppierungen, der Kriminalisierung ihrer Tätigkeit und des Erfordernisses der Klandestinität sind dabei überraschende, schnelle, unvorhersehbare und willkürlich erscheinende, das heißt anschlagsförmige Sanktionen das Mittel der Wahl. Der Anschlag als spektakuläre, auf öffentliche Beobachtung ausgelegte Sanktionsform erinnert an vormoderne, vordisziplinarische Strafpraxis, die nunmehr als alternative Normdurchsetzung in moderne Gesellschaften implementiert wird. Auch im Rahmen der Anschläge auf exemplarische Individuen wird die der Strafe immanente Logik von Schuld und Reziprozität in der Regel nicht aufgegeben. Die unmittelbaren Opfer des Terrorismus werden entweder individuell, als Haupt- oder Mitschuldige, oder kollektiv als Mitglieder einer schuldigen Gruppe für das thematisierte Unrecht verantwortlich gemacht. Die Legitimation des Terrorismus folgt strukturell der Logik der Legitimation auch staatlichen Strafens: Die Maßnahme ist gerechtfertigt aufgrund von Schuld, im Rahmen des Reziprozitätsprinzips und als Ultima Ratio.

Die Analyse des Terrorismus als Form der sozialen Kontrolle erlaubt es uns, instrumentell-strategische Fixierungen der Terrorismusanalyse ebenso zu überwinden wie isolierte Betrachtungen verschiedener Motivebenen. Die Strukturlogik des Anschlags ist fundamental expressiv und normenreguliert. Der Anschlag als negative Sanktionierung vollzieht sich als Reaktion auf und Definition von Devianz – notwendig rekurriert und verweist er auf ein Verständnis von Normalität bzw. Richtigkeit und Abweichung, drückt in der Übelszufügung Missbilligung aus und kommuniziert eine Verantwortungszuschreibung. Dabei vollzieht sich eine Unterscheidung moralischer Kollektive samt dramaturgischer Selbstverortung der terroristischen Akteure, die zudem instrumentell-strategische Ziele erreichen wollen können. Diese Betrachtungsweise integriert mithin die Mischung von instrumentellen, normenregulierten, expressiven und dramaturgischen Motiven einzelner terroristischer Akteure, die in der Terrorismusforschung – allerdings Motivstränge theoretisch isoliert betrachtend, mit einer nicht begründeten Fokussierung auf politische Instrumentalität und in einer teils arbiträren Unterscheidung von »primären« und »sekundären« Motiven – ausgeführt worden ist.

Die den Anschlag überhaupt erklärende Logik der sozialen Kontrolle ist kongruent mit den – und erklärt ebenfalls die – Hauptselektionsmechanismen der Ziel- und Mittelwahl, die eine vermittelnde Struktur zwischen der Logik des Anschlags überhaupt und der konkreten Anschlagsplanung darstellen und als eine Art Tiefengrammatik die Beantwortung der zentralen Fragen der Anschlagsplanung anleiten: 1. Wer soll unmittelbar geschädigt werden? 2. Wie soll dabei vorgegangen werden? 3. Wie stark soll die Schädigung ausfallen? Die Antworten auf diese basalen Fragen folgen vier die Attraktivität von Anschlagszielen bzw. -szenarien bestimmenden und zwei die Einschätzung der Machbarkeit anleitenden Regeln: *1. Repräsentation des feindlichen Kollektivs.* Verübe den Anschlag gegen Personen und/oder Orte, die den kollektiven Gegner möglichst gut symbolisieren. *2. Schuld/Verantwortung.* Wähle als Anschlagsopfer Personen, Gruppen oder Institutionen, denen eine besondere, über die kollektive hinausgehende, Schuld an den von dir beklagten Missständen zugeschrieben werden kann. *3. Großer, aber nicht exzessiver Schaden.* Füge dem Feind einen sehr erheblichen Schaden zu, vermeide dabei aber einen Exzess. *4. Imitation* (und gegebenenfalls Übertreffen) von Rollenvorbildern. Führe den Anschlag ungefähr so (wenngleich eventuell noch beeindruckender) durch, wie »wir« das gemeinhin tun. *5. Vulnerabilität.* Bestimme ein Ziel, das du mit deinen begrenzten Mitteln erheblich beschädigen kannst. *6. Zugang und Entdeckungsrisiko.* Wähle ein Ziel, das du auskundschaften und mit den vorgesehenen Anschlagsmitteln erreichen kannst, ohne vor (im Falle von Fluchtintentionen auch: nach) dem Anschlag entdeckt zu werden. Während die letzteren beiden (machbarkeitsbezogenen) Regeln wesentlich von einer taktisch-instrumentellen Rationalität bestimmt sind, erklären sich die ersteren vier (attraktivitätsbezogenen) Regeln aus den Prinzipien der Pars-pro-Toto-Sanktionierung in normativer, expressiver, dramaturgischer und instrumenteller Logik. Je individuelle Motivmuster bestimmen die Wahl von Anschlagsszenarien im Einzelnen mit, die allgemeineren Hauptselektionsmechanismen wirken aber grundsätzlich unabhängig von der Frage, welche Mischungen von spezifischen Motiven von den Akteuren artikuliert oder nicht artikuliert werden – der Anschlagsplaner kann den Regeln auf der Basis unterschiedlichster Motivkonstellationen folgen.

Die Selektionsmechanismen beschreiben die grundlegende *kollektive* Strukturlogik terroristischer Anschlagsgewalt. Sie erklären, wie dschihadistische Akteure aus den sich bietenden objektiven Handlungsmöglichkeiten eine bestimmte Auswahl treffen, und grenzen die Wahlmöglichkeiten ein. Sie formulieren spezifische Gelingenskriterien für das Gewalthandeln und können als Elemente von allgemeine Geltungsstandards setzenden Deutungsmustern beschrieben werden. Sie bieten Akteuren eine konkrete Handlungsorientierung und produzieren, indem die Akteure diesen folgen, kollektive Muster der Anschlagsgewalt. Zugleich bieten sie einen mehr oder weniger großen Spielraum für *individuelle* Präferenzen. So erlauben die Selektionsmechanismen oder -Maßstäbe ein breites Spektrum der Selektion von im Detail recht unterschiedlichen Handlungsoptionen, wie sich vor allem in einem Kontrast zwischen Anschlägen auf »Hauptverantwortliche« und »durchschnittliche Zivilisten« zeigt. In Rechnung zu stellen sind außerdem variierende Relevanzstrukturen hinsichtlich der Selektionsprinzipien selbst. Die Strukturlogik von Terrorismus als sozialer Kontrolle konstituiert somit einen zunächst weiteren Raum möglicher Anschlagsszenarien, aus dem die je individuelle Anschlagsplanungspraxis dann eine fallstrukturmotivierte Selektion vollzieht.

Diese fallspezifischen Besonderheiten dschihadistischer Anschlagsgewalt lassen sich vor der Folie des Deutungsmusteransatzes als Ergebnis individueller Bewährungsdynamiken konzeptualisieren. Ausgangspunkt ist dabei zunächst die Annahme, dass dschihadistische Deutungsmuster Geltungsstandards für die dschihadistische Gewaltpraxis formulieren, die als eine Glaubensprüfung bestimmt wird. Aus diesen Standards leiten sich situative (bezüglich individueller Fähigkeiten, Ressourcen und sich bietender Tatgelegenheiten) Kriterien für einen gelungenen Anschlag bzw. einer gelungenen Glaubensprüfung ab, also positive Zeichen der Bewährung. Für den Bewährungserfolg ausschlaggebend ist nicht bloß die Befogung eines so interpretierten »göttlichen Willens« (*Normbefolgung*), sondern vor allem auch die »reine Intention« des Gläubigen, das heißt Handlungen müssen unmittelbar aus einer Bindung an den »göttlichen Willen« vollzogen werden

(*Normbindung*). Es geht dabei letztlich um die Erreichung eines Zustands der vollständigen Ablösung von diesseitigen Bindungen und, damit verbunden, von einem autonomen Selbst zugunsten eines vollständigen Aufgehens in dem bzw. unter den »göttlichen Willen«. Die individuelle Besonderheit einer dschihadistischen Lebenspraxis dokumentiert sich einerseits in dem Grad der vollzogenen Ablösung von dem vorherigen Lebensentwurf und andererseits in einer individuellen Relevanz eines bestimmten Ablöse- bzw. Bewährungsthemas, das sich aus der Anwendung des dschihadistischen Deutungsmusters auf die eigene Biografie und Lebenswelt bzw. die damit verknüpften Handlungsprobleme ergibt. Mit Blick auf die dschihadistischen Bewährungsanforderungen und die in der Radikalisierungsforschung beschriebenen Problemsyndrome haben wir drei bewährungsthematische Stränge unterschieden: 1. die Zugehörigkeit zur Gemeinschaft der (»wahren«) Muslime und vice versa Ablösung von einer Identifikation mit nichtmuslimischen Gemeinschaften, denen man vorher angehörte bzw. deren Anerkennung man gesucht hat; 2. die Anerkennung des »göttlichen Willens« als einzigen Vernunftmaßstab (Normbindung) und damit verbunden die Aufgabe von Autonomie; 3. die Bewährung eines dschihadistisch-sittlichen Lebenswandels im Sinne der Überwindung einer »unislamischen« Lebensführung durch die Befolgung entsprechender Normen im Alltag.

Anhand exemplarischer Fallrekonstruktionen galt es, die skizzierten Bewährungsthemen am Material interpretativ mit Blick auf biografische Zusammenhänge einerseits sowie Kriterien einer gelingenden Anschlagspraxis andererseits näher aufzuschließen. Ausgewählt wurden vier Fälle, die entsprechende bewährungsthematische Kontraste erwarten ließen: Der Fall Roshonara Choudhry als Beispiel einer Zugehörigkeitsproblematik, die Konvertitenfälle Adebolajo (Woolwich) und Gelowicz (Sauerlandgruppe) als Fälle einer Bewährung der Bindung an den »göttlichen Willen« sowie Yilmaz (ebenfalls Sauerlandgruppe) als Beispiel für die Bewährung eines dschihadistisch-sittlichen Lebenswandels. Auf dieser Grundlage ließen sich vier Typen rekonstruieren:

Typ A: Loyalitätsnachweis gegenüber der Umma (Choudhry). Thema der Bewährung ist die Herstellung einer eindeutigen Zugehörigkeit zur Gemeinschaft der Muslime, in Abgrenzung zur nicht-muslimischen Mehrheitsgesellschaft, von der sie sich zuvor Anerkennung erhoffte, die ihr aber verwehrt wurde. Choudhry will durch ihre Tat beweisen, dass ihre Loyalität nun alleine der Umma gilt. Den Nachweis erbringt sie durch Erfüllung der individuellen Pflicht zum Dschihad. Sie sanktioniert einen besonders schuldexponierten

»Hauptverantwortlichen«, dem eine direkte Verantwortung für die aus ihrer Sicht an Muslimen begangenen Verbrechen zugeschrieben werden kann. Zum Ausdruck bringt sie ihre Missbilligung gegenüber Verstößen einer partikularen Norm (dem Verbot von Angriffen gegen Muslime), wohingegen ein umfassender Geltungsanspruch des »göttlichen Gesetzes« unthematisch bleibt. Der dschihadistische Handlungsentwurf reduziert sich auf eine Zugehörigkeit zur Umma als einer praktische Solidarität vermittelnden Gemeinschaft, die nur in diesem Aspekt der Solidarität ein Gegenmodell zur nichtmuslimischen Mehrheitsgesellschaft als Ort der Ausgrenzungserfahrung bildet. So versteht sie die Tat auch eher als einen solidarischen Akt gegenüber hilfsbedürftigen »Brüdern und Schwestern« denn als Akt der exemplarischen Sanktionierung von Normverstößen.

Typ B: Normbindung bei aufrechterhaltenem Wunsch nach Anerkennung (Adebolajo). Charakteristisch ist eine gegenläufige Bewährungsdynamik: Durch die Tat will Adebolajo seine Bindung an den »göttlichen Willen» bezeugen. Gleichzeitig strebt er nach Anerkennung seines »islamischen» Lebensentwurfes, weshalb er den Konflikt mit der Allgemeinheit zunächst auf die Geltung der partikularen Defensivnorm begrenzt und die Ausweitung des Konfliktes unter den Vorbehalt der Nichtanerkennung dieses Geltungsanspruchs stellt. Durch die Tötung eines beliebigen Soldaten bestraft Adebolajo einen exemplarischen »Hauptverantwortlichen« und abstrahiert weitgehend von einer konkreten Verantwortung des Opfers. Er kann so seine Bindung an einen umfassenden Geltungsanspruch des »göttlichen Gesetzes« bezeugen und gleichzeitig den Konfliktes mit der Allgemeinheit durch die auf »Hauptverantwortliche« begrenzte Responsibilisierung begrenzen.

Typ C: Aufgabe von Autonomie (Gelowicz). Zentrales Gelingenskriterium seines Handlungsentwurfes ist für Gelowicz die Aufgabe der eigenen Autonomie als Zeichen seiner totalen Bindung an den »göttlichen Willen«. Die eigene Lebenspraxis soll handlungsentlastend komplett an eine externalisierte Entscheidungsinstanz delegiert werden. Daraus resultiert eine Bewährungsdynamik der Perfektionierung der »reinen Intention«, die sich in der Suche nach einem Ziel mit maximalen Opferzahlen unter (aus seiner Perspektive) zweifelsfrei Schuldigen niederschlägt, wobei dezidiert auch »durchschnittliche« Schuldige getroffen werden sollen. Mit der Bewährung der Bindung an den »göttlichen Willen« verknüpft sich ein heilspragmatisch begrenzter Fatalismus. Die Bedingungen für eine erfolgreiche Planung, Tarnung und Sicherstellung des Taterfolgs können so nur in Grenzen kontrolliert werden.

Typ D: Absicherung eines »islamisch« konformen Lebenswandels (Yilmaz). Zentrales Thema ist das Durchhalten eines »islamisch«-sittlichen Lebenswandels durch Befolgung »islamischer« Normen und gute Taten. Es gilt, die im Rahmen des vorherigen »unislamischen« Lebensentwurfes begangenen Sünden zu kompensieren. Bestehende Zweifel in die Konstanz des eigenen Lebenswandels führen dazu, dass sich die Hoffnung auf die positive Bewährung des Handlungsentwurfes in den Anschlag verlagert. Entscheidende Elemente dieses Typus bilden das Streben nach einem »großen« Anschlag, die Sorge um den Taterfolg sowie – damit verbunden – um die eigene Standfestigkeit auf dem Weg der Anschlagsplanung. Demgegenüber und im Vergleich zu Typ C weniger relevant ist die Orientierung an dem Gedanken einer exemplarischen Sanktionierung möglichst vieler Schuldiger.

In den Fallrekonstruktionen zeigte sich dabei nur ein soziodemografisch vermittelter Kontrast der Zielwahlpräferenzen: eine kollektivistische (bezogen auf die Umma) Orientierung bei Nichtkonvertiten gegenüber einer strikteren Orientierung am dschihadistischen Bewährungsgedanken bei Konvertiten. Der kollektivistischen Orientierung geht es um die Zur-Geltung-Bringung der kollektiv verbindlichen Norm, Muslime gegen äußere Angriffe zu verteidigen, und dadurch seiner Pflicht als Angehöriger der Umma nachzukommen. Im Mittelpunkt des dschihadistischen Bewärhungsgedankens steht demgegenüber der Nachweis der »reinen Intention«, das heißt eines Handelns, das das Gesetz nicht bloß befolgt, sondern unmittelbar aus einer Bindung an dieses Gesetz vollzogen wird. Es gilt das Zeugnis zu erbringen, dass keine Instanz außer Gott, kein Gesetz außer dem «göttlichen Gesetz« Geltung besitzt bzw. besitzten darf. Behauptet werden muss also – über den Geltungsanspruch der verletzten Einzelnorm hinaus – der Anspruch einer ausschließlichen und umfassenden Geltung des «göttlichen Gesetzes« als Ganzes. Es gilt, die partikulare Normverletzung exemplarisch für massenhaft stattfindende Normverletzungen sowie exemplarisch für eine nicht nur partikulare, sondern umfassende, wesensmäßige Abweichung der »Ungläubigen« zu sanktionieren. Praktisch folgt daraus zum einen eine Ausweitung der Schuldzuschreibung auf nur abstrakt Schuldige, denen Schuld qua Gruppenzugehörigkeit, das heißt unabhängig vom Nachweis eines konkreten Tatbeitrags zugerechnet wird. Zum anderen muss die Normverletzung extensiv, das heißt anhand möglichst vieler Schuldiger sanktioniert werden.

Die Kontraste zwischen Konvertiten und »geborenen Muslimen« vermitteln sich jedoch nicht aus einer dem Umstand der Konversion geschuldeten Radikalität – wie gemeinhin angenommen – sondern aus unterschiedlichen Typiken deutungsbedürftiger Problemstellungen, die in bestimmten Milieus gehäuft auftreten mögen. Für Choudhry und Yilmaz bilden kollektive Marginalisierungserfahrungen als Muslime den Ausgangspunkt radikalisierungsvalenter Orientierungsprobleme, wohingegen in den beiden Konvertitenfällen Gelowicz und Adebolajo eine solche Erfahrung kollektiver Marginalisierung nicht ausschlaggebend zu sein scheint. Die Ausgangspunkte der Radikalisierung liegen hier eher in adoleszenztypischen Orientierungskrisen. Deren misslungene Bewältigung erklärt den Verbleib in einer dem religiösen Bewährungsgedanken folgenden dschihadistischen Praxis mit der für sie charakteristischen radikalen Delegation der eigenen Lebenspraxis an eine externalisierte Entscheidungsinstanz.

In allen vier Fällen reproduziert sich die Strukturlogik von Terrorismus als sozialer Kontrolle in der negativen Sanktionierung von Verstößen gegen als kollektiv verbindlich erachtete »islamische« Normen. Doch nur in den beiden Fällen Gelowicz und Adebolajo, die dem dschihadistischen Bewährungsgedanken in einem stärkeren Maße folgen, zeigt sich eine konsequente Umsetzung dieser Strukturlogik durch eine dezidiert exemplarische Sanktionierung von Normverstößen. Gelowicz und Adebolajo ist es wichtiger, dass die ausgewählten Opfer die als feindlich (schuldig) definierte Gruppe als Ganze gut symbolisieren (*erster Selektionsmechanismus*), während für Yilmaz der Effekt bzw. die »Größe« der Tat im Vordergrund steht und Choudhry ihr Opfer vorwiegend aufgrund seiner exponierten direkten Verantwortung für ein Verbrechen auswählt (*zweiter Selektionsmechanismus*). Auch mit Blick auf den Aspekt der Schadensmaximierung (*dritter Selektionsmechanismus*), dessen Relevanz sich hier nur für die Sauerlandgruppe näher bestimmen lässt, war es wiederum Gelowicz, dem die Erzielung einer hohen Opferzahl wichtiger war als Yilmaz. In den untersuchten Fällen zeigt sich der Grad der Befolgung des Bewährungsgedankens also in der Konsequenz der Umsetzung des ersten sowie auch des dritten Selektionsmeachanismus. Eine Anschlagspraxis, die auf eine exemplarische Bestrafung der Feindgruppe(n) abzielt und in dieser Hinsicht bewusst auch die nur »durchschnittlich« Schuldigen treffen will, wie auch das Steben nach maximalen Opferzahlen bilden vor diesem Hintergrund zwei wesentliche Gradmesser dschihadistischer Radikalisierung.

2 Perspektiven der Risikoevaluation

2.1 Risiken dschihadistischer Anschläge

Die Anwendung der sechs allgemeinen und im Einzelfall auch konfligierenden Hauptselektionsmechanismen bestimmt eine Selektion von Angriffszielen und -mitteln, die nicht eindeutig festgelegt sind – was, da Anschläge notwendig unvorhersehbar sein müssen, um umgesetzt werden zu können, eine Bedingung der Möglichkeit von Anschlägen überhaupt darstellt. Diese Unvorhersehbarkeit gilt auch für die terroristischen Akteure selbst, die vor der Entscheidung nicht wissen, wie sie sich entscheiden werden. Die Regeln führen aber zu typischen Anschlagsszenarien, deren Muster sich in Risikoparametern beschreiben lassen. Während wir annehmen, dass die Hauptselektionsmechanismen für jede Form des Terrorismus gültig sind, sind Risikoparameter konkreter und partiell von der jeweiligen terroristischen Gruppierung (unter anderem ihrer Ideologie, ihrer Geschichte, etablierten Anschlagsmodi und Rollenvorbildern sowie Kompetenzen und Ressourcen) abhängig.

»Risikoparameter« sind Faktoren, die die Wahrscheinlichkeit eines Anschlags erhöhen und die an potenziellen Anschlagszielen ohne Wissen über die Besonderheiten oder spezifischen Präferenzen einer bestimmten Gruppe beobachtbar oder auf der Basis von Vorwissen über die dschihadistische Bewegung insgesamt erschließbar sind. Für dschihadistische Anschläge in Europa ließen sich planspielgestützt gruppenbezogene, gesellschafts- bzw. systembezogene, Szenariopräferenzen betreffende sowie realisierbarkeitsbezogene Risikoparameter identifizieren (vgl. Kapitel IV). Die Parameter liefern ein heuristisches Muster zur Bewertung potenzieller Anschlagsziele des Dschihadismus in Europa und ermöglichen die Bewertung der relativen Wahrscheinlichkeiten von Anschlagsszenarien im Hinblick auf konkrete Zielobjekte, im Vergleich von Zielobjekten innerhalb einer Zielklasse sowie im Vergleich von Zielklassen. Das Raster der Risikoparameter lässt sich darüber hinaus zur Konstruktion plausibler Szenarien (etwa für Übungen) einsetzen. Dabei ist die Bewertung von Anschlagsszenarien kein schematischer und quantifizierbarer Prozess, sondern ein notwendig tentativ bleibender, qualitativ informierter Evaluationsvorgang, der im Einzelfall die Detailbewertung situativer Gegebenheiten vor Ort ebenso berücksichtigen muss wie gesellschaftliche, politische und dschihadismusspezifische Trends. Eine methodisierte Anwendung des Parameterrasters zur Risikoevaluation würde dabei weitergehende Operationalisierungen der Einzelparameter erforderlich machen, die wiederum kontextspezifisch für einen bestimmten geografischen Raum, für den Anschlagsrisiken evaluiert werden sollen, erfolgen müssten. So ist zum Beispiel »zentrale Lage« in einem rein stadtbezogenen Referenzrahmen anders zu operationalisieren als in einem regionalen, nationalen oder gar europäischen Referenzrahmen, und es müssen dazu Annahmen über die Tätergruppen (etwa ihren Operationsradius und ihr Know-how) getroffen werden. Die methodisierte Anwendung erforderte also die Weiterentwicklung des Parametersystems zu einer qualitativen Risk-Assessment-Methode, was im Rahmen dieser Arbeit nicht zu leisten war.

Die von uns identifizierten allgemeinen Selektionsmechanismen lassen jedoch Trendaussagen darüber zu, mit welchen Anschlagsszenarien im europäischen Dschihadismus zu rechnen ist. Dies ermöglicht die Erklärung vergangener oder bestehender Trends ebenso wie die kritische Reflexion von in Präventionsdiskursen getroffenen Szenarioannahmen. Wir können dies hier nur kursorisch ausführen und betrachten beispielhaft Anschläge im Bereich des ÖPNV sowie die Annahme einer Bedrohung kritischer Infrastrukturen, insbesondere der Strom- und Wasserversorgung (z. B. Reichenbach et al. 2008; National Research Council 2012),[127] wie sie auch nationalen und europäischen Sicherheitsforschungsprogrammen zugrunde liegt.

Beispiel: ÖPNV. Der Strukturlogik der Pars-pro-Toto-Kontrolle folgend, sind Anschlagsziele attraktiv, die eine aus Täterperspektive schuldige Gruppe in ihrer Gesamtheit repräsentieren. Es geht hier zunächst nicht um

127 Die Stromversorgung, und dabei insbesondere Anlagen des Übertragungsnetzes, gelten als eine besonders kritische Infrastruktur, da der Ausfall systemrelevanter Anlagen zu einem grenzüberschreitenden, womöglich langanhaltenden Stromausfall führen kann, der schon nach kurzer Zeit zu einem kaskadenartigen Zusammenbruch weiterer Versorgungsinfrastrukturen führen würde (siehe etwa Petermann et al. 2011). Eine vermeintlich terroristische Bedrohung der Stromversorgung ist auch Gegenstand der Belletristik, siehe Marc Elsbergs Bestseller »Blackout«.

die besondere Schuld der getroffenen Opfer, sondern um die Beispielhaftigkeit des Opfers für die schuldige Gruppe. Unter anderem dies erklärt die besondere Attraktivität indiskriminativer Massenviktimisierungen im Bereich des ÖPNV. Neben günstigen Zugangsmöglichkeiten zeichnet sich der ÖPNV dadurch aus, dass er von einem Großteil der Bevölkerung und den unterschiedlichsten sozialen Schichten, Ethnien etc. genutzt wird und somit die Bevölkerung als Ganzes symbolisch repräsentiert. Zum Ausdruck gebracht werden kann so der generalisierte Geltungsanspruch der verletzten Norm, der mangels Macht nicht an jedem einzelnen Mitglied dieser Gruppe physisch bestrafend realiter durchgesetzt werden kann.[128] Die potenzielle Jedermann-Betroffenheit kommuniziert außerdem eine generalisierte Bedrohung, die das Szenario für die Verfolgung eines instrumentellen Abschreckungskalküls und somit für unterschiedliche Tätertypen attraktiv macht.

Beispiel: Versorgungsinfrastrukturen. Die Bestrafung von Schuldigen erfordert die Zufügung eines (schuldgerechten) Übels. Der Schaden für das Opfer und die als schuldig etikettierte Opfergruppe soll dabei erheblich (Tötung, nicht bloß Verletzung; viele statt wenige Tote), aber nicht exzessiv sein. Anschlagsszenarien, die keine oder nur wenige Opfer verursachen, sind von vornherein weniger attraktiv als solche, die viele Opfer produzieren. So sind Anschläge gegen wirtschaftliche Infrastrukturen (etwa Schifffahrt und Hafenanlagen) erst dann attraktiv, wenn sie sich neben der Aussicht einer hinreichenden wirtschaftlichen Schädigung des Gegners auch mit der Aussicht auf die Tötung von Feinden verbinden lassen. »Opferlose« Anschläge, wie von der Sauerlandgruppe für den Frankfurter Flughafen geplant, wären demgegenüber eher als Nebenziele zu erwarten. Die Problematik einer Opferlosigkeit oder zu geringer Opferzahlen, allgemein: des Mangels eines als erheblich gesehenen Übels, stellt sich auch bei Anschlagsszenarien gegen die Stromversorgung. Erst mit der Aussicht, einen nicht nur kurzfristigen, sondern längerfristigen Stromausfall herbeiführen zu können, der für die Bevölkerung tatsächlich gravierend ist, wird dieses Anschlagsszenario attraktiv. Wie unsere Planspielgruppen zeigen, werden Täter aber regelmäßig Zweifel an einer solchen Spürbarkeit der Folgen eines Stromausfalls haben. Sie erwarten nur geringe psychische Auswirkungen (Angst und Schrecken) und nur wenige Tote und Verletzte. Im Falle einer effektiven Vergiftung des Trinkwassers können Täter dagegen von einer spürbaren Viktimisierung weiter Teile der Bevölkerung ausgehen. Aufgrund dieser Aussichten auf eine

128 Anders im Falle des Islamischen Staates, der diese Normen kraft Herrschaft über Territorium dort auch realiter durchsetzen kann.

Massenviktimisierung kann eine Trinkwasservergiftung einerseits attraktiv sein. Die erwartete extrem hohe Opferzahl kann jedoch im Sinne eines Exzesses auch abschreckend wirken. Problematisch ist zudem, dass eine massenhafte Viktimisierung von Kindern erwartet wird, die Dschihadisten gewöhnlich als unschuldig gelten und nicht direkt angegriffen werden sollen.

Unter Machbarkeitsaspekten ist davon auszugehen, dass dschihadistische *Self-Starter* einen flächendeckenden Stromausfall wie auch eine effektive Trinkwasservergiftung für kaum realisierbar halten. Dabei spielen Zugangsprobleme zu kritischen Anlagen eine Rolle (Rohre, Wasserwerke, Umspannwerke), ebenso wie die Annahme einer geringen Vulnerabilität bzw. hohen Resilienz der Infrastrukturen angesichts der mit eigenen Mitteln möglichen Angriffe. Den Tätern fehlt zudem Wissen darüber, welche und wie viele technische Anlagen zerstört werden müssten. Sie haben Schwierigkeiten, tatsächlich kritische Anlagen zu lokalisieren, und Zweifel, ob die zur Zerstörung der jeweiligen Anlage erforderlichen Anschlagsmittel beschafft werden können. Aufgrund fehlender technischer Detailkenntnisse sind die Folgen der Zerstörung einzelner Systemelemente auf das Gesamtsystem nicht kalkulierbar. Die bisher von Netzbetreibern umgesetzten Sicherheitsarrangements können mit Blick auf den *Low-Cost*-Terrorismus somit als durchaus effektiv erachtet werden. Eine Bereitschaft von Tätergruppen, sich entsprechende Kenntnisse und Informationszugänge über einen längeren Zeitraum anzueignen, ist für das bisherige Spektrum dschihadistischer Tätergruppen nicht zu erwarten. Denn deren Praxis ist primär normativ-expressiv und dramaturgisch, auf Identitätsbehauptung und individuelle Bewährung ausgerichtet. Im europäischen Kontext sind bislang keine längerfristig bestehenden Organisationen mit einer kontinuierlichen und stärker strategisch ausgerichteten Anschlagspraxis in Erscheinung getreten. Von Bedeutung ist ferner, dass das von Dschihadisten präferierte Angriffsmittel des Sprengsatzes und damit verbundene Modi Operandi, die als erprobte und im Sinne der Wissensvermittlung auch als institutionalisierte Praktiken zu sehen sind, für Angriffe auf die Strom- und Wasserversorgung wenig geeignet erscheinen. In der dschihadistischen Szene fehlen somit das Wissen, die Erprobung und die Vermittlung entsprechender Anschlagsmethoden. Unter Präventionsgesichtspunkten wäre es somit wichtig, entsprechende Tendenzen in der dschihadistischen Szene frühzeitig zu erkennen.

2.2 Risikobewertung und Displacement

Dschihadistische Anschläge in Europa sind seltene Ereignisse, und ihre Unvorhersehbarkeit ist eine Bedingung ihrer Möglichkeit. Wir haben mit einem reduzierten Risikobegriff gearbeitet und die (relative) Wahrscheinlichkeit eines Anschlags als »Risiko« bezeichnet, welches sich im Vergleich von potenziellen Anschlagszielen und -szenarien näherungsweise qualitativ bewerten lässt. Eine quantitative Bestimmung von Anschlagswahrscheinlichkeiten war in diesem Rahmen ebenso wenig möglich wie die Bezugnahme auf einen konventionellen, das Produkt aus Wahrscheinlichkeit und Schadenshöhe bezeichnenden Risikobegriff. Die Quantifizierung von Terrorismusrisiken steht auf der Seite der Wahrscheinlichkeiten wie auch der Schäden vor erheblichen Problemen.

Die *Höhe des Schadens* eines Anschlags ist, selbst ex post, nicht präzise und auch kaum näherungsweise sinnvoll objektivierbar und messbar. Gewiss, man könnte Tote und Verletzte zählen, Verletzungen nach der Dauer von Krankheitstagen abstufen und Sachschäden in Geldwert messen. Ein bloßer »Bodycount« verkennt aber gerade den politischen Charakter der Tat. Verschiedenste mögliche Folgewirkungen wie erhöhte gesellschaftliche Konflikte, Repressionen, Angst, Diskriminierungen von Minderheiten etc. blieben dabei ausgeblendet, und alles, was sich terroristische Strategie jenseits der unmittelbaren Opfer als politisch schädigende Anschlagswirkung erhoffen mag, würde gar nicht erst als Schaden gewertet. Im präzisen, gesellschaftliche und politische Dimensionen einschließenden Sinne ist der Schaden eines terroristischen Anschlags kein durch einfache Quantifizierung bestimmbares Phänomen, sondern Produkt typischer, aber kontingenter gesellschaftlicher Kommunikations- und Deutungsprozesse, die ihrerseits nicht sicher prognostizierbar sind. Die Annahme, dass etwa ein Anschlag mit 20 Todesopfern »doppelt so schlimm« sei wie einer mit zehn (oder vielleicht genau so gravierend wie einer mit fünf Todesopfern und einem bestimmten Sachschaden), wäre eine wenig hilfreiche Komplexitätsreduktion.

Die *Wahrscheinlichkeit eines Anschlags(versuchs)*, auf der anderen Seite, ist nahe 1, wenn wir den geografischen Raum und den Zeitraum groß genug festlegen, und für einen bestimmten Ort zu einem bestimmten Zeitpunkt nahe 0. Für einen begrenzten Zeitraum und einen begrenzten geografischen Raum (zum Beispiel ein bestimmtes Kalenderjahr in Deutschland) ist sie nicht bestimmbar und auch aus vergangenen Ereignissen nicht extrapolierbar. Da dschihadistische Anschläge nicht nur seltene, sondern überdies von zahlreichen sich wandelnden gesellschaftlichen und (welt-)politischen Rahmenbedingungen abhängige Ereignisse sind, können vergangene Häufigkeiten nicht sinnvoll als Wahrscheinlichkeiten für die Zukunft gedeutet werden. Auch ein Verfahren zur Bewertung relativer *Anschlagswahrscheinlichkeiten* steht, anders als Clarke und Newman (2006) annehmen, vor beträchtlichen Quantifizierungsproblemen (vgl. Kapitel I): Die erforderliche Gewichtung relevanter Parameter ist nicht genau bestimmbar, die Zahl der Einflussfaktoren von der gewählten Darstellungsart bzw. deren Klassifizierung in Gruppen abhängig, die Zahl getrennt zu bewertender Szenarien ist unklar, die Interdependenz von Ziel- und Mittelwahlen bringt zusätzliche Schwierigkeiten – all dies würde einen mehr pseudoexakten als exakten Charakter von Quantifizierungen gegenüber systematischen, aber qualitativen Bewertungen (die auch auf den Wandel von Rahmenbedingungen und Besonderheiten von einzelnen Objekten besser reagieren können) befördern. Die Seltenheit der Ereignisse bedeutet schließlich auch, dass *Risiko- (bzw. Wahrscheinlichkeits-)Evaluationen* ihrerseits nicht quantitativ evaluierbar sind. Selbst wenn wir korrekt bestimmen könnten, dass die Wahrscheinlichkeit eines Anschlags auf ein bestimmtes Objekt in einem Jahr zum Beispiel 0,1 Prozent ist, auf ein anderes Objekt dagegen doppelt so hoch, wäre in beiden Fällen kaum mit einem Anschlag zu rechnen, und auch ein Anschlag auf ersteres Objekt würde selbstverständlich (und – solange diese zwischen 0 und 1 liegen – unabhängig von den exemplarischen Wahrscheinlichkeiten) die Risikoevaluation nicht als falsch erweisen.

Die Schwierigkeiten der Messung von Anschlagswahrscheinlichkeiten spiegeln sich auch im Problem der Evaluierung von antiterroristischen Maßnahmen sowie speziell der Messung von *Displacement.* So beklagen etwa Lum et al. (2006: 489) »an almost complete absence of evaluation research on counter-terrorism interventions«. Bei jeder auf Risikoevaluationen basierenden, objektspezifischen Bemühung um Prävention wird insbesondere die Frage relevant, ob sich terroristische Akteure bei erhöhten Schwierigkeiten bzw. reduzierter Attraktivität des Angriffs auf ein Objekt schlicht auf ein anderes verlagern. Denkbar ist also, dass situative Präventionsmaßnahmen bestenfalls objektspezifische Wirkungen haben, nicht aber insgesamt zu einer Reduktion von Anschlägen bzw. deren Schäden beitragen können. Im Vergleich zu anderen Formen von Straftaten wird für Terrorismus oft ein besonders hohes Maß an Displacement angenommen. Während für verschiedene Delikte plausibel angenommen werden kann, dass sie oft wesentlich gelegenheitsinduziert sind (»opportunity makes the thief«), wird terroristischen Akteuren eine wesentlich höhere, überzeugungsbasierte und opportunitätsunabhängige Motivation zugeschrieben – das Fehlen einer günstigen Gelegenheit führte dann nicht zum Ausbleiben der Tat, sondern zur Suche nach Möglichkeiten der Überwindung von Sicherungsmaßnahmen oder nach weniger gesicherten Objekten. Als Besonderheit des Terrorismus wird zudem der Prestigewert des Angriffs gerade auf stark gesicherte Ziele genannt (vgl. z. B. Steven 2011; Fussey 2011), was Präventionsbemühungen in ihrer Wirksamkeit einschränken oder konterkarieren könnte. Wenige quantitative Studien zur Wirksamkeit situativer Präventionsmaßnahmen wurden von Lum et al. (2006) zusammengetragen. Untersucht wurden vor allem Maßnahmen gegen Flugzeugenführungen in den 1970er-Jahren sowie Sicherheitsmaßnahmen an diplomatischen Einrichtungen (Landes 1978; Cauley/Im 1988; Enders/Sandler 2000). Im Ergebnis ihrer Metaanalyse stellen Lum et al. (2006: 504) eine Wirksamkeit verstärkter Sicherheitsmaßnahmen an Flughäfen bei gleichzeitig vermuteten Displacementeffekten fest: »[W]hile airport security may decrease airplane hijacking, other types of terrorism may have increased during the same time, such as miscellaneous bombings, armed attacks, hostage taking […] in both the short and long run. […] When the overall weighted mean effect size is calculated for all the findings examining the effectiveness of metal detectors, the positive and harmful effects cancel each other out«. Anders verhält es sich im Falle von Maßnahmen zum Schutz von Botschaften und Diplomaten: »The fortification of embassies and the protection of diplomats have not been shown to be particularly effective strategies and, in specific situations, may increase terrorism against these targets« (ebd.: 509).

Proponenten der situativen Prävention bemängeln die unzureichende Kontrolle von Drittvariablen in derartiger Forschung und setzen theoretisch auf die »Normalität« des Terrorismus: Die Motive terroristischer Akteure seien oft recht gewöhnliche (wie das Verlangen nach Status oder Gruppenzugehörigkeit); andere Kriminalitätsformen, zum Beispiel organisierte Kriminalität, seien ebenfalls durch hohe Motivation und ein großes Maß an Planung ausgezeichnet, und auch in diesen Fällen zeige sich die Wirkung situativer Präventionsmaßnahmen; und auch gravierende und außeralltägliche Handlungen wie Suizide erwiesen sich als von Gelegenheitsstrukturen abhängig (Clarke/Newman 2006). Wenngleich auch Clarke und Newman von einer Anpassung terroristischer Akteure an veränderte Präventionsmaßnahmen ausgehen, halten sie das Ausmaß von Displacement im Falle des

Terrorismus für überschätzt. Im Sinne der Unterscheidung von »benign« und »malign displacement« (Barr/Pease 1990; vgl. auch Barnes 1995) könnte im Übrigen auch eine Verlagerung von Anschlägen als Erfolg gewertet werden – dann, wenn Präventionsmaßnahmen dazu führen, dass aus terroristischer Perspektive weniger attraktive und weniger lohnenswerte Ziele angegriffen werden.

Auf der Basis unserer Planspiel- und Realfallbetrachtungen lässt sich eine mittlere, weder geringes noch vollständiges Displacement stipulierende Einschätzung annehmen und begründen. Da den Planspielern die Durchführung eines Anschlags als Spielziel vorgegeben war, kann das Planspiel zwar nichts zu der Frage aussagen, ob geneigte Täter angesichts von Sicherheitsmaßnahmen entweder von Anschlägen ganz absehen oder gar nicht erst die Motivation zum Anschlag entwickeln könnten. Mit seiner genauen Betrachtung von Prozessen der Szenarioentwicklung zeigt es jedoch, dass und wie nicht nur gegebenenfalls langfristige Trends der terroristischen Zielwahl oder Reorientierungen nach einer erfolgten Zielwahl, sondern schon die individuelle und ursprüngliche Wahl von Angriffszielen und -mitteln mit Verlagerungsprozessen auf Machbarkeitsprobleme reagiert. Nicht bestätigt wird dabei die Annahme, dass stark gesicherte Ziele aufgrund ihrer Prestigeträchtigkeit besonders gefährdet seien – sie mögen dadurch zwar zusätzlich attraktiv sein, werden von den Ersttätern mit geringen einschlägigen Kompetenzen und Ressourcen jedoch regelmäßig verworfen. Spielen in fast allen Gruppen in den anfänglichen Überlegungen schwer anzugreifende und besser gesicherte Ziele – wie die Versorgungsinfrastruktur, militärische Ziele, prominente politische Ziele oder der Flugverkehr – eine Rolle, so werden diese Pläne doch meist schon aufgrund der nicht weiter überprüften Annahme starker Sicherungsmaßnahmen nicht weiterverfolgt und durch einfacher erscheinende Vorgehensweisen ersetzt. Der Prozess der Verschiebung zu einfacher angreifbaren Zielen, wie er sich auch an Realfällen (vgl. Kapitel II) bestätigt, ist ein Vorgang des Displacement im Rahmen der originären Zielwahl – wobei wir andererseits davon ausgehen, dass nicht die einfachsten Szenarien, sondern Angriffe mit einem so empfundenen mittleren Schwierigkeitsgrad gewählt werden (vgl. Kapitel IV). Zugleich lässt sich ein mittelbezogenes Displacement beobachten, welches – neben weiteren Faktoren – die Dominanz von Szenarien unter Verwendung von Spreng- und Brandsätzen, Schusswaffen und Hieb- und Stichwaffen erklärt. So wird der Einsatz von Giften oder Giftgasen von verschiedenen Gruppen in frühen

Überlegungen als attraktive Möglichkeit thematisiert, dann aber auch aufgrund der Schwierigkeiten der Beschaffung und/oder Herstellung geeigneter Stoffe verworfen.

Eine problematische Wirkung von Displacement kann die Orientierung auf durchschnittliche Zivilisten als einfache Opfer darstellen, wie sie als allgemeiner Trend auch von Brand und Sandler (2009) aufgezeigt wurde. Die Bereitschaft zum Angriff auf zivile Opfer liegt der häufigen Annahme zugrunde, dass Dschihadisten durch Präventionsmaßnahmen nicht zu stoppen seien, da zivile Ziele ubiquitär verfügbar und nicht umfänglich zu sichern sind. Auch für die Planspielerinnen bestätigte sich, dass mit fortschreitendem Spielverlauf, und auch durch Machbarkeitsprobleme bedingt, Angriffe auf Zivilisten zunehmend gebilligt bzw. angestrebt werden. Hier ist ein mit zunehmender Sicherung von Entscheidungsträgern und prominenten Zielen induzierter Displacementprozess auch auf der Basis unserer Daten anzunehmen. Gleichzeitig ist festzustellen, dass ein durch Sicherheitsvorkehrungen bedingtes Machbarkeitsproblem alleine für einen Angriff auf zivile Menschenmengen nicht hinreichend ist – dieser setzt die Adaption von bzw. Affektion durch geeignete, das Vorgehen legitimierende und das eigene Selbstbild stabilisierende Motivzusammenhänge nicht nur instrumenteller, sondern auch normenregulierter und dramaturgischer Art voraus. Es ist nicht davon auszugehen, dass diese Adaption sich *überall* dort vollzieht, wo der Wunsch zum Angriff auf Funktionsträger mit Machbarkeitseinschränkungen kollidiert. Während gemeinhin die Bereitschaft zur terroristischen Aktion als End- und Maximalpunkt einer Radikalisierungskarriere gesehen wird, sind tatsächlich Stufen von Radikalisierung auch innerhalb terroristischer Akteure zu unterscheiden, und es ist nicht davon auszugehen, dass alle (potenziellen) Terroristen, die zu einem Angriff auf Politiker oder Soldaten bereit sind, zur Sprengung etwa eines Nahverkehrszuges übergehen, wenn ihre präferierten Ziele zu gut gesichert erscheinen. So finden sich auch im Planspiel Fälle eines Displacement nicht nur hin zu zivilen *soft targets*, sondern auch *innerhalb* von Zielklassen – zum Beispiel die Verlagerung von Erwägungen hinsichtlich stark gesicherter polizeilicher, militärischer oder politische Ziele zu schwächer gesicherten polizeilichen, militärischen oder politischen Zielen. Gleichzeitig zeigt die ebenfalls vorkommende Verschiebung zu Massenviktimisierungen, dass Intra-Zielklassen-Displacement nicht notwendig die dominante bzw. präferierte Form der Verlagerung ist – denn grundsätzlich könnten immer zum Beispiel schwach gesicherte Politiker oder Behörden angegriffen und müsste niemals zur Viktimisierung von durchschnittlichen Zivilisten übergegangen werden.

Während also in der Szenariogenerierung Displacementprozesse innerhalb und zwischen Zielklassen zu beobachten sind, bleibt fraglich, ob ein Displacement *wenigstens* innerhalb der ursprünglichen Zielklasse stets anzunehmen ist, oder ob einzelne Taten durch den Mangel an Gelegenheiten effektiv verhindert werden könnten. Im Falle des Angriffs auf Personen ist hierbei zwischen Fällen von individueller und zielklassenbezogener Responsibilisierung zu unterscheiden. Wenn etwa Mohamed Merah oder Michael Adebolajo die Zielklasse Soldaten ins Visier genommen haben, kann sicher von einer gegebenenfalls erforderlichen Verlagerung innerhalb der Zielklasse (ist ein Soldat nicht angreifbar, wendet man sich an den nächsten), nicht aber ebenso sicher von einer Verlagerung auf durchschnittliche Zivilisten ausgegangen werden. Anschläge zur Bestrafung islamkritischer Künstler und Autoren folgen dagegen vorwiegend der Logik individueller Responsibilisierung – auch hier sind Verlagerungen denkbar (etwa auf weniger prominente Kritiker oder andere Zielklassen), aber weniger wahrscheinlich. Auch in einem Fall wie dem der Roshonara Choudhry ist es möglich, dass sie – nachdem ihr der eine, spezielle Abgeordnete Timms als Verantwortungsträger »antiislamischer« Politik vor Ort aufgefallen war – nicht ersatzweise einen anderen Abgeordneten (oder gar durchschnittliche Zivilisten) angegriffen hätte. Ein opportunitätsinduzierter Anschlagsplan scheint der auf den irakischen Premierminister Iyad Allawi anlässlich seines Besuchs in Deutschland 2004 gewesen zu sein, und ob die Täter mangels dieser Gelegenheit ein alternatives Ziel gewählt hätten, ist unklar. Es ist also durchaus vorstellbar, dass Gelegenheitsstrukturen – sei es in Form mangelhafter Sicherheitsvorkehrungen, sei es in der Form des Aufmerksamwerdens auf individuell verantwortlich erscheinende Gegner – für vergleichsweise weniger radikalisierte und determinierte Täter einen relevanten Faktor darstellen, bei dessen Abwesenheit ein Anschlagsplan insgesamt nicht verfolgt wird. Die Vorstellung, dass Dschihadisten durch Präventionsmaßnahmen nicht zu stoppen seien, weil sich zahlreiche nicht umfassend schützbare Angriffsziele bieten, greift jedenfalls – auch wenn sie für den Fall hoch motivierter und für alle Szenarien bereiten Akteure richtig ist – zu kurz. Mangelnde Gelegenheiten mögen opportunitätsbezogene Täter von einzelnen Anschlägen abhalten, und Sicherheitsmaßnahmen haben mindestens eine Steuerungsfunktion, welche Angriffe vermutlich in manchen Fällen verhindert, in anderen Fällen Angriffe auf weniger attraktive Szenarien vergleichbaren oder geringeren Schadenspotenzials umleitet und in wieder anderen Fällen eine eskalierende Wirkung zeitigt und Massenviktimisierungen befördert.

3 Terrorismus und Antiterrorismus: Interaktionen der sozialen Kontrolle

Der Terrorismusdiskurs betont zugleich die Normalität und die Anormalität terroristischer Akteure bzw. terroristischen Handelns. Auf der einen Seite finden wir immer wieder den Hinweis, dass Terroristen »normale« Akteure seien. »What limited data we have on individual terrorists«, so Crenshaw schon 1981, »suggest that the outstanding common characteristic of terrorists is their normality« (1981: 390; vgl. auch Crenshaw 1986). Versuche, Terroristen ein bestimmtes, den Terrorismus erklärendes psychopathologisches Profil zuzuordnen, sind regelmäßig erfolglos geblieben (vgl. z. B. Richardson 2007: 14). Selbst Kandidaten für Selbstmordanschläge werden von terroristischen Organisationen mitunter gerade auch nach Kriterien der psychischen Gesundheit ausgewählt (ebd.: 15). Auf der anderen Seite zeigen Terroristen kein im statistischen Sinne normales Verhalten, und die Terrorismusforschung ist damit beschäftigt, eine *Abweichung* zu erklären, die in den Begriffen »Extremismus«, »Radikalisierung« und schließlich mit einem pejorativ konnotierten Terrorismusbegriff selbst gefasst wird. Diese Abweichung wird – von der Forschung und insbesondere der Forschungsfinanzierung – als *soziales Problem* thematisiert, und dieses Problem – terroristische Gewalt – gilt es zu erklären und, wenn alles gut ginge, zu eliminieren. Menschliche Probleme stellen allerdings nicht notwendig an sich analytisch und theoretisch sinnvolle Einheiten dar. Sind nach einem Hochwasser Keller überflutet, so wird angesichts dieses Problems keine umfangreiche Überflutete-Keller-Forschung ins Leben gerufen. Im Bereich der Naturwissenschaften ist die gesellschaftliche Entwicklung weit genug gediehen, um zu sehen, dass bei diesem speziellen Problem meteorologische und physikalische Mechanismen greifen, die zwar unter anderem an überfluteten Kellern, aber nicht nur dort zu beobachten sind und letztlich kellerunabhängig und allgemein beschrieben und erklärt werden müssen. Die Sozialwissenschaften und deren Geldgeber neigen angesichts der in diesem Feld geringer ausgeprägten Fähigkeit zur Distanzierung (Elias) dagegen dazu, Forschungsbereiche zur Beschäftigung mit Themen zu errichten, die sich ausschließlich durch ihren sozialen Problemgehalt auszeichnen – unabhängig davon, ob sich eine Sonderstellung theoretisch und methodisch begründen lässt. Und so erforscht die »Terrorismusforschung« immer wieder Gruppierungen, die gemäß konventioneller Problemdefinition als terroristisch gelten, und ist dabei auf oft wenig überzeugende Weise bemüht, die vermeintliche Besonderheit dieses Gegenstands konzeptionell und theoretisch zu fassen.

Dies zeigt sich schon an den institutionalisierten Diskussionen um die Definition von Terrorismus. Eine legalistische Fraktion von Definiteuren hat offenbar die Absicht, staatliches Handeln vom Vorwurf des Terrorismus auszunehmen, und setzt, analytisch ganz unmotiviert, »illegale« Gewalt als Teil des Definiens. Andere Autorinnen begrenzen den Terrorismusbegriff direkt auf substaatliche Gruppen. So definiert etwa Richardson (2007: 4) Terrorismus zunächst als »deliberately and violently targeting civilians for political purposes«, schließt aber sodann ohne nähere Begründung staatlichen Terrorismus aus: »[I]f we want to have any analytical clarity in understanding the behavior of terrorist groups, we must understand them as substate actors rather than states« (ebd.: 5). Wie genau die analytische Klarheit hier erhöht werde, bleibt unbestimmt. Wieder andere Autoren definieren den Begriff so, dass er substaatlichen und staatlichen Terrorismus umfasst – was angesichts der beiden Phänomenen gemeinsamen Erzeugung und Nutzung von Angst durch unvorhersehbare Gewaltakte auch sinnvoll erscheint –, blenden bei der Beschreibung und Erklärung empirischer Fälle dann aber doch den staatlichen Terrorismus aus. Wie auch immer Terrorismus definiert wird – erforscht und erklärt werden jeweils ganz überwiegend kriminalisierte, substaatliche Gewaltakteure, die auch dem politischen und Alltagsverständnis zufolge als Terroristen und als Problem gelten, wozu Definitionen entweder gleich arbiträr eingegrenzt oder aber in ihren Implikationen für die Forschungspraxis ignoriert, vorläufig suspendiert oder als nicht anwendbar erklärt werden.

Unsere Arbeit stellt in dieser Hinsicht zunächst keine Ausnahme dar. Da sich die Forschungsfinanzierung auf das Phänomen des dschihadistischen Terrorismus bezog, war eine systematische Berücksichtigung weiterer und staatlicher Terrorismen nicht durchführbar. Immerhin aber eröffnet die hier vorgestellte Analyse von Terrorismus als fortgesetzte Pars-pro-Toto-Sanktionierung mit ihrem abstrakteren Zugriff neue Möglichkeiten der systematischen vergleichenden Betrachtung staatlicher und substaatlicher Akteure sowie terroristischer und nichtterroristischer Formen der sozialen Kontrolle, was einige abschließende Betrachtungen zu Interaktionen zwischen Terrorismus und staatlicher Gewalt illustrieren sollen.

Den Ausgangspunkt einer kritischen Kriminologie politischer Delinquenz und Gewalt bildete in den 1980er-Jahren ein interaktionistischer Ansatz der Protest- und Terrorismusforschung: die Verortung der Entstehung und Entwicklung terroristischen Handelns in wechselseitigen Interaktions- und Definitionsprozessen zwischen staatlichem Handeln und politischen Bewegungen bzw. Gruppierungen. Die Struktur und Überlebensdauer terroristischer Gruppen, so Sack (1984: 27), hängt von der »Intensität der verfolgenden ›Zuwendung‹« seitens Gesellschaft, Politik und Strafrecht ab. Die »paradoxe Kontinuität« der RAF war, so Scheerer (1988b: 392), an entscheidenden Punkten reaktionsinduziert. Terrorismus und Terrorismusbekämpfung wurden zu einer ein Eigenleben führenden »Doppelinstitution«. Folgten die Analysen hier einer kriminologisch-definitionstheoretischen Perspektive, so bildete eine *konflikttheoretische Perspektive* zunächst den Deutungsrahmen: Eine politische Bewegung (bzw. später deren im Interaktionsverlauf entstehendes Ausfallprodukt Terrorismus) fordert den Staat heraus; beide konkurrieren um die legitime Deutung des Konflikts, ringen um Loyalität und Sympathie in der Öffentlichkeit (Sack 1984: 66). Es handelt sich um einen politischen Konflikt, der vom Staat – mit dem Ziel der Demobilisierung des Protests – strategisch in einen Rechtskonflikt überführt wird, um ihn im Modus strafrechtlicher sozialer Kontrolle bearbeiten zu können.

Der Staat reagiert auf die Missachtung von Herrschaftsansprüchen mit sozialer Kontrolle. Diese Kontrolle aber bezieht sich zunächst auf konkrete Normbrüche: Im Modus der Rechtsstaatlichkeit reagiert der Staat auf die durch den politisch motivierten Normbruch zum Ausdruck gebrachte Infragestellung der herrschenden Ordnung nicht durch Negation dieser opponierenden Haltung, sondern durch Negation der Negation einer konkreten, verletzten Norm. Im Blickpunkt steht der einzelne Straftäter. Der Staat ignoriert in seiner Reaktion dessen politischen Anspruch auf Normgeltung. Er behandelt ihn wie einen normalen Delinquenten. Erst wenn der Protest zu einem ernstzunehmenden Herausforderer staatlicher Herrschaft wird oder zu werden droht, tendiert die soziale Kontrolle zu einer Entgrenzung: vom individuellen Täter zu einem abstrakten Kollektiv (vgl. Kapitel IV.4). Der Normbruch wird dann nicht mehr als einzelner Verstoß, sondern in seinem auf eine grundlegende Ablehnung der bestehenden Ordnung verweisenden Zusammenhang adressiert. Dabei ist hier nun von Bedeutung, dass dieser Modus der Entgrenzung von Kontrolle, der strukturlogisch staatlicher Herrschaft schon immer zugrunde liegt, ebenso wie im Falle des Terrorismus nicht instrumentalistisch verkürzt erklärt werden kann. Auch dem Staat kann es, expressiv-normenreguliert, um die Zur-Geltung-Bringung des Gesetzes als solches, ungeachtet der konkreten Handlungsfolgen, gehen. Die Frage, ob die entgrenzenden Reaktionen wirklich ein geeignetes, das heißt rationales Mittel zur Befriedigung des Konfliktes darstellen, mag auch auf staatlicher Seite nur im begrenzten Rahmen einer rationalen, kritischen Betrachtung zugänglich sein.[129]

Verstehen wir vor dieser Folie Interaktionen zwischen staatlicher und terroristischer Sozialkontrolle als einen Konflikt um die Zur-Geltung-Bringung konkurrierender Ordnungsentwürfe, dann ergeben sich daraus theoretische Konsequenzen für die Anwendung eines etikettierungstheoretischen Ansatzes auf das Problemfeld von Terrorismus und Antiterrorismus. In der Strukturlogik von sozialer Kontrolle und Bewährung scheint es nämlich so, dass die stigmatisierende Zuwendung der konkurrierenden Sozialkontrolle – die Zuschreibung eines »negativen Gutes« (Sack 1968) – aus Perspektive der Kontrollierten, aber selbst eben auch kontrollieren Wollenden, nicht allein als negatives, sondern auch als positives Gut erfahren wird. Dies kann zumindest dann der Fall sein, wenn der Normbruch, wie im Falle politischer Delinquenz üblich, als feindlicher, gegen die bestehende Ordnung gerichteter Akt etikettiert wird. Negiert der Staat expressiv den Normbruch des politisch Delinquenten, wird damit ja gerade der Geltungsanspruch der abweichenden Norm, den der politisch Delinquente thematisieren will, thematisiert. Die etikettierende Zuwendung kann für ihn dann seinerseits expressiv nützlich sein. Vorteile können sich auch auf dramaturgischer Ebene ergeben: Wird dem politisch Delinquenten Fanatismus zugeschrieben, so kann er sich in dieser Zuschreibung seiner Normbindung bewähren. In der Tendenz wäre damit ein zwar Abweichung fixierender, den Identitätsentwurf bestätigender Effekt der Stigmatisierung auf Delinquenten, nicht aber immer und notwendig ein Effekt einer Abweichungsverstärkung zu erwarten. Durch strafrechtliche Zuwendung kann ein weiteres Feld der Bewährung, in manchen Fällen möglicherweise auch der gewaltreduzierten Ersatzbewährung

129 Inwiefern dabei auch für die individuellen Staatsbediensteten die Bewährung ihrer Normbindung eine Rolle spielt, wäre in diesem Zusammenhang zu erforschen.

entstehen, das alternative Protestformen ermöglicht. So hatte dem Linksradikalismus die Anwendung politischer Straftatbestände ein Feld von »Loyalitätsdelikten« (Kreissl 2001) eröffnet, die einen hohen symbolischen Nutzwert aufwiesen, dem nur geringe politische und (aufgrund der geringen Sanktionswahrscheinlichkeit) subjektive Kosten gegenüber standen. Die Kriminalisierung politischer Delinquenz ermöglicht eine gesinnungsethische Bewährung, gegebenenfalls auch auf einem niedrigeren Eskalationsniveau, während sie die Fortexistenz militanter Handlungsentwürfe andererseits reaktionsinduziert begünstigt. Ein Verständnis von Terrorismus als Form sozialer Kontrolle, das heißt der normenregulierten Sanktionierung und expressiven Zur-Geltung-Bringung von abweichenden Normen sowie der dramaturgischen Bewährung der Selbstbindung an diese Normen, eröffnet, so denken wir, weiterführende Forschungsperspektiven für eine kritische Kriminologie politischer Delinquenz und kann Definitionsansätze gerade auch für Formen schwerer Kriminalität weiterhin fruchtbar machen.

Anhang

Literatur

Aufsätze und Monographien

Abrahms, Max (2008), »What Terrorists Really Want: Terrorist Motives and Counterterrorism Strategy«, *International Security* 32 (4), S. 78–105.

Agamben, Giorgio (2002), *Homo sacer. Die souveräne Macht und das nackte Leben*, Frankfurt/Main: Edition Suhrkamp.

Aly, Anne/Jason-Leigh Striegher (2012), »Examining the Role of Religion in Radicalization to Violent Islamist Extremism«, *Studies in Conflict & Terrorism* 35, S. 849–862.

Amble, John Curtis (2012), »Combating Terrorism in the New Media Environment«, *Studies in Conflict & Terrorism* 35, S. 339–353.

Arasse, Daniel (1989), *The Guillotine and the Terror*, London: Penguin.

Asal, Victor H./R. Karl Rethemeyer/Ian Anderson/Allyson Stein/Jeffrey Rizzo/Matthew Rozea (2009), »The Softest of Targets. A Study on Terrorist Target Selection«, *Journal of Applied Security Research* 4 (3), S. 258–278, http://dx.doi.org/10.1080/19361610902929990.

Atran, Scott (2008), *The Making of a Terrorist: A Need for Understanding from the Field, Testimony before the House Appropriations Subcommittee on Homeland Security*, Washington, D. C., March 12, 2008.

Aven, Terje (2010), *Misconceptions of Risk*, Chichester: Wiley.

Azoulay, Rivka (2015*), Islamic State franchising Tribes, transnational jihadi networks and generational shifts*, CRU report.

Baehr, Dirk (2011), *Der deutsche Salafismus. Vom puristisch-salafistischen Denken eines Hasan Dabbaghs bis zum jihadistischen Salafismus von Eric Breininger*, Norderstedt: GRIN Verlag.

Barnes, Geoffrey C. (1995), »Defining and optimizing displacement«, in: John E. Eck/David Weisburd (Hg.), *Crime and Place*, Monsey, NY: Criminal Justice Press, S. 95–113.

Barr, Robert/Ken Pease (1990), *Crime Placement, Displacement, and Deflection* (Berkeley Law Scholarship Repository), http://scholarship.law.berkeley.edu/facpubs/-109, 20.09.2015.

Bartlett, Jamie & Carl Miller (2012), »The Edge of Violence: Towards Telling the Difference Between Violent and Non-Violent Radicalization«, *Terrorism and Political Violence* 24, S. 1–21.

Beck, Klaus/Thorsten Quandt (2011), »Terror als Kommunikation? Was Handlungstheorie, Rational Choice-, Netzwerk- und Systemtheorie aus kommunikationswissenschaftlicher Sicht zur Erklärung leisten«, in: Thorsten Quandt/Bertram Scheufele (Hg.), *Ebenen der Kommunikation*, Wiesbaden: VS Verlag, S. 85–110.

Behnke, Joachim (2005), »Lassen sich Signifikanztests auf Vollerhebungen anwenden? Einige essayistische Anmerkungen«, *Politische Vierteljahresschrift* 46 (1), S. O1–O15.

Benesch, Thomas (2013), *Schlüsselkonzepte zur Statistik: die wichtigsten Methoden, Verteilungen, Tests anschaulich erklärt*, Berlin, Heidelberg: Springer Spektrum.

Berger, Lutz (2010), *Islamische Theologie*, Wien: Facultas.

Beyer, Heiko/Ulf Liebe (2010), »Antiamerikanismus und Antisemitismus: Zum Verhältnis zweier Ressentiments«, *Zeitschrift für Soziologie* 39 (3), S. 215–232.

Bjorgo, Tøre/John Horgan (2009), *Leaving Terrorism Behind,* New York: Routledge.

Black, Donald (1983), »Crime as social control«, *American Sociological Review* 48 (1), S. 34–45.

— (2004), »Terrorism as Social Control«, in: Mathieu Deflem (Hg.), *Terrorism and Counter-Terrorism. Criminological Perspectives* (Sociology of Crime, Law and Deviance, 5), S. 9–18.

— (2004), »The Geometry of Terrorism«, *Sociological Theory* 22 (1), S. 14–25.

Blötz, Ulrich (2008) (Hg.), *Planspiele in der beruflichen Bildung. Auswahl, Konzepte, Lernarrangements, Erfahrungen*, 4., überarb. Aufl., Bonn: Bertelsmann.

Bohnsack, Ralf (1992), »Dokumentarische Interpretation von Orientierungsmustern. Verstehen – Interpretieren – Typenbildung in wissenssoziologischer Analyse«, in: Michael Meuser/Rainer Sackmann (Hg.), *Analyse sozialer Deutungsmuster: Beiträge zur empirischen Wissenssoziologie*, Pfaffenweiler: Centaurus, S. 139–160.

— (2000), *Rekonstruktive Sozialforschung : Einführung in Methodologie und Praxis qualitativer Forschung*, Opladen: Westdeutscher Verlag.

Bohnsack, Ralf/Winfried Marotzki/Michael Meuser (2010), *Hauptbegriffe Qualitative Sozialforschung*, Opladen: Leske und Budrich.

Bohnsack, Ralf/Iris Nentwig-Gesemann/Arnd-Michael Nohl (2013), »Einleitung: Die dokumentarische Methode und ihre Forschungspraxis«, in: dies. (Hg.), *Die dokumentarische Methode und ihre Forschungspraxis. Grundlagen qualitativer Sozialforschung*, Wiesbaden: Springer VS, S. 9–32.

Böllinger, Lorenz (1981), »Die Entwicklung zu terroristischem Handeln als psychosozialer Prozeß. Begegnungen mit Beteiligten«, in: Herbert Jäger/Gerhard Schmidtchen/Lieselotte Süllwold (Hg.), *Lebenslaufanalysen*, (Analysen zum Terrorismus/hrsg. vom Bundesminister d. Innern, Bd. 2.), S. 175–231.

Brachman, Jarret M. (2008), Global Jihadism: *Theory and Practice*, Hoboken: Taylor and Francis.

Brandt, Patrick T./Todd Sandler (2009), »What Do Transnational Terrorists Target? Has It Changed? Are We Safer?«, in: *Journal of Conflict Resolution*, S. 1–23.

Brettfeld, Katrin/Peter Wetzels (2007), *Muslime in Deutschland: Integration, Integrationsbarrieren, Religion und Einstellungen zu Demokratie, Rechtsstaat und politisch-religiös motivierter Gewalt*, Bonn: Bundesministerium des Inneren.

Broscheid, Andreas (2009), »Bayesianische Ansätze zur Analyse kleiner Fallzahlen«, in: Kriwy, Peter & Christiane Gross (Hg.), *Klein aber fein! Quantitative empirische Sozialforschung mit kleinen Fallzahlen*, Wiesbaden: VS Verlag, S. 43–64.

Buerschaper, Cornelius (2000), »Strategisches Denken beim Umgang mit komplexen Problemen: Computersimulierte Szenarien im Trainings- und Beratungskontext«, in: Dietmar Herz/Andreas Blätte (Hg.), *Simulation und Planspiel in den Sozialwissenschaften: Eine Bestandsaufnahme der internationalen Diskussion*, Münster, Hamburg, London: Lit, S. 145–180.

Bundesministerium des Innern (2005), *Schutz kritischer Infrastrukturen – Basisschutzkonzept. Empfehlungen für Unternehmen*, Berlin, http://www.bmi.bund.de/SharedDocs/Downloads/DE/Broschueren/2005/Basisschutzkonzept_kritische_Infrastrukturen.pdf?__blob=publicationFile, 19.09.2015.

Bürkli, Danny (2011), »Antworten auf jihadistische Radikalisierung in Europa«, in: Andreas Wenger/Daniel Trachsle (Hg.), *Bulletin zur Schweizerischen Sicherheitspolitik 2011*, Zürich: Center for Security Studies (CSS), ETH Zürich, S. 37–76.

Chen, Hsinchun/Wingyan Chung/Jialun Qin/Edna Reid/Marc Sageman/Gabriel Weimann (2008), »Uncovering the Dark Web. A Case Study of Jihad on the Web«, *Journal of the American Society for Information Science and Technology* 59 (8), S. 1347–1359.

Clarke, Ronald V./Graeme R. Newman (2006), *Outsmarting the terrorists*, Westport, Conn.: Praeger Security International.

Crelinsten, Ronald (1987), »Terrorism as Political Communication: The Relationship between the Controller and the Controlled«, in: Paul Wilkinson (Hg.), *Contemporary research on terrorism*, Aberdeen: Aberdeen Univ. Press, S. 3–23.

Crenshaw, Martha (1981), »The Causes of Terrorism«, *Comparative Politics* 13(4), S. 379–399.

— (1988), »Theories of Terrorism: Instrumental and Organizational Approaches«, in: David C. Rapoport (Hg.), *Inside Terrorist Organizations*, New York: Columbia University Press, S. 13–31.

— (1990), »The logic of terrorism. Terrorist behavior as a product of strategic choice«, in: Walter Reich (Hg.), *Origins of Terrorism. Psychologies, Ideologies, Theologies, States of Mind*, Washington, D. C.: Woodrow Wilson, S. 7–24.

Crone, Manni/Martin Harrow (2010), »Homegrown terrorism in the West, 1989–2008«, *DIIS Working Paper* 30, Kopenhagen: Danish Institute for International Studies.

Dalgaard-Nielsen, Anja (2010), »Violent Radicalization in Europe. What We Know and What We Do Not Know«, *Studies in Conflict & Terrorism* 33, S. 797–814.

De la Calle (2007), *The Production of Terrorist Violence. Analyzing Target Selection in the IRA and ETA,* Juan March Institute and Universidad Complutense, Madrid, Ms.

Della Porta, Donatella (2002), »Gewalt und die Neue Linke«, in: Wilhelm Heitmeyer/John Hogan (Hg.), *Internationales Handbuch der Gewaltforschung*, Wiesbaden: Westdt. Verlag, S. 479–500.

— (2006), »Politische Gewalt und Terrorismus: Eine vergleichende und soziologische Perspektive«, in: Klaus Weinhauer (Hg.), *Terrorismus in der Bundesrepublik. Medien, Staat und Subkulturen in den 1970er Jahren*, Frankfurt/Main: Campus, S. 33–58.

Dongen, Teun van (2014), »The lengths terrorists go to: perpetrator characteristics and the complexity of jihadist terrorist attacks in Europe, 2004–2011«, *Behavioral Sciences of Terrorism and Political Aggression* 6 (1), S. 58–80.

Dormal, Michel (2009), *Terror und Politik: eine politische Analyse des Islamismus aus Sicht einer Kritischen Theorie von Antisemitismus und totaler Herrschaft*, Berlin: Lit Verl.

Drake, C. J. M. (1998), *Terrorists' Target Selection*, Hampshire, London: MacMillan Press.

Drennan, Shane (2007), »Constructing Takfir: From 'Abdullah 'Azzam to Djamel Zitouni«, *CTC SENTINEL* 1 (7).

Durkheim, Emile (1973), »Two laws of penal evolution«, *Economy and Society* 2 (3), S. 285–308.

— (1984), *Erziehung, Moral und Gesellschaft*, Frankfurt/Main: Suhrkamp.

— (1992), *Über soziale Arbeitsteilung. Studie über die Organisation höherer Gesellschaften*, Frankfurt/Main: Suhrkamp.

Elias, Norbert (2004), *Was ist Soziologie?* Weinheim: Juventa.

Ellington, Henry/Eric Addinall/Fred Percival (1982) (Hg.), *A handbook of game design*, London: Kogan Page u. a.

Elmaz, Orhan (2012), »Jihadi-Salafist Creed: Abu Muhammad al-Maqdisi's Imperatives of Faith«, in: Rüdiger Lohlker (Hg.), *New Approaches to the Analysis of Jihadism. Online and Offline*, Göttingen: Vienna University Press, S. 15–36.

Elwert, Georg (2003), »Weder irrational noch rationalistisch. Charismatische Mobilisierung und Gewaltmärkte als Basis der Attentäter des 11. September«, in: Lars Clausen/Wolf R. Dombrowsky/Elke M. Geenen (Hg.), *Entsetzliche Soziale Prozesse. Theorie und Empirie der Katastrophen*, Münster: LIT (Konflikte, Krisen und Katastrophen – in sozialer und kultureller Sicht, 1), S. 95–123.

Esser, Hartmut (2010), »Sinn, Kultur, Verstehen und das Modell der soziologischen Erklärung«, in: Monika Wohlrab-Sahr (Hg.), *Kultursoziologie. Paradigmen – Methoden – Fragestellungen*, Wiesbaden: VS Verlag, S. 309–335.

Europol (2014), *TE-SAT 2014 – European Union Terrorism Situation and Trend Report, 2014.*

Felson, Marcus/Ronald V. Clarke (1998), *Opportunity Makes the Thief. Practical theory for crime prevention,* hg. v. Barry Webb, Home Office, Policing and Reducing Crime Unit (Police Research Series, 98).

Ferchhoff, Wilfried & Friedhelm Peters (1981), *Die Produktion abweichenden Verhaltens – zur Rekonstruktion und Kritik des Labeling Approach*, Bielefeld: AJZ-Dr. u. Verl.

Figl, Johann (2003), »Gott – monotheistisch«, in: ders. (Hg.), *Handbuch Religionswissenschaft. Religionen und ihre zentralen Themen,* Innsbruck, Wien: Tyrolia-Verlag, S. 545–558.

Fischer, Michael/Robert Pelzer/Lorenz Böllinger/Martin Carrillo Aravena/Sybille Reinke de Buitrago (2014), *Technische Prävention von Low-Cost-Terrorismus*, unveröff. Forschungsbericht. Hamburg.

Fischer, Michael (2014), »Terrorismus und staatliches Strafen«, in: Henning Schmidt-Semisch/Henner Hess (Hg,), *Die Sinnprovinz der Kriminalität*, Wiesbaden: Springer VS, S. 187–202.

Fischer, Michael/Robert Pelzer/Martin Carrillo Aravena (2015), »Jihadistische Anschlagsplanung: Planspiele als ergänzende Fallstudien«, in: Peter Zoche/Harald Arnold (Hg.), *Sichere Zeiten? Gesellschaftliche Dimensionen der Sicherheitsforschung*, Bd. 10. Berlin u. a.: LIT (Zivile Sicherheit. Schriften zum Fachdialog Sicherheitsforschung), S. 289–305.

Forest, James J. F./Sammy Salama (2009), »Jihadist Tactics and Targeting«, in: Gary Ackermann/Jeremy Tamsett (Hg.), *Jihadists and weapons of mass destruction: a growing thr*eat, CRC Press: Boca Raton, S. 83–99.

Foucault, Michel (1991), *Überwachen und Strafen. Die Geburt des Gefängnisses*, 9. Aufl., Frankfurt/Main: Suhrkamp.

Frindte, Wolfgang/Nicole Haußecker (2010), *Inszenierter Terrorismus*, Wiesbaden: VS Verlag.

Funke, Joachim (1995), »Erforschung komplexen Problemlösens durch computerunterstützte Planspiele: Kritische Anmerkungen zur Forschungsmethodologie«, in: Thomas Geilhardt/Thomas Mühlbradt (Hg.), *Planspiele im Personal- und Organisationsmanagement*, Göttingen: Verl. für Angewandte Psychologie, S. 205–216.

Funke, Tobias/Christoph Günther (2012), *Religiös legitimierte Gewalt und das Ringen um Macht*, Working Paper Series of the Graduate Centre Humanities and Social Sciences of the Research Academy Leipzig Nr. 10.

Garland, David (1991), *Punishment and Modern Society. A Study in Social Theory*, Oxford: Clarendon Press.

Geilhardt, Thomas/Thomas Mühlbradt (1995) (Hg.), *Planspiele im Personal- und Organisationsmanagement*, Göttingen: Verl. für Angewandte Psychologie.

General Intelligence and Security Service (2012), *Jihadism on the Web. A breeding ground for Jihad in the modern age*, Ministry of the Interior and Kingdom Relations of the Netherlands.

Genkin, Michael/Alexander Gutfraind (2011), *How Do Terrorist Cells Self-Assemble: Insights from an Agent-Based Model of Radicalization*, http://ssrn.com/abstract=1031521 or http://dx.doi.org/10.2139/ssrn.1031521, 15.03.2013.

Gerlitz, Peter (1992), »Martyrium I: Religionsgeschichte«, *Theologische Realenzyklopädie* 22, S. 197–202.

Germann, Jan-Peter (2009), *Terror und Anti-Terror. Politische Gewalt, Sicherheitspolitik und die strategische Kultur der Terrorismusbekämpfung in Deutschland*, Marburg, Univ., Diss.

Giddens, Anthony (1997), *Die Konstitution der Gesellschaft*, Frankfurt/Main: Campus.

Giesing, Benedikt (2002), *Religion und Gemeinschaftsbildung. Max Webers kulturvergleichende Theorie*, Wiesbaden: VS Verlag.

Gilliot, Claude (2004), »Rechtleitung und Heilszusage im Islam. Perspektiven auf das islamische Heilsverständnis ausgehend von klassischen Autoren«, in: Hansjörg Schmid/Andreas Renz/Jutta Sperber (Hg.), *Heil in Christentum und Islam. Erlösung oder Rechtleitung?* Stuttgart: Akademie der Diözese Rottenburg-Stuttgart, S. 39–54.

Glaser, Barney G./Anselm L. Strauss (1967), *The discovery of grounded theory. Strategies for qualitative research*, Chicago: Aldine.

Graitl, Lorenz (2012), *Sterben als Spektakel : zur kommunikativen Dimension des politisch motivierten Suizids*, Wiesbaden: Springer VS.

Habermas, Jürgen (1988), *Theorie des kommunikativen Handelns*, Band I: Handlungsrationalität und gesellschaftliche Rationalisierung, Frankfurt/Main: Suhrkamp.

Hafez, Mohammed M. (2006), »Rationality, Culture, and Structure in the Making of Suicide Bombers: A Preliminary Theoretical Synthesis and Illustrative Case Study«, *Studies in Conflict & Terrorism* 29, S. 165–185.

Haunss, Sebastian (2004), *Identität in Bewegung. Prozesse kollektiver Identität bei den Autonomen und in der Schwulenbewegung*, Wiesbaden: VS Verlag.

— (2011), »Kollektive Identität, soziale Bewegungen und Szenen«, *Forschungsjournal Soziale Bewegungen* 41 (24), S. 41–53.

Hegghammer, Thomas (2009), »Jihadi Salafis or Revolutionaries? On Theology and Politics in the Study of Militant Islamism«, in: Roel Meijer (Hg.), *Global Salafism. Islam's New Religious Movement*, New York: Columbia University Press, S. 244–266.

Hegghammer, Thomas/Petter Nesser (2015), »Assesing the Islamic State's Commitment to Attacking the West«, *Perspectives on Terrorism* 9 (4).

Herz, Dietmar/Andreas Blätte (2000) (Hg.), *Simulation und Planspiel in den Sozialwissenschaften: Eine Bestandsaufnahme der internationalen Diskussion*, Münster, Hamburg, London: Lit.

Hess, Henner (1988), »Italien: Die ambivalente Revolte«, in: ders. (Hg.), *Angriff auf das Herz des Staates: soziale Entwicklung und Terrorismus*, Bd. 2, Frankfurt/Main: Suhrkamp, S. 9–166.

— (2002), »Spielarten des Terrorismus«, *Kriminologisches Journal* 34 (2), S. 84–88.

— (2006), »Terrorismus: Quo vadis? Kurzfristige Prognosen und mittelfristige Orientierungen«, in: Uwe E. Kemmesies (Hg.), *Terrorismus und Extremismus: Der Zukunft auf der Spur*, Polizei und Forschung, Bd. 33, München: Luchterhand, S. 105–150.

Hess, Henner/Sebastian Scheerer (2003), »Theorie der Kriminalität«, in: Dietrich Oberwittler/Susanne Karstedt (Hg.), *Soziologie der Kriminalität*, Wiesbaden: VS

Verlag. (Kölner Zeitschrift für Soziologie und Sozialpsychologie, Sonderheft 43).

Hillebrandt, Frank (2007), »Begriff und Praxis des Terrorismus: Eine praxistheoretische Annäherung«, in: Thomas Kron/Melanie Reddig (Hg.), *Analysen des transnationalen Terrorismus: Soziologische Perspektiven*, Wiesbaden: VS Verlag, S. 45–58.

Hitzler, Ronald/Thomas Bucher/Arne Niederbacher (2001), *Leben in Szenen: Formen jugendlicher Vergemeinschaftung heute*, Opladen: Leske und Budrich.

Höffling, Christian/Christine Plaß/Michael Schetsche (2002), Deutungsmusteranalyse in der kriminologischen Forschung«, *Forum Qualitative Social Research* 3 (1).

Hoffman, Bruce (1993), »*Holy Terror«: The Implications of Terrorism Motivated by a Religious Imperative*, Santa Monica: RAND.

— (1998), *Inside Terrorism*, New York: Columbia University Press.

— (2002), *Terrorismus: der unerklärte Krieg*, Bonn: Bundeszentrale für politische Bildung.

— (2003), »Al Qaeda, Trends in Terrorism, and Future Potentialities. An Assessment«, *Studies in Conflict & Terrorism* 26 (6), S. 429–442.

Hoffman, Bruce/Gordon H. McCormick (2004), »Terrorism, Signaling, and Suicide Attack«, *Studies in Conflict & Terrorism* 27(4), S. 243–281.

Hunter, Ryan/Daniel Heinke (2011), *Radicalization of Islamist Terrorists in the Western World*, FBI Law Enforcement Bulletin, September 2011, http://works.bepress.com/daniel_heinke/38, 17.09.2015.

International Crisis Group (2005), *Understanding Islamism,* Middle East/North Africa Report 37.

Jansen, Johannes J. G. (1986), *The Neglected Duty: The Creed of Sadat's Assassins and Islamic Resurgence in the Middle East,* New York: Macmillan.

Janssen, Jürgen/Wilfried Laatz (2013), *Statistische Datenanalyse mit SPSS. Eine anwendungsorientierte Einführung in das Basissystem und Modul Exakte Tests*, Berlin [u. a.]: Springer Gabler.

Jenkins, Brian Michael (1985), *Future Trends in International Terrorism,* The Rand Corporation, Santa Monica (The Rand Paper Series).

Jones, James W. (2008), *Blood That Cries Out From the Earth: The Psychology of Religious Terrorism*, New York [u. a.]: Oxford Univ. Press.

Jordán, Ferenc (2008), »Predicting target selection by terrorists: A network analysis of the 2005 London underground attacks«, *International Journal of Critical Infrastructures* 4 (1/2), S. 206–214.

Jordan, Javier (2012), »Analysis of Jihadi Terrorism Incidents in Western Europe, 2001–2010«, *Studies in Conflict & Terrorism* 35 (5), S. 382–404.

Juergensmeyer, Mark (1998), »The Logic of Religious Violence«, in: David C. Rapoport, David C. (Hg.), *Inside Terrorist Organizations*, London, New York: Columbia University Press, S. 172–193.

— (2001), *Terror in the Mind of God: The global Rise of Religious Violence*, Berkeley u. a. : University of California Press.

Keller, Andreas (2011), *Der Dschihadismus als transnationale soziale Bewegung*, LMU München, Institut für Ethologie.

Kenney, Michael (2009), *Organizational Learning and Islamic Militancy*, Final report, School of Public Affairs, Capital College, University Park, PA: Pennsylvania State University Press.

Kepel, Gilles (2004), *Die neuen Kreuzzüge. Die arabische Welt und die Zukunft des Westens*, 2. Aufl., München: Piper.

Khorchide, Mouhanad (2012), »Ich bin dem Menschen näher als seine Halsschlagader« (Sure 50,16). Gott und Mensch im Dialog«, in: Andreas Renz/Mohammad Gharaibeh/Anja Middelbeck-Varwick/Bülent Ucar (Hg.), *»Der stets größere Gott«. Gottesvorstellungen in Christentum und Islam*, Regensburg: Verlag Friedrich Pustet, S, 72–90.

Khosrokhavar, Farhad (2005), *Suicide bombers. Allah's new martyrs*, London: Pluto Press.

Kippenberg, Hans G. (2008), *Gewalt als Gottesdienst: Religionskriege im Zeitalter der Globalisierung*, München: Beck.

— (2009), »Religiöse Gemeinschaftlichkeit im Zeitalter der Globalisierung«, in: Gregor Maria Hoff (Hg.), *Welt-Ordnungen*, Innsbruck: Tryolia Verl., S. 193–221.

Kirby, Aiden (2007) The London Bombers as »Self-Starters«: A Case Study in Indigenous Radicalization and the Emergence of Autonomous Cliques«, *Studies in Conflict & Terrorism* 30 (5), S. 415–428.

Kleemann, Frank/Uwe Krähnke/Ingo Matuschek (2009), *Interpretative Sozialforschung. Eine praxisorientierte Einführung*, Wiesbaden: VS Verlag.

Kleinmann, Scott M. (2012), »Radicalization of Homegrown Sunni Militants in the United States: Comparing Converts and Non-Converts«, *Studies in Conflict & Terrorism* 35, S. 278–297.

Knelangen, Wilhelm (2008), »Terrorismus – im Zentrum der politischen Debatte, immer noch an den Rändern der Forschung?«, in: Hans-Jürgen Lange (Hg.), *Auf der Suche nach neuer Sicherheit. Fakten, Theorien und Folgen*, Wiesbaden: VS Verlag, S. 75–88.

Kohlmann, Evan F. (2005), *Al-Qaeda's Jihad in Europe. The Afghan-Bosnian Network*, New York, Oxford: Berg.

Krasmann, Susanne (2010), »Die Folter im Recht«, in: Michell Cottier/Josef Estermann/Michael Wrase (Hg.), *Wie wirkt Recht? : ausgewählte Beiträge zum ersten gemeinsamen Kongress der deutschsprachigen Rechtssoziologie-Vereinigungen. Luzern 4.–6. September 2008*, Baden-Baden: Nomos Verl.-Ges., S. 227–244.

Krawietz, Birgit (2008), »Gerechtigkeit als Leitidee im islamischen Recht«, in: Birgit Krawietz/Helmut Reifeld (Hg.), *Islam und Rechtstaat. Zwischen Scharia und Säkularisierung*, Sankt Augustin/Berlin: Konrad Adenauer Stiftung, S. 37–52.

Kreissl, Reinhard (2000), *Mob oder Souverän. Diskurse über die rechtliche Regulierung kollektiver Protestformen*, Opladen: Leske + Budrich.

Krieger, Tim/Daniel Meierrieks (2011), »What causes terrorism?«, in: *Public Choice* 147 (1–2), S. 3–27.

Kriwy, Peter/Christiane Gross (2009), »Kleine Fallzahlen in der empirischen Sozialforschung«, in: dies. (Hg.), *Klein aber fein! Quantitative empirische Sozialforschung mit kleinen Fallzahlen*, Wiesbaden: VS Verlag, S. 9–22.

Kriz, Willy (2009), »Planspiel«, in: Stefan Kühl/Petra Strodtholz/Andreas Taffertshofer (Hg.), *Handbuch Methoden der Organisationsforschung: Quantitative und Qualitative Methoden*, Wiesbaden: VS Verlag, S. 558–578.

— (2004), »Planspielmethoden«, in: Gabi Reinmann/Heinz Mandl (Hg.), *Psychologie des Wissensmanagements. Perspektiven, Theorien und Methoden*, Göttingen: Hogrefe, S. 359–368.

Kühl, Stefan (2009), »Experiment«, in: Stefan Kühl/Petra Strodtholz/Andreas Taffertshofer (Hg.), *Handbuch Methoden der Organisationsforschung: Quantitative und Qualitative Methoden*, Wiesbaden: VS Verlag, S. 534–557.

Lamneck, Siegfried (1990), »Kriminalitätsberichterstattung in den Massenmedien als Problem«, *Monatszeitschrift für Kriminologie und Strafrechtsreform* 3, S. 163–176.

Laqueur, Walter (1999), *The new terrorism*, New York: Oxford Univ. Press.

Lemert, Edwin M. (1982), »Der Begriff der sekundären Devianz«, in: Klaus Lüderssen/Fritz Sack (Hg.), *Seminar: Abweichendes Verhalten I. Die selektiven Normen der Gesellschaft,* Frankfurt/Main: Suhrkamp, S. 433–476.

Lewed, Karl-Heinz (2010), »Erweckungserlebnis als letzter Schrei. Der Islamismus und die rational-irrationale Subjektivität der Warengesellschaft«, *Krisis* 33.

Libicki, Martin C./Peter Chalk/Melanie Sisson (2007), *Exploring terrorist targeting preferences*, Santa Monica, CA: RAND (Rand Corporation monograph series), http://search.ebscohost.com/login.aspx?direct=true&scope=site&db=nlebk&db=nlabk&AN=213912.

Lohlker, Rüdiger (2012), »The Forgotten Swamp Revisited«, in: ders. (Hg.), *New Approaches to the Analysis of Jihadism. Online and Offline*, Göttingen: Vienna University Press, S. 125–140.

Luckmann, Thomas (1986), »Grundformen der gesellschaftlichen Vermittlung des Wissens: Kommunikative Gattungen«, *Kölner Zeitschrift für Soziologie und Sozialpsychologie*, Sonderheft 27, S. 191–211.

Lüdemann, Christian (1992), »Deutungsmuster und das Modell rationalen Handelns. Eine Anwendung auf Deutungsmuster männlicher Sexualität«, in: Michael Meuser/Rainer Sackmann (Hg.), *Analyse sozialer Deutungsmuster: Beiträge zur empirischen Wissenssoziologie*, Pfaffenweiler: Centaurus. S. 115–138.

Lüdtke, Alf (1984), »Protest – oder: Die Faszination des Spektakulären. Zur Analyse alltäglicher Widersetzlichkeit«, in: Heinrich Volkmann/Jürgen Bergmann (Hg.), *Sozialer Protest. Studien zu traditioneller Resistenz und kollektiver Gewalt in Deutschland vom Vormärz bis zur Reichsgründung*, Opladen: Westdeutscher Verlag, S. 325–341.

Lum, Cynthia/Leslie W. Kennedy/Alison Sherley (2006), »Are counter-terrorism strategies effective? The results of the Campbell systematic review on counterterrorism evaluation research«, *Journal of Experimental Criminology* (2), S. 489–516.

Lützinger, Saskia (2010) (Hg.), *Die Sicht der Anderen. Eine qualitative Studie zur Biographien von Extremisten und Terroristen*, Neuwied: Luchterhand.

Maiwald, Kai-Olaf (1997), *Die Herstellung von Recht: eine exemplarische Untersuchung zur Professionalisierungsgeschichte der Rechtsprechung am Beispiel Preussens im Ausgang des 18. Jahrhunderts*, Berlin: Duncker und Humblot.

Malthaner, Stefan/Peter Waldmann (2012), »Radikale Milieus: Das soziale Umfeld terroristischer Gruppen«, in: dies. (Hg.), *Radikale Milieus: Das soziale Umfeld terroristischer Gruppen*, Frankfurt/Main: Campus, S. 11–42.

Mannheim, Karl (1980), *Strukturen des Denkens*, Frankfurt/Main: Suhrkamp.

McAllister, Bradley/Alex P. Schmid (2011), »Theories of Terrorism«, in: Alex Peter Schmid (Hg.), *The Routledge handbook of terrorism research*, New York: Routledge (Routledge handbooks), S. 201–271.

McCauley, Clark/Sophia Moskalenko (2008), »Mechanisms of Political Radicalization. Pathways Toward Terrorism«, *Terrorism and Political Violcence* 20 (3), S. 415–433.

McCormick, Gordon H. (2003), »Terrorist Decision Making«, *Annual Review of Political Science* 6, S. 473–507.

Meijer, Roel (2009) (Hg.), *Global Salafism. Islam's New Religious Movement*, New York: Columbia University Press.

Merton, Robert K (1967), *Social theory and social structure,* New York [u. a.]: Free Press.

Meuser, Michael/Rainer Sackmann (1992), »Zur Einführung: Deutungsmusteransatz und empirische Wissenssoziologie«, in: dies. (Hg.), *Analyse sozialer Deutungsmuster: Beiträge zur empirischen Wissenssoziologie*, Pfaffenweiler: Centaurus. S. 9–37.

Michael, George (2013), »The New Media and the Rise of Exhortatory Terrorism«, *Strategic Studies Quarterly* (Spring 2013).

Müller, Matthias (2011), *Sozialpolitische Innovationen: zum Konflikt von Strukturen und Deutungsmustern*, Wiesbaden: VS Verlag.

Münch-Heubner, Peter L. (2001), »Islamismus, Neo-Fundamentalismus und Panislamismus. Geschichte, theoretische und ideologische Grundlagen«, in: Reinhard C. Meier-Walser/Rainer Glagow (Hg.), *Die islamische Herausforderung. Eine kritische Bestandsaufnahme von Konfliktpotenzialen*, München (aktuelle analysen, 26), S. 21–35.

Münkler, Herfried (2001), »Terrorismus als Kommunikationsstrategie. Die Botschaft des 11. September«, *Internationale Politik* 56 (12), S. 11–18.

— (2003), *Die neuen Kriege*, 5. Aufl., Reinbek bei Hamburg.

— (2004), »Terrorismus heute. Die Asymmetrisierung des Krieges«, *Internationale Politik* (2), S. 1–11.

Musharbash, Yassin (2006), *Die Neue al-Qaida. Innenansichten eines lernenden Terrornetzwerks*, Bonn: Bundeszentrale für Politische Bildung.

Nagel, Tilman (1983), *Der Koran : Einführung, Texte, Erläuterungen*, München: Beck.

— (2001), »Kann es einen säkularisierten Islam geben?«, in: Reinhard C. Meier-Walser/Rainer Glagow (Hg.), *Die islamische Herausforderung. Eine kritische Bestandsaufnahme von Konfliktpotenzialen*, München (aktuelle analysen, 26), S. 9–20.

National Research Council (2012). *Terrorism and the Electric Power Delivery System*, Washington, D. C.: The National Academies Press.

Neidhardt, Friedhelm (1982), »Soziale Bedingungen terroristischen Handelns. Das Beispiel der »Baader-Meinhof-Gruppe« (RAF)«, in: Wanda von Baeyer-Katte/Dieter Claessens/Hubert Feger/Friedhelm Neidhardt (Hg.), *Gruppenprozesse*, (Analysen zum Terrorismus/hrsg. vom Bundesminister d. Innern, Bd. 3.), S. 318–432.

Nesser, Petter (2004), *Jihad in Europe. A survey of the motivations for Sunni Islamist terrorism in post-millennium Europe*, FORSVARETS FORSKNINGSINSTITUTT, Kjeller (FFI/RAPPORT, 2004/01146).

— (2008), »Chronology of Jihadism in Western Europe 1994–2007: Planned, Prepared, and Executed Terrorist Attacks«, *Studies in Conflict & Terrorism* 31, S. 924–946.

— (2010), *Chronology of Jihadism in Western Europe Update 2008–2010*. Ms.

Nesser, Petter/Anne Stenersen (2014), »The Modus Operandi of Jihadi Terrorists in Europe«, *Perspectives on Terrorism* 8 (6).

Neumann, Peter R./Brooke Rogers (2007), *Recruitment and Mobilisation for the Islamist Militant Movement in Europe*, ICSR, London.

Noth, Albrecht (1993), »Der Jihad. Sich mühen für Gott«, in: Gernot Rotter (Hg.), *Die Welten des Islam. Neunundzwanzig Vorschläge, das Unvertraute zu verstehen*, Frankfurt/Main: Fischer, S. 22–32.

Oevermann, Ulrich (1995a), *Partikularistische und universalistische Momente religiöser Systeme. Am Beispiel des Vergleichs polytheistischer und monotheistischer Religionen und der gegensätzlichen Folgen des puritanischen und islamischen Fundamentalismus*, Ms.

— (1995b), »Ein Modell der Struktur von Religiosität. Zugleich ein Modell von Lebenspraxis und sozialer Zeit«, in: Monika Wohlrab-Sahr (Hg.), *Religion und Biographie*. Frankfurt/Main: Campus, S. 27–102.

— (2000), »Dienstleistungen der Sozialbürokratie aus professionalisierungstheoretischer Sicht«, in: Eva von Harrach/Thomas Loer/Oliver Schmidtke (Hg.), *Verwaltung des Sozialen. Formen der subjektiven Bewältigung eines Strukturkonfliktes*, Konstanz: UVK, S. 57– 92.

— (2001a), »Zur Analyse der Struktur von sozialen Deutungsmustern (1973)«, *Sozialer Sinn* 2 (1), S. 3–33.

— (2001b), »Die Struktur sozialer Deutungsmuster – Versuch einer Aktualisierung«, *Sozialer Sinn* 2 (1), S. 35–81.

— (2001c), »Kommentar zu Christine Plaß und Michael Schetsche: »Grundzüge einer wissenssoziologischen Theorie sozialer Deutungsmuster««, *Sozialer Sinn* 2 (3), S. 537–546.

— (2003), »Strukturelle Religiosität und ihre Ausprägungen unter Bedingungen der vollständigen Säkularisierung des Bewusstseins«, in: Christel Gärtner/Detlef Pollack/Monika Wohlrab-Sahr (Hg.), *Atheismus und religiöse Indifferenz*, Wiesbaden: VS Verlag, S. 339–387.

— (2006), »Modernisierungspotentiale im Monotheismus und Modernisierungsblockaden im fundamentalistischen Islam«, in: Manuel Franzmann/Christel Gärtner/Nicole Köck (Hg.), *Religiosität in der säkularisierten Welt. Theoretische und empirische Beiträge zur Säkularisierungsdebatte in der Religionssoziologie*, Wiesbaden: VS Verlag, S. 395–428.

— (2008), *»Krise und Routine« als analytisches Paradigma in den Sozialwissenschaften* (Abschiedsvorlesung), http://www.ihsk.de/publikationen/Ulrich-Oevermann_Abschiedsvorlesung_Universitaet-Frankfurt.pdf, 07.03.2014.

— (2012), »Eine Ergänzung zur These der Modernisierungsblockaden im Islam«, *Sozialer Sinn* 12 (2), S. 215–255.

— (2014), »Sozialisationsprozesse als Dynamik der Strukturgesetzlichkeit der ödipalen Triade und als Prozesse der Erzeugung des Neuen durch Krisenbewältigung«, in: Detlef Graz/Boris Zizek (Hg.), *Wie wir zu dem werden, was wir sind. Sozialisations-, biographie- und bildungstheoretische Aspekte*, Wiesbaden: Springer Fachmedien Wiesbaden, S. 15–69.

Oevermann, Ulrich/Leo Schuster/Andreas Simm (1985), *Zum Problem der Perseveranz in Delikttyp und modus operandi: Spurentext-Auslegung, Tätertyp-Rekonstruktion und die Strukturlogik kriminalistischer Ermittlungspraxis, zugleich eine Umformung der Perseveranzhypothese aus soziologisch-strukturanalytischer Sicht*, BKA-Forschungsreihe, Bd. 17, Wiesbaden: Bundeskriminalamt.

Oevermann, Ulrich/Tilman Allert/Elisabeth Kronau/Jürgen Krambeck (1979), »Die Methodologie einer ›objektiven Hermeneutik‹ und ihre allgemeine forschungslogische Bedeutung in den Sozialwissenschaften«, in: Hans-Georg Soeffner (Hg.), *Interpretative Verfahren in den Sozial- und Textwissenschaften*, Stuttgart: Metzler, S. 352–434.

Pape, Robert A. (2003), »The Strategic Logic of Suicide Terrorism«, *American Political Science Review* 97(3), S. 343–361.

— (2005), *Dying to Win: The Strategic Logic of Suicide Terrorism*, New York: Random House.

Paz, Reuven (2005), »Global Jihad and WMD: Between Martyrdom and Mass Destruction«, in: Husain Haqqani/Eric Brown/Angel Rabasal (Hg.), *Current Trends in Islamist Ideology*, Washington, D. C.: Hudson Institute Publications, S. 74–87.

Pelzer, Robert/Sebastian Scheerer (2006), »Terrorismusprognosen: Fehlerquellen und Rechtsstaatlichkeit«, in: Uwe E. Kemmesies (Hg.), *Terrorismus und Extremismus: Der Zukunft auf der Spur*, Polizei und Forschung, Bd. 33, München: Luchterhand, S. 199–216.

Pelzer, Robert (2014), »Von der militanten Orientierung zum Anschlagsplan. Desiderata der Radikalisierungsforschung aus Perspektive eines devianzsoziologischen Karrieremodells«, in: Harald Arnold/Peter Zoche (Hg.), *Terrorismus und organisierte Kriminalität. Theoretische und methodische Aspekte komplexer Kriminalität Zivile Sicherheit*, Münster: Lit-Verlag, S. 149–176.

Peters, Rudolph (1987), »Islamischer Fundamentalismus: Glaube, Handeln, Führung«, in: Wolfgang Schluchter (Hg.), *Max Webers Sicht des Islams: Interpretation und Kritik*, Frankfurt/Main: Suhrkamp, S. 217– 241.

Pettenkofer, Andreas (2008), »Die Politik des Martyriums. Ein kultursoziologischer Blick auf die IRA«, in: Thorsten Bonacker/Rainer Greshoff/Uwe Schimank (Hg.), *Sozialtheorien im Vergleich. Der Nordirlandkonflikt als Anwendungsfall*, Wiesbaden: VS Verlag für Sozialwissenschaft, S. 53–83.

— (2010), *Radikaler Protest. Zur soziologischen Theorie politischer Bewegungen,* Frankfurt/New York: Campus.

Pisoiu, Daniela (2012), *Islamist Radicalisation in Europe. An occupational change process*, London, New York: Routledge.

Plaß, Christine/Michael Schetsche (2001), »Grundzüge einer wissenssoziologischen Theorie sozialer Deutungsmuster«, *Sozialer Sinn* 2 (3), S. 511–536.

Popitz, Heinrich (1992), *Phänomene der Macht*, 2. Aufl., Tübingen: Mohr.

— (2006), *Soziale Normen*, 1. Aufl., hg. v. Friedrich Pohlmann und Wolfgang Eßbach, Frankfurt/Main: Suhrkamp.

Precht, Thomas (2007), *Home grown terrorism and Islamist radicalisation in Europe. From conversion to terrorism. An assessment of the factors influencing violent Islamist extremism and suggestions for counter radicalisation measures*, research report funded by the Danish Ministry of Justice, Kopenhagen.

Prucha, Nico (2010), »Notes on the Jihadists' motivation for suicide-operations«, *JIPSS* 4(1), S. 57–68.

Quensel, Stephan (1970), »Wie wird man kriminell? Verlaufsmodell einer fehlgeschlagenen Interaktion zwischen Delinquenten und Sanktionsinstanz«, *Kritische Justiz* 3 (4), S. 375–382.

Ragab, Ab del-Halim (2012), »Gott zwischen Transzendenz und Immanenz. Zum Gottesbild aus islamischer Perspektive«, in: Andreas Renz/Mohammad Gharaibeh/Anja Middelbeck-Varwick/Bülent Ucar (Hg.), *»Der stets größere Gott«. Gottesvorstellungen in Christentum und Islam*, Regensburg: Verlag Friedrich Pustet, S, 140–150.

Ragin, Charles C. (2008), *Redesigning Social Inquiry: Fuzzy Sets and Beyond*, Chicago and London: University of Chicago Press.

Räisänen, Heikki (2004), »Doppelte Prädestination im Koran und im Neuen Testament?«, in: Hansjörg Schmid/Andreas Renz/Jutta Sperber (Hg.), *Heil in Christentum und Islam. Erlösung oder Rechtleitung?* Stuttgart: Akademie der Diözese Rottenburg-Stuttgart, S. 139–159.

Raiser, Simon/Björn Warkalla (2011), *Konflikte verstehen: Planspiele und ihr Potenzial in der Lehre der Friedens- und Konfliktforschung*, CSS Working Papers 13, www.uni-marburg.de/konfliktforschung/publikationen/ccswp.

Ramsay, Gilbert (2012), »Targeting, Rhetoric and the Failure of Grassroots Jihad«, *Journal of Terrorism Research* 3 (1).

Reemtsma, Jan Philipp (2003), »Terroristische Gewalt: Was klärt die Frage nach den Motiven?«, in: Michael Beuthner/Joachim Buttler/Sandra Fröhlich/Irene Neverla/Stephan A. Weichert (Hg.), *Bilder des Terrors – Terror der Bilder? Krisenberichterstattung am und nach dem 11. September,* Köln: Halem, S. 330–349.

Reichenbach, Gerold/Ralf Göbel/Hartfrid Wolff/Silke Stokar von Neuforn (2008) (Hg.), *Risiken und Herausforderungen für die öffentliche Sicherheit in Deutschland. Senarien und Leitfragen,* Gründbuch des Zukunftsforums öffentliche Sicherheit, Berlin/Bonn, http://www.zukunftsforum-oeffentliche-sicherheit.de/downloads/Gruenbuch_Zukunftsforum.pdf, 19.09.2015.

Richardson, Louise (2007), *What Terrorists Want. Understanding the Terrorist Threat,* New York: Random House.

Rogan, Hanna/Anne Stenersen (2008), *Jihadism Online,* FFI, Kjeller (FFI-Focus, 1–08).

Rohe, Mathias (2009), *Das islamische Recht. Geschichte und Gegenwart,* München: C. H. Beck.

— (2010), »Islamismus in Deutschland«, in: Thorsten Gerald Schneiders (Hg.), *Islamverherrlichung. Wenn die Kritik zum Tabu wird,* Wiesbaden: VS Verlag, S. 171–184.

Roth, Roland/Dieter Rucht (2008), »Einleitung«, in: dies. (Hg.), *Die sozialen Bewegungen in Deutschland seit 1945 : ein Handbuch,* Frankfurt/Main: Campus, S. 9–37.

Rowland, C. Robert/Kirsten Theye (2008), »The Symbolic DNA of Terrorism«, *Communication Monographs* 75 (1), S. 52–58.

Roy, Olivier (2004), *Globalized Islam : the search for a new ummah,* New York: Columbia University Press.

Rucht, Dieter (1999), »Konfrontation und Gewalt: Verlauf, Struktur und Bedingungen unfriedlicher politischer Proteste in der Bundesrepublik«, in: Jürgen Gerhards/Ronald Hitzler (Hg.), *Eigenwilligkeit und Rationalität sozialer Prozesse,* Opladen [u. a.]: Westdt. Verlag, S. 352–378.

Sack, Fritz (1968), »Neue Perspektiven in der Kriminologie«, in: Fritz Sack/Rene König (Hg.), *Kriminalsoziologie,* Frankfurt/Main: Akad. Verl. Ges., S. 431–476.

— (1984), »Die Reaktion von Gesellschaft, Politik und Staat auf die Studentenbewegung«, in: ders. (Hg.), *Protest und Reaktion,* (Analysen zum Terrorismus/hrsg. vom Bundesminister d. Innern, Bd. 4/2.), S. 105–226.

— (1993), »Politische Delikte, politische Kriminalität«, in: Günther Kaiser/Hans-Jürgen Kerner/Fritz Sack/Hartmut Schellhoss (Hg.), *Kleines Kriminologisches Wörterbuch,* Heidelberg: Müller, Jur. Verl., S. 382–392.

Sageman, Marc (2008), *Leaderless Jihad: Terror Networks in the Twenty-First Century,* Philadelphia: Univ. of Pennsylvania Press.

Said, Behnam T. (2014), *Islamischer Staat. IS-Miliz, al-Qaida und die deutschen Brigaden,* München: C. H. Beck.

Scheerer, Sebastian (1988a), »Ein theoretisches Modell zur Erklärung sozialrevolutionärer Gewalt«, in: Hess, Henner (Hg.), *Angriff auf das Herz des Staates: Soziale Entwicklung und Terrorismus,* Analysen von Henner Hess, Martin Moerings, Dieter Paas, Sebastian Scheerer und Heinz Steinert, Vol. 1, Frankfurt/Main: Suhrkamp, S. 75–189.

— (1988b), »Deutschland: Die ausgebürgerte Linke«, in: Hess, Henner (Hg.), *Angriff auf das Herz des Staates. Soziale Entwicklung und Terrorismus,* Analysen von Henner

Hess, Martin Moerings, Dieter Paas, Sebastian Scheerer und Heinz Steinert, Vol. 2, Frankfurt/Main: Suhrkamp, S. 193–429.

— (2002), *Die Zukunft des Terrorismus*, Drei Szenarien. 1. Aufl„ Lüneburg: zu Klampen.

— (2011), *Agonaler Autismus und diskrepante Interpunktion. Zwei Restriktionen im Umgang mit terroristischer Gewalt*, IKS Working Paper Series Nr. 2, März 2011, http://www.wiso.uni-hamburg.de/fileadmin/sowi/kriminologie/Workin_Paper_Series/IKS_WPS_002_Scheerer.pdf, 10.06.2013.

Scheerer, Sebastian/Henner Hess (1997), »Social Control. A Defense and Reformulation«, in: Roberto Bergalli/Colin Sumner (Hg.), *Social Control and Political Order. European Perspectives at the End of the Century*, London: Thousand Oaks: Sage, S. 96–130.

Schiffauer, Werner (2010), *Die Gottesmänner: türkische Islamisten in Deutschland*, Frankfurt/Main: Suhrkamp.

Schimank, Uwe (2008), »Polykontexturale Eskalationsdynamik: Die IRA im Licht einer akteurzentrierten Differenzierungstheorie«, in: Thorsten Bonacker/Rainer Gereshoff/Uwe Schimank (Hg.), *Sozialtheorien im Vergleich. Der Nordirlandkonflikt als Anwendungsfall*, Wiesbaden: VS Verlag, S. 205–228.

Schirrmacher, Christine (2012), »Geistesgeschichtliche Ursprünge des Politischen Islam/Islamismus«, in: Friedrich-Ebert-Stiftung (Hg.), *»Politischer Islam« – »Islamismus«. Extremistische Islam-Varianten in der Diskussion*, Berlin: FES, S. 5–11.

Schluchter, Wolfgang (1976), »Die Paradoxie der Rationalisierung. Zum Verhältnis von ›Ethik‹ und ›Welt‹ bei Max Weber«, *Zeitschrift für Soziologie* 5 (2), S. 256–284.

— (1987), »Zwischen Welteroberung und Weltanpassung. Überlegungen zu Max Webers Sicht des frühen Islam«, in: ders. (Hg.), *Max Webers Sicht des Islams : Interpretation und Kritik*, Frankfurt/Main: Suhrkamp, S. 11–124.

— (1988a), *Religion und Lebensführung, Band 1, Studien zu Max Webers Kultur- und Werttheorie*, Frankfurt/Main: Suhrkamp.

— (1988b), *Religion und Lebensführung, Band 2, Studien zu Max Webers Religions- und Herrschaftssoziologie*, Frankfurt/Main: Suhrkamp.

Schmid, Alex P./Janny de Graaf (1982), *Violence as communication: insurgent terrorism and the Western news media*, London, Beverly Hills: Sage Publications.

Schmid, Alex P. (2004), »Frameworks for conceptualising terrorism«, *Terrorism and Political Violence* 16 (2), S. 197–221.

Schmitt, Carl (1938), *Der Begriff des Politischen*, Hamburg : Hanseat. Verl. Anst.

Schneckener, Ulrich (2002), *Netzwerke des Terrors. Charakter und Strukturen des transnationalen Terrorismus,* Berlin: Stiftung Wissenschaft und Politik.

Schreiner, Stefan (2004): »Erlösung und Heil – menschliches Verlangen und göttliches Angebot. Intertextuelle Spuren in Bibel und Koran«, in: Hansjörg Schmid/Andreas Renz/Jutta Sperber (Hg.), *Heil in Christentum und Islam. Erlösung oder Rechtleitung?* Stuttgart: Akademie der Diözese Rottenburg-Stuttgart, S. 15-38.

Schulze, Gerhard (2005), *Die Erlebnisgesellschaft. Kultursoziologie der Gegenwart*, Frankfurt/Main: Campus.

Schutzkommission beim Bundesminister des Innern (2001), *Zweiter Gefahrenbericht der Schutzkommission beim Bundesminister des Innern*, Bonn, http://www.bmi.bund.de/cae/servlet/contentblob/151524/publicationFile/14291/Gefahrenbericht_der_Schutzkommission.pdf, 19.09.2015.

Sedlmeier, Peter (1996), »Jenseits des Signifikanztest-Rituals: Ergänzungen und Alternativen«, *Methods of Psychological Research Online* 1 (4), S. 41–63.

Senechal de la Roche, Roberta (1996), »Collective Violence as Social Control«, *Sociological Forum* 11(1), S. 97–128.

Silke, Andrew (2012), »Understanding terrorist target selection«, *Terrorism and the Olympics. Routledge Online Studies on the Olympic and Paralympic Games* 1 (41), Special Issue: Terrorism and the Olympics, S. 49–71.

Skyes, Gresham M./David Matza. (1957), »Techniques of Neutralization: A Theorey of Delinquency«, *American Sociological Review* 22 (6), S. 664–670.

Snow, David A./Burke Rochford/Steven Worden/Robert D. Benford (1986), »Frame Alignment Processes, Micromobilization and Movement Participation«, *American Sociological Review* 51: S. 464–481.

Sofsky, Wolfgang (1996), *Traktat über die Gewalt*, Frankfurt/Main: S. Fischer.

— (2002), *Zeiten des Schreckens. Amok, Terror, Krieg*, Frankfurt/Main: S. Fischer.

Steinberg, Guido (2005), *Der nahe und der ferne Feind. Die Netzwerke des islamistischen Terrorismus*, München: Beck.

Steinhoff, Uwe (2005), *Moralisch korrektes Töten. Zur Ethik des Krieges und des Terrorismus*, Neu-Isenburg: Melzer.

Steinke, Ines (2000), »Gütekriterien qualitativer Forschung«, in: Uwe Flick/Ernst von Kardorff/Ines Steinke (Hg.), *Qualitative Forschung: Ein Handbuch*, Reinbek bei Hamburg: Rowohlt, S. 319–331.

Stern, Jessica (1999), *The Ultimate Terrorists*, Cambridge, Mass. [u. a.]: Harvard University Press.

Steven, Graeme (2011), »Terrorist tactics and counter-terrorism«, in: Andrew Silke (Hg.), *The Psychology of Counter-Terrorism*, London [u. a.]: Routledge, S. 152–163.

Straßner, Alexander (2005), *Die dritte Generation der »Roten Armee Fraktion«. Entstehung, Struktur, Funktionslogik und Zerfall einer terroristischen Organisation*, Wiesbaden: VS Verl. für Sozialwissenschaften.

Strauss, Anselm L./Juliet Corbin (1990), *Basics of qualitative research*, Newbury Park: Sage.

Sutter, Hansjörg (1997), *Bildungsprozesse des Subjekts. Eine Rekonstruktion von Ulrich Overmanns Theorie- und Forschungsprogramm*, Opladen: Westdeutscher Verlag.

Thornton, Thomas Perry (2006), »Terror as a Weapon of Political Agitation«, in: David C. Rapoport (Hg.), *Terrorism. Critical Concepts in Political Science*, London [u. a.]: Routledge, S. 41–63.

Tibi, Bassam (2002), »Fundamentalismus und die Quellen des Terrorismus im politischen Islam«, in: Bundeskriminalamt (Hg.), *Islamistischer Terrorismus. Eine Her-*

ausforderung für die internationale Staatengemeinschaft, Vorträge anlässlich der Herbsttagung des Bundeskriminalamts vom 13. bis 15. November 2001. Neuwied und Kriftel: 93–110.

Toft, Peter/Arash Duero/Arunas Bieliauskas (2010), »Terrorist targeting and energy security«, *Energy Policy* 38, S. 4411–4421.

Turk, Austin T. (2004), »Sociology of Terrorism«, *Annual Review of Sociology* 30, S. 271–286.

Vertigans, Stephen (2011), *The Sociology of Terrorism. People, places and processes*, London [u. a.]: Routledge.

Vidino, Lorenzo (2011*), Radicalization, Linkage, and Diversity. Current Trends in Terrorism in Europe*, RAND Corporation.

Von Trotha (1997), »Zur Soziologie der Gewalt«, in: ders. (Hg.), *Soziologie der Gewalt. Kölner Zeitschrift für Soziologie und Sozialpsychologie*, Sonderheft 37, Opladen: Westdeutscher Verlag, S. 9–56.

Waldmann, Peter (1998), *Terrorismus. Provokation der Macht*, München: Gerling-Akad.-Verl.

— (2005), »Einleitung: Determinanten der Entstehung und Entwicklung terroristischer Organisationen«, in: ders. (Hg.), *Determinanten des Terrorismus,* Weilerwist: Velbrück Wiss., S. 11–28.

— (2010), *Radicalisation in the Diaspora: Why Muslims in the West Attack Their Host Countries*, Working Paper 9/2010, Elcano Royal Institute

Waldmann, Peter/Matenia Sirseloudi/Stefan Malthaner (2010), »Where does the radicalisation process lead? Radical community, radical networks and radical subcultures«, in: Magnus Ranstorp (Hg.), *Understanding Violent Radicalisation. Terrorists and Jihadists Movements in Europe*, London [u. a.]: Routledge, S. 50–67

Weber, Max (1980), *Wirtschaft und Gesellschaft. Grundriss der verstehenden Soziologie*, 5. Aufl., Tübingen: J. C. B. Mohr.

— (1988), *Gesammelte Aufsätze zur Religionssoziologie,* Tübingen: J. C. B. Mohr.

Weimann, Gabriel (2012), »Lone Wolves in Cyberspace«, *Journal of Terrorism Research* 3 (2), S. 75–90.

Weisbrod, Bernd (2010), »Terrorism as Performance. The Assassinations of Walther Rathenau and Hanns-Martin Schleyer«, in: Wilhelm Heitmeyer/Heinz-Gerhard Haupt/Stefan Malthaner/Andrea Kirschner (Hg.), *Control of Violence. Historical and Intellectual Perspectives on Violence in Modern Societies*, New York: Springer New York, S. 365–394.

Wernet, Andreas (1997), *Professioneller Habitus im Recht: Untersuchungen zur Professionalisierungsbedürftigkeit der Strafrechtspflege und zum Professionshabitus von Strafverteidigern*, Berlin: Ed. Sigma.

— (2000), *Einführung in die Interpretationstechnik der Objektiven Hermeneutik,* Opladen: Leske/Budrich.

Wiktorowicz, Quintan/Karl Kaltenthaler (2006), »The Rationality of Radical Islam«, *Political Science Quarterly* 121 (2), S. 295–319.

Wiktorowicz, Quintan (2006), »Anatomy of the Salafi Movement«, *Studies in Conflict & Terrorism* 29, S. 207–239.
Witte, Daniel (2007), »Zur Rational-Choice-Analyse des transnationalen Terrorismus: Potenziale und Grenzen ökonomischer Erklärungsansätze«, in: Thomas Kron/Melanie Reddig (Hg.), *Analysen des transnationalen Terrorismus. Soziologische Perspektiven*, Wiesbaden: VS Verlag, S. 17–44.
Wohlrab-Sahr, Monika (1996), »Konversion zum Islam als Implementation von Geschlechtsehre«, *Zeitschrift für Soziologie* 25 (1), S. 19–36.
— (2003), »Religiöse Indifferenz und die Entmythologisierung des Lebens. Eine Auseinandersetzung mit Ulrich Oevermanns ›Strukturmodell von Religiosität‹«, in: Christel Gärtner/Detlef Pollack/Monika Wohlrab-Sahr (Hg.), *Atheismus und religiöse Indifferenz*, Wiesbaden: VS Verlag, S. 389–399.

Medien

BBC Magazine vom 19.12.2013: »Woolwich: How did Michael Adebolajo become a killer?«, http://www.bbc.com/news/magazine-25424290, 27.09.2015.
BBC News vom 25.05.2006: »London club ›bombing plan‹ taped«, http://news.bbc.co.uk/2/hi/uk/5016274, 13.06.2013.
Criminal Minds: »Michael Adebolajo and Michael Adelowale«, http://criminal-minds.wikia.com/wiki/Michael_Adebolajo_and_Michael_Adebowale, 27.09.2015.
Daily Star Sundy vom 19.12.2013: »VIDEO: Michael Adebolajo reveals plan to kill Lee Rigby in chilling police footage«, http://www.dailystar.co.uk/news/latest-news/356689/VIDEO-Michael-Adebolajo-reveals-plan-to-kill-Lee-Rigby-in-chilling-police-footage, 27.09.2015.
Die Tageszeitung vom 08.07.2005: »Wir warnen weiter«, http://www.taz.de/1/archiv, 27.09.2015.
ITV News vom 29.05.2013: »Footage of Woolwich suspect leading protest«, http://www.itv.com/news/2013-05-29/new-footage-of-woolwich-suspect-michael-adebolajo-speaking-at-a-demonstration-in-2009, 27.09.2015.
ITV News vom 29.11.2013: »Adebolajo ›bought five-piece set of kitchen knives‹«, http://www.itv.com/news/update/2013-11-29/adebolajo-bought-five-piece-set-of-kitchen-knives, 27.09.2015.
Kölner Stadt-Anzeiger vom 11.08.2009: »Für den Dschihad zu kalt«, http://www.ksta.de/politik/sauerland-zelle-fuer-den-dschihad-zu-kalt,15187246,12875362, 27.09.2015.
Kölnische Rundschau vom 10.08.2009: »Vom Frömmler zum ›Gotteskrieger‹«, http://www.rundschau-online.de/home/fritz-gelowicz-vom-froemmler-zum--gotteskrieger-,15184882, 15472944, 27.09.2015.

LiveLeak vom 23.05.2013: »FULL uncensored version of London Woolwich Murderer Interview«, http://www.liveleak.com/view?i=37e_1369335448&comments=1, 27.09.2015.

Longwarjournal von 07.07.2005: »London Failing«, http://www.longwarjournal.org/archives/2005/07/london_falling, 27.09.2015.

Mail online vom 02.11.2010: »The moment Muslim student inspired by Al Qaeda ink bomber pulled a knife on an MP before stabbing him as ›punishment‹ for voting for the Iraq war«, http://www.dailymail.co.uk/news/article-1325860/Moment-Roshonara-Choudhry-pulled-knife-MP-Stephen-Timms, 27.09.2015.

Mail online vom 23.05.2013: »Making of a middle-class fanatic: Descent into evil of teenager from devout Christian family who became drug user radicalised by hate preacher«, http://www.dailymail.co.uk/news/article-2329958/Woolwich-attack-Descent-evil-teenager-Michael-Adebolajo-devout-Christian-family, 27.09.2015.

Mail online vom 25.05.2013: »›They brainwashed him‹: Mother of Woolwich murder suspect battled to turn him against extremism amid concerns he was ›turning against the family‹«, http://www.dailymail.co.uk/news/article-2330795/Michael-Adebowale-Mother-Woolwich-murder-suspect-battled-turn-extremism, 27.09.2015.

Mirror vom 24.05.2013: »Woolwich attack video: Watch shocking footage of terrorists charging at police car in attempt to kill WPC«, http://www.mirror.co.uk/news/uk-news/woolwich-attack-video-watch-shocking-1907772, 27.09.2015.

Sky News vom 19.12.2013: »Rigby Killers Tried To Buy Gangster's Bullets«, http://news.sky.com/story/1184805/rigby-killers-tried-to-buy-gangsters-bullets, 27.09.2015.

Spiegel Online vom 01.09.2008: »Der Hass des Abdullah«, http://spiegel.de/spiegel/print/d-59673675, 27.09.2015.

Spiegel Online vom 11.04.2009: »Ein Urteil für die Zukunft«, http://www.spiegel.de/spiegel/print/d-65009828, 27.09.2015.

Spiegel Online vom 24.05.2013: »Messerattacke in London: Attentäter pflegte Kontakte zu Hasspredigern«, http://www.spiegel.de/politik/ausland/attentaeter-von-london-hatte-kontakt-zu-hasspredigern-a-901746, 27.09.2015.

Stern vom 04.09.2008: »›Deutschland sucht den Superterroristen‹«, http://www.stern.de/politik/deutschland/sauerlaender-terroristen--deutschland-sucht-den-superterroristen--3757156, 27.09.2015.

Stern vom 22.04.2009: »Aus dem Leben eines Terroristen«, http://www.stern.de/panorama/stern-crime/der--sauerland-bomber--aus-dem-leben-eines-terroristen-3564466, 27.09.2015.

Süddeutsche Zeitung vom 30.09.2009: »Al-Qaida wusste nicht Bescheid«, http://www.sueddeutsche.de/politik/sauerland-prozess-al-qaida-wusste-nicht-bescheid-1.30041, 27.09.2015.

Süddeutsche Zeitung vom 17.05.2010: »Die Legitimität von Gewalt«, http://www.sueddeutsche.de/politik/prozess-gegen-die-sauerland-gruppe-moerderisch-und-hoeflich-1.177102-2, 27.09.2015.

Telepolis: »Die Einzelschicksale der Mitglieder der IJU bzw. DTM«, http://www.heise.de/tp/artikel/37/37434/3, 27.09.2015.

The Guardian vom 02.11.2010: »Profile: Roshonara Choudhry«, http://www.theguardian.com/uk/2010/nov/02/profile-roshonara-choudhry-stephen-timms, 27.09.2015.

The Guardian vom 03.11.2010: »Roshonara Choudhry: Police interview extracts«, http://www.theguardian.com/uk/2010/nov/03/roshonara-choudhry-police-interview, 27.09.2015.

The Guardian vom 04.11.2010: »Roshonara Choudhry: I wanted to die … I wanted to be a martyr«, http://www.theguardian.com/uk/2010/nov/04/stephen-timms-attack-roshonara-choudhry, 27.09.2015.

The Guardian vom 09.12.2013: »Lee Rigby trial: Adebolajo admits killing but says he was obeying Allah«, http://www.theguardian.com/uk-news/2013/dec/09/lee-rigby-trial-adebolajo-killing, 27.09.2015.

The Telegraph vom 20.5.2010: »Labour MP Stephen Timms leaves hospital after constituency stabbing«, http://www.telegraph.co.uk/news/politics/7741305/-Labour-MP-Stephen-Timms-leaves-hospital-after-constituency-stabbing, 27.09.2015.

The Telegraph vom 02.11.2010: »Stephen Timms knife attack: CCTV shows moment Muslim woman stabs MP«, http://www.telegraph.co.uk/news/uknews/crime/8105085/Stephen-Timms-knife-attack-CCTV-shows-moment-Muslim-woman-stabs-MP, 27.09.2015.

The Telegraph vom 23.05.2013: »Woolwich attack: why was suspect Michael Adebolajo free to kill?«, http://www.telegraph.co.uk/news/uknews/terrorism-in-the-uk/10077439/Woolwich-attack-why-was-suspect-Michael-Adebolajo-free-to-kill, 27.09.2015.

The Telegraph vom 27.05.2013: »Woolwich attack: Michael Adebowale wrote and appeared in ›gun arrest‹ school play«, http://www.telegraph.co.uk/news/uknews/terrorism-in-the-uk/10082648/Woolwich-attack-Michael-Adebowale-wrote-and-appeared-in-gun-arrest-school-play, 27.09.2015.

WAZ vom 11.08.2009: »Adem Yilmaz gesteht als Zweiter der Sauerlandgruppe«, http://www.derwesten.de/region/rhein_ruhr/adem-yilmaz-gesteht-als-zweiter-der-sauerland-gruppe-id74740, 27.09.2015.

Dschihadistische Quellen

Abu Abdullah (2010), *Personen die am jüngsten Tag nicht bestraft werden*, Youtube-Video der Gruppe »Wahre Religion«, hochgeladen am 17.12.2010, http://www.youtube.com/watch?v=9oqwCIVxK-o, 07.03.2014.

— (2011), *Wie stärke ich meinen Iman?* Youtube-Video der Gruppe »Wahre Religion«, hochgeladen am 09.02.2011, http://www.youtube.com/watch?v=8p4gCS-mHU28, 07.03.2014.

Al-Awlaki, Anwar (o. J.), *Allah is preparing us for victory,* lecture delivered by Imam Anwar al-Awlaki, (im Internet als Tonaufnahme und Transkript zugängliche Rede).

— (o. J.), *Constants on The Path of Jihad,* lecture series delivered by Imam Anwar al Awlaki, (im Internet als Tonaufnahme und Transkript zugängliche Rede).

— (o. J.), *44 Ways to Support Jihad*, http://ebooks.worldofislam.info/ebooks/-Jihad/Anwar_Al_Awlaki_-_44_Ways_To_Support_Jihad.pdf, 27.09.2015.

— (o. J.), *Rulings on Living in a Non-Muslim Country?*, Youtube-Lecture, http://www.-youtube.com/watch?v=Vj5rdzG5Lss, 06.07.2015.

— (2007), *The dust will never settle down,* (im Internet als Tonaufnahme und Transkript zugängliche Rede).

Al-Shami, Abu Jihad (o. J.), *The Vision of the Jihaadi Movement. And the Strategy for the Current Stage.*

Al-Suri, Abu Musab (2004), *The Global Islamic Resistance Call. Part two: The call, program and method*, englische Übersetzung der »Global Islamic Resistance Brigades«, https://globalislamicresistance.wordpress.com, 15.10.2013.

Al-Qaida (o. J.), *Bylaws,* AFGP-2002-600048, CTC Harmony Document Series, http://www.cbsnews.com/htdocs/pdf/alqaeda.pdf, 03.10.2013.

Ansar International e. V. (o. J.): Homepage, http://www.ansaarduesseldorf-.com/dawah, 10.05.2014.

Azzam, Abdullah (2006a), Auszüge aus »Die Verteidigung der muslimischen Gebiete ist die oberste Pflicht des einzelnen«, in: Gilles Kepel/Jean-Pierre Milelli (Hg.), *Al-Qaida. Texte des Terrors*, München, Zürich: Piper, S. 174–182.

— (2006b), Auszüge aus »Schließ dich der Karawane an!«, in: Gilles Kepel/Jean-Pierre Milelli (Hg.), *Al-Qaida. Texte des Terrors*, München, Zürich: Piper, S. 193–211.

— (2006c), Auszüge aus »Sitten und Recht des Schihads«, in: Gilles Kepel/Jean-Pierre Milelli (Hg.), *Al-Qaida. Texte des Terrors*, München, Zürich: Piper, S. 233–244.

Bin Laden, Osama (1996), *Declaration of War against the Americans Occupying the Land of the Two Holy Places*, August 1996.

Faraj, Abd al-Salam (1986), »The Neglected Duty«, in: Johannes J. G. Jansen: *The Neglected Duty: The Creed of Sadat's Assassins and Islamic Resurgence in the Middle East,* New York: Macmillan.

Gadahn, Adam (2010), *A Call to Arms*, Redetranskript, 08.03.2010.

Inspire 1 (2010), »May Our Souls be Sacrificed for You! Hg. v. Al-Malahem Media (AQAP), Sommer 1431/2010.
Inspire 2 (2010), »Photos from the Operations of Abyan«, hg. v. Al-Malahem Media (AQAP), Hebst 1431/2010.
Inspire 3 (2010), »$4,200«. Special Issue, hg. v. Al-Malahem Media (AQAP), November 1431/2010.
Inspire 4 (2010), »The Ruling on Dispossessing the Disbelievers Wealth in Dar al-Harb«, hg. v. Al-Malahem Media (AQAP), Winter 1431/2010.
Inspire 5 (2011), »The Tsunami of Change«, hg. v. Al-Malahem Media (AQAP), Spring 1431/2011.
Inspire 6 (2011), »Sadness, Contentment & Aspiration«, hg. v. Al-Malahem Media (AQAP), Summer 1432/2011.
Inspire 7 (2011), »The Greatest Special Operation of all time«. Special Issue, hg. v. Al-Malahem Media (AQAP), November 1432/2011.
Inspire 8 (2011), »Targeting Dar al-Harb Populations«, hg. v. Al-Malahem Media (AQAP), Fall 1432/2011.
Inspire 9 (2012), »Winning on the Ground«, hg. v. Al-Malahem Media (AQAP), Winter 1433/2012.
Inspire 10 (2013), »We are all Usama«, hg. v. Al-Malahem Media (AQAP), Spring 1434/2013.
Jihad Recollections 3 (2009), »From Uncle Sam to Allahuahkbar«, August 1430/2009.
Kepel, Gilles/Jean-Pierre Milelli (2006) (Hg.), *Al-Qaida. Texte des Terrors*, München, Zürich: Piper.
Naji, Abu Bakr (2006), *Management of Savagery. The Most Critical Stage Through Which the Umma Will Pass*, translated by William McCants, https://azelin.files.wordpress.com/2010/08/abu-bakr-naji-the-management-of-savagery-the-most-critical-stage-through-which-the-umma-will-pass.pdf, zuletzt geprüft am 07.10.2013.
Protokolle (2013), *Protokolle von Toulouse*, Transkript des Gesprächs zwischen Mohamed Merah und einem polizeilichen Verhandlungsführer, in Übersetzung, Ms.
Qutb, Sayyid (1978), *Milestones*, Beirut [u. a.]: Holy Koran Publ. House.
— (2001), *Milestones*, New Delhi: Islamic Book Service.

Akten

Urteil des OLG Düsseldorf, 2 StE 7/08-4, Az. 2 BJs 20/07-4.
Gesamtzusammenstellung der Wortprotokolle zur 100f. StPO-Maßnahme im KFZ Nissan Note vom 12.02.2008, Az. 2 BJs 20/07-4.

Tabellen- und Abbildungsverzeichnis

Tabellen

Abbildungen

Anlagen

Anlage1: Dschihadistische Anschläge und Anschlagsplanungen

Fall-Nr., Jahr und Kategorie	Fallbe-zeichnung	Merkmale der Täter	Anschlag/Anschlagsplanung
1-DE1, 2002, Planung	Al-Tawhid-Zelle, Shadi Abdallah	Gruppe (4), extern-angebunden	Geplante Anschläge auf die jüdische Diskothek »Oberbayern« in Düsseldorf, ein jüdisches Gemeindehaus in Berlin und die von Homosexuellen frequentierte Bar »Le Clou« in der Düsseldorfer Innenstadt mit einem fälschlicherweise vermuteten jüdischen Besitzer. Als Anschlagsmittel sollten Handgranaten, Schusswaffen und Sprengstoff eingesetzt werden.
2-DE2, 2003, Planung	Al-Nur-Moschee, Ihsan Garnaoui	Einzelper-son, extern-autonom	Geplanter Anschlag auf eine Antiirak-kriegsdemonstration in Berlin mit mehreren Sprengsätzen
3-DE3, 2004, Planung	Ansar al-Islam, Rafik Mohamed Yousef	Gruppe (3), extern-angebunden	Geplanter Schusswaffenanschlag auf den irakischen Premierminister Allawi während seines Besuches einer Filiale der Deut-schen Bank in Berlin-Charlottenburg. Täter erwogen zuvor die Verwendung von Sprengstoff, sahen sich jedoch nicht in der Lage, diesen herzustellen.

4-DE4, 2006, Versuch	Koffer-bomber, Youssef Mohamad al-Hajdib	Gruppe (2), extern-autonom	Versuchte Sprengstoffanschläge auf einen Regionalzug von Aachen nach Hamm und einen Regionalzug von Mönchengladbach nach Koblenz unter Verwendung von in Trolleys deponierten Propangasflaschen (»Kofferbomben«), die zusätzlich mit Benzin und Speisestärke präpariert waren. Die Bomben zündeten nicht aufgrund eines technischen Defektes. Zuvor erwogen worden waren ein Anschlag auf das Kölner WM-Fußballstadion während der Fußball-WM 2006 sowie auf die Kölner Hohenzollernbrücke.
5-DE5, 2007, Planung	Sauerland-gruppe, Fritz Gelowicz	Gruppe (4), intern-angebunden, teilweise Konvertiten	Geplante Sprengstoffanschläge auf amerikanische Diskotheken und/oder Pubs, ein amerikanisches Ziel mit Symbolcharakter (erwogen wurde die Ramstein Air Base) sowie auf den Flughafen in Frankfurt am Main als Nebenziel mittels angereichertem Wasserstoffperoxid (Sprengkraft von insgesamt ca. 400–500 kg TNT), das in einem Pkw deponiert werden sollte.
6-DE6, 2011, Planung	Düsseldorf-Zelle, Abdeladim al-K.	Gruppe (4), intern-autonom	Geplante Sprengstoffanschläge auf den öffentlichen Nahverkehr, speziell Bahn- oder Bushaltestellen. Zuvor in Erwägung gezogen worden waren Angriffe auf mutmaßlich islamkritische Einzelpersonen (Markus Lanz, Ingo Appelt), einen ehemaligen Bundeswehr-KSK-Kommandeur, einen US-Truppenübungsplatz sowie auf das französische Satiremagazin Charlie Hebdo.
7-DE7, 2011, Vollendung	Flughafen in Frankfurt am Main, Arid Uka	Einzeltäter, intern-autonom	Schusswaffenangriff auf in einem Bus sitzende US-Soldaten im öffentlichen Terminalbereich des Flughafens in Frankfurt am Main. Die amerikanischen Luftwaffensoldaten (US Air Force) sollen auf dem Weg zu einem Einsatz in Afghanistan gewesen sein. Erwogenes Selbstmordattentat.

8-DE8, 2013, Planung	Pro NRW, Tayfun S.	Gruppe (4), intern-autonom	Geplanter Mordanschlag auf den Vorsitzenden der rechtsextremistischen, islamfeindlichen Partei Pro NRW, wobei sowohl die Verwendung von Schusswaffen als auch Sprengstoff in Erwägung gezogen wurden. Die Täter wählten das mutmaßliche Opfer aus einer Liste mit weiteren Pro-NRW-Aktivisten aus.
9-ES1, 2004, Vollendung	Madrid	Gruppe (11), nicht bestimmbar	Sprengstoffanschläge auf vier Nahverkehrszüge in Madrider Vororten mit insg. zehn mit Nägeln und Schrauben bestückten Sprengsätzen
10-ES2, 2012, Planung	Gibraltar-Trio, Eldar Magomedov	Gruppe (3), extern-autonom	Geplante Sprengstoffanschläge auf den von der US Navy mitgenutzten Marinestützpunkt Rota, auf ein Einkaufszentrum in Gibraltar sowie auf Public Viewings während der Olympischen Spiele, wobei erwogen wurde, mit Sprengstoff bestückte Modellflugzeuge zu verwenden
11-FR1, 2001, Planung	Beghal-Netzwerk, Djamel Beghal	Gruppe (4), extern-angebunden	Selbstmordsprengstoffanschlag auf die US-Botschaft in Paris mittels eines Sprengstoffgürtels. Im Zielspektrum der Gruppe lagen allgemein US-amerikanische Ziele. Beghal soll an einer anderen Anschlagsplanung gegen ein US-Kulturzentrum in Paris beteiligt gewesen sein. Ein weiterer Täter, Nizar Trabelsi, berichtete von einem geplanten Selbstmordattentat gegen den belgischen Militärflugplatz und NATO-Stützpunkt Kleine Brogel, was die anderen Gruppenmitglieder jedoch bestritten.
12-FR2, 2001, Planung	Algerische Zelle/GSPC, Abderrahmane Chenine	Gruppe (4), nicht bestimmbar	Geplanter Sprengstoffanschlag auf das Stade de France in Paris während eines Fußballspiels der Nationalmannschaften Frankreich gegen Algerien
13-FR3, 2001, Versuch	Schuhbomber, Richard Reid	Einzelperson, intern-angebunden, Konvertit	Versuchter Sprengstoffanschlag auf einen US-Airline-Flug von Paris nach Miami-Antigua mittels 110–140 Gramm in der Schuhsohle versteckten PETN-Sprengstoffs

14-FR4, 2002, Planung	Tschetschenen-Netzwerk, Merouane Benhamed	Gruppe (5), nicht bestimmbar	Geplanter Anschlag auf die russische Botschaft in Paris. Zuvor in Erwägung gezogen worden waren das russische Konsulat und ferner der Eiffelturm, die Pariser U-Bahn, ein jüdisches Bekleidungsgeschäft in Châtelet und eine jüdische Gemeindeeinrichtung in Frankreich. Hinweise auf Planung eines Sprengstoffanschlags sowie auf Erwägungen der Herstellung von Giftstoffen
15-FR5, 2004, Vollendung	Indonesische Botschaft, unbekannt	Unbekannte Täter	Sprengstoffanschlag auf den Außenbereich der indonesischen Botschaft in Paris. Der Sprengsatz war in einer Tasche unter der indonesischen Flagge deponiert. Es gab keine Personenschäden.
16-FR6, 2005, Planung	Ansar al-Fath, Safé Bourada	Gruppe (9), nicht bestimmbar	Geplante Anschläge auf das Hauptquartier des französischen Inlandsnachrichtendienstes DST (heute DCRI), den Flughafen Paris-Orly sowie die Pariser U-Bahn. Geplantes Anschlagsmittel ist unbekannt; die Täter hatten zuvor den Einsatz des Giftstoffes Rizin erwogen, diesen Plan aber aufgrund technischer Schwierigkeiten aufgegeben.
17-FR7, 2008, Planung	DCRI, Rany Arnaud	Einzeltäter, intern-autonom, Konvertit	Geplanter Sprengstoffanschlag auf das Gebäude des französischen Inlandsnachrichtendienstes DCRI (Direction centrale du renseignement intérieur)
18-FR8, 2009, Planung	Atomphysiker, Adlène Hicheur	Einzeltäter, intern-autonom	Geplanter Anschlag auf das 27. Gebirgsjägerbataillon (Bataillon de Chasseurs alpins) in Annecy. Drei Einheiten des Bataillons sollen 2008 nach Afghanistan entsandt worden sein; außerdem feiere das Bataillon den Tag der »Schlacht von Sidi Brahim« in Gedenken an eine »heroische Schlacht« der französischen Gebirgsjäger in Algerien gegen die Berbertruppen des Emirs Abd al-Qadir vom 22. bis zum 25. September 1845 während der französischen Eroberung Algeriens.

19-FR9, 2010, Planung	Große Moschee, Ibrahim Ouattara	Gruppe (4), intern-autonom	Geplantes Attentat auf den Rektor der Großen Moschee von Paris, Dalil Boubakeur
20-FR10, 2012, Vollendung	Toulouse, Mohamed Merah	Einzeltäter, intern-autonom	Merah erschoss drei Soldaten, drei jüdische Kinder und ihren Religionslehrer im Zuge von drei separaten Attacken am 11., 15. und 19. März 2012. Mit dem ersten Opfer, einem Soldaten, verabredete sich Merah unter dem Vorwand des Verkaufs seines Motorrades in Toulouse. Bei dem zweiten Attentat erschoss er zwei Soldaten in Montauban nahe Toulouse vor einem Geldautomaten. Merah war ihnen von der Kaserne aus gefolgt. Die jüdischen Kinder und der Religionslehrer erschoss er vor einer jüdischen Schule in Toulouse. Merah plante weitere Angriffe gegen Soldaten.
21-UK1, 2003, Planung	Wood-Green-Rizin-Plot, Kamel Bourgass	Einzeltäter, extern-autonom	Bourgass versuchte, den Giftstoff Rizin herzustellen. Er erwog, das Gift in Geschäften und anderen öffentlichen Orten (auf Türgriffen) auszusetzen.
22-UK2, 2001, Planung	Schuhbomb er II, Saajid Badat	Einzeltäter, intern-angebunden	Geplanter Sprengstoffanschlag auf einen Flug von Amsterdam in die USA mittels eines in der Schuhsohle versteckten Sprengsatzes; Badat tritt von der mit Richard Reid koordinierten Tat zurück.
23-UK3, 2004, Planung	Düngemitte l-Plot, Omar Khyam	Gruppe (7), intern-angebunden	Geplante Anschläge gegen Nachtclubs und/oder Einkaufszentren mit aus Ammoniumnitrat hergestelltem Sprengstoff (600 kg). Als Angriffsziel in Erwägung gezogen wurden das »Bluewater Shopping Centre« in Stone/Kent und der Nachtclub »Ministry of Sound« in London. Zuvor wurden auch Angriffe auf die Gas-, Elektrizitäts- und Wasserversorgung erwogen sowie auf Fernverkehrszüge, Pubs, Fußballstadien, auf britische Fluglinien, das House of Commons sowie auf Synagogen.

24-UK4, 2005, Vollendung	London 7/7, Mohammed Sidique Khan	Gruppe (4), intern-autonom	Durchführung von vier nahezu zeitgleichen Selbstmordsprengstoffanschlägen auf den öffentlichen Nahverkehr im Zentrum Londons, davon drei Anschläge in der U-Bahn und ein Anschlag in einem Bus
25-UK5, 2005, Versuch	London 21/7, Muktar Said Ibrahim	Gruppe (6), intern-autonom	Versuchte Selbstmordsprengstoffanschläge auf den öffentlichen Nahverkehr im Zentrum Londons, davon drei Anschläge in der U-Bahn und ein Anschlag in einem Bus (Kopie der 7/7-Anschläge). Die Sprengsätze explodierten nicht.
26-UK6, 2006, Planung	Liquid-Bomb-Plot, Assad Sarwar	Gruppe (8), intern-angebunden	Geplante simultane Selbstmordanschläge auf transatlantische Flüge von Großbritannien in die USA und nach Kanada unter Verwendung von Flüssigsprengstoff. Zuvor in Erwägung gezogen worden waren Anschläge auf ein AKW, eine Gaspipeline zwischen Großbritannien und Belgien, einen Gasterminal in Norfolk, eine Ölraffinerie in Essex, auf den Kontrollturm des Flughafens London-Heathrow und den Bürogebäudekomplex Canary Wharf im Finanzdistrikt Londons. Vor Gericht berichteten die Täter außerdem von Anschlagsplanungen gegen das House of Commons. Es liegen Hinweise auf ein mindestens in Erwägung gezogenes Selbstmordattentat vor.
27-UK7, 2007, Planung	Birmingham-Zelle, Parviz Khan	Gruppe (2), intern-autonom	Geplante Tötung eines muslimischen Soldaten. Grundlage bildete eine Liste von 25 muslimischen Soldaten, die in der Gegend von Birmingham wohnten, wobei auf Soldaten gambischer Abstammung fokussiert wurde, da der Mittäter Khans ebenfalls gambischer Abstammung war. Die Planungen sahen vor, das Opfer in einer Bar o. Ä. anzusprechen, um es anschließend im Auto zu überwältigen und ihm in einer Garage den Kopf abzutrennen.
28-UK8, 2007, Versuch	London-Car-Bombs, Kafeel Ahmed	Gruppe (2), intern-autonom	Versuchte Sprengstoffanschläge im Bereich eines Londoner Nachtclubs sowie ein versuchter Selbstmordanschlag auf den Glasgow Airport. Mit Sprengsätzen

			bestückte Pkws wurden vor dem Haupteingang des Nachtclubs »Tiger Tiger« sowie an einer Bushaltestelle in der Cockspur Street in unmittelbarer Nähe des Clubs am Abend des 29.06.2007 geparkt. Am nächsten Tag fuhren die beiden Täter um 15 Uhr mit einem mit Propangasflaschen bestückten Jeep in den Hauptfußgängereingang des Glasgow Airport. Es kam jedoch nicht zu einer Explosion. Auch die Sprengsätze in London zündeten nicht.
29-UK9, 2009, Planung	Broadmead Shopping Centre, Isa Ibrahim	Einzeltäter, intern-autonom, Konvertit	Geplanter Selbstmordsprengstoffanschlag auf das »Broadmead Shopping Centre« im Zentrum von Bristol. Der Täter wollte einem Notizzettel zufolge an dem stark frequentierten *food court* zuschlagen.
30-UK10, 2008, Vollendung	Café in Exeter, Nicky Reilly	Einzeltäter, intern-autonom, Konvertit	Selbstmordsprengstoffanschlag in einem Café im Zentrum von Exeter. Die Sprengsätze zündeten jedoch nicht richtig, weshalb nur der Täter selbst verletzt wurde. Zuvor hatte Reilly Angriffe auf Polizisten oder andere öffentlich Bedienstete in Erwägung gezogen.
31-UK11, 2008, Vollendung	Gibson Square Books, Ali Beheshti	Gruppe (3), intern-autonom	Brandanschlag auf die Wohnung von Martin Rynja, den Besitzer des Verlages Gibson Square Books. Er hatte einen Roman über das Leben Mohammeds herausgegeben. Die Täter schütteten Diesel durch den Briefkastenschlitz der Wohnung und entzündeten den Kraftstoff. Es gab keine Personenschäden.
32-UK12, 2010, Vollendung	Stephen Timms, Roshonara Choudhry	Einzeltäterin, intern-autonom	Küchenmesserangriff auf den britischen Parlamentsabgeordneten Stephen Timms im »Beckton Globe Community Centre«, in dem Timms eine monatliche Sprechstunde abhielt. Timms wurde schwer verletzt. Der Angriff erfolgte vor dem Hintergrund seiner Befürwortung des Irakkrieges.
33-UK13, 2011, Planung	Manchester-Pärchen, Shasta Khan	Gruppe (2), intern-angebunden	Geplante Sprengstoffanschläge auf Synagogen in Manchester sowie die Jewish Agency. Zuvor erwogen worden war

			ebenfalls die Verwendung von Schusswaffen.
34-UK14, 2013, Vollendung	Woolwich, Michael Adebolajo	Gruppe (2), intern-autonom, Konvertiten	Tötung des britischen Soldaten Lee Rigby in der Nähe der Kaserne »Royal Artillery Barracks« in London-Woolwich mit einer Machete und einem Beil
35-IT1, 2002, Versuch	Mailänder U-Bahn, Domenico Quaranta	Einzeltäter, intern-autonom, Konvertit	Versuchter Anschlag in der Mailänder U-Bahn. Der Täter deponierte eine Propangasflasche in einer mit Benzin getränkten Golftasche und entzündete diese. Die Gasflasche explodierte jedoch nicht.
36-IT2, 2003, Planung	Marrokanische Zelle, Reduane Bnoughazi	Gruppe (5), nicht bestimmbar	Geplante Sprengstoffanschläge mit aus Handgranaten und Druckkopftöpfen hergestellten Sprengsätzen sowie Plastiksprengstoff. Als Anschlagsziele erwogen wurden ein NATO-Stützpunkt in Verona, der Dom in Verona sowie die Basilika des Heiligen Antonius in Padua.
37-IT3, 2004, Planung	Cremona-Geflecht, Mourad Trabelsi	Gruppe (4), extern-autonom	Geplante Sprengstoffanschläge auf den Dom in Cremona und die U-Bahn in Mailand unter Verwendung von Plastiksprengstoff. Der Anschlag auf den Dom sollte mit einem gestohlenen Polizeifahrzeug als Tatmittel erfolgen. Die Täter sollen auch den Hauptbahnhof in Mailand, den Mailänder Dom sowie ein Polizeirevier in Neapel als Anschlagsziele in Erwägung gezogen haben.
38-IT4, 2008, Planung	Mailänder-Zelle, Rachid Ilhami	Gruppe (2), extern-autonom	Geplante Sprengstoffanschläge mit Autos oder Trucks. Erwogen wurde auch die Verwendung eines zu stehlenden Krankenhauswagens. Als Anschlagsziele in Erwägung gezogen wurden ein Supermarkt in Seregno, der Parkplatz des Clubs »Mistral Café« in Seregno, das Carabinieri-Hauptquartier in Giussano, eine Carabinieri-Kaserne in Mailand, das Immigrationsbüro in Mailand (Teil der Polizei), die Piazza del Duomo in Mailand, ein weiterer Supermarkt, ein Militärkrankenhaus in Mailand sowie ein weiterer Supermarkt in Lissone.

39-IT5, 2009, Versuch	Carabinieri-Anschlag, Mohamed Game	Gruppe (3), extern-autonom	Versuchter Selbstmordsprengstoffanschlag auf die Carabinieri-Kaserne »Santa Barbara« in Mailand. In Erwägung gezogen wurden zuvor diverse Ziele: die Mailänder U-Bahn, das Pirelli-Gebäude, das Giuseppe-Meazza-Stadion, Silvio Berlusconi, Berlusconis Mondadori-Verlag, Minister Roberto Calderoli, Minister für Vereinfachungen in der Gesetzgebung, Verteidigungsminister Ignazio La Russa und Innenminister Roberto Maroni.
40-NL1, 2004, Planung	»AIVD-killer«, Yehya Kaddouri [130]	Einzeltäter, intern-autonom	Geplante Sprengstoffanschläge. Als Anschlagsziele in Erwägung gezogen wurden Politiker (u. a. Ayyan Hirsi Ali, Geert Wilders) und Künstler (Theo van Gogh) sowie Regierungsgebäude und ausländische Botschaften in Den Haag.
41-NL2, 2004, Vollendung	van Gogh, Mohammed Bouyeri	Einzeltäter, intern-autonom	Der Filmemacher Theo van Gogh wurde am 02.11.2004 früh morgens auf seinem Fahrrad angeschossen und anschließend mit einer Machete getötet. Bouyeri hatte zuvor die täglichen Routen van Goghs ausgekundschaftet. Bouyeri wollte zunächst einen Anschlag auf die Parlamentsabgeordnete Ayyan Hirsi Ali durchführen, nahm von diesem Plan aber aufgrund der strengen Sicherheitsvorkehrungen Abstand.
42-NL3, 2004, Planung	Hofstad-Gruppe, Jason Theodore James Walters	Gruppe (9), intern-autonom	Die Gruppe plante Sprengstoffanschläge und/oder Schusswaffenangriffe auf islamkritische Politiker. Zu den erwogenen Zielen gehörten jedoch auch Parlamentsgebäude, der Flughafen Schiphol sowie ein Atomkraftwerk.

130 Der AIVD ist der niederländische Inlands- und Auslandsnachrichtendienst. Kaddouri gab sich in Online-Diskussionsforen unter anderem den Nicknamen »AIVD-killer«.

43-NL4, 2005, Planung	Piranha-Gruppe, Samir Azzouz	Gruppe (6), intern-angebunden	Die Täter erwogen Anschläge unter Verwendung von Schusswaffen, Sprengstoff und Giftstoffen. Neben Anschlagsplanungen auf Regierungsgebäude in Den Haag, insbesondere das Hauptquartier des niederländischen Nachrichtendienstes AIVD, wofür die Täter verurteilt wurden, hatten sie auch Anschläge auf den Flughafen Schiphol, islamkritische Politiker, ein AKW sowie auf das Verteidigungsministerium in Erwägung gezogen.
44-DK1, 2010, Versuch	Westergaard, Mohamed Geele	Einzeltäter, intern-autonom	Versuchter Mordanschlag auf den Karikaturisten Kurt Westergaard. Der Täter drang mit einer Axt in Westergaards Haus ein, der sich in seinem Badezimmer einschloss und so den Angriff unbeschadet überleben konnte.
45-SE1, 2010, Versuch	Stockholm-Bombing, Nazzedine Menni	Einzeltäter, intern-autonom	Versuchte simultane Sprengstoffanschläge in einer Einkaufsstraße im Zentrum von Stockholm. Der Täter deponierte Benzinkanister, Gasflaschen und eine Schnellkochtopfbombe in einem Auto, das er in der Einkaufsstraße parkte. Das Fahrzeug ging in Flammen auf, explodierte jedoch nicht. Der Täter sprengte sich in der Einkaufsstraße in die Luft. Da nur eine der am Körper getragenen Bomben explodierte, kam nur der Täter selbst ums Leben.
46-NOR1, 2010, Planung	Norwegen-Zelle, Mikael Davud	Gruppe (3), extern-autonom	Geplante Selbstmordsprengstoffanschläge. Im Zielspektrum der Gruppe standen die dänische Zeitschrift »Jyllands-Posten«, der Karikaturist Kurt Westergaard sowie die chinesische Botschaft in Oslo.

Anlage 2: Violette Menschen – Geschichte und Situation im Jahr 2030

Bevölkerungsverteilung

Nach der Entstehung des (im biologischen Sinne) modernen Menschen vor circa 200.000 Jahren in Ostafrika verteilten sich Menschen über die gesamte Erde. Durch Anpassungen an verschiedene Klimazonen, Pigmentveränderungen und genetische Variation entstanden Menschen verschiedener Hautfarben, darunter auch violette Menschen. Violette Menschen stellen heute die Bevölkerungsmehrheit in Australien, Neuseeland, Papua-Neuguinea, Indonesien, auf den Philippinen, in Thailand, Taiwan, Japan, Nepal sowie auf einigen kleineren ozeanischen Inseln wie den Fidschi-Inseln, Vanuatu und Neukaledonien. Die violetten Menschen hatten außerdem den Indischen Ozean überquert und Madagaskar besiedelt, und sie waren über den Südpazifik nach Südamerika gelangt, wo sie sich vorwiegend in Peru niedergelassen haben. Bedingt durch normale Migrationsbewegungen (zum Beispiel Arbeitsmigration, Familiennachzüge, politisches Asyl) leben jedoch auch Menschen anderer Hautfarben in den Ländern mit violetter Bevölkerungsmehrheit, und umgekehrt sind violette Menschen seit vielen Generationen als Minderheitsgruppen in überwiegend nichtvioletten Ländern vertreten. Der Anteil von Menschen mit violetter Hautfarbe beträgt in Deutschland, wie auch in Europa insgesamt, derzeit circa 4 Prozent.

Antivioletter Rassismus und Diskriminierung in Europa

Wie andere Minderheiten, so erlebten auch violette Menschen in Europa eine Geschichte der – teils schwächer, teils stark ausgeprägten – Diskriminierung. Aus Nepal kommend hatten erste violette Menschen Europa als Händler und Handwerker im 12. und 13. Jahrhundert erreicht. Im Laufe des Mittelalters waren kleinere violette Siedlungen in deutschen, französischen und italienischen Städten entstanden. Wenngleich der wirtschaftliche und soziale Austausch zwischen violetten und nichtvioletten Menschen für beide Seiten fruchtbar war und vielerorts gut funktionierte, gab es auch Perioden der Vertreibung und Verfolgung violetter Menschen. Insbesondere im Zusammenhang mit Krankheitsepidemien und Hungersnöten wurden, beflügelt durch den zeitgenössischen Aberglauben, oft Violette beschuldigt, die Probleme durch schwarze Magie oder durch kriminelle Aktivitäten verursacht zu haben.

In der frühen Neuzeit ebbten derartige abergläubische Vorstellungen langsam ab. Gleichzeitig aber wurden mit der Ausbreitung des europäischen Kolonialismus, dem seit der Entdeckung Australiens durch niederländische Seefahrer im 17. Jahrhundert auch violette Länder unterworfen waren, rassistische Theorien zunehmend populär. Allgemeine Vorurteile und Minderwertigkeitstheorien über Menschen anderer Hautfarben mündeten im 18. und 19. Jahrhundert in die Entstehung des sogenannten »wissenschaftlichen Rassismus«. Wissenschaftler vertraten die Theorie, dass mit verschiedenen Hautfarben immer bestimmte psychologische und charakterliche Unterschiede einhergehen. Auch den violetten Menschen wurden dabei besonders negative Eigenschaften zugeschrieben. So behaupteten etwa Anthropologen, dass violette Menschen weniger intelligent seien, Kriminologen erklärten, dass violette Menschen mehr zur Kriminalität neigten, und Biologen argumentierten, dass die Gene violetter und nichtvioletter Menschen nicht vermischt werden sollten. Derartige »wissenschaftliche« Thesen spiegelten sich auch in der Politik gegenüber violetten Menschen in Europa sowie im alltäglichen Umgang mit violetten Menschen wider. In Deutschland etwa blieben violette Männer vom 1867 eingeführten allgemeinen Wahlrecht für Männer ausgeschlossen. Violette Selbstständige waren einer Sondersteuer unterworfen, und Heiraten zwischen violetten und nichtvioletten Ehepartnern waren – angeblich zum Schutz der »gemischten« Kinder – nur unter besonderen Auflagen möglich. In der nichtvioletten Bevölkerung hielt sich das Vorurteil, dass violette Menschen generell undiszipliniert, unhygienisch und zudem für besonders viele Verbrechen verantwortlich seien. Violette Menschen waren »toleriert«, wurden aber von vielen Nichtvioletten nach Möglichkeit gemieden.

Die Situation der violetten Menschen in Europa besserte sich in der Zeit von der zweiten Hälfte des 20. Jahrhunderts bis zur Weltwirtschaftskrise von 2012. Rassistische Theorien, die bis ins 20. Jahrhundert dazu verwendet worden waren, Kolonialismus und die Ausgrenzung violetter Menschen in Europa offiziell zu rechtfertigen, waren durch Forschungsergebnisse widerlegt worden. Es verbreitete sich die Einsicht, dass außer der Hautfarbe keine weiteren biologischen oder psychologischen Unterschiede zwischen violetten Menschen und Menschen anderer Hautfarbe bestehen. Die Länder Europas, wie seit dem Ende des Kolonialismus auch schon die Länder mit violetter Bevölkerungsmehrheit, hatten sich zunehmend an den Werten von Demokratie und Menschenrechten orientiert. Schritt für Schritt wurden violette Menschen rechtlich mit nichtvioletten gleichgestellt. Seit dem Zugeständnis des aktiven und passiven Wahlrechts für violette Menschen sowie der Abschaffung von Sondersteuern waren diese auch in Politik und Wirtschaft zunehmend vertreten und erfolgreich. Eine Diskriminierung aufgrund der Hautfarbe war nun offiziell verpönt und in Antidiskriminierungsgesetzen verboten worden. Wenngleich in manchen Bevölkerungskreisen unterschwellig eine gewisse Fremden- und Violettenfeindlichkeit erhalten geblieben war, die sich in verschiedenen Vorurteilen äußerte, lebten violette und nichtviolette Menschen im Großen und Ganzen relativ gut integriert und weitgehend friedlich miteinander.

Dies änderte sich jedoch in der Folge der Weltwirtschaftskrise von 2012. Renommierte Ratingagenturen hatten die Kreditwürdigkeit der USA immer weiter herabgestuft. Es kam zu einem Börsencrash, der sich auf Europa ausweitete, wo mehrere Länder den Staatsbankrott erklären mussten. Die europäischen Regierungen versuchten, die Krise durch drastische Kürzungen der Staatsausgaben zu bekämpfen, bekamen die Rezession aber nicht in den Griff. Die Arbeitslosigkeit erhöhte sich in den Jahren ab 2013 um 8 Prozent und erreichte im Jahr 2020 in Deutschland das Rekordniveau von 18 Prozent. Durch die massiven Kürzungen von Sozialleistungen gerieten immer mehr Menschen in Armut. In dieser Situation wurden rassistische Theorien wieder populär. Auf der Suche nach einem Schuldigen begannen Menschen anderer Hautfarben, die Violetten für die Krise verantwortlich zu machen. Die Violetten, so wurde gesagt, seien Schuld an der Arbeitslosigkeit, sie nähmen Nichtvioletten die Arbeitsplätze weg, und eine Gesellschaft mit zu vielen Violetten habe grundsätzlich zu viele Probleme und zu viel Kriminalität. Stück für Stück wurde die antiviolette Stimmung unter den Menschen anderer Hautfarben in Europa wieder stärker.

In Deutschland wurden antiviolette Parteien gegründet, Medien berichteten oft einseitig und verzerrend über die sozialen Probleme, die von Violetten angeblich verursacht wurden, und antiviolette Buchpublikationen erschienen auf den Bestsellerlisten. Violette Menschen wurden zunehmend wieder von Behörden schikaniert und im privaten Umgang gemieden. Diskriminierende Witze und Vorurteile über die vermeintlich undisziplinierten und kriminellen Violetten machten die Runde, die Benachteiligung von Violetten im Bildungssystem und auf dem Arbeitsmarkt wuchs, und vereinzelt kamen auch physische Übergriffe gegen Violette vor.

Putsche und Diktaturen in Ländern mit violetter Bevölkerungsmehrheit

Die ozeanischen, afrikanischen und südamerikanischen Länder mit violetter Bevölkerungsmehrheit waren zwar ebenfalls von der Wirtschaftskrise betroffen, diese hatte dort aber weniger drastische Auswirkungen. Die violetten Demokratien profitierten von ihrer vorausschauenden Wirtschaftspolitik, die auf geringer Staatsverschuldung, einem guten Bildungs- und Ausbildungssystem und einem gerechten Steuersystem aufgebaut war. Auch hatten sich die meisten violetten Banken nicht an hochriskanten Finanzspekulationen beteiligt. Die violetten Länder waren zudem von den Turbulenzen an den Rohstoffbörsen und ständig steigenden Rohstoffpreisen kaum betroffen, da sie über erhebliche Erdöl- und Erdgasressourcen sowie größere Vorkommen an Seltenen Erden verfügten.

Ein Problem der violetten Gesellschaften waren jedoch ihre Militärapparate, die seit der Kolonialzeit europäisch beeinflusst und nie ganz unter demokratische Kontrolle gebracht worden waren. Die Militärs der violetten Länder hatten die Demokratie immer mehr geduldet als tatsächlich unterstützt. Wohlweislich achteten demokratische Politiker in violetten Ländern daher darauf, dass der Einfluss ihrer Armeen, besonders in innenpolitischen Fragen, möglichst begrenzt blieb. Als angesichts der gravierenden Krise in Europa unter europäischen Regierungen die Absicht entstand, sich die Rohstoffe der violetten Länder günstiger anzueignen, als dies auf dem freien Markt möglich war, erschien das dortige Militär als natürlicher Verbündeter. Europäische Länder unterstützten violette Militärs mit der Lieferung von Waffen, die sich zur Niederschlagung von Aufständen im Inneren eigneten, und provozierten durch militärische Drohungen ein Erstarken des violetten Militärs. Noch 2012 gelang es ihnen, General Morisco in Peru zum Militärputsch zu animieren. Am 8. Oktober des Jahres nahmen Moriscos Truppen Lima ein und entmachteten das Parlament. Demonstrationen der peruanischen Bevölkerung wurden unter Einsatz zunächst von deutschen Wasserwerfern und, als dies nicht ausreichte, von deutschen Kriegswaffen der Firma Schuthem & Loch aufgelöst. Der Handel mit den Seltenen Erden Perus wurde in der Folge von der Armee kontrolliert, die diese zu günstigen

Konditionen nach Europa lieferte und die Einnahmen nicht mehr der Bevölkerung, sondern nur sich selbst und dem Ankauf weiterer Waffen zugutekommen ließ.

Animiert von Moriscos Erfolg ahmten weitere Militärführer in violetten Ländern dessen Strategie nach. In der Folge wurde die violette Welt von einer Reihe von Militärputschen erschüttert. Im Juni 2013 gelangte General Welling in Australien an die Macht, im September 2013 General Isthum in Neuseeland. Bis zum Anfang der 2020er-Jahre folgten mit europäischer Unterstützung Putsche und die Errichtung von Diktaturen in ganz Ozeanien. Da vom Rohstoffgeschäft jetzt nur noch eine kleine Elite von ranghohen Militärs und korrupten Politikern profitierte, sank der Lebensstandard in den violetten Ländern dramatisch – Armut breitete sich aus, während es in Europa aufgrund der profitablen Zusammenarbeit mit den violetten Despoten wirtschaftlich wieder aufwärts ging. In der europäischen Öffentlichkeit wurde dieser Aufschwung meist damit erklärt, dass die Kürzung von Sozialleistungen und die Erhöhung des Rentenalters von 75 auf 77 Jahre wirksame Maßnahmen gegen die Krise gewesen seien. Dass man von den Militärputschen in den violetten Ländern wirtschaftlich profitierte, wurde in der europäischen Diskussion meist ignoriert; nur hinter vorgehaltener Hand war die Meinung zu hören, dass die Demokratie für violette Menschen ohnehin nicht das Richtige sei – sie seien nämlich nicht in der Lage, in Krisenzeiten besonnen zu reagieren und vernünftige demokratische Entscheidungen zu treffen. Autoritäre Regime in violetten Ländern, so die Quintessenz, seien zwar nicht wirklich zu begrüßen, letztlich aber leider unvermeidlich.

Violette Demokratiebewegung und Violette Befreiungsfront

Gegen den Abbau der Demokratie, die Verarmung der Bevölkerung und die wirtschaftliche Ausbeutung bildete sich in den violetten Ländern ab 2016 eine Widerstandsbewegung aus – die Violette Demokratiebewegung (VDB). Die violette Bewegung kämpfte mit friedlichen Mitteln für die Wiedereinführung der Demokratie in den violetten Ländern. Sie veranstaltete Informationsabende, verteilte Aufklärungsmaterialien und sprach sich in Flugblättern gegen Totalitarismus und Korruption aus. Die VDB erhielt so großen Zuspruch unter der Bevölkerung der violetten Länder, dass die autoritären Herrscher ihre Macht ernsthaft bedroht sahen. Daraufhin begann eine massive Unterdrückung der Violetten Demokratiebewegung (die von den Herrschenden als »Violettismus« bezeichnet wurde). Publikationen der

VDB wurden verboten, VDB-Flugblätter beschlagnahmt. Wer sich für die VDB aussprach, dem drohten Verhaftung und Gefängnisstrafen. Verschiedene VDB-Aktivisten wurden von Polizei und Geheimdiensten entführt, gefoltert und getötet.

Ein Teil der Violetten Bewegung kam daraufhin zu der Ansicht, dass man der staatlichen Gewalt mit Gegengewalt antworten müsse. Wenn Demonstrationen und Information verboten waren, wenn friedliche Violette von den Agenten des Regimes gefoltert wurden, so ihre Überzeugung, dann war mit friedlichem Protest offenbar nichts mehr auszurichten. So wurde im Jahr 2023 die Violette Befreiungsfront (VBF) gegründet. Deren Mitglieder begannen, sich zu bewaffnen und Materialien zum Bombenbau zu beschaffen. Sie waren entschlossen, die Diktaturen in den violetten Ländern auch um den Preis ihres Lebens zu bekämpfen. Die VBF führte eine Reihe von Anschlägen gegen Vertreter der autoritären Regime durch. Am 7. Juni 2024 erlag der neuseeländische Geheimdienstchef Marrow einem Attentat; ein VBF-Kommando sprengte seinen Dienstwagen in Auckland. Am 12. August desselben Jahres verübte die australische VBF einen Sprengstoffanschlag auf das Verteidigungsministerium in Canberra, bei dem 19 Mitarbeiter ums Leben kamen. Im Herbst 2024 folgten Anschläge auf Regierungsvertreter und Regierungsgebäude in Indonesien, Malaysia, in Thailand und auf den Philippinen. Wenngleich der friedliche Teil der Violetten Bewegung Gewalt im Grunde ablehnte, setzte sich doch unter einigen bislang gewaltfreien Aktivisten die Meinung durch, dass Anschläge gegen die Vertreter eines folternden und mordenden Regimes legitim waren, dass also der Weg der VBF der richtige war. Die VBF hatte daraufhin einigen Zulauf, und auch einige Sympathien in der unterdrückten violetten Bevölkerung.

Europäische Beteiligung an Kriegen in violetten Ländern

Die europäischen Regierungen beobachteten, genauso wie die Militärdiktatoren der violetten Länder, die Violette Bewegung – und insbesondere die VBF – mit Sorge. Sollte der Sturz der Diktatoren gelingen, würde die profitable wirtschaftliche Ausbeutung der violetten Länder ein Ende finden. Deutschland und andere europäische Länder begannen daraufhin ab 2025, die Militärregime der violetten Länder im Kampf gegen die VBF zu unterstützen. Sie lieferten nicht nur Waffen, sondern entsandten auch Truppen in die violetten Länder. Im Kampf gegen VDB und VBF kam es unter europäischer Beteiligung zu erheblichen Kollateralschäden unter der violetten Bevölkerung. Bei Angriffen auf vermeintliche Stützpunkte der VBF kamen im Zeitraum von 2025 bis 2030 circa 30.000 violette Zivilisten in Australien, Neuseeland, Papua-Neuguinea, Indonesien, Malaysia und Thailand ums Leben. In unter europäischer Kontrolle stehenden Militärgefängnissen, besonders dem berüchtigten Halfmoon Bay Prison in Neuseeland, wurden vermeintliche violette Aktivisten ohne Gerichtsverfahren eingesperrt und gefoltert. Gegen deutsche, französische und englische Soldaten wurden überdies Vergewaltigungsvorwürfe laut.

Obwohl sich die europäischen Länder nach wie vor als demokratisch und an Menschenrechte gebunden verstanden, unterstützte die nichtviolette Bevölkerung in Deutschland und ganz Europa diese Kriegseinsätze. Zwar wurden Exzesse wie Folter und Vergewaltigungen in den Medien beklagt. Insgesamt herrschte aber die Ansicht, dass jeder violette Widerstand unbedingt bekämpft werden müsste, dass die Violette Befreiungsfront eine terroristische Organisation und die Violette Demokratiebewegung eine Unterstützungsgruppe für Terroristen sei, und dass im Kampf gegen Terroristen Kollateralschäden unter Zivilisten leider unvermeidlich – und im Falle violetter Menschen vielleicht auch nicht so gravierend – seien.

Die Führer der VBF gelangten unterdessen zu der Auffassung, dass es zur Befeiung der violetten Menschen nicht ausreichte, nur gegen autoritäre Herrscher in violetten Ländern zu kämpfen. Ein fast noch größeres Problem waren in ihren Augen die europäischen Länder, die die Diktatoren militärisch unterstützten. Der Kampf musste international geführt werden, um nichtviolette Länder zum Rückzug aus violetten Gebieten zu bewegen. Erst dann würde es möglich sein, Demokratie und Freiheit für violette Menschen wiederherzustellen. Die violetten Minderheiten in Europa zum bewaffneten Kampf zu animieren, war allerdings alles andere als einfach. Die Violetten in Europa waren zwar alltäglicher Diskriminierung ausgesetzt, hatten sich aber weitgehend mit ihrer Situation arrangiert und wollten die Vorteile eines – im Vergleich zu den violetten Ländern – relativ sicheren und guten Lebens bewahren, statt ihr Leben im Kampf zu riskieren. Nur einzelne kleine Zellen militanter Widerstandskämpfer in Europa waren entschlossen, mit Anschlägen zum Kampf für die violette Sache beizutragen: Seit 2027 waren europäische Länder von teils spektakulären Anschlägen durch diese europäischen VBF-Anhänger betroffen.

Anlage 3: Fragebogen für Planspieler

1. Name		
2. Adresse (Straße)		
3. Geschlecht	☐ männlich	☐ weiblich
4. Geburtsjahr		
5. Geburtsland	☐ Deutschland	☐ anderes, und zwar: ________________
6. Welche Staatsangehörigkeit/en haben Sie? (Mehrfachantworten möglich)	☐ deutsch	☐ andere, und zwar: ________________
7. Was ist Ihr höchster allgemeiner Schulabschluss?	☐ (noch) kein Abschluss ☐ Hauptschulabschluss ☐ Realschulabschluss, Mittlere Reife oder gleichwertiger Abschluss ☐ Fachhochschulreife ☐ Abitur	
8. Haben Sie eine Berufsausbildung oder ein Studium abgeschlossen?	☐ Nein	☐ Ja Wenn ja: Ausbildungsgang/Studiengang: ________________ Art des Abschlusses: ________________
9. Wenn Sie Ihre aktuelle berufliche Situation betrachten: Welche Punkte der folgenden Liste treffen auf Sie zu? (Mehrfachantworten möglich)	☐ Arbeitnehmer/-in, Beamter/Beamtin, Selbstständige/-r, Freiberufler/-in ☐ Erwerbstätige/-r in Elternzeit ☐ Auszubildende/-r (Berufsausbildung mit Vergütung) ☐ Unbezahlt mithelfende/-r Familienangehörige/-r im familieneigenen Betrieb ☐ Grundwehr-, Zivildienstleistender ☐ Person im Freiwilligen Sozialen Jahr oder anderem Freiwilligendienst ☐ Schüler/-in ☐ Student/-in ☐ Arbeitslose/-r ☐ Hausfrau/Hausmann ☐ Dauerhaft erwerbsunfähige Person	

10. Wenn Sie sich derzeit in einer Berufsausbildung oder einem Studium befinden, tragen Sie bitte die nebenstehenden Informationen ein.	Ausbildungsgang/Studiengang: ______ Ausbildungsjahr oder Fachsemester: Ausbildungsjahr: ______ Fachsemester: ______ Angestrebter Abschluss: ______ Ausbildungseinrichtung: ______
11. Wie hoch ist Ihr monatliches Nettoeinkommen? (Dazu zählen alle Arten von Einkünften wie z. B. Gehalt, BAföG, Stipendien, Transferleistungen, Unterhaltszahlungen.)	☐ bis unter 500 Euro ☐ 500 bis unter 1000 Euro ☐ 1000 bis unter 1500 Euro ☐ 1500 bis unter 2000 Euro ☐ 2000 bis unter 2500 Euro ☐ 2500 Euro oder mehr
12. Wie viele Personen gehören zu Ihrem Haushalt? (Zum Haushalt gehören Personen, die gemeinsam mit Ihnen leben und wirtschaften.)	Anzahl: ______
13. Gibt es in Ihrer Wohnung neben Ihrem Haushalt weitere Haushalte, z. B. Untermieter/-innen, WG-Mitbewohner/-innen?	☐ Nein, keine weiteren Haushalte ☐ Ja _____ Anzahl der Personen in _____ weiteren Haushalten:

Anlage 4: Planspiel Regelbuch

I Einleitung

Ziel des Planspiels ist es, als Mitglieder der *Violetten Befreiungsfront* (VBF) einen Anschlag [in der Stadt] zu planen, vorzubereiten und durchzuführen. Näheres zu den Zielen findet sich im folgenden Kapitel »Spielziele«.

In dem Planspiel wird der komplette Ablauf einer Anschlagsplanung durchgespielt. Das Planspiel ist *rundenbasiert.* Gespielt werden maximal 16 Runden. Jede Runde entspricht einer Gruppensitzung. Hier diskutieren die Spieler ihre Ideen und entwickeln einen detaillierten Plan zur Umsetzung dieser Ideen. Jedes Gruppentreffen wird durch einen *Spielzug* abgeschlossen. In den Spielzügen legen die Spieler fest, welche Aktivitäten die Gruppe in der Zeit zwischen den Gruppensitzungen unternehmen soll: angefangen vom Kauf bestimmter Materialien bis hin zur Auskundschaftung von Zielorten. Die Aktivitäten werden von den Spielern detailliert, nahezu drehbuchartig beschrieben. Das Ergebnis des Spielzugs wird zu Beginn der nächsten Runde/des nächsten Gruppentreffens durch die Spielleitung simuliert (siehe unten).

Die Art des Anschlages und die Einzelheiten der Vorbereitung können von den Spielern frei gewählt werden. Die Planung soll dabei realitätsnah sein. In der Spielwelt stehen den Spielern daher alle Möglichkeiten zur Verfügung, die es in der realen Welt auch gibt. Und: Alles, was in der Realität zur Vorbereitung eines Anschlags unternommen werden müsste, muss auch im Spiel in Form der Spielaktivitäten getan werden.

Eingeschränkt werden die Möglichkeiten der Spieler durch den Alltag und die Ressourcen und Fähigkeiten der Spielfiguren (»Kämpfer«). Die Informationen zu den gespielten Figuren finden sich im *Kämpferdokument.*

II Spielziele

Aufgabe der Spieler ist es, selbstständig einen Anschlag zu planen, vorzubereiten und durchzuführen. Zusätzlich ist eine Anschlagserklärung, ein Bekennerschreiben zu verfassen. Inhalt, Adressaten und Form der Veröffentlichung bleiben den Spielern freigestellt.

Es gibt *drei Spielziele,* für deren Verfolgung jede Gruppe Punkte erhält. Es können maximal 100 Punkte erreicht werden. Die beiden Gruppen eines Durchgangs mit der höchsten Punktzahl erhalten eine Prämie. (Orientiert sich eine Gruppe nicht oder nur unzureichend an den Spielzielen, kann die Spielleitung das Spiel vorzeitig beenden.)

1. Für die *Realisierung* des Anschlags innerhalb des vorgegebenen Zeitraums von drei Monaten werden *25 Punkte* vergeben. Für jeden Tag im Spielkalender, den die Gruppe überzieht, wird ein Punkt abgezogen.
2. Mit dem Anschlag sollen die Ziele der Violetten Befreiungsfront verfolgt werden. Dabei geht es auch darum, dass die Kämpfer mit ihrer Operation in den Reihen der Violetten Befreiungsfront auf möglichst viel Zustimmung und Anerkennung stoßen. Die Spielleitung bewertet die Operation aus der Perspektive der VBF. Es können maximal *50 Punkte* erreicht werden. Das Bekennerschreiben wird nicht eigenständig bewertet. Es ist ein Teil der Operation.
   Orientierungsgrundlage bilden die Rahmengeschichte sowie eine Internetseite aus dem Umfeld der Violetten Widerstandsbewegung, die den Spielern die gesamte Spielzeit über zur Verfügung steht.
   Die Violette Befreiungsfront ist eine globale Bewegung, der sich violette Menschen in verschiedenen Ländern unter unterschiedlichen Voraussetzungen anschließen. Es gibt daher nicht *den* »richtigen« oder *den* »besten« Anschlag. Vielmehr geht es darum, für den Kämpfer selbst und die Gruppe den »besten« Anschlag zu finden. Der Schlüssel zum Erfolg in diesem Spielziel liegt daher vor allem in der engagierten Rollenübernahme, einer engagierten Auseinandersetzung mit dem Szenario und mit den Inhalten des Violetten Befreiungskampfes.
3. Jede Gruppe bekommt eine individuelle Anweisung bzw. Aufgabe als Spielziel, zum Beispiel »Absetzen ins Ausland«. Abhängig davon, wie erfolgreich diese Aufgabe bewältigt wird, können bis zu *25 Punkte* erlangt werden.

III Das Kämpferdokument

Jeder Spieler spielt eine Figur, einen »Kämpfer«. Dieser ist im *Kämpferdokument* anhand verschiedener Informationen beschrieben – angefangen bei Alter, Wohnort, beruflicher Tätigkeit, Einkommen und Kontostand bis hin zu Informationen über seinen Alltagsablauf und seine sozialen Kontakte. Diese Informationen werden zur Planung von Aktivitäten benötigt, denn jede in einem Spielzug festgelegte Aktivität zur Vorbereitung des Anschlags muss von einem Kämpfer durchgeführt werden.

Zunächst einmal kostet jede Aktivität Zeit. Ein Kämpfer hat aber nicht unbegrenzt Zeit, da er eventuell einer regelmäßigen Tätigkeit nachgeht. Die Aktivitäten eines Kämpfers müssen daher auf seinen Alltag abgestimmt werden. Zusammen mit dem Kämpferdokument wird ein Wochenplan vorgegeben. Aus diesem geht hervor, wie der Alltag des Kämpfers ungefähr aussieht.

Da die Spieler grundsätzlich alles tun können, was auch im realen Leben möglich ist, können sie den Alltagsablauf ihres Kämpfers auch ändern, zum Beispiel einmal nicht zur Arbeit erscheinen oder gar den Job aufgeben. Daraus können sich jedoch, wie im realen Leben, auch im Spiel Konsequenzen ergeben. Gibt der Kämpfer seinen Job auf, fehlt vielleicht das Geld für bestimmte Anschaffungen, die im Rahmen der Anschlagsvorbereitung notwendig sind. Lebt der Kämpfer in einer Wohngemeinschaft und verbringt wochentags die meiste Zeit in der Wohnung, ist nun aber tagsüber öfters unterwegs, um Vorbereitungen für den Anschlag zu treffen, könnten die Mitbewohner das merkwürdig finden, insbesondere wenn der Kämpfer keinen plausiblen Grund für diese Veränderung vermittelt. Kennen sie die »violettistische« Einstellung des Kämpfers, könnten sie sogar den Verdacht schöpfen, dass er etwas mit bewaffneten Gruppen zu tun hat.

Bei einigen Aktionen, die Kämpfer im Spiel unternehmen, entscheidet ein Würfelwurf über Erfolg oder Misserfolg einer Aktion. Dazu legt die Spielleitung eine Erfolgswahrscheinlichkeit fest. Bei Aktionen, die spezifische Fähigkeiten des Kämpfers verlangen, entscheidet eine *Talentprobe* über Erfolg oder Misserfolg. Es gibt insgesamt sechs Bereiche, in denen der Kämpfer ein Talent haben kann: Naturwissenschaft, Handwerk/Technik, Elektrotechnik, »Ausreden erfinden«, Sportlichkeit und Schusswaffen. Jedes Talent kann einen Wert zwischen 1 und 20 annehmen. Je höher der Wert, desto besser (Näheres dazu in Kapitel IV). Die Talentwerte der Kämpfer werden je nach eventuellen Fachkenntnissen der Spieler (Berufsausbildung) generiert.

Aufbau des Kämpferdokuments

- *Allgemeine Angaben:* Name, Adresse, Geburtsland und Alter des Kämpfers sowie sein Kontostand vom 3. November 2030.
- *Monatliche Einkünfte und Ausgaben*: Die monatlichen Einkünfte sind nach Einkommensarten gegliedert, falls ein Kämpfer mehrere Einkommens-

arten hat. Die monatlichen Ausgaben sind Fixkosten. Die Einkünfte sowie Fixkosten werden im Spiel immer am ersten Tag eines Monats verrechnet und gutgeschrieben. Der Kontostand zu Beginn des Spiels bezieht sich also auf den Zeitpunkt nach der Gutschrift der Einkünfte sowie nach Abzug der Fixkosten. Aus dem Kontostand sowie der monatlichen Differenz zwischen Einkünften und Ausgaben ergibt sich somit der finanzielle Spielraum des Kämpfers. Dem Kämpfer stehen alle Möglichkeiten zur Erweiterung dieses finanziellen Spielraums zur Verfügung, die es auch im realen Leben gibt. Lediglich die Lebenshaltungskosten sind unveränderliche, also vom Spieler nicht zu beeinflussende Fixkosten.

- *Wohnsituation:* Eine Herausforderung des Spiels besteht darin, die Aktivitäten zur Vorbereitung des Anschlags in den Alltag des Kämpfers einzubauen. Dabei kann es zum Beispiel einen Unterschied machen, ob der Kämpfer alleine oder mit anderen zusammen wohnt.
- *Berufstätigkeit:* Für alle Aktivitäten, die der Kämpfer zur Vorbereitung des Anschlags unternimmt, muss genau beschrieben werden, wann und wo sie unternommen werden sollen (siehe Kapitel IV). Für die Planung der Aktivitäten spielen daher Arbeitsorte und -zeiten eine Rolle. Die genauen Arbeitszeiten des Kämpfers finden sich in einem separaten Wochenplan. Berufliche Position und Tätigkeitsbereich werden stichpunktartig beschrieben.
  Daraus ergeben sich etwaige Möglichkeiten und Grenzen einer Nutzung des Arbeitsplatzes für die Anschlagsvorbereitung. So wäre etwa die Nutzung des Arbeitsplatzes für eine Internetrecherche nur möglich, wenn der Kämpfer einen Büroarbeitsplatz hat.
- *Studium und Ausbildung:* Für den Fall, dass der Kämpfer eine Ausbildung macht, finden sich die festen Zeiten ebenfalls im Wochenplan.
- *Besitztümer:* Hier werden besondere Besitztümer aufgezählt, über die nicht jedermann verfügt, wie zum Beispiel ein Auto.
- *Soziales Umfeld:* Hier wird beschrieben, in welchem Verhältnis der Kämpfer zu Personen in seinem Umfeld steht und welche Einstellung diese Personen zum Violettismus haben. Diese Informationen dienen dazu, das ungefähre Risiko einschätzen zu können, für den Fall, dass eine Person etwas von den Anschlagsplanungen des Kämpfers mitbekommt.
- *Alltagsablauf:* Der ungefähre Alltagsablauf eines Kämpfers geht aus dem Wochenplan hervor, der dem Kämpferdokument beigefügt ist. Hier sind die regelmäßigen Termine (zum Beispiel Arbeit, Studium) sowie sonstige

typische Aktivitäten eingetragen. Zu Beginn jedes Gruppentreffens bekommen die Spieler Informationen über relevante Ereignisse und Veränderungen im Umfeld ihrer Kämpfer, gegebenenfalls auch Verabredungsanfragen, die der Kämpfer dann beantworten muss.

IV Ablauf des Spiels

Planung einer Aktivität und Festlegung eines Spielzugs

Auf den *Gruppentreffen* diskutieren die Spieler ihre Ideen, entwickeln einen Plan, recherchieren alle dafür benötigten Informationen und legen schließlich ihre Spielzüge fest. Für Recherchen stehen dabei zwei PCs mit Internetverbindung zur Verfügung (zu den Regeln für Internetrecherchen auf Gruppentreffen siehe Kapitel V).

Ein *Spielzug* bezieht sich immer auf die Aktivitäten der Kämpfergruppe. Er umfasst alle Aktivitäten, die die Kämpfer in den Tagen zwischen den Gruppentreffen unternehmen sollen.

Die *Echtzeit entspricht nicht der Spielzeit.* Im Spiel gibt es einen eigenen Zeitkalender. Wie viel Spielzeit zwischen zwei Runden (also zwei Gruppentreffen) vergangen sein soll, können die Spieler selbst bestimmen. Wenn zwischen den Gruppentreffen tatsächlich zum Beispiel fünf Tage vergangen sind, kann im Spiel auch nur ein Tag vergangen sein. Das heißt: Die Kämpfergruppe könnte beschließen, sich (in der Spielzeit) am nächsten Tag wieder zu treffen, auch wenn der nächste Gruppentermin tatsächlich erst in fünf Tagen stattfindet. Die einzige Regel dabei lautet: Zwischen zwei Runden vergeht mindestens ein Tag.

Insgesamt stehen den Spielern 16 Treffen bzw. Runden zur Verfügung. Der Anschlag der »Kämpfergruppe« muss nach Vorgabe der VBF spätestens in drei Monaten stattfinden. Wie die Gruppe ihre 16 Treffen anlegt, wird sich aus der Schrittfolge der Anschlagsvorbereitung ergeben.

Rein theoretisch könnten die 16 Gruppentreffen auf 16 aufeinanderfolgende Tage im Spielkalender gelegt werden; das heißt, die Spieler könnten versuchen, den Anschlag in 16 Tagen zu realisieren. (Allerdings könnten dann zwischen den Treffen auch nur solche Aktivitäten der Kämpfer geplant werden, die sich realistischerweise an einem Tag erledigen lassen. Sinnvoller wird es also sein, die verfügbare Spielzeit von drei Monaten besser auszunutzen, indem mehr Zeit zwischen den Treffen gelassen wird.)

Die Gruppe muss auch nicht alle 16 Spielrunden nutzen. Im Hinblick auf die Spielziele empfiehlt sich aber, die 16 Runden auszunutzen, um ein möglichst gutes Ergebnis zu erzielen.

Jede Aktivität, die die Gruppe zur Vorbereitung des Anschlags unternimmt, kostet den ausführenden Kämpfer Zeit. Wie viel Zeit eine Aktivität in Anspruch nimmt, hängt von der Art der Aktivität ab. (Eine Auslandsreise ist zum Beispiel zeitaufwendiger als die Besorgung haushaltsüblicher Gegenstände im Laden um die Ecke.) Da die Kämpfergruppe nur über begrenzte Zeit verfügt (man muss auch schlafen, essen und hat gegebenenfalls noch andere Verpflichtungen), besteht eine der Herausforderungen darin, einen realistischen Zeitplan zu entwickeln und die Aktivitäten in den Alltag des Kämpfers zu integrieren.

Welche Aktivitäten zur Vorbereitung des Anschlags notwendig sind und in welcher Schrittfolge sie am besten unternommen werden sollten, muss die Gruppe selbst entscheiden. Das hängt natürlich von der Art der gewählten Anschlagsmethode ab. Alle Aktivitäten, die man auch in der Realität unternehmen müsste, wenn man einen Anschlag vorbereiten und durchführen wollte, müssen von den Spielern auch im Spiel detailliert geplant und in Form eines Spielzugs beschrieben werden.

Die Spielzüge können von der Gruppe schriftlich formuliert oder mündlich zu Protokoll gegeben werden. Zu einem Spielzug gehört neben der Nennung eines Kämpfers die Angabe eines konkreten Datums und einer Uhrzeit, zu der die Aktivitäten durchgeführt werden sollen. Die auszuführenden Aktivitäten müssen genau beschrieben werden. Aus der Beschreibung muss hervorgehen,

- was das genaue Ziel der Aktivität ist und
- wie die Kämpfer vorgehen wollen, um das Ziel zu erreichen.

Grundsätzlich gilt die Regel: *Nur was ausdrücklich gesagt oder aufgeschrieben wurde, gilt als Teil des Spielzuges.* Wenn ein Spielzug zu Problemen führt (zum Beispiel Aufmerksamkeit der Polizei, technische Probleme oder andere Probleme), können sich die Spieler nicht darauf berufen, etwas getan zu haben (zum Beispiel eine Vorsichtsmaßnahme ergriffen zu haben), was nicht als Teil des Spielzugs beschrieben wurde.

Allerdings: Selbstverständlichkeiten (zum Beispiel dass ein Kämpfer atmet oder sich Kleidung anzieht, bevor er aus dem Haus geht) müssen nicht beschrieben werden.

Das Simulationsprinzip

Das Ergebnis des jeweiligen Spielzugs erfahren die Spieler zu Beginn des nächsten Gruppentreffens. Ein Spielzug kann wie gesagt aus mehreren Aktivitäten unterschiedlicher Kämpfer bestehen, die nacheinander simuliert werden. »Simulation« bedeutet, dass das Ergebnis einer Aktivität bekannt gegeben oder durch Würfeln ermittelt wird. Das Ergebnis wird in Textform vermittelt; dabei wird immer die Frage beantwortet, ob es irgendwelche Probleme gab oder ob die Aktion reibungslos wie geplant geklappt hat.

Für den Fall, dass sich aus einem Spielzug Probleme ergeben, können die Spieler darauf erst nach Bekanntgabe des vollständigen Ergebnisses, nicht aber »live« während der Bekanntgabe, reagieren.

Bei manchen Aktivitäten wird das Ergebnis, also die Frage, ob die Aktion erfolgreich war oder ob es Probleme gab, auf Basis einer von der Spielleitung festgelegten Wahrscheinlichkeit von den Spielern mit einem 20-seitigen Würfel ausgewürfelt. Dies ist insbesondere dann der Fall, wenn der Erfolg einer Aktivität oder das Auftreten eines Problems stark durch Zufallsfaktoren beeinflusst wird. In diesen Fällen gibt es zwei beschriftete Umschläge, auf denen die Wahrscheinlichkeit angegeben ist. Nach dem Würfelwurf bekommt der Spieler den entsprechenden Umschlag, in dem der Gruppe erzählt wird, wie die Aktion ausgegangen ist.

Bei komplexeren Aktionen, die aus mehreren aufeinander aufbauenden Teilschritten bestehen, deren Erfolg jeweils fraglich ist, wird das Ergebnis jedes Teilschritts nacheinander ausgewürfelt. Das heißt: Die Fortsetzungserzählung im Umschlag erhält dann eine weitere Frage, zu der es wiederum verschiedene Umschläge gibt.

Ein Beispiel für eine solche komplexe Aktivität wäre ein Banküberfall. Die jeweiligen Teilschritte verbinden sich mit offenen Fragen, die im Zuge der Simulation schrittweise beantwortet werden (zum Beispiel: Leisten Bankangestellte Gegenwehr? Wie viel Geld befindet sich in der Kasse? Gelingt die Flucht?).

Bei einigen Aktionen wird der Erfolg zudem durch einen Talentwert des Kämpfers beeinflusst. In diesen Fällen wird das Ergebnis der Aktion in Form einer sogenannten *Talentprobe* ermittelt, die ebenfalls mit einem 20-seitigen Würfel ausgewürfelt wird. Ein Talent kann einen Wert von 1 bis 20 annehmen. Je höher der Wert, desto besser. Ist die Augenzahl des 20-seitigen Würfels kleiner oder gleich dem Talentwert, ist die Probe geglückt. Abhängig von der Schwierigkeit der Situation kann die Talentprobe einen Zu- oder Abschlag erhalten. Erhält sie zum Beispiel einen Zuschlag von + 4, bedeutet dies, dass die Probe nur gelingt, wenn die gewürfelte Augenzahl + 4 immer noch kleiner oder gleich dem Talentwert ist.

Die Spielleitung versucht, möglichst realistische Optionen und Wahrscheinlichkeiten zu ermitteln. Dazu werden eigene Recherchen durchgeführt. Bei speziellen technischen Fragen werden Experten konsultiert. Zu welchen Ergebnissen eine Aktion führen kann und mit welcher Wahrscheinlichkeit diese Ergebnisse eintreffen können, hängt dabei von der Art der Aktion und der von den Spielern festgelegten Vorgehensweise ab.

Neben dem Ergebnis der Aktivitäten innerhalb der Gruppe werden auch sogenannte »*kritische Sozialereignisse*« simuliert. Wie bereits erwähnt, hat der Kämpfer wie in der Realität einen Alltag. Nehmen wir an, er kommt wochentags normalerweise um 18 Uhr von der Arbeit nach Hause und verbringt den Abend dann mit seiner Freundin. Kommt er nun über mehrere Tage erst später nach Hause, könnte die Freundin misstrauisch werden, ihn zur Rede stellen und gegebenenfalls Verdacht schöpfen. Die Wahrscheinlichkeit, dass es zu solch einem »kritischen Sozialereignis« kommt, ist umso größer, je mehr sich die Kämpfergruppe auf Arten und Weisen verhält, die für andere auffällig wirken können.

Natürlich kann der Kämpfer versuchen, solche Situationen geschickt zu vermeiden, zum Beispiel indem er seiner Freundin vorher eine plausible Geschichte erzählt. Diese müsste in einem Spielzug ebenso formuliert werden.

V Das Entdeckungsrisiko

Auch im Spiel gibt es Polizei und Nachrichtendienste, die versuchen, Anschläge zu verhindern. Welche Verhaltensweisen der Kämpfer das Risiko erhöhen, von der Polizei entdeckt zu werden, kann nicht im Einzelnen verraten werden. Schließlich weiß ein echter »Terrorist« auch nicht, wie Polizei und Nachrichtendienste genau vorgehen. Genauso muss auch die Gruppe eigenes Wissen und persönliche Erfahrung anwenden. Da wir die Realität nicht allumfassend simulieren können, werden im Spiel nicht alle Eventualitäten und Faktoren, die in der Realität eine Rolle spielen, berücksichtigt. Daher sollen den Spielern hier kleine Hilfestellungen gegeben werden.

Wie kann man entdeckt werden? Grundsätzlich sind zwei Aspekte zu unterscheiden:

1. Die Polizei kann den Kämpfer nach der Tat (zum Beispiel anhand von Spuren oder Zeugenhinweisen) als Täter ermitteln.

2. Polizei und Nachrichtendienste können auf die Kämpfergruppe aufmerksam werden und den Anschlag vereiteln. Es gibt verschiedene Möglichkeiten, wie das passieren kann: angefangen bei verdeckten Ermittlern über die Überwachung von Telefonen bis hin zu normalen Bürgern, die ein auffälliges Verhalten der Polizei melden.

Damit das Entdeckungsrisiko besser eingeschätzt werden kann, sollen an dieser Stelle ein paar Fragen vorweggenommen werden.

- *Wie stark werden Violette überwacht?* Polizei und Nachrichtendienste unterscheiden zwischen Violetten und sogenannten »Violettisten« ebenso, wie in der Realität zwischen Linken und Linksextremisten oder Muslimen und Islamisten unterschieden wird. Polizei und Verfassungsschutz versuchen, »Extremisten« auszumachen. Ebenso verhält es sich im Planspiel: Die Polizei versucht, Violette zu überwachen, die sie dem »Violettismus« zuordnet.
- *Wird der Kämpfer von Polizei und Verfassungsschutz dem Violettismus zugeordnet?* Im Unterschied zu offen violettistisch agierenden Gruppen sind die Kämpfer Mitglieder des Untergrundnetzwerkes der VBF und unterhalten keine offenen Verbindungen zu offen agierenden violettistischen Gruppen. Insofern können die Kämpfer davon ausgehen, dass sie für Polizei und Verfassungsschutzbehörden weitestgehend ein unbeschriebenes Blatt sind.
- *Könnten sich unter den Freunden und Bekannten der Kämpfer Mitarbeiter des Verfassungsschutzes verbergen?* Theoretisch ja. Wie gesagt sind die Kämpfer selbst ein weitestgehend unbeschriebenes Blatt. Die Kämpfergruppe kann sich sicher sein, dass in der Gruppe selbst keine V-Männer sind. Informationen zu dem Bekannten- und Freundeskreis der Kämpfer finden sich im Kämpferdokument.
- *Wie wahrscheinlich ist es, dass normale Bürger Verdacht schöpfen?* Dies hängt von der gruppenspezifischen Vorgehensweise ab. Nur weil die Kämpfer violett sind und im Elektromarkt eine Batterie kaufen, wird man sie nicht automatisch verdächtigen, etwas mit dem militanten Violettismus zu tun zu haben. Nach den Anschlägen violettistischer Gruppen in Europa gibt es jedoch ein gewisses Misstrauen in der Bevölkerung.
- *Was passiert, wenn die Behörden Verdacht geschöpft haben? Ist das Spiel dann vorbei?* Das Spiel ist erst vorbei, wenn die Kämpfer festgenommen wurden. Wenn die Behörden aufmerksam geworden sind, kann es sein, dass sie die Kämpfer erst einmal observieren. Ob die Gruppe eine Observation

dann gegebenenfalls bemerken würde, hängt wie alles von ihrer Vorgehensweise ab, zum Beispiel ob die Kämpfer darauf achten, ob ihnen jemand folgt.

- *Bekommen die Kämpfer im Spiel Hinweise darauf, dass das Entdeckungsrisiko gestiegen ist?* Sie bekommen keine direkten Hinweise. Im Rahmen der Simulation der Gruppenaktivitäten werden Situationen und Ereignisse geschildert, die die Kämpfer erleben. Deren Bedeutung muss die Gruppe selbst interpretieren.

VI Festnahme oder Ausstieg eines Kämpfers

Wird ein einzelnes Mitglied einer Gruppe festgenommen, geht das Spiel ohne das betroffene Gruppenmitglied weiter. (Eine Festnahme ist kein Ausschluss des Spielers gemäß Honorarvertrag, das heißt, das Spiel gilt für diesen Spieler als regelgerecht beendet; die Stundenhonorare bis zur Festnahme und die Bonuszahlung werden ausgezahlt.) Steigt ein Spieler vor Beendigung des Planspiels aus der Gruppe aus, erhöht dies das Entdeckungsrisiko für die verbleibenden Spieler der Gruppe.

VII Hinweise zur Planung einzelner Aktivitäten

Kämpfer-Gruppentreffen und sonstige Kommunikation zwischen den Kämpfern

Die Gruppentreffen in den Räumen des Instituts für Sicherheits- und Präventionsforschung sind die einzige Aktivität, bei der die Spieler die Rolle ihrer Kämpfer übernehmen. Alle anderen »Aktivitäten« der Kämpfer werden dort geplant und in der nächsten Runde simuliert. Außerhalb der Gruppentreffen sind alle spielbezogenen Aktivitäten (zum Beispiel Recherchen oder Gespräche über die Anschlagsplanung der Kämpfer) sowie jede spielerische Rollenübernahme tunlichst zu unterlassen.

Die Gruppentreffen finden allerdings nicht nur tatsächlich, sondern auch in der Spielwelt der Kämpfer statt. Das heißt, die Spieler müssen einen konkreten Termin im Spielkalender und einen Ort für jedes Gruppentreffen nennen. Das Gruppentreffen der Kämpfer in der Spielwelt dauert dabei genau so lange wie das Treffen als Spielgruppe. (Abhängig davon, wo die Kämpfer sich treffen, können aber längere Anfahrtszeiten entstehen.)

Zu einem Spielzug gehört daher immer die Festlegung eines Termins und Orts für das nächste Gruppentreffen. Hinsichtlich des Ortes sollte die Gruppe überlegen, ob die Kämpfer dort einigermaßen ungestört reden können. Die Internetrecherchen, die die Spieler bei den Gruppentreffen durchführen, werden den Spielern quasi geschenkt. Die Gruppe muss keinen Ort wählen, bei dem ein Internetzugang zur Verfügung steht.

Ansonsten gilt die Regel: Jeder Kämpfer erscheint auf dem Gruppentreffen. Zwischenfälle, die zu seiner Abwesenheit führen könnten (zum Beispiel Verschlafen, Vergessen), simulieren wir nicht – nur mit einer Ausnahme: für den Fall, dass ein Kämpfer auffliegt, überwacht oder festgenommen wird. In dem Fall einer Festnahme erscheint der betroffene Kämpfer nicht. In dem Fall, dass er von Sicherheitsbehörden überwacht wird, kann die Gruppe entscheiden, wie mit dieser Situation umgegangen werden soll.

Für den Fall, dass es zu einer Überwachung bzw. Observation eines Kämpfers kommt, könnten natürlich auch Fragen des Anfahrtsweges etc. eine Rolle spielen. Allgemein ist es den Spielern überlassen, welche Vorsichtsmaßnahmen beim Gruppentreffen ergriffen werden.

Wenn die Kämpfer bestimmte Aktivitäten zwischen den Planungstreffen aufeinander abstimmen müssen oder gemeinsam unternehmen wollen, also sich verabreden müssen, gilt, dass Zwischenfälle, die zu einem Platzen einer solchen Verabredung führen, nicht simuliert werden – mit derselben Ausnahme wie bei den Gruppentreffenverabredungen. Für den Fall, dass die Kämpfer zwischen den Gruppentreffen, ohne sich zu treffen, Information austauschen sollen, die sie für ihre jeweiligen Aktivitäten von dem jeweils anderen Kämpfer benötigen, müssen sich die Spieler überlegen, wie die Informationen übermittelt werden.

Recherchen und Informationsbeschaffung

Im Unterschied zu allen anderen Aktivitäten im Spiel kann die Nutzung des Internets für Recherche und Informationsbeschaffung auf den Gruppentreffen tatsächlich durchgeführt werden. Sobald die Gruppe irgendetwas anderes tun, andere Informationsquellen nutzen oder Informationen auf anderem Wege beschaffen will (von einem Telefonanruf bis hin zur Besichtigung eines Ortes), wird dies als eine Aktivität des Kämpfers simuliert. Die Spieler bekommen dann erst auf dem nächsten Gruppentreffen die entsprechenden Informationen.

Abhängig von der anvisierten Anschlagsmethode, benötigen die Spieler technische Detailinformationen. Wie allgemein bekannt, kursieren im Internet diverse Anleitungen, zum Beispiel zum Bau von Bomben. Recherchen nach solchen Informationen, die unmittelbar etwas mit einer Anschlagsmethode zu tun haben (Stichwort: Bombenbauanleitungen), werden nicht auf den Gruppentreffen durchgeführt, sondern ausschließlich als eine Aktivität der Kämpfer simuliert. Recherchen nach Informationen, die nur mittelbar etwas mit einer Anschlagsmethode zu tun haben, können auf den Gruppentreffen durchgeführt werden, zum Beispiel Recherchen nach Informationen darüber, wo man bestimmte Materialien herbekommt, oder nach Informationen über die Beschaffenheit etwa von Gebäuden oder über bestimmte technische Verfahrensabläufe und Technologien. Bei einer als Spielzug formulierten Rechercheaktivität muss die Gruppe dann genau beschreiben, nach welchen Informationen sie sucht und vor allem wo (an welcher Örtlichkeit) die Recherche durchgeführt wird und wie viel Zeit die Spieler dafür aufwenden wollen. Als Ergebnis einer solchen Rechercheaktivität bekommen die Spieler beim nächsten Gruppentreffen (wenn der Kämpfer bis dahin relevante Informationen gefunden hat) Antworten auf die gestellten Fragen.

Was passiert mit den recherchierten Informationen? Wenn die Spieler auf dem Gruppentreffen oder bei einer als Aktivität simulierten Internetrecherche etwas ausdrucken oder abspeichern, muss gesagt werden, was damit gemacht werden soll, also wo diese Dinge (Dateien, Ausdrucke) aufbewahrt werden sollen.

Finanzen

Wie viel Geld die Gruppe braucht, hängt wesentlich von deren Anschlagsmethode ab. Den Kämpfern stehen alle Möglichkeiten zur Finanzierung des Anschlags offen, die auch in der Realität vorliegen.

Materialbeschaffung

Egal für welche Anschlagsmethode die Gruppe sich entscheidet, sie wird dafür bestimmte Materialien oder Gegenstände benötigen. Es gibt Materialien, die einfacher, und solche, die schwerer zu beschaffen sind. Einige Materialien bekommt man vielleicht in normalen Geschäften, andere nur in

Spezialgeschäften, für wiederum andere Dinge braucht man eventuell eine Erlaubnis und wiederum andere kann man nicht legal erwerben.

Den Spielern stehen, wie bei allen anderen Aktivitäten des Spiels, auch bei der Beschaffung von Materialien alle Möglichkeiten zur Verfügung, die es auch in der Realität gibt. Auch hier ist es wichtig, den Zeitaufwand und das Entdeckungsrisiko zu berücksichtigen.

Transporte

Der Transport von Gegenständen kann, abhängig von der gewählten Anschlagsmethode, eine logistische Herausforderung darstellen. Welche Details spielen hier eine Rolle? Abgesehen davon, dass die Kämpfer natürlich ein geeignetes Transportmittel brauchen, muss gegebenenfalls bedacht werden, ob die zu transportierenden Materialien alleine getragen werden können, ob man dafür besser zu zweit sein sollte oder andere Hilfsmittel benötigt. Die Gefahr eines Unfalls wird in der Simulation nur für den unwahrscheinlichen Fall einer Verfolgungsjagd berücksichtigt. Auch hinsichtlich sonstiger theoretisch möglicher Zwischenfälle wie zum Beispiel einer Autopanne gilt, dass sie sehr unwahrscheinlich sind (wenn die Kämpfer nicht zum Beispiel mehrere hundert Kilometer auf unwegsamem Gelände durchqueren). Eine Rolle spielt natürlich der Benzinverbrauch (Kosten), wobei sich die Simulation hier an Fahrzeugtyp, Wegstrecke und Last, nicht aber Details wie der Frage des Reifendrucks orientiert.

Lagerung und Nutzung von Räumen

Hier sind folgende Dinge wichtig: Bei kleineren Gegenständen, die die Kämpfer irgendwo unterstellen bzw. lagern wollen, sollte die Gruppe genau beschreiben, wie sie verpackt und wo sie in einem Raum genau platziert sind, vor allem wenn der Kämpfer etwas in seiner Wohnung verstaut.

Aspekte, die beim Lager-/Unterbringungsort sonst eine Rolle spielen können, sind zum Beispiel: Wer hat Zutritt? Ist der Raum groß genug? Wie lange soll das Material dort liegen, und ist es dort trocken? Fallen die Kämpfer Anwohnern oder Vermietern auf, wenn sie dort Dinge einlagern? Und so weiter.

Beim Thema Lagerung und Unterbringung sollte die Gruppe auch auf Kleinigkeiten achtgeben. Wo befinden sich gegebenenfalls Notizen, Pläne, Dateien etc.? Dies könnte zum Beispiel für den Fall von Bedeutung sein, dass die Polizei auf einen Kämpfer aufmerksam wird und bei ihm zu Hause eine Hausdurchsuchung durchführt und dort dann allerlei Dateien mit sensiblen Daten zum Anschlagsplan findet. Bei der Frage, wie viele Informationen der Polizei in die Hände fallen und wie es dann im Spiel mit der Kämpfergruppe weitergeht, wird die Spielleitung all diese Aspekte berücksichtigen.

Konstruktion von Anschlagsmitteln

Alle zur Durchführung eines Anschlags notwendigen Vorbereitungsaktivitäten werden simuliert. Bei vielen Anschlagsmethoden wird es nötig sein, Dinge zusammenzubauen, also im weiteren Sinne handwerklich tätig zu werden. Solche Dinge können besser oder schlechter gelingen oder auch scheitern und man braucht eventuell spezielle Werkzeuge und einen geeigneten Ort. Der Zusammenbau funktioniert nach den oben geschilderten Simulationsprinzipien, wobei hier nun Talentproben eine große Rolle spielen.

Hat sich die Gruppe für eine Anschlagsmethode entschieden, die den Zusammenbau von etwas erfordert, bekommt sie ein sogenanntes *Weapon-Sheet.* Falls mit einer Anleitung von Dritten gearbeitet wird, enthält dieses Weapon-Sheet Informationen über die benötigten Materialien sowie eine Angabe dazu, welche Talentproben mit welchem Schwierigkeitsgrad zur Herstellung dieser »Waffe« (gegebenenfalls für verschiedene Herstellungsschritte) nötig sind. Denkt sich die Gruppe selbst eine »Waffe« (Anschlagsmethode) aus, erhält sie ebenfalls ein solches Weapon-Sheet, wobei hier möglicherweise keine Materialien und Werkzeuge genannt werden, da sich die Spieler die Konstruktion ja selbst ausgedacht haben.

Ausspähungen

Wenn die Gruppe ein bestimmtes Anschlagsziel ausgewählt hat oder nach einem geeigneten Ziel sucht, soll, wo möglich, nicht nur auf im Internet verfügbare Informationen zurückgegriffen, sondern der Ort vorher einmal angesehen werden. Bei der Beschreibung einer solchen Ausspähaktivität kommt es darauf an, genau zu beschreiben, welche Aspekte des Anschlagsziels der Kämpfer erkunden soll, worauf also das Augenmerk gerichtet werden soll. Abhängig von dem Zielobjekt, müssen die Kämpfer natürlich wie immer den Aspekt des Entdeckungsrisikos berücksichtigen.

Gibt es die Möglichkeit, Fotos zu machen? Ja, denn die Gruppe kann alles machen, was in der Realität auch gemacht werden kann. Nur wird die

Spielleitung der Gruppe dann Fotos zur Verfügung stellen. Es muss bedacht werden: Das Spiel findet nur auf den Gruppentreffen statt! Wenn die Spieler ein Objekt »in echt« ansehen wollen, wird außerhalb der Gruppentreffen eine Besichtigung in Begleitung von Projektmitarbeitern durchgeführt. Eine eigenständige Besichtigung eines Objektes, die wie eine Ausspähung wirkt, ist unbedingt zu vermeiden.

Tatdurchführung

Der genaue Ablauf am Tag der Operation muss minutiös beschrieben werden. Abhängig vom Anschlagsziel und der Anschlagsmethode muss die Gruppe genau beschreiben, wie der Kämpfer dort hinkommen soll, wie er seine »Waffe« transportiert, zu welcher Uhrzeit das Ganze stattfinden soll, wie die »Waffe« angewendet wird und gegebenenfalls wie sich der Kämpfer vom Tatort entfernt. Der Ablauf der Tat wird auf dem letzten Gruppentreffen in den einzelnen Sequenzen durchgespielt.

Flucht

Lautet das Spielziel, möglichst unentdeckt zu entkommen oder sich ins Ausland abzusetzen, sollte die Gruppe der Fluchtplanung gebührend Aufmerksamkeit schenken und dabei auch den Worst Case berücksichtigen, dass die Polizei schon nach kurzer Zeit die Kämpfer ermittelt hat und diese dann etwa zur Fahndung ausschreibt. Will sich der Kämpfer als polizeilich Gesuchter ins Ausland absetzen, muss sich die Gruppe etwa überlegen, wie der Kämpfer die Grenze überquert und natürlich wo es überhaupt hingehen soll. Das sollten die Spieler am besten im Vorfeld klären.

Anlage 5: Transkriptionsregeln

Dateiname: Der Dateiname setzt sich aus dem Datum der Sitzung (JahrMonatTag), der Nummer der Planspielgruppe und der Nummer der Sitzung zusammen.
Beispiel: 20120131_PSG2_Sitzung16_Transkript.doc

Transkriptionskopf: Bitte folgende Informationen am Anfang eines jeden Transkriptes angeben:

- Eigener Name
- Gruppen-Nr.
- Datum der Planspielgruppensitzung
- Nummer der Sitzung (Treffen 1, Treffen 2 etc.)
- Dauer der eigenen Arbeitszeit zur Erstellung des Transkriptes
- Angabe der transkribierten Stellen (z. B. Minuten 61–95)

LAUT	laut gesprochen
‚leise'	leise gesprochen
betont	betont gesprochen
haus-	abgebrochenes Wort
(mal)	unsichere Transkription (schwer verständlich)
((Anmerkung))	Anmerkung des Transkribierenden
//lacht//	nonverbaler Akt
[]	Eckige Klammern markieren einander überlappende Redebeiträge. Die genaue Position der Überlappungen (Anfang und Ende) wird nicht angegeben.
(---) (P ca. x Sek./Min.)	Pausen werden erst ab einer Länge von ca. 3 Sekunden transkribiert und mit (---) gekennzeichnet. Ist die Pause länger als ca. 10 Sekunden, wird sie mit der ungefähren Dauer angegeben, also beispielsweise bei einer Pause von 5 Minuten folgendermaßen: (P ca. 5 Min.).

Allgemeine Hinweise
Genau wie in den Protokollen sollen keine Klarnamen der Spieler genannt werden. Stattdessen soll nur der erste Buchstabe des Namens verwendet werden (aus Lars Mustermann wird: L.). Beginnen die Namen von zwei Spielern mit demselben Buchstaben, werden zwei Buchstaben angegeben (aus Lars Mustermann wird: La.).